2020
铜梁年鉴
TONGLIANG NIANJIAN

重庆市铜梁区人民政府　主办
重庆市铜梁区党史地方志研究中心 编纂

西南师范大学出版社
国家一级出版社 全国百佳图书出版单位

图书在版编目(CIP)数据

铜梁年鉴. 2020 / 重庆市铜梁区党史地方志研究中心编纂. — 重庆 : 西南师范大学出版社, 2020.12
ISBN 978-7-5697-0574-4

Ⅰ. ①铜… Ⅱ. ①重… Ⅲ. ①铜梁 – 2020 – 年鉴
Ⅳ. ①Z527.193

中国版本图书馆 CIP 数据核字(2020)第 239436 号

铜梁年鉴(2020)
TONGLIANG NIANJIAN(2020)

重庆市铜梁区人民政府　主办
重庆市铜梁区党史地方志研究中心 编纂

责任编辑：于诗琦
装帧设计：闰江文化
照　　排：陈智慧
出版发行：西南师范大学出版社
网　址：http://www.xscbs.com
地　址：重庆市北碚区天生路1号
邮　编：400715
电　话：023-68868624
经　　销：新华书店
印　　刷：重庆荟文印务有限公司
幅面尺寸：210mm × 285mm
印　　张：27.25
插　　页：22
字　　数：820千字
版　　次：2020年12月 第1版
印　　次：2020年12月 第1次印刷
书　　号：ISBN 978-7-5697-0574-4

定　　价：188.00元

《铜梁年鉴》编辑委员会

《铜梁年鉴》编辑部

编辑说明

一、《铜梁年鉴》坚持以马克思列宁主义、毛泽东思想、邓小平理论、“三个代表”重要思想、科学发展观、习近平新时代中国特色社会主义思想为指导。它逐年真实、全面、系统地记载和反映铜梁区改革开放、经济发展及社会进步的情况，收录年度性主要文献和重要资料，旨在为决策服务、为经济导航、为民众提供信息、为修志积累史料，并自2018年起向国内外公开发行，是各级、各部门、各单位和国内外人士认识铜梁的一个窗口。

二、《铜梁年鉴（2020）》（总第06卷）记录了2019年铜梁区经济、政治、文化、社会和生态文明建设的发展变化情况。全卷共有10个部分，分别是大事记、铜梁概貌、政治、法治、军事、经济、社会事业、镇街道、荣誉、附录，重点反映铜梁区的改革开放实践，政治、经济、科教、文化建设成就；反映加快推进新型工业化、信息化、城镇化、农业现代化建设，推进科技创新体系建设和保障民生以及城乡统筹发展的新进展、新成果。撰稿人署名，在文末标出。

三、《铜梁年鉴（2020）》采取类目、分目、条目的编辑体例，少数分目下增设次分目，条目下增设次条目，以字体、字号等版式设计区别不同层次。条目标题用黑体字加粗方头括号【 】顶格表示，次条目标题用黑体字分段落表示。

四、《铜梁年鉴（2020）》的统计资料由铜梁区统计局及相关职能单位提供。统计数据使用法定计量单位。因统计口径等原因，区级部门和镇街稿件中有个别数据与统计资料数据不尽一致的，采用时请予注意。

五、为避免累赘，凡直书月、日而未写年份的，即为2019年；数据增加或减少多少未说明与某一年份比较，即为《铜梁年鉴》记载当年（2019年）与上年（2018年）比较。

六、《铜梁年鉴（2020）》稿件由铜梁区属各部门、党派、团体以及各镇街和驻铜部队提供，并经供稿单位领导审核；年鉴编纂稿基本确定后，区史志研究中心将文稿公布于党政网，征求各单位的审改意见，经再次收集整理并按相关程序办理后付印。

2019年铜梁中心城区国土空间总体规划图

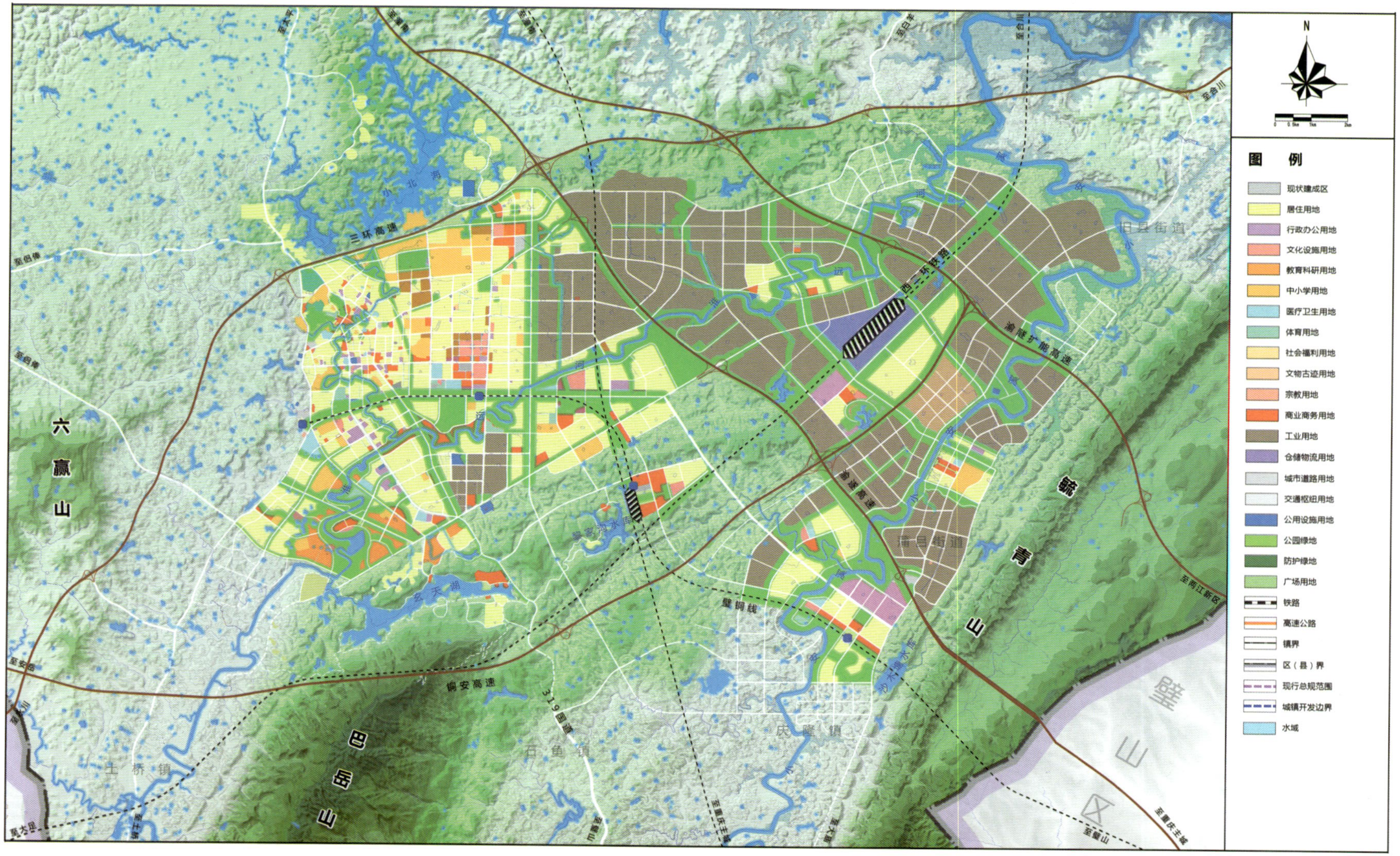

（区规划自然资源局　供图）

2019年铜梁区村布局规划图

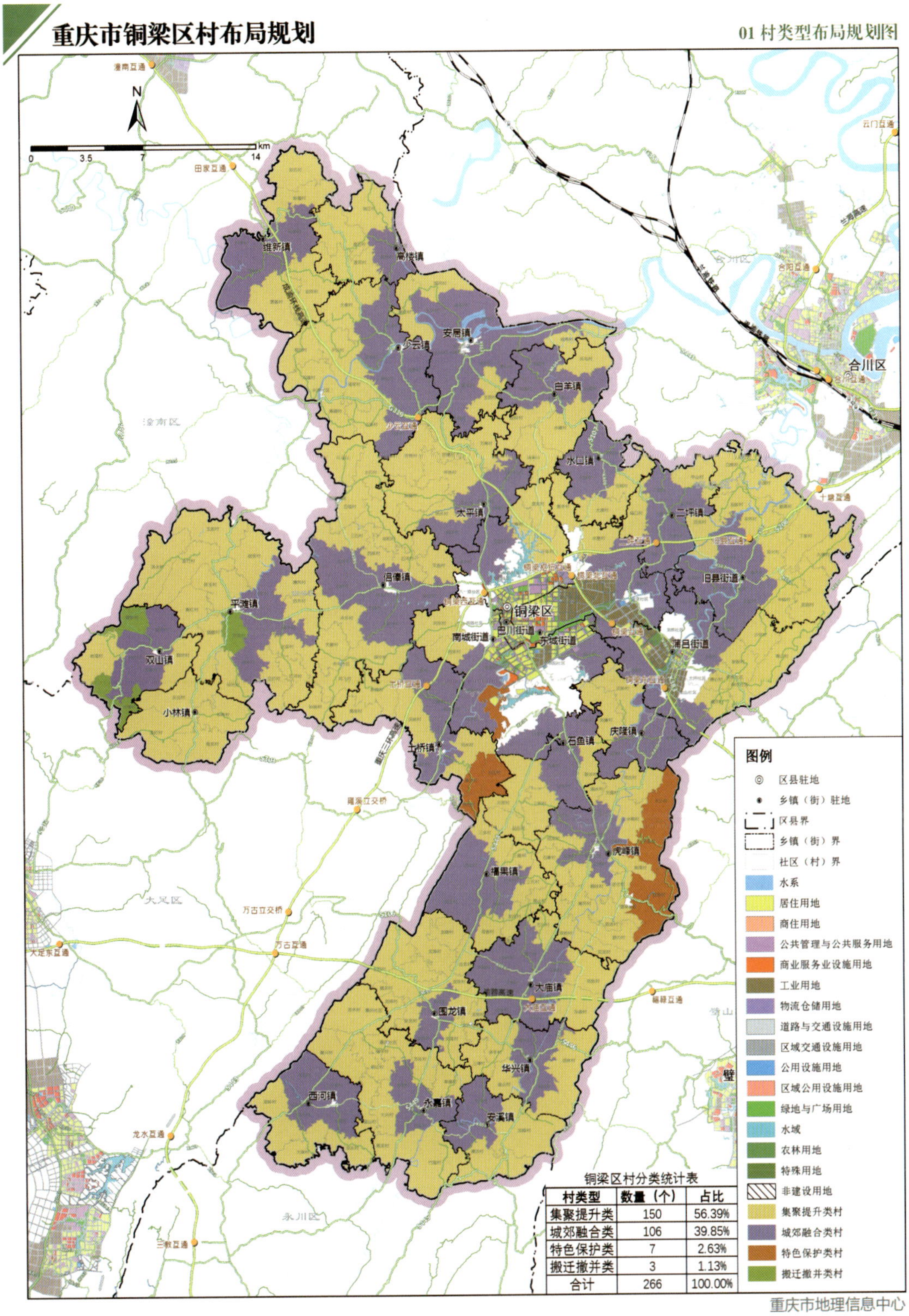

(区规划自然资源局　供图)

数字铜梁

区域面积(2016年12月航测复核数据)	1342.018平方千米
年末户籍人口	85.16万人
城镇化率	58.36%
地区生产总值	616.56亿元
一般公共预算收入	31.96亿元
一般公共预算支出	77.28亿元
工业增加值	243.46亿元
农业增加值	49.15亿元
全社会固定资产投资	320.03亿元
社会消费品零售总额	212.24亿元
银行业金融机构人民币存款余额	508.96亿元
银行业金融机构人民币贷款余额	359.7亿元
外贸进出口总额	14.28亿元
旅游总收入	42.2亿元
城镇常住居民人均可支配收入	40198元
农村常住居民人均可支配收入	19690元
城镇常住居民人均生活消费支出	24707元
农村常住居民人均生活消费支出	12528元

(区统计局 供稿)

大事记

1月1日　铜梁区龙城天街商圈开街，结束了铜梁无大型商业综合体的历史。该商圈始建于2013年，2017年提速建设，总占地面积46.67公顷，规划建筑面积约130万平方米，其中商业面积约70万平方米，酒店面积约15万平方米，办公写字楼面积约20万平方米，居民住宅面积约25万平方米。集聚生活购物中心、大众消费卖场、高端酒店。

1月4日　重庆市巫山县党政代表团到铜梁考察学习并举行对口帮扶交流座谈会，进一步深化对口帮扶合作。

1月4日至2月19日　“原乡风情·巴岳文”——重庆市首届隶书展在铜梁奇彩梦园文艺创作基地开幕。参展作品共110件，其中特邀获奖作品有15件。铜梁区有柏毅、李中华、王成金等8名书法家的作品参展。

1月5日　中央电视台新闻联播以《重庆：集体经济助推乡村振兴战略》为题深入报道铜梁新型农村集体经济的发展情况。

1月10日　中共铜梁区委办公室印发《重庆市铜梁区机构改革方案》。11日，召开全区机构改革动员部署会。区委书记唐小平出席会议并做动员讲话，强调要深入学习贯彻习近平总书记关于深化党和国家机构改革的重要论述，坚定不移贯彻落实中央、市委决策部署，提高政治站位，强化责任担当，以“钉钉子”精神，推动铜梁区机构改革各项任务落到实处。

1月13日　铜梁区融媒体中心召开干部职工大会。会议宣布，区委决定深度整合铜梁区新闻中心和区广播电视台两家媒体机构，新组建成立铜梁区融媒体中心。

是日　铜梁区举行2019年第一次招商引资项目集中签约仪式。中德智能生产示范园、新能源专用车、新能源物流总部产业基地、金融结算中心等12个项目落户铜梁，涵盖新能源、新材料、智能制造等领域，签约金额240亿元。副市长潘毅琴出席签约仪式。

是日　铜梁区应急管理局召开成立大会并挂牌。

1月13日至2月19日　首届重庆铜梁中华龙灯艺术节在铜梁举行。重庆市委常委、宣传部部长张鸣宣布开幕，副市长潘毅琴讲话，市人大常委会副主任杜黎明、市政协副主席谭家玲出席。闭幕式上，区委书记唐小平为2019年“一镇一品”民俗文化展演获奖单位颁奖。

1月14日　中共铜梁区委农业农村工委、区农业农村委、区扶贫办，铜梁区卫健委正式挂牌成立。

是日　重庆市铜梁区青年商会成立。

是日　中华龙灯艺术保护与利用交流会在铜梁举行。

是日　中国少年先锋队重庆市铜梁区第二次代表大会召开。团市委副书记黄永宜出席会议。来自全区各级少先队组织的220名少先队员、少先队工作者等代表参加大会。大会选举产生少先队重庆市铜梁区第二届工作委员会，成立重庆市铜梁区红领巾理事会。

1月15—17日　中国人民政治协商会议重庆市铜梁区第十届委员会第三次会议召开。闭幕式应到区政协委员274名，实到区政协委员260名，符合规定人数。会议表彰了2018年度优秀界别、优秀政协委员和优秀提案，表决通过政协重庆市铜梁区第十届委员会第三次会议关于政协重庆市铜梁区第十届委员会常务委员会工作报告的决议、关于十届二次会议以来提案工作的情况报告的决议、政协重庆市铜梁区第十届委员会第三次会议决议。

1月16—18日　重庆市铜梁区第十七届人民代表大会第三次会议召开。大会闭幕式应到代表266人，实到代表251人，符合法定人数。会议表决通过区十七届人民代表大会有关专门委员组成人员名单；表决通过关于区人民政府工作报告的决议、关于区2018年国民经济和社会发展计划执行情况及2019年国民经济和社会发展计划的决议、关于区2018年财政预算执行情况和2019年财政预算的决议、关于区人大常委会工作报告的决议、关于区人民法院工作报告的决议、关于区人民检察院工作报告的决议、关于议案的决定。

1月21日　铜梁区住房和城乡建设委员会正式挂牌成立。

1月22日　铜梁区医疗保障局正式挂牌成立。

1月23日　铜梁区大数据应用发展管理局正式挂牌成立。

是日　中央文明办三局副局长邓丽娟(右一)一行到铜梁,看望慰问全国道德模范陈淑梅(右二)、李其云(右三)夫妇,为他们送去新年祝福和10万元慰问金。

是日　中国共产党重庆市铜梁区第十五届纪律检查委员会第四次全体会议召开。出席会议的区纪委委员20人,列席83人。区委书记唐小平出席会议并讲话。强调要深入学习贯彻习近平新时代中国特色社会主义思想,认真落实十九届中央纪委三次全会精神和五届市纪委三次全会部署要求,树牢“四个意识”,坚定“四个自信”,坚决做到“两个维护”,以党的政治建设为统领全面推进党的建设,推进全面从严治党向纵深发展,不断巩固发展反腐败斗争压倒性胜利。

是日　中央脱贫攻坚专项巡视反馈意见铜梁区整改工作动员部署会议召开。区委书记、区委落实中央脱贫攻坚专项巡视反馈意见整改工作领导小组组长唐小平出席会议并讲话。他强调,要深学笃用习近平总书记扶贫重要论述,认真落实中央第四巡视组对重庆市开展脱贫攻坚专项巡视情况反馈会议、市委落实中央脱贫攻坚专项巡视整改工作动员部署会议精神,提高政治站位,强化政治担当,狠抓整改落实,确保高质量如期打赢打好脱贫攻坚战。

1月25日　铜梁区退役军人事务局挂牌成立。

是月　经中共重庆市委批准,廖强同志任中共重庆市铜梁区委委员、常委。

是月　铜梁区二坪镇三房村220千伏蟠龙变电站投用,该工程占地约2.73公顷,新建220千伏输电线路4回,共12.2千米,配套建设110千伏输出工程。

是月　位于南城街道翠英村的铜梁区救助管理站竣工投入使用。该项目占地2666.67平方米,投资400万元,建筑面积1500平方米,设计床位50张。

2月10日　区委书记唐小平在调研乡村振兴西郊示范片建设时强调，要扎实推进乡村振兴，加快建成西郊示范片绿道系统，推动“绿道”向“绿网”“绿道经济”深化，示范带动铜梁乡村全面振兴。

2月16—22日　铜梁火龙连续第三年应邀前往台湾开展“龙耀宝岛”展演。在南投县、彰化县共进行7场火龙演出。

2月17日　铜梁区与台湾南投县文旅产业对接交流会在南投县南岛会馆召开。双方相互交流学习文化旅游产业发展方面的具体做法和成功经验，并表示要进一步加强两地的深度合作。

2月19日　铜梁区2019年“一镇一品”民俗文化展演在城区人民公园隆重举行。共有14个镇街的14个龙灯舞蹈节目参加展演。巴川街道的大蠕龙、西河镇的瑞狮闹春、虎峰镇的稻草龙、围龙镇的荷花龙获得展演活动一等奖。

2月20日　铜梁区和台湾彰化县召开产业对接交流会，双方就两地文化交流和经贸发展进行推介。铜梁区高楼镇与鹿港镇正式结成友好镇。

是月　由铜梁区音乐创作人刘敏作曲、邓恒云作词的原创歌曲《巴川情悠悠》入选全国音乐核心期刊《歌曲》。

是月　国家司法部发布《关于表彰全国监狱戒毒司法所工作先进集体和先进个人的决定》，区司法局南城司法所被授予"全国先进司法所"称号。

3月3—17日　铜梁区石鱼镇举行第四届"巴岳仙境·花果圣地"桃李缤纷赏花季活动。

3月4日　铜梁区市场监督管理局正式挂牌，由原来的区工商行政管理局、区质量技术监督局、区食品药品监督管理局组成。

是日　区委政法工作会议召开。区委书记唐小平出席会议并讲话，强调要以习近平新时代中国特色社会主义思想为指导，坚持党对政法工作的绝对领导，坚持以人民为中心的发展思想，坚持稳中求进总基调，加快推进社会治理现代化，加快推进政法领域全面深化改革，加快推进政法队伍革命化、正规化、专业化、职业化建设，全力开创新时代政法工作新局面。

是日　铜梁高新区举行2019年首批项目建设集中开工仪式。重庆格唯新材料科技有限公司功能用色母生产项目等18个项目集中开工，涉及智能制造、智能终端、新材料等重点产业，总投资71.5亿元。副市长、市公安局局长出席仪式并宣布项目开工。

3月7日　重庆市副市长李明清率队到铜梁调研督导"大棚房"问题清理整治工作。

是日　铜梁区党建工作会召开。区委书记唐小平出席会议并讲话，强调要学深悟透习近平新时代中国特色社会主义思想，牢牢把握新时代党的建设总要求，全面推进党的政治建设、思想建设、组织建设、作风建设、纪律建设，把制度建设贯穿其中，深入推进反腐败斗争，巩固发展健康清朗政治生态，为把党的十九大精神和总书记殷殷嘱托全面落实在铜梁大地上提供坚强政治保证。

3月9日　居然之家铜梁店开业。区委书记唐小平出席开业典礼。区委副书记朱华伦、居然之家集团副总裁兼重庆分公司总经理张宗荣分别致辞。

3月11日　铜梁区2019年实施乡村振兴战略工作会议召开。区委书记唐小平出席会议并讲话，强调要深学笃用习近平总书记关于做好"三农"工作的重要论述，全面贯彻落实中央、市委部署要求，坚持农业农村优先发展总方针，深入实施乡村振兴战略，不断开创全区乡村振兴新局面。

3月13日　重庆市委第二巡视组向铜梁区委反馈巡视情况。市纪委常务副书记、市监委副主任、市委巡视工作领导小组成员陈杰主持召开向铜梁区委主要负责人的反馈会议，出席巡视铜梁区情况反馈会议，对抓好巡视整改工作提出要求。会议向铜梁区委书记唐小平传达市委书记陈敏尔关于巡视工作的讲话精神，市委第二巡视组组长任杰代表巡视组向铜梁区委领导班子反馈巡视情况。唐小平主持反馈大会并做表态讲话。

是日　湖南省妇联党组书记、主席姜欣率队到铜梁考察党建带妇建工作情况和妇联改革工作情况。重庆市妇联副主席郎小莉，铜梁区委副书记朱华伦陪同考察。

是日　铜梁西郊示范片60千米绿道全线贯通。沃柑基地、桂花基地、荷和原乡、新陆有机农场等产业基地或景区景点通过绿道串联起来。

是日　重庆市人大常委会副主任刘学普率队到铜梁调研民营企业发展法治环境工作。

3月24日　2019重庆铜梁原乡风情马拉松赛在铜梁举行。比赛设置半程马拉松、迷你马拉松两个比赛项目，共有10000多名选手参赛。肯狄以（埃塞俄比亚）和艾米莉（埃塞俄比亚）分别获得半程马拉松男子组和女子组的冠军。

3月26日　重庆市政协副主席周克勤率队到铜梁调研文化产业发展情况。强调要围绕铜梁龙文化发展产业链条，将文化产业同龙文化紧密联系起来，主动培育市场主体和消费主体，不断开发出更多的铜梁龙文化特色产品，擦亮龙文化品牌，并积极打造铜梁龙文化展馆，推动铜梁文化产业发展不断取得新突破。

是日　铜梁区委书记唐小平（右一）会见北京科技大学科技园公司总经理刘临（左一）一行，双方就加快推进环保产业园项目落地建设、促进产业转型升级、推动铜梁高新区高质量发展等方面合作事宜进行深入交流与洽谈。

是日　铜梁区2019年武装工作会议暨党管武装工作述职大会召开。区委书记、区人武部党委第一书记唐小平出席会议并讲话。强调，要深学笃用习近平强军思想，深入贯彻落实重庆警备区党委五届二次全体（扩大）会议精神，聚焦主责主业，突出工作重点，推动铜梁国防动员和后备力量建设再上新台阶。

3月27日　渝北区政协主席彭建康率队到铜梁考察文化旅游事业发展情况。

3月29日　《铜梁年鉴（2018）》首次公开出版，全书包括特载、大事记、铜梁概况、政治、经济等12个部分，客观真实反映铜梁改革开放实践新进展、新成果。

3月31日　"西南大学生物学博士后流动站铜梁基地"和"蚕丝科学与技术团队研究基地"在铜梁重庆苗源生态农业发展有限公司揭牌。

是月　铜梁区运动员蔡柏阳入选国家单板滑雪集训队，备战2022年北京冬奥会。

是月　铜梁区新增2处重庆市文物保护单位，分别是侣俸寺、引凤门。

是月　文化和旅游部公示2018—2019年度"中国民间文化艺术之乡"名单，铜梁龙灯上榜。

是日　铜梁区举办"传承·2019清明祭英烈"活动。以奏唱国歌、现场默哀、宣读祭文等方式，深切缅怀革命先烈的丰功伟绩。

4月18日　铜梁区乡村振兴暨发展新型农村集体经济专题培训班在区委党校开班。各镇街分管农业领导、组织委员、农服中心负责人、乡村振兴指导组成员及部分村支部书记、主任等170余名"三农"干部参加培训。

4月21—22日　国家应急管理部安全生产基础司巡视员王啟明率国务院安委会第四考核巡查组到铜梁，就安全生产、消防、森林防火、危化品安全监管等工作开展考核巡查。

4月23日　十五届区委第八轮巡察工作动员部署会召开。会议传达学习五届市委第四轮巡视工作动员部署会精神，并为本轮巡察组长、副组长授权。会议要求，要提高政治站位，准确把握中央和市委对巡察工作的新部署、新要求，切实增强做好巡察工作的政治自觉，扎实开展好区委第八轮巡察。

4月24日　区委常委会召开会议，学习贯彻习近平总书记视察重庆重要讲话精神，传达学习《中共重庆市委关于印发和深入学习贯彻习近平总书记视察重庆重要讲话的通知》。

4月29日　铜梁区委书记唐小平带队考察广州经济技术开发区，学习先进经验，搭建交流合作平台，实现优势共享、产业联动、协同发展。

是月　铜梁区中医院郑忠济、杨明军、刘华发明的“一种骨科髓内钉尾帽及改锥”获国家知识产权局实用新型专利证书。

是月　中国气象局公共气象服务中心主任孙健到铜梁调研重庆三峡国家气象公园试点建设及中国天然氧吧创建工作。

5月13—14日　小米公司战略投资部董事总经理高雪组织多家小米生态链企业负责人到铜梁，深入开展投资考察活动，加强有关领域合作，谋求共赢发展。14日，云丁科技年产500万台智能门锁项目在铜梁正式投产。

5月15日　铜梁500千伏变电站建成投运。变电站位于二坪镇，总投资3亿余元，占地约5.33公顷，于2017年10月开工建设，是重庆电网第14座500千伏变电站、第3座500千伏智能变电站，也是国

家电网着力推动清洁能源建设、实施川电入渝的重要工程。

5月16—19日　第二届中国西部国际投资贸易洽谈会(以下简称“西洽会”)在重庆国际博览中心举行,铜梁组团参加。铜梁区签约项目5个,涉及资金128亿元。

5月17日　铜梁区委书记唐小平会见中国电建集团总经济师刘明江一行,双方就拓宽合作领域、创新合作模式,在能源电力、水资源和环境、基础设施建设等方面开展全方位合作,进行深入交流与洽谈。

5月22日　铜梁区召开优化完善镇街机构设置动员大会。区委书记唐小平主持会议并讲话。强调要进一步深化机构改革,优化完善镇街机构设置,更好地推动铜梁各项工作迈上新台阶。

是日　铜梁区召开领导干部大会，传达学习市委五届六次全会精神，进一步动员全区广大干部群众把思想和行动统一到习近平总书记视察重庆重要讲话精神和市委全会部署要求上来，以实干实绩体现忠诚担当，切实把总书记殷殷嘱托全面落实在铜梁大地上。

5月31日　铜梁区举行退役军人服务中心挂牌仪式。

是月　文化和旅游部发布《文化和旅游部办公厅关于第十八届群星奖获奖作品名单的公告》，铜梁区代表重庆市参赛的铜梁原创舞蹈《龙把子》获群星奖。

6月7日　坦桑尼亚前总理米增戈·平达到铜梁考察现代农业和水循环利用。

6月5日至8月22日　铜梁区27个镇街先后发生256起疑似非洲猪瘟疫情，扑杀疑似染疫病猪32754头。铜梁第一起疑似非洲猪瘟疫情发生在石鱼镇长乐村18社姚长权养殖场，共计94头。区政府对全区受疫情影响的养殖户共计补偿1937万元，各保险公司共计赔偿528万元。

6月21—23日　2019年中国西部旅游产业博览会在重庆国际博览中心举行。铜梁区签约人文艺术中心项目和东郁·铜梁彩色苗木生产基地产旅融合项目2个文化旅游项目。

6月25日　重庆市乡村文化振兴现场推进会在铜梁区召开，对乡村文化振兴工作进行总结和部署。市委常委、宣传部部长张鸣，市政府副市长潘毅琴出席会议并讲话。与会人员实地考察铜梁区南城街道黄桷门村和土桥镇六赢村、庆林村的乡村文化振兴工作。会上，市住房城乡建委、市文化旅游委、黔江区等10个部门和区县做交流发言。

6月28日　中国书画名家作品展在铜梁区龙安大道万蚨祥画舫举行。画展共展出中国国家画院、中央美院、中国美院、中国艺术研究院及铜梁美协、铜梁书协等全国各地60余位书画名家的作品。

是月　铜梁区第三人民医院竣工。该院位于蒲吕大道和蒲全大道交会处，规划建筑面积约1.39万平方米，总投资7000万元，按照二级综合医院标准建设。医院拥有床位138张，设置内科、外科、骨伤科等10余个科室。

是月　铜梁区西郊绿道获评重庆十大最美乡村。

7月5日　铜梁区政府与重庆科技学院签订战略合作协议，双方将在应用型人才培养、高层次人才引进、创新平台建设、科研服务及成果转化等方面深化校地合作。

7月12日　中国气象局局长刘雅鸣率队到铜梁调研气象工作。

7月17日　农业农村部乡村产业发展司司长曾衍德（前排右二）率调研组到铜梁，就乡村产业发展情况开展调研。

7月18日　“中国天然氧吧”授牌仪式在北京钓鱼台国宾馆举行，铜梁区荣获2019年“中国天然氧吧”称号，是重庆市首批获此荣誉的区县。

7月19日　“大美铜梁 原乡风情”2019中国·重庆小姐大赛总决赛暨原乡·玄天湖大型实景演艺在山清水秀的玄天湖畔举行。

是日　铜梁区召开纪检监察工作会议。会议传达学习中央纪委国家监委“不忘初心、牢记使命”主题教育专题党课暨全国纪检监察工作会议精神，重庆市纪检监察工作会议精神，重庆市案件审理工作会议精神。会议对贯彻落实中央纪委、市纪委工作要求，全力以赴做好下半年工作，推动纪检监察工作高质量发展提出具体要求。

7月20日　第八届重庆市青少年军事夏令营在铜梁开幕，该活动由市委宣传部、市文明办、市国教办、市财政局、市教委、团市委、市校外联共同主办，来自各区县的1000余名优秀青少年代表参加。

7月24日　邱少云烈士事迹在璧山区规划展览馆展览，之后前往渝北区、大渡口区、长寿区进行巡展，每个站点展出15天。

7月26日　重庆重润热力供应有限公司与中国建设银行股份有限公司重庆铜梁支行在国网重庆铜梁供电公司签订《云电贷协议》。这是国网重庆铜梁供电公司与银行签订涉电资金贷款战略合作协议后，促成的首次企业与银行签约。

7月29日　重庆市区县“晒文化·晒风景”大型文旅推介活动推出铜梁篇。该篇以“龙舞原乡 大美铜梁”为主题，全面展现铜梁独特的人文魅力和秀美风光。

是日　重庆市知识产权局公示“重庆市第二批中小学知识产权教育试点学校名单”，铜梁区实验一小被确定为全市知识产权教育试点学校。

7月31日至8月4日　重庆市脱贫攻坚专项督查巡查第三组对铜梁区脱贫攻坚工作进行专项督查。督查主要通过召开座谈会、查阅资料、走访农户、访谈干部、查看项目、核实情况等方式。8月4日下午，重庆市脱贫攻坚专项督查巡查铜梁区意见反馈会召开。市脱贫攻坚专项督查巡查第三组组长冉凤莲反馈督查巡查情况。区委书记唐小平做表态发言。

是月　位于铜梁金龙体育馆附近的华胤农贸市场正式投用。市场建筑面积12270平方米，设有摊位541个、店面91间，里面有肉类、冻品、蔬菜、干货等多个区域。

8月2日　第二届重庆文旅新地标暨首届重庆最美历史文化古迹颁奖典礼举行，安居古城荣获首届重庆最美历史文化古迹称号。

8月5日　铜梁区委书记唐小平（右一）会见美中友好协会会长张锦平（左一）一行，双方就加强对外文化交流、深化招商引资、发展旅游康养产业等方面合作事宜进行深入交流与洽谈。

8月12日　铜梁老城区至龙城天街商圈的118路公交专线开通运行。该专线始发站为汽车南站，全程12.5千米，首末班车时间分别为6:00和19:30。

是日　重庆玄天湖旅游投资开发有限公司的“巴岳玉露”、重庆市铜梁区赵木二羊肉餐饮有限公司的“赵木二”、铜梁区三活春餐馆“三活春”获第五批“重庆老字号”认定。

8月13—14日　广东省阳山县人大常委会副主任文永明率队到铜梁，考察乡村振兴和基层人大工作。

8月14日　GSI朗基尔铜梁项目推进会在上海浦东召开。双方就项目增加产能、以外资增加投资、新增用地等方面事宜进行深入交流与洽谈。铜梁区委书记唐小平主持会议并讲话。

8月16日　铜梁区委书记唐小平(左三)在调研太平镇铁鹅村工作时强调，要深入学习贯彻习近平总书记视察重庆重要讲话精神，按照中央、市委部署要求，以开展“不忘初心、牢记使命”主题教育为契机，进一步提升组织力，激发内生动力，把基层党支部建设得更加坚强有力，以组织振兴带动乡村全面振兴。

8月19日　梁平区党政代表团到铜梁考察，实地了解铜梁城市规划建设、营商环境打造、工业经济

发展、国家高新区创建等情况。

8月26—29日　2019中国国际智能产业博览会(以下简称智博会)在重庆国际博览中心举行。铜梁组团参加,并在智博会重大项目集中签约仪式上,与猎声电子智能音频设备产业园项目和金史密斯智能健康设备产业园项目签约,签约总金额20亿元,主要生产蓝牙耳机、健康运动器材等产品。

8月28日　铜梁区残联选送培养的残疾人运动员陈洪在全国残疾人运动会上,和搭档毛淋以2:0战胜宁夏队,荣获乒乓球TT1—TT2女子团体项目决赛金牌。

8月28—29日　铜梁区委书记唐小平,区委副书记、区长左永祥率铜梁区党政代表团赴渝北、长寿和忠县学习考察,深入学习贯彻习近平总书记视察重庆重要讲话精神,学习借鉴兄弟区县改革发展的好经验好做法,积极主动服务国家战略,以高水平开放推动高质量发展,为新时代推进西部大开发形成新格局做出新贡献。

是月　2019年全国青少年校园篮球特色学校名单出炉,铜梁区龙都小学、立心小学、铜梁一中3所学校获得命名。

9月4日　铜梁区委书记唐小平带队考察中建材凯盛科技集团有限公司,与凯盛科技集团董事长、党委书记彭寿等举行座谈。双方就建设川渝新型显示产业园进行深入沟通交流。

9月5日　重庆市政协提案委主任陈渝率队到铜梁,专题调研蚕桑配合饲料研发、蚕桑工厂化饲育及农村"三变"改革等工作。

是日　"壮丽70周年点赞山城之美——2019全国重点网络媒体记者重庆行"活动走进铜梁,来自全国60余家中央、省级重点新闻网站的记者到安居古城、西郊绿道,观民俗,访老街,领略原乡风情,感受千年古城和大美铜梁的魅力。

9月10日　铜梁区召开"不忘初心、牢记使命"主题教育会议。区委书记、区委"不忘初心、牢记使命"主题教育领导小组组长唐小平在做动员讲话时强调,要深刻认识主题教育的重大意义,精准贯彻总要求,牢牢把握目标任务,突出抓好重点措施,高标准高质量开展好主题教育,以实际行动践行初心和使命,以优异成绩迎接新中国成立70周年。随即,全区各部门、镇街及企事业单位启动"不忘初心、牢记使命"主题教育。

9月11—12日　第十四届中国传媒年会在铜梁举行。年会以“建设‘全媒体’，推动媒体融合向纵深发展”为主题，300多位来自全国各主流媒体、新媒体机构负责人、高校及媒体研究机构的知名专家学者齐聚一堂，共同探讨5G、全媒体报道、县级融媒体建设等媒体融合发展的政策、技术、热点问题。同时部分嘉宾开展增强“四力”走基层采风活动，前往区规划馆、铜梁高新区、安居古城、荷和原乡、西郊绿道、玄天湖、黄桷门生态农业互联网小镇等地进行采风。

9月12日　铜梁区举行庆祝人民政协成立70周年“党在心中·与党同行”演讲比赛。重庆市政协副主席徐代银出席并讲话。

9月13—15日　重庆市第九届全民健身运动会象棋比赛暨2019年全国象棋业余棋王赛重庆赛区石柱预选赛举行，铜梁区男选手严勇获得男子个人组第三名的好成绩。

9月17日　农业农村部畜牧兽医局调研组到铜梁调研畜禽粪污资源化利用项目实施工作情况。希望铜梁充分利用国家畜禽粪污资源化利用项目，以末端利用为重点、以种养结合为抓手，进一步建立完善第三方处理机制，形成多路径、多形式、多层次推进畜禽养殖种养结合的新格局。

9月20日　铜梁区召开深入推进脱贫攻坚问题整改工作会议。会议要求全面贯彻落实中央和市委、市政府决策部署，严格按照区委工作要求，紧盯目标任务，把握时间节点，动真碰硬高标准抓好脱贫攻坚问题整改工作。

9月23日　铜梁区举行2019年中国农民丰收节开幕式，推介铜梁特色农产品品牌，展示农业农村发展成就，向新中国成立70周年献礼。

9月25日　铜梁区举行庆祝中华人民共和国成立70周年群众合唱音乐会，向伟大祖国母亲70华诞献礼。

是日　“最美奋斗者”表彰大会在北京人民大会堂举行，邱少云获得“最美奋斗者”荣誉称号。

9月26日　铜梁区委书记唐小平（二排左二）督促指导“不忘初心、牢记使命”主题教育，调研全区防风险、保安全、护稳定、迎大庆工作。强调要深入学习贯彻习近平总书记关于主题教育系列重要指示精神，对标对表中央、市委部署要求，高质量高标准开展好主题教育，结合工作和岗位实际深入开展“四治四提”专项行动，确保取得实实在在的成效，以实干实绩迎接新中国成立70周年。

是日　区委书记唐小平来到区信访办，现场接待无房居住、房屋迁建后未办理房产证问题的群众来访。强调要深入贯彻落实习近平总书记关于信访工作的重要指示精神，坚持以人民为中心的发展思想，以开展“不忘初心、牢记使命”主题教育为契机，做深做细做实信访维稳工作，确保全区社会大局持续和谐稳定。

9月30日　铜梁区在邱少云烈士纪念馆举行烈士纪念日活动，并结合“不忘初心、牢记使命”主题教育，同步开展革命传统教育。

是月　重庆市第三批历史建筑保护名录正式公布，共选出130处历史建筑，铜梁区段家院子、小林粮站、巴岳山水塔、少云大桥4处建筑入围。

是月　土桥镇六赢村党支部书记吴开英在“重庆好人”第86期中被评为“敬业奉献”好人。

是月　岚峰小学教师吴启英被国家人力资源社会保障部、教育部评为全国优秀教师。

是月　铜梁区人民医院“自体外周血造血干细胞移植”患者顺利出仓，标志着铜梁区首例外周血造血干细胞移植技术获得成功。

是月　铜梁区足202井、足202H1井、足203H1井等3口井实现试采气，日均供气量达10万方。

10月1日　铜梁区在人民公园举行升国旗仪式，庆祝中华人民共和国成立70周年。

是日　在庆祝中华人民共和国成立70周年联欢活动上，铜梁大蠕龙在第二篇章“山笑水笑人欢笑”中亮相8分钟。这次表演是铜梁龙舞第四次进京参加国庆大典，共有9条身长60米的大蠕龙、224名演职人员参与演出。表演结束后，参演龙具中的“红龙”和“黄龙”分别被国家博物馆、北京博物馆收藏。

10月4—6日　在第十五届黄飞鸿杯世界华人狮王争霸赛上，铜梁竞技舞龙队获得舞龙自选套路第一名。

10月10日　重庆市“绿色生活”主题活动铜梁专场在南城街道黄桷门村举行。现场开展文明礼仪小课堂、巾帼爱河美家乡、榜样的力量等7个方面的巾帼爱心集市活动，共有200余名群众参加，现场招募少云巾帼志愿者100余名。

10月11日　重庆市科技局公示“重庆英才·创新创业领军人才(科技领域)第一批人选及团队”名单，重庆天齐锂业有限责任公司申报的“重庆天齐科技创新研发团队”、重庆威斯特电梯有限公司申报的“基于5G时代电梯物联网技术研发创新团队”被评为“重庆英才·创新创业示范团队”。

10月13—14日　广州开发区管委会副主任严志明率队到铜梁，就广州高新区与铜梁高新区合作事宜进行对接会谈。13日下午，区委书记唐小平会见广州开发区管委会副主任严志明一行，双方就广州高新区与铜梁高新区合作机制构建、产业协同发展等方面事宜进行深入交流和洽谈。14日上午，召开广州开发区考察座谈交流会，就高新区建设、产业协同发展、人才交流等方面进行了深入交流与讨论。

10月16日　“两岸同心、龙耀中华”渝台两地基层交流活动在铜梁区举行。来自台湾彰化县的近200名基层代表与大陆同胞一起观看铜梁龙舞演出，共唱《我们是一家人》。

10月16—17日　铜梁龙舞亮相以色列阿卡艺术节。

10月17日　2019重庆国际(中美)青少年篮球友谊赛在铜梁区举行。比赛在重庆铜梁中学男子篮球队和美国加州查米纳德高中男子篮球队之间进行。

10月18—20日　2019年全国青少年舞龙舞狮锦标赛上，铜梁中学青少年舞龙队在甲组舞龙自选套路、竞速舞龙和障碍舞龙三个项目夺得金牌，并获得青少年舞龙项目甲组团体总分第一名的金牌。

10月23日　市政协副主席宋爱荣到铜梁，先后接待反映老旧小区改造、小区物业管理、交通事故赔偿等问题的三批来访群众，通过当面交流和相互沟通的方式听民意、解民忧。

10月24日　重庆市委副书记、市长唐良智到铜梁调研并督促指导“不忘初心、牢记使命”主题教育。强调要深入学习贯彻习近平总书记关于主题教育的系列重要指示精神，按照市委部署和陈敏尔要求，进一步提高政治站位，深化思想认识，坚持问题导向，分类精准施策，巩固发展第一批主题教育成果、高标准高质量抓好第二批主题教育。

是日　铜梁区启动“讲红色故事、讲革命精神”活动，开展2200场宣讲活动，讲出、讲好红色故事，传播、传承革命精神。

10月25日　北碚区党政代表团到到铜梁考察，实地了解城乡融合发展、营商环境打造、社会治理、城市建设、现代服务业发展等方面情况。

10月27—31日　2019年“一带一路”国际级舞龙舞狮裁判员培训班在铜梁召开。该培训由国家体育总局社会体育指导中心支持，国际龙狮运动联合会主办，中国龙狮运动协会和铜梁区人民政府承办。来自美国、印度尼西亚、马来西亚等6个国家，以及中国北京、上海、江苏等17个省市共74名学员参加培训。国家体育总局社会体育指导中心一部主任余汉桥出席开班仪式并讲话。

10月28日　铜梁区委书记唐小平（左六）会见国庆联欢活动指挥部联欢演出部常务副部长、北京市文化和旅游局副局长庞微（左五）一行，双方就加强交流合作、擦亮铜梁龙文化品牌、发展文旅产业等方面事宜进行深入交流与洽谈。会见中，庞微还代表联欢活动指挥部向铜梁区委、区政府赠送感谢信和国庆70周年纪念章。

10月28日至11月1日　第五届亚洲龙狮锦标赛在铜梁举行。共有9个国家和地区的22支队伍222名运动员参加比赛。中国二队(铜梁竞技舞龙队),获舞龙比赛自选套路项目第一名。

是日　渝北区党政代表团来到铜梁考察,实地了解城乡融合发展、乡村振兴和城市提升等方面情况。

是日　铜梁区通过重庆市农业农村委专家考核组代表农业农村部《国家农产品质量安全县》创建工作的检查验收,被农业农村部授予"国家农产品质量安全县"称号。

是月　铜梁高新区举行非公企业党支部授牌仪式。向新成立的中共鹿享家科技有限公司支部委员会、中共金锦骏昌实业有限公司支部委员会等8家非公企业党支部授牌。截至10月，高新区非公企业党支部共有97家，非公企业党员364名。

是月　重庆市委办公厅发布第六批重庆市爱国主义教育基地，全市共21个单位入选，铜梁区博物馆上榜。

是月　铜梁区首个小学校园创客中心建成投用。该项目位于侣俸小学，主要向学生传授编程知识、3D打印机、激光雕刻机、钻床的操控使用等最新技术。

是月　市委批准：免去左永祥同志的中共重庆市铜梁区委副书记、常委、委员职务。区委决定：免去左永祥同志的中共重庆市铜梁区人民政府党组书记职务。

11月1—7日　中国（重庆）精品盆景邀请展在重庆大剧院举行，铜梁区“枝撩秋月琴瑟瑟”和“众志金秋”两件作品获银奖。

11月1日　2019年重庆市中等职业学校学生气排球赛开幕式在铜梁举行。共有来自全市24个中职学校的37支男女队伍参赛。

11月4日　巫山县委书记李春奎带队来铜联系对口支援工作，实地了解铜梁城市规划建设、文化旅游发展等方面情况，就相关对口支援工作进行交流对接。

11月5日　铜梁区委书记唐小平（中间）调研脱贫攻坚工作，督促指导“不忘初心、牢记使命”主题教育。强调要深学笃用习近平总书记扶贫重要论述，对标对表中央、市委部署要求，紧密结合主题教育，扎实开展脱贫攻坚“百日攻坚”行动，切实巩固拓展脱贫攻坚成果，确保高质量如期打赢脱贫攻坚战。

是日　中国石油西南油气田铜梁压气站试运行。该站位于重庆铜梁太平镇，属于磨溪—铜梁管道工程的重要组成部分。

11月6日　第二批“不忘初心、牢记使命”重庆市优秀共产党员先进事迹报告会在铜梁举行。来自重庆市各行业领域的7名优秀共产党员上台讲述先进事迹。

11月7日　铜梁区组织党员领导干部赴重庆市党风廉政教育基地参观学习，重温入党誓词，观看

《总书记的告诫》《周恩来在重庆的清廉故事》《忏悔警示录》等短片，深化拓展“以案四说”警示教育，深入推进“不忘初心、牢记使命”主题教育。

11月7日至12月5日　铜梁区第五届运动会举行。运动会以“开展全民健身、推进体育强国”为主题，共有77个代表团、4800余人参加，设有田径、游泳、篮球、舞龙等10个比赛项目和健步走、二十四式太极拳2个展示项目。铜梁供电公司、重庆巴中、金龙城投分获企业组前三名；东城街道、平滩镇、虎峰镇分获镇街组前三名；区交通局、铜梁一中、铜梁中学分获部门组前三名。

是日　中国老年人体育协会太极拳专委会副秘书长崔美荣率验收组，对铜梁区“全国老年太极拳之乡”创建工作进行考察验收。

11月9—10日　2019重庆英才大会海归论坛在铜梁区举行。该活动以“才汇巴渝·海归龙乡”为主题，107名海内外高层次人才参加论坛。会议向“重庆市铜梁区引才工作顾问”单位及个人颁发了聘书；举行引进人才项目签约等。

11月11日　铜梁区委书记唐小平前排(右一)调研社区治理工作并指导“不忘初心、牢记使命”主题教育。强调要认真学习贯彻党的十九届四中全会精神,深入贯彻落实习近平总书记视察重庆重要讲话精神,结合开展主题教育,深入实施“党建扎桩、治理结网”,让社区有活力、邻里有温度、干群有认同,不断提升基层社会治理能力和治理水平。

11月12日　参加2019重庆全球旅行商大会世界遗产及非物质文化体验游活动的嘉宾来到铜梁,领略安居古城之美,感受铜梁龙舞的磅礴气势。这次活动共有来自韩国、美国、肯尼亚、马来西亚、中国澳门等国家和地区的150余名嘉宾参加。

11月19—20日　铜梁区党政代表团到巫山县考察,深入学习贯彻习近平总书记视察重庆重要讲话精神,认真贯彻落实中央和市委部署要求,进一步深化对口支援工作,推动帮扶协作和两地合作不断取得新成效。

11月22日　铜梁区荣获2019年度全国龙狮运动发展突出贡献单位和全国龙狮竞赛优秀赛区两项殊荣。

11月27日　在国庆70周年重庆晋京游行展演总结表彰会上，铜梁区委宣传部、铜梁职教中心荣获国庆70周年重庆晋京游行展演先进集体称号，区文旅委主任刘艳、副主任秦启江，区文联副主席李霞等12人荣获先进个人称号。

11月28日　党的十九届四中全会精神市委宣讲团报告会在铜梁举行。重庆市委宣讲团成员、市委研究室副主任陈曦以《坚持和完善中国特色社会主义制度，推进国家治理体系和治理能力现代化》为题做宣讲报告。

11月29日　铜梁区举行中国建材凯盛科技5.0中性硼硅药玻项目开工活动。铜梁区委书记唐小平，凯盛科技集团有限公司常务副总经理马立云分别致辞。该项目是铜梁区与凯盛科技集团合作的首个项目，总投资10亿元。

是日　重庆市脱贫攻坚成效考核铜梁区脱贫攻坚意见反馈会召开。市脱贫攻坚成效考核组第十组组长唐洪军反馈成效考核工作情况。区委书记唐小平做表态发言。市脱贫攻坚成效考核组第十组副组长田茂慧主持会议。

是日　市域快线璧山至铜梁线在铜梁区正式开工建设。该线路全长37.5千米，设车站9座，依次为璧山站、黛山大道站、河边站、青龙湖站、大路站、蒲吕站、铜梁新城站、铜梁站。并与轨道交通1号线在璧山站换乘，还与规划的城轨快线27号线顺接，可直达大学城、沙坪坝、重庆站和重庆东站等重要区域。

是月　区史志办编辑的《初心不改话忠魂》一书出版。该书选录12位铜梁革命先驱和英雄人物的故事，旨在教育和引导广大党员干部“不忘初心、牢记使命”。向全区99个单位1181个党支部发放4724册。

是月　铜梁果之王园艺研究院注册成为铜梁区首家民办非企业科研机构。

是月　铜梁区28个镇街全面恢复重建基层供销社，实现供销社基层组织体系在镇街的全覆盖。

12月1日　铜梁区重点招商引资项目、家居建材一站式消费中心百汇国际博览城开业。该项目位于龙城大道和金川大道交会处，总占地面积8.67公顷，总建筑面积12万平方米。项目主要经营家居建材，涵盖装饰设计、陶瓷卫浴、涂料油漆、五金机电等众多业态。

12月3日　铜梁区委常委班子召开“不忘初心、牢记使命”专题民主生活会，深入学习贯彻习近平新时代中国特色社会主义思想，围绕理论学习有收获、思想政治受洗礼、干事创业敢担当、为民服务解难题、清正廉洁做表率目标，按照“四个对照”“四个找一找”的要求，盘点收获、检视问题、深刻剖析，明确努力方向和整改措施。

12月4日　铜梁区举行“12·5”国际志愿者日集中活动暨少云志愿服务先进典型事迹分享会。现场表彰了2019年最美少云志愿者、最佳少云志愿服务组织。

是日　铜梁区委新时代加强和改进人民政协工作会议召开。区委书记唐小平出席会议并讲话。强调要进一步加强和改进人民政协工作，把握新时代新使命，展现新气象新作为，奋力推动铜梁政协工作再上新台阶。

12月6日　铜梁区委书记唐小平(右二)在调研高新区工作时强调，要坚定贯彻新发展理念，加快建设绿色生态花园高新区，全力推动经济高质量发展。

12月12日　全国妇联副主席谭琳率队到铜梁，调研妇联改革和妇女儿童维权工作。重庆市妇联党组书记、主席万相兰，铜梁区委书记唐小平陪同调研。

是日　铜梁区委书记唐小平到虎峰镇白马氏墓、林森公馆、西泉烈士陵园、古西温泉调研抗战历史文化保护工作。他强调要以更高站位和标准保护好历史文化，处理好保护与利用、传承与创新的关系，让历史文化在新时代焕发新的活力。

12月13—15日　第八届重庆市肿瘤放射治疗物理技术年会在铜梁举行。年会以“精准·协作·发展”为主题。清华大学王石教授、中山大学肿瘤医院陈阿龙教授等全国肿瘤放射治疗技术专家和一线基层医生共200余人参会。

12月16日　湖北省仙桃市考察团到铜梁考察。了解铜梁城市规划建设、营商环境打造、工业经济发展、乡村振兴推进等情况。

12月18日 铜梁区小北海水利工程正式拿到竣工验收鉴定书，标志着小北海水利工程正式竣工。该工程是一座以城市防洪为主，兼有城市供水、农业灌溉等综合利用功能的中型水库，通过对高滩河进行分洪，与西郭水库共同滞洪削峰。

是日　铜梁区脱贫攻坚工作推进会召开。会议要求，全区各级干部要进一步提升对脱贫攻坚工作重要性的认识，扭转思想偏差，调整工作思路，提升打赢打好脱贫攻坚战的决心和信心；要再加强措施改进、加快问题整改，巩固脱贫成果，提升脱贫质量；要继续压实干部的脱贫攻坚责任，扎扎实实把各项工作做实、做细、做到位，确保脱贫攻坚工作取得实效。

12月22日　区委常委会召开（扩大）会议，宣布重庆市委对铜梁区人民政府主要领导同志的任职决定。经市委常委会会议研究决定：姜国杰任铜梁区委副书记，提名为铜梁区人民政府区长人选。

是日　国医大师李佃贵教授学术传承工作室授牌仪式在铜梁区中医院举行。

12月25日　铜梁区召开“不忘初心、牢记使命”主题教育评估工作会。区委书记唐小平通报全区“不忘初心、牢记使命”主题教育情况。市委巡回指导六组组长黎勇主持会议。会议现场开展“不忘初心、牢记使命”主题教育工作测评。

是日　安居国家湿地公园通过国家林业和草原局2019年试点国家湿地公园验收。该公园湿地面积369.93公顷，占公园总面积的77.83%。

12月27日　铜梁区召开经济工作会议。会议主要分析了当前经济形势，总结2019年经济工作，安排部署2020年经济工作。

12月29日　渝遂高速公路扩能项目开工，重庆市委副书记、市长唐良智出席活动。该项目全长27千米，投资约62.7亿元，采用双向六车道高速公路标准建设，设互通立交6处、服务区1处、收费站4处；

起于城区绕城高速公路歇马立交处，向西穿越缙云山后与合璧津高速交叉，经过北碚区歇马街道、璧山区七塘，铜梁区蒲吕、东城、新店子等，止于铜梁新店子与三环高速相接处。

是月　铜梁区入选全国乡村治理体系建设首批试点单位，试点期为批复之日至2021年12月底。

是月　渝西水资源配置工程同心桥水库正式开工建设。

是月　重庆市农业农村委公布首批市级“一村一品”示范村镇名单。铜梁区平滩镇(蔬菜)、侣俸镇新学村(蔬菜)、南城街道黄桷门村(乡村旅游)、安溪镇谭洪村(绿茶)、太平镇坪漆村(香桃)、平滩镇高平村(蜜柚)、土桥镇六赢村(莲藕)、西河镇双永村(胭脂脆桃)、石鱼镇兴发村(石鱼李子)、少云镇高碑村(乌鱼)、高楼镇高楼村(柠檬)上榜。

是年　望山公园、见水公园、原乡中央公园建成投用。

目　录

CONTENTS

铜梁概貌

政　治

法　治

军　事

经　济

社会事业

镇　街道

荣 誉

附 录

铜梁概貌

地理环境

【地理位置】 铜梁地处渝西腹地，位于长江上游、重庆大都市郊区。公元703年建县，距今1300余年，区域面积1342.018平方千米（2016年12月航测复核数据）。辖5个街道、23个镇，总人口85万。铜梁区西南靠大足区，东北连合川区，南接永川区，西北邻潼南区，东南毗邻璧山区。

【地形地貌】 铜梁地处渝西丘陵与渝东平行岭谷交界地带，地貌多姿，地势西南高、东北低，地形以丘陵为主，东南部有毓青山和巴岳山东西对峙，境内最高海拔885米（燃灯山），最低海拔185米（张渡口），森林覆盖率33%。区内主要有涪江、琼江（又名大安溪）、小安溪、平滩河、久远河和淮远河六条主要河流，简称“一江两溪三河”，以及大小支流245条，总属长江水系、嘉陵江流域。

【地质构造】 铜梁区地质构造属新华夏系四川沉降带，介于盆中旋转构造带与盆东弧形构造带之间的过渡带，华蓥山隐伏断裂带纵向穿越区境中部，将区境地质构造分为两部分，东部为川东平行褶皱带，西部为川中台向斜褶皱带。全区出露地层除白垩系、第三系外，从三叠系下统飞仙关组到第四系新、老冲积物均有分布，以侏罗系砂页岩分布广泛，占全区面积的87.1%，三叠系地层占12%，其余为零星分布的第四系。

（区规划自然资源局　陈季忠）

【气候】 **常年气候**　铜梁属亚热带湿润季风气候，气候资源丰富，立体气候明显。气候总体特征表现为春早夏热，秋雨冬暖，雨热同季，日照少、风速小、多云雾，主要灾害性天气有暴雨、雷雹、冰雹、霜冻、结冰等，气候风险总体偏低。铜梁气候温和、四季分明、雨量充沛、空气湿润、温差大、舒适度高、空气清新、气候宜人，是生活休闲、旅游、疗养之胜地。年平均气温为18.1℃，年平均最高气温为21.7℃，年平均最低气温为15.4℃，年极端最高气温为44.1℃（2006年9月1日），年极端最低气温为-2.5℃（1975年12月15日）。年平均降水量为1070.6毫米，最大年降水量为1482.2毫米（1968年），最小年降水量为680.8毫米（2006年），最大日降水量233.4毫米（2009年8月3日）。年平均日照时数为1090.0小时。年平均相对湿度为81.9%。年平均风速为0.9米/秒，静风频率高达43.0%。

2019年气候特点 全年涝重于旱，暴雨场次偏少，强度较常年和2018年偏弱；与上年度相比，高温日数显著偏少、强度显著偏弱；气象干旱较常年和2018年偏轻。气象灾害总体较常年和2018年偏轻。2019年平均气温18.2℃，年降水量1128.3毫米，接近常年。

（区气象局　罗先猛）

【水文】 铜梁水系由涪江、琼江、小安溪、平滩河、久远河、淮远河、巴川河、白羊河、侣俸河、穆家河10条主要河流及众多小支流溪沟组成。区内多年平均降水量13.85亿立方米，夏季洪旱交替，每年7—9月上旬有数次大到暴雨降雨过程，部分河段出现超警洪水，导致局部地区洪涝灾害；旱季发生在初夏至初秋之间，会给农作物生长造成一定影响，但大旱之年很少出现。

（区水利局　杨鹏博）

【自然资源】 **土地资源** 2019年末，全区耕地面积64792.03公顷，园地面积6303.09公顷，林地面积29297.44公顷，草地面积676.95公顷，城镇村及工矿用地面积15378.89公顷，交通运输用地面积2688.96公顷，水域水利设施5553.92公顷，其他用地9355.69公顷。

矿产资源 矿产资源全区有煤炭、锶矿、石灰岩、砂岩、砖瓦用页岩、矿泉水和地热、页岩气8种（不含亚矿种），矿产资源分布区域明显，相对集中，主要分布在沥鼻峡背斜和西山背斜；大型矿床少，大多数为小型矿床和矿（化）点。锶矿主要分布于西山背斜的土桥镇—围龙镇一带，属超大型矿床。煤炭资源集中分布在区东部和南部，石灰岩则呈条带状分布于沥鼻峡背斜和西山背斜轴部一带。

（区规划自然资源局　陈季忠）

水资源 铜梁水资源有涪江、琼江、小安溪、平滩河、久远河、淮远河、巴川河、白羊河、侣俸河、穆家河10条主要河流及众多小支流溪沟200余条，分属涪江和嘉陵江流域，总属长江流域水系。全区多年平均拥有过境水资源197.12亿立方米，全区多年平均水资源总量6.06亿立方米，地下水资源总量1.52亿立方米，实际年用水量为2.06亿立方米。人均水资源量为711.6立方米。此外，地下水较丰富，比较著名的有中华龙温泉、汤峡口西温泉、巴岳山矿泉等。

（区水利局　杨鹏博）

动物资源 铜梁分布有165种脊椎动物，989种无脊椎动物，其中野生一级保护动物有林麝1种，二级保护动物有大灵猫、小灵猫、猴面鹰、雀鹰等14种。一般野生动物有：拱猪、豪猪、狗獾、黄鼠狼，白鹤、乌鸦、翠鸟，各种鱼类等。传统人工养殖的有：猪、牛、羊、马、犬、猫、兔，鸡、鸭、鹅、鸽、鹌鹑及蜜蜂、丝蚕等。改革开放以来引进养殖的畜禽有：长白猪、大约克猪、杜洛克猪、香猪、竹鼠、孔雀、梅花鹿、鸵鸟、火鸡等。

（区畜牧中心　冯明伦）

林业资源 铜梁区森林资源丰富，据统计有林木资源60个科、104个属、168个种。主要树种有松、杉、柏、桉、楠竹、慈竹等。国家级保护的濒危品种有桫椤，名贵树种有红豆杉、楠木、香樟、罗汉松等；古老地质年代的树种有银杏、水杉。全区森林面积60335.98公顷。

（区林业局　李军）

旅游资源 全区有自然人文景观63处，其中：一级景观5处、二级景观22处、三级景观24处、四级景观12处。

自然景观奇特。巴岳山景区有黄桷门、天灯石、飞来石、棋盘石、玉兔石、龟背石、乳峰石、手爬岩、三丰洞、白鹿洞、玉版泉，蒲吕街道有岚峰石林、康龙洞、干洞子，少云镇有中华石龙，围龙镇有通天河、仰天窝，旧县街道有老虎滩，侣俸镇有鸡公岭、雷打石，虎峰镇有石老虎，安溪镇有竹海，还有铜梁城区的滴水岩、捧云石等。

人文景观众多。铜梁城区既有全国青少年教育基地——邱少云纪念馆和黄埔军校移驻地，又有距今21500年前的旧石器文化遗址，还有计都寺、罗睺寺、明月寺等古迹；巴岳山有巴岳寺、慧光寺、玄天宫及抗战石刻，六赢山有六赢寨、六赢寺，安居古城有波仑寺等九宫十八庙、王母石崖墓群（崖墓29座）及黄埔军校驻训遗址，虎峰镇有多处抗战文化遗址，土桥镇有川东游击队土桥暴动遗址，华兴镇有燃灯寺，石鱼镇有佛耳岩、陡沟子古战场遗址，平滩镇有千佛岩，福果镇有轿子山、霖雨寺，永嘉镇有柳树村东汉岩墓群（崖墓30座）及铜鼓观，水口镇有天星寨，侣俸镇有侣俸寺、高家寨、马家寨、石宝寨及佛湾石刻，双山镇有仙隐山石窟等特色景点。

铜梁还打造了十多个旅游景区。其中有巴岳山—西温泉风景区，为市级风景名胜区，是"重庆小十景"之一；还有以秀山、奇石、险峰、丽水、幽洞、清泉著称的玄天湖度假区和小北海度假区、七彩梦园、西部农林大世界，侣俸镇三色·乡下时光，少云镇中华龙景区，土桥镇荷和原乡，南城桂花园等，吸引八方宾客。

（区文旅委　杨　顺）

【环境质量】 **大气环境质量**　2019年空气质量优良天数达302天，较2018年增加3天，PM2.5日累积平均浓度为39微克/立方米，同比下降4微克/立方米，全面达到市级考核要求，空气质量持续改善。

地表水环境质量　全区水环境总体质量稳定，琼江安居莲花桥断面水质保持在Ⅲ类，小安溪段家塘断面监测水质平均为Ⅳ类，化学需氧量（单项超标因子）指标值较2018年下降5.7毫克/升，涪江安居提水工程水源地水质达标率100%。

声环境质量　铜梁城区区域环境噪声为50.1分贝，道路交通噪声为64.6分贝，满足国家声环境质量二级标准。

（区生态环境局　李牧原）

历史文化

【建置沿革】 铜梁县建置于唐武周长安三年(703年),合州刺史陈靖意以大足川侨户辐辏,奏准割石镜县地置铜梁县,治所在奴仑山列宿坝,隶属合州。

唐玄宗开元三年(715年),县治移涪江南岸武金坑。

唐玄宗开元十六年(728年),县治向东南移于东流溪坝。其后,铜梁地域变化较大,在历史上曾有铜梁、巴川、安居三县建置,古赤水县、大足县曾一度并入铜梁。

唐玄宗开元二十三年(735年),合州刺史孙希庄奏准,割石镜之南、铜梁之东置巴川县,初治楼滩,辖7乡11里,仍隶属合州。

宋熙宁四年(1071年)赤水县省入铜梁县;七年(1074年)复置",元至元二十四年(1287年)又废,并入石照县(今合川)。

元世祖至元十七年(1280年),废巴川县入铜梁县,铜梁境域向东南扩移,除包括原巴川县全境和今安居、白羊外,原铜梁管辖的今合川、潼南、大足部分地区,分别划与石照(今合川)、大足和遂宁州的遂宁县(县治在今潼南大佛乡下县坝),遂宁县就近获得原铜梁所属戴场坝一带,包括今塘坝、小渡、寿桥、五桂等镇。同年,铜梁治所自戴场坝迁至巴川镇。

元至元二十年(1283年),撤昌州,昌元、永川2县入大足;元至元二十二年(1285年),撤大足县入合州所辖的铜梁县。

元顺帝至正二十三年(1363年),红巾军明玉珍在重庆称帝,建国号大夏,从铜梁将原昌州并入的地域收回,复置大足县(隶合州)、昌宁县,铜梁保留原有辖地。元末,原隶属巴川县之雍溪、曲水二镇划归大足县。

明初,铜梁辖4乡(琼池、习贤、永清、桂林)30里。

宪宗成化十六年(1480年)九月,分铜梁、遂宁二县部分地置县,以安居溪为名;治所在安居镇,隶属重庆府。

清康熙元年(1662年),因人口锐减,撤铜梁、安居并入合州,州下无县。

康熙六十年(1721年),又以原安居(铜梁原划出地)、铜梁二县地复置铜梁县,属重庆府。铜梁境域先后设有35场,但安居仍以县级(无县令,保留县级部分权限)达重庆府。

乾隆四十一年(1776年),安居更名为乡,辖1城(安居城)8场,隶属重庆府,仍保留训导、巡检、汛部厅外委把总设置,战、守兵共10员。

光绪二十九年(1903年),安居裁撤外委把总及兵丁,完全隶属于铜梁。

宣统三年(1911年)秋,铜梁成立保路同志分会;同年11月25日,铜梁县军政府成立,改县公署为知事公署,隶属重庆府。

民国二年(1913年),撤销省、府、州、厅建制,以道辖县,铜梁县隶属川东道。

民国十八年(1929年),撤道恢复行省建制,铜梁县直属四川省政府。

民国二十四年(1935年),四川行政统一,实行行政督察区制,铜梁隶属四川省第三督察区(治所永川)。铜梁县境域划分为3个区44个乡镇。

1949年12月2日,铜梁县解放,22日成立铜梁县人民政府,隶属川东行署璧山专员公署。

1955年,铜梁县将98个建制乡镇调整为56个建制乡镇,乡镇人民政府改称乡镇人民委员会。

1958年9月下旬，铜梁县实现人民公社化，原56个建制乡镇改为“政社合一”的56个人民公社，村改为管理区，其下为生产队。

1961年12月，铜梁县调整为1镇10区，辖62个人民公社，实行公社、生产大队、生产队的“三级所有，队为基础”的管理体制。

1983年2月8日，中央批准重庆成为全国首批经济计划单列市。4月，永川地区并入重庆市，铜梁属重庆市管辖。

1993年12月，铜梁县撤区并乡建镇，将全县建制调整为25个镇、8个乡。

1997年3月14日，全国人大决定设立重庆直辖市，铜梁仍为重庆市辖县。

2006年10月11日，撤销巴川、全德镇，设巴川街道、东城街道、南城街道。

2014年5月2日，撤销铜梁县，设立铜梁区，7月15日，铜梁区正式挂牌。10月21日，撤销蒲吕镇，设立蒲吕街道。

2015年4月7日，撤销旧县镇，设立旧县街道。

2019年，全区有5个街道、23个镇，辖266个村、67个社区，4050个村民小组与552个城镇居民小组；年末，有户籍人口85.16万人。

（区史志办　供稿）

【铜梁地名由来】 “铜梁”二字，最早见于公元三世纪西晋陈寿的《益部耆旧传》。该书记载，“楚襄王灭巴封其废子于濮江之南，号铜梁侯”。据20世纪80年代重庆市考古专家、博物馆馆长董其祥研究考证，“楚襄王灭巴”，实为“楚威王灭巴”，因楚襄王在位之前11年巴国已被秦攻灭。

据明代《万历·重庆府志》记载，《重庆市志》确认，铜梁于唐长安三年，即公元703年建县，以小铜梁山为名。其山石梁横亘，形如玉屏，在朝晖夕阴中成古铜之色。据唐代李吉甫《元和郡县志》记载：“铜梁县，中、东至州一百五十里……取小铜梁山为名”“小铜梁山在县西北七十里，涪江水在县东北四十里。”又据清代《大清一统志》“重庆府——附重庆府图”所标注：合川之北有纯阳山，向西延伸为龙多山、青石山，再西为小铜梁山、望多山接遂宁县界。”以上述史志为据，小铜梁山确有其地，在今合川、潼南交界地带。因年久失传，也有资料把合川之南5里的铜梁洞所在之金榜山称作铜梁山，作为铜梁一名之由来，实属误传。

（区史志办　王万明）

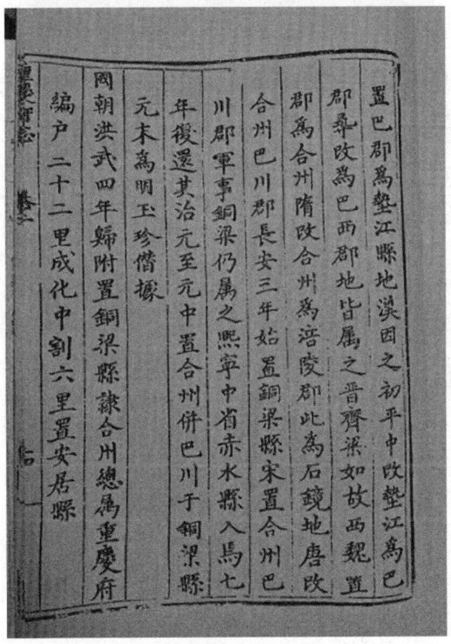

置巴郡爲墊江縣地漢因之初平中改墊江爲巴
郡尋改爲巴西郡地皆屬之晋齊梁如故西魏置
郡爲合州隋改合州爲涪陵郡此爲石鏡地唐改
合州巴川郡長安三年始置銅梁縣宋置合州巴
川郡軍事銅梁仍屬之熙寧中省赤水縣入焉七
年復還其治元至元中置合州併巴川于銅梁縣
元末爲明玉珍僭據
國朝洪武四年歸附置銅梁縣隸合州總爲重慶府
編户二十二里成化中割六里置安居縣

明代《万历·重庆府志》载：长安三年始置铜梁县

【铜梁文化古遗址】 铜梁文化底蕴深厚。1976年春，铜梁在城北张二塘修建西郭水库。清理水库坝基时，在距地表8米以下的湖相地层中，出土了300余件旧石器，多种动、植物化石和数立方米乌木，通过碳14测定，其年代为距今21550±310年。出土的旧石器以石片型刮削器为主，石核型砍砸器、尖状器次之。形制原始，粗大而厚重。出土化石共4目10种，既有东方剑齿象、亚洲象、中国犀、巨貘、獐、水牛、鹿、羊、熊等哺乳动物骨骼、牙齿化石，又有楠木、胡桃、毛栗、亮叶水青枫等植物化石，以及野核桃、云山稠、南酸枣等果实化石和蕨类、菊科等植物的花粉成分。根据中国科学院对植物化石的鉴定和对孢粉组合的分析结果表明，两万多年前的重庆西部地区气候温暖而湿润，属于亚热带或暖亚热带气候，植被茂密，果实丰富，大量动物活动其间；铜梁先民在此从事劳动生产，繁衍生息，主要经济活动以食物采集为主，狩猎活动次之。

铜梁古文化遗址出土的旧石器制品属于旧石器时代晚期，代表一新的、区域性文化。这一发现在当时是川东地区的第一次，确认这里的人类活动比著名的北京山顶洞人的活动时间还早，被列为全国第八处旧石器文化遗址，经中国科学院科学鉴定和充分论证，被命名为“铜梁文化”。由此，史学界找到了巴蜀文化新的上源，把巴渝文明史上推至两万多年前，并进一步证明了长江流域与黄河流域一样，同为孕育中华民族的摇篮。

（区史志办　王万明）

【铜梁名人(续)】　铜梁地灵人杰，历史名人众多。有史可考，宋至清，科考中进士110余人，另中武进士5人，朝廷高官14人（尚书、正卿、都御史4人；侍郎、少卿等10人）；民国有中将3人（陈达三、郭汝栋、郭汝瑰）。

太常博士　闾丘均　铜梁人。《重庆的科举》载：闾丘均合州人（铜梁旧时属合州管辖）。唐高宗咸亨元年（670年）庚午科宋守节榜与杜审言同科登进士及第。武周载初元年（690年），洛阳殿试策问，不售。唐中宗复位后，景龙年间（707—710年）安乐公主主持朝政，赏识闾丘均才华，命为太常博士。后安乐公主以谋逆被诛，闾丘均受株连，贬为循州司仓参军，不久卒于任所。

他能文工书，与陈子昂、杜审言齐名，曾书东蜀《牛头山瑞圣寺碑》《滇南爨王墓碑》，以及《刺史王仁求碑》。书法极佳，被称为当时之极笔。

清光绪元年《铜梁县志》载：闾丘均与杜审言并侍武后（武则天），杜审言以诗著称；闾丘均以文著称，著有《浮屠颂》《临水亭》等文集十卷。

杜审言之孙杜甫对其文章、书法非常称颂。杜甫曾作《赠蜀僧闾丘师兄》赠闾丘均之孙曰：“大师铜梁秀，藉藉名家孙……世传闾丘笔，峻极逾昆仑。凤藏丹霄暮，龙去白水浑。青荧雪岭东，碑碣旧制存。斯文散都邑，高价越玙璠。晚看作者意，妙绝与谁论……”

朱熹高徒　度正　铜梁巴川人。南宋绍熙元年（1190年）庚戌科进士。绍熙年中，度正从朱子（朱熹）游，为朱子派门人。度正言行严谨，学问精粹。曾任怀安军（治今四川金堂淮口镇）、华县知县、重庆知府、国子监丞。时金国降将李全谋反，献计除之，擢正为军器少监。后皇帝问治国之策，度正把孔孟之道，齐家治国之道献皇帝，旋升太常少卿。后太庙失火，皇帝惊惶失措。度正结合宋朝庙制和朱熹理学之论，消皇帝之顾忌，迁礼部侍郎兼右侍郎官之职，并充国史、实录院修撰。守礼部侍郎，致仕。墓在铜梁县城南龙潭子。著述宏富，有《性善堂稿》，载《永乐大典》《四库全书》。有《太极图说》《性理大全》《周濂溪年表》《周子年谱》等传世。

著名教育家　吴鸿恩　铜梁安居人。清同治元年（1862年）壬午科二甲6名进士。同治四年（1865年）授翰林院编修，国史馆纂修。文名甚著，当道延主京师观善堂讲席。国内公车肄业者数百人，先后得殿选者三人，登科甲者，指不胜数。丙子科三鼎甲（状元、榜眼、探花）悉出其门，一时传为佳话。光绪四年（1878年）在铜梁执掌巴川书院、琼江书院。旋受四川成都总督将军聘请，任少城书院讲席，为满族旗士指示文法。光绪八年（1882年）丁母忧。回京后，先后任太原知府、宁武知府、泽州知府、大同知府。光绪二十六年(1900年),以年龄就暮,请假回归原籍。四川总督再聘其执掌少城书院,不减壮年。恩为官清正,办学严谨,深受崇敬。

中央军委特派员 袁镜铭 又名袁琦,汉族。1900年出生,铜梁县转龙乡(今铜梁区围龙镇)人。少极聪颖,有胆有识。1921年秋考入铜梁县立中学,因家境清贫,读一年而辍学。随后考入川军驻涪陵郭汝栋部随营学校,六个月学习期满毕业,在郭部任排长。后在川军内部各派系军阀一次混战中手腕负伤,坚持力战取胜,以战功升任营副。1925年由郭汝栋介绍,与傅炳勋、郭汝瑰等入黄埔军校第五期学习工兵。1926年在黄埔军校加入中国共产党。1927年秋毕业后,根据党的指示,仍回四川郭汝栋部队工作,任政治部教官、少校团副,配合胡陈杰(共产党员,郭部师政治部主任)等开展兵运活动,准备在十二军的建制下组建一支由共产党领导的武装力量,并逐步赤化十二军。刚组建成一个团时,被郭部营长郑希杰告密出卖。郭汝栋调集部队强行包围缴械,进行整编,将袁镜铭拘捕禁闭。袁镜铭的祖父曾是郭汝栋的老师,又得胡陈杰等多方营救,袁镜铭被拘禁三个月后获释,被迫离开部队。回家后,在转龙乡和铜梁县城等地进行革命活动,传播革命思想。1929年去上海与党组织取得联系,任中共湖北省委、鄂豫皖苏区军事联络员。1930年3月任中共中央军事委员会特派员,被派遣到武汉进行革命活动,不久被反动当局逮捕,在酷刑拷打之下,坚贞不屈。同年12月18日在就义途中,被铁链洞穿锁骨,牵着游街,仍高呼革命口号,毫无惧色,气节凛然,壮烈牺牲,年仅31岁。

新中国成立后,中央人民政府于1953年7月1日向袁镜铭家属颁发了由毛泽东主席签发的革命牺牲工作人员家属光荣纪念证。

爱国将领 郭汝瑰 铜梁县永嘉乡(今铜梁区永嘉镇)人。1922年考入铜梁中学,在第六班肄业后转入成都联合中学(今成都石室中学)学习。1926年入黄埔军校第五期,1929年加入中国共产党。后因白色恐怖,堂兄郭汝栋派他到日本士官学校二十四期学习而脱党。肄业后回国,又到中国陆军大学十期、国防研究院一期学习毕业。

郭汝瑰曾在国民党军队任各级部队长官至兵团司令及各级参谋长、陆军大学教官、驻美副武官、国防部第三厅、第五厅厅长等职。抗日战争时期,参加淞沪、武汉、长沙诸大战役。抗战胜利,参加了接受日本投降的受降仪式。

解放战争时期,1946年1月郭汝瑰参加国共停战谈判三人会议。2月底3月初,随军事三人小组出巡北平、张家口、归绥、济南、徐州、新乡、太原、延安等地,见到毛泽东、朱德、彭德怀等中共高级领导人。其间,与董必武的联络人地下党员任廉儒接上头,接受共产党指示继续留在国民党高层工作。他利用国民党打内战进行整军和改组军事机构、内部派系纷争等矛盾,巧妙周旋,最后回到国防部并任主管作战的第三厅厅长,辗转将很多重要情报送给共产党组织,在淮海战役中发挥了重要作用。

1949年,郭汝瑰任国民党军第22兵团司令兼72军军长,12月在宜宾率部起义。后任川南行署委员兼交通厅厅长,旋调南京军事学院工作,任教员、研究员、副处长等职。并历任第四、五、六、七届全国政协委员,全国黄埔军校同学会理事、副会长,成都黄埔军校同学会会长,中国人民解放军军事史研究会副会长,中国抗日战争史学会顾问等职。

1970年离休,1980年4月加入中国共产党,为解放军副兵团级离休干部,领衔主编500万字的《中国军事史》巨著。1990年起,又主编《中国抗日战争正面战场作战史长编》。1997年10月23日因年老遇交通事故受伤,逝世于重庆沙坪坝西南医院。

“拾荒校长” 吴定富 铜梁区东城街道人,蒲吕街道石虎小学退休校长。他双耳失聪,却依然精神矍铄;他爱生如子,却从不给自己的孩子

“开后门”;他坚持自己的原则,宁愿当一个“傻老头”,也不愿为国家增添负担;他省吃俭用、生活朴素,一件破旧运动衫一穿就是30年,两个旧箱子装下全部家当,却坚持24年拾荒、捐出35年工资资助贫困学生,实际捐赠金额超百万元,自己却依旧租房居住。2018年获评“中国好人”。同年在家去世,享年88岁。

(区史志办　供稿)

【国家级荣誉】自改革开放以来,铜梁先后获得的国家级荣誉称号主要有:中国民间艺术(龙灯)之乡,全国文化先进县、国家级卫生城市、中国人居环境范例奖、国家级首批园林城市、中国最具幸福感城市等荣誉称号;中国十大最美乡愁旅游目的地。铜梁龙舞列入国家级首批非物质文化遗产保护项目,铜梁舞龙队先后代表四川省和重庆直辖市数十次在国际国内大赛中夺冠摘金,获“中国舞龙队”冠名权。2016年,铜梁区再次被命名为“全国双拥模范城”,全国产粮大区、产油大区、蔬菜产业重点区;2017年,建成国家休闲农业与乡村旅游示范区,获“中国最具魅力文化旅游名区”“全国十佳生态文明城市”称号;2019年荣获“2018—2020年度中国民间文化艺术之乡”“中国天然氧吧”称号。

(区史志办　王万明)

区划人口

【行政区划】 铜梁区由巴川、东城、南城、蒲吕、旧县5个街道和23个镇组成，下辖266个村与67个社区，4050个村民小组与552个居民小组。

（民政局　石春月）

【人口】 2019年末全区常住人口72.62万人。其中，城镇常住人口42.38万人，农村常住人口30.24万人。城镇化率58.36%，比上年提高1.79个百分点。

全区户籍人口总户数33.06万户，总人口85.15万人，比上年增加0.05万人。其中，城镇人口40.06万人，乡村人口45.09万人。按人口年龄结构分，0~17岁14.98万人，18~34岁17.27万人，35~59岁33.15万人，60岁及以上19.75万人。按性别分，男性43.65万人，女性41.51万人。全区人口性别比值（以女性为100，男性对女性的比例）为105.2，其中出生婴儿性别比值为103.8。全区人口出生率9.11‰，死亡率7.57‰，人口自然增长率1.54‰。

（区统计局　李建）

【民族】 铜梁区属散杂居少数民族地区。全区有苗、彝、回、满、壮、藏、侗、傣、蒙古、土家、布依等37个少数民族，人口2834人，分布在全区28个镇、街道办事处。少数民族群众居住、工作、学习较为集中的地方为东城和巴川、南城街道；常住外来经商少数民族有新疆籍、西藏籍等少数民族，主要分布在巴川、南城、东城街道和安居镇。有少数民族界别的政协委员6名。

【宗教】 铜梁区是重庆市宗教工作重点区县之一。区内有佛教、道教、天主教、基督教四大宗教，开放宗教活动场所43处（其中：佛教30处，天主教2处，基督教8处，道教3处）；有佛教协会、天主教爱国会、基督教三自爱国运动委员会、道教协会4个爱国宗教团体；有宗教神职人员40人，其中有宗教界政协委员7名。

（区委统战部　冉万伟）

经济社会发展

【经济体制改革】 **深入推进营商环境综合改革** 深化行政审批流程再造集成创新，推进“线上+线下”政务服务，抓实“综合窗口+承诺制信任”审批，扩大“点菜式”服务面；推行行政审批专用章，实现“一枚印章管审批”。对标先进、持续优化，规范行政执法行为，保护企业合法权益，促进市场主体公平竞争。持续开展“五清”专项行动。

深化科技体制和科技金融改革 健全财政科研项目支持机制，企业研发投入增长25%，全社会研发投入强度增长14%。培育优质创新主体，新增科技型企业60家、高新技术企业5家。严格知识产权保护，新培育知识产权优势企业5家，发明专利授权量增长30%。强化产学研协同创新，新培育市级以上研发平台2个。加快工业互联网建设，促进互联网在研产销全链条推广应用，推动企业上云上平台。用好银政通、应急转贷等政府风险补偿金，创新电力金融贷、云电贷模式，引导增加制造业中长期融资，发挥“母基金+子基金”杠杆作用，撬动社会资本投向新兴产业，投放科技型企业知识价值信用贷款8000万元以上。

深化财政体制改革 创新财政政策资金运用，建立大预算管理机制，实现公开评审、绩效管理全覆盖。严格落实政府债务绿色可控机制，强化政府风险补偿金管理，坚决遏制隐性债务增量、稳妥化解存量。

深入推进国资国企改革 实施行政事业单位国有资产集中统一监管，加强国有企业市场化运作。事业单位、国有企业公务用车制度改革全面实施。

推进农业供给侧结构性改革 以国家城乡融合发展试验区建设为契机，抓实基础设施、基本产业、基层组织，稳妥推进“三变”改革试点，深化“六要”路径，建稳建实利益联结机制，新培育新型农业经营主体70个，新增特色产业面积1万亩，全区村集体平均年收入超过8万元。持续打响原乡小艾、铜梁龙柚等特色品牌，新认证“三品一标”50个以上；深化“三社”融合，推进农业生产全程社会化服务。

推进新型智慧城市建设 拓展大数据智能化应用场景，开展数字化装备普及，推动实施智能化改造项目50个，培育数字车间2个，规上数字经济工业企业产值增长35%。建设维新、高楼智慧水厂，建设智慧校园、云课堂试点学校。

（区政府办　王刚）

【经济发展】 **发展理念** 2019年，全区坚持以习近平新时代中国特色社会主义思想为指导，紧紧围绕习近平总书记对重庆提出的“两点”定位、“两地”“两高”目标、发挥“三个作用”和营造良好政治生态的重要指示要求，坚持稳中求进工作总基调，坚持贯彻落实新发展理念，坚持供给侧结构性改革，扎实推进“实业立区、创新强区、开放兴区、生态优区”，坚决打好“三大攻坚战”，大力实施“八项行动计划”，突出抓好工业振兴、乡村振兴、城市提升，抓实大通道、大投资、大项目、大保障，着力优化营商环境，努力推动高质量发展、创造高品质生活。全年实现地区生产总值

616.56亿元，增长8.7%。

发展计划执行情况 区十七届人大三次会议批准的《关于重庆市铜梁区2018年国民经济和社会发展计划执行情况及2019年计划草案的报告》得到积极执行，单位地区生产总值能耗等7个约束性指标全部完成；15个预期性指标中，地区生产总值、全社会消费品零售总额等7个指标超过预期目标，全社会固定资产投资、城镇登记失业率等3个指标达到预期目标，进出口总额、第一产业增加值等5个指标未达到预期。

投资消费快速增长，发展动力更加强劲 项目投资持续发力。固定资产投资完成320亿元，增长10.1%。其中，工业投资完成107.2亿元，占固定资产投资总额的33.5%，增长23%。重点建设项目顺利推进，121个重点建设项目开工建设114个（含续建64个）、竣工46个，完成投资190亿元。

消费需求快速增长。全区社会消费品零售总额达到212.24亿元，增长13.7%。新增限上商贸单位100家，总数达到484家。批发和零售业销售总额达到342.63亿元，增长13.8%；全区住宿和餐饮业营业额实现61.67亿元，增长15%。

2015—2019年消费主要指标增长速度

指标名称/年份	2015年	2016年	2017年	2018年	2019年
社会消费品零售额增长率	12.5%	13.4%	13.0%	13.7%	13.7%
批发和零售业销售额增长率	16.5%	18.2%	15.8%	14.2%	13.8%
住宿和餐饮业营业额增长率	19.2%	18.8%	17.5%	15.0%	15.0%

经济开放程度增强。招商引资强力推进，新签约项目87个，协议总投资526亿元，其中10亿元以上项目20个。开放平台进一步拓展，广（州）铜（梁）“一带一路”高新技术产业合作区成功落户。妥善应对中美贸易摩擦影响，对外经济保持稳定，全年进出口总额达到14.28亿元，增长23.3%；实际利用外资7448万美元。

产业结构持续优化，发展质量不断提高 三次产业结构比例调整为7.8∶55.8∶36.4，非农比重占比持平，产业结构持续优化。

工业经济稳步发展。工业振兴行动计划和工业跃升倍增计划扎实推进，实现工业增加值243.46亿元，增长9.8%；新增规上企业20家，总数达到339家，实现总产值572.80亿元，增长13.6%。领军企业、明星企业培育深入实施，兑现各类奖补资金5448万元，庆兰实业成长为大型企业并跻身全市“100户重点工业企业”，实现大型企业零突破。转型升级加快推进，实施技改项目168个，项目总投资37亿元；认定实施智能化项目60个，总投资5.66亿元。铜梁高新区建设步伐加快，国家级高新区创建已进入国务院审批环节，新开工英力电子、格唯新材料等项目21个，新投产安创、联富等项目22个，高新区规上工业产值占全区比重达80%。

农业经济平稳增长。实现农业增加值49.15亿元，增长2.5%。蔬菜基地提档升级，推进蔬菜标准园建设，蔬菜种植面积达到34万亩，产量达71万吨。特色种植养殖持续扩大，特经作物种植面积达13万余亩，产量达11.3万吨；特色水产品总量达3.52万吨，产值8.5亿元；特色畜牧业产值达4亿元，鹌鹑养殖小区（500万羽鹌鹑基地）和现代兔业综合示范园区（500万只肉兔基地）建设加快推进。实施“品牌建设年”行动，成功推出“原乡小艾”“铜梁龙柚”等一批在市场上叫得响、立得起的特色农产品品牌，新认证“三品一标”123个。全区有效期内“三品一标”认证农产品累计达到331个；新增重庆市名牌农产品4个，累计达到17个。“铜梁莲藕”地理标志通过初审。

服务业发展势头良好。实现服务业增加值224.24亿元，增长7.7%。龙城天街商圈业态进一步繁荣，营运面积达40万余平方米，入驻商家410余家，吸纳就业3200余人，年营业额达10亿元。电动车摩托车市场、城乡共同配送中心、红星美凯龙、百汇国际建材城等专业市场建成营业，经营面积达到13万平方米。电商产业发展迅速，新发展电商企业76家，全网上行达到2.5亿元，增长35%，电商交易额超30亿元。文旅融合发展步伐加快，安居古城景区、玄天湖景区等重点景区进一步完善，成功举办第五届亚洲龙狮锦标赛、首届重庆铜梁中华龙灯艺术节、2019重庆铜梁原乡风情马拉松赛等重大赛事和节会，文旅品牌影响力和吸引力持续增强。全年接待游客近987.8万人次，旅游综合收入达到42.2亿元。

【社会发展】 城乡融合纵深推进，发展基础持续巩固 城市品质不断提升。城区发展框架进一步拓展，启动新一轮国土空间规划修编，高起点规划建设8.7平方千米淮远新区，原乡中央公园、望山公园、见水公园开园迎客，铜梁中学新校区、文化艺术中心等项目启动规划建设，原乡大道即将建成。城市品质提升行动深入推进，完成白龙大道绿道系统建设、凤山公园提质改造，美化绿化零星闲置空地5万平方米，全区新增城市绿地130万平方米。新增城区公共停车位1000个、各类辅助设施2150个，累计实施指路牌、斑马线等“五小设施”改造1264处；全面启动主干道路隔离护栏安装，安装车行护栏15.4千米、人行护栏7.5千米、景观花箱8.2千米，完成龙城天街、人民公园、白龙大道等重点地区夜景灯饰建设，城市面貌更加亮丽。启动50个老旧小区综合整治、50栋老旧居住建筑消防设施改造；完成棚户区改造521户，拆除违法建筑4.2万平方米，市民居住条件大幅提升。“马路办公”“五长制”城市精细化管理、道路交通秩序综合整治等工作扎实推进，城市痼疾彻底好转。

乡村振兴战略全面实施。深化“六个要”发展路径，完善“新型农业经营主体+村集体+农户”“合作社+大户+农户”等利益联结机制，壮大新型农村集体经济，198个“空壳村”全面消除，全区村社集体经济总收入实现1927万元，集体收入5万元以上的村集体达到112个。加强农村土地流转管理，耕地流转总面积达到18.52万亩，土地流转率达19.92%。扎实推进农村人居环境整治，开展“三清一改”清洁村庄行动，持续推进“厕所革命”，完成农村改厕11642户，农民内生动力持续增强。高标准建设120平方千米西郊示范片，统筹推进绿道建设、环境整治、产业发展，60千米绿道建成贯通，城乡融合“血脉”基本打通。

城乡基础设施更加完善。能源保障持续巩固，城乡电网更加完善，铜梁500千伏、盘龙220千伏、永兴110千伏、玉泉110千伏等重大输变电工程竣工投运；页岩气勘探开发稳步推进，足203井进入试采阶段，试采井达到3口，日供气10万立方米/天，足205井、足202H2-2井、足202H3-2井完成钻探，进入压裂阶段，开工建设足202井区集输管道、脱水站、输气干线及配电工程；区域性长输管线相国寺储气库配套管道工程竣工投运。城乡一体化供水加快推进，开工建设同心桥水库，实施21个镇街供水管网改造，巩固提升35个村级供水工程，城区水厂供水覆盖13个镇街。城镇市政设施建设稳步实施，建成场镇污水管网37千米，启动城区明月寺、望仙桥片区和虎峰、旧县、平滩、侣俸场镇雨污改造，完成南城、少云等18座污水处理厂（站）技改提标，稳步推进城区三期污水处理厂技改提标。城乡路网进一步完善，北环路全线竣工通车，铜梁城区至侣俸、虎峰至西泉改造工程稳步推进，实施“四好农村路”960千米，完工672千米，全区村民小组通畅率达96%、通达率达100%。

改革创新实现新突破，发展环境明显优化 重点改革有序推进。行政审批改革持续深化，915项审批服务实现集中办理，分类设置“综合窗口”,推行承诺制信任审批、服务专员制度,审批效率进一步提高。深化“五清”专项行动,累计追缴欠缴税费13亿元,处置存量及闲置土地1.2万余亩,清退临聘人员1627名,清补城区歪树病树死树9800余株。售电侧改革稳步推进,参与直供电交易企业达到170家,交易电量约7亿千瓦时,降低用电成本约5000万元。健全政企沟通机制,完善政商交往“正负清单”,扎实开展区级领导集中走访精准服务民营企业和民营经济“解七难”,民营经济发展环境明显改善。推进现代医院管理制度建设,全面推行基层医疗机构集团化改革,深入推进医联体建设,启动医共体试点工作,门诊、住院次均费用分别下降1.7%、3.6%。扎实推进农村“三变”改革,全区农村集体产权制度改革试点工作基本完成,278个村和涉农社区全部完成股份经济合作联合社建立。推进人事制度改革,用好用活“龙乡人才十条”“人才三宝”,举办2019年重庆英才大会海归论坛,引进高层次人才117名。

科技创新蓬勃发展。进一步健全科技创新投入机制,修订《铜梁区科技发展专项资金管理办法》,研发投入持续加大,围绕企业自主创新、现代农业、生态环境、教育等重点领域组织实施科研项目61个,工业企业研发投入6.7亿元,全社会研发投入强度(R&D)达1.4%,增长20%,每万人有效发明专利拥有量超过6件。创新主体培育加快,新培育科技型企业105家,总量达到365家;新培育高新技术企业10家,有效期内高新技术企业达84家。创新平台稳步发展,成立铜梁农业科技园区创新服务中心,扎实推进国家农业科技园区建设,新建市级星创天地1个,新建农业科技专家大院3个,新成立民办非企业科研机构2家,新认定区级工程技术研究中心4家,选派市级科技特派员15名。加强企业科技金融服务,向10家科技型企业发放种子基金495万元,59家科技型企业获得知识价值信用贷款9510万元。

生态文明建设迈上新台阶,发展方式加快转变 污染防治扎实推进。大气污染防治严管严控,强化工业、交通、建设等领域协同共治,有效降低PM2.5浓度,城区空气质量优良天数达到302天,年平均负氧离子浓度达3033个/立方厘米,荣获“中国天然氧吧”称号。水环境整治力度持续加大,全面落实河长制,坚决打好“五个一律”标志性战役,开展污水偷排直排乱排、河道“清四乱”等专项行动,涪江、琼江等主要河流水质稳定达到三类及以上水质标准。实施土壤污染治理与修复,全面完成“垃圾围城”、固体废物治理等专项整治,市场化实施生活垃圾分类试点示范工作,开工建设生活垃圾焚烧发电项目。开展禁鸣路段机动车鸣笛自动抓拍等噪声治理,环境功能区噪声全面达标。全区环境质量持续向好,主要污染物减排达到市级控制目标要求。

生态保护修复加快实施。加强饮用水源保护,城市和镇街集中式饮用水源水质达标率稳定在100%和90%以上。推进节水型社会建设,被水利部正式命名为第二批节水型社会达标县(区)。大力实施增绿添园,安居国家湿地公园(试点)建设通过国家验收,全区湿地面积达到5.68万亩,森林覆盖率达到46.2%,城市建成区绿化面积达2.24万亩,国家森林城市创建工作加快推进。推动绿色生态生产,实施养殖业循环化改造,全区1177家养殖场全部改造完成,畜禽粪污实现资源化利用;62座水库承包权全部收回,全面取缔网箱养鱼;开展工业企业环保突出问题大排查大整治专项行动,关停一批不符合环保要求的镇街企业。

社会民生取得新进步,发展成果更加普惠 脱贫攻坚稳步推进。大力实施产业扶贫,出台《铜梁区产业扶贫工作方案》,设立1000万元扶贫产业发展基金,5个脱贫村发展脆桃、油茶、龙虾等特色产业4581亩;建立“专家+指导员+贫困户”技术指导服务制度,“一户一策”精准指导建卡贫困户和涉农村社产业发展。实施健康扶贫工程，救助贫困住院患者5114人次和特慢病门诊患者7233人次，健康扶贫基金兜底支付451.34万元，自付比例分别为9.7%、11.9%，免费救治贫困白内障患者76例次。扎实开展托底帮扶，实行低保救助和特困供养，开展“全面核查、精准救助”专项行动，畅通救助渠道，主动排查救助，纳入低保保障和特困供养范围的贫困人员分别有2332人、160人，贫困人员养老保险应保尽保率100%；全面落实教育扶贫和控辍保学工作，精准发放从学前教育到大学生资助金3620.83万元。4475户建卡贫困户全面实现“两不愁三保障一达标”，年度减贫任务全面完成。

公共服务和社会保障更加完善。学前教育普惠加快推进，新开园公办幼儿园2所，公办幼儿园增至65所，普惠幼儿园达到140所，普惠幼儿覆盖率达到79.1%。义务教育持续巩固，扩建或改造中小学29所，全面实施义务教育学生营养改善计划，实现义务教育学校全覆盖。成立铜梁区社区教育学院，成功创建重庆市社区教育示范区。医疗条件持续改善，第三人民医院、区精神卫生医院二期等5个项目竣工投用，创建美丽医院4家，区级公立医院实现全流程自助服务，基层医疗机构就诊比例上升至61.4%。养老设施加快完善，新建改建敬老院12所、社区养老服务站55个，村（社区）养老服务站达到278个，启动建设社区养老服务中心8所。加大社会救助投入力度，保障各类困难群众39350人，支出各类救助金13840万元，“一网联通”救助信息平台建成投用。加大就业创业扶持力度，开展“把老乡留在老家”专项行动，回引2.1万余名在区外务工人员返乡就业创业，发放创业担保贷款433户、6350万元，城镇登记失业率2.8%。城镇和农村常住居民可支配收入达到40198元、19690元，分别增长8.9%、9.7%。25件民生实事超额完成10件、全面完成12件、经区委同意后报告区人大常委会和区政协替换2件并全面完成，另有“场镇供水设施及管网改造”正在加快推进。

社会治理制度体系进一步健全 持续深化“党建扎桩、治理结网”，建设“互联网+”社会治理指挥中心，推动基层力量整合、工作融合，“乱云飞渡”现象明显好转，“上面千条线、下面一张网”的社会治理体系基本形成。推进乡风文明建设，持续开展“新乡贤”“好乡亲”系列评选，乡村邻里关系更加和谐。着力关口前移，防范源头，群众反映问题和安全稳定风险解决在早、处置在小。建立区社会治理创新中心，完善应急指挥系统基础数据库，优化应急组织体系，有效遏制重特大事故发生，群众幸福感、安全感显著增强。

（区发展改革委 魏晓晓）

【发展定位和前景】 以习近平总书记重要指示要求为根本遵循和行动指南，牢牢把握将成渝地区双城经济圈建设成为具有全国影响力的重要经济中心、科技创新中心、改革开放新高地、高品质生活宜居地的目标定位，正确处理好服务国家战略全局与增强自身发展能力的关系、解决当前突出问题与打牢长远发展基础的关系、市场驱动与政府引导的关系、突出特色和整合优势的关系、成渝“双核”带动与区域协调联动的关系、成渝地区双城经济圈建设和市域内“一圈两群”协调发展的关系，坚持新发展理念，坚持以人民为中心的发展思想，从全局谋划一域、以一域服务全局，对标对表、知重负重，借势借力、精准发力，全力打造先进制造示范区、创新生态示范区、城乡融合示范区、营商环境示范区，奋力把铜梁建设成为成渝地区双城经济圈高质量发展先行区、国际大都市后花园，全面融入成渝地区双城发展经济圈，推动铜梁沿着高质量发展道路加快崛起。

（区政府办 王刚）

【铜梁名特产】 **部级名特优农副产品** “铜梁玫瑰香葡萄”“平滩柚牌三红柚”。

市级名牌农副产品 铜梁龙龙乡米、铜梁龙贡乡米、彩桑园桑葚、尚臣御丰芦笋、尚臣御丰草莓、仙隐山樱桃、陆之品草莓、泰鸿山蜜柚、绿油坡黄豆芽、老肖葡萄、盛世龙心猕猴桃、家泽缘葡萄。

（区农业农村委　罗国伦）

地方及传统名特产品　野生鱼有：安居黄腊丁、涪江船钉子、大庙磨盘鱼。

农林特产有：食材类—岚峰黄花、天星寨葛粉、安溪玉兰片、土桥龙乡珍珠藕，御丰美人椒；饮品类—岚峰玉清碧露茶、巴岳玉露茶；水果类—巴岳柚、水口72-1锦橙、庆隆梨、小林砂糖李、双山“铜梁樱桃”、西河五星枇杷、西部农业园红心猕猴桃，老肖葡萄；药材类—水口镇、二坪镇使君子，维新百合粉，土桥渝枳1号。

养殖业特产有：铜梁鹌鹑，铜梁麻羊，双山、土桥观赏鱼，少云乌鳢，庆隆、虎峰甲鱼，永嘉蓝孔雀等。

食品加工类有：铜龙牌挂面、铜梁兰花根、白羊咸菜。

手工艺术有：铜梁彩扎、铜梁龙绣、铜梁木雕、铜梁龙椅、安溪竹器、铜梁石刻。

文化艺术有：铜梁龙舞、铜梁彩灯舞、永嘉猴狮舞。

（区史志办　王万明）

精神文明建设

【概况】 重庆市铜梁区精神文明建设委员会办公室为重庆市铜梁区精神文明建设委员会的办事机构，设在区委宣传部，由区委宣传部副部长兼任办公室主任。主要职责是贯彻落实区委、区政府关于全区精神文明建设工作的决策部署，担负全区精神文明建设的统筹规划、组织协调、检查督促和总结推广先进经验等多项职能。

2019年，铜梁区精神文明建设工作以习近平新时代中国特色社会主义思想为指引，以培育和践行社会主义核心价值观为主线，以创建全国文明城区为抓手，大力弘扬“奉献、友爱、互助、进步”的少云志愿服务精神，努力为全区经济社会发展提供强有力的道德支撑，取得了显著成效。

【文明创建】 以创建全国文明城区为统揽，对照最新测评体系，深入推行城区、镇街、村（社区）三级联创，扎实推进文明单位、文明村镇、文明家庭、文明校园等细胞创建，全国道德模范李其云、陈淑梅家庭获评全国最美家庭，全年获评市级文明单位、文明村镇、文明校园、文明家庭共13个。全区各级文明单位深入基层结对帮扶，积极开展“我们一起奔小康”“爱心进农家”等扶贫志愿服务活动750余场次。制定下发《全区大力推广使用普通话工作实施方案》，进一步加快全区普通话推广进程。

协助承办重庆市“高速带我文明游·打造美丽风景线”主题活动（区委宣传部　供图）

【道德建设】 坚持严把评选程序、创新宣传教育、注重主题实践，在全区大力培养、选树先进典型。邱少云烈士获评全国“最美奋斗者”，吴定富获评重庆市道德模范。全年获评“重庆好人”9名，评选“铜梁好人”22名，区级“新乡贤”20名，各级各类好乡亲1058名，树立了一大批身边榜样。举办铜梁区先进典型事迹报告会，在全区广泛设立“新乡贤、好乡亲”榜，刊发先进典型新闻报道100余次。完善先进典型基本信息库，强化先进典型帮扶慰问，慰问道德典型51名。大力推进诚信制度化建设，集中对19项社会领域的失信突出问题进行治理。

“新乡贤、好乡亲”先进典型事迹报告会　（区委宣传部　供图）

【少云志愿服务】 全区13万余名少云志愿者、800余个少云志愿服务组织持续推进“原乡风情 大美铜梁”少云志愿服务。在全区333个村（社区）全覆盖组建“绿化养护、环境保护、秩序维护”+特色服务的“三护+”少云志愿服务小分队，全年开展巡河巡路、美化家园、文明劝导、关爱帮扶等少云志愿服务活动5000余场次。开展“3·5”学雷锋、“山水之城 美丽之地”、“我们一起奔小康”、垃圾分类、2019年“铜马”赛事、第二届中华龙灯艺术节及新春团拜会服务等系列少云志愿服务活动。隆重举办“12·5”国际志愿者日少云志愿服务集中活动，通报表扬最美少云志愿者、最佳少云志愿服务组织，推出少云志愿者之歌——《少云是我们光荣的名字》。铜梁区新芽义工组织联合会获评全国“学雷锋志愿服务”最佳志愿服务组织，铜梁区南城街道黄桷门村少云志愿服务站获评2019年重庆市“最美志愿服务站(岗)”。

“12·5”国际志愿者日集中活动 （区委宣传部 供图）

【新时代文明实践中心试点工作】 制定印发《铜梁区建设新时代文明实践中心试点工作方案》，成立专门机构，落实工作经费，建立了新时代文明实践中心、分中心、所、站，初步建好新时代文明实践中心网络平台。各新时代文明实践分中心、所、站围绕“六讲六实践”，结合乡村振兴、脱贫攻坚、基层社会治理、农村人居环境整治等当前重点工作，开展理论宣讲、农技培训、科普宣传、文化下乡、关爱帮扶等文明实践活动3000余场次。

【未成年人思想道德建设】 组织开展“纸短情长爱祖国 励志家书助脱贫——给父母和祖国妈妈一封信”、寻根乡愁·记住年味——九童圆梦猪年春节行动、庆祝新中国成立70周年“我和我的祖国”手抄报大赛系列活动、“小萝卜头”进校园等活动。评选铜梁区“十佳好少年”10名、获评“新时代重庆好少年”3名。承办重庆市2019年乡村学校少年宫培训及述职考评会第四片区会，在“重庆市第二届乡村学校少年宫书画大赛”中，铜梁区11人获奖。小林小学在“全国乡村学校少年宫建设工作座谈会”中表现优秀，在“2011—2018年度建设乡村学校少年宫述职考评”中获评特等奖。持续深化“红樱桃 四季有爱”活动，积极开展红樱桃“夏日心爱”“冬日针爱”帮扶困境儿童关爱留守儿童志愿行动。

【农村精神文明建设】 深入实施“五风浸润”工程，以移风易俗“十抵制十提倡”工作为抓手，培育文明乡风。开展移风易俗“十抵制十提倡”公益广告宣传，组织宣讲队伍深入村社开展宣讲活动，持续利用村民议事会、红白理事会、道德评议会等自治组织，劝阻大操大办、违规敛财婚丧礼俗等行为，调解处理不孝父母案件。扎实开展“文明习惯养成”活动，举办生活技能大赛、文明礼仪竞赛、“新农村新生活”培训等活动，广泛开展“清洁户”评比活动，评选最美家庭110户，区级“最美阳台”10个、“最美院落”10个。坚持扶贫又扶志，评选“脱贫攻坚先进典型”31名，开展“身边的脱贫故事”微访谈195次，激发贫困群众内生动力。

【文明新风涵养行动】 深化“我们的节日”民俗文化活动，结合庆祝新中国成立70周年，利用春节、元宵、清明、端午、中秋等传统佳节，丰富群众精神文化生活。协助承办重庆市“高速带我文明游·打造美丽风景线”主题活动。扎实推进“文明在行动·满意在重庆”工作，陈春明等6人获评“文明在行动·满意在重庆”岗位服务明星，评选区级四星级“雷锋的士”14辆。在全区LED大屏、公交车、长途汽车站及各景区景点广泛播放文明旅游宣传片，传播文明旅游理念。在各景区景点设置文明旅游提示牌264块、文明旅游公益广告100余块，利用游客服务中心、购票大厅等现有场所建立文明旅游志愿服务站，成立文明旅游志愿服务队，为游客提供力所能及的咨询、指路、临时看护、拍照等帮助。利用微博、微信、铜梁App等阵地，积极开展网络文明传播活动。

（区委宣传部 张陈）

中共重庆市铜梁区委

综述

【概况】 中共重庆市铜梁区委设置工作机构12个，即区纪委监委机关、区委办、区委组织部、区委宣传部、区委统战部、区委政法委、区委研究室、区委网信办、区委编办、区委巡察办、区委老干局、区委机要保密局；直属事业单位2个，即区党史地方志办公室、区委党校。区委各工作机构及直属单位共有在编人员376人。

【区委十五届七次全会】 2019年1月10日召开。全会认真学习贯彻中央经济工作会议精神、全市经济工作会议精神，听取讨论唐小平代表区委常委会所做的讲话，审议通过《中共重庆市铜梁区委常委会2018年度工作报告》。

【区委十五届八次全会】 2019年6月5日召开。全会深学笃用习近平总书记视察重庆重要讲话和在解决“两不愁三保障”突出问题座谈会上重要讲话精神，全面贯彻落实习近平总书记对重庆提出的“两点”定位、“两地”“两高”目标、发挥“三个作用”和营造良好政治生态的重要指示要求，认真落实市委五届六次全会部署，听取并审议唐小平代表区委常委会所做的讲话和抓党建工作报告，审议通过《中共重庆市铜梁区委关于深入学习贯彻习近平总书记视察重庆重要讲话精神推动铜梁在西部大开发形成新格局中展现新作为实现新突破的决定》和《中共重庆市铜梁区委 重庆市铜梁区人民政府关于贯彻落实习近平总书记在解决“两不愁三保障”突出问题座谈会上重要讲话精神的实施意见》。

【区委十五届九次全会】 2019年12月5日召开。全会深入学习贯彻党的十九届四中全会精神，全面落实党中央关于坚持和完善中国特色社会主义制度、推进国家治理体系和治理能力现代化的重大决策部署，认真贯彻市委五届七次全会要求，听取并审议唐小平代表区委常委会所做的工作报告和抓党建工作报告，审议通过《中共重庆市铜梁区委关于深入学习宣传贯彻党的十九届四中全会精神的决定》。唐小平代表区委常委会做讲话。

【区委常委会会议】 2019年，在以习近平同志为核心的党中央领导下，区委常委会全面贯彻习近平总书记对重庆提出的“两点”定位、“两地”“两高”目标、发挥“三个作用”和营造良好政治生态的重要指示要求，认真落实市委五届五次、六次、七次全会精神，召开常委会会议42次。全面贯彻新发展理念，坚持稳中求进工作总基调，更加注重从全局谋划一域、以一域服务全局，扎实推进实业立区、创新强区、开放兴区、生态优区，坚决打好“三大攻坚战”，大力实施“八项行动计划”，突出工业振兴、乡村振兴、城市提升，抓实大通道、大投资、大项目、大保障，统筹做好稳增长、促改革、调结构、惠民生、防风险、保稳定工作，坚决肃清孙政才恶劣影响和薄熙来、王立军流毒，扎实开展“不忘初心、牢记使命”主题教育，举办庆祝新中国成立70周年系列活动，全区政治生态风清气正、干部状态担当作为、发展势态稳中向好，人民群众获得感、幸福感、安全感不断增强。

【推进经济高质量发展】 **发展产业集群** 坚持“实业立区”，把制造业高质量发展摆在突出位置，大力实施“工业跃升倍增计划”，切实做优存量、做大增量。狠抓招大引强优链。把招商引资作为第一抓手，实行周调度、月盘点、季总结，不断提升专业化招商水平，不断优化招商工作体制机制。先后引进凯盛君恒、猎声等重点项目73个、总投资424亿元，其中10亿元以上项目14个。开工建设中建材药玻产业园、小米生态产业园等重点项目33个、完成投资146亿元，其中工业投资增长29.6%，智能制造、高端汽车零部件、新能源新材料等重点产业集群加快形成。狠抓培大挖潜盘活。持续完善工业发展扶持基金等重点政策，深化工业企业“千百十”质量提升工程，实施领军企业、明星企业培育计划，抓好重点企业“一企一策”培育。

助推创新驱动 实施以大数据智能化为引领的创新驱动发展战略，加快数字产业化、产业数字化，着力建设“数字龙乡、智造高地”。加快发展智能智造产业。坚持一手抓智能产业，一手抓智能改造，推进互联网、大数据、人工智能与实体经济深度融合。云丁科技等小米生态链项目相继投产，首套“铜梁造”智能终端产品正式下线。开展“机器换人”行动，备案技改项目93个，其中智能化改造项目73个，获评“重庆市智能终端特色产业建设基地”。全区数字经济规上企业达47家、产值增长33%，高于规上工业企业产值增速19个百分点。强化大数据智能化应用。积极探索大数据在政府管理、公共服务和社会治理等领域的广泛应用，全面落实“云长制”，推进新型智慧城市建设，编制《铜梁区新型智慧城市建设总体方案（2019—2022年）》，突出抓好智慧应急、智慧商圈、智慧农业等重点工作。加大创新创业创造力度。发挥重庆大学城联动区域优势，务实搭建协同创新平台，深化与北科大、重大、中科院重庆分院等科研院校合作，推动构建以需求为导向、以企业为主体的“政产学研用”五位一体创新体制，新培育科技型企业102家、总量达347家。坚持把人才作为支撑铜梁创新发展的第一资源，落实“龙乡人才政策十条”，用好“人才三宝”，全面叫响“龙乡爱人才、铜梁欢迎您”。大力发展农村电商、社区电商、跨境电商，阿里巴巴成功入驻。

培植市场主体 聚焦完善产业引导、融资担保、风险补偿、应急转贷等支持体系，充分激发市场主体活力。打造卓越营商环境。在去年营商环境考核位居全市第一的基础上持续优化，出台《铜梁区打造卓越营商环境实施方案》，健全完善民营经济“解七难”工作专班和工作机制，常态化走访服务民营企业，建好用好政银企“铁三角”，搭建企业信用信息平台，持续开展“把老乡留在老家”专项行动，让企业专注“围墙以内”的事。区级领导带队走访民营企业368家、解决困难问题639个，帮助实体经济获得贷款90亿元，回引2

万余名群众返乡就业。落实减税降费政策。截至11月，通过落实政策共减税3.25亿元，惠及全区15万户纳税人。认真落实降低企业社会保险扶持政策，40家困难企业和145家小微企业直接受益。170家企业纳入直供电交易试点，可为企业节约成本5000万元。成功跻身重庆中小企业商业价值信用贷款改革试点区县，进一步拓宽企业融资渠道。深化商事制度改革。"先照后证"惠及市场主体3624户，全程电子化网上登记量持续提升。全年新发展各类市场主体6075户，累计拥有各类市场主体49420户，新增民营经济市场主体6013户，增长13.4%。

防范经济风险 坚持底线思维，确保经济运行平稳可控。持续深化政府债务绿色可控机制。强化区属重点国有企业还本付息及资金筹集统筹调度，确保资金不断链。化解政府隐性债务8.9亿元，政府债务率、偿债率、付息率均低于警戒线参考值。厘清公益性项目和经营性项目边界，建立新增融资、新批项目债务审查机制，争取地方政府新增债券20亿元。有效防范化解金融领域风险。制定非法集资防控工作考核办法，开展防范和打击非法集资常态化宣传，对房地产企业、网络借贷企业等7类行业主体进行"横向到边、纵向到底"的风险排查，对发现的问题及时督促整改。按照"一案一专班"要求，对非法集资案件成立专案工作组，推进债权追收，切实维护金融稳定。

【推进全面深化改革】 **落实改革部署** 深刻领会习近平总书记关于改革的重要指示精神，全面贯彻中央、市委改革部署，召开区委深改委会议5次，研究审议改革文件方案9个，将承接中央、市委部署的160项改革任务和34项铜梁特色改革任务纳入"六张清单"统一管理，实行月汇总、季评估、年盘点，确保改革任务不落空。全区累计承接中央、市委改革举措416项，已落实379项，党的十九大报告重要改革举措实施规划涉及铜梁的158项改革任务有序推进，市委安排的20项改革试点全面铺开、取得阶段性成效。全区改革经验做法被中央主流媒体刊发11次，"互联网+应急管理"创新举措在全国应急管理信息化研讨会上做交流发言。

压实改革责任 坚持"一把手"抓改革，层层传导压力，带动各级领导干部"拿工具、上工地"，推动全面深化改革落地生根。将"一把手"亲力亲为抓改革情况作为区委深改委会议固定议题，定期听取各专项小组组长、有关部门主要负责人和镇街主要负责人抓改革落实情况汇报。建立"三个纳入"工作机制，将全区各级领导干部抓改革情况纳入落实市委巡视整改重要内容，纳入民主生活会领导干部对照检查内容，纳入个人年度述责述廉报告内容。出台《2019年区级重点改革项目督察计划》，完善三级督察机制，采取随机抽查、明察暗访、现场核查等方式常态化跟踪改革项目进展情况，进一步压紧压实责任，促进改革任务落地落实。

做实改革专项 坚持狠抓具有标志性、引领性、支柱性的改革重点专项，着眼改革工作出成效、出经验，靶向施策、精准出击，探索可复制推广的重点改革举措。持续深化"五清"行动，累计清理历年欠缴税费16.12亿元、已追缴入库13亿元；累计清理存量土地、闲置土地、违法用地1.4万亩，有效处置存量及闲置土地1.2万余亩，处置违法用地1000余亩；清退违规临聘人员1627名，清补城区歪树病树死树9800余株，"五清"专项行动成为全市源发于基层探索创新的改革品牌，被主题教育中央第十巡回督导组肯定推广。持续深化行政审批流程再造集成创新，优化压减涉企审批环节到15个工作日内，建成投用市民服务与营商环境促进中心，实行"一窗通办""一网通联"综合窗口服务，推行承诺制信任审批。持续深化绿色发展促进机制，推进国家循环化改造示范园区和国家产业转型升级示范区建设，全面推广农村养殖业循环化改造，积极创建国家农业科技园区和农产品质量安全区，"绿色+"发展改革经验被市委改革办《改革工作简报》专题刊载。

【推进大开放促大发展】 **加快建设重大外联通道** 抢抓重庆入选交通强国建设试点区域和全市实施基础设施建设提升战略行动计划的重大机遇，着力补齐外联通道短板。加大向上对接争取力度，将一批重大外联通道建设项目挤进全市“大盘子”，与市级部门建立分层分级分类对接机制，全力推进项目建设，着力构建联动主城、联通成渝的对外开放通道体系。市域快线璧铜线于11月底顺利开工，合璧津高速（铜梁段）建设稳步推进，铜安高速、渝遂扩能、兰渝高铁、成渝中线高铁等项目前期工作有序推进。

深化对外开放合作 坚持把高新区作为铜梁开放发展的重要平台，高标准规划建设50平方千米绿色生态花园高新区。持续推进高新区体制机制创新，重点在高端产业集聚、创新平台搭建、高新人才引培等方面深度发力。围绕服务“一带一路”、粤港澳大湾区等国家发展战略，与广州经开区开展产业合作，共建广铜“一带一路”高新技术产业合作区，探索东西部开发区联动发展新路子。积极融入成渝城市群一体化和全市“一圈两群”区域协调发展战略，深化与中新示范项目管理局战略合作，扎实推进重庆市新能源产业园、重庆市中小企业创业园等开放平台建设。

加强对外交流交往 坚持“走出去”与“请进来”相结合，主动参与并承办举办各类对外交流活动，全面拓展对外开放的广度与深度，持续提升铜梁知名度、美誉度和影响力。组团参加进博会、智博会、西洽会等重大展会，在更高平台、更高层次对外宣传推介铜梁。承办第十四届中国传媒年会、第五届亚洲龙狮锦标赛、重庆英才大会海归论坛等重大活动，扩大对外交流“朋友圈”，为铜梁开放发展聚集更多资源要素。常态化举办中华龙灯艺术节、重庆小姐大赛、原乡风情马拉松等系列品牌活动，组织铜梁龙狮赴美国、以色列和中国台湾等地交流演出，积极对外展示铜梁开放环境、发展环境。

【推进城乡融合发展】 **促进乡村振兴** 紧紧围绕“产业兴旺、生态宜居、乡风文明、治理有效、生活富裕”总要求，聚焦“五个振兴”精准发力，乡村振兴战略迈出坚实步伐。坚持“串点连线、成片扩面”，以改革激活人、地、钱等关键要素，打造120平方千米乡村振兴西郊示范片，建成60千米绿道，围绕绿道建设“绿网”、发展“绿道经济”，西郊绿道获评“2019年重庆十大最美乡村”。深化“六要”路径，发展壮大新型农村集体经济，培育集体经济418个，盘活撂荒地2733.33公顷，全部消除“空壳村”。招募“三支一扶”人才31人，动态回引在村挂职本土人才600人，打造了一支“不走的乡村振兴工作队”。实施农村人居环境整治三年行动计划，新建“四好农村路”718千米，完成改厕11642户、农村危房改造1442户，《人民日报》专题报道人居环境整治积分制经验做法。深入实施“五风”浸润工程，常态化评选新乡贤、好乡亲，全市乡村文化振兴现场会在铜梁召开。大力推动乡村组织振兴试验示范区建设，“一支一策”整顿软弱涣散农村党组织38个，全面推行党员亮身份亮职责亮承诺“三亮”行动，农村基层党组织政治功能和组织力明显增强。

抓好城市提升 聚焦国际化、绿色化、智能化、人文化，高水平抓好城市规划建设，优化空间布局、完善功能配套、提升城市品质。坚持以最小的投入、做最小的改动、保持最大的敬畏之心、取得最好的效果，内外兼修、加减并重，秉承“山头不推、稻田不填”，以融合理念、梳理手法、绣花功夫，打造山水田园城融合发展生态城市。高起点规划建设8.7平方千米淮远新区，高品质打造原乡中央公园、望山公园、见水公园，提质改造全民健身中心、凤山公园、玄天湖景区。全面实施“增花添彩”，对城市主干道、重要节点、高速互通口等重点区域进行绿化提质，全年新增绿地面积130万平方米，是2017年的6倍。建成70万平方米龙城天街商圈，推动全面开街和业态繁荣，大力发展楼宇经济、专业市场，形成多元化、多层次商贸业态。成立征地拆迁攻坚行动领导小组,充分发挥各方面作用,依法推进890户重点拆迁任务,为城市拓展及相关重点项目提供了用地保障。深化大城细管、大城智管、大城众管,持续提质"五纵五横"骨干道路、实施"五小"改造,常态化开展"马路办公",解决城市乱停乱放、乱倾乱倒、垃圾围城等顽瘴痼疾957个,城市颜值更高、气质更佳。

促进区域联动 充分发挥铜梁地处成渝城市群中轴线关键节点的优势,把铜梁放在全国全市大局中找准目标定位、谋划发展思路,立足成渝城市群和主城区都市圈,主动承担区域功能职责,积极落实全市"一圈两群"区域协调发展战略。积极参与成渝轴线区(市)县协同发展联盟和渝西川东经济协作会,全年在区域产业协同发展、基础设施互联互通、社会事业发展合作等方面达成合作事项11项,推动成渝轴线区(市)县协同发展联盟上升为四川重庆两省市重点合作区域。不断拓展跨区域合作,与甘肃陇南、广州经开区建立合作机制,共同开展人才交流、产业协作等领域合作,实现互利共赢、互促共进的目标。

【推进生态环境保护】 **抓污染防治** 积极配合第二轮中央生态环保督察工作,统筹抓好中央环保督察反馈问题整改和环境突出问题整治,交办的56件群众信访件(合并重复问题后共44件),办结30件。坚决打赢蓝天保卫战,突出控制交通、工业、扬尘和生活污染,开展重点行业废气深度治理,环境空气质量主要指标平均浓度持续下降。全力打好碧水保卫战,深化"五个一律"落实河长制,建立健全流域污染源清单,区级领导带头巡河95人次、带动全区各级河长巡河1.8万余人次。高质量完成镇街污水管网、污水处理厂改造,加强排污口和污染源管控,开展污水偷排直排乱排专项整治行动,全区主要河流水质稳步向好。扎实推进净土保卫战,深入推进垃圾分类,加强土壤污染治理,全区土壤环境质量总体安全可控。

转变发展方式 加快推进传统产业"绿色化"、绿色产业"规模化",深入推进国家产业转型升级示范区和国家循环化改造示范园区建设,坚决不搞"捡到篮子就是菜",严格执行产业准入负面清单制度,完善企业环境信用"红黑名单",着力培育生态旅游、医药康养等生态产业体系。发展特色高效循环农业,完成养殖场循环化改造,推进种养业耦合发展,促进农药、化肥、抗生素"三降"。推进农文旅融合发展,打好龙文化、生态、乡愁、红色"四张牌",铜梁已成为都市人群休闲旅游、回归自然、颐养身心的"网红"打卡地。加强生态环境监管执法,发出行政处罚决定书95份,保持惩戒环境违法行为高压态势。严厉打击非法开采、违法建设行为,查处违法占地18起、涉及占用耕地8.33公顷,拆除违建别墅3处、建筑面积1万平方米,全年未发生较大及以上突发环境安全事故。

保护生态屏障 从生态系统整体性和系统性着眼,注重山水林田湖草生态系统整体保护、系统修复,形成永久基本农田、城镇开发边界、生态保护红线三位一体的"空间规划一张图",加大对森林、湿地和重点湖库等生态系统保护力度。深入开展国土绿化提升行动,完成营造林5600公顷,全区森林覆盖率提升到46.2%,荣获"中国天然氧吧"称号。常态化巡防巴岳山玄天湖风景名胜区、毓青山国家森林公园、安居湿地公园等自然保护地,自然保护地管理责任压紧压实。开展"矿山重披绿衣"生态修复行动,持续推进历史遗留矿山恢复治理修复与土地复垦工程,绿水青山得到有效保护。

【推进社会民生事业】 **坚决打赢脱贫攻坚战** 把脱贫攻坚作为全面建成小康社会必须完成的硬任务,全年召开区委常委会会议19次、扶贫开发领导小组会会议5次、区委理论中心组学习会5次,深入学习贯彻总书记关于扶贫工作重要论述特别是在解决"两不愁三保障"突出问题座谈会上的重要讲话精神,推动全区上下形成"学重要论述、强思想武装、促脱贫攻坚”的浓厚氛围。突出以上率下，扎实开展“促改督战”专项行动、“百日攻坚”行动，区级领导深入28个镇街，盯着抓、督着干，组织开展集中督查检查，组织区级各民主党派开展脱贫攻坚民主监督，进一步压紧压实攻坚责任。强化问题导向，一体推进中央脱贫攻坚专项巡视、市委巡视、成效考核、督查检查等各类反馈问题和自身检视问题整改。中央巡视129项整改任务已全部完成整改，国家考核反馈的36个问题和市级反馈的44个问题均已完成整改，2019年市级脱贫攻坚成效考核反馈问题也在第一时间梳理并推进整改落实。凝聚攻坚合力，利用好“万企帮万村”、社会扶贫网等平台，调动社会各界力量助力脱贫攻坚，327户建档立卡贫困户全部实现脱贫。脱贫攻坚中涌现出一批先进集体和个人，荣获市级脱贫攻坚奖1人，全区评选表扬脱贫攻坚领域干部、群众31人。

建好保障体系 着力通堵点、疏痛点、消盲点，建立健全同群众生活息息相关的社会保障体系，大力发展各项社会事业。强化公共就业创业服务，发放创业扶持贷款5362万元。进一步提高学前教育普惠率，持续实施家庭经济困难学生营养改善计划，全面消除大班额情况，稳步推进职教融合，推动教育高质量发展。12项医改便民长效机制稳步推进，农村妇女“两癌”免费检查惠及2.56万人，医疗服务能力和水平显著提升。推进社区养老服务“千百工程”、失能老人护理能力提升工程，养老服务体系不断健全。为城市低收入对象发放物价补贴90万余元，将城市低保和特困人员生活标准分别提高到每人每月580元、754元，失能特困人员集中供养率提升至35%，困难群体更有依靠。

办好民生实事 围绕群众关心、社会关注的民生突出问题，在市里15件重点民生实事的基础上，广泛征求意见，确立办理25件重点民生实事。建立主要领导亲自抓、分管领导具体抓、责任单位分头抓落实的工作格局，强化要素保障、督促检查和考核问效，确保民生实事有力有序推进。农村危房改造、农村卫生改厕、棚户区改造、新增公共停车位等9件重点民生实事提前完成年度目标任务，“四好农村路”建设、“增绿添园”工程、便民商业设施建设工程等16件重点民生实事按序时进度推进。

【推进宣传思想文化建设】 守牢意识形态阵地 牢牢掌握意识形态工作领导权，严格落实意识形态工作责任制，定期分析研判意识形态领域新动向新问题，开展风险隐患排查化解，全区未发生意识形态事件。认真制定市委巡视反馈意见意识形态工作专项整改方案，高质量完成整改任务。专门召开区委网络安全和信息化委员会会议，制定印发《关于加强网络安全和信息化工作的实施方案》《全区网络安全和信息化工作重点任务分工方案》等文件，维护网络空间意识形态安全。深入开展“扫黄打非”五大专项行动，推进基层站点规范化标准化建设，开展联合专项检查，不断净化文化市场。

加强思想舆论引导 围绕学习贯彻总书记视察重庆重要讲话精神，全方位、全覆盖开展理论宣讲，在区属媒体开设专题专栏，组织专题访谈，全景呈现全区上下落实总书记殷殷嘱托的火热实践。深入阐释中国共产党为什么“能”、马克思主义为什么“行”、中国特色社会主义为什么“好”，引导全区干部群众坚定“四个自信”。全力做好新中国成立70周年系列宣传，组织开展重点庆祝活动项目47个，铜梁龙舞代表重庆晋京献礼新中国成立70周年华诞，以世界一流、历史最好的惊艳姿态赢得广泛赞誉。精心组织“我和我的祖国”等群众性主题宣传教育活动，充分激发广大干部群众的爱国之心、报国之志。深入践行社会主义核心价值观，广泛传播向上向善精神力量。扎实推进新时代文明实践中心建设，建强“少云志愿者”队伍，开展少云志愿服务、文明实践志愿服务等活动7500余场次，时代新风得到大力弘扬。

促进文化事业和产业发展 大力发展文化事业，实施文化惠民工程，新增综合文化服务中心37个、市级社区健身点11个，开展流动文化服务进村1264场次，组织惠民活动1693场次。着力打造文艺精品，舞蹈《龙把子》获得第十八届群星奖。加大文化遗产保护力度，完成《铜梁龙舞演艺规范》《铜梁龙舞道具制作技术规范》地方标准编制，新增市级非遗项目3项，成功获评2018—2020年度“中国民间文化艺术之乡”。大力发展文化旅游产业，出台《铜梁区龙文化产业发展工作方案》，打造“快旅慢游”服务体系，1至10月全区文化旅游综合收入40.4亿元，增长13.1%。建成龙灯彩扎村（基地）8个，为群众带来直接经济效益60万余元。参加全市“晒文化·晒风景”大型文旅推介活动，“双晒”宣传片得到评审专家高度肯定并荣获最佳作品奖，“双晒”活动后到铜梁游古城、赏龙舞、品乡愁、瞻仰邱少云烈士的游客暴涨，同比增长33%，极大激发了全区广大干部群众热爱铜梁、宣传铜梁、建设铜梁的自信和激情。

【推进和谐稳定工作】 **完成大庆安保任务** 以保障庆祝新中国成立70周年为主线，深入实施“防风险保安全护稳定迎大庆集中攻坚行动”，开展风险隐患大排查大整治大执法大督查，坚决防范打击敌对势力渗透破坏、暴恐分裂、邪教和非法宗教活动等。国庆期间，每天投入3000余名安保和群防群治力量，有效防范化解突出风险隐患，实现了敏感案（事）件等“八个零发生”，大庆安保维稳工作荣记重庆市公安局集体二等功。

维护社会公共安全 健全公共安全体系，持续夯实安全基础，切实维护人民群众生命财产安全。严格落实安全生产“一岗双责”制度，督促企业落实主体责任。充分发挥“互联网+”安全生产指挥中心作用，建立完善应急基础数据库和视频数据库，应急处置能力进一步提升。坚持重心下移、关口前移，深入推进大排查大整治大执法，聚焦防范各类季节性自然灾害风险，逐一排查重点行业安全隐患，严格监管执法，有效遏制生产安全事故。全区生产安全事故比上年同期减少2起，危险化学品和烟花爆竹、农业机械、水上交通、渔业船舶、特种设备、消防生产经营火灾等6大重点行业和领域连续8年保持“零死亡”。坚持源头严防、过程严管、风险严控，加强食品药品监管，守住了人民群众“舌尖上”的安全。

加强基层社会治理创新 认真贯彻落实党的十九届四中全会和市委五届七次全会精神，坚持守土有责、守土负责、守土尽责，强化问题导向和底线思维，有效预防和化解社会矛盾，加快打造共建共治共享的基层社会治理新格局。深入实施“枫桥经验”重庆实践十项行动，扎实推进“党建扎桩、治理结网”工程，运用大数据智能化技术建成区社会治理指挥中心，构建五级组织体系、三级指挥中心，健全完善社会矛盾排查预警、调处化解综合机制，社会治理社会化、法治化、智能化、专业化水平持续提高。推动扫黑除恶专项斗争横向拓展、纵向深入，打掉恶势力保护伞4个，侦办涉恶团伙6个，抓获九类犯罪嫌疑人312人。依法严厉打击各类违法犯罪活动，不断净化社会治安环境。全区刑事案件破案数和起诉数同比分别上升140.98%、24.38%，现行八类案件破案率100%，连续10年实现命案全破，打掉网络诈骗、“套路贷”等多个新型犯罪团伙。全区信访总量总人次、到市信访人次均同比下降，实现到市集访、进京非访“零目标”。

【推进民主法治建设】 **促进全面依法治区** 完善全面依法治区体制机制，建立健全全面依法治区领导体制、日常运行机制和督察考核机制。加强法治政府建设，公布权力清单和责任清单，全面推行行政执法公示、执法全过程记录、重大执法决定法制审核“三项制度”。深化司法体制综合配套改革，加快智慧法院、智慧检务、智慧警务、智慧司法建设，不断提高司法效率和公信力。加快法治社会建设，加强领导干部和国家工作人员学法考法，带头遵法守法。创新法治宣传教育方式手段，开展民主法治示范村自治、法治、德治“三治结合”建设行动，着力提升全区公民法治素养和守法意识。推进公共法律服务平台建设，加强法律援助服务，截至11月受理法律援助案件463件，挽回经济损失446万元。

支持人大依法履职 牢牢把握人大工作正确政治方向，加强党的领导，定期听取人大常委会党组工作汇报。支持人大依法行使监督权，听取审议工作报告21项，开展工作评议、专题询问、执法检查、专题视察调研等17项，备案审查规范性文件6件。支持人大提升代表履职效能，制定完善密切人大代表联系人民群众、代表分片区开展活动、闭会期间代表活动等意见办法，建成代表工作室47个、民情联络站320个。将代表联系群众“双亮双接双办”工作纳入“党建扎桩、治理结网”工程，充分发挥人大代表在基层社会治理中的重要作用。重视代表建议、批评和意见办理，继续推行“一交办三督办”“两评价一公开一考核”等制度，推动一批民生实事有效落实。开设区人大代表党校专题培训班1期，培训代表219人次。

支持政协发挥作用 深入贯彻落实中央、市委政协工作会议精神，积极推动协商民主广泛、多层、制度化发展。支持政协充分发挥社会主义协商民主的重要渠道和专门协商机构作用，区政协紧扣区委部署和全区重点工作建言献策，开展重点协商、通报、视察、调研43次，形成一批高质量的协商议政成果。支持政协发挥民主监督功能，组织委员视察农村人居环境整治工作，发现问题9大类200余个，目前已整改完成90%以上。支持政协发挥联系和服务群众优势，收集社情民意信息300余条、采用42条。健全完善多层次联系委员制度，不断提高政协委员履职能力。

构建大统战格局 牢牢把握大联合大团结主题，巩固和发展最广泛的爱国统一战线，凝聚共识合力，找到最大公约数，画出最大同心圆，促进“五种关系”和谐。广泛开展“学讲做”和“不忘初心、与党同心”系列教育活动，全覆盖培训统战成员，进一步筑牢增强“四个意识”、坚定“四个自信”的思想根基。深入开展政党协商，聚焦工业振兴、乡村振兴、城市提升及群众急难愁盼问题广泛征求意见建议。完成中央宗教工作督查和市委巡视关于宗教问题整改，全覆盖整治非法佛教小庙393处，“十步工作法”整治巴岳寺做法在全市推广。深化民营经济“解七难”，开展“守法诚信经营，坚定发展信心”主题教育，组织民营企业家参加北科大高级管理研修班学习，培育“有梦想、有情怀、有作为”的民营企业家队伍，促进非公有制经济健康发展和非公有制经济人士健康成长。认真贯彻落实《社会主义学院工作条例》《中共中央关于加强中国特色社会主义参政党建设的意见》，强化党外优秀干部发现储备、培养锻炼、服务管理，提拔党外领导干部6名、交流4名。承办第十一届“重庆·台湾周”相关活动，举办“两岸同心·龙耀中华”龙舞展演，铜梁火龙连续三年在元宵节期间赴台，加强两岸同胞对话交流，为全区经济社会发展广泛凝聚力量。

加强工会、共青团、妇联等人民团体改革创新，不断提高人民团体组织群众、引导群众、服务群众和维护群众合法权益的能力。积极推进军民融合发展，支持驻铜部队和武警部队建设，加强民兵预备役队伍建设，切实加强退役军人管理服务工作，国防动员和“双拥”工作取得新成效。

（区委办　张小龙）

组织工作

【概况】 全区共有党组织1350个。其中：党工委15个，党委84个，党总支34个，党支部1217个；全区共有党员33310人。其中：农牧渔民党员14906人（44.75%），公有制经济单位党员7015人（21.06%），非公和社会党组织党员3694人（11.09%），离退休党员5513人（16.55%），其他党员2182人（6.55%）。全年新发展党员340名，其中公有制单位165名，非公企业和社会组织28名，农牧渔民117名，其他人员30名（大学生村官1名、社区干部13名、个体工商户3名、自由职业人员13名）。

2019年，铜梁区被中央农村工作领导小组办公室、中央组织部、中央宣传部等确定为全国乡村治理体系建设试点区。主题教育工作在全市做经验交流，中央第十巡回督导组推介铜梁做法，央视新闻联播予以报道。乡村组织振兴试验示范区建设、“人才三宝”等工作先后64次被中央、市级媒体刊物报道推广，《人民日报》专题报道人居环境改善积分制工作。先后承接中组部、中央党校、市委，以及全国党建研究会、市委当代党员杂志社等有关领导来铜调研并获肯定，接待区外学习考察20余次，在市委组织部做经验交流3次。区委组织部2019年获市委、市政府“重庆市乡村振兴贡献奖先进集体”称号。

【基层组织建设】 深入实施“扎桩工程” 扎实开展软弱涣散基层党组织专项整治，“一支一策”整顿软弱涣散基层党组织47个，28个党员区级领导实现“村村到”。新建、扩建、内部改造93个便民服务中心。

推进乡村组织振兴 实施农村带头人队伍整体优化提升行动，2次全覆盖集中培训基层党组织书记2500余人次。实行统筹招聘、统筹培训、统筹使用、统筹管理，回引112名本土人才到村任职。发展新型农村集体经济，有序推进乡村振兴西郊示范片。开展脱贫攻坚“百日攻坚”行动大落实，28个工作组、440余名精干力量，逐镇街、逐村（社区）、逐户深入核查，抓实党建促脱贫攻坚。

深化城市基层党建 落实机关、企事业单位与社区共驻共建，常态化组织开展“三小”认领管护，激发群众参与社会治理内生动力。3000余名群众参与“三小”（小绿化、小设施、小场地管护）认领，管护城区近100个老旧小区。

统筹推进各领域党建 整改3家公立医院党支部设置，召开高新区非公企业党建工作会，新建龙城天街商圈党群服务中心，制定加强新时代律师行业党建工作清单，非公经济和社会组织党组织覆盖率保持在85%、80%以上。

【干部队伍建设】 树正选人用人鲜明导向 坚持把政治标准放在首位，严格贯彻落实《领导干部政治标准考察考核清单》，把政治忠诚、政治定力、政治担当、政治能力、政治自律作为干部考察考核重要内容，推动各级领导班子和领导干部切实增强“四个意识”、坚定“四个自信”、做到“两个维护”。坚持事业为上、人岗相适、人事相宜，坚持德配其位、才配其位，树立公道正派、干事创业的选人用人风向标，选拔94名干部充实有关领导班子。修改完善区管领导干部选任工作流程，对8个区管单位开展选人用人专项检查，坚决纠正各种不规范问题，用人风气更加清朗。

实施干部专业化培训 聚焦行业系统贯彻中央决策部署、市委工作要求和区委工作安排中普遍存在的知识弱项，聚焦乡村振兴、脱贫攻坚、生态环保、招商引资、民营经济发展、新型智慧城市建设、项目前期工作等重点内容开展专题培训，举办各类短班、小班、专题班94期，培训干部1.3万余人次。坚持干部教育培训“姓党”，紧抓党的理论教育和党性教育这个“主业主课”，围绕深学笃用习近平新时代中国特色社会主义思想，举办主体班3个，培训干部196人次。

激励干部担当作为 研究制定党政领导干部年度考核办法，优化考核指标体系，围绕“六张清单”重点任务，“一户一表”制定考核内容，引导各单位回归本位、聚焦主业。强化考核结果运用，把考核结果作为研判班子和干部重要依据，约谈考核排名靠后的9个单位12名党政主要负责人，引导干部实干担当。深入开展干事创业精气神不够、患得患失、不担当不作为问题专项整治，查摆问题240个，整改率100%，建章立制122项。全面推行公务员职务与职级并行制度，顺利完成全区公务员职级套转，晋升工作稳步推进，有效提振干部干事创业精气神。

培养选拔优秀年轻干部 面向"双一流"高校选调优秀大学生12名，面向社会公开招录公务员82名，面向优秀村（社区）书记、主任、大学生村官招录公务员7名，开展公开遴选（选聘）、选调工作人员6批次210人。分层级、分类别建立"80后"处级、"90后"科级优秀年轻干部名单，提拔重用"80后"区管干部22名。选派10名干部到广州开发区、市中新项目管理局、巫山县学习锻炼。

强化干部监督 强化对政治纪律、选人用人、担当作为的监督，约谈84人次、函询71人次、诫勉3人、移交问题24条；强化日常管理监督，对250名领导干部报告个人有关事项情况进行了抽查核实，对8名领导干部家产来源合法性进行了验证，对31名党政主要负责人开展离任经济责任事项交接，对11个单位18名领导干部实施经济责任审计。

【人才平台建设】 成功承办重庆英才大会海归论坛，现场签约引进紧缺急需优秀人才6名，并在大会专场招聘会引进博士（硕士）研究生8名。举办首批高层次创新创业人才（团队）及创新项目政策兑现仪式，向48名高层次创新创业人才、1个人才团队、4个创新项目兑现奖励756万元。全区新增入选"重庆英才计划""鸿雁计划"等专家人才（团队）6名（个），引进急需紧缺人才648名（含高层次人才117名），引才总量同比增长近30%，为经济社会发展提供了有力的人才智力支撑。持续深化人才"直通车""加油站""暖宝宝""人才三宝"建设，制定《深化"人才三宝"建设工作实施方案》，在人才引进、培养、服务等方面持续完善机制、增添举措。推进人才服务平台标准化建设，发布人才服务指南，落实14名人才服务专员，首批高层次人才、常驻铜梁企业高管纳入"直通车"服务范围，选配39名家庭医生，为人才提供各类服务490余人次，协调358名人才子女入学。

2019年11月10日在铜梁举办的重庆英才大会海归论坛（区委组织部 供稿）

【"不忘初心、牢记使命"主题教育】 一是坚持把强化理论武装贯穿始终。区级领导利用5天时间，通读学习、深入学习、跟进学习习近平总书记重要讲话文章，围绕8个方面设置5个专题开展集中学习研讨。深入开展革命传统教育，组织集中收看庆祝中华人民共和国成立70周年大会，积极参加全市优秀共产党员先进事迹巡回报告会，集体到重庆廉政教育基地开展警示教育。二是坚持把深入调查研究贯穿始终。坚持"小切口、大破题"，围绕推进"三大攻坚战""八项行动计划"等重点工作，聚焦全区经济社会发展痛点难点堵点，统筹区级领导和区管领导干部，形成调研成果645个、召开调研成果交流会110场、讲专题党课711场次。三是坚持把抓好检视整改贯穿始终。坚持问题导向、实践导向，结合8个专项整治，深入开展"四治四提"专项行动，梳理"八不"问题438个、整改351个。大力推动"办事提速"，持续深化行政审批流程再造、集成创新，全面推行"综合窗口+承诺制"信任审批，42项群众办理一般证照实现立等可取；全覆盖走访368家重点企业，建立"一企一档"，收集解决融资、用工、降本、订单等"七难"问题654个。大力推动"工作提质"，全面梳理大通道、大投资、大项目、大保障等"六张清单"，严格落实重点项目甲方、设计、施工、监理"四同步四到场"制度，狠抓进度、质量、安全三环节，中央、市级等巡视督查、专项巡查审计等问题完成整改358个，正在持续整改8个，“六张清单”重点任务完成389项、正常推进266项。大力推动“民生提效”，深入开展“千名干部下基层大宣讲大走访”，全覆盖设置征求意见箱，通过“走下去、收上来”收集问题2523个，查摆解决了安全饮水、农房办证、如厕便捷、就近就业、入园普惠、改善居住环境等群众反映强烈的“六盼”问题。

（区委组织部　李升泉）

宣传工作

【加强理论武装】 深入开展习近平新时代中国特色社会主义思想学习宣讲，健全各级党委（党组）理论学习中心组第一议题必学习近平新时代中国特色社会主义思想制度，区委中心组开展多种形式学习20次，示范引领各级党委（党组）中心组学习1200余场次，区委中心组成员在市级以上刊物发表理论文章8篇。坚持每季度向全区党员干部推荐学习书目制度，全年推荐4批次学习型党组织建设书目，赠阅理论读本6万余册，持续打造“龙娃话理论”新媒体学习品牌，全年刊发30期。重点围绕习近平总书记关于扶贫工作重要论述、习近平总书记视察重庆重要讲话精神、党的十九届四中全会精神、“不忘初心、牢记使命”主题教育等主题深入社会各个层面宣讲1800余场次，受众15万余人次，不断增强了广大党员干部群众对习近平新时代中国特色社会主义思想的政治认同、思想认同、情感认同。举办“学习新思想 点赞70年 建功新时代”微宣讲大赛。在“讲红色故事、讲革命精神”活动中创新开展“双百双千”活动，党课师资库成员以“传承邱少云精神肩负新时代使命”为题讲红色党课100场，带动各级党员干部为基层党员讲红色专题党课1000场，“六进”宣讲队集中宣讲红色故事100场，带动各基层单位组织面向群众讲红色故事1000场，向基层干部群众赠阅《铜梁红色故事集》1万册。在2019年度全市基层理论宣讲先进典型评选中，雷开富同志被评为先进个人。

深入基层开展理论微宣讲　　（区委宣传部　供图）

【强化舆论引导】 推进媒体深度融合发展，“中央厨房”建设稳步推进，建好用好铜梁App、铜梁发布微信公众号等新媒体阵地，累计粉丝数超82万人。围绕区委中心工作，区属媒体平台统一开设“推动重庆各项事业沿着习近平总书记指引的方向奋力前行”等专栏专题20余个，组织开展学习贯彻习近平总书记视察重庆重要讲话精神等专题访谈，累计发布新闻1万余条，积极营造干事创业的良好氛围。组织开展主题新闻外宣13次，召开新闻发布会7次。累计在中央、市级媒体上稿4200余条，其中，中央媒体刊发铜梁重要新闻73篇，央视“新闻联播”单条报道铜梁集体经济助推乡村振兴战略，《新闻联播》《东方时空》《午夜新闻》《24小时》栏目报道了铜梁庆祝新中国成立70周年群众合唱音乐会，《人民日报》深度报道铜梁区实行积分制调动村民建设美丽乡村积极性。倾力参与全市“双晒”大型文旅推介活动，铜梁区“双晒”三件作品被新华网、人民网、央视国际网络等70余家市外媒体转载158篇次。今日头条、抖音、百度、腾讯等知名社会媒体广泛推广，阅读点击量超850万次，百度“铜梁 晒文化 晒风景”关键词搜索71万条，相关资讯23万余篇，各大主流媒体平台累计阅读点击量超5800

万次。做亮龙文化外宣品牌，全年央视16次报道铜梁龙舞，新华社播发稿件《重庆铜梁龙舞创新表演献礼国庆联欢》被65家境内外媒体刊发，报道传播覆盖海外及国内30余个省市。首届中华龙灯艺术节举办期间，开展网络直播13场次，吸引788万网民关注。铜梁火龙在台展演期间，中央、地方和境外总计400余家媒体进行宣传报道，海内外用户访问量达8.63亿人次，铜梁龙燃爆世界。

【落实意识形态工作责任制】 完成市委第二巡视组专项监督检查意识形态工作责任制落实情况反馈意见整改。持续完善意识形态工作“1+9”制度体系，研究制定《维护意识形态安全工作协调机制》，召开意识形态工作联席会议、防范化解意识形态领域风险专项小组会，分析研判意识形态领域风险挑战和新动向新问题，建立台账动态管理意识形态领域风险点，积极采取防范化解举措，确保了全区意识形态管控有力。加强对论坛、讲坛、讲座、年会、报告会、研讨会等管理，开展意识形态工作专题督查，加大对意识形态场所负责人培训力度，强化意识形态突发事件应急处置能力建设。开展全面清除孙政才恶劣影响和薄熙来、王立军流毒有害信息“回头看”专项督查，把肃清工作作为区委巡察的重点内容。

【思想政治工作】 开展庆祝中华人民共和国成立70周年系列活动，组织广大干部群众收听收看庆祝中华人民共和国成立70周年大会、阅兵和群众游行直播，举办升国旗仪式、向革命英烈敬献花篮仪式、合唱大赛、演讲比赛、人生规划大赛、书法美术摄影展等活动，广泛开展“我和我的祖国”群众性主题宣传教育活动，利用城区主干道灯杆悬挂高品质“灯箱国旗”3200余面、灯笼4800余个，发动广大群众在商铺、家门前等适当位置悬挂国旗1万余面。在全区各村社持续推广“五风”浸润工程，规范化建设梦想课堂、开英工作室等阵地，常态化开展文艺表演、院坝访谈等“梦想社区·幸福家园”活动。开展“做有梦想有追求的铜梁人”主题活动，春节期间在新北门汽车站设立梦想驿站，免费提供乘车路线咨询、义诊义检、手机充电等服务，发放年画、春联、宣传资料2万余份；举办脱贫攻坚、法律法规、时事政策等梦想课堂活动500余场。深化“家风润万家”主题活动，采取院坝会、楼栋会、家庭会等活动形式，广泛开展议家风、立家训、传家礼、评家庭等活动。深化“点赞公民”主题实践，积极开展“十万市民升国旗”“十万市民学法律”“十万市民做公益”等活动。大力开展先进典型培育、选树、宣传工作，邱少云烈士获评“新中国最美奋斗者”，黄廷炎和杨发英分别入选2017—2018年度富民兴渝贡献奖及提名奖，4人获评“感动重庆”月度人物。承办第二批“不忘初心、牢记使命”重庆市优秀共产党员先进事迹巡回报告会，设立主会场1个、分会场32个，全体区级领导、副处级及以上领导干部、各级党组织书记、各村(社区)干部、本土人才、党员群众等1万余人聆听报告。加强基层政工队伍建设，开展思想政治工作专业职务任职资格评审工作，召开“铜梁区教育系统思想政治理论课专题研讨会”，组织思想政治教师专题培训200余人次，并在“五四”期间举办青年教师思想政治微课展演活动及思想政治课送课到校活动。开展“争做新时代好少年”等系列主题活动。

承办全市乡村文化振兴现场推进会，得到市委常委、宣传部部长张鸣、市政府副市长潘毅琴充分肯定。编印《铜梁区乡村振兴掠影——原乡晨曲》。统筹推进乡村文化振兴，实施农村思想道德教育，开展梦想课堂和先进典型事迹报告会共200余场，开展“三下乡”活动100余场次，开展“千万市民学法律”活动103场。狠抓优秀乡土文化挖掘传承创新，获评2018—2020年度“中国民间文化艺术之乡”称号。优化乡村文化供给优化升级，完成28个镇街、333个村社综合文化服务中心升级建设任务，覆盖率100%。广泛开展“十抵制十提倡”宣传，举办“新农村新生活”培训836场。大力实施乡村文化振兴“百千行动”试验示范工程，建成黄桷门村、荷和原乡两个乡情陈列馆，打造了土桥、侣俸等5个“一村一品”文化活动品牌。

【爱国主义教育基地】 开展爱国主义教育基地申报评选工作，推荐铜梁博物馆获评第六批市级爱国主义教育基地，组织爱国主义教育基地讲解员开展“讲红色故事、讲革命精神”宣讲活动30余场。深化弘扬邱少云精神“十个一”系列活动，结合新中国成立70周年，举办“礼赞新中国·讴歌新时代”——邱少云烈士事迹巡展，分赴渝北、长寿、大渡口、璧山4个区县及铜梁各中心镇街等地进行展出，并参加全市爱国主义教育基地精品联展和启动仪式；拍摄微视频《我为“二伯”领奖》，邀请著名歌唱家韩磊演绎歌曲《那一片云》并制作全新MV，举办“不忘初心、牢记使命”邱少云主题文艺会演，营造崇尚英雄、学习英雄的浓厚氛围。依托爱国主义教育基地，利用“清明”“七一”“烈士公祭日”、国庆等重大时间节点，组织干部群众特别是青少年学生集中开展祭扫烈士墓、敬献花篮、宣读祭文、瞻仰遗物等活动150余场；在铜梁一中组织开展“让烈士回家”系列主题活动暨红岩精神走进铜梁活动，通过红岩英烈文史资料交接、红岩英烈故事会、宣讲报告会、红岩魂形象报告展演、红岩英烈事迹展览等活动形式，引导广大干部群众深入了解英雄事迹、深刻领悟英雄品质、大力传承英雄精神。

【优秀精神产品】 **文旅宣传** 围绕庆祝新中国成立70周年主题，举行群众合唱音乐会、广场舞展演、爱国歌曲大家唱、舞蹈快闪、音乐快闪、诗书画展、川渝曲艺名家交流展演等活动。组织参与全市群众合唱音乐会、广场舞比赛、“我和我的祖国”——第二届“阅读之星”重庆市民诵读大赛暨2019年“红岩少年”阅读大赛。其中区融媒体中心国家级播音指导倪选林荣获诵读大赛最高奖——星光金奖。精心组织“晒文化·晒风景”大型文旅推介活动，铜梁“书记晒文旅”、区县故事荟、炫彩60秒三件作品均荣获全市“最佳作品奖”。

“歌唱祖国”——铜梁区庆祝新中国成立70周年群众合唱音乐会

（区委宣传部　供图）

文艺创作 持续开展文艺创作扶持，资助优秀文艺作品14件次。参与创作纪录片《破晓——重庆解放密档》，创作旅游故事集、摄影集、MV、画册等作品10余部。其中歌曲《那一片云》入选“歌唱祖国·一首歌一座城”全国优秀音乐故事作品全媒体展播活动重庆赛区十佳作品，广播剧《守卫英雄》获全市精神文明建设“五个一工程”奖。长篇小说《安居古城》、歌曲《那一片云》分别获第八届重庆文学奖（含少数民族文学奖）、艺术奖。深入开展“深入生活、扎根人民”主题实践活动，组织文艺协会开展“我们的中国梦”文艺志愿者走基层活动、扶贫攻坚一线创作采风活动。

（区委宣传部　张陈）

统战工作

【概况】 区委统战部（挂区民族宗教委、区政府侨办、区委台办、区政府台办牌子）班子职数4名，内设科室4个：办公室、联络科、民族宗教科、对台侨务科。机关行政编制11名、机关工勤编制1名。下设民营经济服务中心1个，事业编制5名。区侨联与统战部合署办公，行政编制3名。区委统战部实有工作人员19名。全区有党外领导干部54名，其中厅级领导干部6名、正处级领导干部4名、副处级领导干部44名。29个政府工作部门中，17个部门配备了党外领导干部。本届区人大代表实有278名，其中党外人大代表96名，占35%；本届区政协委员实有275名，其中党外委员166名，占总数的60.4%。

2019年，区委统战部荣获党的十八大以来全市统战工作先进集体称号，受到市委统战部和市人力资源和社会保障局的表彰。

区委统战部荣获党的十八大以来全市统战工作先进集体称号（区委统战部　供图）

【夯实共同思想政治基础】 2019年，区委常委会听取统战工作汇报和研究统战工作12次，区委统一战线工作领导小组研究统战工作8次，区委主要领导专题听取统战部班子工作汇报1次、研究统战工作18次，确保全区统战工作政治方向正确、贯彻落实有力、工作推进有效，全区统一战线正气充盈的良好政治生态得到进一步巩固。开展“学讲做”活动，全年集中学习（宣讲）95场次，受众4800余人。组织统一战线成员持续兴起学习贯彻习近平新时代中国特色社会主义思想的热潮，深入开展统一战线成员“不忘初心、与党同心”系列教育活动，举办“党在心中·与党同行”演讲比赛、庆祝中国共产党领导的多党合作和政治协商制度确立70周年座谈会等活动，深情讴歌党的丰功伟绩，抒发对党、对祖国的忠诚热爱。引导统一战线成员始终与党同心同德、同心同向、同心同行，画出最大同心圆。全区统一战线成员“四个意识”进一步增强，“四个自信”更加坚定，“两个维护”的认识更加深刻，“同心”思想进一步强化。

【政治协商与多党合作】 **推进政党协商和议政建言** 区委2019年共组织开展政党协商座谈会5次，收集意见建议34条，完善反馈办理机制，推动意见转化。形成《关于全区民营企业人才工作调研》《政府部门及国有企业拖欠民营企业账款对其发展的影响》等调研成果15篇。开展“优化法治环境，服务民营经济发展”“铜梁区职业教育工作发展情况”“机构改革后我区森林防火现状及对策”“‘土地托管’模式问题研究”等调研课题19个，形成调研报告14篇，为推动全区经济社会发展提供了重要参考。组织党外人士建言，53篇信息稿件在《零讯》、中央统战部网站等刊物和媒体上登载。围绕全国、全市“两会”等重要节点整理报送意见建议，《呼吁尽快科学设置涉民营企业资金案件立案标准建言》被民建中央采用，《建议及时调整我市临床用血收费标准》被市委统战部《党外人士建言》采用。

支持指导和教育培养 认真贯彻落实《社会主义学院条例》，出台贯彻落实具体举措。在重庆社会主义学院举办党外代表人士专题培训班1期、50名代表人士参训，组织和推荐党外代表人士参加各级各类培训调训160人次。提拔党外干部6名、交流6名，推荐市监委第一届特约监察员1名。支持各民主党派、无党派开展考察调研、参政议政、实施民主监督和加强自身建设，积极协调区财政为民主党派、无党派落实专项工作经费，为其开展工作提供资金保障，注重民主党派成员发展质量，严把考察审查关。加强党派成员的个性化培养，推荐100余名民主党派和无党派成员参加市委统战部和民主党派市委组织的各类培训班。实施民主党派结对帮扶贫困村行动，从产业、医疗、就业、技术、资金等方面帮助群众脱贫致富，支持各民主党派广泛开展关爱留守儿童、“心系群众、关爱健康”等社会服务活动，如农工党铜梁区工委连续12年定点帮扶铜梁岚峰小学，持续助力改善教学环境和质量，民盟铜梁支部“红马甲”涌动龙乡，获得民盟市委的充分肯定，赢得广大群众好评点赞，树立了品牌标识。在民主党派成员中推荐11名作为市级后备人选，推荐3名作为市人大、市政协委员建议人选，在民主党派成员中安排区人大代表、区政协委员91名。

（区委统战部　唐琪）

【党外代表人士队伍建设】 **加强理论武装** 通过专题学习、会议传达、印送资料等方式，组织和引导统一战线成员深入学习领会习近平新时代中国特色社会主义思想、习近平总书记统一战线重要思想、习近平总书记视察重庆重要讲话精神，旗帜鲜明讲政治。累计组织开展统一战线各界人士学习党的十九大精神、市委五届五次会议精神和区委十五届五次六次会议精神等学习5次，集中参学人员达300余人次。

开展政治引领主题教育 支持在各民主党派、无党派人士中扎实开展“不忘合作初心、继续携手前进”主题教育活动，以“不忘创业初心，接力改革伟业”为主题深化非公有制经济人士理想信念教育，不断巩固新时代统一战线团结奋斗的思想政治基础。在新的社会阶层人士中深入开展坚持和发展中国特色社会主义主题教育活动，引导统一战线成员坚持跟党走的政治信念，巩固中国特色社会主义共同思想政治基础。采取联谊交友、思想交流等方式，准确把握党外人士思想动态，有针对性地加强思想政治工作，把党外各方面人士紧紧团结在党的周围，最大限度地凝聚正能量。通过学习、教育、引导，全区统一战线成员“同心”思想进一步强化、“四个意识”进一步增强、“四个自信”更加坚定。

加大教育培训力度 将统一战线教育培训纳入了全区总体计划进行安排，所需经费全额纳入财政预算，每年举办专题培训班2期，组织党外代表人士参加市委统战部或民主党派市委举办的各类调训、培训。在区委党校开展的党的十九大精神专题培训班、处（科）级干部培训班等主体培训班上开设了统战理论政策知识课程，在铜梁中学、铜梁巴川中学和金龙小学等中小学校开展统战知识教学工作试点，利用《铜梁日报》、铜梁App等宣传平台加强统一战线理论政策知识宣传。

加强党外代表人士发现储备 注重从国家机关、国有企事业单位、人民团体、非公有制经济人士以及新的社会阶层人士、归国留学人员等领域发现党外代表人士。建立270名党外代表人士人物信息库，并实行动态管理。配合区委组织部建立50名党外后备干部名单，每年选派1名部门党外副职领导干部参加市委统战部组织的挂职实践锻炼。

加强党外人士安排配备 推动党外代表人士政治安排和实职配备有关规定的落实。全区本届区人大代表实有278名，其中党外人大代表96名，占35%，35名人大常委会成员中，党外常委11名，占31.4 %；本届区政协委员实有275名，党外委员166名，占总数的60.4%；36名政协常委中，党外常委24名，占66.7%。全区现有党外领导干部54名，其中，党外市管领导干部6名（区人大副主任1名、区政府副区长1名，政协副主席4名），区管领导干部48名，29个政府工作部门中，15个区政府工作部门配备党外干部15名（其中正职2名）。

（区委统战部　唐琪）

【民族宗教工作】 **坚持思想政治引领** 深入学习贯彻习近平总书记关于民族宗教工作的重要论述，认真落实全国、全市民族宗教工作系列重要会议精神和新修订的《宗教事务条例》相关规定，及时召开区民族宗教工作会议。通过宣传、研讨等方式，在广大民族宗教界人士中深入学习宣传党的十九大、十九届四中全会精神和习近平新时代中国特色社会主义思想。确立民族宗教领域的3个调研课题，加强相关政策落实和重大事项的调查研究，全面贯彻党的民族宗教政策，确保民族宗教领域不偏向、不出事。做好民族宗教领域政治安全和意识形态安全工作。做好民族宗教政策培训调训工作，2019年8月12—14日、9月18日分别开展民族宗教工作和新“重庆市宗教事务条例”两次专题培训。做好民族宗教领域信访稳定和网络舆情工作，共解决相关矛盾纠纷10余件次，办理网络舆情2件次。

关心关注少数民族 一是结合全区脱贫攻坚行动，多渠道筹集整合资金100万多元，其中市级少数民族发展项目资金40万元，实施了虎峰镇东山村、白羊镇金铃村、侣俸镇文曲村等3个乡村道路建设项目，进一步改善散居少数民族生产生活条件。

二是做好来铜少数民族流动摊贩经商管理服务。强化市容市政政策法规宣传教育，引导其自觉遵守铜梁城市管理相关规定和创卫工作要求，依法经营、合法经营；结合维稳工作，建立来铜少数民族流动摊贩信息台账，对来铜少数民族流动摊贩经商的人员、位置、暂住地进行建档管理；充分发挥少数民族维权服务点的作用，帮助少数民族群众解决实际困难。

三是开展第九个民族团结进步宣传周活动。通过发放传单、广场宣传、专栏宣传、开展座谈会和专题讲座等多种形式，突出了“庆祝70周年华诞，共同奋斗新时代”的活动主题，加强了党的民族政策、民族知识、民族理论等的宣传，从不同侧面展示了全区民族工作的新成就、新发展、新经验，进一步巩固和发展了平等、团结、互助、和谐的社会主义民族关系。

四是做好在铜高校新疆籍大学新生的服务工作。2019年，在铜高校共招收新疆籍大学新生409人（其中：传媒职业学院393人，艺术工程职业学院16人）。为促进民族团结，确保安全稳定，区民族宗教委积极协同配合区教委、区公安局等做好相关管理保障工作，指导高校按要求配齐指导教师和维语专职辅导员，尊重民族习惯，增设学生清真食品窗口，组成了由辅导员、二级学院、保卫处、内派教师、学生处、驻地民警“6对1”的帮扶机制，建立起保障少数民族学生“学习、管理、生活、服务”的整套工作方案，为新疆籍大学新生提供了良好的学习生活环境。

依法依规管理宗教 一是铜梁区彻底整改巴岳寺商业化问题。4月4日，巴岳寺内资产投资人胡德荣与区民宗委、区佛教协会签订协议，将巴岳寺内资产无偿捐赠给区佛教协会，巴岳寺外资产投资人胡德荣与玄天湖旅投公司签订协议，由玄天湖旅投公司出资收回；4月25日，区民族宗教委和区佛教协会引进浙江宝庆讲寺释清修团队入驻管理巴岳寺。

二是落实市委巡视铜梁反馈意见要求深入开展“两非”专项治理。4月3日，下发《关于全面核查乱建庙宇、滥塑宗教造像和非法宗教活动情况的通知》，对全区乱建庙宇、滥塑宗教造像和非法宗教活动情况进行摸底调查。4月29日，召开区委民族宗教工作领导小组全体会议暨全区宗教整改工作会，对非法佛教小庙和非法宗教活动专项治理工作进行了专门的动员部署，采取“关、拆、并、转、留”等多种途径，因地制宜，分类处置。全区共排查整治非法佛教小庙393处，其中关188处，拆130处，并11处，转33处。整治非法基督教活动点17处，全部予以关闭取缔。

三是采取多项措施加强开放宗教活动场所管理。建立健全开放宗教活动场所管理组织，实行民主管理；要求每个开放宗教活动场所必须聘请有会计证的会计做账，定期上报区委统战部（区民族宗教委）财务报表，加大财务监管力度；5月，印制宗教活动场所管理制度10个并上墙；根据需要举办大型宗教活动必须上报区委统战部（区民族宗教委）同意后方可实施，严厉禁止开放宗教活动场所教职人员到高校传教和接纳高校学生在开放宗教活动场所内参加宗教活动。在健全制度基础上，争取政策将4个宗教团体经费由1万元增加到了3万元，使各团体有人有经费办事。

四是消除宗教活动场所安全隐患。加强排

危资金的争取力度和管理力度。联合区财政局出台《铜梁区宗教活动场所维修补助资金管理办法》，争取到宗教活动场所市级排危资金40万元和区级排危资金70万元，对区武庙、区基督教灵恩堂、区城隍庙、区巴岳寺等7处宗教活动场所进行排危修缮。全区宗教场所监控安装已纳入区级雪亮工程开始进行规划设计；对部分消防安全设施进行增添更换，确保相关场所活动安全无事故。

（区委统战部　冉万伟）

【对台工作】 2月16日至22日元宵节期间，赴台开展第三届"龙耀宝岛"交流活动。在南投、彰化5天共举行7场展演，为台湾同胞增添了喜庆的节日氛围。现场观看人数达到27.36万人次，火龙表演观看人数突破200万人次，新华社、央视等17家大陆主流媒体重点报道，台湾中视、华视等16家台湾媒体高度关注，阅读量达到2800万人次。此次火龙表演不仅表演时长由原来的9分钟延长至15分钟，还融入川剧元素，开场增加了舞旗表演。同时，在演出中还适时加入火把表演，让整场演出更加激越火爆、更具有观赏性。此次交流活动得到海峡两岸民众的高度赞誉，并获得中共中央台办的赞赏。

3月15日下午，召开"走访台企、服务台商"专题会，强调要从讲政治和加强两岸交流、推进祖国统一的高度，关心、支持台资企业的发展，努力为企业排忧解难，促进企业发展壮大。

4月14日，台湾彰化县鹿港等镇的杨骏程一行25人，在市台办联络处副处长孟安明等3人的陪同下，赴铜梁开展"第七届渝台基层乡镇交流活动"。交流团一行参访了安居古城、南城奇彩梦园、土桥荷和原乡。

7月2日至6日，台湾台南市中小学校长协会一行17人来铜进行教育考察交流。先后参访了龙城天街商区、安居古城、美丽乡村土桥镇六赢村、太平镇西部现代农业园和铜梁区实验一小、铜梁区巴川初级中学、铜梁区二中3所学校。参访团与铜梁区教育界人士就教学创新、教学内容、特色教学等方面进行了深入细致的交流，推动了渝台间中小学教育交流，加深了对重庆教育的了解，进一步增强了同根同源的民族认识。

7月11日至17日，区委常委、统战部部长何建伟和市台联交流中心主任王吕刚带领区台办、永嘉镇复兴村、大庙镇龙岩村相关人员一行7人赴台开展了渝台同名村交流考察活动，先后赴台北、南投、云林、嘉义、高雄等县市，考察了渝台同名村、社区老街、部分企业，走访拜会了有关民间协会，就深化渝台两地基层合作进行了广泛交流。

8月1日，59名就读于台湾清华大学、台湾成功大学、台湾辅仁大学、台湾政治大学等35所台湾高校的澳门籍大学生和台湾本地大学生来到重庆市铜梁区，开展以"结伴成长·共创青梦"为主题的学习交流活动。先后参观了安居古城、黄埔军校13至17期驻训旧址，观看了川剧经典项目变脸、铜梁龙舞表演。

铜梁区"结伴成长·共创青梦"学习交流活动　（区委统战部　供图）

9月16日至10月13日协助重庆伊洛美克动力总成有限公司赵晓亮等赴台湾云林县申琦工业股份有限公司交流。

10月16日至17日，参加"重庆·台湾周"的台湾彰化县等地的基层交流、企业交流和农业考察团一行200人，在市台办有关领导的陪同下，来铜梁参访。考察团一行在集中参观区规划展览馆后，分基层交流及企业交流、农业考察2个团，分别参观、考察高新区企业服务中心，巴川街道正街社区，安居古城和西部现代农业示范园，奇彩梦圆。16日晚上，“两岸同心、龙耀中华”专场龙舞表演暨渝台基层联欢活动在奇彩梦园举行。来自铜梁二中的龙舞演出队表演竞技龙、龙把子、大儒龙，高楼火龙演出队带来精彩的火龙表演，大儒龙演出互动和歌曲《我们是一家人》合唱把联欢活动推向高潮。

10月28日至11月1日，由来自台湾的30余名运动员和教练员组成的中国台北舞龙队参加了在铜梁区举办的第五届亚洲龙狮锦标赛，参加了舞龙、南狮、北狮3个项目的比赛。

11月23日至12月22日，协助重庆庆煌兴业有限公司张仁文等赴台湾云林县申琦工业股份有限公司学习。

积极做好涉台服务工作。一是多次召开协调会，协调处置重庆百吉工谷实业有限公司、重庆市博悦房地产开发有限公司关于要求协调解决免交土地滞纳金事宜。二是全覆盖走访台商近20次，走访慰问台胞台属10人，送去慰问金5000元。三是积极帮助台企完善基础设施建设，支持漫波农业有限公司修建搭头公路1.1千米。四是及时妥善处埋台胞张濒、台属陈淑芳夫妇来铜上访。五是协调有关部门为台胞办理大陆居住证、申办银行业务等，做好上学、就医等服务工作。六是组织开展在铜台商季度联谊会4次，宣传政策、传递信息、交流经验、纾予解困。七是视察调研台企5次，撰写提案8件、社情民意7条、建言献策12条。

（区委统战部　邓常君）

【党外知识分子工作】　概况　铜梁区新的社会阶层专业人士联合会现有会员68名，理事14名，现任会长为重庆龙源会计师事务所有限公司执行董事兼主任会计师汪明，秘书长由区委统战部联络科科长兼任。68名会员中有3名会员担任区人大代表，5名会员担任区政协委员。

主要工作　加强队伍建设。开展市、区无党派人士政治面貌认定登记工作，向市委统战部推荐9名市级无党派人士，区内确定了26名重点联系的无党派人士。推荐和组织党外知识分子参加市、区调训和轮训50余人次。

狠抓新的社会阶层人士团结引导。做好新的社会阶层人士思想政治工作，加强新的社会阶层人士联络联谊。2019年新建高新区新的社会阶层人士实践创新基地和黄桷门生态农业互联网小镇新的社会阶层人士实践创新基地。组织会员中的律师、会计师发挥专业优势，开展法律援助、财务咨询等活动，积极服务社会。

引导议政建言，区“两会”期间引导无党派人士中的人大代表、政协委员提出建议60余件。引导无党派人士参加庆祝新中国成立70周年及多党合作制度确立70周年系列活动，上报征文4篇，组织1人参加演讲比赛。

开展社会服务活动。组织会员深入镇街围绕乡村振兴、农村电商发展等开展调查研究，形成调研报告5篇。引导发挥专业优势。支持新专联配合区财政单位举办会计人员培训班、工程项目管理和村级财务管理培训班，组织律师会员参与区司法局组织的基层开展法律咨询活动和参与区领导信访接待等工作，发放宣传资料6000余份。知联会组织会员为铜梁巴川中学送去价值5000元的学生用具和生活用品，走访慰问侣俸镇建卡贫困户，送去价值8000元的生活用品和药品，并组织知联会中的医疗专家送诊上门。

（区委统战部　唐琪）

网信工作

【概况】　中共重庆市铜梁区委网络安全和信息化委员会办公室核定行政编制4名，事业编制14名，年末实有13人。

【网络宣传】　深入推进党的十九大精神、党的十九届四中全会精神、全国“两会”精神、习近平总书记视察重庆重要讲话精神进网站，组织区属网络媒体开设专题专栏。做好庆祝中华人民共和国成立70周年网上主题宣传。积极开展“网络中国节”等系列主题宣传活动。深入实施争做中国好网民工程、网络公益工程和“巴渝正能”网络大V工程。圆满完成“双晒”宣传推介工作，三个作品均获得“最佳作品奖”。“双晒”作品在70余家全国、省级重点媒体及海外媒体刊发转载，各大主流媒体平台阅读点击量超5800万次。运用今日头条、抖音等网络传播平台，全面唱响“原乡风情·大美铜梁”，首届重庆铜梁中华龙灯艺术节“惊艳”全网，铜梁火龙享誉境内外，原乡风情马拉松赛“铜马万人快闪”引爆网络，全国网络达人走进铜梁吸引网民积极参与话题互动，“原乡小艾”品牌推介系列活动引网友围观。

【舆论引导】 加强舆情监测，确保网络空间清朗。严格落实7×24小时值班制度，认真完成扫黑除恶、大棚房整治、非洲猪瘟、脱贫攻坚、城区停车服务收费管理调整、违建别墅整治等网上舆情监测和应急处置工作。强化信息报送，提升服务能力。建立动态管理数据库，严格实行日动态、周报告、月分析、年总结制度，形成全方位舆情报送机制，编写《铜梁舆情》《舆情监测动态》《月度分析》《舆情快报》《舆情专报》等刊物，为领导决策提供全方位参谋。

【网络安全】 严格落实《党委(党组)网络安全工作责任制实施办法》，开展重大会议、重要节点的网络安全保障工作。做好迎接中华人民共和国成立70周年网络安全重大风险和关键信息基础设施摸底检查工作，加强全区网站日常监测，并督促相关单位及时进行整改。开展网络安全宣传周活动。通过多种形式学习宣传贯彻《中华人民共和国网络安全法》，开展全区网络安全专业知识培训和网络安全应急演练。

【信息化管理】 全区应急指挥系统，通过应急管理基础、视频、隐患排查三大数据库，可以实时、直观、全面地掌握区内各类风险隐患信息，并进行分类识别、动态监管，可在电子地图上对全区的安全隐患和自然灾害信息进行接收、研判、综合、报送和分转，实现“一张图”全覆盖管理。

（区委网信办　邹佳欣）

机构编制

【概况】 在2019年党政机构改革中，重庆市铜梁区机构编制委员会办公室更名为中共重庆市铜梁区委机构编制委员会办公室，列区委工作机关序列，归口中共重庆市铜梁区委组织部管理。对区委编办内设机构进行调整，撤销行政审批改革科，调整设立事业单位登记管理科(重庆市铜梁区事业单位登记管理局)，机构编制管理科不再挂重庆市铜梁区事业单位登记管理局牌子。核定区委编办行政编制7名，机关后勤服务人员事业编制1名。

【主要工作】 **党政机构改革** 2019年，按照中央、市委部署要求，在区委领导下，完成全区党政机构改革工作。市委批复机构改革方案后，于1月11日组织召开机构改革动员大会，印发《重庆市铜梁区机构改革方案》，2月底，全区所有党政部门全部挂牌运行、领导班子全部配备到位、人员机构转隶全部完成。3月底前，新组建和职责变化较大的28个部门“三定”规定印发完毕。同时，同步调整人大政协机关和其他党政群机关“三定”规定25个。改革后，全区共设置党政机构43个(含市垂直管理机构3个)：党委工作机构12个，其中，纪检监察机关1个，工作机关11个；政府工作部门31个。与改革前相比，机构总数共增加4个，其中区委机构增加2个，区政府机构增加2个。

优化镇街机构设置 2019年5月，区委区政府印发《关于进一步优化完善镇街机构设置的实施意见》，按照精简效能原则和综合设置要求，坚持统一规范与因地制宜相结合，街道、特大镇、较大镇统一设置综合办事机构8个，一般镇设置7

个。各镇街事业单位数量由原来的4～5个统一调整为7个。7月底，全区优化完善镇街机构工作基本完成。

统筹推进其他领域改革 一是同步推进综合行政执法改革。积极稳妥推进生态环境保护、文化市场、交通运输、农业、城市管理、卫生健康等6大领域综合执法改革。全面清理部门执法项目和事业单位承担的行政职能，出台铜梁区综合行政执法改革方案和分工方案，设置生态环境保护、文化市场、交通运输、农业、城市管理、卫生健康等6个副处级综合行政执法机构。二是同步推进承担行政职能事业单位改革。对14个承担行政职能的事业单位的行政职能进行全面清理，事业单位履行的行政职能已通过党政部门"三定"规定剥离到机关履行。对其他使用"委办局"称谓的事业单位完成更名和调整隶属关系。三是同步推进人大政协机关和群团组织改革。调整优化区人大、区政协专委会设置，对区人大常委会、区政协机关办事机构进行了优化，调整了职责。进一步巩固和深化群团改革成果，对10家群团组织职责任务进行修订完善。

5月22日，铜梁区优化完善镇街机构设置动员大会召开。（区委编办 供图）

机构编制管理 2019年召开三次区委编委会，研究解决一大批机构编制事宜。组建社会治理创新中心，助力"党建扎桩、治理结网"工程；组建重庆市铜梁区融媒体中心，推动传统媒体与新兴媒体融合发展；成立区退役军人服务中心，加强对退役军人的服务和管理；成立区龙城天街商圈党群服务中心、区农业科技园区创新服务中心等一批事业单位，为铜梁重点产业、重点工作提供体制保障。围绕全区工作中心和引才重点，在编制总量内，为全区各部门、镇街招录（聘）、考核招聘工作人员、选聘大学生村官及村社干部考录公务员等提供用编保障共计457名。

事业单位登记管理 完成全区440个事业单位法人年度报告公示工作。实施"双随机一公开"监督检查机制，对区投资促进中心、区机关后勤服务中心、区林政管理站等13个事业单位法人公示信息进行了实地核查。

（区委编办 宇汝凤）

巡察工作

【概况】 按照市委《关于加强区县党委巡察工作的意见》要求，区委成立巡察工作领导小组组织实施巡察工作，组长由区委书记担任，副组长由区纪委书记、区委组织部部长担任，区纪委书记为常务副组长，区纪委常务副书记、区委组织部常务副部长、区委巡察办副主任为成员。领导小组下设办公室，2019年机构改革时明确为区委工作机关，设在区纪委，配备了9名行政编制（含巡察组专职副组长4名），领导职数1正2副。成立了4个固定巡察组，每组设组长、专职副组长和固定工作人员各1名。

【巡察工作】 **深化政治巡察** 坚持围绕中心、服务大局，坚守政治巡察定位，紧盯被巡察党组织职责使命，聚焦贯彻落实党的路线方针政策和党中央决策部署情况，聚焦群众身边腐败问题和不正之风，聚焦基层党组织软弱涣散、组织力欠缺问题，加强巡察监督与纪律监督、监察监督、派驻监督的贯通融合，高质量推进巡察全覆盖。2019年，先后开展工程建设领域专项巡察、第八轮常规巡察、村（社区）延伸巡察、生态环保专项巡察和第四轮区县交叉巡察，对17个区管党组织和112个村（社区）党组织进行了巡察监督，累计发现突出问题491个，移交问题线索40件。

做好巡察“后半篇文章” 坚持把巡察整改与“不忘初心、牢记使命”主题教育结合起来、与强化日常监督结合起来、与深化改革结合起来，不断强化整改落实和成果运用。区纪委监委、区委组织部、区委巡察办严格落实“三方联动”督查整改机制，督促被巡察党组织、主管部门、区级分管领导“三个举一反三”抓实整改，定期向巡察工作领导小组报送巡察整改情况，对整改责任不落实、整改不力的，严肃问责，公开曝光。换届以来，点对点下发《整改督办通知书》57份，反馈交办的736个问题已整改完成598个，完成率81.3%；移交的109件问题线索已办结79件，立案13件19人，给予组织处理133人，清退违规违纪资金319.8万元，建立完善各类制度机制50余个。

（区委巡察办　刘琳）

政策调研

【概况】 区委研究室是区委主管全区政策研究的职能部门，为正处级，列区委工作机关序列。行政编制9名，主任1名，副主任2名，内设联络科、政策研究科、调查研究科3个科室。

【把好正确方向】 始终把政治过硬作为首要标准。坚决做到“两个维护”。坚定向党中央看齐、向习近平总书记看齐，把旗帜鲜明讲政治、知行合一抓落实体现在一言一行中，体现到本职岗位上，做到政治上绝对可靠、思想上绝对忠诚、行动上绝对紧跟，树牢“四个意识”、坚定“四个自信”，做到“两个维护”，坚决兑现市委“三个确保”政治承诺。持续深化理论武装。严格落实第一议题必学习近平新时代中国特色社会主义思想长效机制，对总书记系列重要讲话第一时间全面学、系统学、深入学，每一篇文稿都从习近平新时代中国特色社会主义思想中找“源头活水”，作为“定盘星”“工具书”，不断筑牢政治信仰“压舱石”，打牢政治理论“基本功”。严守政治纪律规矩。始终做政治上的明白人、老实人，不折不扣贯彻落实中央、市委决策部署和区委工作要求，认真落实加强全区各级党组织政治建设实施方案，全面彻底干净肃清孙政才恶劣影响和薄熙来、王立军流毒，严格执行请示报告制度，确保各项工作时时事事处处置于中央、市委、区委的领导之下。

【当好决策参谋】 始终把文稿服务作为履职之要。聚精会神抓文稿起草。力求为决策服好务、为发展服好务、为领导服好务，不断提高研究能力、写作能力，按照“出精品、出力作、出效率”要求，较好完成各类文稿起草工作。全年牵头起草区委十五届七次八次九次全会、区经济工作会、区“两会”、主题教育、中心组学习、党政联席会等各类会议讲话共计160余篇；形成各类汇报材料30余篇；撰写各类活动致辞40余篇；起草区委主要领导接受新闻媒体专访、述职报告、专题发言等各类材料30余篇。攻坚破题抓调查研究。围绕工业振兴、乡村振兴、城市提升等全区发展重点，紧贴群众所急所需所盼，深入开展调查研究，提出切实可行的对策建议，为区委决策提供较为有力的参考。聚焦民营经济“解七难”、淮远新区建设、新型农村集体经济发展、脱贫攻坚、社会治理创新等领域，走访各类企业40余家，深入20余个镇街、10余个部门开展专题调研，全年通过电话咨询、实地走访等方式开展各类调查研究200余次，创办《政研一页》，较好发挥参谋助手作用。

【抓好队伍建设】 始终把作风优良作为立身之本。聚焦“不忘初心、牢记使命”主题教育，扎实开展“四治四提”专项行动，坚持严管与厚爱并重，推动日常工作既严肃又活泼，干部作风进一步优化、执行力进一步增强，干部队伍呈现团结奋进、积极向上的良好氛围。聚焦锤炼过硬能力素质，建立业务学习长效制度，每周至少安排一次集中学习，精心制订学习计划，分专题开展针对性学习。成立文稿起草战斗小组，打硬仗的能力不断提高，每天安排文秘值班，落实文稿“三校”等制度，推动内部运转更加规范有序高效。聚焦廉洁自律道德操守，始终按规矩办事、按角色做人，守纪律、存戒惧，牢固树立巡察思维、审计思维，严格落实中央八项规定精神和市委、区委实施意见，坚决反对“四风”，堂堂正正做人，干干净净做事，牢牢守住廉洁自律底线。

（区委研究室　供稿）

机要保密

【概况】 2019年3月，中共重庆市铜梁区委机要保密局由中共重庆市铜梁区委办公室管理的机关调整为区委工作机关，对外加挂中共重庆市铜梁区委保密委员会办公室（重庆市铜梁区国家保密局、重庆市铜梁区密码管理局）牌子，由中共重庆市铜梁区委办公室统一领导，为正处级。内设机构撤销办公室，设立综合业务科。行政编制5名，实有人员5人，其中局长1名，副局长1名。中共重庆市铜梁区委机要保密局人事党务后勤等工作由中共重庆市铜梁区委办公室统筹。主要负责全区机要保密工作。

【主要工作】 **加强保密宣传** 坚持总体国家安全观为统领，坚持问题导向，强化责任落实，突出重点难点，进一步加强保密管理和行政执法职能，不断提高领导干部和涉密人员保密意识。强化保密宣传教育培训，继续贯彻落实《重庆市铜梁区“七五”保密法治宣传教育规划》，加大“七五”保密法治宣传力度，结合机构改革，突出新成立部门、重点行业领域保密宣传教育，配合军地相关部门抓好《关于加强退役军人保密教育管理工作的通知》的贯彻落实。配合新中国成立70周年庆典等重大会议重大活动的开展，采取组织观看保密文献纪录片等形式开展保密历史传统教育和新时代保密形势任务教育。配合区委政法委，将保密法治宣传教育融入全民国家安全教育日活动之中。推进领导干部、涉密人员保密教育培训常态化，抓好区委党校主体班、初任公务员保密教育培训，全年共组织保密知识培训2次。开展学刊用刊活动，积极发挥《保密工作》《保密科学技术》宣传教育和舆论引领作用，不断扩大杂志受众面，全年共征订保密杂志100余份，巩固拓展保密宣传教育阵地。

加强保密管理 严格执行党政领导干部保密工作责任制，切实推动保密工作主体责任落实。加强日常监督检查和责任倒查追究，把党政领导干部履行保密工作责任制情况纳入领导班子和领导干部综合考核评价内容，考核结果作为干部奖惩、使用的重要依据。进一步完善内部组织体系，对涉密程度高、产生国家秘密和涉密人员多、保密工作任务重的机关、单位，建立健全保密工作机构。全区各级领导干部带头模范遵守各项保密制度规定，严防泄露党和国家秘密。进一步提升保密依法行政能力，推进保密工作依法行政，提高全区涉密人员运用法治思想和法治方式管理国家秘密的能力和水平。

着力推进定密规范化精细化。结合全区机构改革实际，指导新组建的机关建立健全定密管理制度。严格落实定密责任人制度，对机关、单位定密责任人确定、调整情况进一步核查，严格保密事项范围使用，规范国家秘密标准。严格定密监督，依法纠正定密不当行为。

加强网络保密管理。加快实施涉密领域国产化替代工程，根据市国家保密局统一安排部署，按计划有步骤全面推动全区党政机关和涉密单位涉密信息国产化替代工程。2019年已完成设计公司的招标工作，设计公司正对项目进行设计。进一步健全完善保密技术服务体系，推进保密技术服务基础设施建设。加强保密技术服务规范化运行管理。建立重大会议活动保密应急机制，制定保密工作预案，完成新中国成立70周年庆典等重大会议活动保密服务保障。进一步落实机关、单位涉密网络保密管理责任制，全面执行涉密网络分级保护管理和技术要求，强化新建、改建涉密网络测评审批和在用涉密网络两年一次风险评估工作；推动市电子政务内网等涉密网络防护监管和自我监管，加大互联网接入口前端检测器部署力度。开展党政机关网站及社会网站保密检查，全区各机关、单位进一步落实网站信息发布保密审查制度。

加强保密指导。确定全区38个重点涉密单位，列出两全清单，对保密工作实行清单式管理。加强对重点领域、重点行业、重要涉密单位的指导协调。持续推进重要军事设施周边环境安全保密问题隐患整改和督查常态化工作机制。狠抓重要涉密场所便携电子设备安全使用保密管理。加强对区属国有企事业、重点民营企业的指导。严格政务数据资源共享和开放、信息公开和涉军领域信息发布保密审查。进一步落实涉密人员保密管理要求，细化完善涉密人员管理措施，切实加强涉密人员入职入岗、在职在岗、离职离岗全过程的保密管理。加强对涉密人员的动态管理和对机关、单位的全员保密管理。加大对各类国家统一考试的保密指导监管力度，全年共参与5次国家统一考试的相关工作。

保密监督检查　有效发挥保密监督检查“利剑”作用。巩固保密自查自评成果，建立保密自查自评长效机制，2019年首次将保密工作纳入区级部门年度目标考核，全年对全区108个单位进行了保密检查，强力督导机关、单位全面改行保密管理主体责任。组织开展对中央保密办、国家保密局督导反馈意见整改落实情况“回头看”。开展全区机关、单位涉密载体大清理专项检查，开展涉密人员脱密期管理专项检查。严肃查处各类保密违法违纪案件，加大对重大泄密案件负有责任的领导干部和直接责任人的问责力度。健全保密行政管理部门与纪检监察、网信、审判、检察、公安、国家安全等机关和军队有关部门在泄密案件查处中的协同配合机制。加大典型案件通报及警示教育力度，发挥案件查处工作综合效力。

（区委机要保密局　李成果）

督查工作

【突出中心工作抓督查】　2019年，区委督查工作领导小组办公室和各成员单位紧紧围绕区委中心工作，加大督查督办力度，确保中央、市委和区委决策落地生根。强化政治督查。紧紧围绕习近平总书记提出的“两点”定位、“两地”“两高”目标、发挥“三个作用”和营造良好政治生态重要指示要求，强化督查工作政治属性，全面梳理党的十八以来习近平总书记对重庆所做重要指示批示事项清单及“回头看”工作清单（19项）、贯彻落实习近平总书记在重庆市考察结束时重要讲话精神工作措施清单（4个方面、47项）、贯彻落实习近平总书记在解决“两不愁三保障”突出问题座谈会上的重要讲话精神工作措施清单（4个方面、52项），全程跟踪调度，定期组织开展全面深入“回头看”，形成了常态化、制度化。

【突出重点任务抓督查】　**突出“六张清单”重点任务督查**　与区委执行力办协作配合持续推行重点任务清单管理，围绕中央、市委决策部署和区委重点工作，制定发展、民生、安全稳定、环保、改革、党建等重点任务“六张清单”。坚持清单要“清爽”，对任务清单进行动态管理，根据实际及时调整清理，明确重点工作任务658项，将任务细化分解到每个部门镇街，定人、定责、定目标、定时间、定任务、定标准。清单牵头单位切实加强统筹协调、日常调度，坚持清单要“清零”，挂单销号，部门、镇街根据任务清单安排逐一交账、报账，推动部门镇街把任务清单转化为“作业单”，年底晒出“成绩单”。

突出区委会会议议定事项、领导批示交办事项督查　抓住区委常委会会议议定事项、区委专题会议议定事项、区委领导批示交办事项这个关键，及时分解立项并发出工作清单，明确牵头领导、牵头单位、责任单位和办理时限，建立工作台账，实行日报、半月报、月报、季度报等报告机制，重点采用实地暗访、书面督查发现问题再督办等不打扰基层正常工作、不增加基层负担的方式，分阶段、有重点，全方位、多角度开展跟踪督促。2019年，共对西郊示范片、原乡中央公园、望山公园、见水公园、玄天湖浮桥栈道、生态花园高新区、规划展览馆建设等318项区委交办事项、570项区委批示事项、189项区委常委会会议议定事项开展督查，坚持每天轮流跟进并形成日报，每半月对批示事项、区委常委会会议议定事项进行跟进，形成日报181份、批示事项专报20份、区委常委会专报14份、工作专报17份。

【突出跟踪问效抓督查】 **强化统筹规范** 认真落实中央“基层减负年”部署和市委要求，改进督查方式方法，标本兼治、精准施策，严格统筹规范督查检查考核，扎实推动督查考核“瘦身提质增效”，不断提高督查的科学性、针对性、实效性。严格落实中央和市委关于统筹规范督查检查考核文件精神，聚焦督查检查考核过频过滥问题，科学合理制定《铜梁区2019年督查重点工作安排》和《铜梁区2019年督查检查考核年度计划》，严格控制数量频次，2019年纳入年度计划共20项，同比减少57%。健全完善督查工作统筹协调、年度计划、审批报备制度，严格审核未纳入年度计划又确需开展的紧急突发督查检查事项，避免重复督查、多头督查，严格控制督查检查频次。区政府办、区委执行力建设办公室、区重点项目管理办公室和“六张清单”牵头单位协作配合，及时互通情况，适时联合督查，合力推动工作落实。

强化督考结合 科学合理设置2019年度综合目标考核指标，严格控制和规范“一票否决”考核事项。进一步调整优化指标和权重，围绕“六张清单”，有针对性地为77个部门、28个镇街量身定制“一户一表”考核内容，明晰权责，不搞“一刀切”“一锅煮”，突出日常管理、过程考核，加强常态化了解，运用红黄绿“三色”管理强化过程督考，实行考核结果与年终绩效考核、干部选用“双挂钩”，筑牢责任体系。出台《关于整治形式主义突出问题为基层减负的具体措施》《专项整治“重痕迹轻实效”问题六条规定》，严明督考要求。

强化过程管控 建立现场督查反馈、全程跟踪督办、联合督查、定期分析通报“四项督查机制”，广泛运用“四不两直”开展真督实查，切实加强对重点工作的过程管理。区委主要领导带头采取“四不两直”方式，经常性深入镇街、村（社区）、建筑工地、马路街边等一线暗查暗访，针对发现的问题，立即组织分管区领导、相关部门召开专题会，研究解决具体问题。区级领导干部深入基层，“一竿子插到底”，指导帮助部门、镇街解决实际问题。区级各部门采用“四不两直”方式，坚持深入群众、深入实际、深入一线，点对点看实际效果、点对点问群众是否满意，在现场发现问题、交办问题、指导解决问题。2019年，先后开展中央脱贫攻坚专项巡视反馈意见整改落实情况、中央环境保护督察反馈意见整改落实情况、市委巡视反馈意见整改落实情况、乡村振兴工作情况、城市提升工作情况、发展新型农村集体经济情况、河长制落实情况、农村人居环境整治情况、“大棚房”整治情况等暗访40余次，累计发出催办督办单32份22件，有效激发全区干部积极担当作为，有力推动中央、市委决策部署和区委重要工作落地见效。

（区委办 罗古中）

老干部工作

【概况】 中共铜梁区委老干部局在2019年1月机构改革时，被调整为区委工作机关，归口区委组织部管理。机关行政编制4名，事业编制工勤人员1名。下属事业单位2个：一是老干部活动中心（参公），加挂重庆市铜梁区老年大学服务中心牌子，事业编制4名；二是关心下一代工作委员会办公室，编制3名。管理服务对象是对全区离休干部、原县级退休干部，现区级退休干部进行综合管理服务；对原副处级以上、设区后正处级以上退休干部进行备案管理。2019年底，有健在离休干部15人，区（县）级退休干部49人，纳入区委老干局备案管理处级退休干部249人，健在建国初期参加革命工作退休干部47人，健在离休干部遗孀45人。

区老年大学现有学员700余人，开设有书法、绘画、摄影等14个专业，18个教学班，2019年组织开展活动20余次。

【老干部待遇】 **政治待遇** 1月24日召开区离退休干部情况通报会，由区委副书记、区长左永祥主持，区委书记唐小平发表讲话。组织离退休干部200余人先后参观考察淮远河北岸沿河公路、南北大桥桥头等铜梁重点项目。3月20日召开老干部工作领导小组会议，由区委常委、组织部部长张波主持并讲话。会议传达学习了全国全市老干部局长会议精神、区委第104次常委会上对老干部工作相关要求，听取老干部工作情况汇报。要求切实加强对老干部工作的领导，齐抓共管形成合力，共同推动全区老干部工作。

生活待遇 在1月24—30日，区领导分别看望慰问了周举之、田时全、吴德明、张国芬老干部。9月24—27日，区领导分别看望慰问吴维成、侯伟、刘云彩等老干部。

【老干部学习、培训、调研考察】 坚持以自学为主，集中学习与小组学习相结合，全年老干部局组织集中学习4次，发放学习资料1200余份。

2月20日，璧山区委老干部局一行来铜梁交流老干部工作。3月13日，组织市管退休干部、离退休干部学习及兴趣爱好小组组长、离退休干部党支部书记80余人，到太平镇坪漆村调研脱贫攻坚工作。4月22—26日，组织部分离退休干部党支部委员到荣昌区委党校参加市老干部党校举办的第85期培训。5月9日，召开铜梁区离退休干部学习贯彻习近平总书记视察重庆重要讲话精神暨全区组织工作情况通报会。5月14日，组织部分区（县）级退休干部赴璧山区调研考察城市建设。11月21日，组织市管老干部前往铜梁污水处理厂、望山公园、见水公园、区生态环境监测站等地调研全区生态环境建设保护工作。

【老干部活动】 **铜梁区“庆七一”离退休干部组织生活会** 6月27日召开，区老干部局主持，区委常委、组织部部长张波出席会议并通报情况。会前，全区170余位离退休干部分成两组，分别参观考察原乡公园、玄天湖绿道系统、乡村振兴西郊示范片等地。会上通报了全区半年工作情况。

“迎新中国华诞庆建党98周年展新时代风采”暨铜梁区第二届离退休干部运动会 7月1日在老干部活动中心举行。通过表演健身操、健身舞、大合唱，开展气排球、门球等文体活动，激发离退休干部的热情，展示良好的精神面貌，传递积极向上的正能量。

铜梁区“礼赞新中国 讴歌新时代”庆祝新中国成立70周年暨第八届老干部艺术节文艺演出 9月26日举行。区委常委、组织部部长张波出席活动并致辞。老干部们以艺术形式热情讴歌伟大祖国的繁荣昌盛，讴歌新中国成立70年来取得的伟大成就。除此之外，还展出由老干部们拍摄制作的书画、摄影作品，24块展板充分反映铜梁经济社会方方面面的成效，为新中国成立70周年献礼。

体育活动 4月15—16日，重庆市渝西片区离退休干部2019年钓鱼比赛活动在铜梁举办。重庆市干休所、江津区、合川区、永川区、綦江区、万盛经开区、大足区、璧山区、荣昌区、潼南区、铜梁区11个单位参赛。10月17—18日，区委老干部局组织离退休干部赴荣昌参加渝西片区五届六次老干部门球赛。

（区委老干部局　杨波）

党校工作

【概况】 中共重庆市铜梁区委党校2019年编制30名，实有在职干部职工29人（其中男12人，女17人）。正处级干部2人，副处级干部2人，正科级干部6人，副科级干部1人，一级主任科员2人，二级主任科员2人，四级主任科员1人。高级讲师1人,讲师6人,助教1人,高级工1人。本科28人。党员20人。同年9月新招录4人(其中3位研究生)。内设党政办、培训科、教研科、函授科、信管科、总务科6个科室。2019年度参加“学习新思想点赞70年建功新时代”微宣讲大赛荣获一等奖。“中国特色扶贫开发之五大特色”“农业融合发展助力农村脱贫”获党校系统“脱贫攻坚”理论研讨会二等奖和党校系统第五片区第六届教学比赛二等奖。李英、刘喜、罗明强、李波4名同志分别获市电大优秀班主任、市电大招生优秀个人荣誉称号;冷杰等7名电大学员获国家开放大学和市电大优秀毕业生荣誉。

【不忘初心、牢记使命主题教育】 组织开展集中学习11次,专题研讨6次,集中开展志愿服务2次,到朱德纪念馆、邱少云烈士纪念馆和区廉政教育基地开展党性教育3次,组织观看《古田军号》等教育片5次,组织职工学习典型案例通报10余次。形成高质量调研报告3篇。找准症结检视出党校作风建设、办学硬件陈旧、教学设施设备落后等问题和班子成员个人问题。班子务实担当,立学即改,目前班子问题和个人问题已全部完成整改。年内选派9名骨干教师参加上级党校业务培训,有效解决了干部培训实效性、针对性不强和师资力量不强的问题。

【基础建设】 全年先后投入200万余元,对学员宿舍、接待室、报告厅、操场、消防管道等进行改造维修,增设电梯等,提升办学条件;进一步制定和完善系列管理制度,提升管理水平。

【党员干部培训】 办各类培训班103期,培训12051人次。其中,主体班3期培训196人次;专题班19期培训2228人次;“重庆学习论坛”8期培训党员干部890人次;其他培训班73期培训8737人次。同比上年增加4550人次,增长60.4%。

培训聚焦主业主课。党的理论教育和党性教育的专题占比达到70%以上,专题更新率达30%以上。全年重点打造了情境教育——党组织生活及相关制度、在“不忘初心、牢记使命”主题教育中要充分认识中国共产党为什“能”马克思主义为什么“行”中国特色社会主义为什么“好”、做政治的明白人、中华民族伟大复兴的三大里程碑、坚持以人民为中心——关于新时代坚持和发展中国特色社会主义的根本立场等10余门精品课程。积极运用案例分析、现场教学、交流讨论、课题调研等教学方法。依托红岩联线、聂帅纪念馆等市域红色教育基地开展现场教学,进一步领会共产党人的初心和使命,强化宗旨意识。组织培训学员到铜梁区实验中学、梦湖酒店、安居镇、铜梁区博物馆、铜梁中医院、安溪镇茶叶基地、西郊农业园、二坪镇澳大利亚茶树基地和良种蔬菜种苗基地等进行实岗学习,让学员牢记共产党是什么,要干什么,明确为人民谋幸福是我们的根本点和出发点,扑下身子撸起袖子,在知行合一中强化担当作为。

【现场教学作用发挥】 以“建、管、用”工作原则,在使用“邱少云”“安居古城”两个区级现场教学基地的同时,对市级产业融合助力乡村振兴现场教学基地进行了提档升级,拓展了成王果业、禾盛园农业开发有限公司、西郊绿道等现场教学点,完善了基地的硬件基础设备,打造了一支业务精湛的专兼职教师队伍。2019年累计接待区内外现场教学25次,接待人数超过1500人次,大大提高了现场教学的影响力,成为展示铜梁、宣传铜梁的前沿窗口。

【学员管理】 制定了《中国重庆市铜梁区委党校主体班学员调研资政制度》,为提高学员发现问题、分析问题、解决问题的能力搭建了平台。完善了《主体班学员量化考核实施细则》《学员须知》《学员管理办法》《培训班评估表》等5项规章制度,实施“三考一评两通报”制度,即“三考”是指严格考勤、结业考试、量化考核;“一评”是指评选优秀学员;“两通报”是指每天在培训班上通报考勤情况,在学习班结束后及时把学员的综合考评情况通报各机关党委和学员单位,同时报组织部备案。落实单位、学员、党校三方互动机制,强化学员考核管理。完善培训证书登记和档案管理制度。

【社会调研及理论研讨】 聚焦党委和政府重大决策部署、社会热点和难点问题，开展专题调研，推进教学科研、咨政一体化。全年成功申报市委党校一般课题2项，结项“新时代乡村振兴战略中重庆乡贤文化的传承与创新研究”“‘三微一端’网络背景下历史虚无主义对党员干部政治意识的侵袭及应对策略研究”等市委党校一般课题5项，结项“马克思主义中国化的历史进程”“推进生态文明建设 实现美丽中国愿景”“领导干部执政本领必备的法治思维”等9项区级重点课题。《关于发展农村集体经济助力乡村振兴的几点建议》《关于我区农村电商人才队伍建设的思考》《优化科技创新服务平台助推我区工业振兴》等10余篇资政报告获区领导肯定性批示。

【内部刊物】 《龙乡论坛》出版2期，设《从严治党》《农村工作》《城乡统筹》《资政论坛》《区情研究》《工作思考》《城区建设》《党课参考》等8个栏目，共收集来自区级各部门的各类文章36篇，充分展示了党校教师良好的科研资政能力，不断推进铜梁党校科研工作探索性、创新性、引领性发展。

【理论宣传宣讲】 党校7名教师紧紧围绕党的十九大、十九届四中全会精神、“不忘初心、牢记使命”主题教育、习近平总书记关于扶贫工作重要论述、讲红色故事、讲革命精神“双百双千”等开展宣讲活动72场，受众群达7000余人。

深入基层开展理论宣讲 （区委党校 李英）

【服务经济社会建设】 2019年行政学校学历函授教育招生共计1070人，同比增长46.8%，在校函授学生达2425人，其中本科786人，专科1639人，同比增长319人。学历培训提高了地方建设者的整体素质，直接服务于铜梁经济发展。

积极投入脱贫攻坚战中。党校组织14名科级以上的干部到小林华寿等村，坚持大扶贫格局，讲道理、做宣传，注重扶贫同扶志、扶智相结合，分别看望慰问小林镇华寿村困难群众14户，向10名留守儿童赠送课外读物，投入经费2500元。

（区委党校 李英）

关心下一代

【概况】 2019年3月，中共铜梁区委对区关工委主要领导做出调整，黄定伦任区关工委主任。现有名誉主任6人、顾问18人、常务副主任5人、副主任5人、秘书长1人、成员单位24个。区关工委下设办公室，为全额拨款的正科级事业单位，2019年区关工委办公室更名为区关心下一代事业服务中心，定编3人，挂靠区委老干局，财政独立核算。

2019年1月，区关工委获重庆市“中华魂”（腾飞的祖国——改革开放四十年）青少年读书活动优秀组织奖；7月，获得全国“中华魂”（腾飞的祖国——改革开放四十年）青少年读书活动优秀组织奖；8月，获得全国关心下一代宣传工作标兵单位称号。

【主题教育】 引导全区“五老”和青少年强化“四个意识”、坚定“四个自信”，做到“两个维护”，在思想上政治上行动上同以习近平同志为核心的党中央保持高度一致。全年召开主任办公会15次，集体研究决定全区关心下一代工作的重要事项。印发《在关工委系统中开展“不忘初心，牢记使命”主题教育的通知》，通过学习教育，把初心写在行动上，把使命落在岗位上，助力推进“实业立区、创新强区、开放兴区、生态优区”，坚决打好“三大攻坚战”，大力实施“八项行动计划”，聚焦

“工业振兴、乡村振兴、城市提升”三大重点，为青少年的健康成长做出积极的努力。

【青少年思想道德教育】 深化“传承红色基因，争做时代新人”主题教育活动 区关工委思想道德教育团深入学校、机关、镇街、村（社区）、企业为青少年做爱国主义、传承红色基因等报告183场/次、18万多名青少年受到教育。陈显威、唐洪国、肖会友等老同志挖掘本地红色资源，为青少年做国际主义战士邱少云、抗战将领郭汝瑰、民族革命先驱陈达三等前辈的革命事迹报告。组织各镇街、部门等关工委配合党政以不同形式开展庆祝新中国成立70周年活动。

开展传承中华优秀传统文化教育 永嘉中学、维新中学等10多个学校将中华优秀传统文化刻印在校园内，营造浓厚氛围。土桥镇庆林村退休老教师雷开绪自编“俗语”传诵“好家风”，用来教育自己的子女、孙子女和周边的中小学生。虎峰镇轮桥村81岁老农罗天星用传统文化写诗作联，献礼国庆，教育青少年。大庙镇关工委副主任文思国发挥余热，对辖区内的留守儿童、五失青少年关心爱护，教育青少年从身边小事做起，把社会主义核心价值观融入日常的学习、工作、生活中，真正使之内化于心，外化于行。

抓典型、树榜样，促进青少年健康成长 配合文明办、团委等有关部门，抓一批典型，树一批品牌，弘扬社会正能量，大力宣传“拾荒校长”吴定富、“包子婆婆”陈淑梅等先进事迹，使青少年学有榜样，赶有目标。南城社区退休教师银树吉是关心青少年的“知心爷爷”，每周至少两次去网吧阻止未成年人上网，教育和劝导未成年人远离网吧。安溪镇关工委副主任张祖开连续五年免费教学生学毛笔书法。铜梁中学关工委为提升学校教育教学水平，激励青年教师成长成才，组织退休老教师回校听课、评课，向青年教师提建议、赠箴言。

“中华魂”青少年主题教育读书活动 2019年，参与“中华魂”（爱我中华——新中国成立70周年）青少年读书活动的青少年达10万余人，征订读本7万余册。开展了征文演讲比赛活动。邀请市关工委读书活动指导团梁子高、林雪涛对铜梁区“中华魂”读书活动辅导员和部分学生代表进行辅导。区评出征文一等奖81篇，二等奖160篇，三等奖157篇；评出演讲一等奖20名，二等奖43名，三等奖39名。推选了51篇征文、15名演讲选手到市参加比赛评选，获得征文一等奖11篇、二等奖19篇，三等奖20篇；演讲一等奖2名、二等奖4名、三等奖9名。7月4名优秀学生参加在北京召开的全国“中华魂”（腾飞的祖国——改革开放四十年）主题教育读书活动总结表彰会暨夏令营。

【打造特色品牌】 “十百千万”关爱活动战绩显著 召开推进会等方式，有重点地指导关爱帮扶品牌26个，优秀留守儿童之家38个，农村青年致富典型93个，关爱困难青少年304个。2019年铜梁区关工委获得全市“十百千万”五老关爱行动优秀组织奖；铜梁区正科级及以上干部资助贫困学生活动被评为全市10个帮扶品牌之一；铜梁区巴川街道正街社区“四点半学校”被评为全市“优秀儿童之家”；家泽现代农业科技园有限公司常务副总谭小敏、大庙镇三品村专干侯文雷被评为全市“双带”农村青年人才和全国“双带”人才先进个人。

助力农村青年脱贫致富 6月28日，区关工委、农委、科委、团区委、畜牧业发展中心联合在旧县街道召开全区第14次农村青年科技致富先进个人代表会议，对92名农村青年科技致富先进个人予以表扬奖励。区关工委农业科技辅导团的老同志，深入村社开展科技宣传，发放科普资料6000多份，咨询服务1600多人。在铜梁区庆祝中国第二个农民丰收节活动中，甘远洋、敖爽等十人被评为十佳农村青年科技致富典型并受到表扬。8月，重庆市关工委主任、副主任就“如何发挥关工委作用，助力脱贫攻坚”来铜梁调研，肯定铜梁区关工委助力打赢脱贫攻坚战工作。

加大对农村留守和困境儿童的关爱保护力度 区关工委与宣传部持续开展全区正科级以上干部结对帮扶贫困青少年的活动。据不完全统计,全区1700余名正科级及以上干部资助了1800余名贫困生,资助现金及物资达100万多元。为使活动落到实处,区关工委还专门制作了"爱心卡",便于加强联系和检查。用好用活关心下一代扶贫助困基金。分春、秋两季集中资助青少年206人次,金额达353500元。社会爱心人士苏培彬为关心下一代扶贫助困基金捐赠爱心款20万元。区关工委配合教委抓好小学寄宿制学校的建设。积极探索"四点半课堂"办到校内机制。与区教委、区妇联、区邮政局在全区中小学生中开展第14届"给妈妈的一封信"的书信活动,70000多中小学生参加。与区卫健委认真贯彻教育部等八部委《关于综合防控儿童青少年近视实施方案的通知》精神,在铜梁区爱尔眼科医院设立"铜梁区青少年近视防控中心",并开展一系列眼保健活动。

"少年硅谷"教育公益项目建设 6月和9月,由区关工委领导带队组织教委和项目学校的领导及有关同志先后到山西临汾、贵州黔南州参加中国关工委组织的"少年硅谷"创客教室揭牌仪式,学习建设管理经验。在中国下一代教育基金会的支持下,10个"少年硅谷"项目关联厂家的技术人员专程到铜梁区项目学校进行安装调试和操作、实训。11月26—28日,区教委和区关工委在侣俸小学召开项目推进会和"少年硅谷"教育启动仪式,邀请中国科学院计算技术研究所刘雷博士,市关工委秘书长韩国涛等为项目学校做专题讲座及授牌。

【青少年法治教育】 铜梁区第四届"关爱明天 普法先行"青少年普法教育活动全面启动。区关工委主任任主任,政法委、司法、教育、团委领导为成员的组委会,对普法活动做全面部署。关爱工作团深入学校、社区、企事业单位做法治宣讲报告,提高青少年学法、知法、懂法、守法的法律意识。据不完全统计,共做法治报告100余场次。全区各级各部门、学校对青少年"零犯罪"创建活动高度重视,采取切实有效的措施,预防工作机制不断完善,全区青少年违法犯罪的势头得到有效遏制。全区有255个村(社区)、78个学校实现青少年"零犯罪"目标。区关工委、区司法局订购普法读本4030册,普法教育挂图28套。配合司法等有关部门加大禁毒知识宣传和教育力度,对吸毒青少年进行帮教,教育青少年"珍爱生命,远离毒品"。"6·26"前夕,区关工委与公安、妇联、团委等领导到戒毒所,帮教吸毒人员并送去了学习书籍。

【加强组织建设】 **"五好"关工委创建活动** 全区已创建"五好"关工委457个。对2019年新申报的"五好"关工委和2016年已创建的"五好"关工委,按照区对镇街、部门,镇街对村(社区)验收复查的原则,进行验收、复查,对新创"五好"关工委予以命名及授牌。2019年6月,在市关工委召开的基层组织建设推进会上,铜梁区关工委主任《以五好关工委创建活动为抓手 推动关心下一代工作深入发展》做交流发言,铜梁关工委名誉主任周举之获得重庆市关工委首次设立的"重庆市关心下一代工作终身成就奖"。

加强领导班子和基层组织建设 在铜梁爱尔眼科医院、康泽医院、家泽园等民营企业建立了关工委组织。区关工委先后分三片对28个镇街、80余个部门的关工委班子建设和工作进行了调研、检查。据不完全统计,铜梁参与关心下一代活动的老同志有18500人,其中骨干4000余人。区关工委坚持在工作上支持五老,生活上关心五老,定期或不定期地对生病住院的老同志给予看望慰问。为保障五老身体康健,区关工委、区教委关工委对思想道德教育团年事已高的老同志做了活动调整。为区关工委7个工作团制发了团员证。

宣传工作 关工委运用广播、电视、《铜梁报》等新闻媒体，营造了全社会关心下一代工作的良好氛围。积极向《中国火炬》《青少年与法》《今日关工事》等宣传平台报送信息。《今日关工事》五老关工情栏目登有铜梁的信息400余条。《中国火炬》杂志刊登了铜梁区“正科级及以上干部资助贫困学生——不能让一个贫困学生失学”的好做法。2名同志参加《中国火炬》在重庆召开的通联评刊会，区关工委名誉主任周举之接受杂志社专访。区关工委编写《工作简报》9期，有效地指导全区关工委工作。

（区关工委　程晓娅）

史志

【概况】 重庆市铜梁区党史地方志办公室，系区委直属事业单位，内设综合科、史志编纂科，核定编制7人，实有7人。主要职责是中共铜梁地方党史编研和铜梁地方志编修。2019年区委宣传部、区史志办联合印发《重庆市铜梁区党史地方志办公室2019—2022年党史工作规划（秘密）》。年底区府办下发《〈铜梁年鉴（2020年卷）〉编撰工作方案的通知》，安排部署2020年年鉴编撰事宜，提早谋划全区年鉴工作。同年争取财政资金27.69万元，按时完成新办公楼的装修搬迁，新建档案资料室、会议室。

7月9日，在铜梁区召开渝西片区党史工作部门主要负责人座谈会。（区史志办　供图）

【史志编纂】 **编辑出版《铜梁改革开放实录》** 为突出展示在党委政府的坚强领导下铜梁改革开放40年来取得的巨大成就，全面回顾铜梁区改革开放以来的历史进程，深入总结历史经验，2019年将28个党史专题资料编辑成《铜梁改革开放实录（第一辑）》。全书共28个专题，42万字，于12月内部出版。

编辑出版《初心不改话忠魂》 围绕“不忘初心、牢记使命”主题教育，充分发挥地方党史“育人”作用，用革命先烈和英雄模范鼓舞人、教育人，以铜梁11位党史人物的故事编辑成《初心不改话忠魂》，于12月内部出版，并向全区各基层党组织赠阅。以此引导和教育广大党员干部，坚定理想信念，不忘初心。切实做到“以史育人”，培养能够担当民族复兴大任的时代新人。

编辑出版《铜梁年鉴（2019）》 《铜梁年鉴（2019）》实现“一年一鉴”和公开出版的“两全”目标要求。严格按照年初《铜梁年鉴》编辑方案，于9月完成编纂工作，全书包括大事记、铜梁概况、政治、法治、经济、社会事业等13部分，采用图片400余幅，约110万字。通过西南师范大学出版社三审三校，公开出版发行。

编辑出版《庆祝中华人民共和国成立70周年·铜梁图志》 《铜梁图志》由基本区情、经济社会发展、基础设施建设、人民生产生活、旅游名胜五个版块构成。以新旧图片对比的方式，辅以精炼的文字说明，采用较为特殊的编排方式，从多角度、多层次反映铜梁70年的发展变迁，记录和展示中华人民共和国成立以来铜梁发生的巨大变化和辉煌成就。全书300余幅照片，忆旧地、展新城，既反映铜梁前进中的重大事件，也展现人民生活变化的生动细节，紧扣铜梁发展历程中令人难以忘怀的瞬间，再现铜梁人民政治生活上具有深刻影响的事件，见证铜梁人民探索前进的历史脚步。

【志书评审】 组织人员对西藏《芒康县志》和《潼南县志》《铜梁川剧志》三部志书进行交流评审，并提出了修改意见，以供相关编辑单位参考。

【史志资料征集】 收集整理2017—2018年铜梁历史大事记，共整理400余条，约6万字。与铜梁区委宣传部、区委老干局联合印发征集《口述铜梁党史》《图说铜梁党史》资料的通知，广泛收集口述回忆文章和图片资料，夯实理论研究基础，服务党史宣传教育。截至年底，已整理10余份口述党史资料。

【史志研究】 收集整理关于领袖人物对党的历史的论述、反对历史虚无主义的资料，近2万字，以备编研《反对历史虚无主义》读本。组织人员对铜梁本土历史进行挖掘和研究，编纂完成《铜梁土桥武装暴动始末》和《铜梁板桥划归永川管辖的经过》两篇党史专题研究文章。

【史志宣传】 一是庆祝中华人民共和国成立70周年，与铜梁区融媒体中心联合制作《见证铜梁变迁》短片，在铜梁App上播出，用百余幅珍贵图片和简洁的旁白，回顾铜梁解放至今发生的翻天巨变。二是通过铜梁网《历史》栏目刊载铜梁历史名人，铜梁历史大事、要事，以此宣传展示铜梁丰富而宝贵的地情信息。全年刊载《土桥武装暴动始末》《铜梁县板桥区划归永川管辖的经过》等13篇文章。三是联合区委宣传部编纂《初心不改话忠魂》，向各镇（街）、村（社）、企事业单位、中小学校基层党组织赠阅5000册。四是积极主动与全国各地进行党史丛书交流，学习先进地区的经验和做法，取长补短，全年共交流史志丛书100余套、地情丛书100余套。五是参与开展党史纪念等各项活动。积极组织配合“七一”、新中国成立70周年庆祝和烈士公祭日等系列活动；参与铜梁区“讲红色故事、讲革命精神”活动，为区委宣传部提供铜梁党史人物资料10万余字。

【拓展工作】一是指导帮助二坪镇抓好乡村振兴、脱贫攻坚和新型农村集体经济发展。机关干部结对帮扶建卡贫困户6户。走访慰问全区困难残疾人120户，发放慰问品共计1.2万余元。二是为修缮郭汝瑰故居，提供《爱国将领郭汝瑰》专题资料、图片和建议，给区委决策提供依据和参考，充分发挥党史部门“资政”作用。三是积极参与铜梁区规划展览馆“龙城春秋”篇的文案审查与布展工作，为其提供各类历史资料、人物资料约3万字，图片20余幅。四是为区政协、区融媒体中心、区民政局、供电公司等部门提供铜梁历史大事记、沿革、区划等历史资料和图片。拓宽党史地情横纵度，做到开门办史，服务于民。

（区史志办　供稿）

12月24日，召开铜梁区年鉴撰稿培训会。（区史志办　供图）

重庆市铜梁区人民代表大会

【概况】 重庆市铜梁区人民代表大会常设机构是重庆市铜梁区人民代表大会常务委员会，另设监察和法制委员会、财政经济委员会、城乡建设环境保护委员会、社会建设委员会等4个专门委员会。常委会设有办公室、人事代表工作委员会、教科文卫工作委员会、农业与农村工作委员会、预算工作委员会和信访办公室6个工作机构以及巴川、东城、南城、蒲吕、旧县5个街道工作委员会。重庆市铜梁区第十七届人大常委会组成人员名额为35名，2019年底实有常委会组成人员32名，其中1人暂停执行委员职务。2019年初，重庆市铜梁区第十七届人民代表大会有代表268名，其间，3名代表调出离开本区，代表资格终止，辞去代表职务9名，依法罢免代表1名；12月补选代表15名，2019年底实有代表270名，其中1人暂停执行代表职务。2016年12月10日依法选举产生镇人大代表1302名，2019年底实有镇人大代表1246名。

【重要会议】 **人民代表大会** 1月16—18日，重庆市铜梁区第十七届人民代表大会第三次会议在区委会议中心举行。大会应到区人大代表266人，实到区人大代表257人，符合法定人数。会议听取和审议区人民政府、区人大常委会、区人民法院、区人民检察院工作报告，审查批准重庆市铜梁区2018年国民经济和社会发展计划执行情况及2019年国民经济和社会发展计划草案、重庆市铜梁区2018年财政预算执行情况和2019年财政预算。会议通过设立重庆市铜梁区第十七届人民代表大会社会建设委员会的决定，将重庆市铜梁区第十七届人民代表大会法制委员会更名为重庆市铜梁区第十七届人民代表大会监察和法制委员会。表决通过区十七届人民代表大会有关专门委员会组成人员名单。

1月16—18日，重庆市铜梁区第十七届人民代表大会第三次会议在城区召开。

（区人大办 周兵）

常委会会议 1月12日，区人大常委会主任叶永海主持召开区第十七届人大常委会第十七次会议，副主任王敏、谢发耀、秦玉梅、魏加奎、李中建参加会议。会议表决通过区人大常委会代表资格审查委员会关于个别代表的代表资格的报告、区政府关于提请审议程琼等同志任免职的议案；听取审议区人大常委会主任会议关于提请调整区十七届人大三次会议召开时间的议案、调整后的区十七届人民代表大会第三次会议主席团成员和秘书长名单（草案），做出调整区十七届人民代表大会第三次会议召开时间的决定，通过区十七届人民代表大会第三次会议列席人员名单、区人民代表大会常务委员会工作报告。

1月25日，区人大常委会主任叶永海主持召开区第十七届人大常委会第十八次会议，副主任王敏、谢发耀、秦玉梅、李中建参加会议。会议表决通过区人大常委会主任会议、区政府、区监委有关人事任免职的议案。

3月26日，区人大常委会主任叶永海主持召开区第十七届人大常委会第十九次会议，副主任王敏、魏加奎、李中建参加会议。会议听取审议区政府关于2018年度环境保护工作情况的报告、关于2017年度区级预算执行和其他财政收支审计问题整改情况的报告、关于旅游产业发展工作评议意见研究处理情况的报告和区人大常委会各街道工委2018年工作情况的报告；表决通过《重庆市铜梁区人大常委会讨论决定重大事项的规定》、区人大常委会主任会议关于提请审议孔庆明同志辞职的议案和区政府有关人事任免议案。在铜部分市五届人大代表向区人大常委会进行述职。

5月27日至28日，区人大常委会主任叶永海主持召开区第十七届人大常委会第二十次会议，副主任王敏、谢发耀、秦玉梅、魏加奎参加会议。会议听取审议区政府关于法治政府建设工作情况的报告；听取审议区政府关于民营企业发展法治环境、人力资源和就业服务、办理区人大常委会对商贸服务发展专题询问审议意见情况的报告，并开展满意度测评；表决通过区人大常委会2019年新增政府债券资金安排和区级预算调整决议；听取区人大常委会执法检查组关于检查《重庆市职业教育条例》和《重庆市气象灾害防御条例》实施情况的报告；表决通过区人大常委会主任会议、区监委、区法院、区检察院有关人事任免的议案；表决通过区人大常委会关于同意增加人民陪审员名额的决定、关于同意接受吕容亮辞去重庆市铜梁区人民法院院长职务请求的决定、关于张俊文同志任重庆市铜梁区法院代理院长的决定。此外，还举行深入学习贯彻习近平总书记在解决“两不愁三保障”突出问题座谈会上的重要讲话精神和视察重庆系列重要讲话精神专题学习。

7月25日，区人大常委会副主任王敏主持召开区第十七届人大常委会第二十一次会议，副主任谢发耀、秦玉梅、魏加奎、李中建参加会议。会议听取审议区政府2019年1至6月国民经济和社会发展计划执行情况的报告、2019年1至6月预算执行情况的报告、加快推进乡村振兴西郊示范片区建设议案办理推进情况的报告；听取审议区人大常委会执法检查组关于检查《中华人民共和国水污染防治法》和《重庆市献血条例》实施情况的报告；表决通过区人大常委会主任会议、区检察院有关人事免职的议案。

9月26日，区人大常委会主任叶永海主持召开区第十七届人大常委会第二十二次会议，副主任王敏、谢发耀、秦玉梅、魏加奎、李中建参加会议。会议听取审议区政府关于2018年区级决算的报告、关于2018年区级预算执行和其他财政收支的审计工作报告，表决通过关于批准2018年区级决算的决议；听取审议区政府关于“四好农村路”建设的报告、区法院关于商事审判工作情况的报告、区检察院关于公益诉讼工作情况的报告，并开展了满意度测评；听取审议区人大常委会执法检查组关于检查《重庆市预算审计监督条例》实施情况的报告；表决通过区法院有关人事任职的议案。

10月31日，区人大常委会主任叶永海主持召开区第十七届人大常委会第二十三次会议，副主任王敏、谢发耀、秦玉梅、魏加奎、李中建参加会议。会议表决通过关于接受左永祥同志辞去重庆市铜梁区人民政府区长职务请求的决定和区检察院有关人事任免的议案。

11月26日，区人大常委会主任叶永海主持召开区第十七届人大常委会第二十四次会议，副主任王敏、谢发耀、魏加奎、李中建参加会议。会议听取审议区政府关于发展新型农村集体经济工作情况的报告、铜梁区2018年度行政事业性国有资产管理工作情况报告、国有资产管理情况报告、加快推进乡村振兴西郊示范片建设议案办理结果报告和办理代表建议、批评和意见情况报告，区法院关于办理建议、批评和意见情况报告，并开展满意度测评；听取审议区政府关于办理区人大常委会对民营企业发展法治环境工作评议意见的报告；听取审议区政府关于确定铜梁区区树区花的议案、区人大常委会主任会议关于提请审议许可对区人大代表邓代红采取刑事强制措施的议案、区法院关于确定人民陪审员名额的议案，并表决通过有关决定；表决通过区法院有关人事任免议案、区第十七届人大常委会代表资格审查委员会报告。

12月6日，区人大常委会主任叶永海主持召开区第十七届人大常委会第二十五次会议，副主任王敏、谢发耀、魏加奎、李中建参加会议。会议听取区人大常委会主任会议关于提请审议召开铜梁区第十七届人民代表大会第四次会议的议案、接受刘艳等同志辞去铜梁区十七届人大代表职务请求的议案，并表决通过有关决定；表决通过区第十七届人大常委会代表资格审查委员会报告。

12月25日，区人大常委会主任叶永海主持召开区第十七届人大常委会第二十六次会议，副主任王敏、谢发耀、秦玉梅、魏加奎、李中建参加会议。会议经过审议和表决，决定任命姜国杰为重庆市铜梁区人民政府副区长、代理区长，通过区人大常委会主任会议有关人事任免的议案。

12月31日，区人大常委会主任叶永海主持召开区第十七届人大常委会第二十七次会议，副主任王敏、谢发耀、秦玉梅、魏加奎、李中建参加会议。会议表决通过区政府关于2019年新增政府债券安排及区级预算调整方案的报告、区人大常委会工作报告、区第十七届人民代表大会第四次会议议程（草案）、区十七届人民代表大会第四次会议主席团成员和秘书长名单（草案）、列席区第十七届人民代表大会第四次会议人员名单、区十七届人大常委会代表资格审查委员会关于个别代表的代表资格的报告；表决通过区人大常委会主任会议、区政府有关人事任免的议案。

主任会议 2019年，区人大常委会召开主任会议十六次。会议研究提出区人大常委会主任会议关于提请审议调整区第十七届人民代表大会第三次会议召开时间的议案，区人大常委会主任会议关于提请审议许可重庆市公安局两江新区分局对铜梁区人大代表邓代红采取刑事强制措施的议案，召开铜梁区第十七届人民代表大会第四次会议的议案等；研究区政府有关人事任免的议案、区第十七届人民代表大会第三次会议主席团成员和秘书长名单（草案）、列席人员名单（草案）和召集人名单（草案），区人大常委会评议区人民政府民营企业发展法治环境工作方案、检查实施《中华人民共和国水污染防治法》情况工作方案和2019年区领导督办区十七届人大三次会议人大代表建议目录，《重庆市铜梁区人大常委会关于进一步密切人大代表联系人民群众加强代表工作室建设的实施意见（送审稿）》《重庆市铜梁区人大常委会关于重庆市铜梁区第十七届人民代表大会代表分片区开展活动的意见（送审稿）》《重庆市铜梁区人大代表履职管理办法（修订送审稿）》《重庆市铜梁区宪法宣誓具体规定（修订草案）》，2019年新增政府债券资金安排和区级预算调整方案（草案）、区法院关于提请审议人民陪审员名额的议案，区第十七届人大四次会议有关事项，区法院有关人事任职的议案，区检察院有关人事任免事项，区政府有关人事任职事项的议案等。提出接受吕容亮同志辞去区人民法院院长职务请求的议案、张俊文同志任重庆市铜梁区人民法院代理院长的议案等；审定《重庆市铜梁区人大常委会国有资产监督暂行办法》《重庆市铜梁区人大常委会开展对区政府关于行政事业性国有资产管理情况专题询问方案》《关于贯彻落实〈中共重庆市铜梁区委关于区人民政府向区人大常委会报告国有资产管理情况制度的实施意见〉的五年规划（2018—2022）》《行政事业性国有资产管理情况专题询问议题》《关于切实加强区人大代表工作的具体措施》《重庆市铜梁区第十七届人民代表大会补选工作实施方案》等；会议通过姜国杰同志任重庆市铜梁区人民政府代理区长的议案、区政府有关人事免职事项等；表扬2019年度办理区人大代表建议先进单位有关事项、2019年度区人大代表优秀建议事项等；确定区十七届人大常委会第二十七次会议开会时间和议题（草案）等。

【人大代表工作】 按照代表能力提升五年培训计划，联合区委组织部、区委党校举办首届区人大代表专题培训班，培训代表219人，指导各镇街人大培训代表1500余人次。印发密切人大代表联系群众、加强代表工作室建设的意见，坚持“因地制宜、就近方便、集约高效”的原则，按照“八有”标准，建成人大代表工作室62个、民情联络站320个，实现1500余名市、区、镇三级人大代表全部“进室进站”。拓展代表参与人大工作的途径，邀请区人大代表列席常委会会议25人次、参加常委会调研视察等活动71人次，各镇街人大组织区镇人大代表参加调研视察活动1901人次，提出工作建议303条，为全区高质量发展广泛凝聚人民智慧和力量。做好市人大代表履职保障工作，铜梁代表团在市五届人大二次会议期间共提出意见建议15件，闭会期间组织开展在铜市人大代表学习培训3次、视察调研4次。深化“两联一述”，深入推行代表联系群众“双亮双接双办”机制，制定出台代表分片区开展活动的意见，修订完善《重庆市铜梁区人大代表履职管理办法》，健全完善代表信息公开、接待群众及意见处理、代表履职登记管理、分片区开展活动等制度，做细做实人大代表密切联系服务群众工作。2019年，全体区人大代表做出为民服务承诺事项755项，接待选区选民3585人次，收集社情民意1099条，向选民述职163人次；开展“主任接待日”活动28次，接待代表210人次，向有关部门、镇街转交代表建议84件次。铜梁区创新推行人大代表“双亮双接双办”密切联系群众的经验做法得到市人大常委会主要领导充分肯定。

【人事任免】 1月12日，区第十七届人大常委会第十七次会议经过审议和表决，决定任命程琼为区科学技术局局长，田华为区民政局局长，陈瑜为区人力资源和社会保障局局长，王小波为区住房和城乡建设委员会主任，张勇为区交通局局长，汤启玲为区水利局局长，朱华友为区农业农村委员会主任，李琼为区商务委员会主任，刘艳为区文化和旅游发展委员会主任，张维谦为区卫生健康委员会主任，徐之光为区应急管理局局长，金治海为区统计局局长，曾永生为区信访办办公室主任，徐波为区机关事务管理局局长，周凡为区大数据应用发展管理局局长，严勇为区招商投资促进局局长；决定免去唐运明的区人力资源和社会保障局局长职务，陈瑜的区统计局局长职务，喻永禄的区民政局局长职务。

1月25日，区第十七届人大常委会第十八次会议经过审议和表决，任命李文为区人大社会建设委员会办公室（区人大常委会信访办公室）主任，王科芬为区人大监察和法制委员会办公室主任，石柱为区人大常委会教科文卫工作委员会主任，陈瑶为区人大常委会办公室副主任，李世红为区人大监察和法制委员会办公室副主任，王方述为区人大社会建设委员会办公室（区人大常委会信访办公室）副主任；免去李文的区人大常委会教科文卫工作委员会主任职务，石柱的区人大常委会办公室副主任职务，童渝的区人大常委会旧县街道工作委员会副主任(兼职)职务,万承先的区监察委员会委员职务;决定任命程绪友为区退役军人事务局局长,周莲为区医疗保障局局长。

3月26日,区第十七届人大常委会第十九次会议经过审议和表决,决定任命张光明为区生态环境局局长,叶常松为区林业局局长。

5月28日,区第十七届人大常委会第二十次会议经过审议和表决,任命赵翎希为区人大常委会巴川街道工作委员会委员,侯文庆为区人大常委会东城街道工作委员会委员,孔素容为区人大常委会蒲吕街道工作委员会委员,周运芳为区人大常委会蒲吕街道工作委员会委员;免去唐英的区人大常委会巴川街道工作委员会委员职务,邱元君的区人大常委会东城街道工作委员会委员职务,申溢的区人大常委会蒲吕街道工作委员会委员职务,文霞的区人大常委会蒲吕街道工作委员会委员职务。任命胡绪强为区监察委员会副主任;免去胡绪强的区监察委员会委员职务。任命张俊文为区人民法院副院长、审判委员会委员、审判员,兰洪学为区人民法院立案庭(诉讼服务中心)庭长,何振华为区人民法院行政审判庭(综合审判庭)庭长。决定张俊文为区人民法院代理院长。任命蒋彩红、刘学伦、龙思华等69人为重庆市铜梁区人民法院人民陪审员。免去李明勇的区人民检察院副检察长、检察委员会委员、检察员职务。

7月25日,区第十七届人大常委会第二十一次会议经过审议和表决,免去吴先兰的区人大常委会南城街道工作委员会副主任职务;免去胡绪强、吴春、饶竞、刘明堂、张仕治的区人民检察院检察员职务。

9月26日,区第十七届人大常委会第二十二次会议经过审议和表决,任命崔树刚为区人民法院审判员。

10月31日,区第十七届人大常委会第二十三次会议经过审议和表决,任命宋金虎、张世强、孙玉柱为区人民检察院检察员;免去许登的区人民检察院检察员职务。

11月26日,区第十七届人大常委会第二十四次会议经过审议和表决,任命吴永铭为区人民法院审判委员会委员、审判员;免去李强的区人民法院审判员职务。

12月25日,区第十七届人大常委会第二十六次会议经过审议和表决,决定任命姜国杰为区人民政府副区长、代理区长。

12月31日,区第十七届人大常委会第二十七次会议经过审议和表决,任命陶小平为区人大监察和法制委员会办公室主任,汤启玲为区人大财政经济委员会办公室(区人大常委会预算工作委员会)主任,王方述为区人大社会建设委员会副主任委员;免去王科芬的区人大监察和法制委员会办公室主任职务,王祖洪的区人大财政经济委员会办公室(区人大常委会预算工作委员会)主任职务。决定任命潘国庆为区卫生健康委员会主任;决定免去汤启玲的区水利局局长职务,张维谦的区卫生健康委员会主任职务。

【工作监督】 围绕区委决策和全区工作大局,突出工作重点,认真行使监督权,听取审议区政府关于法治政府建设、环境保护、民营企业发展法治环境、"四好农村路"建设、人力资源和就业服务工作情况等18个报告;听取区法院关于商事审判工作、办理代表建议、批评和意见情况的报告;听取区检察院关于公益诉讼工作情况的报告;开展民营企业发展法治环境工作评议;开展行政事业性国有资产管理情况专题询问。

【法律监督】 主要开展《中华人民共和国水污染防治法》《中华人民共和国就业促进法》《重庆市预算审查监督条例》《重庆市气象灾害防御条例》《重庆市职业教育条例》《重庆市献血条例》等6部法律法规执法检查。坚持主动审查和被动审查相结合,对区政府6件规范性文件进行备案审查，向市人大报备规范性文件1件，维护法制统一，保证宪法法律正确实施。

【人大代表议案及办理】 区第十七届人民代表大会第三次会议决定对《关于加快推进乡村振兴西郊示范片建设的议案》立案督办。7月25日，区十七届人大常委会第二十一次会议听取和审议了关于加快推进乡村振兴西郊示范片区建设议案办理推进情况的报告；11月26日，区十七届人大常委会第二十四次会议听取和审议了关于加快推进乡村振兴西郊示范片建设议案办理结果的报告，并进行满意度测评，获得满意票28票，基本满意票0票，不满意票0票。

加强对代表建议的跟踪督办。积极争取区委支持，将代表建议办理工作纳入年度绩效目标考核，制定量化计分细则，完善考核评价机制，进一步增强承办单位对代表建议办理的重视程度，切实提高代表建议的"落实率"。推行重点建议领导督办、各委室对口包案督办、适时跟踪督办，两次复函、两次评价等机制，持续推动代表建议办理由"重答复"向"重落实"转变。区十七届人大三次会议以来，代表提出的1件议案、377件建议已全部办理完毕，代表建议办理满意和基本满意率达99.5%。

【视察调研】 根据区人大常委会年初工作要点，全年开展了残疾人保障、渔业发展、苗木产业发展、农村人居环境整治、"儿童之家"建设和农村妇女"两癌"救助等10个专题调研。开展交通建设、城区建筑垃圾治理、工业固废处理、空气质量问题等4项专题视察。

【机关建设】 紧扣"政治机关"建设要求，全面推动常委会及机关党的建设。聚焦主题深入学，全年组织集中学习研讨30次，学习习近平新时代中国特色社会主义思想103件次，研讨交流69人次，学出内涵、学出忠诚、学出担当；着眼解决实际问题，走访基层单位132个、召开座谈会41次，形成调研成果20篇；实事求是检视差距，对发现的86个问题提出96条对策措施，全面落细落实整改到位。制定为民办实事解难题工作方案，开展代表建议、主任接待日收集意见、群众反映问题、群众来信来访等办理情况"四个回头看"，用行动践行初心、担当使命。加强机关委室工作规范化建设，制定各委室与对口联系部门工作联系办法，不断提高服务保障能力。全面加强制度、作风和纪律建设，深入开展"四治四提"专项行动，全面提升人大干部队伍执行力。严格执行中央八项规定精神和市委、区委实施意见，持续改进工作作风，持之以恒正风肃纪，树立人大机关和干部良好形象。

（区人大办　李川）

6月17日，铜梁区委党校首次举办区第十七届人大代表专题培训班。

（区人大办　周兵）

重庆市铜梁区人民政府

综述

【概况】 重庆市铜梁区人民政府设置工作机构29个，即区政府办公室、区发展改革委、区教委、区科技局、区经济信息委、区公安局、区民政局、区司法局、区财政局、区人力社保局、区生态环境局、区住房城乡建委、区城管局、区交通局、区水利局、区农业农村委、区商务委、区文化旅游委、区卫生健康委、区退役军人事务局、区应急局、区审计局、区统计局、区医保局、区机关事务局、区信访办、区大数据发展局、区招商投资局、区林业局；区政府挂牌机构6个：区政府外办（挂在区政府办）、区公共资源交易监管局（挂在区发展改革委）、区国资办（挂在区财政局）、区人民防空办（挂在区住房城乡建委）、区扶贫办（挂在区农业农村委）、区体育局（挂在区文化旅游委）；区政府工作部门所属的正处级事业单位6个，即区政府经济研究中心、市民服务和营商环境促进中心、区公共资源综合交易中心、区金融发展服务中心、区畜牧业发展中心、区投资促进服务中心；其他机构1个：区供销联社；承担政府职能的市属在铜部门共有工作机构6个，即区规划自然资源局、区市场监管局、区税务局、区气象局、区烟草局（区烟草公司）、区住房公积金中心。

【区政府十七届三次全会】 2019年1月10日召开。会议专题审议《2019年重庆市铜梁区人民政府工作报告（审议稿）》目标任务落实情况，安排部署岁末年初主要工作。会议要求，深学笃用习近平新时代中国特色社会主义思想和党的十九大精神，认真贯彻落实中央经济工作会和全市经济工作会精神，在区委的坚强领导下，集思广益，群策群力，共同谋划2019年政府工作，力求在新的一年里展现新作风、共商新举措、取得新突破，努力推动高质量发展、创造高品质生活。会议强调，要全力以赴抓好以下重点工作：一是确保一季度“开门红”，要围绕上级部署抓好谋划，围绕重点项目抓好谋划，围绕招商引资抓好谋划，结合实际工作抓好自身业务工作的谋划；二是精心筹备开好“两会”；三是抓好安全稳定生态环保工作；四是关心困难群众生活；五是坚持不懈正风肃纪。

【区政府常务会议】 2019年，区政府召开34次常务会议，审议并原则通过行政规章，政策性文件及有关决议事项394条。主要涉及8个方面：一是经济发展方面，审议通过《重庆市铜梁区2018年国民经济和社会发展计划执行情况及2019年计划草案的报告（送审稿）》《重庆市铜梁区重点工业企业培育壮大行动方案（2019—2021）（送审稿）》《重庆市铜梁区工业跃升倍增工程实施方案（送审稿）》等。二是改革开放创新方面，审议通过《重庆铜梁高新区（铜梁工业园区）体制机制改革方案（送审稿）》《关于探索建立涉农资金统筹整合长效机制的实施方案（送审稿）》等。三是城乡融合和区域协调发展方面，审议通过《关于全面加强乡村小规模学校和乡镇寄宿制学校建设2018—2020年工作方案（送审稿）》《重庆市铜梁区镇街供水整合实施方案（送审稿）》《重庆市铜梁区乡村振兴西郊示范片2019年建设工作方案（送审稿）》等。四是城市规划建设管理方面，审议通过《重庆市铜梁区装配式建筑发展专业规划（送审稿）》《关于园林绿化市场化管理方案（送审稿）》《铜梁区质量提升行动工作方案（送审稿）》等。五是生态文明和环境保护方面，审议通过《重庆市铜梁区2019年环保重点任务清单（送审稿）》《重庆市铜梁区长江经济带固体废物排查工作方案（送审稿）》《重庆市铜梁区工业污染综合整治工作方案（送审稿）》等。六是社会事业和民生保障方面，审议通过重庆市铜梁区残疾儿童康复救助制度实施细则（送审稿）》《重庆市铜梁区扶贫项目资金绩效管理实施细则（送审稿）》《重庆市铜梁区人民政府关于做好当前和今后一个时期就业创业工作实施方案（送审稿）》等。七是社会治理和安全生产方面，审议通过《进一步加强全区学校安全风险管理工作的实施意见（送审稿）》《重庆市铜梁区2019年地质灾害防治金土工程实施方案（送审稿）》《重庆市铜梁区政府风险补偿金管理办法（试行，送审稿）》等。八是政府自身建设方面，审议通过《2019年重庆市铜梁区人民政府工作报告重点工作目标任务分解方案（送审稿）》《重庆市铜梁区事业单位公务用车制度改革实施意见（送审稿）》《重庆市铜梁区区属国有企业公务用车制度改革实施意见（送审稿）》等。

【经济社会发展】 2019年实现地区生产总值616.56亿元、增长8.7%，呈现稳中有进、稳中向好的良好态势。

工业经济提档升级 工业跃升倍增计划开局良好，339家规上工业企业实现产值572.8亿元、增长13.6%，工业增加值243.46亿元、增长9.8%。深入推进工业园区化、产业高新化，高新区规上工业产值占全区比重达77.5%；全区“两新”产业产值增长20.9%、对工业增长贡献率达60.6%，53家规上数字经济工业企业产值增长37.1%。培育壮大产业集群，凯盛君恒、红岩方大等21个项目开工建设，安创科技、杰尔科技等22个项目竣工投产，小米生态链智能终端企业落户3家，工业投资增长23%，智能制造、高端汽车零部件、新能源新材料等主导产业产值增长20.3%，高新区获评重庆市智能终端特色产业建设基地。建成数字化车间、智能工厂2个，评选明星工业企业10家，OTC挂牌、“民参军”各7家，庆兰实业成长为大型企业并跻身全市“100户重点工业企业”，威斯特电梯荣获“市长质量奖”。规上工业企业销售收入增长13.3%，产销率达97.8%，利润总额增长6.7%。

农业提质增效 加快农业产业结构调整，新发展特色产业3.6万亩，实现农业总产值72.67亿元、增长13.8%。全面落实粮食安全行政首长责任制，新增耕地4183亩、高标准农田1.2万亩，粮食产量保持稳定。壮大新型农村集体经济，新培育新型农业经营主体110个，盘活撂荒地3.1万亩，全部消除“空壳村”，2家农民合作社成为国家级示范社。基层供销社全部恢复重建。深入实施“品牌建设年”行动，原乡小艾、铜梁龙柚等实现“小船结队出海闯市场”，新增重庆市名牌农产品4个，“三品一标”农产品达331个。深化农业“接二连三”，提质西郊示范片重点产业，市级龙头企业达27家；建成西郊示范片线上平台，新建智慧农场3个；新培育农家乐和精品民宿24家，休闲农业与乡村旅游收入增长21%。

商贸服务提标扩面 适应产业、消费“双升级”需求，新增限上商贸单位100家，规上服务业营业收入增长18.8%。龙城天街引领消费时尚，万达广场销售额客流量在重庆区域新开业6家中排名第一、周年店庆在西南区域38家中综合排名第一，居然之家正式营业，商圈日均客流量超3.2万人次。百汇国际建材城投入运营，电摩城经营商户集中度达95%，城乡共同配送中心快递业务量超2000万件、增长37%。新引进金融机构2家、总部企业3家，银行业金融机构存贷款余额分别达508.96亿元、359.7亿元，增长5.7%、15.2%。天猫优选等37个电商项目成功落户，新发展新型零售体验店6个，电商交易额超30亿元、增长21%。淮远古韵二期入驻餐饮企业15家，安居古城特色街区营业额达1.6亿元。成功创建“重庆老字号”3个。新增酒店13家，住宿业营业额增长19.2%。新增民营养老机构4家，社会运营床位占比达43%。

文旅融合提速进阶 倾力参与“晒文化·晒风景”大型文旅推介活动，匠心打造“双晒”作品和“七个一”系列短片，荣获全市“最佳作品奖”。玄天湖浮桥栈道建成投用，荷和原乡提质上档，成功创建安居国家湿地公园。精心打造红色教育主阵地，邱少云烈士纪念馆接待游客达75万人次。新增市级非遗项目3个。开发旅游特色商品21种。首届中华龙灯艺术节精彩亮相，实现“办好一个节会、传承一批技艺、壮大一个产业、富裕一方百姓”。成功举办亚洲龙狮锦标赛、原乡风情马拉松赛和重庆小姐大赛。长篇小说《安居古城》荣获重庆文学奖、入围茅盾文学奖，原创歌曲《那一片云》荣获重庆艺术奖，原创舞蹈《龙把子》摘得全国群众文化最高奖“群星奖”，铜梁喜获全国龙狮运动“双优”奖项。全市乡村文化振兴现场会在铜召开。“原乡风情·大美铜梁”让八方游客“行千里·致广大”，全年接待游客987.8万人次、增长13%，实现旅游综合收入42.2亿元、增长12.5%；文化旅游投入73.6亿元，文化、旅游产业增加值均增长12%。

【城乡融合发展】 **城市气质显著提升** 启动新一轮国土空间规划编制，完成淮远新区控制性详规编制，新规划展览馆对外开放。原乡中央公园、望山公园、见水公园开园迎客，凤山公园焕然一新。打通城市“断头路”3条，完成白龙大道提质改造，北环路全线通车。新美化“五小”设施1264个，社区居民主动参与“三小”认领103处。新增公共绿地130万平方米。黄葛树、使君子评选为区树、区花。调整公交线路6条，新增隔离护栏15.4千米，公共区域停车收费实现扫码支付。建成投用建筑垃圾消纳场，城区生活垃圾分类试点投放准确率达80%以上。理顺城市管理体制，“马路办公”解决城市顽疾4730个。建筑业实现产值231.78亿元、增长13.5%。商品住房、商业用房销售面积分别达100.1万平方米、17.14万平方米。

场镇面貌持续改善 提质场镇道路10千米，整治裸露地面20万平方米，新增公共停车位1012个。新改建农贸市场12个、公厕6座，安装路灯4700盏。打造休闲公园2个，“增绿添园”10.5万平方米。完成镇街供水企业整合移交。安居提水工程受益镇街达13个，场镇自来水供水覆盖率达100%。完成18个镇级污水处理厂技改升级，建成场镇二三级污水管网37千米。改造10座镇级垃圾压缩站。加强市政管理和清扫保洁，整治户外广告标志标牌5246处，场镇环境更加干净、整齐、有序。

乡村魅力不断彰显 高标准建设120平方千米西郊示范片，建成60千米绿道，荣膺“重庆十大最美乡村”。开工“四好农村路”960千米，村民小组通畅率达96%。实施35个村饮水安全巩固提升工程。改造农村旧房4820户。“大棚房”问题全面“清零”。深入开展村庄清洁行动，全面推行积分制，启动19个村生活垃圾分类示范，推动“四旁”绿化美化。新建农村公厕16座。畜禽养殖场粪污全部实现资源化利用。优化提升便民服务中心93个。招募“三支一扶”人才31名，累计动态回引本土人才600名。评选新乡贤20名、好乡亲1058名。10户院落上榜“最美庭院”。

【改革开放创新】 **改革落地有声** 深入推进营商环境综合改革，深化行政审批流程再造集成创新，建成投用市民服务和营商环境促进中心，分类设置“综合窗口”，首批30个事项纳入承诺制信任审批，“点菜式”审批实现42件事立等可取，一般工业项目审批时限压减至10个工作日以内，全年新发展市场主体7221户、增长15.8%。扎实开展民营经济“解七难”，累计减税降费10亿元以上，金融机构向实体经济发放贷款110亿元，“把老乡留在老家”专项行动吸引2.1万名外出务工人员返乡就业创业。深入开展“五清”专项行动，累计追缴欠缴税费13亿元，处置存量及闲置土地1.2万余亩，清退临聘人员1627名，清补城区歪树病树死树9800余株。严格落实政府债务绿色可控机制，常态化开展新增融资、新批项目债务审查，坚决不触碰隐性债务红线。深入推进国资国企改革，清理处置区属国有“僵尸企业”18家，重点国有企业优化资本投向助力经济发展。深入开展社会治理创新，推进“党建扎桩、治理结网”，完善“531”工作格局，社会治理创新中心正式运行，实现“上面千条线、下面一张网”。

开放引领带动 启动“十四五”规划编制。深化与市中新示范项目管理局战略合作，提升两江新区铜梁产业园平台功能。深度参与成渝轴线协同发展联盟，与甘肃陇南开展区域合作。组团参加智博会、进博会、西洽会等，成功举办中国传媒年会、重庆英才大会海归论坛。组织铜梁龙赴美国、以色列、中国台湾等地参加展演，参与接待法国、日本等经济文化交流14批次。外经贸实绩企业达71家，12个小微外贸企业纳入出口信用统保平台，首次实现原产地证书远程打印。实现进出口总额14.3亿元，其中出口13.1亿元；实际利用外资7448万美元。

创新赋能助力 开展科研项目61个，企业研发投入6.7亿元，全社会研发投入强度增长20%。科技型企业达371家，有效期内高新技术企业增加至84家。新培育知识产权优势企业2家，万人发明专利拥有量超过6件。加快国家农业科技园区建设，国家高新区进入审批序列。新建市级星创天地1个、农业科技专家大院3个、科普基地5个，新成立民办非企业科研机构2家。新引进高层次人才117名，其中长江学者1名。新建院士专家、博士后科研工作站2个。新发放种子基金495万元，59家科技型企业获得知识价值信用贷款9510万元。

【“三大攻坚战”推进】 **脱贫攻坚实现清零目标** 深入开展“促改督战”和“百日攻坚”行动，整合23.5亿元资金投向农村，派出2300余名干部投身一线，年度减贫任务全面完成，贫困发生率下降至0.002%。1052户贫困户落实低保兜底；22名义务教育阶段学生实现控辍保学；贫困户医保参保全覆盖，住院、特慢病门诊自付比例分别为9.7%、11.9%；存量危房实现“清零”；饮水安全问题全部解决，建档立卡贫困户全面实现“两不愁三保障”。发展扶贫产业8500亩，实现农业保险全覆盖。新建扶贫车间2个、扎龙基地3个，开发公益性岗位275个。开展消费扶贫，农村“土货”销售额达2780万元。累计投放扶贫小额信贷3577万元，获贷率提高至45.7%。加强对口帮扶巫山工作，到位资金423万元。派遣6名干部赴昌都援建。

治污做到零容忍 扎实开展中央生态环保督察边督边改，44件交办件已办结38件、阶段性办结6件。认真落实市总河长1号令，深化“五个一律”“清四乱”“治三排”行动，关停48家污染企业，全部收回水库承包权，场镇集中式饮用水源地水质达标率90.9%。实施立体喷雾降尘，完成餐饮单位油烟提标整治181家。开工建设生活垃圾焚烧发电项目。全覆盖回收废弃农膜438吨。治理水土流失2000亩。实施矿山复绿15.8公顷，营造林8.4万亩，森林覆盖率提高至46.2%。规范广场舞健身活动。违建别墅问题全面销号。涪江出境断面水质达Ⅱ类。空气优良天数达302天、优的天数达126天，分别比上年增加3天、16天。

防范风险确保零隐患 强化金融领域风险隐患排查整治，推进“非吸案件”债权追收，银行业不良率、小贷不良率、融资担保代偿率均低于全市水平。建立公共资源交易大数据平台，规范交易各方主体行为。强化特殊人群服务管理。创建“枫桥式公安派出所”6个。常态化开展领导干部接访下访，创新推进人民调解工作，化解矛盾纠纷4800余件，实现重要敏感时段到市进京上访“零发生”。严格落实意识形态工作责任制，未发生重大舆情事件。加强民族宗教工作，促进社会和谐稳定。

【社会民生事业】 扎实推进25件重点民生实事，24件完成年度目标任务，其中10件超额完成。建成“四好农村路”672千米；新建农村生产生活便道130千米；改造农村危房1057户；农村卫生改厕1.16万户；优化中心城区5个区域交通组织；新增城市公园3座、提质1座；改造棚户区521户；综合整治老旧小区50个；实施城镇电力设施“一户一表”改造8523户、农村电力设施改造2100户；老旧楼房加装电梯42部；建成城区农贸市场6个；新增城区公共停车位1000个；新建无线局域网访问接入点788个；新增城区公厕12座、社会单位对外开放厕所36座；建成公共区域直饮水点5个；新增公办幼儿园2所、改善薄弱幼儿园10所；铜梁籍农村建档立卡贫困家庭大学生资助政策惠及306人；新增“四点半课堂”服务点30个；开展职业培训3900人、发放创业担保贷款6350万元；巩固医改便民长效机制，农村适龄妇女“两癌”免费检查2.55万人，全覆盖救助农村“两癌”贫困妇女43人；新改建敬老院12所、社区养老服务站55个，新增养老床位800张；开展残疾儿童康复救助63人次，实施184户残疾人家庭无障碍设施改造；新增市级社区健身点11个；建成投用“雪亮工程”，新安装摄像头6100余个。完成9个镇供水设施及管网改造。

获得感更加充实 创建市级小企业创业基地2个，新增就业1.55万人，城镇登记失业率2.8%。举办创业创新大赛和职业技能大赛。养老保险、医疗保险参保率均达97%。完成城乡居民社保费征管职责划转，征缴率达99.8%。敬老院护理型床位占比提高至25%，失能特困人员集中供养率达35%。启动社会救助和保障标准与物价上涨挂钩联动机制，发放各类救助金1.6亿元。开展法律援助505件，挽回经济损失510万元。公租房惠及455户。首个“劳动者港湾”正式投用。“儿童之家”实现全覆盖。13万少云志愿者开展服务活动5000余场次。9人上榜“重庆好人”，黄廷炎荣获富民兴渝贡献奖。成功通过市级双拥模范城验收。

幸福感更可持续 新增公办幼儿园学位450个，学前教育普惠率提高至79.1%。11所小学开展课后延时服务试点。建成市级智慧校园建设示范学校3所，成功创建重庆市社区教育示范区。第三人民医院、精神卫生医院二期等5所医院建成投用。基层医疗机构就诊比例达61.4%，门诊、住院次均费用比分别下降1.7%、3.6%。开展急救医疗技术培训7900人次。建成美丽医院4家，区级医院实现全流程自助服务。完成图博两馆提档升级，图书馆荣获“2019·全民阅读活动典型案例”奖项。新增基层综合文化服务中心38个，开展流动文化服务进村1300场。提质改造全民健身中心，体育馆门球场主体竣工。成功举办全国老年人气排球系列赛和区第五届运动会。

安全感更有保障 建立完善应急管理体系，运用大数据赋能应急指挥中心，建成危化企业、森林火灾智能报警感知系统。加强消防救援队伍建设。新组建3支应急救援队伍，开展各类演练100余次。实施地灾治理项目41个，成功应对自然灾害7次。深化安全宣传教育和隐患排查整治，六大重点行业连续8年“零死亡”。保持严打高压态势，打掉电信诈骗、套路贷等8个新型犯罪团伙，涉黑涉恶问题线索办结率达99.3%，现行命案连续10年全破，抢劫案件“零发生”，民生警务惠及企业和群众。妥善应对动物疫情。未发生重大及以上食品药品安全突发事件。

【政府自身建设】 始终把政治建设摆在首位，深入贯彻落实中央大政方针、市委市政府决策部署和区委工作要求，严格执行向区委请示报告制度。隆重举办庆祝新中国成立70周年系列活动，圆满完成“防风险保安全护稳定迎大庆”集中攻坚任务。扎实开展“不忘初心、牢记使命”主题教育，深入推进“四治四提”专项行动。坚决抓好中央脱贫攻坚专项巡视和市委巡视反馈意见整改。认真执行区委“九条措施”“六条规定”，切实减轻基层负担。定期向区人大报告工作、向区政协通报情况。主动接受区人大和区政协监督，接受工作评议1次、专题询问1项，参加重点协商5次，办理人大议案1件、代表建议356件和政协提案275件，办理结果满意率分别为99.7%、98.3%。完成政府机构改革和职能转变，推进法治政府建设，服务效能得到新提升。

（区政府办　王刚）

政务工作

【政府调研与政务信息】 紧扣区委区政府工作思路，抓住全区经济社会发展重大问题，深入部门、镇街、学校和企业开展调查研究，共完成全区医养结合情况调研报告、金融业服务企业发展情况等课题，撰写5篇调研文章，为区领导决策提供借鉴。全年共上报市政府办公厅信息得分520分，在全市各区县排名前列，其中，有4篇获市政府领导批示，有2篇获区委主要领导批示。全年共编辑本级《政务简报》62期，《专报信息》9期，为区领导科学决策提供信息服务。

【区长公开电话（信箱）办理】 完善《重庆市铜梁区人民政府区长公开电话（信箱）办理工作制度》，从电话的接听、记录、交办、处理标准和办结时限等方面均制定严格的工作程序和标准，使工作更加规范化、程序化。区长公开电话做到24小时均有人接听和记录，并及时准确地反映给区政府相关领导和有关部门，转交部门处理的，明确3～5个工作日的时限要求。加大跟踪督办力度，每周定期对区长公开电话（信箱）交办事项办理情况进行实时督查。全年区长公开电话（信箱）共受理群众来电（来信）3287件，其中，公开电话受理1739件，公开信箱受理1548件；群众来信244件。对接听的区长公开电话进行及时处理，办结回复区长公开电子信箱邮件1548件。

【电子政务与政府门户网站建设】 **平台建设稳步推进** 全区33个部门和28个镇街网站全部整合至区政府门户网站。对区政府网站功能和页面进行了全面整改和升级。与信息公开系统深度融合，政务信息分类更加细化准确，查找更加方便快捷。新增重点领域信息公开、新闻发布、在线访谈、招商引资等版块，进一步细化政务服务版块内容，增强政务服务在线服务能力和互动交流能力。

深入推进主动公开 以重庆市政府信息公开目录为基础，结合实际，不断完善全区政府信息公开目录。2019年，全区主动公开政府信息32188条，同比增长120.15%。其中，概况类信息153条，政务动态信息7216条，信息公开目录信息24819条。

持续规范依申请公开 制发《重庆市铜梁区人民政府办公室关于进一步规范政府信息依申请公开工作程序的通知》《重庆市铜梁区电子政务管理中心关于印发政府信息依申请公开工作示范文本的通知》，持续规范依申请公开办理流程，均按要求依法依规做出答复。2019年，全区共办理依申请公开17件。其中，本年新收到政府信息公开申请16件，上年结转政府信息公开申请1件。未经复议直接起诉1件，结果维持。

强化网站监督管理 将政府网站和政务新媒体工作纳入政务公开工作年度目标考核，制定政务公开工作考核细则，严格落实“三审三校”制度，对网上公开发布的信息严格审核把关，全年未发生负面舆情事件。

加强网络安全防护 开展区政府门户网站等级保护测评工作，定期对系统进行扫描和漏洞修复，确保网站运行环境安全稳定。开展网络安全培训，模拟网络安全应急演练，提高处置网络安全事件的实战能力。结合政务值班制度，建立24小时读网制度，确保第一时间发现和处置网络安全事件。

（区政府办 王 刚）

人事工作

【公务员队伍建设】 一是着重源头把关，优化干部队伍结构。加大补员力度，全年共招录各类公务员89名。二是规范交流调配，全面激发干部队伍活力。组织开展公开遴选（选聘）、选调工作人员6批次，210人。三是强化政策督导，确保各项改革平稳推进。按照“成熟一个审批一个”的原则，通过3批次开展人员转隶工作，共转隶工作人员261人，确保了涉改部门工作正常运转，保持了干部队伍总体稳定，机构和人员接替平稳有序。四是加强后续培养，提升干部队伍素质。对102名初任公务员及部分军队转业干部进行岗前培训，提升新进干部机关工作适应能力。

（区委组织部　李升泉）

【专业技术人员管理】 一是做好政策宣传，为258名见习期满考核合格的全日制普通大中专院校毕业生确定了相关专业技术职务任职资格；二是严格专业技术职务资格证书的编号管理，2019年度共发放589人的专业技术职务资格证书；三是根据重庆市职称改革办公室要求，组织开展2019年职称评审工作，其中铜梁区组织2次职称评审，教育类中、初级职称评审通过一级教师116名，二级教师5名，实验师2名；工程类中、初级职称评审通过工程师49名，助理工程师59名，同时，受理、呈报高级职称评审材料202份；四是通过下发文件和电话通知的形式告知2018年取得高级职务任职资格人员，参加岗前培训工作；五是做好铜梁元旦春节期间的专家慰问工作，协助区委组织部做好区领导慰问各行业专家22名。

【事业单位人事管理】 一是完成全区445个事业单位及9592名工作人员的年报数据统计及上报工作；二是完成全区299个事业单位岗位设置；三是对330个事业单位1852名同志岗位竞聘上岗登记备案；四是推进事业单位（机关工勤）人员信息系统线上运行工作。

公开招聘事业单位工作人员（区人力社保局　供图）

【晋级调薪工作】 一是细致做好农林水人员待遇工作，根据市级相关政策要求，严格审核各单位上报农林水一线科技人员相关材料，顺利完成558名农林水一线科技人员提高比例津补贴审批工作，共计发放54万元。二是认真做好晋级晋档和正常调薪工作，2018年度考核结果于2019年10月底发布后，于11月正式开展2019年度机关事业单位工作人员晋级晋档和正常调薪工作。截至11月15日，顺利完成全区机关事业单位人员晋级晋档和正常调薪工作。按政策对全区干部职工工资进行了相应调整，共完成736名行政人员晋级晋档和8119名事业人员正常调薪工作，人均月增资76元。三是2018年度绩效考核工作。截至9月27日，完成全区91个机关事业单位目标绩效考核奖励数据审核工作，涉及金额2.76亿元，并于9月27日及时将审核数据汇总后转报区财政局，保证相关福利准确、及时地发放到干部职工手中。

【大中专毕业生就业】 开展专项招聘活动，充分利用网络平台，通过铜梁人才网、重庆人才交流网、重庆就业网等积极发布用工信息，为毕业生提供就业岗位。扎实做好离校未就业高校毕业生实名制登记管理，及时向未就业毕业生提供岗位信息、就业指导、职业培训、就业见习等扶持政策。积极与区内各部门、企事业单位、就业见习基地联系，协调实习岗位45个，认真组织实施在校大学生暑期实习工作。举办高校毕业生就业专场招聘会5场，进场求职人数605人，达成意向协议67人。2019年高校毕业生报到累计人数766人，其中：博士1人，硕士32人，本科527人，专科206人。2019年市就业局下发离校未就业高校毕业生名单共计760人，除去升学、考试、参军等226人，实际人数534人。年末已就业517人，就业率96.82%。走访见习基地63家，新增辖区内重庆市铜梁区万盟消防安装工程有限公司、重庆市铜梁区点划课外教育培训学校有限责任公司等25家企业备案为青年就业见习基地，铜梁见习基地备案数已达79家。提供见习岗位39个，开展就业见习202人，完成目标任务180人的112.22%；发放补贴金额共计56.98万元。

【人才工程】 全面推进"科教兴区和人才强区行动计划"，做优人才发展生态，用好用活各方英才。制定"人才政策十条"，在创新、创业、安居、平台建设等方面给予人才、企业全方位政策支持，向首批高层次人才（项目）兑现奖励近800万元。开通"人才直通车"，高层次人才通过手机App与区级领导、人才服务专员一键直通、反馈服务需求，领导当即交办、专员限时办理，极大提升了人才服务效率。建立"人才加油站"，与北京科技大学、四川大学、西南大学等高校开展校地合作，举办专场招聘会，成功设立1个博士后科研工作站，常态化开展"把老乡留在老家"专项行动，2019年培养重庆英才·创新创业示范团队2个，引进培育各领域高层次人才200余名，招聘高校毕业生、本土人才600余名，回引外出务工人员20000余名。打造"人才暖宝宝"，成立人才服务专员队伍，发布"人才服务指南"，在6个公共服务机构设立"绿色通道"，为人才及家属提供"一对一"服务；规范建设人才"一站式"服务平台，建成投用人才公寓200余套，开工建设人才主题公园，全面叫响"铜梁爱人才、龙乡欢迎您"。

【人事制度改革】 扎实做好全区事业单位机构改革相关工作，尤其是镇街机构改革工作。按照区委区政府要求，稳步推进优化完善镇街机构设置工作。2019年多次组织镇街、畜牧中心开展机构设置培训，制作并发放工作手册80本，培训人员60余人。6月完成了乡镇畜牧兽医站在编人员200人分流工作，7月完成了镇街事业单位人员调整，9月完成了28个镇街196个事业单位岗位设置，随后开展各事业单位人员岗位聘任备案等工作。

（区人力社保局　罗伟）

退役军人事务

【概况】 重庆市铜梁区退役军人事务局2019年1月25日挂牌成立。共核定编制30名（其中，行政编制9名、事业编制21名），年末实有29人（行政编制9人、事业编制20人）。内设机构有办公室、思想政治和权益维护科、安置科、优抚科（重庆市铜梁区拥军优属拥政爱民工作领导小组办公室）。3个下属事业单位：重庆市铜梁区军队离休退休干部服务管理中心、邱少云烈士纪念馆、区退役军人服务中心。在28个镇街、333个村（社区）建立了退役军人服务站，全区共配备工作人员746人。

主要职责是：一是组织实施退役军人思想政治、管理保障和安置优抚等工作政策法规，褒扬彰显退役军人为党、国家和人民牺牲奉献的精神风范和价值导向。二是负责军队转业干部、复员干部、离休退休干部、退役士兵和无军籍退休退职职工的移交安置工作和自主择业、就业退役军人服务管理工作。三是开展退役军人教育培训工作，协调扶持退役军人和随军随调家属就业创业。四是组织开展伤病残退役军人服务管理和抚恤工作，执行退役军人医疗、疗养、养老等相关政策措施。承担不适宜继续服役的伤病残军人相关工作。组织开展军供服务保障工作。五是组织开展全区拥军优属工作。六是负责烈士及退役军人荣誉奖励、军人公墓管理维护、纪念活动等工作。

2019年区退役军人事务局有序推进退役军人公益性岗位工作落地见效，有效解决生活困难的退役军人再就业，切实解决他们的生活困难；多措并举深挖退役军人就业创业潜力，组织专场招聘，开展“2019年退役军人专场招聘会”“金秋招聘会”“退役第一课”等就业推介活动；积极开展红色故事和优抚政策宣讲进军营活动；被中共重庆市铜梁区委组织部、中共重庆市铜梁区委政法委员会、重庆市铜梁区人力资源和社会保障局评为铜梁区新中国成立70周年安保维稳工作三等功。区邱少云烈士纪念馆被中共重庆市铜梁区委组织部、中共重庆市铜梁区委政法委员会、重庆市铜梁区人力资源和社会保障局评为铜梁区新中国成立70周年安保维稳工作集体三等功。

【烈士褒扬纪念工作】 举办“传承·2019清明祭英烈”活动，大力倡导文明祭扫、网上祭扫，妥善组织75人（其中，烈属29人、参战退役军人46人）赴云南、广西方向参加对越自卫反击作战40周年祭扫活动，截至4月底，全区共开展祭扫活动232场，邱少云烈士纪念馆共迎接祭扫人员49800余人，各项宣传教育工作开展安全有序、富有成效。9月30日，区烈士公祭活动在邱少云烈士纪念馆举行，在铜区领导出席，区委各部委、区政府各部门，各人民团体主要负责人，驻铜部队官兵，部分志愿军老战士、烈士亲属及社会各界群众代表700余人参加。7月以来，邱少云烈士纪念馆先后赴璧山、长寿、渝北、大渡口等地举办“礼赞新中国·讴歌新时代”重庆市爱国主义教育基地精品巡展活动，共接待300余个参观团体，累计接待青少年、学生、党政机关、企事业单位的党员干部和职工10万余人，受教育群众达3万余人。

加强零散烈士纪念设施管理保护工作，积极开展“英烈精神归故里”活动，核查412条《烈士英名录》现有信息，并对全区烈士纪念设施进行全面调查摸底，新排查出6处零散烈士墓，进一步完善零散烈士纪念设施信息档案。

【双拥工作】 在区退役军人事务局设立区双拥工作领导小组办公室，及时调整双拥工作领导小组成员。积极开展红色故事进军营活动，元旦春节、八一等重大节日，区四大班子主要领导走访慰问驻铜部队和优抚对象，全年通过打卡发放的方式为优抚对象发放慰问金共计266.54万元；国庆期间积极开展庆祝中华人民共和国成立70周年走访慰问活动，共慰问优抚对象646户，发放慰问金192.2万元。全力做好驻铜部队后勤服务，协调铜梁图书馆援建4个部队流动图书室，赠送大量优质图书。全面落实与区内银行机构签订协议，为退役军人和优抚对象提供优先、优质、优惠的金融服务。大力开展征兵宣传教育，圆满完成年度征兵任务，未出现无责任退兵的情况。在车站、医院、停车场、市民服务和营商环境促进中心等公共服务场所设置标识标牌，并设置专用窗口或专用通道。全面落实优抚优待政策，共发放各类抚恤补助7567.92万元。下拨200万元“解三难”资金解决优抚对象生活、医疗、住房困难，惠及对象1818人。加大优抚医疗救助力度，全年救助重特大疾病优抚对象256人次，救助金额41.87万元。为189人次现役军人家庭送立功喜报，发放立功受奖奖励金47.5万元。开展退役军人和其他优抚对象信息采集，全区共采集信息28467条，为烈军属和退役军人等家庭悬挂光荣牌3.5万户，发放年画和慰问信5万余张/封，做到应采尽采、应挂尽挂。充分利用微博、微信、新闻客户端等新媒体，广泛宣传《中华人民共和国国防法》《中华人民共和国兵役法》等法律法规；制作双拥宣传短视频，在广场、公园和城区主干道边LED屏幕上播放；大力弘扬“少云精神”，各镇（街道）在国道、省道旁设置永久性双拥宣传碑6座、大型广告牌13块，在城区主干道安装双拥宣传道旗600余块，广泛宣传国防教育和双拥工作，不断强化群众的国防意识和双拥观念。大力推动先进典型培塑工作，开展全市模范退役军人、全市退役军人工作模范单位和退役军人模范工作个人评选工作，全区共评选产生全市模范退役军人2人（王成龙、施志荣）、全市退役军人工作模范单位1个（邱少云烈士纪念馆）及退役军人模范工作个人1人（王廷生），通过以点带面的引领示范，对全区退役军人事务工作产生了积极影响。扎实开展市级双拥模范城创建活动，制定下发《铜梁区创建新一届市级双拥模范城活动实施方案》，适时召开动员会和工作推进会，9月26日顺利迎接市双拥办检查小组指导，创建活动取得初步成效。

【复退军人、军休干部安置】 2019年，全区共接收安置部队退役军人250余人。其中：计划安置军转干部7人，自主择业干部4人，复员干部3人，转改文职人员2人，退役士兵230余人。发放一次性自主就业经济补助1056.5万元。对计划安置军队转业干部全部安置到行政单位，充分保障了军转干部安置职级不降、待遇不降的要求；对2名随调家属，根据原工作单位性质和从事的工作岗位进行对等安置；对10名符合政府安排工作条件的退役士兵，将退役士兵服役期间的表现作为安排工作的主要依据，按照档案量化评分由高到低排名，依次现场选岗安置到事业单位工作。10月18日到24日，组织开展“退役第一课”适应性培训。组织有就业意愿的122名退役士兵参加职业技能培训和学历教育，培训合格率、就业率达到了100%。9月16日和10月29日，组织开展军人专场招聘会，共600余名退役军人及家属参加，到场招聘企业50余家，包含物业管理、机械制造、人力资源、商贸等10多个行业领域，为退役军人提供了500多个就业岗位，招聘会现场初步达成就业意向200余人。落实军休干部两项待遇，及时调整军休干部工资，积极开展活动，丰富军休干部文化生活。

（区退役军人事务局　余海林）

对外开放

【进出口方面】 全区进出口企业进一步发展，进出口资质企业达到162家，其中有实绩企业72家，新增外经贸实绩企业4家，培育了华丰迪杰特、晨晖机电、耀虎、威诺华等一批骨干龙头企业，带动了2019年实现进出口额14.28亿元人民币，同比增长23.3%。其中出口13.1亿元，进口1.16亿元。总量居都市区第18位，增速居都市区第6位。

【利用外资方面】 紧紧围绕区六大产业集群推进招商，坚持多渠道、多领域利用外资。全区有外资企业19家，实际利用外资7448万美元（外商直接投资235万美元，对外商业贷款7213万美元），同比下降59.74%，总量居都市区第17位，增速居都市区第22位。外商认缴投资注册资本总额累计达到1亿美元，服务外包执行额达1048万美元。对外投资主体3家：重庆紫苑房地产开发有限公司、重庆凌达磁材科技有限公司、重庆鑫一森商贸有限公司。

【各类贸易便利化措施】 年内进一步夯实中国银行铜梁支行、农商行铜梁支行等5个外汇业务服务点服务功能，增加外债登记服务，优化外汇业务办理流程，促进了贸易畅通；建立区县中小外贸企业出口信用统保平台，将区内12家年出口额低于300万美元以下的小微外贸企业纳入平台，区县财政统一承担原来由企业自付40%的出口信用保险费用有效降低企业收汇风险；组织11家企业参加第二届中国国际进口博览会，涉及食品、日用品、制造装备、文化旅游等领域，达成意向采购金额2.24亿元；借力市级中小开、服务贸易、进口设备贴息等各项政策，助推外经贸主体开拓国际市场、企业品牌建设及技改研发，兑现各级外经贸补助资金370.2万元，其中区级资金133.5万元。

【对外经济技术合作方面】 “走出去”步伐有序迈进。铜梁紫苑房地产集团有限公司对外投资韩国济州岛旅游开发项目总投资5950万美元，完成投资3000万余美元和预售许可；重庆凌达实业有限公司德国商贸公司项目、灏润老挝摩配项目有序推进；重庆鑫一淼商贸有限公司主动开拓国际市场，预计将投资3000万美元到老挝的国际农贸市场建设项目。近3年来，重庆华绣劳务有限公司开展外派劳务培训600余人次。全区主动适应对外开放新形势，坚持“开放兴区”，以开放通道拓展、开放平台提升、开放主体培育、开放环境优化、开放体制创新为突破口，牵头做好各项开放型经济工作，推动全区开放型经济更广领域更深层次更高水平的开放发展。

（区商务委　徐嘉跃）

对口支援

【概况】 2019年铜梁区对口帮扶巫山县实物量463万元，其中，上解市财政局408万元，对口消费扶贫50万元、捐赠药品5万元。巫山县官阳镇、建平乡安置点基础设施配套建设，已全部完成并投入使用。组织开展铜梁区—巫山县对口帮扶专场招聘会，提供岗位550个，为贫困大学生提供就业岗位219个，转移新生代劳动力102人，帮助开展对口帮扶就业技能培训320人；资助巫山县生活困难学生或建卡贫困学生500名。

【推进结对帮扶】 完成互派支教教师5名、党政干部5名、医务人员5名。选派教师帮助巫山开展学科培训150人次；培训环保干部15人。确定结对帮扶镇街2个（即铜梁区东城街道办事处——巫山建平乡、铜梁大庙镇——巫山县庙宇镇），结对子学校3个（即铜梁巴中——巫山初中、铜梁实验幼儿园——巫山县新会幼儿园、铜梁中学——巫山中学），医院结对子2个（区人民医院——巫山县人民医院、区中医院——巫山县中医院）。铜梁区选派医疗专业技术人员5名赴巫山县人民医院和县中医院开展诊疗活动，诊疗患者390余人次，示教查房165次，培训人员180余人次。举办培训讲座34次，培训人员395余人次。教学讲座3次，指导疑难病例讨论8次；培训乡镇卫生院医务人员23名。捐赠药品5万余元，用于支持巫山县基层医疗单位及村卫生室。

【招商引资，产业协作】 积极协助引进1个市外规模以上项目：湖北国梁旅游开发有限公司巫山摩天岭森林小镇何家堡康养旅游度假区基础设施及森林公园投资项目落户巫山县；推动铜梁区重庆和平制药公司与巫山县重庆市神女药业股份有限公司建立合作关系。铜梁区将巫山脆李等旅游产品在京东平台进行线上销售；在奇彩梦园、安居古城等景区景点对巫山县旅游产品进行线下销售。在铜梁旅游微信公众号积极推介巫山旅游线路，做了“神女恋尘·红叶巫山”旅游官微专版。同时互推巫山旅游发展，发布巫山县居民凭有效证件享受铜梁旅游景点门票折扣优惠的相关政策。

【推进消费扶贫】 组织巫山县农产品企业、合作社等6家市场主体在铜梁龙城天街广场开展农特产品对接活动，30余家企业到展会现场采购，签订采购协议26份，采购产品金额10万元，累计消费扶贫共50万元。

（区政府办 王 刚）

外事工作

【概况】 协同中信保搭建铜梁区出口信用统保平台，增加企业出口保障力度，减少企业出口收汇损失。积极为企业争取广交会展位。组织中华味道控股的重庆龙心聚创孵化器有限公司参加京交会，达成合作意向5个，助推全区服务贸易产业发展。成功接待德国克诺尔集团亚太区董事会成员Jonathan Paddison一行来铜考察。

展现铜梁龙舞人对龙文化传承推广的成片《追逐》上线腾讯视频和YouTuBe，并且入围温哥华华语电影节。6月，接待来渝参加“一带一路”陆海联动发展论坛的坦桑尼亚前总理米增戈·平达来铜考察。10月，接待日本驻华大使馆采访考察团赴铜采访考察日本对华政府开发援助（ODA）项目（旧县街道岚槽小学）。配合市委宣传部开展“2019看中国·外国青年影像计划重庆行”走进铜梁活动。成功举办2019年第五届亚洲龙狮锦标赛和2019年重庆铜梁原乡风情马拉松赛。选派多名优秀教师参加由国家留学基金管理委员会举办的“中学英语教师出国研修项目”和国家汉办美国孔子学院担任汉语教师。

主动为全区外事归口管理、统筹协调、决策咨询、检查督办等提供服务，主要做好因公出国（境）出访手续管理审批、出访纪律宣传教育等工作，做到服务规范、运转高效。加强涉外企业管理服务工作。组织在铜学校教师组建33人的翻译志愿者库、专业韩语翻译联络库，组建全区翻译志愿者库，加强外事礼仪、知识等方面培训，提升铜梁外事接待服务软实力。帮助解决外资企业职工10余名子女入学问题。对接职教中心，为外资企业等有需求企业培养技术工人。

（区政府办 王 刚）

招商引资

【概况】 2019年1月10日，将区商务局指导协调外商投资促进工作职责，区发展和改革委员会推进实施区域经济合作和利用内资工作、协调推进重大招商引资项目职责等整合，组建成重庆市铜梁区招商投资促进局，作为区政府工作部门，内设办公室、政策规划科、招商投资科、效能促进科4个科室，行政编制12名，实有11名，原下属铜梁区投资促进服务中心不再保留。

2019年，全区推进“实业立区、创新强区、开放兴区、生态优区”战略和工业跃升倍增工程，不断深化招商引资体制机制改革，创新招商方式，聚焦招商重点，全年成功引进中建材药玻产业园、小米智能制造产业园等重大项目，加强与广州经济技术经开区合作，派驻工作组，多向构筑开放通道，加快形成开放大格局，全区招商投资促进工作呈现良好态势。

【高位推动】 区委区政府始终把招商引资视为铜梁实现经济赶超发展、推动新型工业化城镇化建设的第一抓手。区委区政府主要领导积极争取市委市政府领导以及市级部门支持，有力推动小米生态链产业园落户铜梁，率队赴广州与广州开发区签订战略合作协议，推动了广铜一带一路高新技术产业协同创新示范区建设。区委区政府主要领导每周听取招商引资工作汇报，适时对招商引资工作做出重要部署，带头参加招商活动，带队赴北上广、江浙沪等地考察朗基尔汽车零部件（上海）、广东铭利达科技有限公司、中国建材集团、诺尔车辆设备（苏州）有限公司、麦格纳汽车系统（苏州）有限公司、中材锂膜有限公司等企业45家；接待小米科技有限责任公司、程力汽车有限公司等多家重点企业来铜考察，全年实现签约项目87个，协议引资526.6亿元。各招商小组锁定北京、上海、江苏、浙江、广东等区域，重点围绕汽车整车及关键零部件、电子信息、新能源新材料、智能制造及大健康等重大产业项目，积极开展上门招商活动。

【靶向招商】 全区围绕“招大引强优链”工作思路，按照集群化、链条化的要求招商，坚持抓大不放小，聚焦产业链上下游企业，上门招商、以商招商，真正实现靶向精准招商。其中，电子信息招商小组紧紧围绕智能制造和生态农产品加工两大产业，研究产业动态，紧盯龙头企业，全年签订了中建材凯盛君恒中性硼硅药用玻璃产业基地项目、小米生态链企业猎声电子智能音频设备研发生产项目、金史密斯智能健康设备生产项目、文泉科技智能终端配套项目等10个项目，引资金额76.19亿元；装备制造招商小组聚焦轨道交通装备、汽车零部件、新能源大小三电三个主攻方向，成功引进铭利达、兴国、斯威等一批投资规模10亿元以上的项目，全年签约项目18个、签约金额达108.6亿元；新材料招商小组重点聚焦锂电、铝合金、改性塑料三大重点产业精准发力、盯住不放，推进产业链建设，全年签订项目12个，协议引资61.8亿元，引进了铝合金下游企业明德致远、嘉元成等加工企业及广州量森、苏州骏宇等改性塑料生产企业，加上近年来招商小组先后引进的合肥会通、格唯等重点企业，园区改性塑料产能约30万吨，进一步促进了集群发展；现代服务业招商小组成功引进万莎奥特莱斯、京东电器超级店、国美电器、俏巴渝、希岸酒店等行业主力店30个项目，签约金额共62亿元；文旅康养招商小组签订了彩色苗木生产基地产旅融合项目、光大百龄帮康养系列项目等13个，协议引资额33亿元。信息捕捉整合小组重点围绕国家宏观政策、重点行业产业发展市场潜力等进行分析研究，发现捕捉项目信息，对项目信息进行甄别，搭建招商平台，促成项目对接落地。

【创优环境】 一是集中相关单位力量，完善招商引资优惠政策，高标准编制《铜梁区工业发展规划》《铜梁区商贸和旅游产业发展规划》和《铜梁中心城区空间及产业规划》《铜梁城区空间产业布局规划》等，使招商工作有章可循，有序推进；二是围绕重点产业链上下游，建立项目库，以国家部委、世界500强企业、区内骨干企业、商会协会、本土成功人士等为重点，搭建重大产业布局和产业转移项目、重大项目、区内项目、产业集群和产业链条项目、招商信息捕捉、社会网络项目等六大信息平台；三是以专业招商团队为依托，综合运用专业招商、靶向招商、借力招商、品牌招商、中介招商、以商招商等多种方式，抓好项目引进，壮大产业集群；四是由区委区政府领导牵头，赴中央有关部委，申请兰渝高铁在铜梁设站，改善铜梁区的交通环境；五是开展全体招商干部招商推介模拟演讲，组织开展税务、融资、商务礼仪、招商实战等专题讲座，增强专业招商能力；六是严格落实项目"一周一调度"制度，强化招商投资统筹，建立项目研判论证部门会审制，严把项目准入第一关，进一步确定跟进原则，加强与投资方、高新区管委会、项目落地保障小组等单位的沟通联系、通力合作，全力推动签约项目早落地、早开工、早达产。七是对企业实行专业化服务、精准服务，实现全程代办、"保姆式"服务，推动项目有效落地，如云丁科技项目从正式签约到产品下线仅用时6个月。

（区招商投资局 喻世华）

行政服务

【概况】 铜梁区行政服务中心管理办公室于2019年5月更名为铜梁区市民服务和营商环境促进中心。内设综合联络科、投资服务科、督查科、基层指导科，属正处级参公事业编制单位，核定编制14人，实有13人。4月23日搬迁入驻市民服务中心，正式对外办公。新办事大厅服务面积11000余平方米，共入驻行政事业单位、金融机构等41家，入驻工作人员225名，设置窗口133个，为服务对象提供出入境证件办理、企业注册、工程建设领域审批、不动产交易、增值税及耕地占用税征收、婚姻登记等业务，日均接待办事群众2000余人。

工程建设项目审批大厅（区市民服务和营商环境促进中心 李爱蓉）

【主要工作】 **推进政务服务事项集中办理** 按照"应进必进"要求，年初召集2次政务服务事项进驻工作会，代区政府办起草印发《关于政务服务事项进驻行政服务中心集中办理的通知》，切实加强督促各政务服务部门政务服务事项应进必进，进驻事项从377项增加到1143项。

中介服务机构清理规范工作 3月1日，组织召开行政审批中介机构清理规范工作推进会议，对清理工作进行安排部署；3月23日，印发《关于进一步做好清理规范行政审批中介机构工作的通知》，清理规范中存在的问题，并做好相关工作解释及材料收集上报工作。根据清理中反映出的问题，对照相关法规政策，研究制定整改方案，并组织落实整改工作。共制定整改方案15份，收集问题64个，制定整改措施47条。建立行业目录库。组织中介服务机构相关行政审批的19家责任部门填报《铜梁区中介服务机构调查表》，进行中介机构目录上报。经汇总共报送中介机构378个，其中审批依据类186个、市场服务类192个。

政务服务流程再造集成创新 一是大规模设置"无差别"受理综合窗口。2019年，在政务服务大厅设置"无差别"受理综窗19个，整合市场监管、卫生健康、文化旅游、农业农村、林业、烟草等27家单位396项事项集中进驻，实行"一窗通办"。二是推行"点菜式"审批。紧盯商事登记、市场准营等重点领域，着眼群众和市场主体实际需求，以一次性受理完整的"一件事"为目标，加强事项整合，先后定制推出开办超市、日用百货销售、农机销售、个人诊所、美容美发等主题式"菜单"42项，将以往群众办事要跑多个窗口、提交多套材料变为一套材料、一次受理、一次办结，大幅"减材料、减环节、减时间、减跑动"，42件"事"均做到立等可取。三是推行"定制式"合并审批。如在办理"城市道路开口"事项中，将城市道路开挖、绿化地临时占用、路灯设施搬迁实行合并审批，做到一次提交材料，一次现场勘查，一次合并审批，将以前提交的21项材料合并为14项，减少三分之一；每项审批法定时间均为20个工作日，现在合并后5个工作日即可全部办结。

推进承诺制信任审批 出台《重庆市铜梁区政务服务承诺制信任审批实施办法（试行）》，将商事登记、市场准营、企业投资建设等营商环境重点领域所涉的11家单位30项事项纳入承诺制信任审批，将市场主体一时无法提供的材料通过承诺后补的方式提前受理，提前办结，仅施工许可一项，平均就可为企业节省10天时间。加强信用监督，在信用中国（重庆铜梁）网站设置"铜梁区承诺制信任审批信息公示"模块，公示办理情况，加强事前事中事后监管。2019年，共办理承诺制信任审批16247件，有效压缩市场主体时间成本。

工程建设项目审批制度改革 配合住建委搞好工程建设项目审批大厅建设，将工程建设项目审批分为立项用地规划许可、工程建设许可、施工许可和竣工验收四个阶段，加上并行阶段和交通专项工程、水利专项工程窗口共设立11个综合窗口。搞好工程建设审批管理系统培训，完成区级办理的90项事项梳理、上线及办事指南编制。一般工业建设项目审批从土地取得到开工，时限压缩到10天内办结。

企业服务和人才服务工作 一是落实服务专员。中心落实5名服务专员，分别对接规上企业和高层次人才；加强业务指导，建立绿色通道，第一时间办理；同时，推行服务专员导办、帮办、代办服务，有效减少了企业的办事成本。建立重点企业和高层次人才政务服务台账，收集各类问题，及时研究解决。2019年，共代办开办企业业务63件。二是运用群工系统为企业排忧解难。在群工系统新开设企业事项反映专用渠道，完善企业反映问题处理机制，建立问题台账，实时跟踪，加强督办，对解决不到位的事项督促重办。2019年，共收到企业反映问题21件，未出现不满意的情况。群工系统从市级平台剥离出来，建立了"铜梁市民服务App"，群工系统移交区基层社会治理指挥中心管理。

建立健全制度，强化精细化管理 一是建立"拿来"和"找茬"两项机制。建立"拿来"机制。每半月收集汇总全国政务服务好的经验做法，形成"拿来"清单，拿来就用。建立"找茬"机制。通过自己找和每月回访100名办事群众及企业人员，深入查找政务服务中存在的问题，形成“找茬”清单。2019年，共收到问题61个，经验做法15项。已整改问题50个，推广运用经验做法10项。二是推行楼长和窗口负责制。每层楼落实1名楼长、1名督查员，并明确各窗口负责人，落实层级管理责任，每2周集中召开1次工作会，逐一汇报工作，全面查找问题、推广经验；每2周集中巡查1次大厅，现场整改问题。三是建立6个办法。建立窗口人员考核办法和“党员先锋岗”“流动红旗窗口”“优质服务标兵”“雷锋式窗口”“形象之星”评选办法，强化内部管理，发挥好示范带动作用，确保高质量服务。

加强信息资源共享 高标准建成政务信息资源共享交换平台。完成全区除市直管系统以外的29家单位政务信息资源数据接入，目录资源挂接1230条，数据资源挂接542条，该系统已移交大数据发展局管理。

（区市民服务和营商环境促进中心 李爱蓉）

经济研究

【概况】 区政府经济研究中心为隶属于区政府办公室的正处级事业单位，有事业编制8名；内设机构有经济发展科、社会事业发展科。主要职责是负责起草区政府主要领导重要讲话、理论文章等文稿，组织或参与区政府重要会议的文件起草；围绕铜梁区经济社会发展和改革开放中的全局性、综合性、战略性、长期性问题开展跟踪研究，参与全区经济社会发展战略规划的编制；为区委、区政府重大经济建设决策问题进行调查研究活动并提供综合分析材料；开展经济发展的重点、难点、热点问题的研究，为区政府提供咨询意见和决策建议；收集、分析、整理经济社会发展的重要信息、动态，为区政府决策提供参考建议。2019年，按照注重质量、打造精品的原则，牵头起草政府工作报告、经济形势分析会等各类大型会议领导讲话稿；完成各类文稿共计240余篇，撰写调研文章7篇。

（区政府办 王 刚）

应急管理

【概况】 重庆市铜梁区应急管理局（以下简称区应急局）是2019年1月按照市应急局、区委区政府机构改革部署，整合区安监局、区政府应急办、区水利局等5个部门人员组建而成。核定行政编制17名，实有16人；核定工勤1名，实有1人。内设机构有办公室、应急指挥中心（挂安全生产监督指挥中心）、风险监测和防灾减灾科、安全生产综合协调科（挂安全生产巡查办公室）、预案管理和法规科、救灾和物资保障科、危险化学品和非煤矿山安全监督管理科（挂行政审批科）、工贸安全监督管理科；有局属4个事业单位：区安全生产监察执法大队（参公，核定编制15名，实有15人）；区水旱灾害和森林火灾管理中心（参公，核定编制8名，实有8人）；区应急救援指挥中心（核定编制15名，实有人数15人）；区安全生产宣传教育和考试中心（核定编制6名，实有5人）。

2019年获得区委、区政府“防风险保安全护稳定迎大庆”维稳工作集体三等功荣誉称号。

【应急管理机制】 **规范应急值班值守工作制度** 梳理、制定、规范了政务值班、应急值守等工作制度，形成了《应急指挥工作手册》和《值班台操作手册》，规范了应急响应工作制度、安全生产和自然灾害突发事件信息报送工作规范、应急基础数据管理维护制度、应急指挥中心大厅工作制度等规章制度，基本规范了突发事件信息报送、值班软硬件配备、领导批示及紧急公文办理等有关工作，同时固化了预警信息发布、信息初期研判及前期调度、局机关分级分类响应等操作流程。

规范指挥调度流程 建立完善区应急局后方工作组运转机制，制定后方工作组架构图，强化应急指挥中心的统筹调度职能，确保突发紧急情况下调度井然有序、指挥高效顺畅；配合制定应急救援队伍联动机制，确保高效有序处置各类突发事件。在7·17暴雨灾害、9·29交通事故等事故灾害的处置中，建立的一系列制度经受住实战检验，整个应对响应有序有效。

规范值班运作模式 探索并形成了“领导带班+干部值班+应急备勤+指挥中心值守”的值班模式，同时加强了节假日值班力量的配备，规范了工作清单和任务流程，建立了值班值守、指挥调度等工作机制，切实统筹和优化了全局政务值班和应急值守工作，确保全年值班值守和信息接报平稳高效。2019年，共报送突发事件信息70余起（不含轻微事故灾害），全部进行了有效调度处置。

规范预警信息发布机制 加强应急指挥系统管理与使用，进一步规范预警信息发布管理及审批流程，实现预警信息发布的无缝衔接；先后参与了4起突发事件（险情）和区域性强降雨天气的调度统筹，临灾会商调度2次，发布预警或提醒信息60次、受众20万余人次，充分发挥指挥中心在信息共享、预警发布、联合会商等工作中的服务和管理功能。

信息化建设 在安全生产基础数据库的基础上，新增森林防火站、水库、地灾点等自然灾害的基础数据和应急预案、救援队伍、物资装备等基础数据，基础数据库数据达1578条。利用GIS地理信息系统、联网高清摄像头，完善视频数据库，视频数据达1578条。完善安全隐患排查治理数据库，定期收集、评估、研判、治理，共编报专报12期。建设森林防火智能报警云平台系统，对森林火险实时智能监控。对危化等高风险企业的温度、液位、可燃有毒等实时大数据采集、分析及自动报警。通过无人机、布控球等设备，实现事故灾害现场与后方指挥大厅实时视频连线。

应急预案和应急演练 修订《重庆市铜梁区自然灾害应急预案》《重庆市铜梁区事故灾难应急预案》《重庆市铜梁区非煤矿山事故应急预案》《重庆市铜梁区危险化学品事故应急预案》4个预案，由区府办正式发文。督促部门、镇（街道）、管委会修订应急预案，其中部门修订14个应急预案，镇（街道）、管委会修订75个应急预案，逐步完善应急预案体系。在《重庆市铜梁区防汛抢险应急预案》的基础上修改简化模板，各涉及预案修订科室对照模板进行各自专项应急预案简化。部门、镇（街道）、管委会开展应急演练101次，投入演练经费77.546万元，参演人数10580人。

开展2019年危化品运输安全暨环境污染事故应急演练。演练采用盲演形式，不预设时间和地点，不搞预演，共120余人参加演练。体现了警戒、交通管制、侦查、堵漏、破拆、伤员救护、环境影响监测、泄漏油污处置、事故车辆拖移、事故现场勘察、恢复交通秩序等各个应急处置环节。进一步检验了应急队伍应对安全生产和环境污染事故的处置能力。

应急救援队伍 先后3次组织统计全区各级各类救援队伍基本情况，并多次开展实地调研，建立了队伍信息数据库，撰写《政府专职消防队建设情况调研报告》，找准了全区应急救援能力短板，为全区应急救援力量体系建设工作提供了依据；代拟《中共重庆市铜梁区委办公室重庆市铜梁区人民政府办公室关于加强全区安全生产和自然灾害应急体系建设的意见》。着力补齐区级应急救援能力短板。采取政企联建的模式，组建危化应急救援队，承办“重庆市铜梁区危化应急救援队成立仪式”；借助军民融合战略，与区人武部联建共用民兵应急连，共同承办“民兵应急连集中点验暨应急救援装备展示大会”；整合社会应急救援力量，组建铜龙应急救援大队，承办“重庆市铜梁区铜龙应急救援大队成立仪式”；收集掌握全区大型救援机具设备信息，召集机具业主召开机具救援工作协调会，建立信息互动平台，实现供需对接，在此基础上，筹备组建大型救援机具队伍。

召开区应急救援联动单位联席会议，明确联动领导机构、联动单位职责和联动制度，在广泛征求联动单位意见建议的基础上，拟制印发《重庆市铜梁区生产安全事故和自然灾害应急救援联动机制》；深入推进与区人武部在自然灾害抢险救援领域的合作，共同制定《铜梁区自然灾害抢险救援调用民兵应急连工作机制》；学习总结典型事故灾害救援案例，草拟《铜梁区事故灾害现场处置规范》。

【重要时间节点应急管理】 **安全生产百日攻坚战** 2月至4月，组织开展了全区重点行业领域安全生产"百日攻坚战"，以控风险、除隐患、防事故为重点，明确了各部门的责任分工，突出矿山、危险化学品等8个重点行业领域，开展全面风险辨识评估和隐患排查治理，严厉打击非法违法生产经营建设行为。各镇街、各部门制定各类细化方案，排查企业单位3847家次，排查出问题隐患4566项，整改完成4293项，下达整改指令1371份，罚款918.15万元，责令停产停业41家，暂扣或吊销许可证4个。对未完成整改的273项，区安委办建立隐患整改台账，督促限期整改完成。推动整改落实，"百日攻坚战"成效显著。

"防风险保安全护稳定迎大庆"专项行动 8月至10月中旬，在全区开展"防风险保安全护稳定迎大庆"安全生产大检查专项行动。重点围绕事故易发多发的重点地区、重点行业领域，明确责任分工，明确工作重点，以动员部署、督促检查、重点攻坚3个实施步骤，全面排查各种危险有害因素，严格落实风险管控措施，彻底整治各类事故隐患，减少一般事故、遏制较大事故，坚决防止重特大事故，确保全区安全生产形势稳定。全区累计排查企业3660家次，打击非法违法行为和排除隐患4155个，下达整改指令1323份，罚款528.60万元，责令停产停业16家，暂扣或吊销许可证67个，行政拘留2人。开展打非治违专项行动。9月30日至10月7日，对全区危化企业和非煤矿山企业采取死看死守、停产整顿。

【重点行业应急管理】 扎实开展非煤矿山、危险化学品领域各项安全生产专项整治工作。一是督促企业成立专项整治领导小组，制定具体的整治方案，开展自查自纠，落实整改；二是对重点领域重点企业，聘请专家对整治情况进行现场诊断，通过集中整治和"回头看"等工作深入开展整治，健全安全应急管理方案。

落实安全生产主体责任 督促企业修订完善安全生产责任制度，规范开展特殊作业许可及"三违"整治；结合危险化学品领域本质安全专项行动对涉及"二重点一重大"危险化学品项目自动化控制系统改造情况进行整治。进一步落实企业安全生产主体责任和安全生产标准化及监督检查"二合一"执法等工作的开展。全年计划检查150家次，实际检查308家次，下达现场检查记录、整改指令及复查意见736份，共查出各类安全隐患953条，其中已整改951条，未整改2条，责令停产停业4家，执法处罚12家次，共罚款23.3万元。

大力开展"打非治违"专项行动 一是完善工作机制，明确各自职责，并积极开展"打非治违"工作，实现危险化学品和烟花爆竹"打非治违"工作常态化。二是组织公安、工商等六部门在重点镇街开展危险化学品烟花爆竹打非巡回宣传12场次，发放宣传资料10000余份，张贴打非通告3000余张。三是开展有奖举报。全年共收到举报信息21条，查实12起，发放举报奖励21440元，有效打击非法行为。结合"打非治违"工作机制，全年查获非法行为56起，非法储存40起，非法运输16起，收缴烟花爆竹成品半成品6175件、柴油5.22吨，罚款0.54万元，治安拘留3人，警告教育57人。

持续推进企业安全标准化建设 以安全生产标准化建设为抓手，进一步推动企业完善安全生产责任制、健全安全管理机构、严格执行规章制度、加大安全生产投入、完善安全生产条件。按照《重庆市危险化学品从业单位安全生产标准化等级评定细则及监督检查清单》的要求，对全区4家生产企业和14家经营企业进行标准化考评复评工作，危化生产、加油站、气体充装企业达到安全生产三级标准化。

【工贸行业应急管理】 **实现目标管理** 压实企业主体责任、强化政府监管执法、深化重点专项整治、夯实安全保障基础。同时深入推进应急管理体制改革，协助卫健委抓好职业健康工作。全年，共检查企业215家次，发现隐患728条，执法处罚11家，罚款15.03万元，同比增长293%。2019年，全区工贸行业共发生安全事故3起、死亡3人，比2018年下降1起、1人，做到事故起数与人数双下降，杜绝了群死群伤事故、杜绝了社会影响较大的事故。

抓安全生产标准化，提升企业本质安全 以标准化质量为创建工作重点，全面推行企业安全标准化创建评审与监管执法检查“二合一”，推动全区安全标准化向主动创建、扎实创建发展。对照《重庆市工贸企业安全生产标准化对标达标等级评定细则及监督检查清单(试行)》监督检查企业16家，执法处罚1家，罚款1.6万元。把安全风险管控挺在隐患排查前面，把隐患治理挺在事故前面，着力构建企业安全风险分级管控和隐患排查治理双重预防机制。要求企业结合不同岗位的特点，制定符合实际的“日周月”隐患排查检查表，实行班组日检查、部门周排查、厂长月督查为基本频次的“日周月”隐患排查制度。

以重点专项整治为抓手，切实改善安全基本面 针对近年来全国发生的粉尘爆炸、有限空间作业中毒窒息事故，持续深化粉尘防爆、有限空间作业专项整治，重点整治《工贸行业重大生产安全事故隐患判定标准(2017年版)》中的重大事故隐患，力求消除重点行业重大事故隐患，改善企业安全生产基本面。妥善化解风险，保关键节点安全。改善城乡接合部安全基本面，保障全区工贸行业重点部位安全，在高新区安环部兼职副部长，协助高新区工贸企业安全监管工作。2019年，会同高新区对白土坝片区工业用地内的企业进行排查，共摸排工贸、服务、教育等行业单位316家。防范化解两家涉氨制冷企业较大风险，聘请两名专家现场指导企业排查隐患，安排本科室人员每月到现场执法检查，实时掌握企业防范化解进度。

【防灾减灾】 **开展安全生产与自然灾害防治督查检查工作** 一是在清明、“五一”期间配合区森防指挥部办公室督查各镇街森林防火工作，特别是重点区域的森防工作，确保监管人员全到位，监管区域无死角。同时与潼南区应急管理局就边界地区森林防火事宜进行商洽。二是参与安全生产与自然灾害防治综合督查3次；检查汛期灾害防治工作4次；到灾区核查受灾情况5次。

做好全国减灾日和国际减灾日防灾减灾日主题活动 起草铜梁区《关于做好2019年全国防灾减灾日有关工作的通知》和《关于做好2019年国际减灾日有关工作的通知》，对做防灾减灾宣传工作提出了具体要求。全区镇街和减灾委成员单位严格按照要求开展了宣传和演练，并及时报送了活动总结及视频、图片等。宣传演练参与单位达50多家，参与人员数千人，发放宣传资料数万份。特别是在全国防灾减灾日集中宣传活动中，科室充分发挥防灾减灾统筹协调作用，设置各单位的宣传摊点并将宣传资料分发到各单位。悬挂标语2幅，设置20个宣传台集中解答群众疑问，设置防灾减灾基本知识、法律法规展板22块，制作并发放宣传单2.2万份，并请区融媒体中心进行了宣传报道。

积极开展风险管控，建立风险信息台账 为扎实有效开展全区生产安全和自然灾害防治工作，有效防范化解风险，重在夯实信息基础，区减灾办和区安委办联合下发了关于报送风险信息有关资料的通知。要求各相关行业单位绘制区域风险源分布图，建立防范化解重大风险信息台账及责任清单，并成功收集了202条风险信息，并明确了每条风险信息的类别、详细位置、实现目标、管控措施、管控时限、责任人以及等级。

**加强减灾救灾人才队伍建设，做好救灾和物

资保障　实施业务管理人员和灾害信息员分级培训，市级培训到镇（街）、县级培训到村，全区28个镇街和333个行政村（社区）灾害信息员实现年度培训全员覆盖。认真开展倒房计划重建工作。经摸底调查和镇（街）上报数据统计，全区12个镇（街）57户150间倒损房屋计划重建。现已开工建设48户131间，竣工36户115间。认真开展受灾人员冬春救助工作。经摸底调查和镇（街）上报数据统计，全区2019—2020年冬春期间因灾生活困难需救助3595人，其中：需口粮救助3515人，需衣被救助80人。已通过自然灾害灾情管理系统上报。继续开展巨灾保险工作。签订《2019年铜梁区巨灾保险协议》，对全区28个镇街应急办主任开展巨灾保险业务培训。截至年底赔偿农房受损41户，赔款金额139170元。积极争取市级自然灾害救助资金157万元，中央自然灾害救灾（冬春救助）资金24万元，共计181万元。全区物资储备帐篷148顶，棉被925床，棉衣1476件，折叠桌椅500套，折叠床580张，应急灯21盏。并完成救灾物资仓库的搬迁工作，同时与重庆市铜梁区金泉贸易有限公司签订应急救灾物资定向保障供应协议，在灾害发生且需要食品等物资时做好保障。2019年自然灾害救助工作使用帐篷3顶，折叠床2床，冬棉被10床，救助16人。

【森林防灭火】　全区形成横向到边、纵向到底的森林防火责任体系。深入开展森林防火宣传月和5·12防灾减灾宣传日活动，发放森林防火扑救手册600余册，森林防火十不准宣传单1800余份，森林防火法律法规宣传资料1000余份，森林防火《告市民书》3万余份，森林防火自粘式宣传标语2200余张；印制《关于禁止在林区野外用火的通告》1万份，并分发到各镇街、双碾林场，清明节前全部张贴到各镇街场镇、入山路口等醒目位置，同时录制禁火通告MP3语音和森林防火十不准，利用小喇叭护林员巡山时走到哪里就宣传到哪里；通过手机短信向全区各镇街机关干部、村社干部、护林人员发送火险等级预报和森林防火宣传标语，提醒大家注意森林防火。在“元旦”“春节”“两会”“清明”“五一”“国庆”等重要节点，督促各镇（街）组织机关干部、村社干部与护林人员一起，深入林区开展森林火灾隐患拉网式踏查，及时排查和消除火灾隐患。根据气候特点，适时启用72个森林防火检查站，守卡人员严格按照森林防火检查站“四必”工作流程履职上岗，对进入林区的车辆和人员进行登记造册，严禁带火入山，严禁一切野外用火。督促全区562名巡山护林人员坚持开展经常性的巡山护林工作，及时发现和处置林区的隐患，不留死角。区林业局和林场干部职工组建了63人的扑火应急队；区武装部组建了90人的民兵应急扑火队伍；各镇（街）组建了50人的扑火队伍，30人的村社级扑火队伍；协调7个组建有专职消防队伍的镇街，将队伍纳入区级森林扑火应急队伍统一管理。狠抓森林火灾培训演练。同区武装部一起组织28个镇街民兵骨干和护林员参加的森林火灾扑救理论知识培训和森林火灾扑救实战演练1次，林区镇街组织森林防火演练3次。通过培训演练，提高了扑火应急队伍的专业水平和处置能力。全区现储备有油锯、风力灭火机、灭火弹等灭火物资15000余件，物资储备达到市森林防火指挥部规定的物资储备标准，并安排专人管理物资、建立台账，对物资器械的性能进行检修，确保性能良好，随时拿得出、用得上。指挥中心多次深入重点林区暗访督促森林防火工作，会同区林业局向责任单位书面反馈整改通知33余份，限期整改落实到位。区森林防灭火指挥部成员单位、各镇（街）严格坚持24小时值班制度，机关干部随时保持通信畅通。清明和“五一”时期，区森林防灭火指挥部办公室增加值班人员，确保值班备勤到位。

（区应急管理局　李民锴）

【消防】　**概况**　2019年12月31日，铜梁区消防救援支队挂牌成立。机关设灭火救援科、综合科、防火监督科三个科室，下辖白龙、玉泉两个执勤消防救援站。支队及所属消防救援站共占地面积20354.9平方米。支队现有执勤车辆11台，泡沫消防车4台、抢险救援消防车2台，登高平台消防车2台(分别为54米、32米)、水罐消防车3台。其中白龙消防救援站现有执勤车辆6台，玉泉消防救援站现有执勤车辆5台。支队共有器材4750件套，其中护装备3290件套，抢险救援器材498件套，灭火器材953件套，船艇4艘，无人机5架。

2019年，铜梁支队被消防救援局表彰为“全国消防监督管理工作先进单位”，被总队表彰为“先进党委”“先进支队”“勤政廉政先进单位”“安全工作先进单位”“执法质量优秀单位”“全市消防监督管理工作先进单位”，白龙消防救援站被表彰为“先进消防救援站”，成为全市消防救援队伍同时荣膺“先进党委”和“先进支队”的8个单位之一。

消防执法改革 区消防救援支队始终聚焦防范化解重大消防安全风险，结合国务院消防工作考核，区委、区政府将消防工作纳入经济社会发展统筹推进，使考核成为政府推动消防工作的有力抓手。扎实推进“防风险保平安迎大庆”等专项整治，督促社会单位全面落实“三自主两公开一承诺”，查改火灾隐患4865处，有效净化全区消防安全环境，全年未发生有影响的火灾事故。在国务院2018年度省级政府安全生产和消防工作现场考核巡查中，支队以优异成绩圆满完成考核迎检任务，取得全国第二的历史最好成绩。在“放管服”专项工作中成绩突出，收到区政府《表扬信》，树立了良好形象。区消防救援支队率先开通“铜梁消防”抖音账号，吸引粉丝5.6万人，获赞65.4万次。利用支队官方微信微博发布消防安全知识1500余条；利用预警信息发布平台发送提示短信12万余条；铜梁电视台、《铜梁日报》、铜梁区人民政府网刊发消防执法动态43条；利用宣传车到城区公园、广场、各场镇、高层建筑小区开展实地宣传59次；联合区教委承办了渝西片区消防安全示范课评比行动，取得渝西片区中学组一等奖、小学组和幼儿组二等奖的优异成绩，在万达广场举办2019年度“119消防宣传月”主题活动启动仪式，全方位延伸宣传触角，辖区居民消防安全意识得到显著提高。

区消防救援支队指战员开展灭火救援训练 (区消防救援支队 供图)

锻造核心战力 坚持边改革、边建设、边应急，突出党委统训领训，建立健全实战练兵奖惩机制，创新分岗位轮训集训、分类别拉练演练、分建制考核考评、分季度训管督察等机制。深入开展以“全员练兵、实战训练”为主线的岗位练兵活动，支队指战员体技能优秀率超95%。全年接出警640起，均及时、高效处置，并在“9·29”交通事故救援中经受了考验。购置高喷消防车、大型水罐车等6辆消防车，实现灭火救援车辆换代升级。按应急通信保障要求，初步搭建起“全灾种”条件下的通信指挥体系。全区9支专职消防队和216个微型消防站全部实现统一调度，应急救援实力明显增强。2019年，区消防救援支队接警出动640起，出动车辆1053辆次，出动警力8345人次，抢救被困人员75人，疏散被困人员71人。

(区消防救援支队 杨洋)

信访

【概况】 2019年1月，中共重庆市铜梁区委重庆市铜梁区人民政府信访办公室更名为重庆市铜梁区信访办公室，为区政府工作部门。内设机构4个：综合科、来信来访科、信访稳定协调科、督查科；机关行政编制13名，机关后勤事业编制1名。下属事业单位1个：重庆市铜梁区信访投诉受理中心，事业编制6名。年末共有在编人员18人。

【主要工作】 **信访保障服务工作** 深入开展“不忘初心、牢记使命”主题教育。坚决纠正信访工作中的形式主义、官僚主义，深入推动兴调研转作风促落实行动，进一步精简会议文件，改进文风会风，切实为基层减负。深入推进干部队伍能力建设，对全区28个镇街、49个区级相关部门信访干部进行2次信访系统业务知识培训。坚持破立并举，持续营造良好政治生态。2019年，围绕做好庆祝新中国成立70周年信访工作主线，坚持重要敏感时期“战时工作机制”。圆满完成系列重要会议、重大活动、重要敏感时期的信访保障任务，实现了“七个坚决防止”工作目标。

信访工作联席会议机制 将信访工作联席会议机制延伸到镇街，并按照辖区户籍人口街道13元/人·年、镇10元/人·年的标准，把信访稳定工作经费纳入财政预算，解决基层开展信访稳定工作的资金问题，进一步发挥基层组织维护社会和谐稳定第一道防线作用。完善矛盾纠纷排查调处和多元化解机制。全年累计排查出各类矛盾纠纷458件，化解421件，化解率为91.9%。

领导干部接访下访群众 严格按照《铜梁区2019年区领导公开接待群众日程安排表》的通知精神，落实每个工作日均有一名区级领导到区群众联合接待大厅公开接待来访群众。全年，全区各级领导干部接访下访群众4067件、办结4043件，办结率达99.4%（其中区领导接访下访群众496件、办结483件，办结率达97.4%）。

“四重”信访问题攻坚 深化信访矛盾“四重”攻坚（重点领域、重点群体、重点问题、重点人员），国家信访局交办案件100%办结。扎实推进房地产开发建设、非法集资、退役军人管理服务、征地拆迁、农村土地流转和房屋装饰装修等6个重点领域专项治理。开展“四个一批和依法处理”专项行动。市交办重点群体4个，全部化解或办结；自排重点群体4个，化解3个。市级交办重点问题10件，化解8件；自排查重点信访问题130件，化解118件。教育转化市交办重点信访人员1名、自排重点人员34名。

访调对接工作 聘请专业律师团队服务信访稳定工作，用专业力量解剖疑难复杂问题，提供专业解决方案，将有突破口的老问题翻新处理，将新的不稳定因素消除在萌芽状态。如上访20年的信访老户谭学兵经过问题再调查、情况再核实、政策再研判，最终息诉罢访；又如国庆前学生坠楼死亡事件和大庙镇“9·29”罐车侧翻事件，均通过专业力量调处，在短时间内得到妥善化解。

（区信访办　刘书琴）

机关事务管理

【概况】 2019年1月，因机构改革，铜梁区机关事务管理局由区委直属事业单位调整为区政府工作部门，内设办公室、服务接待科、房管节能科、综合管理科、公车管理科。下设铜梁区机关后勤服务中心（正科级事业单位），共有编制17个，其中9个行政编制、8个事业编制。

2019年7月23日区机关事务局代表铜梁区车改办在全市公务用车管理工作调研座谈会上做经验交流，2019年11月26日区机关事务局在全市公务用车信息化管理经验交流会上作为集中管理先进典型做交流发言，2019年12月荣获“铜梁区2018年度环境保护突出贡献单位”称号，2015—2019年公共机构节能工作连续5年获得市级考核优秀。

【主要工作】 **公务接待** 按照市委第二巡视组反馈意见要求，开展全区公务接待整改，修订完善并出台《铜梁区党政机关国内公务接待管理办法》，进一步明确公务接待范围、规范公务接待程序；组建检查组对全区36个党政机关、事业单位国内公务接待情况进行监督检查，召开全区国内公务接待培训会议，与财政局联合下发《关于建立铜梁区国内公务接待长效机制的通知》，进一步规范全区公务接待；彰显特色，提升服务水平，在严格执行中央八项规定精神的同时，以“龙文化”为主题，在区委食堂设置铜梁文化展示墙，精心制作铜梁龙舞元素的接待手册、餐牌等系列接待用品，推出“荷花宴”“翰林宴”等龙乡特色菜肴，形成具有铜梁特色的接待文化。

公车管理 加强运行管理，对跨部门公车服务平台的车辆继续实行统一调度、统一监管、统一维修、统一加油、统一停放的“五个统一”管理；严格车辆审批，严格公车日常管理；打造“全市一张网”公车信息平台，全区公务用车安装车载智能终端（OBD）并接入市公务用车信息化平台，实现车辆调度、运行、监管全程信息化管理；全面开展公务车加油卡购买非油物品清理工作，责成相关单位对市纪委反馈信息进行清理整改；完成全区公务车定点保险和定点租赁车辆的招标工作；启动事业单位车改，对全区事业单位公务用车进行全面清理登记，摸清家底。

公房管理 开展办公用房清理情况“回头看”，严格按照中央和市、区部署要求，建立全区党政机关办公用房巡检制度，对全区党政机关进行专项督查，对发现问题的单位下达整改意见。截至年底，全区无办公用房超标情况；合理调剂审批办公用房，全年审批同意安溪镇、平滩镇等单位维修申请，调剂巴川街道办事处、小北海管委会、畜牧中心等单位办公用房，按照全区机构改革的要求，完成区纪委监委、大数据局、医保局、应急局、退役军人事务局等单位的办公用房调剂；扎实推进信息化建设。建立健全党政机关办公用房管理信息系统，组织开展全区党政机关房屋资产信息管理系统培训，与市机关事务局管理平台对接，实现上下一体、互联互通、动态管理。

公共机构节能 加强绿色文化教育引导，开展节能宣传周、全国低碳日、中国水周等主题宣传活动，2019年开展各类节能宣传、培训5次，全区共张贴、LED屏显示各类宣传横幅和标语90条、展板86个，分发宣传画册12000余份；积极推进食堂油烟治理，会同区环保局圆满完成33家公共机构食堂油烟污染治理目标任务；继续推进公共机构节水型单位创建工作，组织16个公共机构开展节水型单位创建；认真开展垃圾分类，在全区党政机关发放分类垃圾桶500个，对实验一小、铜梁巴中、铜梁二中和区妇女儿童医院等4个公共机构开展生活垃圾强制分类示范点，共设置29组公用生活垃圾分类设施，发放室用和楼层分类桶1354组，有力推进垃圾分类工作；扎实进行绿色机关建设，全面启动全区党政机关的绿色机关建设，印发《铜梁区绿色机关建设工作方案》，完成区委、区人大综合办公楼能源审计，牵头组织创建市级节约型机关。

会场管理 对区委会议中心实行标准化、精细化管理，按照“全天候、无缝隙、零差错”标准，紧扣会前准备、会中服务、会后总结三个环节，细化工作分工，明晰会议承办流程，严控会场设施设备，科学规范布置会场，创新服务手段和方式，加强会务礼仪培训，规范服务标准，提升会务保障质量和效能。

机关食堂管理 组建专业厨师团队，聘请在酒店担任过主厨的专业厨师担任团队带头人，对每日菜品精心搭配，每周研发推出1~2个新菜品，邀请专业营养师对食堂的菜品搭配提出建议和意见，全面提高菜品质量；加强对食品物资的卫生、采购等环节监管，实地考察全区知名蔬菜基地，与各镇街蔬菜基地对接，减少中间商，将新鲜蔬菜从田间地头直接送到食堂餐桌，全力打造专业、节约、健康、满意的机关食堂。

干部周转房管理 铜梁区干部周转房于2019年4月正式投入使用。区机关事务管理局明确专人进行管理服务，通过完善周转房管理制度，做好周转房清洁卫生、绿化养护工作，定期对周转房的设施设备进行检查，打造自然生态的环境，营造温馨氛围。

机关大院物业服务 安全保卫、卫生保洁、绿化美化、维修维护等物业服务温馨及时。引进政治可靠、业务过硬的园林公司和保洁公司负责绿化保洁工作，做到绿化四季常青、卫生干净整齐；大力加强安保队伍建设，细化落实人防、物防、技防，提升应急处置能力，对区委集中办公区的高清摄像头数据实时监控，改造升级车辆智能化通行系统，对进出区委的车辆有效监控；安装区委大楼防滑地垫，更新消防设备，坚持每日夜间巡查和流动巡查，及时排除安全隐患；配合公安、信访成功劝阻群访事件，为干部职工提供干净整齐温馨安全的办公环境。

（区机关事务局 杨洁）

政协重庆市铜梁区委员会

【概况】 2017年1月7日至11日，区政协十届一次会议选举产生政协重庆市铜梁区第十届委员会主席1名、副主席7名、秘书长1名、常务委员36名，共有政协委员269名。2019年区政协十届三次会议补选秘书长1名，辞去委员职务8名，撤销委员职务1名、增补委员10名，现有常务委员35名，委员275名。

【政协全委会议】 1月14日至17日，重庆市铜梁区第十届委员会第三次会议听取并讨论区委书记唐小平所做的重要讲话，审议通过十届区政协常委会工作报告和提案工作报告，圆满完成会议各项议程。唐运明当选为政协重庆市铜梁区第十届委员会秘书长。

会议期间，区委、区政府主要领导出席大会并参加联组讨论，委员们围绕工业振兴、乡村振兴、城市提升、社会民生等全区改革发展中的重大问题、群众关注的热点问题，提出建议。大会期间共收到委员提交提案334件。

【政协常委会会议】 1月11日，区政协十届十次常委会会议召开。会议审议政协重庆市铜梁区第十届委员会第三次会议有关事项。听取政协重庆市铜梁区第十届委员会第三次会议筹备工作情况汇报。审议通过《关于召开政协重庆市铜梁区第十届委员会第三次会议的决定(草案)》。会议决定，中国人民政治协商会议重庆市铜梁区第十届委员会第三次会议于2019年1月14日至17日召开。审议通过《政协重庆市铜梁区第十届委员会第三次会议议程(草案)》和《政协重庆市铜梁区第十届委员会第三次会议日程(草案)》。审议通过《政协重庆市铜梁区第十届委员会第三次会议邀请人员名单(草案)》和《政协重庆市铜梁区第十届委员会第三次会议列席人员名单(草案)》。审议通过《政协重庆市铜梁区第十届委员会第三次会议组织机构及职责(草案)》。审议通过《政协重庆市铜梁区第十届委员会常务委员会工作报告(草案)》，决定报告人。审议通过《政协重庆市铜梁区第十届委员会常务委员会关于十届二次会议以来提案工作情况的报告(草案)》，决定了报告人。审议决定区政协2018年度优秀界别。审议决定了区政协2018年度优秀政协委员。审议通过有关人事事项，同意蒋贵举、袁鹏、杨中文辞去十届区政协委员，提交区政协十届三次会议备案。会议还通报区政协2018年第四季度工作开展情况，就学习贯彻习近平总书记近期关于人民政协工作的重要讲话精神提出要求，对近期工作做出安排布置。

1月14日，区政协十届十一次常委会会议召开。会议协商决定辞去和增补十届区政协委员事项，同意柳建华辞去十届区政协委员。协商决定十届区政协工作机构设置事项，同意十届区政协设置经济委员会、社会和法制委员会、提案学习文化文史委员会、委员联络委员会、农业和农村委员会、教科卫体委员会。协商决定有关人事事项，同意王西平辞去十届区政协秘书长职务；同意提名唐运明为十届区政协秘书长候选人建议人选，将秘书长候选人建议人选提交区政协十届三次会议选举。

1月16日，区政协十届十二次常委会会议召开。会议听取大会副秘书长王西平关于政协重庆市铜梁区第十届委员会第三次会议有关情况汇报。讨论选举办法(草案);讨论总监票人、监票人、总计票人建议名单(草案);讨论十届区政协秘书长候选人建议名单(草案)。审议通过政协重庆市铜梁区第十届委员会第三次会议关于政协重庆市铜梁区第十届委员会常务委员会工作报告的决议(草案)、关于十届二次会议以来提案工作的情况报告的决议(草案),并提交各联组讨论。审议通过政协重庆市铜梁区第十届委员会第三次会议决议(草案),提交各联组讨论。

1月17日,区政协十届十三次常委会会议召开。会议听取大会副秘书长王西平关于政协重庆市铜梁区第十届委员会第三次会议有关情况汇报。听取了大会副秘书长王西平通报各组讨论酝酿选举办法(草案)和总监票人、监票人、总计票人建议名单(草案),十届区政协秘书长候选人建议名单(草案)以及政协重庆市铜梁区第十届委员会第三次会议关于政协重庆市铜梁区第十届委员会常务委员会工作报告的决议(草案)、关于十届二次会议以来提案工作的情况报告的决议(草案)、政协重庆市铜梁区第十届委员会第三次会议决议(草案)情况。审议通过选举办法(草案),总监票人、监票人、总计票人名单(草案),决定计票人。审议通过十届区政协秘书长候选人名单(草案)。审议通过政协重庆市铜梁区第十届委员会第三次会议关于政协重庆市铜梁区第十届委员会常务委员会工作报告的决议(草案)、关于十届二次会议以来提案工作的情况报告的决议(草案)。审议通过政协重庆市铜梁区第十届委员会第三次会议决议(草案)。

3月28日,区政协十届十四次常委会会议召开。会议听取区委书记唐小平讲话。会议传达学习习近平总书记在全国"两会"下团组时的重要讲话精神和全国政协十三届二次会议精神。会议听取关于全区城市提升工作情况通报。会议协商全区公立医院债务情况。会议协商决定十届区政协工作机构设置事项,同意十届区政协设置经济委员会、农业和农村委员会、社会和法制委员会、教科卫体委员会、提案文史委员会、委员联络委员会。会议协商决定有关人事事项。会议就学习贯彻唐小平书记讲话精神、全国"两会"精神提出了要求,对近期工作做出安排布置。

7月24日,召开区政协十届十五次常委会会议。会议协商全区上半年国民经济和社会发展情况,全区上半年财政预算执行情况。会议听取区委常委、常务副区长胡华超讲话。会议听取全区扫黑除恶专项斗争的情况通报。会议协商全区新型农村集体经济发展情况。会议审议通过《政协重庆市铜梁区委员会全体会议工作规则(草案)》《政协重庆市铜梁区委员会委员履职工作规则(草案)》。会议协商决定有关人事事项,会议同意张洪太、杨华辞去十届区政协委员职务,同意撤销陈云霞十届区政协委员资格,并提交区政协十届四次会议备案。会议安排部署区政协系统开展"铜梁双晒"宣传推介活动,就区政协系统开展"铜梁双晒"宣传推介活动做出安排布置。会议通报区政协2019年第二季度工作开展情况,并就抓好第三季度工作做出安排布置。

10月22日,区政协十届十六次常委会会议召开。会议传达学习习近平总书记在中央政协工作会议暨庆祝中国人民政治协商会议成立70周年大会上发表的重要讲话精神。会议听取党群系统、政府系统关于十届三次全会提案办理情况的通报。会议听取关于全区脱贫攻坚工作的情况通报、关于高新区建设发展的情况通报。会议协商全区医保基金监管工作情况。会议通报区政协2019年第三季度工作情况,就学习习近平总书记在中央政协工作会议上的重要讲话精神提出了要求,并对近期工作做出安排布置。

12月24日上午,召开区政协十届十七次常委会会议。会议传达学习中央政协工作会议、市委及区委新时代加强和改进人民政协工作会议精神。会议听取政协重庆市铜梁区第十届委员会第四次会议筹备工作情况汇报;审议通过《关于召开政协重庆市铜梁区第十届委员会第四次会议的决定(草案)》《政协重庆市铜梁区第十届委员会第四次会议议程(草案)》《政协重庆市铜梁区第十届委员会第四次会议日程(草案)》《政协重庆市铜梁区第十届委员会第四次会议邀请和列席人员名单(草案)》。审议通过《政协重庆市铜梁区第十届委员会常务委员会工作报告(草案)》和《政协重庆市铜梁区第十届委员会常务委员会关于十届三次会议以来提案工作情况的报告(草案)》,并决定了报告人。会议审议通过辞去政协常务委员、委员名单,同意陶小平辞去十届区政协常务委员、委员职务,提交区政协十届四次会议备案。审议通过增补政协委员名单,同意增补张维谦、周莲、汪正玲、汤雪松、刘新年、梁必凤6名同志为十届区政协委员。审议通过十届区政协社会和法治专委会主任人选,同意张维谦同志任十届区政协社会和法治委员会主任。审议通过十届区政协副秘书长人选,同意夏勇同志任十届区政协副秘书长。会议还通报了区政协2019年第四季度工作开展情况。

【主席会议】 2019年,区政协召开主席会议十一次。会议审议通过《关于乡村旅游专业合作社的学习考察报告(送审稿)》《关于政策执行难企业降成本难专题调研报告(送审稿)》《铜梁区政协"委员履职尽责实践活动"专家库专家建议名单》等。

【重要活动】 **农村人居环境整治工作监督性视察** 3月,区委交办区政协开展农村人居环境整治工作的监督性视察任务,区政协高度重视、迅速行动,赓及启动实施视察工作。由主席会成员分别带队,全体机关干部及部分政协委员参与8个工作组,坚持每周至少3天深入全区28个镇街视察人居环境,通过请镇街上来座谈、走下去进村入户走访,重点针对农村"三清"行动、场镇污水处理、农厕改造、循环化改造、废弃农膜回收等进行了视察督察,下沉一线摸底数、查问题、促整改,不断把此项工作向纵深推进。截至2019年12月,共形成专项视察简报3期,报送区委、区政府主要领导、分管领导并获得批示,督促整改问题9大类200余个。

"聚焦污水偷排直排乱排问题"委员明查暗访监督性调研视察 4月,市委交办全市政协系统开展"聚焦污水偷排直排乱排问题"委员明查暗访监督性调研视察。铜梁区政协按照市政协统一部署,赓及成立了调研视察工作领导小组,由政协党组书记、主席严永超任组长,张学农、杨大怀、汪德富、李治伦、曹定福、陈庆华、刘金萍副主席为副组长,委室负责人为成员,各参加单位、各界别小组、机关各委室,全体区政协委员、住铜市政协委员为成员单位,领导小组下设6个工作组和履职办公室。与区生态环境局、高新区等有关部门和镇街及时对接,摸底排查全区污水偷排直排乱排面上情况,有针对性地制定了《政协重庆市铜梁区委员会关于印发"'聚焦污水偷排直排乱排问题'委员明查暗访监督性调研视察实施方案"的通知》,将28个镇街作为视察区域,其中高新区和14个镇街为重点区域,6个工作组按划分区域开展调研视察。聚焦污水防治攻坚战主题,污水偷排、直排、乱排问题,开展明查暗访交叉调研视察。全区270名政协委员全员参与,组织住铜市政协委员赴北碚开展第一次"聚焦污水偷排直排乱排问题"委员明查暗访监督性交叉调研视察。接待合川区政协来铜开展第一次"聚焦污水偷排直排乱排问题"委员明查暗访监督性交叉调研视察。通过交叉性调研视察,上报问题13个,推动跨区域、跨流域一批污染突出问题的解决,增强打好打赢污染防治攻坚监督性调研视察工作实效。

组织开展庆祝中华人民共和国成立70周年暨人民政协成立七十周年系列活动 9月12日,区政协在区妇幼保健院大会议室举行庆祝人民政协成立70周年"党在心中·与党同行"演讲比赛。市政协副主席徐代银出席并讲话。区委书记唐小平致辞,区委副书记、区长左永祥出席,区政协主席严永超主持。区领导何建伟、廖强、秦玉梅等出席。自区政协各委室及各界别、各民主党派的11位选手,紧扣主题,结合学习贯彻习近平新时代中国特色社会主义思想,谈使命、话担当,展现了新时代人民政协新形象新作为。9月

29日，区政协主席严永超主持召开庆祝人民政协成立70周年座谈会。会议传达学习中央政协工作会议暨庆祝中国人民政治协商会议成立70周年大会精神。区政协领导班子、区政协离退休干部以及区政协各委室、各界别代表12人做交流发言。9月29日，区政协在龙城天街商圈举行“庆祝中华人民共和国成立70周年暨人民政协成立70周年”书画摄影联展。共展出涉及全区工业振兴、乡村振兴、城市提升及政协履职成效艺术作品200件。区领导何建伟、蒙格丽、杨大怀等出席开展仪式。

接待活动 3月26日，市政协副主席周克勤带队来铜调研文化产业发展情况。先后调研区博物馆、匾额博物馆、龙灯彩扎基地、龙绣培训基地、奇彩梦园、龙城天街商圈等地。周克勤对铜梁文化产业发展给予肯定。并提出要大力弘扬宣传铜梁文化，推动铜梁文化产业做大做强。要主动培育市场主体和消费主体，擦亮龙文化品牌，积极打造铜梁龙文化展馆，推动铜梁文化产业发展不断取得新突破。

4月11日，市政协主席王炯一行深入铜梁考察调研，先后赴区规划展览馆、龙城天街商圈、庆兰实业、玄天湖绿道、黄桷门生态农业互联网小镇、区政协机关、安居乌木溪、国家湿地公园，详细了解铜梁区经济社会发展和政协工作情况，重点围绕山清水秀美丽之地委员履职尽责实践活动、康养产业发展、污水偷排直排乱排治理等方面情况进行调研。王炯主席对铜梁经济社会发展、政协等各方面工作取得的成绩给予了充分肯定，对生态治理、文化建设等工作提出了具体要求。

9月12日，市政协副主席徐代银赴铜专题调研全区留守儿童和困境儿童关爱服务工作。其先后深入土桥镇六赢村和南城街道黄桷门村，了解农村留守儿童和困境儿童关爱服务工作开展情况。在肯定铜梁区关爱服务留守儿童和困境儿童工作的基础上，徐代银同时提出要进一步深化思想认识，继续加强关爱服务阵地和队伍建设；要把留守儿童和困境儿童关爱服务工作同推进乡村振兴结合起来；要强化统筹协调，创新探索更多关爱服务的方式方法，切实抓好留守儿童和困境儿童关爱服务等工作建议。

10月23日，市政协副主席宋爱荣赴铜梁接访群众，面对面倾听群众代表反映的老旧小区和还建房小区环境整治、职工伤残补助等问题和诉求。宋爱荣同时提出要结合开展“不忘初心、牢记使命”主题教育，对群众反映的普遍性问题统筹考虑，切实解决好老百姓的揪心事、烦心事。

10月18日，市政协副主席谭家玲率队赴铜梁区调研生态环境保护工作。先后对铜梁城市规划展览馆、龙城天街商圈、庆兰实业公司、铜梁博物馆、西郊绿道及荷和原乡、原乡中央公园、玄天湖绿道等实地察看，着重围绕城市品质提升、乡村振兴、园区发展过程中环境保护情况开展调研，对铜梁区在生态保护、绿色发展中取得的成绩给予肯定，同时针对统筹推进生态文明建设，推动城乡融合发展，深入实施乡村振兴战略，做大做强龙文化产业提出了指导意见。

11月9日至10日，全国政协常委、港澳台侨委员会副主任、致公党中央副主席闫小培赴铜参加重庆英才大会海归论坛并讲话。闫小培代表致公党中央表示感谢，并预祝重庆英才大会海归论坛各项工作取得圆满成功。她指出，中国致公党作为具有侨海特色的参政党，一直以联系和服务留学人员为己任，着力于促进科技文化交流，引才引智等重点工作。重庆作为西部大开发的重要战略支点，地处“一带一路”和长江经济带的联结点，正在大力建设内陆开放高地、山清水秀美丽之地，努力推动高质量发展、创造高品质生活。希望广大留学人员高扬爱国主义旗帜，继承和发扬优良传统，胸怀祖国，珍惜机遇，勇挑重担，携手并肩，锐意进取，成为实现中华民族伟大复兴路上的先锋劲旅。

【政治协商】 全年召开全体会议、议政性常委会会议、网络议政远程协商会议等24次，进一步形成常态化、多层次、各方面有序参与的协商议政格局。紧扣全区改革目标任务，按序时进度完成区委改革办下达的与区政协有关的2项任务。紧扣贯彻新发展理念和高质量发展要求，选取绿道经济建设、页岩气产业发展、“大棚房”问题清理整治、智能化社区防控体系建设等20余个综合性课题，积极开展专题协商、对口协商、界别协商和提案办理协商，形成了一批供参考的意见建议。如在区政协十届三次全会期间，对“一府两院”工作报告进行全会协商，提出建议33条。其中，关于加强工业、建筑业、餐饮业发展，加快农村电力设施建设的建言得到区委主要领导充分肯定，其他相关建议得到“一府两院”的及时办理、反馈。

【民主监督】 聚焦全区工作重点和社会关注热点，寓民主监督于履行职能全过程。区政协领导担任会龙河、平滩河区级河长，就“两河”整治情况开展常态化督查，截至2019年底，会龙河出境断面水质已从之前的劣五类转化为三类，提前一年实现治理目标，平滩河问题已整改销号。积极开展市域快线璧铜线征地拆迁督导工作，全面高效完成首期征地拆迁任务。常委会、主席会、专委会针对淮远新区建设、镇街农村人居环境综合整治、西郊示范片绿道系统建设、乡村精神文明建设、城区及蒲吕污水处理厂建设运行情况开展监督性视察。组织界别委员积极参与工业振兴、乡村振兴、城市提升等全区中心工作、重点工作的明察暗访活动等。真正把民主监督的触角延伸到经济社会发展的各个领域，推动民主监督工作提质增效。

【参政议政】 把调研、视察、提案、社情民意作为参政议政主要方式，紧扣改革、发展、民生领域突出问题，深入调研视察，提出建议供区委、区政府决策参考。聚焦优先发展教育事业，就解决中小学生课外负担、全区义务教育均衡发展、学生养成教育、高中教育发展等内容建言出力，推动办好人民满意教育。聚焦健康中国部署，就加强失能半失能养老机构建设、加强医保基金监管、强化公立医院债务管控、推进中医院迁建工程、优化社区体育设施布局等议题开展系列协商调研活动。聚焦出行、住房、饮水等涉及群众切身利益的实际问题，就农村四好公路建设、老旧小区及农村CD级危旧房改造、城乡供水一体化等工作调研议政。聚焦法治建设，就基层法律服务体系建设、扫黑除恶专项斗争、禁毒工作等建言献策。聚焦文化繁荣，就全区文化产业发展、龙灯彩扎基地建设、“以场地换服务”小区书店建设等方面建言出力。区政协全年共开展重点协商、通报、视察、调研、评议43项，提出意见建议百余条，先后得到区委、区政府领导批示49次，其中主要领导批示37次。

【提案工作】 区政协十届三次全会期间，共收到委员提交提案352件，经审查立案285件，立案率80.97%。提案内容涉及面广、重点突出。其中，经济科技方面78件，占立案总数的27.37%；城建城管108件，占立案总数的37.90%；教育、文化、卫生、体育74件，占立案总数的25.96%；社会法制25件，占立案总数的8.77%。未立案67件，分别以社情民意、转部门参阅、提案委留存等方式处理。截至去年8月中旬，立案提案全部办理完毕并复函。其中，所提建议得到解决或采纳的138件，列入计划逐步解决和采纳的129件，因条件限制等因素进行解释说明的18件，委员表示满意的占98.37%、基本满意的占1.63%。按照“抓重点、带一般、促全面”的思路，坚持党政领导牵头督办重点提案制度，筛选事关全区经济社会发展重点、关乎民生民计热点的提案作为重点提案，分别由区委、区政府、区政协领导牵头督办。同时，选择一批上年度未办结的B类提案，由政协主席会成员跟踪督办。在坚持督促承办单位按要求将办理结果公示外，还邀请与提案内容相关的群众参与评议和督查，对督查中发现的问题，在适当的范围进行通报，反馈到相关单位，逐渐改变被动办理、闭门办理、以文办理的现象，进一步提高提案办理实效。

（政协办　文博）

中共重庆市铜梁区纪律检查委员会
重庆市铜梁区监察委员会

【概况】 中共重庆市铜梁区纪委、重庆市铜梁区监察委员会内设机构18个。具体为:办公室、组织部、宣传部、党风政风监督室、信访室、案件监督管理室、第一监督检查室、第二监督检查室、第三监督检查室、第四监督检查室、第五监督检查室、第六监督检查室、第七审查调查室、第八审查调查室、第九审查调查室、第十审查调查室、案件审理室、纪检监察干部监督室。区纪委下属正科级事业单位一个:铜梁区廉政教育管理中心。区委巡察办列区委工作机关序列,依托区纪委机关运行,其人事党务后勤等工作由区纪委机关统筹承担。

委机关核定编制数66名,其中行政编制50名,实有47人;工勤编制2名,实有2人;下属事业单位(铜梁区廉政教育管理中心)核定编制14名,实有6人。区委巡察办核定编制数9名,实有9人。区纪委设书记1名、副书记3名(其中常务副书记1名)、常委5名;区监委设主任1名(由区纪委书记兼任)、副主任3名(由区纪委副书记兼任)、委员5名(其中3名由区纪委常委兼任)。核定内设机构正副职职数31名,实有内设机构正职13名(其中常委兼室主任2名),副职8名。

派驻纪检监察组 全区人员编制40名,实有36人,余编4名。核定组长职数10名、副组长10名,实有组长10名,副组长9名。派驻纪检监察组10个,其中,单独派驻2个,综合派驻8个。

派出监察室 全区人员编制24名,实有17人,余编7名。核定主任职数6名、副主任6名,实有主任6名。派出监察室6个,其中,街道派出监察室1个,镇派出监察室5个。

镇街纪(工)委 镇街纪(工)委28个,其中镇纪委23个,街道纪工委5个。未配备副书记的镇街15个。镇街共有基层纪检干部132人,其中纪(工)委书记28人,副书记13人,纪委委员91人。

【党风廉政建设】 **强化政治监督,履行监督第一职责** 紧紧围绕习近平总书记重要指示批示要求,把检查党的路线方针政策和党中央重大决策部署落实情况作为重中之重,对打好"三大攻坚战"、大棚房整治、违建别墅清查整治等开展监督检查。严格生态环境损害责任追究,查处环保领域违纪问题3件13人,给予纪律处分1人、组织处理12人,问责党组织3个。严格落实《中国共产党问责条例》,问责党员领导干部20件34人,问责党组织4个。严明政治纪律和政治规矩,查处违反政治纪律的问题1件1人。全覆盖列席监督区管领导班子民主生活会。严把党风廉政意见回复关,办理党风廉政意见回复1430人次,"亮红灯"55人次。

十五届纪律检查委员会第四次全体会议现场 (区纪委监委 供图)

巩固拓展作风建设成果，坚决纠正“四风” 每逢重要节日开展教育提醒，组建督查组进行监督检查，集中通报曝光典型案例。充分运用党风政风监督大数据平台，定期筛查并处置疑似问题发票。查处违反中央八项规定精神问题49件84人，给予党纪政务处分19人，组织处理65人。协助区委出台“基层减负九条具体措施”“专项整治‘重痕迹轻实效’问题六条规定”，着力解决会议量多时长、文件过多过长等9个方面突出问题。在“不忘初心、牢记使命”主题教育中开展“四治四提”专项行动，持续加强干部执行力建设、开展专项治理。查处不作为、慢作为、乱作为等形式主义、官僚主义问题34件55人，通报曝光典型案例6期7件。

【案件查处】 全年处置问题线索244件，立案88件92人、2个单位，结案88件，给予党纪政务处分88人、免予纪律处分5人，实施留置8件8人，移送司法机关8人、1个单位。其中，办理市监委指定管辖案件5起，依法留置5人，已移送司法机关4人。特别是依托扫黑除恶专项斗争发现的问题线索，办理了市公安局经侦总队证券犯罪侦查支队原支队长王某某严重违纪违法案、重庆某公司涉嫌单位行贿案，两个上千万案件。运用监督执纪“四种形态”处理490人次，其中，运用第一种形态395人次、占80.61%，第二种形态59人次、占12.04%，第三种形态8人次、占1.63%，第四种形态28人次、占5.71%。

【巡视整改】 **狠抓中央专项巡视整改，坚决整治群众身边的不正之风和腐败问题** 督促主责部门建立农村财务一体化监管平台和农村便民查询平台。开展惠民惠农财政补贴资金“一卡通”专项治理，发现问题7个，追回财政资金11.03万元。督促8124名党员干部报告亲属涉权事项。查处群众身边腐败和作风问题131件168人。监督检查中央脱贫攻坚专项巡视反馈问题整改，并认真开展自身问题整改。开展扶贫领域腐败和作风问题专项治理“回头看”，排查出扶贫项目58个，涉及资金14839.72万余元，发现问题5个，督促相关部门限期整改。查处扶贫领域腐败和作风问题91件111人，并将典型案例纳入“以案四说”重要内容，开展警示教育291场次，覆盖党员干部11212人次。

纪检监察系统脱贫攻坚监督执纪专题培训会　（区纪委监委供图）

全力推进市委巡视整改 牵头的37项整改任务全部整改完成，巡视移交的48件问题线索办结47件、完成率98%，立案6件7人。全面整改市委巡视指出的作风问题，全区83个单位自查自纠违反中央八项规定精神问题160个，清退违规资金902.23万元。

【队伍建设】 **开展“不忘初心、牢记使命”主题教育** 分级分类组织集中学习研讨，56人次分享学习心得。班子成员围绕7个课题开展调查研究，为党员干部上主题党课，受众达790人次。区纪委监委班子检视并整改问题13个，班子成员检视并整改问题53个。承接区主题教育办专项整治工作，牵头“8+1”专项整治，定期汇总分析、动态掌握开展情况。牵头漠视侵害群众利益和领导干部利用名贵特产特殊资源牟取私利问题专项治理，检视问题157个，制定整改措施203个，全部整改完成。

深化纪检监察体制改革 制定《区纪委监委向区一级党和国家机关派驻纪检监察组设置方

案》，深化派驻纪检监察组改革。调整完善区纪委监委“三定”方案，出台派驻（出）机构业务工作运行办法、管理办法和加强监督工作的指导意见，进一步理顺委机关内设机构和派驻（出）机构职能职责。

加强全员教育培训 组织参加中央纪委、市纪委监委、区内各类培训29期965人次，自办业务培训16期2486人次，组织应知应会知识考试4次，参加测试542人次。新进入系统的年轻干部到审查调查一线跟案学习8人，抽调年轻干部参与办案35人次、参与巡察12人次、参与各类监督检查48人次。提拔重用纪检监察干部23人，交流到系统外任职3人，晋升职级干部28人，公招、选调、遴选、军转安置19人进入系统。加强对全区纪检监察干部的教育和管理，引导纪检监察干部廉洁守纪。

（区纪委监委　龙彦召）

民主党派　工商联

中国民主同盟铜梁支部

【概况】 中国民主同盟铜梁支部委员会(简称民盟铜梁支部)是中国民主同盟重庆市委员会的地方组织,共有盟员63人。其中在职博士1人,研究生14人,本科37人,专科10人,高中1人;担任重庆市政协常委1人,铜梁区政协常委3人,铜梁区政协委员17人,铜梁区人大常委2人,铜梁区人大代表1人,铜梁区女子商会1人,铜梁区法学会1人,铜梁区摄影协会1人,铜梁区土木建筑学会1人,重庆市护理学会重症护理专委会副主任委员1人,会员企业14人。男性38人,占比60%,女性25人,占比40%;30岁以下1人,30~45岁40人,45岁以上22人;初级职称1人,中级职称28人,高级职称10人,其他(专职律师、企业家等)24人;政府单位19人,教育系统8人,卫生系统9人,经商12人,专职律师2人,其他13人。

盟员代表王雪芹参加盟市委"不忘合作初心、继续携手前进"主题教育活动演讲比赛,斩获一等奖;支部在举办的新中国成立70周年征文活动中,谭万撰写的征文《寻路望道》获得盟市委三等奖。

【参政议政】 对已建立的参政议政小组,开辟参政议政工作QQ群、微信群,进行信息交流和参政议政资料共享,提高支部参政议政能力和水平;民盟铜梁支部的政协委员和人大代表紧紧围绕"两地两高"目标和习近平总书记视察重庆时的讲话精神,以及区委、区政府中心工作,深入高新区、社区、学校和田间地头,广泛调研,在生态文明建设、乡村振兴、工业提升和城市品质提升等方面积极献言献策,撰写政协提案近30篇、人大议案10余篇。

【组织建设】 民盟铜梁支部持续开展"不忘合作初心、继续携手前进"专题教育活动,先后组织盟员认真学习贯彻习近平总书记系列重要讲话精神,学习党的十九大,十九届一中、二中、三中、四中全会精神,并严格落实支部会议第一议题必学习近平新时代中国特色社会主义思想;全面学习民盟十二大精神、民盟市委相关文件精神,全国统战工作会议以及中共重庆市委、铜梁区委、铜梁政协有关会议精神。确保在正确的思想指导下开展盟务工作。

【社会工作】 民盟铜梁支部持续开展精准扶贫工作,继续帮扶贫困学生,资助寒门学子;全年支部重点帮扶旧县街道岚槽贫困户甘俊芳婆孙家庭。通过周密筹划和广大盟员的努力,顺利帮助其解决D级危房改造、添置家具家电的问题,帮助甘俊芳完成椎间盘治疗手术,帮助其孙杨洪瑞完成小学学业并顺利升入初中,实实在在地实现了"两不愁、三保障"。支部在原有品牌社会活动基础上,新启动"你有千千结·民盟为你解心理咨询系列活动""心肺复苏急救知识进社区""法律知识进社区"等系列活动。六一前夕,成功举办留守儿童大型公益晚会。支部连续第五次走进岚槽小学开展"关爱山区贫困留守儿童"活动,将山区孩子接到合璧津高速公路工程现场参观,体验现代化建设工地;带孩子们参观原乡中央公园,感受家乡变化;参观铜梁规划展览馆和新城核心区，体验现代化城市建设。同时还通过QQ、微信等方式进行交流，对其学习、生活进行帮助帮扶。

【宣传工作】 全年民盟铜梁支部在民盟中央网站、盟市委微信公众号和杂志、市政协报、区政协网站、区新闻中心和电视台等媒体上共发表文章13篇。《贫困户甘俊芳的愁云散了》登载于《重庆日报》客户端、《重庆统战杂志》、全国政协网等媒体，《盟员参加新中国成立70周年联欢活动》一文在盟市委微信公众号推出。利用"盟言盟语"大讲坛，每季度开展1次讲坛活动，共计20余次。

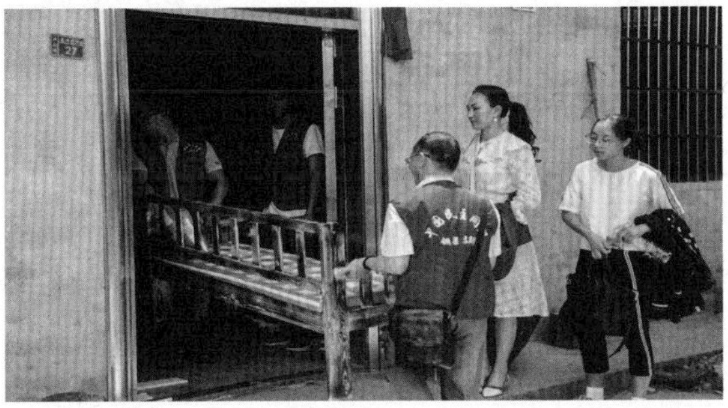

2019年5月1日，支部精准扶贫甘俊芳。 （区委统战部 供图）

中国民主建国会铜梁支部

【概况】 2019年12月，民建铜梁区支部共有在册会员人数69人，平均年龄40岁，全部为大专及以上学历，其中含博士和硕士研究生4人。铜梁区人大常委会副主任秦玉梅担任主委，王志华、李涪燕、申静、孙红任支部委员。支部按照民建重庆市委相应处室及职能将会员分设为5个小组，分别是：组织社会服务组、参政议政组、理论宣传组、科技经济组、新会员组，张久洪、郭旭、汪谧、罗远勇、黄志华五名会员分别担任组长。截至年底，共有市政协委员1名，区人大代表5人（其中区人大常委1名），区政协委员21人（其中政协常委4人）。

全年新发展会员8人。支部与民建徐州市委鼓楼区七支部签订协议，成功缔结为友好支部。全年支部各类稿件被市委会网站采用59篇，被中国民主建国会中央网站采用29篇，其中入会仅两年的年轻会员薛秋春，在市委会网站上稿23篇，在会中央网站上稿8篇。刘升东获评2019年度"十大渝商"荣誉，当选新成立的重庆市铜梁区青年商会会长。龙小平、李涪燕2名会员入选区政协"委员履职尽责实践活动"专家库成员。

10月14日，民建铜梁支部与民建徐州鼓楼区七支部缔结友好支部。 （区委统战部 供图）

【思想政治引领】 支部多次专题研究和安排部署"不忘合作初心、继续携手前进"主题教育：成立领导小组，对标对表主题教育活动的各项要求，全面加强统筹协调。全年共召开支委（扩大）会议7次，专题学习6次，外出学习考察4次，组织骨干会员到四川古蔺、贵州习水实地参观中国工农红军四渡赤水纪念馆。积极参加上级组织的各类征文、演讲活动，其中：石柱撰写的《筑牢共识之基，砥砺同心前行》一文，被中央社院表彰为重庆市参加"我与中央社院"征文活动中唯一的"优秀征文"，由中央社院微信公众号首篇推送；黄瑞参加区政协庆祝人民政协成立70周年主题演讲，以《铭记历史瞬间，书写时代新章》为标题，获得二等奖；谭海云撰写的《不忘合作初心、继续携手前进》主题征文，被市委会网站专题专栏采用。

【履职实践】 支部会员全年提交5件人大代表建议、32件政协委员提案和50余条社情民意信息。支部相继深入彭水县高谷镇共和村、铜梁区白羊镇履职实践基地开展了两次声势浩大的"消费扶贫”活动，被《重庆政协报》分别以《民建铜梁支部：开展“消费扶贫”》和《会员“卖”瓜》进行专题报道，市委会微信公众号也予以单独的推送。提交的“关于在乡村振兴战略中发展农村电子商务的建议”集体提案，经并案协商办理后，有效推动了全区农村电商的加速发展。李涪燕撰写的“存疑不起诉案件后续处理条款落实难应予关注”“呼吁尽快科学设置涉民营企业资金案件立案标准”两篇社情民意信息均被会中央单篇采用，且转报前一篇到全国政协。

【服务社会】 2019年支部筹资10万余元，给白羊镇144户建卡贫困户和56户城市低保户送上新衣物。王志华所在的千皓商贸公司联合郎酒集团，借力“郎助郎·上学堂”为纽带，向区内5个市级贫困村分别捐赠脱贫攻坚现金2万元合计10万元，连续5年打造出“金秋助学·爱心圆梦”义卖助学的公益品牌。龙小平作为区慈善会会长，大力弘扬优秀企业家精神，精心筹划组织2019年的99公益爱心捐赠活动，网络捐款总额大幅攀升，被《重庆政协报》以《心系慈善、大爱无疆》予以专门报道。各会员小组在支部统筹下，积极承办了一系列服务社会的活动，如张久洪带领组织会务组会员，到庆隆镇开展慰问捐助五保老人和留守儿童的“冬日助困”爱心活动；汪谧带领理论宣传组会员，到水口镇助力乡村振兴，送去果树栽培的实用技术；郭旭带领参政议政组会员，共同捐资3万余元，特意到庆隆镇慰问帮扶、捐款救助白血病学生，建军节前联合区工商联，开展对人民子弟兵的拥军慰问；罗远勇带领科技财经组会员，到巴川街道的贫困户中进行定向长期帮扶。申静、谢道林、陈选平等多名企业家会员被支部表彰为2019年度社会服务先进个人。

中国民主促进会铜梁支部

【概况】 民进铜梁支部2019年会员增至65人。其中市人大代表1人，区人大代表2人；市政协委员1人，区政协委员22人（其中副主席1人，常委3人）；市委会专委会成员17人（其中副主任1人）；实职副处级以上会员7人。新发展会员5人，平均年龄36岁，其中具有高、中级职称的2人，占40%。至年末，全区有民进会员65人。其中女会员32人，占49.2%；具有大专以上学历的61人，占93.8%；具有高、中级职称的33人，占50.8%；教育、文化、出版界会员33人，占50.8%，其他界别会员32人，占49.2%。民进重庆市委直属铜梁区支部现有3个小组，并成立妇委会。

【思想政治建设】 一是加强组织领导，全面加强学习教育。支部全年组织各种集中学习活动15次以上。成立了主题教育活动领导小组，制定了主题教育活动实施方案，召开了支部主题教育活动动员会。通过自学、集中学等多种形式开展主题教育学习活动，始终坚持把集体学习作为支部开展各种活动的第一议程，支部邀请民进市委会秘书长罗挺来铜梁进行理论宣讲，进一步拓展学习深度和广度；支部主委也根据工作实际做了“民主党派成员科学定位人生”的主题宣讲，努力提高支部会员的综合素质。二是丰富活动形式，深化主题教育活动。组织支部会员到潼南区双江镇参观杨闇公和杨尚昆故居，缅怀革命先烈丰功伟绩，接受红色革命和爱国主义教育；积极参加区政协组织的庆祝新中国和人民政协成立70周年演讲比赛和座谈会；开展诗歌诵读活动，回顾民主党派与新中国一起走过的光辉历程，夯实多党合作共同思想政治基础。三是深入基层一线，扎实开展调查研究。优选“土地托管”模式问题研究作为主题教育活动的调研课题，深入基层一线，组织召开区农委、镇街等相关单位人员参加调研座谈会，并到潼南区实地考察学习相关经验。四是召开支部民主生活会，认真检视存在问题，形成整改方案确保整改到位。通过主题教育活动，夯实了多党合作的思想政治基础，增强了履职尽责的责任意识和实践能力。

【履行参政职能】 认真履行参政党参政议政、民主监督、参加中国共产领导的政治协商职能，每季度召开1次参政议政工作会。积极参与政党协商、政协协商，抓好配套调研工作，成功申报民进中央大调研子课题“关于优化我市营商环境的对策研究”，得到民进市委会的肯定和表扬。紧扣全区中心工作和民生工程建言献策，积极参与区政协组织的调研协商活动，支部先后组织会员就乡村振兴、城市提升、实体经济、基础教育、社会治理、电子商务发展等方面开展视察调研，走访调研高新区民营企业、双山镇建新村美丽乡村建设、西郊示范片区绿道产业、荷和原乡文创街等项目；组织支部内的区人大代表、政协委员首次进行年终集中视察，为开好“两会”做准备。全年共提交市、区人大代表建议5件和政协委员提案30件，人大代表建议立案5件、政协委员提案立案29件；发挥社情民意“直通车”优势，全年向各级反映社情民意信息23篇，其中会员陈恒煦撰写的《生活垃圾分类处理势在必行》被区政协采用报送市政协。积极参与区政协牵头的农村人居环境整治工作，取得较好效果。积极参加区委组织召开的各界人士暑期谈心会和区政协组织的专题协商会，会员代表发言质量显著提高。全年共组织视察协商6次，提出有针对性的意见建议10余条，得到区委、区政府充分肯定。

【开展社会服务】 一是充分发挥教育文化界别优势，在华兴实验学校扎实开展履职实践基地建设，与学校共建共进，积极送教助学，助力学校提升教育教学水平。支部会员到学校与孩子们一起共庆“五四”运动100周年和第九届校园文化艺术节。会员郭井芳到基地传送教学经验，与老师们交流如何当好一个会借力的班主任。全体会员积极捐款帮助重病学生刘云川。二是深度参与脱贫攻坚。定点联系帮扶庆隆镇同康村、冬笋村、金源村3户贫困家庭，按照区里精准扶贫要求，坚持做到每月一次入户慰问，打扫院坝清洁卫生、关心日常生活生产，推动落实扶贫政策，协助制订脱贫计划，认真履行帮扶人职责，对照考核指标进行多次全面查漏补缺，确保万无一失。同时，针对家庭特别困难的2名华兴实验学校学生制订了特别的帮扶计划，为他们送去微波炉、书桌、台灯等急需的物品。为华兴实验学校10多名贫困学生送去助学金。三是积极开展界别特色活动。坚持推广普及全民阅读。在“世界读书日”与学校师生们开展主题为“悦读·悦享”的诵读会，一起诵读经典，讴歌美好生活。助力印制出版了《铜梁文学》4期，为全区民进会员和文学爱好者搭建起学习交流共赏平台，助推铜梁文化发展。会员廖莲在支部履职实践基地华兴实验学校捐建“神墨”图书室，赠送了一千余本全新书籍，用“一本书”开启孩子一生梦想。持续开展“春联万家”活动，吴小丽、刘放、汪涛、张秀娟4名书法家会员到庆隆镇免费为群众书写春联200余幅，为老百姓送去新春祝福，活跃当地的群众文化生活。另外，积极组织会员开展助学义诊、帮扶慰问等活动，全年支部组织开展社会服务活动10余次。

【理论宣传活动】 加强支部理论研究队伍建设，围绕新时代统战文化的研究交流和新时代民主党派开展民主监督等课题开展理论研究，撰写了《新时代统战文化的战略性构建研究》《新时代民主党派开展民主监督的制约因素及应对策略的思考》2篇理论文章报区委统战部。参加市政协报“庆祝新中国成立70周年暨人民政协成立70周年”征文活动，积极报送征文3篇，会员王晓婧诗歌《给我一道闪电吧》被采用发表。加强支部新闻宣传工作，依托各级新闻媒体广泛宣传，扩大支部工作影响力。全年投递新闻稿件30余篇，在市级以上媒体发表22篇，区级媒体发表25篇。其中，会员蒋明琴撰写的《及时的“救命钱”——民进铜梁支部帮助贫困重病少年渡过难关》《“全国金奖”背后——民进铜梁支部对口帮扶山区学校小记》等通讯文章在市政协报发表。

【组织建设】 围绕“强组织、增活力、有作为”的目标，扎实开展基层组织建设。坚持抓班子、带队伍、建机制、转作风，不断加强支部的规范化和制度化建设。全年新发展会员5名，其中主界别占60%。全年开展支部活动20余次，3个会员小组开展活动8次以上。会员叶丽、王月、张颖荣获文化和旅游部群星奖群舞最高奖，吴小丽获得重庆市教育教学研究论文一等奖，银代明被评为2019年慈善爱心人士。组织1名会员参加中央社会主义学院为期3个月的学习，5名新会员参加了市委会举办的新会员培训班学习，1名会员参加了市委会举办的骨干会员培训班学习，还组织了8名会员参加区委统战部举办的党外人士培训班学习。完善会员管理办法，进一步探索激励和约束机制，不断激发会员参政议政、服务社会的热情。创新会员履职形式，统筹安排学习培训、视察调研、社会服务等履职活动，积极为会员知情晓政、发挥作用搭建平台。

中国农工民主党铜梁区工委

【概况】 农工党铜梁区工委2019年发展党员5人。截至年底，共有党员72人，其中医卫界党员18人，占25.0%，教育界党员14人，占19.4%，科技界党员28人，占38.9%，其他界别（文化、新社会阶层及非公有制经济代表人士）12人，占16.7%。享受国务院特殊津贴1人，正高级职称7人；实职副厅级党员1人，实职正处级党员1人，实职副处级党员7人。

【理论学习】 认真学习贯彻习近平总书记视察重庆重要讲话精神、习近平总书记关于“不忘初心、牢记使命”主题教育系列重要指示批示精神、习近平总书记关于脱贫攻坚的重要论述等。传达贯彻全国及重庆市“两会”精神、传达农工市委历次会议精神和学习铜梁区委相关会议精神。全年共组织并推荐50余人次参加各种座谈会议及培训学习，50余人次参加各种座谈会议及培训学习。支持和鼓励党员进行理论研究，赵菲菲撰写的《关于建立民主党派民主生活会制度研究》和《新时代加强地方人大智库建设》分别斩获2019年农工市委理论研究三等奖和市人大制度研究理论研究征文三等奖。

【履职工作】 一是专题调研。组织完成了“农村土地托管模式的调研报告”和“铜梁区商品交易市场规划培育发展的调研报告”等课题成果。二是“两会”履职。向市、区人大、政协，提交提案、议案、建议45件，向农工市委提交集体提案1件，向铜梁区政协交集体提案2件。杨秋华撰写的“发展农村集体经济，助力脱贫攻坚”、陈庆华撰写的“关于加大非煤矿山合理开采与有效利用力度的建议”作为工委集体提案，得到相关部门的高度重视，其中“发展农村集体经济，助力脱贫攻坚”被区政协评为优秀提案得到全会表彰。三是反映社情民意。全年组织党员撰写社情民意30余条，上报农工市委25条，报区政协3条，报区委统战部3条，被农工中央采用1篇，市政协采用2篇，农工市委采用8篇，区政协采用12篇。其中李茂臻撰写的“关于民营企业发展存在的问题及建议”、陈庆华撰写的“高度关注科技创新券使用难”等被农工市委和市政协采用。

【社会服务】 一是关注乡村基础教育，建设履职实践基地。工委持续13年帮扶岚峰小学。2019年1月，工委为岚峰小学全体师生送去慰问品。3月，教育支部党员到学校开展送教下乡活动，“六一”前夕，与岚峰小学一起共同开展“放歌新时代，幸福向未来”六一庆祝活动。为学校捐资3万元，为学校建设“留守儿童之家”。并多方争取资金60万元为学校添置多媒体等现代化教学设备。

二是发挥智力优势，创新书法教育，传承传统文化。工委将庹氏书画馆作为铜梁区书法传承、文化引领方面的“传统文化教育示范窗口”；旧县小学和石鼓小学被市、区两级宣传部“百家进百校”命名为“李中华爱心书画学校”和“骆勤友爱心书画学校”，工委帮助这两个乡村小学推进素质教育，打造特色学校，丰富乡村小学校园文化内涵，共同传承优秀传统文化。

三是响应区委号召，助力脱贫攻坚。根据中

共铜梁区委及统战部的要求，按照全区脱贫攻坚总体部署，工委继续开展水口镇树荫村扶贫工作。组织党员到该村贫困户家中走访调研，了解具体情况，并为他们发展生产出谋划策。工委还组织党员前去看望慰问困难群众，为他们送去米、面、油及棉衣、棉被等生活物资。

四是参与科技园区创建，为全区经济发展赋能。组织党员调研西郊绿道及土桥镇乡村振兴示范点，针对铜梁区乡村振兴，提出农旅融合需加强村民素质、加快建设农村基础设施，大力发展新型农村集体经济的意见建议；组织党员到大庙镇与企业共同探讨农业产业化发展及研发，帮助企业走自主研发、创新发展的道路。开展“关注人居环境 助力乡村振兴”活动；组织党员到白羊镇、蒲吕街道青山村进行农村人居环境整治视察调研，就农村生活污水处理、循环化改造、农膜回收、农房院落周边美化等问题与村民及村委会进行现场交流和探讨。

五是落实绿色发展理念、推进生态文明建设。与潼南区委共同开展“两区同护青云湖 携手共治绿水涧”活动，潼南区委带领本区林业局、农委、水务局相关人员与铜梁区共同对位于侣俸镇、少云镇与潼南区小渡镇接壤处的青云湖进行了现场实地巡查调研，共同研讨保卫碧水蓝天，打造宜居生态。并建议相关部门、镇、村要牢牢守住生态底线，教育引导好当地村民杜绝污水“三排”进河，务必保护好水域不受污染，严格按照饮用水源保护的要求加强管理。

【组织建设】 一是加强党员队伍建设。新发展5名党员；开展关爱党员活动，坚持主委、副主委联系党员制度、老党员生日慰问制度，生病住院党员看望慰问制度，为患重病党员赵菲菲送去工委的关心和资金帮助；妇委会和文艺队积极履职，以丰富多彩的活动凝聚党员，平时经常性组织党员参加舞蹈、音乐培训等，“三八”节组织女党员进行文艺演出，九九重阳节组织退休老党员参观考察美丽乡村建设，支部党员开展钓鱼比赛，等等，增强集体意识，增进相互感情；加强党员培训，全年共60余人次参加了农工党重庆市委举办的新党员培训、基层组织负责人培训、党务工作培训、市区两级机关工作培训等。

二是发挥工作委员会、支部及党员的主体作用。强化党员的学习教育，开展支部活动，如教育支部开展送春联下乡活动和送教活动，卫生一支部开展革命传统教育活动，卫生二支部开展调研活动，综合一、二支部开展走访活动，完成调研课题和工委交办的任务，增强党员归属感和责任感。

三是加强宣传联谊。全年宣传报道《农工党铜梁工委履职实践基地做亮品牌》《农工党铜梁工委开展儿童绘画美术体验课》《匠心雕刻大美乡村》《文房四宝巧写“扶”》等28篇，其中中央网站采用1篇，国家级报刊采用2篇，市级报刊采用3篇、《铜梁日报》采用6篇，铜梁广播电视台播报9篇，编印《农工简报》24期。组织农工市委在铜片区会议、其他区县组织来铜考察各项工作，接待农工党潼南区委来铜调研等，积极开展对外交流联谊。

（区委统战部 唐琪）

工商联

【概况】 铜梁区工商联实有人员8名，内设机构2个，即会员联络部和办公室。截至2019年12月，区工商联共有会员3340个，比2018年增加99个，增长3.05%。其中，企业会员2162个，比2018年增加51个，增长2.42%；团体会员34个，其中镇街商会22个，行业商会12个。2019年获评全国五好工商联。

【党的建设】 扎实开展“不忘初心、牢记使命”主题教育，认真抓好学习教育、调查研究、深入检视问题、扎实抓好整改，开展“四治四提”专项行动，坚决肃清孙政才恶劣影响和薄熙来、王立军流毒，持续巩固风清气正的良好政治生态。持续实施“扎桩工程”。严格按照市工商联和区委关于加强非公党建要求，以党支部为单位，依托“三会一课”、主题党日等在基层商会党组织中深入开展“不忘初心、牢记使命”主题教育。据不完全统计，主题教育期间，工商联党组成员到商会支部讲专题党课3场，各支部开展主题党日12次，为群众办好事实事30余件。工商联主席王宗立被评为重庆市党建之星、铜梁区党建之星；女企业家商会会长吴优琴被评为铜梁区党建之星；工商联副主席徐智取，副会长张智、谢驰被评为铜梁区党建之友。

【思想引领】 利用主席办公会、轮值主席会、执委会、常委会、小组活动等多种形式，全年组织非公经济人士学习20余次，参会人员达2000余人次，重点学习了党的十九届四中全会精神、习近平总书记关于扶贫工作重要论述、习近平总书记视察重庆重要讲话精神等；深入开展理想信念教育实践活动，开展党的十九大精神知识竞赛、庆祝新中国成立70周年系列活动及“双晒”活动，组织50名企业家赴北科大集中学习；主动与区公安局联系，组织三批次非公经济人士，约200余人到铜梁区看守所，通过观看警示教育片，听取职务犯罪服刑人员现身说法等方式开展警示教育。

【参政议政】 开展走访活动，协助解决民企发展问题。走访企业30余家，收集反映民营企业困难和问题20余件，协调解决问题15个。深入调查研究，推动营商环境持续改善。紧紧围绕贯彻落实中央、市委、区委决策部署，围绕解决制约“两个健康”的重点热点难点问题。针对民营企业人才缺乏问题，形成了“关于大型民营企业人才工作调研”；针对民营企业账款拖欠问题，完成了“政府部门及国有企业拖欠民企账款对其发展的影响”调研。同时，围绕“工业振兴、城市提升、乡村振兴”等全区重点工作，广泛组织工商联会员进行多层次、全方位的调查研究，工商联的政协委员和人大代表提出提案议案52件，社情民意70余条，很多意见建议都得到了较好落实。

【经济服务】 搞好协调服务。通过走访、调研、非公经济接待日制度等方式，关心会员企业生产经营情况和收集企业遇到的困难和问题。全年接待非公经济人士52人次，收集问题52个。积极向区委、区府及相关职能部门反映，尽最大努力协调解决，为企业排忧解难。此外，区工商联还积极为商会活动出谋划策，协调服务，当好“娘家人”。积极探索建立法律顾问制度，提供法律服务，维护会员合法权益。通过采用政府购买服务的方式，与巴岳律师事务所签订合作协议，为会员、商会聘请专业律师，提供专业法律服务，开展法律知识讲座。搞好组织服务。邀请市工商联领导来铜为非公经济人士和基层商会“充电”，助推民营经济发展。选派12名工商联会员分别到青岛大学、黑龙江大学、内蒙古大学等参加参政议政、重庆民营企业“一带一路”“跨欧亚大通道”经贸学习培训、法律培训。

【扶贫济困】 广泛开展慰问活动，慰问12名老工商业者，组织工商联会员分别到侣俸、太平、安居、庆隆、东城、二坪等镇街慰问困难群众200余户，送去价值30万余元的慰问品。组织区青年企业家商会向高楼小学15名家庭困难但品学兼优的学生送去节日红包及书包、文具等学习生活用品；组织潘恋国家级技能大师工作室、区餐饮娱乐行业商会、中税科信税务师事务所等多家爱心机构，向水口小学捐赠打印机、空调、书包、书籍等价值26万余元的儿童节礼物，并向28名贫困学生进行了现场捐助。开展“情暖铜梁·与郎同行”捐资扶贫大型公益活动，支持安溪镇金滩村等5个原市级贫困村产业发展。永泉里等会员单位设立扶贫专柜，集中销售贫困户农产品；三活春、三活庄、重庆涪柴动力机械制造有限公司等会员企业购买贫困户鸡鸭鱼兔南瓜花椒等价值近50万元农产品；区餐饮娱乐商会、食品商会组织会员在铜梁市级贫困村购买红心柚、红心橙及生态鱼，价值20万余元，组织30多家会员购买价值4万元的巫山县土特产和农副产品，以实际行动支持脱贫攻坚。同时完成区委交办的扶贫任务。筹集捐款50万余元，向28个镇街4467户贫困户送去收纳箱4473套。据不完全统计，组织非公有制经济人士投身到社会扶贫济困和助力政府脱贫攻坚的资金达到200万以上。

区工商联助推脱贫攻坚工作会　（区工商联　供图）

【自身建设】 加强班子建设，做出表率。完善主席会、常委会工作制度，优化了区工商联执委会成员结构，在十一届四次执委（扩大）会上，调整了部分执常委，增补执常委26名，为班子补充了“新鲜血液”。加强组织建设，做大“朋友圈”。持续做好商会组织发展，完成女企业家商会、虎峰镇商会换届工作，14家商会完成社团登记注册。成立青年企业家党支部，持续加强年轻一代非公经济人士培养，传承企业家精神，区工商联获评2019年度关心下一代工作目标管理考核“先进单位”。持续加强对外交流，接待江苏重庆商会徐州分会来铜考察，协助重庆两江新区汽配乘用车专委会“百企行”活动在铜举行，先后与江苏溧阳、深圳南山区工商联缔结友好工商联，搭建合作交流平台，促进了两地企业家的交流合作。加强机关建设，做好服务保障。牢固树立工商联机关是政治机关意识，深入开展“四治四提”专项行动，推进机关能力建设、党风廉政建设、作风建设。全年向市工商联报送信息58条，采用33条；向区委办和相关部门报送信息70余条，其中区委办采用35条；工商联微信公众号发布信息70条，编发《龙乡商会》2期。机关干部知敬畏、守底线，形成崇廉尚实、干事创业的良好生态。

（区工商联　涂冬梅）

群众团体

总工会

【概况】 重庆市铜梁区总工会设主席1名、常务副主席1名、副主席5名(其中专职副主席2名、挂职副主席1名、兼职副主席2名);内设机构3个,即办公室、基层工作部和服务发展部;所属事业单位1个,即区职工服务中心。2019年全区共有镇街、部门以及直属企事业单位工会50个,覆盖行政机关单位87家、企事业单位751家、社会团体等其他组织28家;共有基层工会组织866个,独立基层工会570个,联合基层工会296个,覆盖工会会员9.22万名(其中女性3.88万名,农民工5.14万名)。2019年,区总工会获重庆市区县工会工作综合目标考核一等奖。

【组织建设】 坚持党建带工建,健全基层工会组织,提升队伍素质能力,完成全区3.36万名工会会员网上实名制管理登记,实现全区百人以上、规模以上非公企业建会及已建工会企业女职工组织全覆盖,全年新建会15家。农民工输出地登记约8.47万人,登记率达90.5%。成功建立物业行业、保安行业、交通运输行业等行业性工会联合会,吸收物业、运输、保安等行业4100余名职工(农民工)加入工会。全区非公企业"两代表一委员"共计61人,分布在57家企业,全部依法建立工会组织。

【阵地建设】 构建以精准帮扶为重点的服务职工体系,推进"会、站、家"一体化建设,推行服务职工工作项目清单制度,做实各类职工维权帮扶、保障服务项目。成功创建市级模范职工之家2个、市级爱心妈咪小屋3个,评定区级先进职工之家1个。

【职工维权】 选聘工资指导员3名,举办企业民主管理知识暨职工代表师资培训班培训239人次。开展集体合同宣传5场,发放资料1000余份,持续深化集体协商工作。完善工会劳动保护监督机制,开展安全生产月、安康杯竞赛等活动,各级工会开展安全检查200余次,提出事故隐患和职业危害整改意见150条。受理职工来电来访68人次,提供法律援助案件并装卷归档11件,挽回经济损失740788元。

企业民主管理培训会现场 (区总工会 唐文)

【服务品牌】 困难职工帮扶,严格落实城市困难职工档案精准脱贫举措,全年发放困难职工慰问帮扶资金45万余元,成功脱困解困115户,完成全面脱困解困目标任务。春送岗位活动,扎实推进把老乡留在老家专项行动,开展母婴护理技能培训45人,联合区人社局等部门举办招聘会24场,提供就业岗位2万余个。夏送清凉活动,实地走访企业及建筑工地20余家，发放价值26万元的清凉药品和劳保用品，慰问环卫工人、建筑工人等高温一线职工4400余名。金秋助学活动，资助困难家庭大学生、建档困难职工子女（高中生）37人，发放助学金18.02万元。职工互助保障，职工互助保障覆盖基层工会235家、职工1.72万人，参保金额233.44万元，重大疾病、住院津贴、住院意外共理赔763人次，理赔金额118.24万元。劳模关爱行动，2019年新创建区级劳模创新工作室3个；推荐重庆天齐锂业有限公司、重庆威斯特电梯有限公司等6个集体（个人）获评2019年重庆“五一奖”，推荐铜梁区新艺龙灯彩扎厂高级技师周建获评“2019巴渝工匠年度人物”，推荐28名职工获评“劳动之星”“技能之星”“服务之星”“创新之星”。召开2019年全区劳模座谈会等活动5场次，发放劳模慰问及困难帮扶资金35万余元，组织劳模健康体检150人、诊疗休养40人。女职工关爱行动，开展2019年“三八”节女职工维权活动，开展“工作场所性别平等”线上答题活动，发放宣传资料3000余份，提供法律咨询20人次。推动“健康重庆·玫瑰人生”女职工特殊疾病保险，覆盖女职工3000余人，理赔3人次、11万元。开展“女职工健康关爱行动”活动，免费“两癌”筛查覆盖女职工170人，眼健康检查覆盖女职工94人，慰问企业女职工300人。

【职工活动】 开展庆祝中华人民共和国成立70周年暨“颂党恩·听党话·跟党走”女职工演讲比赛，19名优秀女职工参赛，基层工会260余名女职工观赛。开展工会干部培训、工会经费收支管理政策培训等3场次，培训各级工会干部400人次。举办2019年铜梁区第五届职工气排球联赛，112家基层工会、1100余名职工参赛。2019年春运期间（共40天），联合区委宣传部等单位开展“梦想驿站”活动，宣传铜梁经济社会发展成就，为返乡职工提供就业、劳动法律咨询等服务。开展“送书屋”活动，为蒲吕街道龙桥驿站职工书屋送去价值1.4万元的图书，助力打造一支学习型、知识型、技能型产业工人队伍。

【技能竞赛】 制定《关于印发〈推进新时代铜梁产业工人队伍建设改革目标任务分解方案〉的通知》。组织基层工会开展网上劳动和技能竞赛30余场次，组织职工代表参加重庆智能制造行业职工技能竞赛等市级竞赛3场，鼓励引导企业持续开展技术革新、网上练兵、合理化建议等群众性经济技术创新活动，增强制造业技术创新能力，规模以上企业劳动竞赛覆盖率80%以上。

（区总工会 唐文）

共青团

【概况】 2019年，共青团重庆市铜梁区委定编12名，其中团区委机关有编制8名，实际在职5人；下属事业单位青少年活动中心编制4名（事业编），实际在职4人。内设办公室、组宣部、青少年服务部3个内设机构。全区共有基层团组织1206个，共青团干部2332人、团员33145人。2019年共青团重庆市铜梁区委荣获市委宣传部、市扶贫办、团市委颁发的“脱贫攻坚青年榜样”故事大赛优秀组织奖。

【共青团改革及成效】 **加强党对共青团的领导** 区委常委会专题研究青年和共青团工作，将党建带团建工作纳入基层党组织基本工作内容和考核内容，团区委书记常态化列席区委常委会、中心组学习会；抓实从严治团工作，严肃团组织生活，严格落实“三会两制一课”制度，开展治软、治懒、治散、治瘫“四治”专项行动，提升团干部执行力；持续强化规范“推优入党”，从团员青年中推优入党77人。

扎实开展“不忘初心、牢记使命”主题教育，推进学习教育、调查研究、检视问题、整改落实等主题教育各项工作，开展集中学习研讨7次，中心组学习4次，专题教育2次，班子成员、党员干部交流发言30人次；确定团干部队伍建设和四点半课堂服务点打造等2个调研课题，走访基层单位14个，召开基层团组织座谈会2次，形成调研报告2篇；形成领导班子、领导干部和党员干部“三个层次”的问题清单，共检视领导班子问题25个、班子成员问题28个、党员干部问题49个；突出主题教育的实践性，坚持边学边查边改，把“改”字贯穿始终，三次召开团区委党组（扩大）专题会议，针对领导班子及成员检视出的问题，进行集体研究，一一制定整改措施。

营造促进青年发展的政策环境 建立铜梁区青年联席会议制度，出台《铜梁区贯彻落实〈重庆市中长期青年发展规划（2018—2025年）〉的实施方案》，推动青年思想道德、青年教育、青年健康、青年婚恋、青年就业创业等10个方面的发展措施，维护青年发展权益，促进青年全面发展。

强化青年服务活动 发挥青年界别作用，开展工交商贸、农业农村、技能人才与社会组织、法律服务等领域青年界别活动4次；开展青年交友联谊活动4场，400余名青年参与；先后到飞龙小学、华兴镇社区等地，开展“我的一节法治课”“送法进社区”“感恩生命、健康生活”等系列法治宣传活动34场；联合区邮政管理局开展“快递从业青年服务月——关爱快递小哥”活动，为38名快递小哥送去交通安全培训服务和礼物；协助开展原乡风情马拉松赛，招募700余名青年志愿者参与，为10000余名比赛选手提供赛事咨询、赛道指引、餐饮补给等服务；助力首届铜梁中华龙灯艺术节，招募社会志愿者69人，参与现场文明劝导、秩序维护、道路指引等服务。

【共青团教育活动】 **加强理想信念教育** 广泛开展青年大学习，坚持团组织会议第一议题必学习近平新时代中国特色社会主义思想长效机制，将党的十九届四中全会、团中央十八届二中全会、团市委五届四次全会等重要会议精神纳入学习内容，开展离队入团仪式、14岁集体生日、18岁成人礼、祭奠革命英烈、国旗下的演讲等主题团日活动180余场次。

宣传弘扬五四精神 开展“青春心向党·建功新时代”纪念五四运动100周年主题系列活动，组织全区团员青年集中收看纪念五四运动100周年大会直播；召开纪念五四运动100周年各界青年座谈会，区四大班子主要领导出席并与青年代表亲切交流；开展“致青春”五部曲系列活动，吸引全区各行业各领域青年踊跃参与，获得广泛好评；组织万名龙乡青年拍摄《光荣啊，中国共青团》《少年中国说》《我的祖国》快闪。

加强网上思想引领 “铜梁共青团”“铜梁群团”微信公众号共发布微信文章559条，累计浏览量52.43万余人次；“青春铜梁”微博发布图文消息175条次，浏览量31.5万余人次；制作节日海报、视频等网络文化产品22个。开设《致青春》《百年五四》《主题教育》等微信公众号专栏，通过《点赞青春》栏目，展播先进典型25个，让榜样精神入脑入心。开展“青春心向党·建功新时代”“我和国旗合个影”等网络主题活动，弘扬网络正能量。

【服务经济社会发展】 **助力创新创业** 深入实施“青锋计划”，成立铜梁区青年商会，与青促会联合走访企业40余家，开展创业青年集中培训、互联网+转型发展、品牌创新、农村青年创业资源对接、2019渝创渝新选拔赛暨京销商铜梁电商挑战赛等创新创业活动10余场，促进青年创业者学习交流；协助区委组织部实施“把老乡留在老家”专项行动，吸引帮助千余名外出务工青年返乡创业就业。

助力扶贫济困 结对支持土桥镇开展脱贫攻坚工作，调研走访各村社区，积极链接铜梁区青年商会、重庆市青年创新创业促进会铜梁分会、社会组织等资源，帮助困难群众解决危房改造、就业发展等问题，链接捐赠约11万元的爱心物资；承办重庆市“脱贫攻坚·青春榜样”故事大赛片区复赛，加强脱贫攻坚经验交流。

关爱农村留守儿童 打造青少年之家·“四点半课堂”服务点30个，常态化开展课业辅导、兴趣培养、心理疏导、科学体验、文体活动等服务，服务，留守儿童30000余人次，购买社会组织服务，引入专业社工进行指导；开展“冬日阳光·

温暖你我”新春关爱行动，募集善款29.15万元，帮助2105名农村留守儿童、低保家庭儿童、特殊孤残儿童实现新年心愿。

【青年志愿者行动】 持续推进大学生志愿服务西部计划项目，年内共招募42名服务铜梁区的大学生西部计划志愿者。充分利用青年之家云平台注册40个组织机构、888名青年会员，广泛开展生态文明、脱贫攻坚、法治宣传、义务辅导等各类志愿服务活动，全年开展志愿服务活动147场次，参与志愿服务300余人次，覆盖服务青少年3800余人次。联合司法局、西政研究生支教团实施“人生的第一堂法治课”法治宣传志愿服务，针对边远乡镇的儿童和群众，采用模拟法庭、法律知识宣讲等方式，开展法治宣传服务活动10余场，服务儿童、群众400余人；联合龅牙兔儿童情商培训机构实施“心连心促成长”关爱留守儿童心理健康志愿服务，走进体育街社区、西河镇双永村、石鱼镇联丰村等村社，以集体授课、沙盘游戏、团队建设等方式，开展心理健康辅导80余场，服务留守儿童3000余人次；联合仟骏义工志愿服务队实施“夕阳你好·敬老爱老”志愿服务，到敬老院陪老人们读书看报、打扫房屋、表演节目等，增强他们的获得感和幸福感，开展敬老志愿服务10余场，服务敬老院老人500余人。

【共青团组织建设】 扩大基层团组织覆盖范围，推进区域化团建、非公领域团建工作，提高团组织的组织力和凝聚力，建立区域化青年工作共建委员会5个，新建非公团组织20个。推进基层团组织规范化建设，开展团组织整理整顿工作，整顿团支部170个。全覆盖开展基层团干部培训工作，举办团干部培训会3场，630人次参加。加强团教协作机制，联合区教委召开中学中职共青团和少先队改革工作推进会，对团员发展、仪式教育、团籍管理、团课及少先队活动课、团干部培养等重点改革任务安排部署。开展“学社衔接”工作，“学社衔接”率达98.4%。

（团区委　彭欣）

妇联

【概况】 重庆市铜梁区妇女联合会内设3个部室，即办公室、妇女发展部、家庭与儿童工作部；区妇联机关编制为9名（含行政编制5名、事业编制4名），现在岗8人；下属事业单位妇女儿童服务中心编制为5名（主任1名），现在岗5人。截至年底，全区妇女儿童48万人，28个镇街、266个村、67个社区全部建立妇联，村（社区）妇联主席全部进入“两委”班子，在村民小组、社区网格建立妇女小组4141个，实现全覆盖。

2019年，区妇联荣获全国维护妇女儿童权益先进集体荣誉称号，连续11年荣获市妇联考核特等奖、连续2年荣获区委考核优秀奖。是年，全国妇联副主席、书记处书记张晓兰和副主席谭琳，市政协副主席徐代银先后来铜调研。湖南省、宁夏回族自治区、甘肃等省市妇联及万盛、长寿等区县妇联纷纷来铜学习调研。

【主要工作】 **强化思想政治引领** 大力推进“巾帼心向党”系列行动，教育引导妇女自觉为中国特色社会主义共同理想奋斗。一是党组会、中心组学习会全年学习23次，通过“百千万巾帼大宣讲”“乡村巾帼大讲堂”等各种形式学习习近平重要讲话精神著作30余篇，切实推动学习习近平新时代中国特色社会主义思想往深里走、往心里走、往实里走。二是主题宣传凝聚共识。开展“唱响祖国颂歌、讲好中国故事、写出家国情怀、献礼祖国华诞——妇女之家总动员 倾情放歌新时代”活动、“向祖国妈妈敬礼 做新时代好少年”集体生日会、“向坚守岗位的工作者致敬”活动、“同吃寿面 共庆华诞”新民俗爱国活动等活动4场；加强网上网下、全媒体融合等多种宣传方式，开展周末亲子趣味徒步活动等线上报名5场，“最美阳台”等网络评选评比活动2个；配合做好“一路芬芳巴渝行”网络正能量人士“走基层访妇联 赞成就颂祖国”实地采访活动及“巾帼脱贫进行时”网络直播等活动2次，相关信息在全国妇联、《中国妇女报》的微信、微博等相关媒体刊登，直播阅读量5万余人次；发布区外宣传100余条，区内宣传近280篇。三是先进典型示范带动。举办“巾帼心向党 礼赞新中国”巴渝榜样巡讲报告会，重庆市三八红旗手杨发英现场做报告；开展“三八”节纪念活动，评选“三八红旗集体”等区级先进集体个人214个；全年获市级表彰先进集体个人37人次，全国级表彰3人次。

开展“四大行动”，组织妇女建功新时代 组织“乡村振兴龙乡巾帼行动”，共建美丽家园。在巴川街道等15个镇街举办2019年“乡村巾帼大讲堂”，实用技术培训15场，发放宣传资料5000余份，受益群众2200余人，有效提升了实用技术水平，增强了参与乡村振兴的能力。评选区级十佳“绿色铜梁·最美阳台”“绿色铜梁·最美庭院”。围绕保护母亲河、“衣旧情深”、交通劝导、街头宣传等内容，全区共计开展巾帼少云志愿服务活动1000余场次，发放宣传资料20000余份。

“城市提升龙乡巾帼行动”推动家庭文明。常态化开展寻找最美家庭、好婆媳、最美庭院（阳台）等评选，寻找出区级十大最美家庭及100户最美庭院，评选出区级十佳好婆婆、十佳好媳妇以及180个好婆婆、好媳妇；举办家庭诵读大赛、家庭美德大家谈等活动。与中华女子学院文化传播学院联手打造首家“家庭媒介素养教育基地”，开启妇联与高校合作共建家教基地的新模式。开展各类家庭教育知识宣讲600余场次；开展家校共育征文比赛活动，收集调研报告、教学案例、论文259篇，并汇编成《铜梁区家校共育征文比赛文选》和《铜梁区家校共育征文比赛文选》，在全区免费交流。启动铜梁区“家家幸福安康工程”，开展龙乡好父母—好家庭好家风好家教专题巡讲10场，受益人数5000余人。举办2019年“清风常伴 廉洁齐家”家庭助廉立德活动，100余名涉农干部及家属集体接受廉洁家风教育。编排的家庭助廉立德情景剧在全市“清风润万家”家庭廉政文化系列比赛中荣获一等奖，并作为全市家庭助廉立德展示活动7个展演节目之一到重庆演出。

“创业创新龙乡巾帼行动”服务创业就业。开展“巾帼展风采”活动，以“巾帼文明岗”的创建推动全区女性岗位建功。东城街道办事处双门社区服务大厅等5个岗组新创建“铜梁区巾帼文明岗”称号，铜梁区公园管理所等2个岗组获评“重庆市巾帼文明岗”称号，重庆市公积金中心铜梁分理处服务大厅等2个岗组获评“全国巾帼文明岗”称号。区妇联丁小燕获评“重庆市巾帼建功标兵”称号。举办京东云创新空间女性专场众筹招商会，助推女性产业的发展。区妇联授予京东云创新空间（铜梁）“铜梁区女性创业创新实训基地”称号。

举行首届“渝创渝新 大美铜梁”创业创新大赛，联合人社局、经信委等单位给广大创业创新者搭建平台。开展重庆市首届手工制作“巴渝巧姐”、农村电商“巴渝网姐”、家政服务“巴渝大姐”十佳百优推选活动，培育手工制作3263名。7名优秀女性获评重庆市首届手工制作“巴渝巧姐”、农村电商“巴渝网姐”、家政服务“巴渝大姐”，区妇联荣获优秀组织奖。举办优秀女企业家报告会暨电子商务培训、创业创新·龙乡巾帼行动”家政服务培训活动，转变妇女观念，增强实用技能，扩展妇女创业就业新领域。

推进妇联组织改革 一是加强组织建设。在卫生健康系统、教育系统、交通系统试点建妇联，增强机关事业单位妇女工作力量。二是加强阵地建设。按照年初政府工作报告要求，有序推进儿童之家规范化建设，全区28个镇街儿童之家按照“七有”建设标准，每个统一配备4000元的设施设备，实现区镇村三级儿童之家全覆盖。在东城街道双门社区、土桥镇庆林村等10个村（社区）建设规范性“妇女之家”，每个统一配备5000元的设施设备，探索建立农村及社区“妇女微家”5个，打造多模式、多功能，贴近妇女群众的活动服务平台。三是加强干部队伍建设。积极征订“新时代妇联干部教育培训参考教材”，开展“区县开放日”等女性素质提升培训，开展妇联干部业务培训，组建“巾帼宣讲队”深入各村社区进行专题宣讲。打造一支“能写、能说、会做”的妇联干部队伍，区妇联主席龙其贤被聘为中华女子学院文化传播学院特聘教授。四是开展联络工作。与政协妇联界别联合开展“守护花季·相伴成长”安全教育进校园活动，维权宣传活动；区妇联干部（民建会员）带领民建铜梁支部，开展消费扶贫工作；积极与民办学前教育协会、龙互助社工等社会组织联系，发布困境儿童团辅、好家庭好家风巡讲2个项目，延伸妇联工作手臂。

维护妇女儿童合法权益 一是多种形式开展宣传，强化社会化维权。大力实施“建设法治中国·巾帼在行动——千万妇女大学法”，开展送法村社、进校园等法制宣传400余场次，普及法律及安全知识，增强基层干部调解矛盾能力。开展妇女学法大展演活动33场次，创作、挖掘妇女学法文艺原创节目，并将节目送进农村、进社区、进家庭，提高广大妇女遵法学法守法用法的自觉性和主动性，扩大妇女法治宣传教育覆盖面。二是打造“法援惠民生”品牌，强化实事维权。充分发挥铜梁区法律援助中心驻妇联工作站作用，帮助困难妇女解决诉讼难题，为115名困难妇女提供无偿法律援助。加强妇女儿童维权律师团队队伍建设，聘请专、兼职律师12名，并分成6个片区，为全区28个镇街的妇女提供专业的法律咨询与维权服务保障。三是加强婚姻家庭矛盾纠纷多元化解，深化“平安家庭”建设。建立政法委、民政局、妇联信息互通机制，动态掌握离婚家庭情况，分析离婚原因，将矛盾纠纷化解在萌芽状态，有效防止民转刑案件的发生。在民政局婚姻登记处开展婚姻家庭指导服务，发放“幸福手册”，开展“幸福密码沙龙”，进行婚姻家庭纠纷调解。四是困境儿童“1+1+N”关爱帮扶持续深化，常态化开展夏令营、冬令营活动，并对留守儿童、困难儿童落实爱心家长结对帮扶。开展“向祖国妈妈敬礼 做新时代好少年”困难儿童六一儿童节集体生日会，举办困境儿童成年礼，激发爱国爱党爱家情怀；组织困境儿童开展生活技能培训及团队协作训练，培养困境儿童的生活技能和团队协作意识。资助10名新考入高中和大学的困境儿童顺利入学。困境儿童关爱从日常生活照料拓展到健全人格的培树，确保困境儿童“1+1+N”关爱服务项目扎实推进。

【下岗女工再就业】 城镇登记失业人员中有1317名女性；城镇职工基本养老保险女性有59598人，比2018年多6415人；城镇职工基本医疗保险参保女性为47176人，比2018年多5945人；参加失业保险人数女性34732人，比上年多3758人。参加工伤保险人数女性人数为49335人，比上年度多10772人；参加生育保险女性人数为35937人，比上年度多16814人。

【妇联扶贫济困】 一是开展“脱贫攻坚龙乡巾帼行动”助推全面小康。开展“姐妹手拉手·巾帼脱贫快步走”活动，全区妇联执委分别与2528名贫困妇女结对帮扶，全力做好扶志扶智、项目带动、关爱服务等工作。二是认真开展区级民生实事“两癌”救助工作，今年争取市级、区级“两癌”救助金40.5万元，发放到43名“两癌”贫困母亲手中。开展“巾帼培训进乡村”活动，重点在5个市级贫困村开展种养殖技术和卫生习惯培训10场。三是开展“书香传爱”微爱小书架捐赠活动，为贫困村捐赠书架10个，少儿图书2000余册，并为贫困儿童赠送书包、文具等爱心物品。多方筹措社会资金40万余元，利用元旦春节、中秋国庆等重大节日对全区1600余名困难妇女、儿童和老人进行慰问；扶贫日当天对全区100名贫困留守妇女进行慰问，每人发放价值300元的母亲邮包；认真开展99公益日“母亲邮包”“春蕾计划”募捐活动，共计募集捐款73573.59元。

（区妇联 粟治广）

科协

【概况】 重庆市铜梁区科学技术协会内设机构设置为2个，即为综合服务部和科学普及部，现在编在岗5人。2018年1月15日，区科协召开第五次会员代表大会，选举产生第五届委员会委员29人，常委13人。截至2019年底，全区共有镇（街道）科协28个，区级学协会10个，农村专业技术协会21个，企事业科协7个，园区科协1个，全区科协会员有6874人，科普志愿者1万余名，市级科普示范社区5个，市级科普教育基地5个。

【主要工作】 **服务科技工作者** 一是加强对科技工作者的思想政治引领。突出和增强科协组织的政治性，落实意识形态工作责任制，切实解决重业务活动开展、轻思想政治引领的问题，把政治引领融入科协工作的各个方面、各个领域、各个环节。全年组织开展服务科技工作者活动6次。二是开展科协基层组织建设“三长制”改革工作。在平滩镇改革试点的基础上，全区28个镇街全面完成“三长制”改革和镇街科协换届工作，实现改革全覆盖。三是建立健全科协代表、委员、常委履职平台，对科协代表、委员、常委履职的服务机制和平台做进一步细化。全面完善镇街科协、区级学协会会员档案资料，镇街科协委员以上人员、区级学协会会员全覆盖录入中科协组织管理信息系统，这更加有利于区级科协组织的服务工作。四是建立完善科协干部联系科技工作者制度。建立完善科协机关干部联系学协会、联系科技工作者制度，深入科技人员和群众中听取意见建议，为科技工作者排忧解难。按照群众所盼、科技工作者所急、党政所需、科协所能，推进科协工作项目化管理、社会化运作、规范化建设。五是及时反映科技工作者的意见建议和诉求，维护科技工作者合法权益，充分发挥科技工作者的两代表一委员的职能职责，及时将意见建议和诉求反馈到区级层面。

服务创新驱动发展 一是扎实开展科技信息推送应用，组织和邀请专家到企业开展培训和指导。区科协积极加强和园区企业沟通联系，推动企业科协组织建设，搞好科技需求和科技创新对接，打通上下联系、内外联合的渠道，实现企业的自主创新和提档升级。二是积极组织科技工作者开展创新创业创造活动，全年组织活动3次。三是认真推进院士专家工作站建设。重庆长安离合器制造有限公司顺利通过评审，获批为区级院士（专家）工作站。四是组织区级各学会开展专题科普讲座、各类技术咨询活动30余次。五是继续科技助力乡村振兴和脱贫攻坚。在安溪镇的谭洪村、金滩村打造脱贫攻坚乡村振兴示范点，区科协落实1名副主席、1名林学会专家全年联系指导安溪镇的种养殖业发展，以有效发展农村集体经济的方式助力乡村振兴。分别出资10万元在谭洪村建设科普画廊，构建本地绿茶研学基地科普场所，出资2万元在金滩村开展油茶间种辣椒专题科普培训。在安溪、水口等5个市级贫困村所在的镇街开展针对建卡贫困户的专题健康卫生知识等专题讲座5场，为全区各镇街和所有行政村赠送《蜜蜂的养殖》《小型农用机械的使用与养护》《农村电商发展教材读本》等科普读物共计4000余册。市花卉盆景协会持续对巴川街道玉皇村实现一对一帮扶指导，为乡村振兴西郊示范片玉皇村段的庭院绿化美化做出了积极贡献，进一步深化“村会合作”。

提高全民科学素质，充分发挥“纲要办”作用 加强与成员单位的沟通协调，牵头组织开展三下乡、全国科技工作者日、科技活动周、全国科普活动日等各类品牌活动，并积极参与食品安全周、世界环境保护日、消防宣传日、森林防火等各类科普活动，推动社会化科普新格局逐步形成。开展公民科学素质抽样调查工作和组织开展第二届重庆市公民科学素质竞赛活动。配合做好中科协第三方民调机构来铜在7个镇街，20个村（社区）开展2019年公民科学素质比例民意调查。组织全区机关和事业单位职工以及社区、农村居民积极参与重庆市第二届公民科学素质知识竞赛。印发《公民科学素质知识竞赛宣传画册》《公民科学素质问答与测试》,并开展竞赛和科学知识网络答题。

科普信息化建设和科普资源开发与共享。一是进一步推进镇街、村(社区)科普中国e站、科普文化重庆云、科普活动室、科普图书室建设。二是坚持利用电视台、报纸、网络等资源开展科普宣传。电视台坚持播放《健康科普知识讲座》等栏目,手机报每周定期宣传科普知识。三是利用铜梁区群团新媒体、铜梁网等定期上传宣传科普知识。四是充分发挥科普宣传栏的作用,对全区的科普宣传栏橱窗统一制作内容,每季度定期更换一次,向广大群众普及科学知识。五是发挥传统科普宣传在农村的优势作用,组织编印涉及种养殖、医疗健康、垃圾分类、前沿科技等10类科普折页10万册,在各类科普宣传活动中发放到群众手中。

在全国科技工作者日、科技活动周、全国科普日开展各类科普活动。一是组织镇街科协、区级学(协)会等开展科技下乡(反邪教)活动20场次,发放各类书籍资料3万余册(份),累计受益群众2万余人。二是充分利用科技活动周、全国科普日等科普活动,开展科技、文化、卫生、安全、健康、环保进校园、进社区、进农村活动。三是组织区内相关专家对农技协骨干人员、种植大户、农村科技带头人等人员开展专业技术知识培训,受益群众4000余人。

推进社区科普活动。一是积极打造社区科协样板间,按照社区科协样板间建设要求,逐步把东城街道玉泉社区建设为铜梁区社区科协样板间示范点。二是开办社区科普大学。继续优化师资力量,从严审查教师课件,确保教学质量。全年共10个社区开办社区科普大学教学班,共计课时120节。三是充分发挥社区科普体验馆作用。每周定期向社区居民和学生开放,全年共计接待参观体验人员共计约15000人次。四是探索创新社区科普方式,在城区人口密度较大的袁家社区辖区内2个居民小区安装科普宣传栏。

推进青少年科技教育。一是组织开展第三届科技创新区长奖评选相关工作。二是积极组织开展重庆市院士专家科普校园行活动,邀请重庆大学、重庆师范大学、西南大学等院校的专家在铜梁巴中、玉泉小学、金龙小学、实验一小、立心小学开展5场院士专家科普进校园专题讲座。三是在青少年综合实践基地开展了为期2个月的重庆市流动科技馆巡展活动,组织6000余名中小学生进行实地体验参观。四是在立心小学开展为期一周的市科技馆科普大篷车普惠乡镇行活动。五是第十二届青少年科技创新市长奖评选活动申报。全区推选出巴川中学学生冉琪瑞、吴昊谋参加评选活动。六是配合举办重庆市铜梁区第34届青少年科技创新大赛和铜梁区第9届中小学生科技节活动。七是配合组织参加重庆市第34届青少年科技创新大赛(市级终评)。全区共获得等级奖16名,其中一等奖3名,二等奖7名,三等奖6名;中科普STEAM教育园丁奖1名。

拓宽参与政治协商渠道,发挥政协科协界委员作用 提交提案9条、社情民意13条,撰写调研论文1篇。其中“关于加强页岩气开发利用的建议”提案列为区重点提案。积极落实市政府关于全面建设区县级科技馆的决策,会同区府办、规资局、团区委等部门多次实地调研考察建设方式和建设地点,并向区委、区政府主要领导汇报确定规划建设方式,确保党委政府决策及时落地。

(区科协 林晏西)

侨联

【概况】 铜梁区归侨侨眷联合会是全区归侨侨眷组成的人民团体,是区政协的组成单位。全区有归侨侨眷58户229人,其中归侨4人;铜梁籍海外华人华侨62人、留学人员162人;侨界区政协委员6人。区侨联第八届委员会委员13人,机关编制3名,实有4人。

【主要工作】 **加强政治引领** 一是召开各类学习会、座谈会4次,认真组织侨界人士学习习近平新时代中国特色社会主义思想和习近平总书记系列重要讲话及党的侨务方针政策,学习贯彻市委、区委统战工作领导小组会议精神,强化对侨界人士的政治引导,凝聚侨心,汇聚侨智,进一步筑牢团结合作的思想根基。二是认真贯彻落实第十次全国归侨侨眷代表大会精神,组织部分侨联委员和侨联机关干部去荣昌区侨联、涪陵区侨联学习,交流工作经验,增进联谊交往。

加强联谊工作 一是积极探索开展网上侨联工作,通过电子邮件、微信等形式,加强与铜梁籍海外华人华侨的联系。积极组织归侨侨眷、海外侨胞、涉侨工作者参加"双晒"活动,发动华侨给家乡点赞,密切华侨与家乡的联系。二是加强与市级涉侨部门的联系,积极组织侨界人士参加市侨联"我和我的祖国"主题宣传教育活动,上报反映铜梁变化的随手拍作品、书画作品。三是组织中小学生参加第二十届世界华人学生作文大赛,组稿约43篇,选送后获得一等奖3篇、二等奖5篇、三等奖7篇的好成绩。

开展扶贫帮困活动 一是积极争取市侨联的支持,落实澳大利亚魏基成夫妇"天籁列车""普惠列车"项目,向南城街道团结社区、巴川街道的部分敬老院老人和困难群众赠送助听器270件、棉被10床、老花眼镜200副,为福果镇等镇街基层困难群众送去冬衣100件、睡袋30件。二是扎实开展元旦、春节期间走访慰问工作,走访慰问侨界代表人士和困难群众10人,送去慰问金共计5000元。三是积极参与脱贫攻坚工作。开展"侨爱心、光明行"活动,面向全区免费给白内障患者做复明手术,以自愿报名的方式,认真筛选,重点针对贫困人员免费做手术,共做白内障复明手术68例。组织侨界人士到二坪等镇街,慰问五保老人、残疾人、贫困党员、贫困农户,为198户困难家庭每户送去200元慰问金、年历和米面油等年货。

积极参政议政 一是深入学校、农村、社区,开展调查研究,向市侨联报送《关于推进特殊教育学校师资建设的建议》等提案素材。二是认真做好为侨联界政协委员服务的工作,积极履职尽责。组织开展学习、调查、视察和界别活动,走访重庆凌达汽车织物有限公司、重庆熙妮凌达服饰有限公司等侨属企业,到安居古城开展历史文化挖掘活动,撰写提案和社情民意,为经济建设献计出力。三是积极推荐侨界政协委员、代表人士参加区委、区政府组织召开的有关学习会、协商会、座谈会等,促进知情出力,发挥参政议政作用。

(区委统战部　邓常君)

文联

【概况】 铜梁区文联成立于2008年4月,为参公事业单位,现有编制6名,在职6人。内设办公室和文艺部;团体会员单位有17个文艺协会,其中14个成立党支部;创建市级文艺创作基地两个,即安居古城(湖广会馆)和奇彩梦园文艺创作基地;建立铜梁中学、重庆巴川中学、铜梁巴川小学等6个文联工作站。

【组织建设】 以"不忘初心、牢记使命"为重点,以学促研、以研促查,全面检视问题,建立整改台账,不断深化宗旨意识,不断密切同人民群众血肉联系,不断推动事业发展。4月22日区委书记唐小平主持召开全区文艺工作座谈会,26名协会负责人和创作代表围绕贯彻习近平总书记关于文艺工作的讲话精神、致力繁荣文艺创作、开展采风活动、传承铜梁龙舞、发展文艺事业等做了发言,认真听取了唐小平书记的重要讲话,要求文艺界要进一步树立坚持以"人民为中心"的发展思想,牢记使命担当,根植铜梁大地,全力推动铜梁区文艺事业繁荣发展。文联发动协会开展集中调研、个别走访、听取汇报等调查研究5次,召开座谈会2次,实地了解和解决盲点、难点、痛点、堵点，使决策更接地气；10月再次修订了《重庆市铜梁区文艺协会年度工作经费管理办法》，强化基础工作的重要性和规范性，提高协会基础考核分值和经费；12月，所有文艺协会结合章程、八项规定精神和工作实际，出台了日常管理办法，进一步减少了工作的模糊地带，逐步形成长效机制。

【文艺活动】 设置龙城天街“风情原乡，大美铜梁”文艺展墙 为优化营商环境，从元旦开始在龙城天街下沉式广场设置文艺展墙，围绕城市提升、工业发展、乡村振兴、民生福祉等方面创作并展出书画摄影作品66件。

举办重庆市首届隶书作品展 “巴岳文津 原乡风情”重庆市首届隶书作品展于1月4日至2月19日在奇彩梦园文艺创作基地展出。该展评出入展作品95件，获奖作品10件，特邀作品15件，共计展出各种风格的隶书作品120件。

举办中华龙灯艺术保护与利用交流会 1月14日，首届重庆铜梁中华龙灯艺术节中华龙灯艺术保护与利用交流会在铜梁举行。来自中国社会科学院研究院、中央民族大学等机构的学者和区内的龙灯、龙舞专家共23名，就龙文化保护、传承与创新，龙灯彩扎技艺的保护与传承，以及龙舞艺术的发展与创新等方面进行了深入交流。

开展铜梁区“晒文化·晒风景”点赞宣传 7月29日至8月8日，区文联组织3个少云志愿者文艺小分队进行“晒文化·晒风景”点赞宣传，每天早晨8点至9点在明月广场、人民公园、雪庵公园以文艺节目吸引群众，辅导市民注册和关注“双晒”，感受龙乡铜梁全新的城市魅力和厚重的人文历史。

开展“我爱你中国”庆祝中华人民共和国成立70周年系列文艺活动 从6月至12月，文联系统陆续开展了艺术摄影展、广场舞表演、巴渝笑星闹龙城、现场书画大赛、诗书画盆景联展、群众歌咏会、文学征文等9项活动，17个文艺协会参与其中，多层次、多形式展示铜梁发展新成就、祖国发展新气象，锻炼了文艺队伍，丰富了人民精神文化生活。

编撰《你不知道的铜梁》文集 为展示铜梁旅游发展升级的新态势，挖掘旅游文化资源，讲好铜梁故事，区作家协会牵头编撰了《你不知道的铜梁》文集，分“龙在家乡”“山水知音”“人物英华”“仙凡之间”4个篇章，收录文字近17万字、50篇文章，由江西高校出版社出版。

铜中杯2019年度《巴岳风》系列文学奖评选 由江津区作家协会组织评委对2019年度在《巴岳风》刊发的铜梁原创文学作品评出获奖作品。其中刘银的《花言巧语》、老怪的《童年纪事·植物志》和赵呈荣的《揪心的短信》分获诗歌奖、散文奖和小说奖。

（文联 唐道伏）

残联

【概况】 截至2019年底，全区持证（二代）残疾人有20012人，其中视力残疾3015人，智力残疾1909人，听力残疾2040人，精神残疾3048人，言语残疾204人，肢体残疾9295人，多重残疾501人。

【残疾人康复】 研究制定《铜梁区残疾儿童康复救助制度实施细则》，加大对残疾儿童救助力度，扩大救助范围，新筛出残疾儿童90人，其中新筛出听力残疾儿童5名，转介至相应机构进行康复训练、手术及矫形器适配等服务105人次，发放训练补贴及生活交通补助110万余元。深入开展贫困重度残疾人家庭无障碍改造需求调查，针对重残需求，分类制定个性化救助方案，投入资金56万余元，全覆盖实施残疾人家庭无障碍改造184户。持续扩大精准康复服务覆盖面，全区有康复需求的残疾人5971名，已获得康复服务5849人，服务率达97.96%；其中，建档立卡贫困残疾人服务率实现100%。制定出台《重庆市铜梁区辅助器具适配补贴实施办法（暂行）》的通知，全面提升残疾人辅具适配个性化满意度，全年为1179人提供辅具服务，辅具适配率94.93%。投入资金60万元为550名残疾人提供托养服务，投入15万元为50名居家托养残疾人购买服务。

【残疾人劳动就业】 加强残疾人职业技能培训，积极向市残联推荐“扶智班”学生，全年完成“康复技术”扶智班学生推荐4人，录取1人；开展残疾人技能培训21人，已有4人成功实现就业；开展农村残疾人实用技术培训及扫盲培训工作，完成年度任务200名，庆隆镇受训人员已在养殖业迈出新步。出台《关于印发重庆市铜梁区农村残疾人阳光扶贫基地扶持办法实施细则（修订）重庆市铜梁区农村残疾人种养业大户创业就业扶持办法实施细则（修订）的通知》，发展残疾人阳光扶贫基地2个，扶持农村种养殖大户1户；开展盲人按摩机构及人员的调查统计工作及扶持工作，扶持盲人按摩机构4户，扶持资金3.6万元；扶持个体工商户37户，共计3.7万元。开展残疾人就业登记服务，联合区就业局开展就业援助活动2次，登记就业的残疾人24人，推荐落实就业10人；自主开展招聘会1次，登记就业残疾人23人，推荐就业5人；做好应届残疾人大学毕业生就业工作，全区毕业16人，通过推进或自主就业14人，就业率87.5%；做好残疾人就业和培训信息系统的录入工作，新增培训78人，残疾人就业率为64.49%，新增农村残疾人就业285人，城镇新增就业81人。

【残疾人文体活动】 创新建立残疾人文体机制，印发《关于开展残疾人公共文化服务活动的通知》，将文化周、健身周等残疾人文体活动纳入全区文化活动范畴，督促各镇街文化服务中心积极开展残疾人文体活动，全年动态更新调查残疾人文体活动，参与率达41%。加强文体示范点创建，本年新创建3个文体示范点，每年给予每个示范点2万余元活动经费。开展文化周活动，组织观看电影100人次，开展全国助残日活动，通过“自强脱贫、助残共享”宣传、自强创业交流、盲人按摩培训、特教文化展示、免费义诊等形式让活动更加生动多样。组织盲协、肢协、精协分别开展适合残疾人的文体活动，500余人次参与。组织听力残疾人和智力残疾人开展旱地冰壶训练和比赛，储备年轻残疾人运动员20名，在第十届全国残疾人运动会上，铜梁区运动员陈洪获乒乓球TT1-TT2级女子（团体）比赛金牌和TT2级女子（单打）银牌。开展健身周活动，组织残疾人在全民健身中心开展乒乓球、羽毛球等健身活动；在5个市级贫困村组织开展群众体育活动，参与活动的残疾人达600余人次。

【残疾人扶贫救助】 一是开展“铜梁区助残惠残政策进万家”集中宣讲活动，区残联干部深入28个镇街、5个市级脱贫村全覆盖宣讲习近平总书记关于扶贫工作重要论述、残疾人事业发展重要论述和助残惠残政策，现场听众6000余人次。编制《铜梁区助残惠残政策汇编》2.3万册，赠送到每一位残疾人和村社干部手中。二是结合“两走一贴近”活动，对全区1289名建档立卡贫困残疾人家庭进行全覆盖走访，面对面了解残疾人家庭需求，通过走访调查排查出残疾人服务需求232件，全部限时落实。三是实现精神病患者服药全覆盖。精神病患者服药补助由原来的500元/年提高到1200元/年，取消免费服药名额限制，除3000余名精神病患者已由卫健系统免费供药外，其余的由区残联实现免费服药全覆盖，减轻患者家庭负担。四是满足建档立卡贫困残疾人家庭的无障碍环境改造需求，全区有75户贫困残疾人家庭完成无障碍家庭改造。五是37名年初未脱贫建档立卡贫困残疾人享受居家托养服务全覆盖。

对全区建档立卡贫困残疾人家庭中有两名及以上残疾人实施帮扶，对“一户三残”及以上的家庭，按每名残疾人10000元标准进行帮扶；对“一户两残”的家庭，按三四级残疾人2000元/人、一二级残疾人4000元/人的标准给予一次性帮扶，引导贫困残疾人改造危房、改善人居环境、发展产业及购买生产资料，并对贫困残疾人生活必需品添置以及在康复、教育、就业、医疗、住房、社会保障、托养、家庭无障碍改造等方面给予帮助。全年投入帮扶资金73.6万元帮扶“一户四残”2户、“一户三残”6户，“一户两残”121户，共268名“一户多残”贫困残疾人直接受益，生产生活条件得到明显改善。

认真落实市残联东西部协作扶贫项目，筛查并开展唇腭裂手术6例，救助资金4.36万元；切实扛起对口帮扶政治责任，支持巫山残联10万元，帮助500余名贫困残疾人适配辅具。

【残疾人信访维稳维权】 建立上门评残制度，为20名无行动能力的残疾人提供上门评残服务。开展“关注残疾、冬送温暖”走访慰问活动，筹资近30万元，为500名贫困残疾人送去党和政府的关怀。继续发挥“12385”残疾人维权服务热线作用，广泛收集、掌握困境残疾人的真实呼声与诉求，及时开展分类帮扶救助，全年已临时救助残疾人52人、78600元。组织开展“德法相伴”专项普法培训，及时启动“‘莎姐’大普法·关爱残疾人”活动，与区人民检察院积极沟通协调，组织130名残疾人参与开展“‘莎姐’大普法·关爱残疾人”活动启动仪式，开展增强法治意识传播法治精神的专题讲座1次。扩大“残疾人免费法律援助”品牌服务影响力，积极开展免费法律援助服务9人次，有效推行信访代理274余件，依法有效维护了残疾人的合法权益。依法构建“大维权、大接访、大稳定”格局，严格做到“七个坚决防止”，坚持“三到位一依法”处理信访维稳重点群体、重点问题、重点人员，有效保证了重要时期、重要节点特别是新中国成立70周年庆祝活动期间的平安稳定。

【残联组织建设】 加强硬件设施建设，新建1个标准化社区康复站和70个村（社区）康复室，康复室器材已全部安装到位，让残疾人享受就近就便康复服务。实施残疾人工作者服务能力提升行动，举办镇街残联理事长及工作人员培训班，100余名镇街理事长、各协会工作人员参加培训，选派专业人员参加市康复专业技术培训10人。加强对各残疾人专门协会的指导和管理，全区28个镇街333个村（社区）配备专职委员361名，兑付专职委员通信补贴43.32万元，组织100余名专职委员开展在线培训，确保在线专职委员全部通过考试。正式启动三代证换发工作，重点对到期的5000余个证进行分期分批换发。全面完成残疾人服务状况及需求信息数据动态更新工作，采用集中培训方式培训调查员334名，全面实施移动终端录入，App采集率达到99.72%，入户率达到96.5%，联合民政、卫健委等部门核查比对调查数据，邀请第三方公司进行评估，数据错误率小于0.3%。开展助残志愿服务工作，全区开展志愿服务达7000人次，其中肢残协会助残志愿服务队在高考和中考期间免费接送考生4000人次，2019年获评铜梁区最佳少云志愿者组织，区残联推荐的助残志愿者张远樊获评铜梁区2019最美少云志愿者。

（区残联　曾繁金）

法治政府建设

【夯实法治政府建设基础】 全面履行法治政府建设第一责任人职责 区政府主要领导全年主持召开涉及法治政府建设议题的常务会议12次，审议相关重大法治事项18项，把政府各项工作全面纳入法治化轨道。强化法治政府建设督察考核，构建法治政府建设全覆盖闭环责任体系，明确26项重点督察内容，联合多部门对31个重点执法部门和镇街进行法治政府建设全面督察。开展法治政府建设示范创建暨综合性督察、优化法治化营商环境服务民营企业发展专项督察。完善考核评价机制，将推进法治政府建设情况纳入区级综合考核指标体系，实现对部门、镇街考核全覆盖。

健全依法决策机制 推进科学民主决策，坚持把公众参与、专家论证、风险评估、合法性审查、集体讨论决定作为重大行政决策的必经程序。落实重大决策出台前向本级人大报告制度，推行重大民生决策事项听证和民意调查制度。实行区政府常务会议题会前审查制度和重大涉法事务、重大合同审查制度。全年共办理区政府常务会议题征求法律意见、重大合同审查等事项157件，提供法律建议300余条。严格规范性文件管理，对区内行政规范性文件的起草、公开征求意见、合法性审核、制发、公开和备案等步骤进行严格把控。全面开展清理政府规章和规范性文件，提高区内规范性文件质量。2019年共办理区级规范性文件审查13件，制发并报备6件，提出合法性审核意见24条，制定过程中广泛征求公众意见13次，采纳意见建议61条。开展行政规范性文件清理2次，拟废止4件。落实政府法律顾问全覆盖，全区33个政府部门、28个镇街均实现政府法律顾问、公职律师全覆盖。

全面依法履行政府职能 深化“放管服”改革，深化行政审批流程集成创新，建成投用市民服务和营商环境促进中心，围绕商事登记、市场准营等重点领域，全面开展审批事项清理，通过“点菜式”服务，将涉及多个单位的多个事项整合到一个综合窗口一窗受理，打造受理办结“一条龙”服务模式。2019年，区市民服务和营商环境促进中心进驻部门增加至41家，进驻事项增加至1145项。加强一体化政务服务平台标准化建设，网上可办率上升至94%。设置无差别“综合窗口”，27家单位395项事项进驻。推行承诺制信任审批，将商事登记、市场准营、企业投资建设等重点领域所涉的11家单位30项事项纳入实施范围，变“重审批、轻监管”为“宽审批、严监管”，有效压缩市场主体时间成本，一般工业项目审批时限压减至10个工作日以内。42件事项“点菜式”审批实现立等可取。加强市场监管，完善“双随机、一公开”监管制度，建立健全随机抽查“两库”，即检查对象名录库和执法检查人员名录库。建成铜梁区公共信用信息平台，推进行政审批、行政执法和社会信用体系联动建设。组建民营企业法律服务团，扎实开展民营经济“解七难”。建立“企业宁静日”制度，实行涉企行政处罚报备机制，全年各行政执法单位共报送备案涉企行政处罚案件38件。

规范行政执法行为 深化综合执法改革，在28个镇街统一组建综合行政执法办公室，统一设置事业单位综合行政执法大队。在各行政执法部门全面推行行政执法公示制度、执法全过程记录制度、重大执法决定法制审核制度等行政执法“三项制度”。加强行政执法监督，开展行政执法主体资格和行政执法人员资格清理公示，共有980名行政执法人员按要求进行公示，依法注销110个不符合规定的执法证件。开展行政执法案卷评查2次，全区共办理行政执法案件25621件。

依法化解矛盾纠纷 推进矛盾纠纷多元化解，加快推进“三调对接”，成立区信访事项调委会、驻法院调解室和驻巴川等15个派出所调解室。全年全区各级调委会共调解矛盾纠纷4723件，调解成功率达99.8%。规范行政复议工作，加强行政复议规范化和信息化建设，接入全国行政复议工作平台，实现行政复议案件网上办理。全年共办理行政复议案件33件。出台《铜梁区行政应诉行政复议若干问题规定》，不断提高行政应诉水平。

提高法治思维和依法行政能力 强化监督制约机制，定期向区人大常委会报告法治政府建设情况，主动接受区政协民主监督，确保行政权力在阳光下运行。落实“谁执法谁普法”责任制，制定年度普法工作要点和普法责任清单，各普法责任单位深入开展法治宣传月、禁毒宣传月、反电信网络诈骗、宪法宣传周以及服务脱贫攻坚、民营经济发展等主题宣传活动400余场次。完善领导干部和国家工作人员学法考法制度，组织年度法治理论知识考试和处级以上领导干部集中抽考，实行领导干部旁听庭审全覆盖的长效机制。全年共组织47名新提任领导干部参加法治理论考试，128名处级以上领导干部参加集中抽考。组织全区1.4万余人参加年度法治理论知识考试，参考率、合格率分别达99.7%、99.9%。开展行政执法人员专题培训，举办全区行政执法人员培训会，304名行政执法人员参加培训并考试合格。

（区政府办　王刚）

政法委及社会治安综合治理

【概况】 2019年，区委政法委认真落实中央和市委决策部署及区委工作要求，学在深处、谋在新处、干在实处，坚持聚焦主责主业，深入实施“党建扎桩、治理结网”工程，围绕平安铜梁建设、防范化解重大风险攻坚战、扫黑除恶专项斗争、创新社会治理等重点工作，充分发挥牵头抓总、统筹协调的职能作用，齐心协力、攻坚克难，推动各项工作取得新成效，全区政治安全、社会安定、人民安宁。群众安全感、队伍满意度、司法公信力得到进一步巩固提升，排名全市前列。2015—2018年度被评定为全市平安建设先进集体并记新中国成立70周年安保维稳工作集体二等功，区委国安办被表彰为全市国家安全工作先进集体。

【维护国家政治安全】 全面坚持贯彻落实总体国家安全观，始终将防范化解政治风险作为首要任务抓紧抓实抓好。组织召开区委国家安全委员会第一次会议和维护政治安全工作协调机制领导小组会议，安排部署各项工作。全年，未发生一例出国(境)人员违反外事纪律和规定的情况，未发生国家工作人员、涉密人员出走、叛逃和滞留不归事件。开展宣传活动100余场次，发放宣传资料10万余份，培训党员干部300余人次，进一步增强干部群众的国家安全意识。承接原区防邪办职能，以推进教育转化、宣传警示教育、打造过硬队伍为重点，不断提升全区反邪教工作整体水平。全年累计刊载反邪教信息100条，更新宣传橱窗350个，制作微电影、微动画各1部、发放宣传品25万件，举办广场宣传活动32场次，侦破邪教活动3起，打击处理5人，教育训诫18人。

【执法规范化建设】 集中开展执法司法规范化大检查，加强对政法机关重点岗位、关键要害部位和重点执法环节的监督检查。全年评查政法各部门案件35件，合格案件占比91.43%，未发现重大瑕疵案件和错案，组织协调疑难复杂、敏感案件39件次，及时有效地统一了执法思想，排查涉法涉诉突出问题和重点人员36件次，化解18件次，未发生重特大案事件和群众到市进京非访，办理来信来访99件。

【防范化解重大风险】 全力做好维稳工作，强化工作的系统性，成立维稳指导科，承接区维护稳定领导工作小组维稳统筹职能，加强维稳工作统筹协调，实现区级层面维稳工作的有序衔接，平稳运行，有力维护全区平安稳定。以最严要求统筹各方力量、凝聚工作合力，深入推进防风险保安全护稳定工作，全区形成“条”“块”联动、上下贯通、左右衔接的工作体系，风险排查化解工作成效居全市前列。深入实施“防风险保安全护稳定迎大庆集中攻坚行动”，聚焦工作重点，扎实抓好安全稳定各项工作，实现了大庆期间敏感案(事)件等“八个零发生”，圆满完成大庆安保任务。

【扫黑除恶治乱】“零容忍”纵深推进扫黑除恶治乱，持续推进乱象治理，对污水偷排偷放、KTV领域、非煤矿山等八个领域乱象进行治理并取得新成效。对黄赌毒和黑恶势力听之任之、失职失责甚至包庇纵容、充当保护伞专项整治，出重拳对黄赌毒实施专项整治，黄赌毒警情下降22.5%。依法严厉打击八类暴力犯罪等各类违法犯罪活动，不断净化社会环境，成功侦破全市首例医疗废物污染环境案件和28年前拐卖儿童积案，全区刑事案件破案数和起诉数均同比大幅上升，八类案件现案破案率100%，连续10年实现命案全破，打掉网络诈骗、“套路贷”等多个新型犯罪团伙。

【社会治安综合治理】 社会治理加强和创新推进“党建扎桩、治理结网”工程、“雪亮工程”，完善“531”工作格局，建成投用区社会治理创新中心，构建起“横向到边、纵向到底、从上至下、由下至上”的社会治理指挥体系，网格管理实现信息化、精细化，以网格化为基础、智能化为支撑的社会治理指挥中心和全科网格基本建成。“党建扎桩、治理结网”工程工作成效得到市委领导高度肯定，《重庆日报》以《铜梁区建立社会治理新机制》为题进行专题报道。

专门学校建设 投入2000万余元资金建成占地12.28亩、总建筑面积8187.2平方米的铜梁区专门学校。

规范化治理 重点人员管理规范有序。对全区1105名严重精神障碍患者落实每年2500元的以奖代补政策，组织开展摸底排查、清查评估专项行动，全区未发生较大以上严重精神障碍患者肇祸肇事案事件。建立命案防范会商研究、信息通报、请示报告等制度，对17件个人扬言采取过激行为的矛盾纠纷，及时进行了交办督办，未发生“民转刑”案（事）件。

强化公共安全管控。加强视频监控等设施建设，提升常态管控，新装摄像镜头6100个，实现全区3万多个视频监控互联互通联网应用。定期开展社会治安形势分析研判，建立军民警联勤联动机制，加强社会面治安巡逻巡查巡防，充分发挥466名社区专职治安巡逻队员的作用，重要敏感时期每天投入3000余名安保和群防群治力量，紧盯重点场所、重点部位，防患未然、快速反应，最大限度预防和减少各类违法犯罪。旧业态管控上，加强寄递物流危爆物品安全管理，全年未发生寄递领域危爆物品造成较大的治安刑事案件。

重点领域、地区综合治理有效。6个社会治安重点挂牌整治地区刑事案件、治安案件同比分别下降37.7%、16.08%，年底前顺利通过市级检查验收。深入全区中小学、幼儿园进行综合检查3次，对排查出的消防安全、食品卫生安全、治安隐患等立行立改，有效地净化了校园及周边治安环境。印发《铜梁区防范电信网络诈骗犯罪宣传工作方案》，实现电信网络诈骗犯罪案件发案和群众损失数下降的目标，经验成效被市委政法委专题调研和专版推介。

构建多元矛盾纠纷排查化解体系。建立和完善村（居）、镇街（部门）、区三级矛盾纠纷排查化解机制，区级层面每月开展会商研判、分析调度，全力推动矛盾纠纷化解，全年累计排查出各类矛盾纠纷398件次、化解385件次，化解成功率达96.7%。

【自身建设】 始终坚持并加强党对政法工作的绝对领导，以政治建设为统领，积极推进自身建设，深入开展“不忘初心、牢记使命”主题教育，引导机关干部牢记嘱托、感恩奋进，以行动践行初心、担当使命。干部队伍达到政治过硬、结构合理、素质精良、清正廉洁，领导班子连续多年被区（县）委评为优秀领导班子集体，机关干部近5年无违法违纪行为、失信记录。深入贯彻落实《关于新形势下政法队伍建设的实施意见》，全年培训政法综治干部400余人次，不断提升政法综治干部党性水平、基本素质和业务能力。规范政法部门中层干部协管办理程序，审核政法系统科级领导干部任免职36名。

（区政法委　毛希望）

公　安

【概况】 2019年，区公安局内设机构28个，派出所28个，警务室75个，年末有535名民警和698名辅警。区公安局对标对表区委区政府和市公安局各项部署要求，落实防风险、保安全、护稳定各项工作措施，圆满完成年度公安工作任务，51项考核指标中41项并列全市第一，综合绩效考评成绩列全市第10位。新中国成立70周年大庆安保维稳工作获评市公安局一等奖，荣记集体二等功；成功创建“重庆市文明单位”；被区委区政府评为“先进领导班子”和“优秀单位”；区局44个单位荣立集体三等功，34个单位荣获集体嘉奖；6名民警荣立个人二等功，45名民警荣立个人三等功，198名民警荣记个人嘉奖。

【新中国成立70周年大庆安保维稳工作】 区公安局把新中国成立70周年大庆安保维稳工作当作一项重大政治任务，早谋划早部署，成立警政主官任指挥长的安保维稳工作指挥部，制定“1+8”工作方案，以打好“七场硬仗”、开展“六大行动”为载体，强化战时工作机制，加强督检，科学考核，确保全区政治社会大局的持续稳定，圆满完成新中国成立70周年大庆安保维稳任务，实现市委“七个坚决防止”和公安部“五个严防、四个确保”目标。

【打击刑事犯罪】 始终把打击犯罪作为主责主业，优化“六侦合一”合成作战机制、“五案必专”破案打击机制，创建“412”清查机制，纵深推进扫黑除恶专项斗争，开展“云剑”“昆仑”专项行动，严打“黄赌毒”“食药环”等违法犯罪，荣获全市扫黑除恶专项斗争先进单位称号、市公安局扫黑除恶专项斗争一等奖。全年移送起诉751人、破案2609起，同比分别上升14.31%、31.4%；连续10年保持命案全破，抓获潜逃32年命案逃犯，成功破获“全国扫黄打非办”挂牌督办的“黄某等人利用网络传播淫秽视频牟利案”、28年前拐卖儿童案、姚某荣等38人特大电信网络诈骗案等大案要案，查获枪支27支。

【打击经济犯罪】 以防范化解金融风险为主线，严打非法集资、突出经济犯罪及涉假犯罪工作，共立经济、涉假犯罪案件16起，及时查破“三一公司非法吸收公众存款”“威龙公司集资诈骗”“西泉泵业被合同诈骗案”“缘梦圆假冒注册商标”等经济、涉假犯罪案件9起，起诉22人，扣押涉案金额50万余元，挽回经济损失540万余元。化解非法集资积案3件，开展宣传10余场次，发放宣传资料3万余份，提升群众防范化解风险意识和能力。

区公安局开展打击非法集资宣传活动　（区公安局供稿）

【禁毒工作】 全年破获毒品案件96起，其中部督目标案件2起，缴获毒品28.55千克，移诉101人。查获吸毒人员294人，强制隔离戒毒入所111人，责令社区戒毒95人。与全区28个镇街签订《禁种铲毒责任书》，对重点区域、重点地段加强监测，全区共铲除疑似罂粟苗1295株，实现了“零产量”目标。对全区88家易制毒化学品使用单位全链条监管，办理备案证明699份，杜绝易制毒化学品流入非法渠道。

【治安管理】 年内办理治安案件3718起，其中，查处涉黄赌治安案件82起，行政拘留188人、罚款86人；破获涉黄赌刑事案件3起，采取强制措施11人，打掉赌博团伙1个。分别销毁、备案各类印章刻制章2856枚、7167枚，紧盯特种行业、旅馆酒店、KTV歌城和洗浴场所、危化爆、校园、监所、人员密集场所等领域，加大安全检查力度，排查整改安全隐患261起，严格审批大型活动31场，查处非法运输、储存烟花爆竹案件15起，治安拘留11人，收缴非法烟花爆竹1315件。

【道路交通管理】 民警现场执法与智能科技“执法”有机结合，84套电子警察、698个公路监控镜头、262套违停抓拍设备、128个电子卡口、9套车不礼让行人设备、3套机动车鸣笛抓拍卡口全天候执法，全区建成警保联动标准化农村劝导站12个，推进全区事故预防“新五支力量”建设。截至年底，全区机动车保有量144749辆，机动车驾驶人保有量208909人；全年共排查治理各类交通安全隐患23处；查处各类交通违法行为197897起，移送起诉128人，追究刑事责任93人。全年安全生产责任事故死亡11人，控制在指标范围内。推进公安交管“放管服”改革，建成24小时交管自助服务区2个，共办理各类机动车业务14.94万件次，开展上门服务12次，为群众提供各类服务3500余次。

【出入境管理】 2019年，区公安局推行外管通App软件，建立多部门联系机制，发现双重国籍12人，国籍冲突小孩6人，双重身份1人，违临境外人员31人，持边境证入境非法居留外国人1人；成功阻止2名签证超期人员来铜，查处违临境外人员和“三非”外国人16起。持续创新落实便民服务举措，在落实周六办证工作机制的基础上增加周日上午办证服务，开展错峰延时服务，创新微信沟通服务，接受咨询120余次，累计办理近3700证次，提醒外国人及时办理签证延期6次，共受理各类出入境证件22951人次、外国人签证申请76人次。

【扫黑除恶专项斗争】 全年持续推进扫黑除恶专项斗争，累计抓获涉恶犯罪嫌疑人317人，移送起诉235人；破获“9+4”类案件146起，打掉保护伞3人。侦办“1·10”“2·19”“9·30”等涉恶专案，抓获涉恶犯罪嫌疑人33人，破涉恶类案件11起，打掉涉恶团伙1个，全区九类涉恶案件发案率同比下降27.3%。全局线索查结率99.08%、系统内线索查结率100%，按期完成“双清零”及“回头看”工作。

【严打环境污染违法犯罪】 落实河库警长制，印发环保基础工作手册和河库警长制工作手册各100册；开展环境噪声整治，联合制发《铜梁区城区群众有声娱乐健身活动秩序管理办法》及《铜梁区城区群众有声娱乐健身活动考核评分细则》，召开现场会62次，发放《告市民书》及噪声污染防治资料1.2万余份。依法严打环境污染违法犯罪，查获混有一次性输液针头的输液瓶盖60余吨，侦结环保案件19起，成功侦破全市首例医疗废物污染环境案件。

【执法规范化建设】 深化执法规范化建设，完善“执法制度、执法办案、执法管理、执法保障”体系，制定“六级案件审批”责任制等8项制度，落实了“四个一律”规定，执法安全事故、行政败诉和国家赔偿案件“零发生”。投入1000万余元推进执法办案场所智能化升级改造，利用“青年民警夜校”和“知识管理平台”，开展执法培训30余次，组织1000余人次参加庭审旁听；配强专兼职法制员，创建专业人才库，引导民警参加执法资格考试，执法基本级考试通过率100%，民警高级执法考试、司法考试分别通过13人。

【队伍建设】 新建党支部1个，变更党支部2个，增设临时党支部3个，发展党员30人，认真落实组织生活制度，东城派出所党支部被市公安局确定为基层党建示范点。组织培训民警1800余人次，队伍警务实战能力得到提升。制定落实民警辅警考核办法，推进纪律作风大排查大整治，问责民警14人，队伍持续健康发展。落实从优待警举措，协调两家重点医院开通因公负伤和突发急危重症的民警、辅警医疗救助绿色通道，走访慰问民警、辅警364人次，发放慰问金27.56万元；聘请专家开展心理健康服务辅导，开展心理健康测评，建立心理健康档案373份，增强民警心理自我调适能力。推送、刊发新闻稿1434篇，推树先进典型，全国“最美职工”杨发英受邀赴京参加新中国成立70周年大庆观礼。

10月1日，杨发英受邀参加新中国成立70周年大庆活动。 （区公安局 供图）

【装备建设】 修订完善《单警装备管理规定》《执法执勤用车使用管理办法》《区公安局政府采购管理办法》等7项规范。投入836万余元，购置更换执法记录仪183部，购置单警装备150套，购置配备防弹衣以及应急处置封控卡点阻车器等执法执勤装备，推进“十三五”装备刑事技术类项目和执法办案区智能化、警务车辆综合巡逻执法系统等科技信息化建设。

（区公安局 高云全）

检 察

【概况】 1978年铜梁县检察院恢复重建,2014年撤县设区更名为重庆市铜梁区人民检察院。随着国家监察体制改革,2018年初铜梁区检察院职侦局转隶至铜梁区监察委员会,同时区检察院按照中央精神完成司法体制改革,并根据最高检类案管理和捕诉一体要求完成内设机构改革。全院共有8个内设机构:办公室、政治部、检察一部、检察二部、检察三部、检察四部、检察五部、检察六部;4个派出机构:蒲吕派出检察室、平滩派出检察室、永嘉派出检察室、安居派出检察室。区检察院共有中央政法专项编制65人,实有在编在岗人员63人,其中员额检察官21人,检察辅助人员28人,司法行政人员14人,另有聘用制书记员12人。

铜梁区检察院“送法进校园”活动现场 (区检察院供图)

【惩治经济犯罪】 全年受理破坏市场经济秩序犯罪案件18件27人,其中受理批准逮捕7件13人,批准逮捕5件9人,不批准逮捕2件4人;审查起诉11件14人。重拳打击非法集资、网络电信诈骗等涉众型金融犯罪,对“金之源”公司非法吸收公众存款一案依法提起公诉,协同有关单位为受害人挽回本金和利息共计7128万余元,防范化解金融领域重大风险。发挥检察职能,服务保障民营企业发展,对贵州兴隆东家具有限公司业主假冒重庆缘梦圆实业有限公司注册商标一案依法适用认罪认罚从宽,既保护了缘梦圆公司的合法知识产权,又最大限度地减小打击犯罪对涉案企业正常经营造成的负面影响。

【刑事检察】 批准逮捕各类刑事犯罪240件313人,起诉398件478人,其中批捕故意杀人、抢劫、强奸、重伤害等严重暴力犯罪19人、起诉19人;批捕“盗、抢、骗”等多发性侵财犯罪143人、起诉189人;批捕寻衅滋事、聚众斗殴、“黄、赌、毒”等严重危害社会治安秩序的犯罪122人、起诉131人。深化扫黑除恶专项斗争,全年批捕涉恶案件2件5人,起诉5件9人,移送其他检察院3件12人。落实宽严相济的刑事司法政策,年内共适用认罪认罚从宽制度办理公诉案件364件,占办案总数的80.5%。积极推进确定刑量刑建议,提出确定刑量刑建议319件,占认罪认罚案件的87.6%,进一步提升司法效率和办案质量。

【法纪检察】 依法惩治职务犯罪,深入推进反腐倡廉建设。受理铜梁区纪委监委移送的职务犯罪案件2件3人,其中提前介入引导侦查2件3人,起诉4件4人(含积存未结案件3件3人),不起诉1件2人。对重庆市公安局刑警总队前副总队长晨某、垫江县人民医院前院长马某炎涉嫌受贿罪依法提起公诉。围绕扫黑除恶专项斗争，强化破“网”打“伞”，起诉涉嫌受贿罪的恶势力“保护伞”2人。

铜梁区检察院履行公益诉讼检察职能，落实“一号总河长令”前往安居开展巡河。（区检察院 供图）

【监所检察】 以刑事执行监督为抓手，受理案件92件，办结85件。加强羁押场所执法监督，办理刑事执行违规案件13件、安全事故检察案件1件，监督超期羁押案件1件并发出检察建议。加强财产刑执行监督，年内抽检核查财产刑被执行人264人，被执行罚金1189.541万元。对财产刑执行监督立案20件，经监督纠正后已执行14人，执行金额6.3万余元。监督监外执行（社区矫正）违法违规案件11件，对剥夺政治权利执行监督发出检察建议1件。圆满完成特赦工作，根据中央精神，依法对执行机关报请特赦的10名罪犯提出审查意见，其中8名符合条件的罪犯得到特赦。

【控告申诉检察】 全年办理单位和群众控告、申诉、咨询共计118件（次），其中来信48件，来访70件。所受理的来信来访，均按归口管理原则和控告申诉首办责任制的规定和要求及时进行分流处理，无积压、无错转，受理信访件均按照最高检工作要求在7日内进行程序性回复，3个月内进行了办理结果答复。落实检察长接待日制度，正、副检察长共接待来访群众52件100余人，批办案件3件。办结刑事申诉案件1件，受理刑事案件被害人及其家属申请国家司法救助金案件3件并核发司法救助金8万元。

【民事行政检察】 全年办理民事行政检察案件86件，其中支持起诉农民工讨薪案件41件，监督民事行政生效裁判2件，监督执行案件24件，监督诉讼过程中的违法行为14件、不当履职5件。发出检察建议36件，均收到整改回复。提请市检察院第一分院抗诉案件3件，抗诉意见均被一分院采纳，抗诉后得到改判。办理民事虚假诉讼1件，向公安机关移送违法犯罪线索1条并被做出有罪判决。公益诉讼方面，全年立案办理行政公益诉讼49件，发出诉前检察建议38件，办理刑事附带民事公益诉讼8件。落实“一号总河长令”，开展巡河巡湖巡山巡林专项行动，深化公益诉讼“回头看”，服务保障打赢污染防治攻坚战。

【诉讼监督】 加大侦查监督力度，对不构成犯罪、证据不足、无逮捕或起诉必要的不批捕67人、不起诉66人，依法监督纠正侦查活动中的违法行为，向侦查机关发出纠正违法通知书13份，办理羁押必要性审查案件14件，变更强制措施5人，追诉漏罪2条，获得法院判决支持。履行审判监督职能，发出再审检察建议3份，按二审程序提出抗诉案件2件，提请按审监程序抗诉案件2件，均获得改判。办理违法扣押款物案5件，纠正刑期计算错误6件7人。

【检察技术工作】 深化智慧检务建设，运用大数据、云计算等科技成果对检察业务流程进行优化再造，建成量刑建议辅助系统，全年通过量刑建议辅助系统办理案件65件，提高法律适用准确率和办案效率。对统一业务系统，分级保护系统动态实时更新维护，升级改造驻看守所检察室视频监控系统，建成远程提讯系统。聚焦司法办案，协作配合办案部门开展现场勘验、电子证据鉴定等，办理技术性证据审查案件26件，为检察工作正常开展提供技术支持。

【思想政治建设】 组织专题学习研讨班5天，开展中心组集中学习21次，撰写心得体会16篇，各支部组织学习36次，领导干部上党课10次，深入基层一线开展调研形成专题报告4个。围绕巡察反馈意见深入查摆问题，制定整改措施45条，全部整改落实到位。全面从严治党，开展检察干警违规经商办企业专项整治行动，组织全院干警前往市廉政教育基地开展“以案四说”警示教育。多形式开展党建活动，组织支部书记上微型思政课、我与国旗合影、庆祝新中国成立70周年合唱比赛等活动。强化队伍建设，选派干警参加培训186人次，选送12名干警进入全市检察机关案件质量评查人才库，动态调整退出检察官员额2名，增选员额检察官4名。

（区检察院 喻宁）

法　院

【概况】 2019年，铜梁区法院由14个部门（含监察室）组成，其中人民法庭3个。全院有员额法官及其他工作人员130人，其中，员额法官49名，占37.69%；审判辅助人员62名，占47.69%；司法行政人员19名，占14.62%。全院具有本科及以上学历者122人，占93.85%。其中，具有博士学位1人，具有硕士学位12人，占10%。全年共受理案件16016件，审执结14743件，比上年分别上升27.17%和19.78%。年终评比，荣获2019年度全市执行工作先进法院、全市司法警察工作先进集体、全市信息化工作先进法院、全市队伍建设工作先进法院4项集体荣誉。

【刑事审判】 全年审结一审刑事案件424件，判处罪犯622人。审结韩某举诈骗案等涉众型电信网络诈骗案件10件，为5300余名受害群众挽回损失816万元。张某露非法吸收公众存款案，通过大量细致艰苦的工作，最终促使张某露和实际用款方通过现金或以资产抵债的方式向110名集资参与人偿还本金和利息7128万余元。积极推进以审判为中心的刑事诉讼制度改革，落实庭审实质化要求，对18件案件改变指控。积极参与辖区综合治理工作，开展"庭审进校园"活动1次。

【民事审判】 审结一审民事案件4184件。巩固家事审判改革成果，帮助一起已结案三年的离婚案件当事人解决子女落户入学问题，据此拍摄的微视频《温度》，参加市委政法委2019年"平安建设进行时"三微好作品评选，在130个参赛作品中获网络投票第一名。加大服务基层社会治理力度，制定《关于加强人民法庭参与基层社会治理助力乡村振兴战略的实施细则》，推行"四个一工程"。编制《2019年度基层社会治理司法案例编选》，赠送给镇街及村社区，获一致好评。

【商事审判】 审结一审商事案件3353件。实行随机分案制度，培养员额法官的全能性，建立案件周讨论制度，讨论疑难复杂案件，提高审判质量。依法全面平等保护民营经济，多层次召开服务民营经济座谈会10次，领导班子成员走访园区、企业36人次，为重庆鹏茂装饰工程公司等梳理法律风险点8类20个，向其出具法律风险提示书。审理破产案件16件，对尚有存续希望与价值的企业，综合运用重整、和解程序帮助其重获新生，重庆林腾机电有限公司经破产重整，已扭亏为盈。

【行政审判】 审结一审行政案件诉讼案件83件，审查非诉行政执行案件11件。积极沟通协调，将行政机关负责人出庭应诉纳入依法治区考核，行政机关负责人出庭应诉率提高到63.8%。连续第4年发布行政审判白皮书，受到市高法院和区委区政府领导充分肯定。协调区政府提请区委对部分行政执行实行"裁执分离"改革。在全国法院行政审判优秀业务成果评选中，（2018）渝0151行初55号裁判文书获得三等奖。原告柏某不服被告重庆市铜梁区烟草专卖局烟草专卖行政处罚一案入选2018年重庆行政诉讼十大案例。

【审判监督】 充分运用专业法官会议、审判委员会、院庭长办案和司法责任追究等落实司法责任制；通过改发案件评析机制、裁判文书校核机制、每月审判动态通报机制、审判监督管理制度建设积极推进审判监督管理机制。完善和改进了市高法院制定的审判监督管理"八项制度"，有效落实审判监督管理机制。

【执行工作】 执结案件6632件,执行到位金额9.2亿元。加大强制措施运用力度,拘留66人,累计将3366人纳入失信被执行人名单,发布限制高消费3583人次,限制乘坐飞机6883人次、高铁391人次。加强“三中心一场地”规范化建设,实施繁简分流。抓住典型,加大对拒不履行生效判决获刑案件的宣传,实现“执行一案、制裁一人、教育一片”。通过积极争取,将查人找物纳入区社会治理创新中心网格平台,网格员参与执行。

【其他工作】 审结执行行为异议案件25件,检察建议案件4件,撤销缓刑案件4件,民事再审案件1件。

【司法改革】 制定《审判委员会工作细则》《全体法官会议运行办法》等审判管理制度。制定实施人案配置方案。完成内设机构改革,加大“四易”平台的推广和运用。

【队伍建设】 召开资深干警、青年干警代表等座谈会,举行七一表彰、党建知识竞赛等系列活动,制定“1446”发展思路,提出“建成全市优秀法院”的奋斗目标,凝聚全院人心。完善后备人才库,把8名青年骨干增补进后备人才队伍。开展优秀庭审、优秀裁判文书、精品案例、书记员技能“四评”活动,为青年干警的成长树立良好标杆。成立青年先锋研究会,凝聚青年人才力量。文化引领激活力,召开文化建设研讨会,立足传统文化,打造铜梁法院文化。

(区法院 汤献春)

司法行政

【概述】 区司法局有8个内设机构：政治处、办公室、行政执法协调监督科、行政复议应诉科、社区矫正管理科（社区矫正管理局）、普法与依法治理科、人民参与和促进法治科、公共法律服务管理科，负责履行全区司法行政工作职能。区委依法治区办公室设在区司法局，单设区委依法治区办秘书科。区司法局下辖3个事业单位：铜梁区法律援助中心（参公）、重庆市铜梁公证处、铜梁区医疗纠纷调解中心。区内28个镇街分别设置了司法所。全局有中央政法专项在编干警63人（其中机关工勤2人）；法律援助中心全额拨款参公事业在编5人，公证处差额拨款事业在编4人，医疗纠纷调解中心全额拨款事业在编2人。

全区司法行政系统人员积极参加政治理论、法律法规、职业道德、司法业务知识等各类培训，其中机关公务员396人次，基层司法助理员418人次，医疗纠纷调解中心29人次，公证处144人次，律师306人次，共计1293人次。

局党组发挥领导带头作用与示范作用，落实“一岗双责”，党风廉政建设与司法行政工作同安排、同部署、同落实、同考核，实行党风廉政建设一票否决。以支部主题党日活动为载体，以组织全区司法行政干部观看纪录片、专题党课、参观警示教育基地等形式大力进行反腐倡廉警示教育。党组成员与干部开展个别约谈、集中廉政约谈共90人次，督促干部履职、担当、作为。党组专题研究党风廉政建设工作4次，组织参观廉政教育基地1次、革命教育基地2次，开展“以案四说”警示教育2次。

【全面依法治区】 召开全面依法治区委员会会议，印发“两规则一细则”等文件，加强法治建设工作调研，强化依法治区办与各协调小组工作衔接。开展法治政府建设示范创建暨综合性督察、优化法治化营商环境服务民营企业发展专项督察。区委依法治区办联合区委办督查室、区政府办、区委宣传部、区委政法委到31个重点行业部门和镇街实地开展法治政府建设全面督察。完善依法治区考核机制，将推进全面依法治区工作情况作为区级综合考核指标体系的重要内容，实现对全区各部门、28个镇街考核全覆盖。

【法治管理规范化建设】 **强化规范性文件备案审查和重大事项合法性审查** 制定下发《关于进一步加强行政规范性文件管理工作的通知》，进一步规范审查备案工作。全年办理规范性文件合法性审查13件（包括区政府和部门），提出法律建议35条；办理区级征求意见94件，提出法律建议155条；办理重大合同审查63件，提出法律建议245条。开展行政规范性文件集中清理工作，经清理核查，铜梁区政府现行有效行政规范性文件为42件，废止规范性文件8件。

强化行政执法监督 推行行政执法“三项制度”，制定《铜梁区全面推行行政执法公示制度执法全过程记录制度重大执法决定法制审核制度实施方案》，明确了责任单位和完成时限。落实涉企行政处罚报备制度，2019年共收到全区各级行政执法部门报备的涉企行政处罚案件38件。开展行政执法证件清理，组织行政执法人员专题培训和法律知识考试，304名行政执法人员参加培训。

推进行政争议案件实质性解决 印发《重庆市铜梁区人民政府关于印发铜梁区行政应诉行政复议若干问题规定的通知》，进一步理顺工作机制，提高工作效率。接入全国行政复议工作平台，实现行政复议案件网上办理。全年共收到行政复议申请20件，受理16件，办结14件；办理区政府作为被申请人的复议案件19件，全部办结和维持；办理区政府为被告的行政诉讼案件8件，审结7件。推进积极落实行政机关负责人出庭应诉制度，年内全区共发生行政应诉案件68件，一审开庭审理49件，行政机关负责人出庭应诉36件，行政机关负责人出庭应诉率为73.5%，同比增长50.5%。

【普法与依法治理】 开展“三月法治宣传月”、“4·15”国家安全教育日、“6·26”国际禁毒日、“12·4”国家宪法日等一系列主题宣传活动；开展法律进乡村活动333场，实现村(社区)法治宣传全覆盖。印制《民营企业法律风险防控提示书》5000册，向全区民营企业免费送出。组建了50名律师、行政执法人员组成的铜梁区企业法治专家宣讲团，深入企业开展法治体检、法治讲座等服务民营经济普法活动58场。坚持和加强领导干部学法用法考法制度，组织新提任的47名领导干部参加了法治理论知识考试，128名领导干部参加年度法治理论考试抽考，合格率为100%，全部旁听了庭审并撰写了心得体会。完成全区14813名干部职工参加网上法治理论考试任务，参考率99.78%，合格率为99.97%。扎实推进基层民主法治建设，大力实施民主法治村(社区)自治、法治、德治“三治结合”建设，对全区1个全国民主法治示范村和56个市级民主法治示范村(社区)进行了复核，全区76个村(社区)达到了“三治结合”标准，占全区村(社区)总数的22.82%。加强青少年法治宣传教育，开展“四点半法制课堂”“开学第一堂法制课”“法治课堂全覆盖”“梦想课堂”等活动80场次。打造“金钱板流动普法站”，通过法治茶话会、法治文艺演出、法治文艺进院坝等形式共开展演出活动100余场次。

“宪法宣传周”集中宣传活动暨法治文艺演出 (区司法局 供图)

【律师与基层法律服务】 2019年铜梁区共有律师事务所9家，基层法律服务所2家。执业律师102人，其中专职律师61人，公职律师40人，法律援助律师1人。基层法律工作者员15人。

加强党对法律服务工作的领导 深入开展法律服务行业“不忘初心、牢记使命”主题教育，向各基层党支部赠送学习资料20余份，组织全体党员律师集中学习一次，召开专题组织生活会、开展民主评议党员。60名律师按要求签订依法规范执业书，党支部按要求开展“三会一课”，各党支部书记上党课28次，律师党员主动分享学习体会开展讨论13次。2019年，全区共有行业党委1个，法律服务行业党支部7个，党员18人，为党支部配备党建工作指导员7名，7家党支部开展各类学习84次，党建规范化建设初见成效。

法律服务行业重点工作深入推进 建立由11名律师组成的服务民营企业律师团。健全涉企法律顾问制度，律师为209家企业提供全年法律顾问服务，办理各类涉企案件308件。全年律师办理涉黑恶势力案件10起。出台《关于开展律师调解试点工作的实施方案》，组织律师到法院诉讼服务中心参与调解值班。开展法律服务行业“双随机一公开”执法检查，走访全区9家律师事务所、2家基层法律服务所、公证处，抽取案卷143份，对法律服务机构的违法违规执业行为，坚决做到应查必查、应处必处。优化行政服务职能，对所涉行政审批、政务服务事项进行梳理，并按要求接入政务服务网。做好人民陪审员选任工作，以随机抽选、个人申请和组织推荐的方式，选举人民陪审员69名。

【司法鉴定】引导和协助铜梁司法鉴定所参加司法部能力验证项目，确保与业务范围相对应的能力验证项目实现全覆盖。开展司法鉴定行业“双随机一公开”执法检查，走访铜梁司法鉴定所，抽取案件5份。对全区1家司法会计鉴定机构和6名鉴定人予以注销登记。全区司法鉴定实现零投诉，未发现鉴定机构、鉴定人擅自停业、歇业、拒不出庭作证、拒绝接受委托、超越鉴定范围执业情形。

【公证工作】 重庆市铜梁公证处是公益二类事业单位，现有公证员4名，公证辅助人员8名。2019年重庆市铜梁公证处发挥公证职能作用，积极参与区征地拆迁和拆违活动、户籍制度改革、金融借贷以及重大项目建设等，办理大量证据保全、继承权、赠与、遗嘱、委托书、借贷合同等公证业务。全年共办理各类公证事项4355件，业务收入达195万余元，其中民事类公证事项4060件，经济类公证事项176件，涉港澳台及涉外公证事项119件，接待群众来电来访8000余人次，为困难群众及困难群体减免公证费近10万元。无错证、假证公证业务发生，未发生一件因公证质量问题引起的投诉。

【法律援助】 铜梁区法律援助中心有工作人员6名，其中法律援助律师1名，公职律师2名。全年共受理法律援助案件489件，其中民事案件347件，刑事案件142件，受援人数达496人次。共办结法律援助案件470件，提供法律咨询3000人次，代书160件，为困难群众挽回损失或取得利益626.69万元，其中涉及农民工的有282.81万元。大力推进公共法律服务实体平台提档升级，完成3个公共法律服务工作站，30个公共法律服务工作室的提档升级建设任务。实行区公共法律服务中心值班制度和12348公共法律服务热线值班制度，规范基层公共法律服务工作站（室）运行机制。全区三级实体平台累计开展公共法律服务宣传60余次，共接待群众来访法律咨询6000余人次，12348公共法律服务热线有效解答来电咨询521人次。

【社区矫正】 一是切实加强监督管理。进一步规范社区矫正对象报告、居住地变更、请销假等制度，制定矫正方案，健全矫正小组，实施分类管理，落实“日记载、周报到、月学习、月劳动、季总结”等日常管理措施。二是切实加强教育矫正。认真开展“身份意识、制度规范、认罪服法”等主题教育，抓好个案矫正、心理辅导和社区服务。三是切实加强社会适应性帮扶。为有困难的社区矫正对象落实社会保障、医疗救助、教育救助、临时救助等方面的政策措施，对暂时无业可就、无岗可上、无一技之长的社区矫正对象提供技能培训和就业指导等。全年新接收社区矫正对象210名，解除241名，累计接收社区矫正对象2474名，累计解除社区矫正对象2262名。

【安置帮教】 2019年，围绕衔接管理、就业安置和帮扶教育三项重点工作，不断推进刑满释放人员和解除社区服刑人员的社会管理创新。全区新回归刑释解矫人员526名，在册帮教对象1970名，刑释人员预释放回执率100%，基本信息核实率100%，在册帮教率100%。

【人民调解】 **健全调解组织** 建设和完善266个村调委会，67个社区调委会，23个镇调委会，5个街道调委会，实现基层调解组织100%全覆盖，另建立企业调委会2个，物业纠纷调委会2个，区级行业性专业性调委会15个，调委会总数达380个，还设立驻派出所调解室15个，驻法院调解室1个。对基层调委会进行规范化建设，统一全区调委会名称，制作调委会吊牌和印章，建立调解文化墙，设立公示栏，完善调委会排查制度，登记制度，报告制度，回访制度和档案制度。建立322个村（社区）规范化调委会，占村（社区）调委会总数的96.7%。

优化队伍结构 吸收年富力强、文化水平高、懂政策讲法律，德高望重、乐于奉献的人员充实到人民调解员队伍中来，高中以上文化程度的调解员1434名，占调解员总数1888名的76%。同时在各镇街开展人民调解集中培训，组织各调委会调解员集中轮训，全区调解员培训率达到100%。

积极开展调解宣传 组织开展人民调解宣传活动62次，制作《中华人民共和国人民调解法》手册及人民调解知识宣传专栏49期，发放宣传手册和宣传单48600余份。宣传覆盖各个村（社区）、大院小区等人口集聚地，提高人民调解的影响力。积极推行人民调解员使用"巴渝和事佬""重庆人民调解的App"处理调解纠纷，实现"互联网+"线上线下平台，融合打造人民调解新高地。

全面排查化解纠纷 全年共开展排查1966次，调解各类民间纠纷和社会矛盾5110件，调解成功5098件，成功率达99.8%。及时履行纠纷5012件，办理防止纠纷转化为刑事案件16件，有力维护了社会和谐稳定。

强化调解质量 对5110件人民调解案件档案进行督查，及时发现问题并立即整改，提高人民调解质量。全年对合格人民调解案件发放调解员补贴16.4万余元。

【司法所管理】 统一规范了司法所的徽章和吊牌，制作门头、灯箱、指示牌、座位牌、公开栏、"十不准"守则等形成美观统一的司法所形象。全面实行司法所职责公开，职务、联系方式公开，实现群众监督常态化。开展司法所工作人员培训，提升基层司法所工作人员政治素质、法律素质、业务能力，提高基层司法行政工作能力。严格执行司法所会议制度、学习制度、请示报告制度、请销假制度、档案制度等五项制度，根据工作情况认真填写好法治宣传情况登记册、来访来电来信登记册等七个工作簿册。

（区司法局 管宇）

仲 裁

劳动人事仲裁

【概况】 全年共处理各类劳动人事争议539件，其中：受理立案案件458件，不予立案61件。受理立案案件较去年增加10.9%，涉案金额2067.9万元；处理结案466件，结案率为97.5%；以调解方式结案323件，占结案总数的69.3 %，从而有效预防和化解用人单位和劳动者之间的争议，维护当事人双方的合法权益，促进劳动关系的总体平稳。

【仲裁工作】 **坚持预防为主，送法到基层** 由区人社部门牵头，会同工会、司法等单位，合力组织开展“送法到基层”主题活动，与广大企业和职工面对面，进行法律、法规和政策的宣传。在企业、居民宣传栏张贴，在街道、广场聚集区悬挂，散发宣传材料1.8万余份，接待单位职工咨询7500余人次。

排查争议隐患，仲裁关口前移 建立仲裁员分片区联系指导基层调解组织工作机制，及时掌握各片区劳动关系状况，为基层调解工作提供精准高效服务。全年为各类企业单位提出建议30条，排查争议隐患20件，同时向30家企业邮寄了仲裁建议书。

提供免费咨询，做好优质服务 对农民工和一些文化程度较低的当事人免费提供快捷的法律援助服务。全年为1200余人次免费提供法律事务、咨询服务，为290名农民工免费开展“绿色通道”服务。

坚持多方联动，保证仲裁公平 区仲裁委从案件受理立案入手，引导法律援助，提倡律师参与，正确指引当事人尤其是弱势一方充分维权。区仲裁委领导全年参与旁听仲裁案件23件，占案数总数的5%；评审案件88件，案件评审率达到19%，维护劳动人事争议仲裁的权威性。

坚持仲裁为民，调解进入基层 把案件的调解工作深入基层、进入企业和职工中去。全区28个镇街社保所、3家国有企业和6家非公企业已建立基层调解组织，大中型企业调解组织覆盖率为28.6%。全年有10件案件在基层和企业进行调解，收到“审理一案、宣传一方、教育一片”的效果。

公开办案程序，打造“阳光”仲裁 在坚持《中华人民共和国劳动争议调解仲裁法》和《办案规则》规定基础上，进一步优化办案程序，缩短办案时间，并公开办案过程，方便群众监督，杜绝暗箱操作。

遵守办案制度，确保公平公正 年内对5件重大疑难案件、集体争议需裁决的案件和社会影响大的案件，实行了仲裁委分管领导参与的集体研究决定制度，以便更准确、更快捷地处理争议。

建立回访制度，改进工作方法 通过走访或电话采访双方当事人，听取双方当事人对处理结果的反映，以便改进工作方法，提高办案质量。同时，对重大疑难、不服仲裁裁决诉至人民法院的案件，加强同区人民法院的联系，对仲裁裁决和判决结果，相互交流，分析总结，取长补短，提高办案工作能力。

【基层组织建设】 **基层组织建设见成效** 全区23个镇、5个街道办事处和4个园区管委会所成立的劳动（人事）争议调解委员会（调解中心）有序开展工作，共配备了调解员112名，建立了相应的工作制度。

基层调解员业务能力增强 全区有专兼职调解员、仲裁员140名，86%的人员具有大专以上学历，大学本科学历达87%，法律专业人员占到总数的65%。年内区人社局举办了本级新任调解员资格培训班1期，所有人员均经过1轮培训，实行专家授课、互动问答、典型案例研讨和现场庭审观摩有机结合的培训模式。

（区人社局 罗伟）

经济仲裁

【概况】 发挥仲裁在解决民商事争议、化解社会矛盾中的重要作用，扎实开展仲裁法律制度宣传推行工作。全年积极促成市场主体约定仲裁条款，共约定仲裁条款合同300余件，标的金额近150亿元。

（区政府办 王刚）

军事

人民武装

【概况】 铜梁区人武部营区占地约1.67公顷，建筑面积6512平方米，分别为办公楼、民兵综合训练基地、民兵武器仓库。2018年9月，人武部编制调整，由正团级调整为副师级，人武部编制现役干部和文职人员12人，现有现役干部5人，现役转改文职5人，下设军事科、政治工作科、保障科；配属民兵训练基地、民兵武器仓库两个正科级事业单位，职工编制10人，现有职工9人。2019年被警备区评为“安全稳定工作先进单位”。

【主题教育】 3月份起，认真组织深化“传承红色基因、担当强军重任”主题教育活动，人人制订学习计划，结合参观邱少云烈士纪念馆、组织迎国庆升旗仪式、重温军人誓词等活动，完成4个专题辅导和2次党课辅导。开展专项整治问题自查自纠，班子成员围绕“五个检视、四个讲清”深入检视剖析，团以上领导干部深入基层开展调研，普通党员人人参加专题组织生活会、撰写个人心得体会、开展承诺践诺活动；组织参加张富清、杜国富和“我奋斗、我精彩”岗位建功先进事迹报告会，号召学习身边典型，激发干事创业动力。

【聚焦应急应战强化军事斗争】 积极响应统帅号令，部机关带区民兵应急连开展实战背景下战备拉练活动，穿插设置战前动员、快速行军、通过染毒地段、宿营野炊等科目；严密组织专武干部、民兵干部进行轻武器射击和3000米跑等项目竞赛，着力提升训练质量和层次，打响全年军事训练第一枪。5月底，联合区人防办等业务部门，参加重庆市年度人防演练，演练期间，精准掌握上级意图，召集区防空演练成员单位讨论演练方案，明确任务要求，圆满完成警备区和市里赋予的城市人防演练任务。7月份，组织区民兵应急连参加轮训备勤，4个专业排分别完成反恐维稳、综合勤务、水上救援、森林灭火的训练任务，并不断拓展“一专多能”训练内容；9月份，组织110名民兵预备役骨干，对辖区1所高等职业院校和6所高中共5600余名学生军训；10月底至11月初，分2批组织民兵专业分队集训，不断加强专业力量执行任务能力。2019年人武部牵头组织各镇街发动辖区民兵积极参加城区治安环境综合整治，组织区民兵应急连和镇街应急排参加城区街道夜间巡逻和乡镇定点巡逻；国庆前后，组织应急民兵900余人次参与全区国庆安保执勤任务。

【民兵调整改革】 针对民兵调整改革工作范围广、数量大、标准高、时间紧的特点，3月份召开全区民兵整组潜力调查会议，先后十余次组织业务培训，完善相关方案预案，进一步厘清思路、摸清底数。通过动员部署、信息搜集、人员编组、系统上报等工作，精准掌握全区编组企业、人员、装备等数量及质量情况，合理确定分队性质及规模。5月中旬起，人武部分两个检查组，集中对全区28个镇街民兵组织整顿工作进行点验检查；5月27日，组织区应急民兵连和5个街道民兵应急排在人民公园集中点验，全面检验区民兵力量组织和建设情况；10月份，受领任务后，第一时间抽调人员加强专班力量，认真贯彻警备区部署会要求，高标准按《考评实施细则》逐项抓好党管武装、组织建设等5个方面资料的台账整理，先后2批次组织民兵应急连集中进行针对性强化训练，进一步规范和明确企业的迎检工作。

区人武部组织人民防控演练 （区人武部　供图）

【基层武装部规范化建设】 根据警备区统一部署，以全区28个镇（街道）人武部“三室一库”建设为重点，以试点先行、分批达标、常态运行的步骤，明确了全年完成20个镇街建设的任务，指定虎峰镇武装部为先行试点单位；5月份组织全区专武干部集训期间，召开专题座谈会，收集整理全区基层规范化建设存在的矛盾问题11条，协调区财政落实经费近百万元用于规范化建设。全年计划完成的20个镇街建设任务已全部完成，在年底警备区基层武装部规范化达标建设考评中，3个参考单位全部被评为“一级达标”。

【征兵】 一是狠抓宣传激发热情。充分利用铜梁手机台、铜梁广播电视台、《铜梁日报》等载体，第一时间发布征兵信息、宣讲征兵政策、解答征兵疑问。扎实开展征兵进校园活动，分别到传媒学院、艺术工程学院、铜梁中学、职教中心等中高等学校组织开展国防教育、宣讲征兵政策、发放征兵宣传资料和检查兵役登记情况，收到较好效果。二是排除干扰精心选拔。严格按照国征办、市征办要求，经基层镇街党委推荐，坚持“三大原则”“六个优先”，一次性审定全部新兵人员，大学生比例达78%。对全区3名建卡贫困户子女，经本人意愿，优先安排进藏进疆服役。三是严守底线廉洁征兵。把廉洁征兵作为征兵工作的“保底工程”，与每名征兵工作人员签订《廉洁征兵责任书》，向应征青年发放《廉洁征兵监督卡》，自觉接受群众监督；严格落实事务公开制度，始终坚持“四公开”原则；跟踪了解廉洁征兵情况，严把大学生兵员、进藏进疆兵员等重点对象，由纪委牵头，严查地方纪委收到的反映、网上举报、退兵情况等重点问题，有效遏制征兵工作中可能出现的不正之风。

【专武干部队伍建设】 集中全区专武干部进行为期7天的集训，分兵役征集、民兵整组、应急处突、规范化建设四个专题展开，突出基本职能，围绕工作任务，学理论、教方法、练程序，组织编印《国防动员法规汇编》《专职人民武装干部、基干民兵连（排长）训练教材》《人武工作常识汇编》。结合开展主题教育，围绕专武干部队伍建设存在的矛盾问题，部党委成员分片到部分镇（街道）、村（社区）及民兵营连实地调研，区分党政领导、专武干部、民兵骨干等不同层面，召开座谈交流会，面对面听取建议，组织问卷调查，切实掌握专武干部现实困难，着力解决专武干部队伍结构优化、能力素质提升、进出渠道畅通等问题。

【党风廉政建设】 突出抓好习近平总书记系列重要讲话精神特别是关于党风廉政建设工作重要论述、《习近平关于严明党的纪律和规矩论述摘编》学习教育，常态开展党纪党规教育，通过观看《铁纪强军》和《忏悔与警示》警示教育片，深查知敬畏、存戒惧、守底线的差距不足，坚持从政治上认识和对待作风问题，始终把“八项规定”“十项规定”作为统班子、带部队的钢规铁律，不断强化纪律观念，有效遏制防范违规违纪问题发生。聚焦政治纪律政治规矩和贯彻落实军委主席负责制，彻底肃清流毒，多维度揭批反思、全方位清查清理、深层次挖根除弊。

（区人武部　谢佳岑）

人民防空

【概况】 全年结合国家防灾减灾日、“6·5”重庆大轰炸纪念日、“12·4”宪法日等重要时间节点，深入学校、社区开展宣传活动10余次，发放各类宣传资料5000余份；自建、联建人防疏散基地7个，新增6.5万人疏散安置能力；新增报警器2台，全区拥有报警器19台，成功保障“6·5”防空警报试鸣放活动；组织通信、运输、抢险抢修、防化防疫、伪装设障专业训练，培训人数100余人次；严格人防易地建设费征收管理，收取人防易地建设费3910万余元；参加市人防系统干部职工业务知识比武竞赛，取得团体第二名；协同区人武部，组织参与“渝动·人防”——2019重庆人民防空演习；被市人防办授予2019年度人民防空指挥通信综合运用先进单位称号。

（区住房城乡建委　李旭波）

经济

工业

综述

【概况】 2019年，全区有338家规模工业企业（其中，新升规模工业企业33家，新增大型企业1家），实现累计产值562.8亿元，同比增长13.8%。工业投资达到107亿元，增速22.9%。全年规上工业增加值243.46亿元，增速10.2%。其中，规模以上电子信息产业增速迅猛，实现产值72.3亿元，同比增长43.9%。

全区用气量11533.97万立方米，增长6.4%，其中工业用气量3603.61万立方米，增长17.8%；全区用电量19.19亿千瓦·时，同比增长4.82%，其中工业用电量11.33亿千瓦·时，同比增长4.33%。

【新兴业态发展】 2019年，98家规上工业企业中“两新”实现产值233.12亿元、增长18.1%。“战新”（战略性新兴产业）企业共有48家，实现产值74.78亿元、增长17.6%，占规上工业企业产值的13.3%，高于规上工业企业产值增速3.8个百分点；规上工业企业中高新技术企业共有73家，实现产值201.12亿元、增长18.88%，占规上工业企业产值的35.7%；数字经济规模工业企业47家，实现产值139.5亿元，同比增长30%，高于全区规上工业企业产值增速16.2个百分点。

【支柱行业发展】 全区338家规上工业企业中，轨道交通、汽车零部件、新能源新材料、生态农产品、大健康、智能制造六大产业集群支柱企业共有88家，占全区规上工业企业的26.11%，实现产值179.9亿元，占全区规上工业企业产值的31.88%；增长20.14%，高于规上工业企业产值增速11.83个百分点。

【工业招商投资】 全区坚持精准专业招商，年内引进工业项目73个、总投资424亿元。重点产业投资方面：一是小米生态链产业，云丁和闪蜂实现投产；新引进小米生态链项目3个，全力打造小米公社和体验园。二是中建材三新产业，中建材（铜梁）三新产业园规划设计已全面启动，5.0中性硼硅药玻产业园已开工建设，8.5代TFT-LCD玻璃基板生产等领域合作项目进入深入洽谈阶段。三是智能制造产业，京东云智能制造产业基地签约入驻中小企业22家，基地扩建项目已启动；壹壹光学、杰尔科技等项目已投产，实现了集群化发展。

【绿色发展】 全面开展工业企业环保突出问题大排查大整治专项行动，对全区28个镇街共计866家企业进行了排查(不含园区企业，不含个体工商户)，关停企业675家。开展电镀行业企业落后产能核查，清理出电镀行业企业14家；开展火电、钢铁、有色金属冶炼、水泥、平板玻璃等重污染企业排查工作；牵头推进孔家河河长制工作，组织区级巡河6次，召开河长制工作部署会议2次，发现问题15个，均已整改完成。重庆天齐锂业有限责任公司被认定为市级绿色工厂。

【营商环境】 **深入推进"解七难"** 建立民营经济"解七难"专班，强化企业反映困难问题跟踪问效。全年共收集企业反映困难问题639件，全部办结；新收集困难问题74件，已办结66件，办结率89.2%。

落实减负政策 做好降低社会保险扶持政策落实，为49家困难企业办理社会保险降费，180家小微企业办理社保降基手续；全面落实直供电交易试点相关政策，全区共176家企业纳入直供电交易试点，年度新增48家，年内纳入直供电交易电量约6亿千瓦时，为企业降低用电成本约4800万元；大力推进降低部分企业用电成本专项政策落实，全区36家企业获得市级核准，获得电费退费约1899.4万元，其中重庆庆兰实业有限公司享受了500万余元的电费退费；铜梁区成功纳入重庆中小企业商业价值信用贷款改革试点区县，注入500万元资金，拓宽了企业融资渠道。

做好人才培训 组织新美鱼、伟鼎电子、业成科技3家企业的负责人报名参加2019—2020年中小企业经营管理领军人才培训；邀请市级相关部门专家开展工业企业扶持政策专题培训，共培训320人次。

帮助企业开展对外合作 组织企业参加2019 Navigate领航者峰会、第二届西洽会、第九届汽车技术展览、第二届中国国际智能产业博览会；成功为新申新材料、英力电子、盈达橡塑等企业导入京东方、惠科等采购体系。

【安全稳定】 认真履行"一岗双责"，严格落实行业监管责任、压实镇街属地责任，扎实开展岁末年初和重点时段期间CNG加气站、民爆等重点行业安全生产专项整治、春节期间经信领域消防安全专项行动、食盐专营执法专项检查、高温汛期大排查大整治大执法行动、迎大庆保平安专项整治、特殊用气场所专项检查等专项行动，严格安全监管执法，全年共开展安全检查48家次，查找隐患86处，督促完成整改86处，整改率100%。接待来访群众133人次，重点牵头或参与协调了原铜郭水泥厂、共和水泥公司、天青锶化公司、原铜梁玻璃厂、涉军群体、铜梁华琦化工公司等信访问题。深入开展扫黑除恶专项斗争和电力、燃气、油气领域漠视侵害群众利益问题专项行动，召开专题部署会、问题梳理会等会议32次，收集电力、燃气、油气行业等各类问题共计5大类67项，均已完成整改。

【政策扶持】 **区级资金** 经区第十七届人民政府第20次区长办公会议审定，2019年安排专项资金2903.84万元，对智能化改造、领军企业和明星企业、功勋企业家等予以奖补；同时组织开展"民营十条"等区级项目申报、审核，企业预计可获得区级智能化改造等方面的奖补资金4454.85万元。

市级资金 2019年，区经济信息委充分发挥解决企业"政策落地难"专班的作用，加大政策宣传力度，积极储备、包装工业项目，加强与上级部门沟通，做好项目申报指导，全年共争取重庆市工业和信息化专项资金、重庆市企业研发准备金补助资金、重庆市中小微企业发展专项资金等上级资金3611.1万元。

【创新驱动】 **企业技术中心认定** 2019年，重庆天齐锂业有限责任公司、重庆普利特新材料有限公司、重庆新美鱼博洋铝业有限公司、重庆金阿新型建材有限公司、重庆市威诺华光电科技有限公司、重庆君卓机械有限公司、重庆传动轴股份有限公司、重庆恒勃滤清器有限公司、重庆川普机械有限公司9家企业被新认定为市级企业技术中心，全区市级企业技术中心累计达到24家；重庆宏雷机械制造有限公司、重庆市商顺换热设备有限公司、重庆重变电器有限责任公司3家企业获评重庆市中小企业技术研发中心，区内市级中小企业技术研发中心总量达到7家。

技术改造 重庆欣雨压力容器制造有限责任公司、重庆重变电器有限责任公司、重庆威斯特电梯有限公司被认定为2019年重庆市技术创新示范企业；重庆精鸿益科技有限公司"冲压件与压铸件生产数字化车间"被认定为2019年第一批重庆市数字化车间，重庆普利特新材料有限公司"汽车用高性能环保型塑料复合材料生产智能工厂"被认定为2019年第一批重庆市智能工厂。年内全区完成备案技改125个，项目总投资38.75亿元；全区重点技术改造项目64个，计划总投资22.27亿元；认定智能化项目59个，计划总投资6.33亿元；重庆新民康科技有限公司等企业的36个项目成功纳入重庆市技术创新指导性项目推荐目录；重庆新红旗缸盖制造有限公司等79家企业通过2019年市经济信息委研发准备金网上备案初审，计提研发准备金6.23亿元；重庆欣雨压力容器制造有限责任公司等14家企业通过2018年度重庆市企业研发准备金补助资金项目市级审核，获得市级补助资金249万元，全区工业企业创新能力进一步增强。

机械制造业

【概况】 全区规上工业企业中机械制造类企业共有144家，从业人数25731人，实现产值292.93亿元，同比增长13%，占全部规上企业产值的52.05%。其中汽摩零部件企业83家，实现产值182.38亿元，同比增长15.76%，占全部规上企业产值的32.41%。汽摩企业主要生产汽车刹车鼓、内外饰、离合器、缸盖、摩托车弹簧、阀门、轴承套、刹车鼓等。通机装备类企业61家，主要生产发电机、内燃机、农业机械、环境设备、矿山机械设备、水泵、医疗设备等，2019年实现产值110.56亿元，同比增长8.73%。

【重点骨干企业】 **重庆庆兰实业有限公司** 成立于1992年，是一家专注于汽车底盘系统和动力系统关键零部件研发、生产的企业。产品主要有制动盘、转向节、轮毂、链轮、柔性飞轮盘、齿毂、差速器等。铜梁生产基地占地面积33.33公顷。2017年就成功入选重庆市100户成长型工业企业。

重庆新民康科技有限公司 创建于2013年5月，注册资金4000万元（中方2000万元，住友2000万元），建筑面积7.1万多平方米，拥有员工2000余名，150多名技术研发和工艺设计人员，是具有汽车整车线束和发动机线束、新能源高压线束的设计与生产的工厂。2015年12月投产以来，已有8项实用新型专利，2019年达到年产值10亿元。公司2017年与日本住友电装、住友电工株式会社三方签订合作协议。中日合资公司以铜梁工厂为基地，打造中国西南地区最大最强的线束制造企业。

重庆威斯特电梯有限公司 成立于1996年，主要业务为研发和制造各类垂直电梯、自动扶梯、自动人行道、自动停车库系统等系列产品及配件。厂区面积4万平方米，总投资逾5亿元。拥有16个销售分公司及办事处、56家销售代理机构和与之相匹配的全覆盖售后服务机构。公司是中国西部地区最大的电扶梯整机制造企业之一，先后荣获中国"驰名商标"、国家级"守合同重信用企业""A级纳税企业""重庆市高新技术企业"、重庆"龙乡质量奖""重庆名牌产品""重庆市著名商标"等一系列荣誉称号。

新型材料业

【概况】 2019年全区新型材料业规上工业企业68家，从业人数8570人，实现产值105.41亿元，同比增长7.78%，占全部规上企业产值的18.73%，拉动规上企业产值增长1.55个百分点，对规上企业产值增长贡献率为10.33%。主要生产环保塑材、干法水泥、塑料管道、保温砌块等。

【重点骨干企业】 重庆普利特新材料有限公司 成立于2011年12月，注册资金2亿元，占地面积8.67公顷，是上海普利特复合材料股份有限公司在西南地区投资的唯一一家全资子公司。主要从事汽车用高性能塑料复合材料的研发、生产、销售和服务，拥有88项授权专利，其中授权发明专利84项，实用新型专利4项；正在申请发明专利166项，1个商标许可。2018年，"普利特"牌在西南地区国内市场占有率达9.6%，位居西南地区改性行业第二名，产品和技术处于国内领先、国际先进水平。

重庆新美鱼博洋铝业公司 位于重庆市铜梁区高新技术产业园区金山大道9号，成立于2003年，注册资金为2亿元人民币，占地18.67公顷，拥有年产15万吨铝合金型材和3万吨塑钢型材的生产能力，是西南地区大型铝合金型材和塑钢型材生产基地。在职员工500余名，专兼职研发人员90余名，中高级工程技术管理人员24名。拥有专利54项，发明专利5项，实用新型专利27项，外观设计专利22项。主要产品有八大铝合金系列：高档智能系统门窗系列、全铝家居系列、军民融合系列型材、新能源汽车系列型材、建筑用铝模板系列型材、工业流水线及幕墙系列型材、轨道交通系列型材、船舶及石油钻井平台系列型材；塑钢型材系列产品：60、80、88推拉门窗系列、60、65内外平开门窗系列、双色共剂型材和彩色系列型材。

重庆天齐锂业有限责任公司 成立于2017年2月，注册资本17859.84万元，占地面积约2.8公顷，有员工180余人，是一家从事电池级金属锂带、锂片、锂粒、锂砂等锂型材产品以及金属锂锭、锂合金及其相关产品的研发、生产和销售为一体的有色金属冶炼企业，是天齐锂业打造金属锂产品"规模全球第一、技术全球领先、业务全球覆盖"的主要生产基地。具备进行规模化生产的能力，有金属锂产能600吨/年。拥有专利57项，其中发明专利9项，实用新型专利44项，外观设计4项，通过技术创新，已开发出电池级金属锂带、锂片、锂粒、锂砂等锂型材产品以及金属锂锭、锂合金及其相关产品10余个。

（区经信委　孔洁莲）

电力工业

【概况】 全区共有民营小型水电站25处，其中正常运行的19处电站装机总容量为62510千瓦，设计年发电量32652万度，2019年实际发电量30515万度。

年内，完成安居水电站、高坑水电站增效扩容改造工程。安居水电站增效扩容改造工程投资8138万元，装机容量由3万KW扩容至3.6万KW，设计年发电量18129万KW·h，增效23.2%。高坑水电站增效扩容改造工程投资1828.54万元，装机容量由4060KW扩容至4600KW，设计年发电量2293万KW·h，增效20.8%。

（区水利局　杨鹏博）

电子信息业

【概况】 2019年，全区规上工业企业中，电子信息企业38家，从业人数7285人，实现产值72.3亿元，同比增长43.9%，主要生产智能门锁、计算机、键盘塑料机构件和小五金等零部件。重点企业包括：鹿享家科技、英力电子、成田科技、精鸿益、嘉技科技等。

【重点骨干企业】 英力电子科技（重庆）有限公司 隶属于英力集团，位于重庆市铜梁区工业园区龙庆路11号，工厂占地面积6.58公顷，于2011年注册，2014年1月正式投产，是一家从事笔记本电脑塑胶件开模、成型、喷漆、溅镀、组立一站式服务的企业。主要经营笔记本电脑和手机等3C消费类电子产品的机构零部件的研发、设计、制造和产品的表面处理。

重庆精鸿益科技有限公司 成立于2017年9月,厂房租用面积为7000平方米,新厂房在建面积约50000平方米。主要研发、生产、加工、销售电脑配件、手机配件、汽车配件等,2019年通过高新企业技术认定并取得证书。

云丁科技 云丁科技智能安防设备产业园项目在2018年8月重庆首届智博会上签约落户铜梁高新区,是第一家落户铜梁的小米生态链企业。于2019年4月正式投产。旗下发展拥有鹿客(Loock)、云丁两大品牌,分别针对家用市场和公寓市场。其中鹿客(Loock)品牌拥有Touch(指纹锁)、Number(密码锁)、Monitor(门窗传感器)、Bell(门铃)等多款智能家居安防产品;云丁品牌拥有公寓智能门锁、智能电表、智能水表等产品及公寓智能化管理SaaS服务等。云丁安装交付团队覆盖全国40多个城市和地区,合作品牌公寓超过400家,在公寓行业智能门锁领域,市场份额超过60%。云丁科技的落户,加强了与小米生态链的企业合作,规划建设了小米智能制造产业园。该产业园位于铜梁区产业大道两侧,总规划面积200公顷,重点引进小米生态链及其配套企业,2019年已落户小米生态链企业3家。

其他工业企业

【概况】 全区规上工业企业中,三大主导产业企业外其他企业94家,从业人数9962人,实现产值86.98亿元,同比增长1.58%,占全部规上企业产值的15.45%,拉动规上企业产值增长0.28个百分点,对规上企业产值增长贡献率为1.84%。主要涉及食品、粮油、皮鞋、医药、煤炭、纺织等行业。

【重点骨干企业】 **重庆华丰迪杰特印刷材料有限公司** 成立于2008年7月16日,注册资金5000万元人民币,属于民营有限责任公司(法人独资),隶属于重庆华丰印刷材料有限公司。有员工235人,管理人员21人,专业从事高新技术产品研究与试验开发的有43人。公司是一家专业从事数字印刷用PS版、CTCP版、CTP版的研发、生产及销售的高新技术企业,是全国前三的数字印刷版生产商。公司先后完成42个研发项目,成功转化100余项科研成果。

重庆安碧捷科技股份有限公司 属于国家级高新技术企业、全国中小企业股份转让系统挂牌上市企业。主营业务为医疗器械及相关数字医疗服务产品的研发、生产和销售,专注于医疗超声耗材和“医学影像+互联网”技术服务及其平台建设,是国内最大、技术最先进的医用超声耦合剂供应商和互联网远程医疗影像技术服务提供商,同时是重庆市委市政府重点扶持的10家龙头医疗器械企业之一。注册资本4200万元,总资产1.4亿元。拥有国家知识产权局专利授权的发明专利3项,实用新型专利16项,外观专利1项,引进和授权使用发明专利2项,软件著作权17项。2013年底,安碧捷作为重点招商引资企业正式落地重庆市铜梁高新区。2015年,占地近6.67公顷、建筑面积达6万余平方米的安碧捷铜梁园区建成并投入使用。

工业名优产品

【概况】 重庆重变电器有限责任公司、重庆市威诺华光电科技有限公司、重庆市铜梁区沪华五金电子有限公司、重庆赛维药业有限公司、重庆天路电力设备有限公司、重庆川普机械有限公司、重庆庆兰实业有限公司、重庆瑞鑫科五金制品有限公司、重庆新民康科技有限公司、重庆新申世纪新材料科技有限公司10家企业获评铜梁区2018年度明星工业企业(2019年评选)。

2019年,“新型环保高强度铝合金模板型材(6061-T6)”等6个产品获评2018年度重庆市重大新产品。

2018年度重庆市铜梁区重大新产品名单(2019年认定)

序号	产品名称	企业名称	行业	专利名称(布图设计名称)
1	新型环保高强度铝合金模板型材(6061-T6)	重庆新美鱼博洋铝业有限公司	材料	一种工业用铝材成型装置
2	聚羧酸系高性能减水剂	重庆石博士新材料有限公司	化工	—
3	汽车调角器组件及总成(R111、D50、S3L、F507、R103-17)	重庆君卓机械有限公司	汽车摩托车	—
4	汽车中置解锁滑轨及组件(R111、V301、D50、F507、FE-7A)	重庆君卓机械有限公司	汽车摩托车	—
5	WAK客梯	重庆威斯特电梯有限公司	装备制造	一种无线电梯乘客安全管理系统
6	126A飞轮减震器(齿轮飞轮减震器 1005100F0004)	重庆长安离合器制造有限公司	汽车摩托车	—

(经信委　孔洁莲)

重庆铜梁高新技术产业开发区

【概况】 重庆铜梁高新技术产业开发区，简称铜梁高新区，前身为重庆铜梁工业园区，是重庆市政府2002年批准成立的16个首批省级特色工业园区之一，2016年6月经重庆市政府批准成为市级高新区。2017年12月，国家级高新区"以升促建"工作顺利通过科技部专家组调研评审，2019年已进入批复程序。

铜梁高新区规划面积50平方千米，经过17年发展，已开发面积近20平方千米。园区投产企业达498家，规上企业216家。拥有高新技术企业84家，科技型企业242家，世界500强企业4家，市级重点新产品和高新技术产品230件。2019年规上工业总产值463亿元。

铜梁高新区风貌（高新区管委会　供图）

【主要工作】 **重点项目推进有序**　一是健全工作机制。对在建项目实行清单化管理，明确时间节点，挂图作战、打表推进，倒逼进度。对新引进项目实行"1+3"责任落实制度，每个项目均明确一名责任领导、一名部室负责人和一名服务专员，并签订责任书，跟班推进。对新开工项目严格"四同步、四到场"工作机制，主要领导、责任领导全部深入一线，靠前指挥，加强重点项目现场督办，全力推动项目早投产、早见效。二是强化落地服务。主动加强与各专业招商小组联络，及时反馈项目落地过程中的问题。

主导产业加快聚集　实施技术改造项目67个，投资27.23亿元，建成了重庆市智能终端特设产业建设基地。高新区共有入驻企业498家，其中以鹿享家、杰尔科技为代表的智能制造类企业46家，占入驻企业总数的9.5%；以庆兰实业、南雁实业、新红旗缸盖等为代表的汽车零部件类企业92家，占入驻企业总数的20%；以天齐锂业、澳博铝业、普利特新能源新材料等为代表的新型材料类企业78家，占入驻企业总数的17%；以欣雨压力容器为代表的装备制造产业企业91家，占入驻企业总数的20%。汽车零部件、智能制造、新能源新材料、先进装备制造四大主导产业占总入驻企业总数的66%；以中车为代表的轨道交通装备制造企业2家；以益星食品为代表的生态农产品加工企业5家；以安碧捷科技、和平药业为代表的大健康企业7家。

铜梁高新区产业加速发展 （高新区管委会 供图）

招商引资全面发力 一是创新招商模式。深化对外合作，与广州开发区签订战略合作框架协议，共同成立合资公司和产业基金，共建广铜"一带一路"高新技术产业合作区。二是健全招商机制。制定了《信息捕捉方案》《运行管理方案》《招大引强优链专项方案》。三是推进市场化招商。组织赴上海、广州、深圳、沈阳、天津等地考察12次，拜访前海首润、奈电科技、高金实业、生隆纤维等企业30余家，签订战略合作协议2个，捕捉项目信息79条。

发展规划日臻完善 一是编制50平方千米的空间发展规划。结合新一轮铜梁城市总规空间布局，编制铜梁高新区概念性总体规划近50平方千米和近期开发建设10平方千米深度"控规"编制。二是做好高新区拓区筹备工作。结合新一轮国土空间规划修编，积极对接市级有关部门，做好将高新区管辖范围由11.6平方千米调整为29.17平方千米，将大庙园区、旧县片区作为高新区组团进行拓区报批。三是加快产业集中布局。开展产业规划编制工作，继续做优做强高端汽车零部件功能性产业基地、新能源新材料产业基地、大健康产业、智能制造硬件基地等产业平台，差异化推进大庙园区和旧县片区建设，形成布局合理、特色突出、错位发展、功能协调的发展格局。

服务企业有质有效 一是简化审批流程。配合区市民服务和营商环境促进中心，推行承诺制信任审批。二是强化"专员制度"。规范完善企业服务专员工作流程，建立企业服务专员评价制度，组织企业定期评价专员服务质量效率。完善专员培训制度，每月定期开展1～2次业务培训，做到政策流程"一口清"。三是优化服务机制。认真落实区委区政府服务民营企业"解七难"工作要求，深化集中走访精准服务民营企业活动。

基础保障更加坚实 一是加强安全生产专项整治工作。结合年度检查计划，开展易燃易爆危险品场所、危险化学品、高温汛期、消防检查等专项整治工作，全面排查安全隐患，目前排查问题整改率达到98.7%。二是加强环保问题整改工作。围绕中央环保督察交办问题整改任务，重点开展了园区污水处理设施专项整治、偷排漏排污水专项整治，排污口位置清查专项行动以及臭氧治理专项行动。三是加强信访稳定工作。通过建立风险排查滚动台账，研究制定排风险保稳定个体方案等方式，有效防范化解各类风险矛盾30余起，全年无一例进京、到市、到区集访、非正常上访和群体性事件发生。

队伍建设持续向好 一是扎实开展"不忘初心、牢记使命"主题教育。集中组织开展专题学习研讨10次，班子和班子成员检视整改问题100余条。二是加速理顺体制机制。按照"扁平化管理、企业化运作"的思路，完成了机构改革任务，设置"六部(室)一中心"。三是强化干部执行力建设。组织开展解放思想大讨论，鼓励干部职工解放思想大胆干、精准发力科学干、善于斗争有效干、创先争优比着干，以思想大解放引领发展大突破，队伍活力明显增强。

科技创新深入推进创建国家级高新区 一是积极招才引智。实施"高层次创新创业人才引育计划”，组织企业赴深圳、天津、武汉、吉林参加人才招聘大会和重庆“博士渝行周”等引才活动。积极加强对外宣传推介，制定了高新区门户网站及公众号建设方案，联合区融媒体中心制作了《高新区招商引资宣传片》。二是广搭创新平台。深化“校企合作”，推动北京科技大学与高新区企业完成科技成果转化40项；推动和泰润佳与重庆工商大学的合作开展高分子膜材料技术研究；促成融通环保与重庆工商大学环境与资源学院共建大气污染控制工程技术中心；推进普利特、和泰润佳和重变电器等6家企业申报区级企业工程技术研究中心。三是加强创新主体培育。新增重庆红旗金龙弹簧有限公司、重庆众达表面处理有限公司等50家科技型企业，高新区科技型企业达到242家；新增新美鱼、和泰润佳、精鸿益、安碧捷等10家高新技术企业。

（高新区管委会　王成承）

铜梁高新区2019年重点建设项目表

序号	项目名称	建设地点	建设性质	建设规模及主要建设内容	建设工期	总投资（万元）	2019年建设内容	2019年计划投资（万元）
1	重庆红岩方大汽车悬架有限公司汽车零部件生产项目	东城街道	新建	占地150亩，建设汽车空气悬架及零部件项目厂房及配套设施	2019.07-2021.06	45000	完成工程量的30%	20000
2	重庆精宜新材料有限公司3D打印墙面生产项目	东城街道	新建	占地53亩，建设3D打印墙面生产厂房及配套设施	2019.06—2020.05	40000	完成主体工程量的70%	30000
3	重庆泰美自动化科技有限公司智能设备生产项目	蒲吕街道	新建	占地32亩，建设智能设备生产线厂房及配套设施	2019.06—2020.12	15000	完成工程量的40%	10000
4	云丁网络技术(北京)有限公司智能锁生产项目	高新区	新建	占地200亩，建设智能安防设备产业园厂房及配套设施	2019.07—2021.06	100000	开工建设	50000
5	成都融汇环保科技有限公司污水处理设施项目	蒲吕街道	新建	占地10亩，建设污水处理设备项目生产厂房及配套设施	2019.05—2020.04	10000	完成工程量的60%	8000
6	重庆壹壹光学科技有限公司手机3D盖板及结构件生产项目	龙云路16号	新建	占地120亩，建设手机零部件线厂房和配套设施	2019.08—2021.06	100000	租赁原凯展厂房生产，对原凯展未建设部分开工建设。	55000
7	重庆翰邦汽车配件有限公司汽车零部件生产项目	东城街道祝英南路	新建	占地38亩，建设汽车音响和汽车气囊配件生产厂房及配套设施	2019.09—2020.12	18000	完成工程量的40%	10000

续表

序号	项目名称	建设地点	建设性质	建设规模及主要建设内容	建设工期	总投资(万元)	2019年建设内容	2019年计划投资(万元)
8	重庆京东云智能制造产业基地	东城街道	续建	占地140亩,建设标准厂房	2018.08—2019.12	60000	主体工程竣工	50000
9	重庆安创材料科技有限公司汽车零部件生产项目	东城街道	续建	占地90亩,建设汽车零部件项目生产厂房及配套设施	2018.10—2019.12	35000	主体工程竣工	30000
10	重庆格唯新材料科技有限公司专用色母生产项目	蒲吕街道	续建	占地100亩,建设电脑专用色母料项目生产厂房及配套设施	2018.12—2020.08	40000	完成工程量的40%	25000
11	杰尔精密电子(重庆)有限公司智能穿戴设备生产项目	东城街道	续建	占地120亩,建设智能穿戴设备项目生产厂房及配套设施	2018.05—2019.12	45000	竣工投产	45000
12	重庆天齐锂业有限责任公司金属锂生产项目(一期)	东城街道	续建	占地70亩,建设金属锂项目生产厂房及配套设施	2018.05—2019.12	25000	竣工投产	20000
13	重庆敏展汽车零部件有限公司汽车零部件生产项目	东城街道	续建	占地75亩,建设汽车塑料配件项目生产厂房及配套设施	2018.09—2020.12	25000	完成工程量的60%	20000
14	重庆百吉工谷实业有限公司台湾中小企业园标准厂房项目	东城街道	续建	占地60亩,建设标准厂房26000平方米	2018.09—2019.12	25000	主体工程竣工	20000
15	英力电子(重庆)科技有限公司智能终端代加工及显示器、手机结构件	蒲吕街道	续建	占地110亩,建设电脑、手机配件项目生产厂房及配套设施	2018.12—2020.12	40000	完成工程量的50%	36000
16	重庆智沐电子科技有限公司精密五金件生产项目	蒲吕街道	续建	占地100亩,建设精密五金件项目生产厂房及配套设施	2018.12—2020.12	20000	完成工程量的60%	17000
17	重庆市螺伞齿轮制造有限公司高精度风力发电齿轮生产项目	蒲吕街道	续建	占地50亩,建设高精度风力发电齿轮项目生产厂房及配套设施	2018.12—2020.12	15000	完成工程量的60%	12000

续表

序号	项目名称	建设地点	建设性质	建设规模及主要建设内容	建设工期	总投资(万元)	2019年建设内容	2019年计划投资(万元)
18	中车导轨电车组装基地建设项目	东城街道	续建	占地140亩,建设导轨电车生产基地厂房及配套设施	2018.05—2019.12	80000	10月底前主体工程竣工,12月首台“铜梁造”导轨电车下线	70000
19	重庆辣媳妇食品有限公司食品加工项目	东城街道	续建	占地60亩,建设食品深加工项目生产厂房及配套设施	2018.10—2020.12	50000	完成工程量的70%	35000
20	重庆澳洋铝业有限公司节能铝合金型材生产项目	蒲吕街道	续建	占地100亩,建设节能铝合金型材项目生产厂房及配套设施	2018.10—2019.12	35000	竣工投产	30000
21	重庆长江造型材料集团有限公司环保覆膜砂及再生砂生产项目	东城街道	续建	占地60亩,建设环保覆膜砂及再生砂项目生产厂房及配套设施	2018.05—2019.07	30000	竣工投产	20000
22	重庆朗基尔汽车零部件有限公司汽车零部件生产项目	东城街道	续建	占地40亩,建设汽车零部件项目生产厂房及配套设施	2018.10—2020.09	21000	完成主体80%	16000
23	重庆精鸿益实业有限公司电脑零部件生产项目	东城街道	续建	占地75亩,建设笔电配套项目生产厂房及配套设施	2018.05—2020.06	20000	主体工程竣工	15000
24	金莺铸造材料(重庆)有限公司环保覆膜砂生产项目	东城街道	续建	占地57亩,建设环保覆膜砂、铸造用砂项目生产厂房及配套设施	2018.02—2019.12	16000	竣工投产	10000
25	重庆楠洋管业有限公司聚乙烯管道生产项目	东城街道	续建	占地50亩,建设聚乙烯管道项目生产厂房及配套设施	2018.05—2019.12	15000	竣工投产	9000
26	重庆科东机械制造有限公司精密铸造生产项目	蒲吕街道	续建	占地24亩,建设精密铸造项目生产厂房及配套设施	2018.05—2019.12	15000	竣工投产	10000
27	重庆久祥机电有限公司电力配件生产项目	东城街道	续建	占地30亩,建设电力配件项目生产厂房及配套设施	2018.05—2019.12	12000	主体工程竣工	10000

续表

序号	项目名称	建设地点	建设性质	建设规模及主要建设内容	建设工期	总投资（万元）	2019年建设内容	2019年计划投资（万元）
28	重庆联富汽车配件有限公司汽车零部件生产项目	东城街道	续建	占地50亩，建设汽车紧固件项目生产厂房及配套设施	2018.03—2019.12	10000	竣工投产	8000
29	重庆伟欧科技发展有限公司汽车零部件生产项目	东城街道	续建	占地25亩，建设汽车内饰材料及零部件项目生产厂房及配套设施	2018.10—2019.12	10000	主体工程竣工	7000
30	重庆茂华科技有限公司智能水冷发电机项目	蒲吕街道	续建	占地30亩，建设智能水冷发电机项目生产厂房及配套设施	2017.08—2019.12	10000	主体工程竣工	8000
31	重庆成田科技有限公司	东城街道	新建	占地75亩，建设笔记本电脑配件生产项目生产厂房及配套设施	2019.05—2020.10	35000	完成工程量的50%	15000

重点国有企业

【重庆金龙城市建设投资有限公司】 **概况** 重庆市铜梁区金龙城市建设投资（集团）有限公司是区属重点国有企业，注册资本金4.75亿元（其中铜梁区国有资产经营管理中心出资4亿元，中国农发重点建设基金有限公司出资0.75亿元）。截至2019年底，公司总资产260亿元，净资产162亿元，信用等级AA。公司内设党群综合部、规划发展部、财务部、工程部、资产部5个部室，共有工作人员52人。领导班子配备董事长1人、总经理1人、监事会主席1人、副总经理3人。

公司拥有6家全资子公司和1家控股公司、2家参股公司。6家全资子公司是铜梁区保安服务有限公司、铜梁区金龙城市建设投资集团物业管理有限公司、铜梁区瑞程汽车租赁有限公司、重庆润文商贸有限责任公司、重庆鹏龙建筑安装工程有限公司、铜梁区利龙农业综合开发有限公司。1家控股公司是铜梁区兴农融资担保有限公司（注册资本金1.5亿元，公司占股90%，市兴农担保集团公司占股10%，公司委托41%股份由市兴农担保集团公司管理）。2家参股公司是重庆鹏龙股权投资基金管理有限公司（与绅鹏公司、深圳永耀基金公司共同投资成立）和重庆鹏龙股权投资基金合伙企业（有限合伙）。另根据区国有企业改革方案，铜梁区金穗基础设施建设投资有限公司作为公司子公司进行管理。

金龙城投公司全年实现主营收入59664.65万元，实现净利润57572.44万元（含财政补贴收入），完成税收26093.77万元。

党的建设 公司党委下设4个党支部，有正式党员30人。2019年新发展党员2人，培养入党积极分子2人。

投融资工作 全年成功推进融资项目16个，实现融资到位资金30.17亿元，完成全年目标任务的146%。一是拓展融资新模式。实现了以“停车位经营权有偿授予”为载体的项目融资；开通了上海证券交易所的融资渠道。在资本市场直接融资取得新突破，共取得45亿元的债券批文，成功发行10亿元额度的全区首支公司债。

二是严防债务风险。提前谋划还款资金来源，做好还本付息计划，到期还款率为100%。三是严控债务规模。合理调配和使用资金，减少资金沉淀和负债规模。至年底，公司资产负债率为37.6%。

重点项目建设 2019年负责代建全区学校、医院、国（省、县）道改建等工程项目23个，自有投资建设项目13个，全年完成项目投资81466.39万元。中医院迁建工程、北城小学、职教中心三期工程被列为区优质样板工程，市建委质监总站对中医院迁建工程建设给予好评。工读学校建设全面完工，完成公交站台106个，规范建设城区停车位5673个。全年未发生安全责任事故和质量责任事故。

资产经营管理 对经营性资产实行挂网公开招租，实现公开公平充分竞争。全年实现租金收入982万元。完成6宗23.65公顷、价值11.91亿元的土地置换解押，保障城区内土地市场化供应及高新区企业用地。公司总资产达到260亿元，同比增长7.4%，为开展AA+评级工作创造了内部条件。

推进转型改革 以集团公司股权投资经营为纽带，兼顾经济效益和社会效益，深化融资担保、保安及劳务派遣、商贸物流、物业、公务车租赁、城区停车场经营等业务发展，不断推进公司向实体化、市场化发展。兴农担保公司实现在保余额8.62亿元，审批使用应急周转资金11.06亿元，解决区内中小企业融资难、融资贵问题；保安公司为区内机关企事业单位提供保安及劳务派遣3000余人，还为马拉松比赛、龙灯艺术节等区内重大活动提供安保服务2000余人次；物业公司在为保障性住房提供物业服务的同时拓展了城区停车位经营业务；瑞程租赁公司在满足全区公务车改革后用车保障的同时，投资近2千万元解决城区及镇街环卫作业车不足的难题；润文公司为全区学校提供优质的采购和配送服务，确保了校园食品卫生安全。

（金龙城投公司 彭 强）

【重庆玄天湖旅游投资有限公司】 **概况** 重庆玄天湖旅游投资开发有限公司于2014年12月组建，注册资金5亿元。内设党群综合部、财务投资管理部（资产管理）、建设管理部、市场开发部和景区管理中心5个部门；有在册职工22人，其中领导5人，即党组织书记、董事长1名，总经理1名，党组织副书记、纪委书记、监事会主席1名，副总经理2名。

配套建设 度假区紧扣重庆国际健康小镇规划建设要求，加快景区配套工程项目建设管理工作，建成望山见水公园，玄天湖浮桥栈道及西郊民俗精品酒店和荷和原乡文创街、黄桷门农民新村，围绕“青山绿水就是金山银山”的生态发展理念，认真贯彻落实玄天湖河长制工作的部署要求。对玄天湖沿途的景点和边坡植被进行全面绿化、美化升级，景区新增垃圾桶120个、普通座椅80个、龙形椅2个、蝴蝶椅7个、树圈椅1个、垃圾收集箱8个，购置500L垃圾清运车3台，四箱体垃圾转运车1台，安装高清摄像头187个，智能广播86个。

对外影响 度假区先后吸引了中国作协、《中国摄影报》、中央电视台、新华网、人民网等几十家媒体发表报道文章近10000篇，有力提升了度假区的知名度和美誉度。并借助旅投公司网站、中国网、华龙网、抖音、西瓜小视频、航拍等进行网络宣传。还吸引了海内外代表团100余个1万人次，参观达2万余人次，积极打造重庆铜梁中华龙灯艺术节奇彩梦园展区和中华第一龙展演晚会以及重庆小姐大赛，吸引现场观众43000余人次，主流媒体点击量共超过8000万次，并且利用西郊七大产业转型的优势、特色，全力提升度假区品牌影响力和市场竞争力。

（玄天湖旅投公司 供稿）

【重庆安居古城华夏文化旅游发展有限公司】

重庆安居古城华夏文化旅游发展有限公司原名重庆安居古城保护开发有限公司，成立于2013年1月，是由区国资中心出资组建的国有独资公司，注册资本金1000万元；2015年7月，经区政府同意，注册资本金由1000万元变更为10000万元，正式更名为重庆安居古城华夏文化旅游发展有限公司。

内设五个部门，分别是党群综合部、规划建设部、市场运营部、财务资产部和内部审计部。董事长1人，总经理1人，监事会主席1人，副总经理4人，另有公司中层干部12人，各部门工作人员37人(含临聘5人，借调区国资中心1人)。

公司所属全资子公司2个，一是重庆安居古城旅游商品经营有限公司，注册资本为1000万元；二是重庆市铜梁区安居自来水有限公司。

公司全年投入各类资金约52408.53万元，其中建设项目投入28557.39万元，支付拆迁安置款、征收款5343.42万元，地票、土地款及相关税费支出243.69万元，经营性支出18264.03万元；景区接待游客280万人次，实现旅游综合收入13.8亿元。

景区建设 年内实施重点工程建设项目10个，其中区级重点项目4个，自建项目6个。区级重点项目中，铜梁导轨电车车辆组装基地及试验线建设项目(一期)于2018年10月开工，至2019年底基本完成导轨电车车辆组装基地(占地141.59亩)，到场3列电车零部件；铜梁安居国家湿地公园建设项目于5月开工，10月完工。该项目占地1400亩，完成湿地范围内原始植被恢复，2.1千米的内河梳理及自然驳岸恢复，建成条石道路1.6千米、卵石道路0.7千米、格栅道路1.3千米，碇步道路0.03千米和4个湿地生态池、2个公共服务厕所，于12月通过国家林业和草原局验收(林湿发〔2019〕119号)，正式成为“国家湿地公园”；安居古城消防中队建设项目于5月开工，至年底完成营房主体结构封顶；安居古城情景水街项目河岸及旧建筑排污工程4月开工，11月完工，该项目完成2.5千米污水主管建设、3千米条石挡墙砌筑、1.5千米河道内块石铺设，彻底解决后河沟污水直排现象。自建项目中，安居古城电力线路下地工程于2018年9月开工，2019年2月完工，完成约6.8千米电力安装建设；兴隆街公厕项目于9月开工，12月完工，该项目新建成占地约360平方米的AAA级旅游厕所1处；滨江路景观工程于2018年12月开工，至2019年底完成约1.4千米道路铺装及道路两旁绿化；安居古城兴隆街、后河街灯饰工程于7月开工，至年底完成约3千米灯饰建设，进一步实现景区亮化提档升级；情景水街片区三、四级管网及化粪池建设工程于5月开工，至年底完成1.8千米三级管网、2千米四级管网建设，新建化粪池88座；安居古城下紫云宫至黄家坝段挡墙项目于6月开工，11月完工，建设挡墙约300米、亲水道路约150米。

工程管理 公司实行全过程监管，落实安全生产责任制、“日周月”检查制度和“一金三制”制度，做到“四同步，四到场”，全年组织施工单位和监理单位召开安全会议、安全风险研判会12次，开展各类安全检查50余次。全年未发生一起安全生产责任事故。

商贸业态 公司坚持政府主导、企业主体、市场化发展的模式，全力打造“龙文化、生态、乡愁”三大品牌。针对景区民宿客栈、休闲娱乐等旅游必备业态匮乏的现状，由公司自主打造翰林山居、电影主题客栈、印记书吧、风物集市、迎龙门老茶馆等20余个特色业态；启动了筑水隐居家庭公寓酒店、安居渔府、黄家坝休闲中心等经营项目前期工作；推出“邂逅一天、还你千年”、糍粑香甜合家欢、板起板落话春秋等10个文化体验游项目；通过互联网平台，与全国各地商户合作，定制并新推出30余种符合潮流时尚的旅游商品。成功引进重庆艺术工程学院实践创作基地，协议引进四川美术学院写生基地、“食尚安居”文化非遗体验产业项目和专业精品民宿团队。

景区宣传 安居古城紧紧围绕“龙舞原乡、

大美铜梁”的宣传定位,以“龙文化、乡愁文化、古城文化”为中心,多形式、多渠道,广泛宣传“安居——一个安放乡愁的地方”的旅游概念。2019年成功举办一系列旅游节庆活动和推介宣传,进一步提升景区对外影响力和吸引力。于春节期间举办首届重庆铜梁中华龙灯艺术节(安居分会场)和安居古城翰林文化展演周活动;五一节举办“穿越时光安居古城文化节”;端午节举办“艾·爱在原乡”2019乡村音乐节;5至6月期间完成“晒文化·晒风景”大型文旅推介活动和《碧玉簪》短剧的取景拍摄;9月举办“古城古韵·诗意安居”第二届摄影大赛;9月5日接待来自全国60余家中央、省级重点新闻网站的记者开展“壮丽70周年 点赞山城之美——2019全国重点网络媒体记者重庆行”活动;中秋节举办安居古城第二届相思糍粑大赛;国庆节期间举办安居古城国风文化音乐节;11月12日接待来自美国、加拿大、印度尼西亚、尼泊尔等十多个国家和地区的全球旅行商。同时,建立与CCTV、人民网、新浪、大渝网、今日头条、《重庆商报》、携程网等媒体的长期合作机制,通过全方位的宣传营销,不断提升景区知晓度、美誉度。

(安居古城华夏文化旅游发展公司 供稿)

【重庆市铜梁区龙廷城市开发建设有限公司】

概况 公司成立于2015年7月,注册资本金3亿元,信用等级AA。配备董事长1人、总经理1人、监事会主席1人、副总经理2人,有在册职工24人。内设党群综合部、财务投资管理部、内部审计部、规划发展部、建设管理部和资产管理部等6个部室。下属有重庆诚迅城市建设开发有限公司、重庆市铜梁区龙泰建筑工程有限公司、重庆市铜梁区龙都水资源开发有限责任公司、重庆市铜梁区百丰农村土地整治有限公司、重庆市铜梁区建筑设计院5家子公司。主要负责淮远新区、龙城天街商圈、城区农贸市场、城市道路、公园等项目的开发建设及部分国有资产经营管理工作。

原乡中央公园 (龙廷公司 供图)

重点项目管理 一是原乡中央公园惊艳亮相。完成乔木栽植约3万株、绿化打造约60万平方米、广场铺装约15万平方米,建设市政道路约8千米、骑行道和步行道约20千米,人行桥梁4座、公厕10座,配套用房、沿河两侧夜景灯饰、导视系统及垃圾桶座椅等附属设施进一步完善。二是龙城天街商圈品质进一步提升。提质升级商圈绿化及踩板座椅等附属设施,商圈更加精致亮丽,完成喷泉改造及商圈楼宇灯饰建设,实现“水中龙、楼上舞”的特色灯饰联动效果,智慧商圈建设全面完工,市民休闲、娱乐、购物更加智能便捷。三是城市路网更加顺畅。原乡大道、铜昌路等城市主干路建成通车,打通龙飞路西段、白龙路西段、四季花城东路3条城市“断头路”,全面优化城区交通,龙腾大道延伸段、铜昌路、金川大道延伸段、南北大道等“五横五纵”骨干道路完成品质提升工程,改善了铜梁城市路网。四是民生设施更趋完善。市民服务和营商环境促进中心投用,金龙体育馆地下农贸市场、白土坝农贸市场开门营业,提供规范市场摊位约1000个,晏渡农贸市场建成,整治闲置土地约226.67公顷。

资产运营管理 2019年,龙廷公司总资产达到107亿元,增加资产约32亿元。成功取得房地产开发资质,金龙体育馆地下农贸市场、白土坝农贸市场整体招租运营，与重庆银行合作共建金融大厦营业点，经营收入约656万元。完成征地111.73公顷、房屋拆迁224户、土地报批63.73公顷，新增土地资产93.4公顷，公司名下土地资产达128.2公顷。整合匹配的重庆市铜梁区龙都水资源开发有限责任公司、重庆市铜梁区百丰农村土地整治有限公司、重庆市铜梁区建筑设计院3家子公司，对子公司资产逐一进行核对清点，实施统一规范化管理。顺利完成主体AA评级工作，积极推动非公开公司债券发行，顺利完成基金募集。

安全信访工作 以坚守安全稳定为底线，强化督查，压实工作责任，领导班子带队对在建项目施工现场督查62次，排查出安全环保隐患180余条，全部完成整改。全年欠薪案件零发生。年内接待来信来访10余次，成功处置项目建设纠纷4件，全年无集访群访事件发生。

（龙廷公司 供稿）

【重庆金庙实业有限公司】 公司于2015年8月成立（地址：大庙镇大兴街246号），2018年3月改革成为绅鹏公司子公司。主要负责辖区内工业、农业、城市和文化旅游等方面的市场化投资开发。内设党群综合部、财务资产部、规划发展部和建设管理部4个机构。领导3名（董事长兼总经理1名、监事长1名、副总经理1名），员工14名。公司总资产16.5亿元，负债8.3亿元，资产负债率50.3%，运行正常。

项目建设 完成建设项目有：金桂大道、金狮大道、电力廊道支路、金桂支路共计6.3千米的道路建成投用；日供水5000立方米自来水厂建成投用，并完成和场镇给水管网并网使用；日处理5000立方米的污水处理厂完工；电力排管、弱电管网、给排水管网、燃气管网跟随道路建设同步实施；46.67公顷平场已按企业用地需求全部完成；企业服务中心绿化施工完成；标准厂房完成招投标前期工作；园区入口处完成绿化景观打造，进一步提升园区形象，骨干道路绿化景观完成方案设计；完成大庙互通口改造工程前期工作。启动建设项目有：企业服务中心主体结构施工完成30%；中水回用及沿河污水管网完成40%。

投资完成进度 2019年公司计划投资2.51亿元，实际完成投资2.45亿元，完成投资计划的97.61%，重点项目均完成目标任务。

签约项目推进 园区年内签约落户企业15家，用地64.33公顷，总投资32.5亿元，达产后年产值58.85亿元，年税收1.65亿元。科达明博、锐霸科技、建新防水、新永阳铁塑、奥维特、昂佳科技等6个重点项目开工建设，其中科达明博等5个项目主体工程建设完工，昂佳科技进行基础工程施工；其余9个项目按进度正常推进。

资源要素保障 一是启动企业服务中心土地挂牌工作，保障重点项目顺利实施；二是完成土地勘界，协助5家开工建设企业准备土地挂牌前期手续，为入驻企业做好用地服务；三是协助入驻企业办理施工所需的水、电及临时道路等。

（金庙公司 供稿）

【铜梁区鹏程物资有限责任公司】 区鹏程物资公司为爆破器材销售公司，于2000年8月由原国有独资铜梁县物资总公司改制而成，注册资本金226万元，是铜梁区内专业从事民用爆破器材的销售、储存、运输，报废汽车的回收、销售和再生资源的回收与利用的综合性服务企业。内设综合管理部、供销业务部、配送运输部、安全保卫部，企业党工会组织建全。在册员工22人，其中专业技术人员13人，“双肩挑”管理和技术人员5人。

公司地址位于铜梁区巴川街道大北街209号，在蒲吕镇有占地约6000平方米的工业炸药库和工业雷管库一座，工业炸药储存能力25吨，工业雷管储存能力25万发。爆破器材专用运输车辆3台。年销售各类工业炸药1500余吨、各类工业雷管40万余发。年销售收入2000万元,上缴利税160万元。

经营服务 突出抓好党的建设、民爆物品销售、报废汽车回收、资产的经营管理四大重点;强化公司现代企业管理制度体系的建立和强化公司内部管理两项基础;确保安全事故“零”目标和信访、上访、集访“零”目标的工作思路开展工作。达到了强化公司闲置资产的经营,提高综合经营效益;拓展报废汽车和可再生资源回收再利用业务;办好市内合璧津高速公路建设、市域快线璧铜线建设、渝遂高速分流扩能建设、铜梁至安岳高速公路建设和中国石油集团东方地球物理勘探有限责任公司大庆物探一公司在区内重点工程及区内建材生产企业的民爆物资保供工作。

企业现代化管理 认真开展“不忘初心、牢记使命”主题教育。认真制定主题教育工作方案,坚持常态化、重创新、求实效,学做结合,扎实地开展学习,严格执行民主集中制和“三重一大”制度,把党风廉政建设责任落到实处,为公司发展提供强有力的纪律保障。定期和不定期开展安全知识的宣传教育培训,组织员工开展反恐、消防安全及应急救援演练,参加重庆市民爆行业管理部门的资质培训,并通过了安全评价。

(铜梁鹏程物资公司　张邦贵)

农 业

综述

【概况】 2019年1月10日，重庆市铜梁区农业和农村工作管理机构更名为中共重庆市铜梁区农业农村工作委员会、重庆市铜梁区农业农村委员会，内设机构11个：办公室、组织人事科、财务科、规划和产业发展科、政策法规科、扶贫开发综合科、扶贫开发项目科、农业综合建设科、农业品牌与农产品质量监督管理科、农村社会事业发展科、农业管理和行政审批科。直属参公事业单位有重庆市铜梁区乡村振兴服务中心（重庆市铜梁区农村合作经济经营管理站、重庆市铜梁区扶贫开发服务中心）、重庆市铜梁区农机安全监理站。其他事业单位有重庆市铜梁区农业技术推广服务中心、农业综合执法大队、水产技术推广站、农产品质量安全检测中心、农村能源与环境监测站、农业机械化技广技术服务站。年底有机关行政人员17人，参公人员20人，事业人员79人。

2019年，全区总农户23.32万户、总农业人口65.41万人，农村总劳动力39.78万人，其中：常年外出务工人员26.40万人。集体所有农用地总面积107634.59公顷，其中：耕地61872.67公顷，林地26915.06公顷，园地5704.27公顷，草地943公顷，养殖水面4916.73公顷，其他7282.86公顷。

全年粮食播种面积54586.66公顷（其中水稻27213.33公顷、玉米8480公顷、薯类11773.33公顷、豆类3146.67公顷、高粱473.33公顷、麦类86.67公顷、葫豌豆2413.33公顷、晚秋洋芋1000公顷），粮食产量达34.7万吨，比上年略减0.099万吨。油料作物播种面积7200公顷（其中花生866.67公顷、油菜6333.33公顷），总产量1.537万吨（其中花生0.165万吨，油菜1.372万吨）。蔬菜种植面积22866.67公顷，蔬菜产量达到72.6万吨。果树种植面积6946.67公顷，产量10.7万吨，产值4.15亿元。中药材类种植面积1443.33公顷，其中艾草666.67公顷。全区实现农业总产值72.67亿元，增长13.8%；农业增加值49.15亿元，增长2.5%；农村常住居民人均可支配收入达到19690元，增长9.7%。

【发展新型农村集体经济】 **确立新型农村集体经济“六要”发展路径** 一是向闲置土地要集体经济。全区28个镇（街道）利用荒山荒坡1333公顷，发展花椒306.67公顷，艾草400公顷，特色经果466.67公顷，中药材160公顷。二是向闲置产业要集体经济。对全区以前发展的撑绿竹、茶叶、桑树、花椒等低效闲置产业，进行整合、改造、提升，增加集体收入90万元。三是向已流转土地要集体经济。通过财政补助资金股权化改革，7520户农户已流转土地1666.67公顷，实行股份制合作，集体、农户按股分红，建立起业主、集体、农户的利益联合机制。四是向农村电商要集体经济。全区28个镇（街道）278个村建立“爱在农乡”电商店，把分散的农特产品实行统一包装、统一品牌、统一渠道、统一销售，实现销售收入300万余元。五是向产业融合发展要集体经济。全区新发展农产品加工企业3个、农产品保鲜贮藏库5个、接待中心1个，增加集体收入120万元。六是向大户带散户要集体经济。依托有实力的经济主体，成立专业协会、专业合作社等，由大户负责统一标准、提供技术、联系市场或协议价收购，村集体负责信息传递、劳务组织、仓储运输等有偿服务，散户具体抓生产管理，三者形成利益共同体，实现抱团发展，建立利益共享、风险共担机制。全区实现村社集体经济总收入1239万元，其中实现经营收入5万元以上的村84个。

推动项目实施抓发展 一是强化项目规划。全年各镇村因地制宜规划实施集体经济项目315个，现已实施完成183个。旧县街道动员各村(社区)利用闲置土地种植"广西老南瓜"60多公顷，每村3公顷以上，村均集体经济收入达5万元以上；土桥镇高垭村购置水稻收割机、推土机、运输车辆等农业生产设备，修建烘干房，为本镇、村农户实施农业生产服务，利用农户闲置土地种植水稻26.67公顷，实现村级集体经济收入70万元，年终将盈利的60%分配到全村各户。二是强化项目保障。积极整合上级、本级财政资金4000万元，支持各镇(街道)发展农村集体经济项目62个，引导社会资金2500万元投入集体经济发展；三是切实加强发展新型农村集体经济人才队伍建设，全区333个村(社区)均配备了电商人才和本土人才。

突出利益联结抓发展 一是建立"企业+村集体+农户"模式。村集体以资产、项目入股，农户以土地入股企业，农户在保底收入的基础上，对经营收入按一定比例分红。二是建立"合作社(村集体)+农户"模式。如巴川街道盘龙村养蜂专业合作社发展成员60余户，共发展蜂蜜800余桶；少云镇以真艾农业有限公司为龙头，带动3个村农户种植艾草；小林镇鱼龙村生态猪养殖专业合作社发展成员424户；虎峰镇回龙村130余户农户主动申请以土地入股合作社，发展特色经果种植。全区村(社区)集体经济收入达2536万元，其中实现经营收入5万元以上的村167个。全区198个"空壳村"全部实现"脱壳"。

【农村改革】 2019年农业农村改革专项小组共有12项重点改革任务，其中承接中央、市委改革任务6项，已完成4项，推进阶段2项；承接区委改革任务6项，已完成5项，持续推进1项。农业农村改革助推乡村振兴。当年选择3个有条件的村扩大试点范围，48个村获得财政资金1950万元用于发展壮大集体经济，稳步推进"三社融合""三权分置"等农村改革。全区共清理农村集体资产总额22.44亿元，其中经营性资产3.49亿元，集体土地面积110306.66公顷。全区确认农村集体经济组织成员693435人，经营性资产3.49亿元，量化折股655658股，填写股权证21万本。各村全覆盖建立股份经济合作联合社，已有173个集体经济组织进行登记赋码，雕刻公章，在商业银行登记开户。全区共盘活利用闲置土地2000公顷，村社年集体经济收入达2000万元以上，农村集体经济组织"空壳村"198个全部消除。继续在巴川街道玉皇村、南城街道黄桷门村、土桥镇六赢村、石鱼镇兴发村、太平镇坪漆村进行农村综合性改革试点工作，五个项目实施单位拟定了农村综合性改革试点工作方案。

【新型农业经营主体工作】 继续完善农村土地承包经营确权登记颁证工作。一是稳步推进土地确权登记颁证工作。全区农村承包地确权登记颁证已完成外业调查、数据矢量化、数据库建立和一轮公示工作，其中完成二轮公示的54个社已经完善土地承包合同。二是加强农村土地流转的管理。督促各镇街建立健全农村土地流转台账，实行动态管理，督促各镇街对土地流转遗留问题的处置和矛盾纠纷的化解，促进农村土地健康有序流转。截至年底，全区共有21.06万农户，耕地流转面积12346.67公顷，土地流转率19.92%。三是大力培育新型农业经营主体，积极发展农业适度规模经营，引导土地经营权流向种田能手和新型经营主体。截至年底，农民合作社新发展68个；家庭农场市场监管局新注册8个。积极培育家庭农场、专业大户、农民合作社、龙头企业，全区认定家庭农场、专业大户达702个；发展农民合作社达700个，培育国家、市级、区级龙头企业分别达1家、27家、161家。加大新型职业农民培育力度，认定新型职业农民60人，完成新型职业农民培训1100人。四是确保“农村便民查询平台”（以下简称便民平台）正常运行。4月3日，区纪委监委、区农业农村委和区财政局在“监管平台”基础上延伸开发了“便民平台”。截至年底，全区有5372名用户进行了注册安装。在用好“监管平台”的基础上，通过“便民平台”查询功能，让每位村民通过身份证号码或手机实名注册登录，自主查阅各项惠农惠民政策、自己所在村的工程建设、各项惠民资金补贴对象等。

【“三品一标”创建】 强力推进“三品一标”农业品牌建设，培育特色农业品牌。一是制定计划，压实责任。制订《铜梁区2019年发展“三品一标”工作计划》，将“三品一标”发展任务落实到每个镇街，同时将农业品牌建设及“三品”认证工作纳入区政府对各镇街的绩效目标考核。二是大力实施“品牌建设年”行动，成功推出“铜梁龙柚”“原乡小艾”等一批在市场上叫得响、立得起的特色农产品品牌。全区有效期内“三品一标”362个，“三品一标”农产品总产量达91544吨，比去年净增42378吨；重庆市名牌农产品累计17个；新增全国名特优新名录产品1个，累计达2个；国家地理证明商标农产品5个；“巴味渝珍”商标授权农产品2个，累计达3个；全区累计市级以上认定或评选的农业品牌个数达408个，净增186个。

种植业

【概况】 全年实际完成粮食作物播种面积63448.79公顷，其中水稻27210.13公顷、玉米8479.87公顷、薯类12776.4公顷，粮食产量达36.74万吨。油料作物种植面积7209.99公顷，产量达1.48万吨。

【粮食生产】 水稻生产，一是以推广晶两优1206、晶两优1212、隆两优1206、隆两优534为主，搭配深两优871等品种，优质稻面积14933.33公顷；二是以水稻新型直播示范项目为核心，促进高产栽培技术示范推广。在围龙、西河、平滩、侣俸、土桥建立5个直播稻示范片，实际完成137公顷，全区推广水稻直播670公顷，推广水稻直播技术措施，取消育秧、栽秧环节，比大面积水稻生产每亩综合节本50元，平均亩产570.7千克，比农户常规栽秧亩平增产73千克，亩平增收228.85元，示范片共增加收益47.13万元。三是全区再生稻有收面积10000公顷，平均亩产100千克，总产1.5万吨。在南城街道巴岳村进行了中稻+再生稻示范面积13.33公顷，于7月23日统一施用再生稻“促芽肥”每亩尿素15千克，机收中稻情况下，再生稻平均亩产150千克，最高单产280千克。在围龙镇卧龙村安排了13.33公顷直播中稻+再生稻示范片，由“重庆市铜梁区金蕙大米专业合作社”实施，因机收碾压稻桩损失大，平均亩产只有105千克。直播中稻+再生稻两季亩产达716千克。

玉米生产面积8479.87公顷：一是重点推广以鲜食为主的糯玉米品种，全区推广面积达到1653.33公顷，亩均增加产值300元以上；二是地膜全覆盖栽培技术：全区推广面积2400公顷，推广率26.5%；三是肥团育苗面积4333.33公顷，推广率达到48.15%；四是合理密植：平均亩植2400株，比历年平均亩植2100株，增加300株，增加14.3%；五是测土配方施肥：亩用纯养分氮18千克、磷6千克、钾5千克，测土配方施肥到位率98.3%。

甘薯生产面积9140公顷：重点推广鲜食甘薯、高淀粉薯新品种、起垄栽培、机械化杀藤、机械化收割等技术，在安居镇四面村进行了鲜食甘薯新品种田间试验。

【油料生产】 全年油料作物播种面积完成7209.99公顷，其中花生1000.13公顷、油菜6166.73公顷，总产量1.48万吨。利用“产油大县奖励资金”和“特色粮油高质高效示范项目资金”，全区统一招标采购了含油量高、抗性强、低芥酸、低硫苷的优质油菜品种5个，共计9900千克。

【产业集群（粮油）项目】 2019年，区农业农村委承担了重庆市农业农村委员会下达的一二三产业综合产值达千亿元的产业集群（粮油）——“铜梁区特色粮油绿色高质高效示范”项目。

特色玉米绿色高质高效示范片：在安居、高楼、侣俸、少云、二坪、西河镇建立特色玉米绿色高质高效示范片面积1333.33公顷，核心示范片面积125.33公顷，其中：安居镇杨乐、淘河、杨寿村共58.67公顷，高楼镇高楼、涪江、盘石村共50公顷，二坪镇二郎、中山、严家村共16.67公顷（糯玉米—甘薯套种模式），主要以糯玉米为主。经过业主的科学管理，示范片平均亩产鲜玉米1050千克，亩纯收入1325元。

糯玉米品种大区对比试验：在安居镇杨乐村进行，参加试验品种主要是糯玉米品种（组合），有“万糯2000、川玉糯7号、公主糯999、渝糯851、益糯369、金糯1号、渝糯8号、渝糯13、京科糯2000、渝糯7号、Q香糯1号”共11个。试验结果：在成熟度相对一致的情况下，根据鲜食“食口性”进行测评，“川玉糯7号”“万糯2000”“益糯369”“京科糯2000”的综合品质及产量较好，可作为来年大面积鲜食玉米品种种植。

油菜绿色高质高效示范片：在安居、高楼、侣俸、少云、二坪、西河镇建立，高效示范片1000公顷，核心示范片20公顷，其中：安居镇杨乐村13.33公顷（油菜—高粱模式），西河镇兴建村6.67公顷（水稻—油菜模式）。项目认真按照绿色高质高效技术的种植管理，取得很好效果，当年示范片油菜籽平均亩产140.5千克，效益示范片与非示范片比亩增205元。培育带动农业新型经营主体2个，分别是重庆秦瀚堂生态农业旅游发展有限公司2019年在安居镇杨乐村种植油菜面积18.70公顷平均亩产131.4千克、轮作高粱平均亩产265千克；重庆市铜梁区金蕙大米专业合作社在西河镇兴建村进行水稻—油菜轮作技术模式面积7.5公顷，其中中稻亩产562千克、油菜籽平均亩产128.3千克。

【蔬菜生产】全年蔬菜种植面积完成22866.67公顷，蔬菜产量达72.60万吨。主要措施：一是设施改善明显，基地整体生产能力提升。二是蔬菜种植结构调整，重点是抢抓早春蔬菜上市，早春的苋菜、木耳菜、藤菜在重庆本地区上市时间越早，效益越好。三是科技推广力度大，春季的嫁接茄子上市时间可从5月延长到11月，亩产上万斤，从而提高种植效益，利用嫁接技术种植的苦瓜，使亩产提高且病虫害大幅下降。四是随着市场竞争加剧，蔬菜种植结构和栽培制度调整更加合理。业主结合市场需求进行种植，合理安排土地茬口和季节茬口，延后或提早上市品种，利用间作、混作、套作增加土地利用率，从而提升竞争力，增加经济效益。五是利用产业扶贫。加强政策、技术帮扶工作，支持蔬菜业主创建“三品一标”，促进蔬菜产业绿色发展；发展特色高效蔬菜产业，加强“莲藕—山地特色”产业发展。规划了以土桥镇为核心，南城街道、侣俸、平滩、双山、小林、太平等镇莲藕产业发展区域，采取“超市（市场）+企业+专业社+大户+基地”产销模式，制定绿色莲藕生产技术规程，积极配合开展“铜梁莲藕”农产品地理标志申报工作。据统计，全区莲藕种植面积3300多公顷，产量达7.5万吨。

【经果生产】 2019年重点建设万亩花卉基地、万亩枳壳基地、万亩梨子基地等9个重点示范基地，打造以果、茶、药生产基地为载体的休闲农业与乡村旅游相融合的都市现代特色农业基地，全区特经作物产值5.13亿元。

全年果树种植6946.67公顷，产量10.7万吨，产值4.15亿元。其中：柑橘面积3880公顷，产量5.15万吨；葡萄面积533.33公顷，产量1.4万吨；梨面积533.33公顷，产量1万吨；李子面积600公顷，产量1.2万吨；樱桃面积533.33公顷，产量0.4万吨；枇杷400公顷，产量0.55万吨。全区果树生产发展结构调整加快，曾经的红橘、温州蜜柑，锦橙等果树品种，由于市场需求原因，生产面积急剧萎缩，红橘生产面积133.33公顷左右，锦橙800公顷左右，且管理粗放。而市场前景较好的优质柠檬、优质蜜柚、优质晚熟杂柑发展较快。以平滩为主的万亩优质蜜柚基地已大面积开始投产，产量在900万千克以上。伏淡季水果猕猴桃、梨子、樱桃、李子、枇杷等小杂水果结合农业观光旅游，迅速发展，每年发展面积166.67公顷左右。另外椪柑、葡萄、桃子生产面积相对保持稳定。

瓜果种植面积326.67公顷，产量9400吨。其中：西瓜种植面积246.67公顷，产量8000吨。草莓80公顷，产量1400吨。瓜果生产产值4625万元。

花卉围绕西郊示范片建设，依托旅投公司、东郁公司等企业，打造精品花卉苗木基地866.67公顷，带动全区发展花卉苗木1666.67公顷。

【中药材】 全区共种植中药材1443.33公顷。重点发展艾草、枳壳等传统中药材品种。目前，全区艾草种植面积已达666.67公顷，枳壳种植面积266.67公顷。全区中药材投产面积约973.2公顷，年生产及销售中药材1.8万吨，产值4500万元，主要销往重庆、成都市场，部分药材如南城、侣俸的枳壳销往全国市场，双山的蓼蓝代销出口日本。已培育中药种植及加工企业10家，中药材种植合作社11家，市级龙头企业1家。

【茶叶生产】 2019年，建设高标准茶叶生产基地1万亩，实现以茶为载体的休闲农业与乡村旅游生产示范基地目标。全区茶叶生产面积约866.67公顷，采茶面积800公顷，无性系良种面积约666.67公顷。全区产茶约520吨，茶叶产值2300万元，其中名茶28吨，产值430万元；春茶492吨，产值1870万元。名优茶328吨，产值1510万元。重庆市玄天湖投资开发有限公司生产的“重庆老字号、巴岳玉露茶”荣获2019年重庆名牌农产品品牌称号。

（区农业农村委　罗国伦）

畜牧业

【概况】 重庆市铜梁区畜牧业发展中心2019年末实有在册职工23名，共有退休职工22人，设党支部1个，有共产党员27人。重庆市铜梁区动物卫生监督所（参公管理），核定事业编制9名，2019年末实有7名，退休职工3人。2019年7—8月，撤销重庆市铜梁区巴川、旧县、安居、平滩、虎峰、少云、大庙、蒲吕、永嘉、侣俸畜牧兽医站及其党支部，将在编职工和职责任务及退休职工、各站支部共产党员（共35人）划转到各镇街及其党组织，同时撤销中共重庆市铜梁区畜牧业发展中心党总支。

2019年10月29日被农业农村部命名为“国家农产品质量安全县”，11月由农业农村部授牌。

2019年末生猪存栏207934头，同比下降21.63%；出栏342721头，同比减少20.97 %；其中出栏优质商品瘦肉型猪30.84万头；年末家禽存栏631.6万羽，同比增长0.81%；出栏1636万羽，同比增长10.56%；年末肉兔存栏80.6万只，同比增长55.35%；肉兔出栏280.6万只，同比增长240.33%；年末山羊存栏24572只，同比增长2.3%；出栏34934只，同比增长2.89%；年末牛存栏2449头，同比减少1.69%；其中水牛398头，黄牛（肉牛）2044头，奶牛7头。全年出栏牛1336头，比2018年出栏2389头减少1053头，同比减少44.08%；全年肉类总产量54461吨，同比减少6.59%；其中猪牛羊禽四肉总产量51840吨，同比减少6.89%；禽蛋产量47954吨，同比增长0.59 %；主要畜禽规模化率达53%；主要畜禽良种化率达70%以上；优质畜牧业占80%以上，畜牧业科技贡献率达55%以上。畜牧业总产值27.59亿元，同比增加23%；畜牧业产值占农林牧渔业总产值的37.49%；畜牧业增加值14.26亿元，同比增加2.3%。

铜梁区2018—2019年畜牧业发展对比表

项目	单位	2018年	2019年	增减(%)	备注
生猪出栏	头	433666	342721	−20.97%	
家禽出栏	万羽	1479.73	1636	10.56%	
肉兔出栏	万只	82.45	280.6	240.33%	
山羊出栏	只	33954	34934	2.89%	
肉类总产量	吨	58301	54461	−6.59%	
畜牧业总产值	亿元	22.4306	27.59	23%	
畜牧业增加值	亿元	11.5535	14.26	23.4%	(可比价)

【畜禽养殖】 **生猪** 一是抓好生猪良繁体系建设。抓好良种猪场建设,保证全区11462头能繁母猪良种公猪精液供给,全年良种公猪精液配种20631窝,商品猪杂交改良面达100%;在商品猪生产上积极推广长荣杂交猪、约荣杂交猪、杜太杂交猪和洋三元猪,育肥猪杂交推广面达98%以上。二是扶持发展生猪规模化养殖。对全区常年存栏200头生猪当量及以上493家(户)规模生猪养殖场进行重点扶持,推进生猪规模化养殖。铜梁区双马养殖场年末存栏生猪8500余头,全年出栏商品猪1.5万余头。三是抓好绿色生态生猪养殖。按照《铜梁区绿色生态养殖发展实施方案》要求,指导存栏20头生猪当量及以上养殖场(户)实施绿色生态养殖,推进绿色生态生猪养殖,优质商品猪出栏量占全区生猪出栏量90%以上。四是及时有力处置生猪重大疫情。与周边区(县)接壤的镇于6月5日至8月22日期间先后发生256起疑似非洲猪瘟疫情,采取"外堵、内防、严管、保供、应急"等紧急防控措施,坚持昼夜奋战,严防死守,果断及时扑杀疑似染疫病猪,疫情得到有效控制,使疫情损失降到最低程度。在疫情得到全面控制后,积极与正邦、温氏、正大等集团公司合作,扶持空置养殖场恢复生猪产能4万头。五是开展生猪保险。年内全区共有238户,108723头育肥猪投保,降低生猪养殖风险。2019年,因受疑似非洲猪瘟疫情的影响和实施畜禽养殖污染治理,对非禁养区污染治理达不到环保要求的生猪规模养殖场进行关闭,在全区生猪规模养殖场(户)减少的情况下,生猪年末存栏和全年出栏量同比分别减少21.63%和20.97%。

家禽 一是积极推广优质良种家禽。规模养殖场良种家禽推广面达100%。二是扶持发展标准化规模肉鸡养殖。发挥养殖公司以"公司+基地+农户"模式的龙头作用,带动农户发展肉鸡规模化养殖,重庆温氏等4家养殖公司共有肉鸡养殖场(户)165家,全年出栏优质商品肉鸡460万余只。三是积极发展林下生态鸡养殖。全区出栏500只以上林下生态鸡养殖户320余家,全年出栏优质生态鸡230万余只。四是抓好规模化蛋鸡养殖。全区有良种蛋鸡规模养殖场22家,分布在虎峰、福果、大庙、平滩、安居、土桥、南城、侣俸、永嘉等镇街,常年蛋鸡存栏80万余只。

养牛 全区有水牛、黄牛(肉牛)和奶牛,年末牛存栏2449头,同比减少13.1%,其中:水牛存栏268头,黄牛(肉牛)2174头,奶牛7头。(1)水牛:品种属本地水牛。分布于各镇街。随着农业机械化的推广普及,农业耕作制度的变革,存栏同比减少0.56%;(2)黄牛(肉牛):有西门塔尔、夏洛莱、利木赞肉牛和本地黄牛。主要分布在维新、虎峰、福果、大庙、侣俸和安溪等镇。因实施养殖污染治理,年内全区关闭肉牛规模养殖场2家。积极发展规模化肉牛养殖。常年肉牛存栏100头以上规模养殖场5家。维新镇的重庆牧臻兴肉牛养殖公司在云南省建立肉牛养殖繁殖基地，组建肉牛养殖专业合作社，常年存栏肉牛种牛200余头，自繁自养，全年出栏肉牛达550头。虎峰镇的铜梁永顺肉牛养殖场全年出栏肉牛150头，全年出栏肉牛100头以上养殖场3家。积极推广“放牧+圈养”生态养殖。重庆牧臻兴肉牛养殖公司肉牛养殖专业合作社、福果镇团实村张明文等5家养殖场(户)推广生态肉牛养殖。(3)奶牛：安溪镇谭洪村吴成福年末存栏荷兰黑白花奶牛7头，全年产仔2头，出售仔奶牛2头。

山羊 以本地麻山羊(铜梁麻羊)、本地白山羊为主。主要分布在维新、高楼、少云、安居、白羊、水口、二坪等镇。一是抓好“铜梁麻羊”种群资源保护。重点在维新、高楼、少云镇一带建立“铜梁麻羊”种群资源保护区。二是积极推广波尔山羊、大足黑山羊、南江黄羊等良种，规模养殖场以养殖良种山羊为主。三是扶持发展规模化山羊养殖。常年山羊存栏30只以上规模养殖场有200余家，维新镇沿河村李妙伦常年存栏山羊达160只。四是推广山羊生态养殖。养殖户采取“放牧+圈养”方式推广山羊生态养殖。维新镇全年出栏山羊5000余只，李妙伦全年出栏山羊230只。

肉兔 一是积极推广良种。以推广伊拉、伊普吕、伊高乐、加利福尼亚等优良肉兔品种为重点，规模兔场良种肉兔推广面达100%；散养户良种肉兔推广面达80%以上；二是积极扶持规模化肉兔养殖。全区常年肉兔存栏500只以上规模养殖场达130余家，土桥镇的重庆兔管家科技有限公司年末存栏兔4.7万只，其中种兔6000只，太平镇的铜梁区子和杉农业发展有限公司年末存栏兔1.25万余只。其中：种兔1480余只。全年出栏肉兔1000只以上达280余家，出栏肉兔5000只以上65家。其中，重庆兔管家科技有限公司全年出栏商品肉兔10万余只，铜梁区子和杉农业发展有限公司兔场全年出栏商品肉兔2.3万余只。三是抓好500万只肉兔基地建设。重庆兔管家科技有限公司2019年1月引进伊普吕良种种兔3500只进行饲养繁殖。年内建成标准化兔舍3栋，建筑面积1万平方米，配套建成沼气发酵池1000立方米、尿液收集池550立方米，雨污分流沟1300米，年处理能力2万吨畜禽粪污的有机肥集中处理中心，已引进36条国内最先进的肉兔养殖生产线。

【特种畜牧养殖】 **鹌鹑** 全年实现鹌鹑产值达1.2亿元。一是积极引导，抓好规模化养殖。全区规模鹌鹑养殖场有280余家，因实施养殖污染治理，对环境不达标的15家养殖场进行撤迁关闭，常年鹌鹑存栏350万余羽，全年产鹌鹑蛋8500余吨，鹌鹑蛋销往重庆主城和四川、贵州、广西、云南等省区市，且有自主定价话语权。鹌鹑养殖量仍居重庆市区县第一。二是充分发挥鹌鹑养殖专业合作社带动作用。铜梁区富源鹌鹑养殖专业合作社，采取合作社+基地+农户模式，集鹌鹑养殖、饲料供应、鹌鹑蛋销售为一体，带动了全区鹌鹑业发展，年内新发展养殖户60家。三是抓好鹌鹑繁育体系建设。位于旧县街道的重庆优拓鹌鹑养殖有限公司是一家专门从事鹌鹑种选(培)育、种鹌鹑饲养繁育、鹌鹑种苗孵化、商品代鹌鹑苗供应基地，是西南地区种鹌鹑养殖规模最大、商品代产蛋鹌鹑种苗供应量最多的供应基地。常年种鹌鹑存栏15.5万羽，全年孵化商品代鹌鹑苗920万余羽，向重庆市各区县，四川、广东、广西、湖南、新疆等省自治区提供商品代产蛋鹌鹑苗460万余羽。四是抓好鹌鹑产品加工，提高鹌鹑产业综合效益。重庆佰德农业发展有限公司鹌鹑蛋获得重庆市无公害农产品认证。公司研发的“渝跃龙牌”卤鹌鹑蛋，获得国家知识产权局专利证书的鹌鹑蛋黄营养挂面、鹌鹑全蛋挂面、鹌鹑蛋清挂面等系列鹌鹑产(食)品深受市民和旅客喜爱，产品十分畅销，年内，产销鹌鹑蛋系列挂面达500余吨，创产值近1000万元。

蜜蜂 年末蜜蜂存栏6290箱。全年产蜂蜜20吨。巴川街道盘龙村有蜂农110户，常年蜜蜂存栏达1100箱，年产蜂蜜6500千克，已形成蜜蜂规模养殖。在张启佑等养蜂大户的带动下，2019年全村新发展35户，增加蜜蜂存栏105箱。该村

2018年成立重庆铜波蜜蜂养殖专业合作社（铜梁区第一家蜜蜂养殖专业合作社）后，2019年入社社员已发展到120余人（包括巴川街道其他村和太平、二坪、白羊、水口等镇的蜂农）。盘龙村正在打造铜梁区养蜂第一村，做大做强蜜蜂产业。2019年，盘龙村还将养蜂作为该村3户建卡贫困户的脱贫措施，新发展蜜蜂40箱。

鸽子 有肉鸽和信鸽。肉鸽，分布在全区各镇街，太平、东城、侣俸等镇街较多，全区有规模肉鸽场13家，常年存栏达11万余羽，其中：常年存栏达2万羽以上1家，常年存栏1.6万～1.8万羽2家，全年出栏肉鸽45～50万余羽，年产商品鸽蛋7吨，年产鸽肉110余吨。太平镇的重庆圣理鸽企种鸽养殖场常年存栏种鸽2.1万羽，年出售乳鸽12万羽，产销鸽蛋13万枚。东城街道的铜梁区飞凤肉鸽养殖场常年种鸽1.8万～2万羽，年出售乳鸽10万羽，产销鸽蛋12万枚。信鸽，铜梁区信鸽协会有会员230余人。品种有吴淞系鸽、李鸟等，全区信鸽常年存栏达2.6万余羽，其中侣俸镇的重庆齐圣翔赛鸽养殖中心常年存栏信鸽6500余羽，土桥镇的铜梁区龙乡信鸽养殖中心常年存栏信鸽5000羽。每年秋季举办信鸽竞赛活动。

竹鼠 全区竹鼠养殖场（户）14家，年末竹鼠存栏量15000余只。铜梁区骏豪竹鼠养殖专业合作社共有区内外养殖户156家。刘勇竹鼠养殖场合作社采取“合作社+基地+农户”模式带动农户发展竹鼠，年末存栏竹鼠10000余只，其中种鼠3000余对，商品鼠4000余只。年内向重庆市的璧山、永川、綦江等20个区县以及四川、云南、陕西、贵州、湖南等省（自治区）供应种鼠1600余对，已成为重庆市最大的竹鼠供种基地。2019年，刘勇发明的2项竹鼠养殖技术获得国家知识产权局授予的“实用新型专利证书”。

孔雀 永嘉镇的重庆鑫宇孔雀养殖中心，是一家集孔雀养殖、繁殖、孵化供种的专业化基地，品种有蓝孔雀、绿孔雀和白孔雀。2019年末存栏孔雀近5000羽，其中：种孔雀达2500余羽，是西南地区规模最大的孔雀繁殖供种基地，全年向潼南、永川、荣昌、璧山等区和河北、北京、四川、河南、陕西等省提供孔雀种苗近8000羽，全年产销孔雀种蛋和商品蛋近2万枚。

野猪 年末存栏106头，全年出栏770头。蒲吕街道青山村吴尚伟养殖场300余头野猪，于7月感染疑似非洲猪瘟疫情，政府对染疫野猪全部进行扑杀处置后，9月，从贵州等地引进野猪26头，其中，种母猪22头，野公猪4头，进行饲养繁殖。全年出栏商品野猪260头。庆隆镇东笋村李朝均年末存栏野猪80头，常年存栏野母猪18头，野公猪4头，进行自繁自养，全年出栏商品野猪510头。

豪猪 又称刺猪。年末存栏560头，全年出栏商品豪猪1090头，出售仔豪猪150头。福果镇三星村李远录年末存栏230头，其中，种豪猪200头，长期坚持自繁自养。全年出栏商品豪猪310头，出售双月仔豪猪150头。虎峰镇回龙村5社袁其权年末存栏320头，其中种豪猪160头。马家冲豪猪养殖场，坚持自繁自养，全年出栏商品豪猪和种豪猪350头。平滩镇金竹村谭昌义，年末存栏种豪猪10头，全年出售种豪猪和商品豪猪150头。安溪镇金滩村14社彭再刚年出栏280头。

香猪 有巴马香猪和藏香猪品种。巴马香猪分布在维新、虎峰、少云、土桥等镇。全区有4户养殖，年末存栏1070余头，全年出栏1312头。维新镇新堰村刘朝明2017年先后3次从广西、重庆奉节引进巴马香猪种猪150头进行饲养繁殖，2019年末存栏910头，其中常年存栏种公香猪12头，能繁母香猪110头，全年出栏商品香猪1000余头。2018年注册成立铜梁区维新飞源香猪养殖场。虎峰镇西泉村李玖全于2015年从广西引进巴马香猪种猪50头，坚持自繁自养，2019年末存栏香猪120头，全年出售种香猪和商品香猪180头。少云镇高碑村何永利年末存栏20头，上年出栏120头。7月，因染疫疑似非洲猪瘟疫情，政府扑杀染疫猪1400头，11月从江津区引进巴马香猪种猪20头进行饲养繁殖。藏香猪：平滩镇金竹村谭昌义，2017年引进藏香猪40头进行饲养繁殖，2019年末存栏20头，全年出栏藏香猪12头，2019年7月，因染疑似非洲猪瘟，政府扑杀疑似染疫病猪70头。

梅花鹿 品种为东北梅花鹿。分布在维新和永嘉镇，年末存栏89只，全年产鹿茸51千克，出售梅花鹿23只。维新镇新堰村陈德燕年末存栏梅花鹿63只，其中存栏公鹿30只，种母鹿33只，全年产鹿茸32千克，年内出售梅花鹿种鹿17只。永嘉镇万年村郭峰年末存栏26只，其中公鹿10只，种母鹿16只，年内出售仔鹿6只，全年产鹿茸19千克。鹿茸产品供不应求。

泰和乌鸡 又称武山鸡。2019年末存栏3200只，全年共出栏商品泰和乌鸡2100只，产销乌鸡蛋22.5万枚，产品十分畅销。当年还发展康济村唐文杰养殖150只。

七彩山鸡（野鸡）、乌黑鸡（绿壳蛋鸡）、贵妃鸡 庆隆镇东笋村李朝均常年存栏七彩山鸡5000余羽、乌黑鸡3200余羽、贵妃鸡2000羽。全年产销七彩山鸡、乌黑鸡和贵妃鸡商品蛋40万余枚。销售商品七彩山鸡、乌黑鸡和贵妃鸡5500只。

【实施种养结合，发展循环农业】 在实施畜禽粪污资源化利用项目中，一是督促指导20头生猪当量及以上养殖场采取“畜—沼—粮（菜、果、林）”农牧结合模式，实施循环化改造，年内全区1177家养殖场全部改造完毕。二是扶持大型养殖场有机肥生产。年内在大庙、平滩等镇建设完成了3家有机肥厂生产车间，实现全区种养结合全覆盖的循环农业发展。

【重大动物疫病防控】 **处置疑似非洲猪瘟疫情** 6月5日至8月22日，全区27个镇街先后发生256起疑似非洲猪瘟疫情，区政府采取及时果断措施，扑杀疑似染疫病猪32754头。阻击了疫情蔓延，创造了“三烧”“三消”“三检”先进做法，获得市农业农村委领导的肯定，并在全市推广。

重大动物疫病免疫 坚持“预防为主”的方针。切实抓好春秋两季动物集中免疫，切实做到“应免尽免，不留空当”。免疫猪牛羊口蹄疫25.48万头（只）次，免疫羊小反刍兽疫1.5万只次，免疫高致病性禽流感（H5N1+H7N9）733.62万羽，免疫犬只狂犬病4.76万只，各种强制免疫病种应免疫密度达100%；消毒畜禽圈舍34.66万间次，圈舍消毒面达100%。在实施春秋两季防疫中，同步开展了狂犬病等重大动物疫情普查，普查面达100%。

重大动物疫病血清学监测 一是开展重大动物疫病血清学监测。共完成牲畜口蹄疫、猪瘟、猪蓝耳病、猪伪狂犬、H5亚型和H7N9禽流感、鸡新城疫等23787份免疫抗体监测，监测结果：除猪伪狂犬免疫抗体合格率为33.33%，猪蓝耳病免疫抗体合格率为39.37%以外，其他畜禽疫病免疫抗体合格率达80%以上，达到农业农村部规定标准。二是开展牛羊结核病、布鲁氏菌病“两病”监测。共检测1980份，其中：牛羊布鲁氏菌病1966份，牛结核病14头次，检测结果全部为阴性。三是开展马鼻疽监测。用马鼻疽菌素滴眼变态反应方式监测马鼻疽37头，监（检）测结果为阴性。五是开展病原学检测。禽流感病毒，用荧光PCR禽流感通用型检测病料185份，检测结果为阴性。非洲猪瘟，用荧光PCR检测病料363份，检测结果为阴性。

动物流行病学调查及动物疫病风险评估 一是对全区87个动物流行病学调查点按月开展流行病学调查，出具了4期动物流行病学调查报告。二是对全区87个畜禽养殖单元的动物疫病，每半年进行一次风险评估，共出具风险评估报告26份。

【畜产品质量安全】 一是创建工作。国家农产品质量安全县创建活动于2017年启动，2019年4月，经市农业农村委检查验收，达到《国家农产品质量安全县考核办法》要求，10月29日，农业农村部命名铜梁区为“国家农产品质量安全县（区）”。

二是压实责任。落实养殖、屠宰和投入品生

产经营企业畜产品质量安全主体责任和监管责任。与全区175家畜禽规模养殖场(户)、2家生猪定点屠宰企业、37家兽药经营企业签订《畜产品质量安全责任书》,明确畜产品质量安全第一责任主体。对全区所有监管对象划分为28个单元实行网格化管理,建立畜产品质量安全风险清单,明确监管责任并落实到人。

三是加强投入品生产经营使用环节监管。对兽药生产企业严格实行兽药生产GMP管理,对兽药经营企业严格实行兽药经营GSP管理,对饲料生产企业严格按"饲料生产质量管理规范"规定监管,对饲料经营企业经营条件实行严格审查备案制。全面实施兽药经营环节追溯体系建设,全区37家兽药经营企业全部实行兽药购销信息上传。

四是强化畜禽用药监管。全区175家畜禽规模养殖场(户)推行了"三书三有四规范"畜禽用药监管模式,实现投入品生产经营使用全程监管。

五是加强屠宰环节监管。开展生猪定点屠宰企业清理整治工作,全面完成全区38家生猪屠宰企业整治工作,关闭不符合生猪定点屠宰条件屠宰场36家,对符合生猪定点屠宰条件的重庆益星食品公司屠宰厂和沙心屠宰场2家屠宰企业颁发生猪定点屠宰证书。9月18日,铜梁区代表重庆市接受农业农村部畜牧兽医局检查屠宰企业专项整治工作,检查后,得到农业农村部畜牧兽医局检查组领导、专家的高度评价和肯定。强化落实了屠宰牲畜肉品品质检验工作。全年屠宰企业自检"瘦肉精"4400余批次,全部合格。落实了肉品品质检验制度和病害生猪及产品无害化处理制度。全年监督屠宰企业对屠宰的14.3万头生猪、0.26万头(只)牛羊、416.5万羽家禽开展肉品品质检验和220头病害生猪及产品无害化处理,实现了屠宰牲畜肉品品质检验和病害猪及产品无害化处理率达100%,有效防止了病害牲畜及产品流入市场。

六是强化含违禁物质的动物及动物产品检验监测。全年共抽兽药饲料样品25批次、动物及动物产品62批次送市检测兽药饲料质量和动物及动物产品抗生素、兽药残留含量。在养殖和屠宰环节共采集700批(次)猪牛尿液检测"瘦肉精",检测结果全部阴性。

七是强化畜禽免疫抗体检测。在畜禽养殖环节检测畜禽血样25254份次,超额完成市下达的免疫抗体检测任务,免疫抗体合格22182份次,抗体检测合格率达到国家规定标准。

动物检疫及动物卫生监督 坚持依法监管,创新监管方式,提高从养殖到屠宰全链条监管水平。一是规范产地检疫行为。严格按照法律法规及操作规程到场、到户、到点实施动物产地检疫,全年实施生猪产地检疫20.45万头,牛羊产地检疫0.97万头(只),家禽产地检疫416.49万羽,实现了畜禽产地检疫率100%。二是规范屠宰检疫行为。严格按照屠宰检疫规程实施检疫,做到了严把入场(点)检疫、待宰巡查、屠宰检疫"三关"。全年实施生猪屠宰检疫14.33万头,牛羊0.26万头(只),家禽416.5万只,实现了畜禽屠宰检疫率100%。三是规范动物检疫证章标志管理行为。对动物检疫证章标志保管、发放、使用、回收、处理各环节均全面实行了电子化管理和电子出具检疫合格证明。四是规范畜禽流通监管行为。对区外调入畜禽做到了严格调运备案审核、严格动物调运监督和调运动物落地监管,杜绝了非法调运动物和调入染疫动物行为,阻击了非洲猪瘟等重大动物疫情传入。五是规范病死猪无害化处理行为。全面落实了养殖场(户)业主病死猪无害化处理的主体责任和官方兽医对病死猪无害化处理的监管责任,全年监督养殖场业主和屠宰企业无害化处理病害生猪1469头,无害化处理率达100%。

严格查处违法案件 全年共查处违法生产经营兽药、动物检疫和动物调运案件15件,共处罚款74680.5元,严厉打击了违法行为。

开展"专项整治行动" 开展了畜产品质量

安全、生猪屠宰、农资打假、动物诊疗、抗菌药专项整治等行动。共出动执法人员130余人次，出动执法车32辆次。

【“三品一标”发展与监管】 一是积极引导。年内共组织规模畜禽养殖企业21人参加市级无公害农产品“三品一标”内检员培训，增强畜禽养殖企业农产品质量安全主体责任意识，树立了农产品品牌发展意识的信心和申报无公害农产品“三品一标”认证的积极性。二是加强指导，做好示范创建。加强对申报无公害农产品认证养殖企业的指导。年内，完成铜梁区飞凤乳鸽养殖场等20家养殖企业的无公害农产品认证申报工作，并顺利通过市农业农村委检查验收，获得国家无公害农产品首次认证，重庆旺农饲料有限公司获得无公害农产品复查换证。三是严格获证后监管。对已获得无公害农产品认证的23家养殖企业严格监管，严格按照无公害农产品生产要求组织生产。

铜梁区2019年获得无公害农产品认证养殖场名单

序号	养殖场名称	养殖场地址	业主姓名	畜禽品种	申报产量(吨)	现场检查时间	备注
1	铜梁区飞凤乳鸽养殖场	东城街道飞凤村7组	阳 攀	肉鸽	2.6	2019.09.18	
2	重庆佰德农业发展有限公司	东城街道青羊村1组	陈 洪	鹌鹑蛋	5.6	2019.10.14	
3	铜梁区朱文桥养殖场	东城街道青羊社2组	朱文桥	猪	110	2019.10.16	
4	重庆兔管家科技发展有限公司	土桥镇高桥村5组	关 健	兔	2500	2019.10.16	
5	重庆旺农饲料有限公司	土桥镇庆林村9组	于荣光	猪	200	2019.10.15	复查换证
6	铜梁区万勇养鸡场	平滩镇红河村2组	唐万勇	鸡蛋	780	2019.07.26	
7	铜梁区张安碧养鸡场	平滩镇惠风村4组	苟 鹏	鸡蛋	370	2019.10.15	
8	重庆力凯农牧科技有限公司	水口镇天寨村11组	唐 祥	肉鸭	1700	2019.10.15	
9	铜梁区荥泰生态农业有限公司	少云镇老君村13组	龙永林	牛	50	2019.10.16	
10	铜梁区好肥润生猪养殖场	少云镇	蒋 奎	猪	200	2019.10.15	
11	重庆市铜梁区冬深养殖场	大庙镇东森村8组	汪传胜	猪	490	2019.10.16	
12	铜梁区石明彬养兔场	大庙镇石兴村3组	石明彬	兔	62.5	2019.10.16	
13	重庆市铜梁区泓扬养殖场	石鱼镇长乐村19组	张中建	猪	233	2019.10.16	
14	重庆市铜梁区飞源香猪养殖场	维新镇新堰村7组	刘朝明	香猪	60	2019.10.14	
15	重庆市铜梁区欧德全生猪养殖专业合作社	维新镇杨柳村15组	欧德全	猪	290	2019.10.14	
16	重庆市铜梁区丰达家禽养殖专业合作社	高楼镇莲花村2组	汪 波	肉鸭	2535	2019.08.28	
17	重庆市铜梁区忆锋生态农业开发有限公司	高楼镇莲花村1组	徐清海	肉鸭	705	2019.09.26	
18	重庆市铜梁区壹号养鸭专业合作社	高楼镇盘石村6组	王庆文	肉鸭	759	2019.09.13	
19	重庆子和杉农业发展有限公司	太平镇万寿村1组	刘举昌	肉兔	12.5	2019.1.8	
20	重庆特牧农业开发有限公司	福果镇三多村	刘 松	肉鸡	297	2019.09.26	
21	重庆东珠食品有限公司	蒲吕街道	张德富	猪	160	2019.8.12	

【畜禽养殖粪污治理】 一是抓好非禁养区养殖场关闭搬迁工作。关闭了非禁养区无法治理的存栏20头生猪当量及以上的养殖场(户)134家,全面完成了关闭搬迁任务。二是粪污资源化利用。印发《铜梁区畜禽养殖废弃物资源化利用工作方案》,狠抓工作落实,强化技术指导和项目监管。全年完成了237家畜禽养殖场粪污资源化利用项目建设和2个粪污集中处理中心建设。全区1177家畜禽养殖场已实现畜禽粪污资源化利用。全区规模养殖场普遍采用畜(禽)—沼—菜(粮、果、林)循环利用模式,为种植业增加有机肥的使用,实现全区养殖场畜禽粪污减量化生产、无公害处理、资源化利用的目标。5月16日至17日,全市畜牧业暨畜禽养殖废弃物资源化利用工作现场会在铜梁召开。9月16日至17日,铜梁区畜禽粪污资源化利用工作代表重庆市接受农业农村部畜牧兽医局检查,得到高度评价。

5月16—17日,全市畜牧业暨畜禽养殖废弃物资源化利用工作现场会在铜梁区召开。(张春梅 摄)

【落实惠农扶持政策】 一是落实生猪保险财政补助资金521.87万元,其中落实区财政生猪保险补助资金97.85万元;落实承保公司育肥生猪保险死亡赔偿资金1253.86万元。二是落实畜禽养殖场粪污处理设施建设补助资金2000万元;三是落实非禁养区畜禽养殖场关闭搬迁项目资金382.66万元;四是落实规模养殖场病死猪无害化处理补助资金13.30万元;五是落实生猪屠宰环节病害猪无害化处理补助资金25.08万元。

【重点项目建设】 一是积极争取上级资金。全年共争取到市级和中央财政补助资金3300万余元,用于畜禽养殖场粪污治理、圈舍升级改造、生猪保险等。二是抓好重点项目建设。全区建立500万只肉兔基地重点项目,重点在土桥镇建设年出栏百万只肉兔综合示范园区。建设年饲养500万羽鹌鹑基地,2019年,在旧县街道檬梓村建成投产一个常年存栏鹌鹑50万羽共15户的绿色生态养殖小区。三是与正邦、温氏、正大等集团公司合作,扶持空置养殖场饲养生猪,年底之前,共恢复生猪产能4万头,完成了市级目标任务。

(区畜牧业发展中心　冯明伦)

渔业

【概况】 2019年,全区水产品总量达35501吨,比去年同期增长一个百分点;渔业经济总产值9.1亿元,比去年同期增长9000万元,增长11.1%。水产品质量安全检测合格率达100%。

【肥水养殖整治】 区水产站与农质科、执法大队联合开展检查或专项整治50余次,全区养殖水产禁养区内专用鱼池应关闭的涉及14个镇街79户养殖户,鱼池116口面积56.8公顷,均采取停养、转产。开展水产品抽样,全年接受农业农村部抽样检测一次,市级抽样检测三次,区级抽样快速检测6批次,共抽样品80个,抽检合格率达100%。开展养殖业务培训和指导45次。

【特色品种养殖】 全区重点发展加州鲈鱼、乌鱼、小龙虾、甲鱼、泥鳅、观赏鱼、大鲵等特色品种养殖。瞄准市场,抓住契机,引导转产加州鲈鱼养殖面积13.33公顷,累计达到66.67公顷。转产及新增乌鱼养殖面积133.33公顷,累计达到366.67公顷,甲鱼养殖面积近16.67公顷,小龙虾养殖面积达到554公顷,鲈鱼养殖面积近66.67公顷,大闸蟹养殖面积10.67公顷,观赏鱼养殖面积66.67公顷。

【绿色养殖技术推广】 主要推广的内容有池塘内循环微流水养殖技术。全区已建成投产池塘内循环微流水养殖基地12个，养殖槽59口，养殖面积46.67公顷，养殖槽达14750立方米。打造循环农业发展模式。重点推广“鱼—沼气—菜”循环模式、“鱼—菜（花卉、水稻）”共生模式、“鱼—鳖（蚌）”共生模式。目前在庆隆镇远江养殖场试点“鱼—稻—沼气—菜（无花果）”循环模式1家，池塘面积10公顷（其中养殖槽2口面积220平方米），池塘里用浮板试种水稻80平方米，产稻谷60千克，沼渣沼液用于种植蔬菜和无花果及周边社员种植用肥等。继续实施池塘“一改五化”技术。全区将老旧池塘改造和“一改五化”技术相结合，养殖过程按照80:20养殖技术规范和鱼菜共生综合种养技术规范进行操作，达到池塘养殖生态高效的目的。全区推广面积731.4公顷。

桑蚕业

【概况】 2019年，全区发种4316张，产鲜茧16.4万千克，农民售茧收入606.8万元。果桑及蚕桑多元化资源开发利用有了较大突破，全年实现蚕业产值1392.8万元。大庙镇引进的重庆苗源生态农业发展有限公司在园区打造桑园建设、产品研发、工厂化养蚕、蚕新品种选育等方面都有了较好发展。该公司全年生产桑果430余吨，桑果原料发酵储藏35吨，桑果酒15吨，果桑园及其资源的综合利用效益初见成效，全年实现产值666万元。同时带动园区附近大庙三品村农民种植果桑13.33公顷，果桑销售收入120万元。该公司与西南大学国家生物学重点实验室合作，开始工厂化养蚕的实施建设，截至年底已建设博士工作站200平方米、养蚕饲料加工和科研实验室600平方米、养蚕车间800平方米。养蚕、选育新品种的车间都进入自动化设施正式投入使用阶段，为科技化、工厂化养蚕提供全新模式。

（区农业农村委 罗国伦）

林业

【概况】 2019年机构改革后区林业局内设办公室、林业改革发展科、政策法规执法科（行政审批科），核定机关行政编制8名，事业编制48名（其中参公5名）。年末实有行政人员8人，事业人员43人（其中参公4人）。直属事业单位有森林病虫防治检疫站（参公）、林政管理站、林业技术指导站、野生动植物保护站和铜梁区双碾林场（挂铜梁区国营苗圃牌子）。

【国土绿化提升】 **大力推进国土绿化提升行动** 2019年完成营造林5600公顷，其中：建设新一轮退耕还林867公顷，发展特色经济林；完成疏林地及未成林地培育133公顷；完成农村“四旁”植树333公顷；完成农田林网和特色经济林改造2534公顷，新造333公顷；完成森林抚育1133公顷，幼林抚育267公顷。完成绿色示范村建设任务20个，村庄公共场所绿化10.7公顷。完成长江防护林工程项目营造林133公顷。区绿委办组织开展区级义务植树活动，在西郊示范片绿道两旁栽花种树，区委区政府领导带头、区级部门机关干部和群众积极参与，参加人数达5000余人次，推动全区全民义务植树。据统计，全区参加义务植树达51.3万人次，义务植树206.5万余株。

重点打造西郊花卉苗木产业示范片，推进苗木产业发展 已形成万美、怡红、万润、成王果业、双碾林场苗圃等19家苗木企业，占全区苗木企业总数量的40%。新引进重庆市蕾蔓尔农业开发有限公司、巴川街道八一路苗木专业合作社、重庆若初见花木有限公司3家苗木企业，占地面积18公顷。重庆玄天湖旅游投资开发有限公司和上海东郁园林科技有限公司成立合资公司共同开发建设彩色苗木基地，在南城街道建彩色苗木基地占地200公顷，项目总投资5亿元，主要种植进口美国红枫、美国海棠、豆梨和绣球等，观花观叶苗木。在双碾林场巴岳山管护站营造红豆树良种繁育林6.7公顷,投入资金30万元。

【创建国家森林城市】 2018年1月,原国家林业局宣传办批准铜梁区创建国家森林城市。2019年铜梁区40项指标已基本达到或超过国家森林城市评价标准。一是加强宣传。在市级、区级主流媒体开展多种形式的创森宣传,在“铜梁发布”App和铜梁手机报上开设创森专栏,有效扩大创森社会影响力。完成区树、区花评选工作,设计的创森LOGO已广泛使用在创建宣传活动中。区国营苗圃荣获首批国家“互联网+全民义务植树”基地称号。二是有序推进。总体规划45项重点工作,共114个子项建设任务,计划总投资20.9亿元。森林城区、森林乡村、生态廊道等七大建设工程整体推进较快,累计完成投资19.26亿元,投资完成率92.2%。三是融合发展。以6个示范森林镇街和5个示范森林村庄建设为抓手,全面开展镇街公园绿地、道路河流绿化、农田林网特色经济林改造(新建)、四旁植树等建设,全区市级绿色新村已达到3个,示范引领带动作用明显,有力促进了全区美丽乡村建设。

【重庆铜梁安居国家湿地公园】 2014年12月31日国家林业局批准重庆铜梁安居国家湿地公园(以下简称“安居国家湿地公园”)建设试点,按照国家湿地公园建设要求,通过近5年努力建设,2019年12月25日国家林业和草原局通过验收,正式成为国家湿地公园。安居湿地公园地处琼涪江两江交汇区域,总面积为475.28公顷,北起杨乐坝,东至黄家坝,南抵安居镇大田社区,西南达少云镇琼江社区。湿地公园共划分为五个功能区,分别为合理利用区(面积48.26公顷,占10.15%)、宣教展示区(占1.18%)、恢复重建区(占43.29%)、保护保育区(占45.37%)、管理服务区(不占公园面积)。

【重庆毓青山国家森林公园】 2015年9月铜梁区政府研究,决定在华兴镇、安溪镇、永嘉镇范围内建设毓青山国家级森林公园。区编办同意设立重庆市铜梁区毓青山森林公园管理局,为区财政全额拨款公益一类事业单位。重庆市铜梁区毓青山森林公园管理局向重庆市林业局和国家林业局申请,国家林业局经过材料审查、实地考察和专家评审,认为毓青山的风景资源质量等级基本达到一级标准,森林风景资源权属清楚,管理机构健全且符合全国森林公园建设发展规划,具备设立国家级森林公园的条件,准予设立毓青山国家森林公园,定名为“重庆毓青山国家森林公园”。经营面积:2366.53公顷,其中林地面积2345.38公顷。地理坐标:东经105°59’01”~106°05’59”,北纬29031’23”~29°37’14”。四界范围:永嘉镇竹海村、安溪镇谭洪村、华兴镇明月村。2019年已完成毓青山森林公园和风景名胜区(西温泉山森林公园)立标工作,安装界桩553个、宣传标牌66块。

【森林资源管理】 一是林木、林地管理。年内全区办理林木采伐许可216件、采伐蓄积1440立方米;审核审批林地占用16宗、面积41.8575公顷、征收植被恢复费1386.43万元。二是年内全区森林资源管护面积15287公顷,落实管护人员336人,其中贫困人员142人,签订管护合同336份。流转林地213.1公顷。三是推进四旁林木资源监测工作。年内完成28个镇街和国有林场非林布点样地监测1286个。

【森林督查】 年内铜梁区的森林督查工作聘用重庆市林业规划设计院新技术支撑单位,顺利完成森林督查报告和数据库并提交国务院,全区有58个疑似问题,都开展了现场勘验,提交区林业局政策法规执法科处理。2019年“一张图”年度变更后(2018年1月1日至2018年12月31日)铜梁行政区域内林地的变化情况为林地总面积61462.85公顷,森林面积60561.17公顷。

【自然保护地大检查大整治】 自然保护地是由各级政府依法划定或确认,分为3类:国家公园、自然保护区、自然公园。铜梁区的自然保护地:铜梁毓青山自然公园(森林)、铜梁安居自然公园(湿地)、铜梁巴岳山—西温泉自然公园(风景名胜）。2018年6月启动自然保护地大检查大整治工作，全区排查发现违法违规建设问题138宗，占地面积502871.4平方米，经过2019年重点整治已完成133宗（含违建别墅拆除），整改率95.65%。余下5宗，分别是虎峰镇盈余砖厂、峡风联办砖厂、平安寺、赛达机械及南城街道同信煤业。

【林业产业发展】 2019年启动市级农旅融合试点项目建设。投入资金120万元发展林业特色产业，支持铜梁区宝竹蔬菜种植股份合作社、铜梁区长继水果种植专业合作社等3家发展林产品加工和经果林种植；投入资金50万元在永嘉镇竹海村建设森林康养基地一处；投入资金10万元，创建市级“森林人家”2家，区级“森林人家”6家。开展“国际森林日”主题宣传活动，铜梁3家国家级森林（湿地）公园免费向社会开放3天，接待游客3万余人次。抓好铜梁已命名的3家市级龙头企业监测工作，完成重庆艾兰特科技有限公司、重庆成王果业有限公司2家企业新申报龙头企业材料上报审批。组织业主参加各类培训班、产品交易会。如重庆艾兰特科技有限公司参加2019年中国北京世界园艺博览会“重庆日”产品展示。组织推荐铜梁区李魏茶树种植专业合作社、铜梁区戊森林木专业合作社评选为农民专业合作社市级示范社。

【森林火灾预防】 完善《铜梁区森林火灾应急处置预案》，编制完成《铜梁区森林防火规划（2016—2025年）》。通过发放森林防火扑救手册、森林防火十不准宣传单、森林防火《告全民书》等资料5万余份，营造良好防火氛围。森林防火重点时段启动全区72个森林防火检查站，动员全区462名巡山护林人员，运用互联网+林业进行巡山护林智能化管理，形成人防和技防相结合模式，深入林区巡山护林，及时发现和处置隐患。加强督查检查发现隐患，制发森林防火检查记录200份，责令立即整改落实隐患98起，全部整改到位。加强重点部位、重点人员和重要时段的管理，对林区的坟头、寺庙、炸药库等重点部位登记造册，落实监管责任。要求监护人对1187名精神病、痴呆人员严格监管，避免他们野外玩火引发山林火灾。“春节”“清明”“五一”“月半节”“国庆”等重要节假日期间强化火源管理，严禁野外用火。全年未发生森林火灾和人员伤亡事故。

【林业执法】 年内结合“绿卫2019”“野生动物专项行动”“打、防、建”等活动，严厉打击盗伐滥伐林木、非法占地、破坏野生动物等违法犯罪活动，查处各类林业行政案件7件，刑事案件6件，实现罚没收入97.27万元。

【林业有害生物防治】 全区采取无公害药物防治、飞机施药和诱捕器捕杀等方式，对林业有害生物进行监测防控，发生面积10186.7公顷，防治10153.3公顷，其中常发性林业有害生物发生6160公顷，防治6133.3公顷，松材线虫病发生4020公顷，防治4020公顷。一是开展松材线虫病普查及除治。据调查全区松林面积6980公顷，有松林的15个单位（镇、街道、国有林场），除2个街道未发生疫情外，有13个单位发生松材线虫病疫情。通过疫木监管除治，完成疫木清理3766个小班，清理枯病死松树150083株，清理面积7767.9公顷；清理农户家疫木33054户，清理松木4897段。松材线虫病疫情与去年同期相比，死亡松树减少10668株，同比下降73.7%；病死松树小班减少497个，同比下降53.7%。二是开展检疫执法封锁疫情。全年检查涉木企业64家，检查木材2500立方米，松木2000立方米，查处涉松木违法行政案件7起，处理违法人员7个，涉案价值60万元，罚款1.14万元。

【野生动植物保护】 一是加大宣传力度。举办科普知识讲座4次、科普展览4次，制作、摆放展板8块，发放宣传资料5000余份。二是举办“铜梁区爱鸟护鸟摄影比赛”活动，收到鸟类摄影作品720件，评选出优秀作品27件。三是强化野生动物人工繁育、经营利用和展演等活动管理。全区有野生动物人工繁育、经营单位38家，人工繁育、经营物种主要有竹鼠、果子狸、豪猪、梅花鹿等。来铜梁区展演野生动物的单位3家,展示品种有白天鹅、黑天鹅、苏卡达陆龟、太阳锥尾鹦鹉、和尚鹦鹉、平原巨蜥。全区野生动物人工繁育、经营、展演单位安全防护设施、设备完备,未发生野生动物安全事故。四是加强野生动物疫源疫病防控。全区无野生动物发生非洲猪瘟、禽流感等疫情。五是救助野生动物。2019年救助并放生国家二级重点保护野生动物猫头鹰1只,国家保护的“三有”野生动物5只(条)。

【国营林场(苗圃)】 2019年林场南城苗圃整体移交给重庆玄天湖旅游投资开发有限公司,林场办公地点搬入龙门街554号区林业局办公楼内。林场系区林业局下属财政全额拨款事业单位,生态公益型林场,管护2584.43公顷国有森林,国有林地遍布区内13个镇(街道)。下设巴岳山、西温泉、小安溪和“巴岳山火警观察站”4个管护站。核定事业编制22名,2019年底实有在职在编职工17人。主要职能职责包括培育树苗、植树造林、森林抚育、病虫防治、森林防火等管理保护全区国有森林资源。

年内主要工作。一是提升营造林质量。完成了66.7公顷退化防护林修复和133.3公顷森林抚育;建设木材战略储备林基地101.3公顷;建设国家特殊及珍稀林木培育项目33.3公顷。二是培育优良种苗。经过选择优良种子、利用大棚育苗技术、采取轻基质+无纺布袋套袋作床,铺设地膜防杂草侵害等技术措施,培育1年生和2年生苗木各50万株。三是管护森林资源。2019年国有林场聘用社会化服务人员16人,负责加强森林资源日常管护巡查和种苗培育工作,实行定岗定责定区域,把林场各山头地块分区落实到管护人员人头,做到任务明确,责任到人。重点抓好森林防火。全年开展宣传巡查6000余次,发放宣传资料1万余份,张贴宣传标语1000余幅,无森林火灾发生。重点抓好林业有害生物防治。把松材线虫病防控作为头等大事,做好松墨天牛、松毛虫、白毛虫、竹蝗等虫情的季节性监测,准确把握林情虫情,组织开展以人工为主的防治,严格落实松材线虫病春秋监测和集中除治。实现监测全覆盖,除治全落实。重点抓好林木、林地征占用管控,全年无乱采滥伐和违法占用林地事件发生。四是完成扶贫项目建设。年内实施完成国有林场扶贫资金基础设施建设项目,修建巴岳山管护站金土地林区公路排水沟1307.97米;修建小安溪管护站饮用水净化池(防火蓄水池)2口,安装饮用水管道2943.7米,修建人行便道831.3米;维修巴岳山管护站饮水设施。

国营苗圃:原县国营苗圃成立于1952年6月,2014年更名区国营苗圃,位于虎峰镇久远村,经营国有苗圃土地1.9公顷。主要职能是为全区培育造林绿化用树苗。2005年经县编办批准将苗圃划归国有林场管理,在双碾林场挂“铜梁县国营苗圃”牌子。2009年2月3日,铜梁县双碾林场与铜梁县旧县镇泥溪村6组22号村民胡永坤签订租赁协议,将国营苗圃整体租赁给胡永坤经营(2015年6月8日变更为由胡永坤担任法定代表人的“重庆紫郡农业发展有限公司”),期限30年,从2009年2月3日起至2039年2月2日止。

【铜梁区双碾林场南城苗圃基地】 2010年11月国有双碾林场在南城街道西来村、两路社区租地41公顷建设林业苗圃基地,2016年10月区政府决定,将位于东城街道姜家岩社区、柿花村,南城街道鱼溅村1社,翠英村6社、9社等处租地66.8公顷,借用铁发司土地15.3公顷,共82.1公顷的原区交委苗圃苗木及管理用房等设施移交区林业局管理,并入双碾林场南城苗圃基地。两处合并后苗圃基地面积达123.1公顷。2019年3月按铜梁区国有资产经营管理中心要求,将铜梁区双碾林场经营性苗圃基地匹配给重庆玄天湖旅游投资开发有限公司,随后双碾林场与玄天湖旅投公司签订林业苗圃整体移交合同,将林场南城苗圃和原交通苗圃的资产(房屋、构筑物、苗木等)、债权债务、各项业务、合同、人员及其他一切权利和义务全部移交给重庆玄天湖旅投公司。

(区林业局　李军)

水利

【概况】 2019年1月,铜梁区水务局机构改革更名为铜梁区水利局,划出水功能区划编制、排污口设置管理、流域水环境保护、农田水利建设项目管理、水旱灾害防治、水资源调查和确权登记管理等职责,下属参公事业单位铜梁区防洪办公室划归应急管理局。重庆市铜梁区水利局内设行政科室10个,事业站所14个;共有编制89名,其中:行政编制18名,机关工人编制1名,参公编制14名,事业编制56名;现有在编职工82名。

【重大水利工程】 **同心桥水库** 工程纳入重庆市渝西水资源配置工程,为新建Ⅲ等中型水库,由枢纽工程、泵站工程、灌溉工程及供水工程四部分组成,建址位于铜梁区福果镇与虎峰镇交界处,设计总库容1126万立方米。7月,工程移民规划报告通过市水利局审查,完成全部可研审批前置要件;8月,可研报告获市发改委批复;9月,启动征地移民工作;10月28日,419户、2512.16亩土地征地拆迁任务全面完成;11月,工程初设获市水利局批复,批复概算7.08亿元;12月19日,工程正式开工。

涪江铜梁城区防洪护岸综合整治工程 工程位于涪江右岸二级支流淮远河铜梁城区,按20年一遇洪水设计,总投资1.93亿元。工程治理河道总长6.65千米,新建防护工程9.984千米、堤顶步道1.157千米、穿堤排洪箱(管)涵12处、下河梯步49处,改建翻板闸1座。工程主体建设已完成,准备开展完工验收。

涪江铜梁城区段防洪护岸综合治理工程三标段
(水利局 华德桦)

【水利基础设施建设】 投资120万元,整治电灌站30处、渠道50千米。竣工验收响伍灌区项目,开工淮远河灌区项目,申报立项河坝中型灌区项目,年内完成投资1380万元。实施小水电站清理整改,完成25座小水电站“一站一策”编制。完成石板田、波仑、裤裆丘3座水库除险加固和93座病险水库遗留问题清查整改。小北海水库工程完成市级竣工验收。有序推进沙木糖水库前期工作,取得水库初设(代可研)报告的技术审查意见和洪水影响评价等相关专题报告的批复。

【水政水资源管理】 一是实施用水总量控制。铜梁区2019年用水总量约2.06亿立方米,万元国内生产总值用水量约37.52立方米,与2015年比下降幅度为45.46%,万元工业增加值用水量为32.49立方米,与2015年比下降幅度为37.28%,完成用水总量和用水效率“双控”目标。二是强化节水灌溉建设。完成高效节水灌溉项目建设,铺设各级管道69.27千米,新建高效节水灌溉面积466.67公顷;开展市级样点灌区标准化建设,2019年测算农田灌溉水有效利用系数为0.5174,有效利用率逐年提升;全区累计节水灌溉面积为9646.67公顷,其中管道灌溉9153.33公顷,喷灌393.33公顷,微灌100公顷,节水灌溉率为34.47%。三是加强取水管理。完成取水工程(设施)核查登记和入河排污口普查,摸清取水工程底数并开展整改提升,新办取水许可184件,延续取水许可6件,新装工业取水口量水设施20套,征收水资源费约418万元。四是常态化水环境监测。对主要河流断面、城市重要水源地、农村供水工程、农田灌溉水质开展日常监测,全年监测城市供水饮用水源地36次、农村供水工程水质239次。五是推进节水型社会建设。已建成节水型机关35个、节水型公共机构10个、节水型工业企业7家,开展合同节水试点。2019年11月12日,铜梁区被国家水利部正式命名为“第二批节水型社会建设达标县(区)”。

【水土保持】 制定《铜梁区水土保持委员会职责

和工作制度》，编制《重庆市铜梁区水土保持规划（2018—2030年）》。完成2019年坡耕地水土流失综合治理项目建设，完成投资1690万元，治理水土流失面积304.67公顷。开展“天地一体化行动”，加强生产建设项目水土保持监督检查，送达整改通知书2份，限期办理通知书5份，征收水土保持补偿费402.24万元。完成2020年坡耕地水土流失综合治理项目选点及申报。全年审批水土保持方案28个。

【水旱灾害防治】 与涪江、琼江上游遂宁市、资阳市、潼南区等市区建立防汛联防联动机制，准确预报9月14日洪峰过境安居镇的水位和时间。抓好山洪灾害群测群防体系建设，发放宣传资料2万余份。加强涉河建设审查，年内审查涉河建设项目16个，发出整改通知6份。开展河道“清四乱”专项行动，排查并整改河道管理范围内“四乱”问题36处。整合资金1970万元实施西河镇综合治理工程，有序推进淮远河综合治理工程、平滩河支流综合治理工程前期工作，年内治理河道8.155千米。投资100万余元，实施山洪灾害防治项目，升级改造自动监测站网，延伸山洪灾害监测预警平台到乡镇一级。整合历年河道划界成果，编制完成《铜梁区河道管理范围公布表》向社会公布。

【移民帮扶】 下达移民项目资金1687万元用于移民安置区供水一体化工程。发放移民直补资金551万元。开展移民就业扶持培训（公益性岗位）80人；开展移民家庭帮扶，资助学生52名。

【河长制工作】 一是加强统筹推进，召开总河长会、调度会、专题会、联席会95次，区级河长巡河118次，推动解决河库问题783个，交办督办群众举办问题60个。二是深化实施“五个一律”。加强城镇生活污染治理，加快城区污水处理厂三期工程，实施24座镇级污水处理厂提标改造和21座村级污水处理站维修技改，推进城镇污水处理提质增效；加强工业污染防治，持续开展“散乱污”专项整治，分类实施关停、取缔、整合搬迁、提升改造等措施，推进107家问题企业整改；加强畜禽养殖污染防治，加强循环化改造的养殖场后期监管，建立养殖场粪污去向台账，巩固禁养区畜禽养殖场关闭搬迁成果；加强水产养殖治理，收回62座水库和4782口山坪塘承包权，整治池塘2510口，整治河流沿岸两侧纵深100米重点区域内326户418口165.93公顷专用鱼池，落实114户644.13公顷高密度精养模式养殖场监管责任，停养、转产水产禁养区内专用鱼池56户81口34.27公顷；加强水域常态化清漂管理，涪江、琼江等6条河流共计200.2千米的水面漂浮垃圾及河道水际线外延2米陆域垃圾清理进行市场化管理，全年共出动人员5307人次、出动船舶4372艘次、打捞垃圾6783船次、打捞漂浮垃圾3658.3吨。三是开展污水偷排乱排直排专项整治，整改问题52个。四是举办“最美河库·诗意铜梁”图片展，展示河长制工作成果。全区河流水质持续改善，2019年水质达标率较2018年提高了9.1个百分点，涪江部分月份出境断面水质达到Ⅱ类。

（水利局 杨鹏博）

农业机械化

【概况】 全区农业机械总动力13.5万千瓦，拖拉机80台，水稻插秧机132台，排灌机械8070台（套），机动植保机械2380台，机动脱粒机6557台，谷物烘干机9台。在农业生产中投入微耕机1.7万台、旋耕机46台，机械耕整地面积达到6.67万公顷；水稻机插秧3050公顷；水稻机收2.6万公顷，节约收割成本1亿元以上；油菜机收325公顷。推广旋耕机等耕地机械1669台、水稻插秧机1台、履带式收割机15台、轨道运输机6台、植保无人机2架、其他机械334台，共计2027台。新增动力0.7万千瓦。

【农机推广应用】 一是农机购置及补贴实施。

全区农业机械购机补贴资金总额380.961万元，截至年底，全区对9个大类12个小类16个品目的2003台农业机具进行补贴（其中微耕机1654台、新产品轨道运输机6台），全年共使用中央补贴资金233.935万元，带动农民和产业生产经营组织投入648.38万元，受益主体1942户，新增功率7020千瓦。二是积极推广机耕、机插、机收工作。据统计，推广机耕田土60400多公顷；在侣俸、西河、平滩等镇示范机插秧266.67公顷，全区推广867公顷；水稻机收25334公顷。区农机推广配合区农综项目科建设土地整治田块项目，实施面积1067公顷，总投入3千万余元。三是推进粮食生产全程机械化。引导乡村振兴资金在土桥镇高埡村建立了全程机械化水平作业的重庆市铜梁区农润水稻种植专业合作社，社员205户，注册资金50万元。该专业合作社修建了600平方米的烘干房和200平方米的机具库房。当年种植水稻27公顷、烘干水稻约150吨，赢利约14万元。四是在果树、油茶生产中推广机械化。如二坪镇的特色经济作物澳大利亚油茶树基地，区农机推广站以茶树收获机、高效植保机和粉碎机示范为主，推广应用90户。

【农机监理】 区农业农村委印发《2019年度铜梁区变型拖拉机专项整治工作方案的通知》，明确后续工作开展方向。一是认真落实安全责任。由区农业农村委与镇街签订责任书。再由镇街与村社签订责任书，确保安全责任层层落实。二是持续加强变拖源头管理。进一步开展变拖清理，现拥有量265台。渝籍变拖注册数323台，已核实注销268台，现拥有量55台。三是推进外籍变拖协查工作。区农机安全监理站2019年协查33台，其中19台为新增协查，现共计协查276台，协查率达94.2%。四是推进渝籍变拖清理核实和外籍变拖处置报废工作。五是定期开展安全执法检查。区农机监理站每周开展2次安全检查，检查对象包括微耕机、拖拉机、联合收割机等农业机械及变型拖拉机。截至年底共计出动检查人员203人次，检查220台次。六是做好牌证管理和年检工作。开展农机监理上门服务工作，办理拖拉机及联合收割机登记业务9起，年检业务8起。七是积极开展宣传工作。针对乡镇农机工作人员、农机及变拖使用者及周边群众开展安全宣传，通过培训、宣传手册等途径普及法律法规及安全知识。全年共发放安全资料4700份。

农业植保

【概况】 2019年主要农作物病虫草鼠害发生面积100186.66公顷，防治面积71273.33公顷，挽回粮食损失16391.5吨、蔬菜损失12411.92吨、茶叶损失137.08吨。防控监测系统新发现从境外远距离迁入害虫：草地贪夜蛾。发生地点为侣俸镇文曲村（市农科院玉米试验基地），发生面积33.33公顷，主要为害玉米（通过普查，全区其他地方尚未发现该虫）。区植保站全年发布病虫情报（信息）13期；绿色防控覆盖率达31.77%；统防统治覆盖率在38.1%；农药利用率达39%；农药减量达1.06%（2019年396吨）。

【植物检疫工作】 **产地检疫** 申报企业13家，产地检疫面积136.4公顷，主要涉及柑橘、李、桃、梨等328个果树苗木品种；签发产地检疫合格证81份、3840.61万株。

调运检疫 签发植物检疫证书696份，387个调运单位，涉及163个品种，19个作物，调运数量25955千克，395.84万株（支），依据产地检疫合格证88份，调运植物检疫证书13份。1月9日在巴川街道玉皇村重庆江田园林有限公司柑橘苗木基地发现柑橘溃疡病疫情1公顷、31.83万株；于1月17日至23日全部销毁。开展柑橘非疫区实蝇检测工作，共布局63个监测点，涉及巴川、南城、东城、旧县、石鱼、虎峰、侣俸、平滩、太平等镇（街），已检测到橘小实蝇疫情，系局部地方发生，为害较轻。

新发稻水象甲疫情自2018年5月首次发现以来，已扩散至全区28个镇（街）、发生面积4000公顷以上。通过大面积化学防控措施，危害损失较轻。

农业生态

【农业生态保护宣传】 一是印发《重庆市铜梁区农业农村委员会关于进一步加强秸秆等农业废弃物露天焚烧管理和农业面源污染防治工作的通知》《重庆市铜梁区农业农村委员会关于进一步加强秸秆露天焚烧管理工作的通知》，明确工作目标，压实责任。二是强化秸秆露天禁烧和综合利用宣传，在区电视台所有卫视频道滚动播出露天禁烧和综合利用宣传字幕，为期2个月；印发张贴市农委、市环保局、市公安局三部门《关于加强秸秆露天焚烧管理的通告》5000份；印制发放禁止秸秆露天焚烧和综合利用宣传手册和宣传单50000份。三是强化制度建设：建立落实区、镇（街）、村（社区）、组四级露天禁烧巡查制度，加大对农村地区露天焚烧的管控力度。

【秸秆综合利用】 一是全区秸秆实现以还田为主的综合利用量达90.13%（其中还田率超过75%），比全年考核目标综合率84%高6.13个百分点。二是多途径提高秸秆综合利用水平，实现秸秆肥料化、饲料化、原料化、基料化、能源化。在大庙镇双马养殖场建设利用秸秆和养殖废弃物生产固体有机肥试点项目，该项目建成后年生产固体有机肥1万吨以上，年消化利用农作物秸秆上万吨。

【沼气项目管理】 一是印发《重庆市铜梁区农业农村委关于印发〈重庆市铜梁区农村沼气安全生产责任清单〉的通知》。二是开展安全宣传检查工作。在明月广场街头开展沼气安全宣传活动。深入大中型沼气工程项目和50户以上集中供气联户沼气工程项目实地检查沼气安全生产工作。印发《重庆市铜梁区农村沼气安全使用手册》20000本。各镇街于6月份及时开展农村沼气安全大宣传、安全隐患大排查大整治行动。三是抓好归口项目管理，严格过程监管和建后运营管理。全面完成2018年市级资金项目建设任务，各项工作顺利通过第二轮中央环保督察考核。

【农业生态环境检测】 一是稳步展开农产品产地土壤环境质量国控例行监测工作，全面完成年度工作任务。二是按照国家、市、区计划牵头推进“第二次全国污染源（农业源）普查”，全面完成年度工作计划。三是认真抓好入侵生物预警检测，开展入侵生物调查，制定入侵生物预警监测和防治方案。

【环境污染整治】 一是完善基础设施。开展农村水电路讯网房等基础设施建设。建成“四好农村路”590千米、铺设光纤1473千米，特色小镇天然气安装100%，巩固提升10.72万农村居民饮水，改造、整治危（旧）房6161户，新建31个镇、村（社区）综合文化服务中心。补充耕地267公顷，新增改善灌溉面积267公顷。二是强化环境治理。农村改厕完成10807户。完成新增垃圾治理村5个，建成垃圾分类示范村8个，行政村生活垃圾有效治理率100%，“三清一改”村庄清洁行动共清理垃圾12218吨，清理沟渠3291千米、塘堰1638处。改造污水处理设施6座，建成污水管网37千米，完成2.1万头生猪当量污染治理，建成农膜回收点40个，回收废弃农膜384.7吨，农作物秸秆资源化利用率86.4%，畜禽粪污资源化利用率87.96%。三是实施国土绿化提升工程。完成营造林3320公顷、绿化村庄公共场所面积6066.67公顷。治理废弃矿山面积10.93公顷。四是加强农作物秸秆露天禁烧管理。出动执法人员434人次，出动执法车辆118辆次，多轮全覆盖镇（街）开展露天禁烧执法检查。全年优良大气达300天以上。五是加大肥水养殖整治力度。全区收回水库承包权57座、山坪塘4458口。28个镇街已签订《鱼池水质整治达标协议》1523户，整治池塘2442口。河流沿岸两侧纵深100米重点整治区域内326户418口166公顷专用鱼池已全部完成整治，114户644公顷高密度精养模式养殖场全部落实监管责任。加强水产养殖禁养区管理，全区清理出水产养殖禁养区内79户116口养殖户专用鱼池57公顷，已取缔65户90口35公顷。六是大力推广绿色种养殖技术。开展化肥减量示范，在高楼、平滩等镇街建设绿肥示范片667公顷，结合2019年果菜茶有机肥替代化肥行动项目落实蔬菜、水果、花椒、油茶等特经作物配方肥+有机肥示范1127公顷，全区测土配方施肥技术覆盖率达93%。2019年化肥使用量减少1%。推广绿色防控技术，切实减少农药污染，全区蔬菜基地、园艺作物标准园、粮油作物绿色高质高效创建示范片实现绿色防控植保技术全覆盖，全区主要农作物绿色防控技术覆盖率达到35%以上，专业化统防统治覆盖率达到35.5%以上，全年农药使用量减少0.5%。

【创建乡村治理示范村】 年内共有3个镇申报乡村治理示范镇、10个村申报乡村治理示范村。通过对照示范村镇创建标准，审核申报材料，确定拟推荐土桥镇为示范镇，土桥镇六赢村、南城街道黄桷门村为示范村，并上报市委乡村振兴办。

农业综合开发

【概况】 2019年度，实施2018年农业综合开发项目计划总投资2383.53万元，其中：中央财政资金1150万元、市级财政资金936万元、区级配套资金17万元、项目区群众自筹或业主自筹资金280.53万元。实施农业综合开发土地治理高标准农田建设项目2个、产业化经营财政补助项目2个、市级财政专项资金项目2个、产业化贷款贴息项目3个。

【农田建设项目】 2019年度实施2018年土地治理高标准农田建设项目2个，总投入资金1934万元，其中：中央财政资金924万元，市级财政资金896万元，群众自筹114万元，在安居镇紫极村、少云镇海棠村建设高标准农田806.67公顷。安居镇建设地点位于紫极村，建设高标准农田540公顷。项目总投资1294万元，其中中央财政资金618万元，市级财政资金600万元，群众自筹76万元。项目正在办理竣工结算。少云镇建设地点位于海棠村，建设高标准农田267公顷。项目总投资640万元，其中中央财政资金306万元，市级财政资金296万元，群众自筹38万元。项目正在办理竣工结算。

【财政补助项目】 2019年度实施2018年农业综合开发产业化财政补助项目2个，实施2018年农业综合开发专项资金项目2个。

铜梁区2018年6.67公顷“稻虾共生”种养结合示范基地新建项目。项目总投资160.41万元，其中：中央财政资金补助70万元、区县级财政配套资金8万元、重庆市熙昭农业发展有限公司自筹资金82.41万元。该项目由重庆市熙昭农业发展有限公司在土桥镇庆林村实施。项目已经完工，区农综办会同区财政局组织专家对项目进行验收，达到预期效果；经重庆金龙工程造价咨询有限公司对其竣工结算审计，工程投资审定金额153.0287万元，未完成工程3.792万元的项目总投资，按相关规定扣除财政补助资金3.5892万元，实际该项目已拨付财政补助资金74.4108万元。

重庆市铜梁区2018年6.67公顷生态鱼养殖基础改扩建项目。总投资159.92万元。其中：中央财政资金补助70万元、区县级财政配套资金9万元、重庆市铜梁区众源生态农业发展有限公司自筹资金80.92万元。该项目由重庆市铜梁区众源生态农业发展有限公司在土桥镇庆林村实施。

项目已经完工，区农综办会同区财政局组织专家对项目进行验收，达到预期效果；经重庆金龙工程造价咨询有限公司对其竣工结算审计，工程投资审定金额151.3618万元，未完成工程8.5581万元的项目总投资，按相关规定扣除财政补助资金4.2278万元，实际该项目已拨付财政补助资金74.7722万元。

铜梁区安溪镇金滩村油茶种植基地完善灌溉基础设施建设项目。项目总投资33.2万元。其中：市级专项财政资金30万元；重庆市铜梁区金滩油茶种植专业合作社自筹资金3.2万元。该项目由本专业合作社在金滩村实施。项目已经完工，区农综办会同区财政局组织专家对项目进行验收，达到预期效果；经重庆金龙工程造价咨询有限公司对其竣工结算审计，工程投资审定金额33.0398万元，未完成工程0.1602万元的项目总投资，按相关规定扣除财政补助资金0.1448万元，实际该项目已拨付市级专项资金29.8552万元。

2018年度特色糯玉米栽培技术示范推广项目。项目财政投资10万元。该项目由重庆云雾山生态观光农业开发集团有限公司在庆隆镇同康村实施。项目已经完工，区农综办会同区财政局组织专家对项目进行验收，达到预期效果；该项目已拨付市级专项资金10万元。

【中央财政贴息项目】 2019年度实施2018年农业综合开发产业化贷款贴息项目3个，中央财政贴息资金86万元。分项如下：

重庆和恒农业开发有限公司特色农业种养殖项目。项目流动资金贷款1000万元，经会同区财政局对重庆绿油坡蔬菜有限公司项目财务资料审查，符合农业综合开发产业化发展贷款贴息政策，已拨付中央财政贴息资金27万元。

重庆市铜梁区家泽现代农业科技园有限公司特色农业种养殖项目。项目流动资金贷款980万元，经会同区财政局对重庆市铜梁区家泽现代农业科技园有限公司项目财务资料审查，符合农业综合开发产业化发展贷款贴息政策，已拨付中央财政贴息资金29万元。

重庆旺农饲料有限公司特种水产等饲料加工项目。项目流动资金贷款1000万元，经会同区财政局对重庆旺农饲料有限公司项目财务资料审查，符合农业综合开发产业化贷款贴息政策，已拨中央财政贴息资金30万元。

脱贫攻坚

【加强领导，措施有力】 一是调整充实区扶贫开发工作领导小组，区委书记、区长亲自任组长。成员有区纪委监委机关、区委办、区政府办、区委组织部等42个单位主要负责人。二是区扶贫开发工作领导小组（办公室）先后印发4个文件，指导、规范、督查全区脱贫攻坚工作的顺利开展。三是建立健全各种制度。区委、区人大、区政府、区政协主要领导和区委副书记定点联系5个市级脱贫村，其余区级领导均定点联系镇村。区委常委会会议、区政府常务会议每月研究一次脱贫攻坚工作，每两月召开扶贫开发领导小组会议，每季度召开区委落实中央脱贫攻坚专项巡视反馈意见整改工作领导小组会议，确保责任落实、工作见底。坚持三级书记访遍贫困对象，区委主要领导带头遍访5个市级脱贫村，带动28名镇街党（工）委书记和278个村（涉农社区）党组织书记对辖区内贫困户进行遍访。四是加强扶贫工作队伍建设。在区扶贫办内设置扶贫开发综合科、扶贫开发项目科和扶贫开发服务中心。从全区抽调15名精干力量充实到脱贫攻坚第一线。各镇街、部门扶贫工作分管领导基本稳定，5个市级脱贫村所在镇至少配备2名扶贫专干，其余镇街至少配备1名专干。调整选派市级脱贫村“第一书记”5人、驻村工作队员22名。分类分级开展扶贫干部培训24场，参训人员达1856人次。

【抓实扶贫资金项目】 2019年市财政安排专项扶贫资金1472万元、同比增长79.73%，区级配套扶贫资金1307.185万元、同比增长63.4%，全额投入扶贫项目、教育资助、产业保险、医疗保险、精准脱贫保等领域。严格按照“村级申报—镇街初审—区级审定—项目入库”的评审程序，规范建设项目库，已入库项目158个，其中2019年实施项目92个，资金拨付进度达90%，资金与项目库匹配率实现100%。一是全面解决“两不愁”问题。建卡贫困户全部实现不愁吃、不愁穿，为建卡贫困人口统一购买精准脱贫保，开展低保政策“全面核查，精准救助”专项行动，全覆盖走访核查4462户建卡贫困户，全年将173户318名建卡贫困人口纳入城乡最低生活保障；对原有327户816名未脱贫人口全部落实“一户一策”精准帮扶，已全部脱贫。二是全面实现义务教育保障。全区4462户建档立卡贫困家庭共有在校学生2363名，其中义务教育阶段1471名，建立控辍保学工作机制，全面压实教育部门、镇街、学校和家庭责任，对因残疾、厌学等原因辍学失学的22名义务教育学生，全部落实送教上门。从年初以来共资助建卡贫困家庭学生2445名，资助金额达421.35万元。对131名区外就读的建卡贫困学生，全部以函信、邮件、电话等方式与当地教育部门联系协调，确保铜梁籍建卡贫困学生应助尽助。三是全面实现基本医疗保障。对建卡贫困户参加基本医疗保险实行分类资助，未脱贫人口全额资助，已脱贫建卡贫困人口资助70%，实现基本医保、大病保险、医疗救助全覆盖。建档立卡贫困患者在区内所有医疗机构住院均实行“先诊疗后付费”“一站式”结算，大病集中救治、慢病签约服务、重病兜底保障均实现100%。组建家庭医生团队172个、总人数805人，实现建档立卡贫困户家庭医生签约服务全覆盖。四是全面实现住房安全保障。全覆盖开展农村住房鉴定评级工作，对4462户建档立卡贫困户住房进行A、B、C、D级评定，其中A级1500户（含已享受危房改造政策的1069户），B级2850户（含已享受危房改造政策的890户），C级55户，D级57户。对112户C、D级危房分类进行处置，其中34户另有安全住房或租房、投亲靠友，78户享受危房改造，已竣工68户，10户正在改造，年底前全部完工。五是全面实现饮水安全达标。对4462户贫困户饮水建立饮水安全台账，并张贴“饮水安全保障卡”。实施饮水安全巩固提升工作，改造农村人饮管网110千米，受益群众4870户15680人，贫困户饮水安全问题得到全面保障。

【全面整改问题】 对照中央脱贫攻坚专项巡视反馈问题，梳理出涉及铜梁整改任务129项，与国家和市级2018年脱贫攻坚成效考核反馈80个问题，建立完善整改工作联动配合、清单管理、定期报告、常态督导、成效回访“五项机制”，实行“旬调度、月通报”，对209个重点问题逐项“过堂”。一是对照中央脱贫攻坚专项巡视反馈全市4个方面13个问题，研究制定《中共重庆市铜梁区委关于印发中央第四巡视组脱贫攻坚专项巡视反馈意见铜梁区整改落实方案》，梳理出涉及铜梁的4个方面9个问题，研究确定整改任务129项，已全部完成整改。二是对照国家和市级反馈2018年脱贫攻坚成效考核问题，制定《国家和市级反馈2018年铜梁区脱贫攻坚成效考核问题整改落实方案》，将反馈问题梳理细化为6大类、80个（其中国家考核反馈问题36个、市级考核反馈44个），均已完成整改。三是针对国务院扶贫办和全市脱贫攻坚专项督查巡查反馈问题，及时研究建立整改台账，主动认领问题24个，逐项制定具体整改措施，明确牵头领导、责任单位和整改时限，到年底全市督查反馈4个问题，国务院扶贫办专项督查反馈问题，现已全部整改销号。

【狠抓融合结合】 一是做大做强扶贫产业。坚持把产业扶贫作为巩固脱贫成果、提升脱贫质量的治本之策，成立产业扶贫专项小组，制定出台《铜梁区产业扶贫工作方案》，设立1000万元扶贫产业发展基金。围绕“六要”路径，建立“新型农业经营主体+村集体+贫困户”三位一体利益联结机制，全区4462户建卡贫困户中已有3105户将820公顷土地、305万元资金入股到466个集体经济发展项目中，带动5个市级脱贫村和“插花”贫困户发展脆桃、油茶、龙虾等特色产业566.67公顷。开展扶贫产业保险试点，安排70万余元扶贫专项资金，为5个市级脱贫村和所有建卡贫困户的644.47公顷水稻、70公顷桃子、38.67公顷柑橘、53.33公顷油茶、16.67公顷小龙虾养殖面积、32.33公顷辣椒等产业购买政策性和收益保险。二是加强扶贫资金项目监督，建立区级部门涉农资金项目整合使用联席会议制度。三是全面提升基础设施。优先实施5个脱贫村补短板“三年计划”，累计投入4215万元，从2018年以来农村卫生改厕9441户，改造农村用电设施3850户，铺设光纤1590千米，村民聚居地4G信号全覆盖。加快构建脱贫内畅外联交通网络，2018年以来启动实施“四好农村路”建设1200千米，投用658千米，村民小组通达率实现100%，通畅率达90%；其中，5个市级脱贫村累计建成扶贫公路68.7千米，85个村民小组硬化路实现“社社通”，通达率、通畅率均达100%。四是构建乡村善治格局。将5个市级脱贫村列为示范村建设。常态化全覆盖办好“新时代文明实践中心（站所）”，常态化开展“家风润万家”“梦想社区·幸福家园”等主题活动，评选“新乡贤”“好乡亲”837名、“铜梁好人”20名、“脱贫攻坚先进典型”31人。

【打牢脱贫基础】 一是抓好“百日攻坚”工作。从区扶贫开发领导小组成员单位抽调440余名精干力量，动员镇、村干部1300人组成28个工作组，由区级领导任组长，带队深入28个镇278个村（涉农社区）、39个重点部门开展大普查，全面摸清“七个聚焦”“三落实”“三精准”“两不愁三保障”突出问题以及各类问题整改等情况，对全区脱贫攻坚工作进行全面“体检会诊”“对症下药”，分级分类建立“五本台账”和问题清单，对发现的642个问题及时交办、立行立改、跟踪督办，已整改完成603个。二是抓实扶贫小额信贷。研究制定《关于进一步加强扶贫小额信贷工作的方案》，创新实施“四个一”工作机制。全年新增发放贷款2347.105万元、贷款1665户次，全区扶贫小额信贷累计贷款金额3377.005万元、贷款1907户次，贫困户获贷率已提升至43.61%。三是抓实扶贫对象动态管理。坚持“一个立足、六个结合”，认真做好建档立卡动态调整和“两摸底一核查”工作，制定《2019年扶贫对象动态管理工作方案》，三级书记带头包镇、包村、包户，对贫困对象信息和问题进行拉网式采集排查，确保核查不漏户、户户见干部，实现入户走访、信息核查、问题摸排“三个100%”；初步筛选全区有脱贫监测户21户46人、边缘户31户75人。四是坚持一手抓脱贫攻坚、一手抓巩固提升，全面落实“四个不摘”要求，严格执行防贫返贫动态监测、提前干预机制，对已脱贫户产业、就业、培训等需求有针对性地帮扶，有效防止边脱贫边返贫、边脱贫边致贫；对照贫困村“建八有”、贫困户“解八难”标准，持续实施“基础设施+扶贫”提升工程，强化扶贫产业和集体经济发展。五是坚持扶贫与扶志、扶智相结合，制定《贫困群众扶志扶智工作方案》，深入实施就业扶贫，累计开展扶贫创业就业技能培训47期，举办贫困人员专场招聘会4场，提供就业岗位1195个；建成扶贫车间4个、扎龙基地3个，开发公益岗位276个，主要用于安置贫困户就近就业。六是在保持政策连续性的基础上，加强扶贫开发政策与最低生活保障制度标准、对象、管理、政策、信息、考核六个方面的衔接。对贫困人口中的低保对象实施双重动态管理，“双轮驱动”保障打赢打好脱贫攻坚战。全区4462户、12625名建卡贫困户中，纳入低保范围（含特困供养）的贫困户1263户、2492人；原有327户未脱贫户中有188户386人享受低保政策，占比超过57%。全区低保供养人员（含特困供养人员）

14062户，其中建卡贫困户占比达9%；共发放最低生活保障金5626.21万元，其中建卡贫困户发放837.92万元，占比15%，有效发挥了低保兜底保障作用。七是定点帮扶。切实履行对巫山县定点帮扶工作，共资助资金和物资423万元，其中直接财政投入408万元，用于基础设施378万元，资助贫困学生500人、10万元，医疗卫生资助20万元。捐赠物资折价15万元。

【加强作风建设】 一是严格落实监督责任。制定《中央脱贫攻坚专项巡视反馈意见铜梁区纪委监委整改落实方案》，深入落实“七个全覆盖”惩治基层小微腐败长效机制，在全区333个村（社区）推广农村财务一体化监管平台和农村财务便民查询平台。全年查处扶贫领域腐败和作风问题82件，处理101人。二是深化扶贫领域专项整治。出台《铜梁区开展扶贫领域腐败和作风问题专项治理“回头看”扎实抓好中央脱贫攻坚专项巡视反馈意见整改工作方案》，督促扶贫项目资金主管部门对2017年7月以来的扶贫项目资金进行全面排查，已排查扶贫项目58个，涉及资金14839.72万元，发现问题5个，已全部整改到位。对已接受过巡察的5个市级脱贫村开展巡察“回头看”，对11个扶贫开发领导小组成员单位和3个贫困户较集中的镇街及下属村（社区）党组织开展扶贫专项巡察，发现问题69个，已移交问题线索5件。深入整治扶贫腐败问题及形式主义、官僚主义等作风问题，查处问题17件，处理22人。三是关心关爱扶贫干部。选准用好帮扶干部，对5个市级脱贫村5名“第一书记”和22名工作队员，全部购买人身意外保险，落实生活补助。分类分级开展扶贫干部全覆盖培训，打造一支懂扶贫、会帮扶、作风硬的扶贫干部队伍。2019年提拔扶贫干部8名，对9名同志授予“扶贫成效突出干部”称号。四是及时引导处置涉贫舆情。出台《铜梁区扶贫领域信访工作实施细则》，推行联合接访、干部下访、特殊群体包案等制度，加强12317信访平台管理维护，明确专人负责信访接待、政策咨询、矛盾化解、档案管理等工作，及时办结12317信访平台信访事项2件，信访人对处理结果全部满意。

（区农业农村委　罗国伦）

农业耕地保护

【耕地保护】 2019补划永久基本农田78.89公顷，其中水田65.20公顷、旱地13.69公顷；划定永久基本农田储备区3315.04公顷，2019年末全区实际耕地面积64792.03公顷。

【土地复垦】 实施农村建设用地复垦项目24个，完成补充耕地任务25.8公顷。完成了42个农村建设用地复垦项目的储备补充耕地内外业核查和市级抽查工作，农村建设用地复垦入库备案7个项目3.6公顷。完成了14个农村建设用地复垦约6.67公顷的竣工测绘工作，13个复垦项目完成16公顷地票交易，获得地票价款5254万元。

【土地整理】 2019年实施储备补充耕地核查项目51个，完成补充耕地253.27公顷。维新镇营基村等14个土地整理项目总工程量完成85%，累计完成投资7392万元。完成了2020年区级土地整理项目选址及耕地开垦费调标工作。

【规划和自然资源执法】 开展“大棚房”问题清理整治专项行动，清理“大棚房”问题25个，耕地非农化问题65个，查处违规占用耕地3.63公顷。整治城区存量违法建筑4.2万平方米，组织回填“水岸国际南区”违规开挖地下空间1.4万立方米。扎实推进违建别墅清查整治专项行动，拆除整改违建别墅问题项目3个，拆除建筑66幢，拆除面积约10349平方米。全年立案查处土地违法案件18宗，处以罚款213.9万元，没收地上违法建构筑物2.251万平方米，拆除地上违法建构筑物3.26万平方米。查处矿山违法案件4件，整改4件，处以罚款42.74万元；查处规划违法行为12件，处以罚款290.27万元。对全区近年来矿山违法开采的32条线索进行了拉网式排查，对复绿复耕不到位的19个采点责令停止违法行为，并要求在2个月内复绿复耕，已完成整改。

完成规划竣工核实26件，面积56.9万平方米。其中开发项目13件，面积35.4万平方米；园区企业10件，面积20.61万平方米；公建项目3件，面积0.89万平方米。摸排出农村危房26190户，计划拆除5571户，封堵6721户、复垦5513户，改造8327户，完成危房处置工作1322户。办理信访案件32件次，接待上访群众53人次；处理高新区遗留问题5件，有序推进龙鹏景园、银鹏飞还建房、虹和丽都、虹湖丽都等遗留问题处置工作。

（区规划自然资源局　陈季忠）

农业执法监管

【农产品质量安全监管】　加强监管　一是加强农业投入品监管。与执法大队一起检查农资批发经销商和各镇街经营商183家，开展种子、农药和肥料质量抽检共43个；主动上交和没收假劣农药224千克，种子2千克。二是加强对种植养殖基地的巡查检查。全年共检查种养殖业生产经营主体492家次，发现存在安全用药隐患36家，存在日常生产记录不完善，产地环境管理不到位等方面问题23家，都现场落实专人督促限时完成整改销号。

开展检测　根据时节，合理安排抽查检查，重点加强现场采摘、鲜食以及用药安全隐患大的农产品的监督抽查。对时令水果、草莓、蔬菜生产基地进行检查50次，对水产品、蔬菜、水果、食用菌质量监督执法抽检120次，抽检样品780个，全部合格。全区定性农药残留快检达12693个样品，合格率98.8%。水产快检46个样品，全部合格。定量检测493个，检测合格率100%。

实施追溯管理　2019年全区3.3公顷以上的种植养殖业532家注册进入重庆市农产品质量安全追溯管理平台，占全区总数587个的91%。同时，按照农业农村部的总体要求，全区53家“三品一标”获证主体全部入驻国家农产品质量安全追溯管理平台系统。全区183家获得农药经营许可的经营主体也全部入驻重庆市农药追溯管理系统。

专项整治　一是开展隐患排查。联合28个镇街开展农药及农产品生产经营主体安全隐患排查，共排查农药生产经营主体183家，以及种养殖业主体208家，发现存在农药安全使用隐患36家，现场落实专人督促限时完成整改销号。二是开展质量提升行动。联合畜牧业发展中心开展“三品”认证行动，通过召开“三品”认证专题培训会，发动区内33家企业55个产品总产量达20000吨农产品积极参与申报认证无公害农产品。有效提升铜梁农产品质量安全。三是加强监督抽查。为达到专项整治行动的震慑作用，制定了监督抽查计划，分批次开展监督抽查，完成农药抽送检样2个，农产品抽送检样26个，合格率100%。

【农业执法监管】　农资市场执法监管　一是开展农资市场检查工作，检查城区各种子批发经销商13家，检查各乡镇种子代销户260家，要求整改40起。二是加强种子备案管理，实行纸质和网上备案同时进行，区级种子经销商13家，共备案两杂种子250个。三是配合市农委进行种子质量监督检验抽样12个和农药监督检验抽检12个，自行执法抽检种子、农药、化肥12个全部合格。四是办理农药经营许可10起。五是协调处理农资纠纷7起，全部妥善处理，为群众挽回经济损失5.5万元。

渔政监管　检验渔业船舶171艘，巡逻检查餐饮渔庄8家；检查渔船安全及非法捕捞出动检查车70次、检查船18次，执法检查人员260人次；开展联合执法，协同公安、镇街等查处电捕鱼、非法捕捞23次，与合川、潼南渔政管理部门开展联合执法行动3次；处理非法捕鱼12起，移送公安机关进行刑事起诉7起，罚款13000元；收缴、销毁网具15副，放生野生鱼40余千克，没收电捕器2套。禁渔期成立护渔小组9个，分河段进行常态化护渔，劝离游钓人员1800余人。2019年开展增殖放流2万元工作；开展肥水养鱼调查15次，要求整改10起。

秸秆焚烧检查工作 执法检查58次，出动执法检查人员162人次，全区发现制止并扑灭火点250个，现场要求整改100起，发出书面整改通知10份，开展秸秆焚烧法律法规现场宣传2次。

执法案件 全区共办理案件16件，处罚款48500元；其中种子案件4件，缴罚款12000元；农药案件4件，缴罚款14000元；渔业案件5件，缴罚款10000元，肥水养鱼案件2件，缴罚款12000元。渔业立案查处案件移交公安14件。上报执法信息40篇。

农业科技示范园区

【概况】 着力推动西郊示范片产业发展。围绕拓展西郊绿道环线功能，丰富西郊示范片产业业态，推动农文商旅深度融合，制定《西郊示范片重要企业、节点产业提质方案》，采取“一企一案”的方式，对成王果业、科赛农业、牧堂纯、荷和原乡、黄桷门生态互联网小镇等6个重要企业、节点产业全面提质，打造西郊环线重要支撑点。推进乡村振兴西郊农业科技示范片建设，项目规划涉及巴川、南城、太平、土桥、侣俸5个镇街24个村(社区)。建成60千米绿道环线，完成沿线1398户农户和庭院环境整治提升，围合面积约35平方千米。在推进西郊示范片建设中，按照“串点成线、连片扩面”和“以最小的投入、做最小的改动”的工作思路，坚持结构调整与农民增收相结合、生产发展与生态保护相结合、组织引领与群众参与相结合的原则，围绕“一年通道路、二年现美景、三年抓提升”目标，到2020年，把西郊示范片培育成农村景观一流、农业产业一流、示范效应一流的乡村振兴示范片。

【绿道系统建设】 以西郊示范片绿道环线两旁为重点，大力实施绿化美化工程，抓住重要节点、绿道路线，全面梳理沿途植被，精心打造特色景观小品，做到依山塑形、见山见水、内外兼修，彰显山水颜值、人文之美，展现“原乡风情 大美铜梁”。2019年植树造林的苗木全部由区内国有苗圃提供，由过去中标企业实施变为组织发动干部群众参与，既达到了植树造林的目的，又大大节省了经费开支。更为重要的是，把植树造林的过程变成了组织群众、教育群众的过程，呈现出乡村振兴人人动手、人人出力、人人参与、人人共享的良好氛围。

【推动产业发展】 一是大力发展绿道经济，示范引领全区乡村振兴。在示范片内已引进培育92个新型农业经营主体，发展精品花卉苗木866.67公顷、精品果蔬1200公顷、生态养殖240公顷，特色产业累计2306.67公顷。二是特色产业规模化精品化。围绕西郊示范片建设，依托旅投公司、东郁公司等企业，打造精品花卉苗木基地866.67公顷，带动全区发展花卉苗木达1666.67公顷。建成莲藕种植基地3333公顷，“铜梁莲藕”地理标志农产品已通过市级品鉴审定，全年蔬菜种植面积22400公顷，产量71.4万吨。建成蜜柚基地1333.33公顷、艾草基地666.67公顷，全区特经作物种植面积达10000公顷，产量达11.6万吨。全面推行清水养鱼模式，重点发展乌鱼、观赏鱼等特色水产1066.67公顷，专业化水产养殖达3666.67公顷，全区水产品总量达35501吨，产值9.1亿元。

农业名优产品

【农业品牌打造】 2019年度铜梁区内新获得市级以上农业品牌总数为209个。其中：“三品”认证农产品194个(无公害农产品141个，绿色食品53个)，重庆市名牌农产品5个，巴味渝珍授权产品6个、名特优新农产品1个，第二十届中国绿色食品博览会金奖1个，重庆老字号1个，重庆好礼铜牌品牌1个。

2019年荣获重庆市名牌农产品名单

品牌名称	品牌主体	主产地点	年产(吨)	评定文件
老肖葡萄	重庆市老肖农业开发有限公司	平滩镇	—	渝绿协发〔2019〕3号
美人椒	重庆市铜梁区御丰蔬菜专业合作社	—	—	渝绿协发〔2019〕3号
葡萄	重庆申大农业开发有限公司	—	—	渝绿协发〔2019〕3号
柰李	重庆奥力斯农业发展有限公司	—	—	渝绿协发〔2019〕3号
巴岳柚	重庆建亨农业发展有限公司	平滩镇	—	渝绿协发〔2019〕3号
铜梁樱桃	铜梁区农业农村委员会	双山镇	—	证书复印件
巴岳玉露茶	重庆玄天湖投资开发有限公司	巴岳山	—	证书复印件
艾草精油枕头	重庆真艾农业有限公司	少云镇	—	—

重庆巴味渝珍授权产品

品牌名称	品牌主体	评定时间	年限	评定文件
黄豆芽	重庆绿油坡蔬菜有限公司	2019.5	3年	“巴味渝珍”官网截图
绿豆芽	重庆绿油坡蔬菜有限公司	2019.5	3年	“巴味渝珍”官网截图
天星寨养生葛粉面	重庆市天星寨粉葛食品有限公司	2019.8	3年	“巴味渝珍”官网截图
天星寨野葛花	重庆市天星寨粉葛食品有限公司	2019.8	3年	“巴味渝珍”官网截图
天星寨野葛丁	重庆市天星寨粉葛食品有限公司	2019.8	3年	“巴味渝珍”官网截图
天星寨葛粉	重庆市天星寨粉葛食品有限公司	2019.8	3年	“巴味渝珍”官网截图

（区农业农村委　罗国伦）

交通 邮政

交通

【综述】 区交通局内设7个科室：办公室、财务科、建设管理科、综合运输科、法制安全科、行政审批科、综合规划科。下属5个事业单位：道路运输管理所、港航管理处、公路路政管理大队、公路局、公路质监站；有国有企业1个：和信交通工程质量检测公司。全系统共有干部编制170名、在编137人。辖区重点客运公交企业5家：重长司铜梁分公司（铜梁汽车北站）、新龙都客运公司（铜梁汽车南站）、祥龙公司、龙华公司、渝通公交公司。

境内公路总里程4512.384千米，公路网密度为330千米/百平方千米，万人拥有公路量为61千米。拥有高速公路89.66千米，互通口及枢纽立交11个。渝遂高速公路境内长42.75千米，通往重庆主城和四川成都，设互通口4个。重庆市三环高速公路境内长31.86千米，通往合川、永川，设互通口4个、枢纽立交1个。成渝复线高速公路境内长15.05千米，通往重庆主城和四川成都，设互通口2个。境内有国道G319线52.744千米，通往璧山、潼南。境内有省道256.563千米、县道102.213千米、乡道365.488千米、村道3628.72千米、专用道16.996千米。镇街通达率、通畅率100%，行政村通达率、通畅率100%，基本实现“村村通柏油沥青公路”目标。

【铁路建设】 2019年，全面启动铁路建设前期工作，兰渝高铁、成渝中线高铁完成工可编制。

【公路建设】 **高速公路建设** 一是渝遂扩能一期（北碚至铜梁段）高速公路项目。渝遂扩能一期项目于2019年12月29日举行开工仪式，2020年6月前动工建设。二是合璧津高速公路铜梁段。九峰山1、2号隧道开展掘进作业（两个隧道共掘进900米左右）和道路路基工作。三是铜安乐高速项目升级为省际间通道性质。招标工作完成，中标人为中国交建联合体。市规自局进行生态红线调整，项目公司注册在铜梁。

区域互联互通 铜梁城区北环线全线完工通车。省道S302铜梁城区至侣俸段完成总工程的70%；G319西泉至虎峰段桥梁完成总工程的50%，道路完成总工程的40%。

乡村振兴西郊示范片公路工程 2019年3月20日全线建成并通车，人影基地至奇彩梦园段道路12月建成通车。曹家店至西郊林业苗圃进场施工，黑龙滩桥和飞龙桥建成通车，尚书桥接近完工，可在2020年春节前建成。

“四好农村路”建设 开工建设“四好农村路”1225千米，完工819千米，新解决近1438个村民小组通畅问题，惠及群众约20万人。全区农村公路总里程达到4030千米，其中，硬化水泥或沥青混凝土路面3150千米，硬化率78.2%；全区村民小组通畅率达94%、通达率达100%。

合璧津九峰山隧道施工现场 （区交通局 供图）

【公路运输】 **道路运输情况** 有一级汽车客运站2个、四级客运站4个。拥有省际县际客运车辆130辆、货运汽车3895辆。区内公交线路25条、城际公交线路1条，公交车辆197辆，出租车245辆；农村客运线路100条，农村客车218辆；镇街通客车率100%，行政村通客车率100%。公路旅客周转量83318万人千米，增速为8.56%；公路货运周转量91979万吨千米，增速为12.4%。

道路运输市场管理 顺利完成140辆出租车到期重新投放工作，新开通农村客运线路8条；新增龙城天街商圈118路公交线路，调整102路夜间公交线路途经龙城天街商圈和区市民服务中心；完成安居少云公交32辆投放及沿途50对港湾式停靠站建设工作，方便群众出行。积极处置祥龙公司75台承包出租车的安全培训教育补课、车辆保险年审、服务监督卡续期等风险化解工作。成功举办2018年度"雷锋的士"评选表彰工作，评选出雷锋的士13辆，优质服务明星26名。

【公路养护】 一是坚持运用"互联网+"技术破解养护难题，将公路养护基础数据、病害信息采集、审核验收、计量流程等融为一体，并通过车载视频巡查、手机App，养护过程监督、考核计量、巡查检查工作实现可视化、流程化、痕迹化。对国、省、县道42座桥梁进行定期检测；及时完善更新应急物资的储备；积极开展日常性养护。投入资金约22.23万元，整治公路安全隐患388起，维修更换波形防护栏、各类标牌、路肩及边沟。二是常态化开展路政巡查执法和安全隐患大排查大整治。依法对辖区国、省、县、乡道公路路产实施路政巡查和安全监管，处理各类路政案件283件，路政案件查处率、结案率和赔偿率达到100%，公路巡查率100%。加强部门联合执法行动，对车货总重超过49吨、货运车辆超限绕行和非法超限运输车辆进行严厉打击，实行严管重罚。全年共检查货运车辆81.61万辆，卸载超限超载车辆2188辆，共卸载货物1565.92吨，处罚超限超载车辆180台次，超限超载率控制在1%以内，低于全市平均数4个百分点。

【水路运输】 境内通航流域共计222千米，其中涪江23千米为五级航道，最大通航能力500吨级船舶，其余为等外级航道。港口货物和旅客吞吐能力分别为87万吨、37万人。全区有个体货运船舶164艘1.1万吨位，小型客渡船28艘。水上货运周转量为1681万吨千米，增速为-44.2%。

水运安全管理 积极应对"9·13"涪江洪水过境，救助遇险群众2人，发布各类预警信息1000余条。牵头组织开展针对性的应急抢险演练3次，为汛期水上安全奠定了基础。

水上专项整治行动 一是开展砂石船舶专项整治。坚持以采、运砂石船舶为整治对象，认真开展砂石船舶安全技术复核和评估，确保船舶、图纸、证书"三证合一"。共现场检查砂石船舶166艘次、检查图纸档案资料258艘次。

二是开展非法码头专项整治。督促安居、高楼镇政府完成非法码头的复绿工作，积极配合安居华夏公司完成码头前期建设手续，并率先完成全区老旧码头评估工作，于2019年3月顺利取得经营许可证。

三是开展餐饮船污染专项整治。大力宣传船舶防污染工作，禁止使用重油，按时记录船舶垃圾回收记录簿、污油回收记录簿。为辖区48艘船舶加装生活污水收集储存排出系统和污油水收集储存排出系统，并在高楼、安居分别设置船舶生活污水回收转运装置，确保船舶码头环保工作落到实处。

河长制工作 一是认真组织巡河检查。年内涪江河长办组织巡河5次，区交通局港航处对涪江流域常态化巡河260余次，全力推进涪江两岸环境综合整治。二是突出问题整改销号。认真开展第一轮中央环保督察"回头看"，对排查出的50个问题全部整改到位，并整改完成第二轮中央环保督察交办案件2件。

【交通管理】 一是结合区委"四治四提"专项行

动，开展场镇路域安全专项整治、校园周边路域安全专项整治、超限超载货车专项整治、桥梁安全专项整治“四大专项行动”。持续提升道路、水路交通安全防范能力，全区年内交通行业未发生安全生产死亡责任事故。全年共检查企业480余家次、运输车9900余辆次、船舶510余艘次，共排查隐患657件，整治一般隐患657件。

二是开展“安全稳定百日攻坚行动”“道路交通领域严重违法行为专项整治”“砂石船舶专项整治”等专项活动。完成167台公交车防护隔离设施安装，所有出租车加装智能视频监控报警设备，查处非法营运146件；采取源头治理“降尘”、公路巡查“控尘”、制度考核“督尘”等措施整治路域环境，所有过境货运车辆篷布遮盖率达到99%以上；查处交通违法案件853件，罚款134.30万元。

三是强化应急演练，不断提升突发事件处置能力。进一步完善应急预案，组建3支73人的交通应急救援队伍。组织开展应急演练10次，处置大风、暴雨等应急事件50余件。

四是扎实开展扫黑除恶专项斗争。定期组织召开风险研判会，通报扫黑除恶工作开展情况，研究部署工作；严格按照上级有关涉黑涉恶违法犯罪线索管理规定处置问题线索，认真排查交通干部为黑恶势力充当“保护伞”的人和事；及时上报涉黑涉恶涉乱线索至区扫黑办，确保线索“快速移送、快速反馈”，做到不拖延、不推诿、不敷衍。联合区扫黑办、交巡警开展“扫黑除恶 打非治违”专项行动8次，上报问题线索2件，严厉打击运输行业和交通建设领域黑恶势力，保障行业安全。

【服务脱贫攻坚】 为5个市级贫困村编制交通发展专项规划，建设扶贫公路37.9千米，所辖85个村提前一年实现小组100%通畅，为解决群众出行和助推脱贫攻坚提供交通保障。协助太平镇抓好坪漆村的脱贫攻坚、产业发展、乡村振兴等工作，持续开展“脱贫攻坚·交通为先”党员帮扶活动，完成提质路绿化提升、村入口景观石、桃谷人家牌坊等工程项目，助力第一届“桃谷人家”赏花季和采桃季成功举办，帮助群众增收。

太平镇坪漆村扶贫公路　（赵武强　摄）

【助推城市品质提升】　主干道绿化景观全面升级　完成349千米国省县道绿化景观升级，栽种虞美人、波斯菊、硫华菊、百日草，全面打造“人在车中坐，车在花中行”的鲜花绿草生态路，提升公路沿线人居环境品质。

有序推进货车冲洗站建设　为提升全区城市管理质量，减少货运车辆在运输过程中泥土对城区道路和环境的污染，依托北环路、产业大道、319国道桐梓园治超站、设置3处冲洗站，每10天清洗泥土约120吨。

持续抓好非法营运整治　常态化开展交通运营秩序整治行动，规范出租汽车、公交汽车驾驶员和经营业户违规经营行为，共计出动执法车次211台，执法人次761人次，共查处非法营运136件，罚款68.37万元。

【实现水上零事故目标】　辖区全年无水上交通责任事故，无船舶污染事故。对全区所有公共锚地进行除锈上漆，并对有损坏的锚地进行加固维修。进一步修订完善防汛工作预案，扩充应急救援队伍，对应急救援艇趸进行维护保养并补充应急物资，为及时抢险救灾奠定坚实的人力物力基础。全年出动执法车辆800余车次、监督艇900余艘次、执法人员1100余人次，填写检查记录、专项检查表格1800余份，排查隐患8起、落实整改8起,行政处罚1起、罚款3600元。

（区交通局　吴发红）

邮政

【概况】 中国邮政集团有限公司重庆市铜梁区分公司(以下简称“中邮铜梁区分公司”)内设管理机构五部一室:市场营销部、金融业务部、渠道平台部、集邮与文化传媒部、寄递事业部、综合办公室)。下辖代理金融网点40个,邮政业务网点3个。分公司全口径从业人员411人。

【生产经营】 **邮政业务整体向好** 2019年,中邮铜梁区分公司实现邮政业务总收入1.52亿元,同比增幅11.18%;完成业务量18269万元,增幅25.41%。全年收寄包裹达到211.98万件,增幅45%;投递包裹达到135.44万件,投递报刊1595.1万份;全年办理存取款业务444.84万笔;代收电费5.87万笔,代收金额462.44万元。

普遍服务达标 全年建成110个村邮站,建制村通邮率达100%。城区党政机关《人民日报》《铜梁报》当日见报率100%。机要通信连续27年质量全红。税邮业务全年代开发票3.66万张,代征税额1927.89万元;便民缴费8.69万笔,交易金额909.86万元。

三大攻坚战有序推进 一是绿色邮政建设不断深入。全面推广应用绿色新标准箱、免胶带包装箱和45毫米窄胶带等包装材料,电子面单使用率超过95%。全面配备“废弃包装物回收箱”,广泛宣传环保意识,践行邮政初心使命。二是扶贫工作成效明显。建成农村电商服务点313个,打造特色农产品20余款,电商扶贫助农创收63万元。三是风险防控力度不断提升,全年未发生重大金融风险和重大安全事故。

服务三农彰显担当 坚持开展“工业品下乡,农产品返城”双向流通工作,2019年累计配送复合肥500吨、种子9.03吨,配送季节性商品15吨,配送农副产品130吨。坚持通过送金融知识下乡、防电信诈骗、反假币宣传、新版人民币宣传等院坝会活动改善农村金融环境。全年累计开展院坝会活动260场,参与人数9180人次。

【思想政治建设】 一是持续不断加强思想政治建设。坚持党建引领,凝聚合力,把学懂弄通做实习近平新时代中国特色社会主义思想作为首要政治任务。二是结合“不忘初心、牢记使命”主题教育,组织青年员工开展“少云志愿服务活动”及“礼让斑马线、文明我点赞”劝导活动,切实彰显青年先进性。三是聚焦重点夯实基层党组织建设。深入推进基层党组织建设达标工程和创先争优活动,创建3支党员先锋队和多名党员先锋岗。严肃党内政治生活,开展“继承先烈遗志、争当铜邮先锋”“缅怀烈士,不忘初心”“我和我的祖国”以及“不忘初心,牢记使命”革命传统教育活动等系列主题党日活动,基层党组织战斗堡垒作用充分彰显。

【信息化建设】 加大电子渠道建设力度,自助机具达到99台,其中ITM达到38台、ATM达到27台、CRS达到29台、存折取款机达到5台,电子交易替代率达到80.87%。综合服务平台功能不断完善、充实,综合服务能力进一步提升。

（中邮铜梁区分公司　李玲）

城乡建设

综述

【概况】 机构调整 2019年1月21日，设立重庆市铜梁区住房和城乡建设委员会，为区政府工作部门。其调整的职责是：划入原区国土房管局房屋管理、原区市政园林局城镇排水管理和原区公安消防支队建设工程消防设计审查验收等职责。

内设机构9个：办公室、法规科、基本建设管理科、村镇建设管理科、行政审批科、住房保障科、人防科、排水管理科、建设工程消防科。下属事业单位8个：建设工程质量监督站、建筑工程施工安全管理站、建筑管理站、城建监察大队、城乡建设档案馆、物业管理服务中心、公共房屋管理所、土地房屋征收管理中心。

核定编制107人，实际在编94人。其中委机关编制17人，在岗12人。事业编制90人，在岗82人，含土地房屋征收管理中心编制14人，在岗13人；城建监察大队编制6人，在岗6人；建筑管理站编制12人，在岗11人；建设工程质量监督站编制18人，在岗17人；建筑工程施工安全管理站编制17人，在岗17人；城乡建设档案馆编制3人，在岗3人；物业管理服务中心编制5人，在岗1人；公共房屋管理所编制15人，在岗14人。

【城乡一体化统筹发展】 加快推进城乡水源重点工程建设，同心桥水库动工建设、沙木糖水库前期工作取得有效进展，小北海水库通过市级竣工验收，完成9个镇供水设施及管网改造，安居提水工程受益镇街达13个，场镇自来水供水覆盖率达100%。城乡电网建设有序推进，500千伏铜梁变电站、110千伏玉泉变电站正式投运。城乡燃气管线铺设加快进行，建成石鱼"足202井"至铜梁城区、铜梁高新区食品园、迎宾大道延伸段、南北大道等地段供气管线。全年共建成中压管线141.5千米、低压管道400千米。重大交通项目稳步推进，市域快线璧铜线实现开工，渝遂高速扩能一期动工建设，铜安高速完成投资人招商，成渝中线高铁、兰渝高铁确定在铜线型站位。加快旅游环线道路建设，强化国省道、区乡道改造维护，不断完善公路交通网络。重点片区建设成效显著，巴岳山玄天湖度假区、小北海度假区建设愈加完善，高新区、安居古城景区、大庙工业园区建设稳步推进，淮远新区建设不断提速，核心区建设更加夯实。围绕"生态宜居、乡村美丽、群众富裕"建设目标，以特色小城镇梯度开发为指引，以农村示范点、示范片区建设为着力点，调动农村群众共谋共建共管共享积极性，推进美丽乡村示范点建设。

【城镇化建设】 产城融合步伐加快 年末，全区户籍人口总户数33.06万户，总人口85.16万人，比上年度增加0.04万人，其中，城镇人口40.07万人。城镇化率58.36%，比上年度提高1.79个百分点。

城市品质全面提升 启动新一轮国土空间规划编制，完成淮远新区控制性详规编制，统筹规划学校、医院、市场、公园等布局，着力打造"产城景"一体的生态新区和海绵城市示范区。持续提升"五纵五横"骨干道路品质，打通城市"断头路"3条，完成白龙大道提质改造，北环路全线通车。优化中心城区5个区域交通组织，调整公交线路6条，新增城区公共停车位1000个，隔离护栏15.4千米，公共区域停车收费实现扫码支付。区规划展览馆对外开放，新市民服务中心投用。整治老旧小区50个，改造老旧建筑消防设施50栋，改造棚户区521户，实施城镇电力设施“一户一表”改造8523户，老旧楼房加装电梯42部，坡屋面改造5万平方米。建成投用建筑垃圾消纳场，城区生活垃圾分类试点投放准确率达80%以上，城区公共机构和社会餐饮企业产生的餐厨垃圾集中收运处置已达到100%全覆盖。创建施工扬尘控制示范工地10个。新建城镇雨污管网37千米，完成南城污水处理厂、城区三期污水处理厂技改提标工作，巴川河黑臭现象彻底清除，市河长办授予巴川河“发现重庆之美——百万网民点赞重庆最美河流”大型主题宣传活动“最美河流”称号。

镇村面貌明显改善 开工“四好农村路”960千米，新建农村生产生活便道130千米，村民小组通畅率达96%。提质场镇道路10千米，整治裸露地面20万平方米，新增公共停车位1012个。实施35个村饮水安全巩固提升工程，建设太平、蒲吕等5个镇农村人饮巩固提升项目，完成9个镇供水设施及管网改造，其余12个正在全面提速，安居提水工程受益镇街达13个，场镇自来水供水覆盖率达100%。实施农村电力设施改造2100户，改造农村旧房4820户。进行大庙、侣俸、土桥、高楼、白羊、双山6个镇的场镇人居环境提升，创建美丽庭院782个。新建农村公厕16座，优化提升便民服务中心93个，新改建农贸市场12个，安装路灯4700盏。打造休闲公园2个，“增绿添园”10.5万平方米。启动19个村生活垃圾分类示范，推动“四旁”绿化美化，10户院落上榜“最美庭院”。完成18个镇级污水处理厂技改升级，建成场镇二三级污水管网37千米，改造镇级垃圾压缩站10座。整治户外广告标志标牌5246处。

【城旅融合】 按照全域旅游发展方向，以“原乡风情”为特色，综合人文特技、文化精髓、建筑风格、生态环境、空间结构等方面元素，继续推进城市各功能片区建设，在凸显其区位优势的基础上，不断提高综合承载能力。借助城乡一体化统筹发展和各功能片区建设成果，进一步优化调整旅游产业布局、积极拓展旅游服务功能、健全完善旅游基础设施、创新整合旅游产品新业态，促进城旅、农旅、文旅、商旅、工旅、体旅等深度融合发展，全力打造中华龙文化旅游名城、国际大都市后花园，努力建成高品质生活典范区。全年接待游客987.8万人次、增长13%，实现旅游综合收入42.2亿元、增长12.5%；文化旅游投入73.6亿元，文化、旅游产业增加值均增长12%。

【商贸旅游建设】 核心区龙城天街商圈初具规模，天喜豪生酒店、万达广场、重百铜梁商场（商社汇）、居然之家铜梁店等项目相继开业，商圈实现全面开街，日均客流量超3.2万人次。小北海物流园基本建成，百汇国际建材城投入运营，入驻商家300余家，经营面积12万余平方米；光伦商贸园开园营业，入驻电摩城经营商户65户，品牌110个，经营面积9346平方米，电摩城经营商户集中度达95%。新增限上商贸单位100家，规上服务业营业收入增长18.8%。天猫优选等37个电商项目成功落户，新发展新型零售体验店6个，电商交易额超30亿元、增长21%。新引进金融机构2家、总部企业3家，银行业金融机构存贷款余额分别达508.96亿元、359.7亿元，增长5.7%、15.2%。淮远古韵二期入驻餐饮企业15家，安居古城特色街区营业额达1.6亿元。成功创建“重庆老字号”3个。新增酒店13家，住宿业营业额增长19.2%。

（区住建委　李旭波）

城乡规划

【机构设置】 重庆市铜梁区规划和自然资源局由原区规划局和区国土房管局合并组建成立，于

2019年2月正式挂牌，隶属于重庆市规划和自然资源局，主要行使全民所有自然资源资产所有者职责、国土空间规划和用途管制及生态修复职责，自然资源资产有偿使用和合理开发利用等相关职能职责。

机关内设办公室、法规督察科、自然资源调查登记科、自然资源权益和利用科、国土空间规划科、建设工程规划科、村镇规划科、管制保护修复科、地质矿产科、机关党委10个科室；下属有区土地整治储备中心、执法监察大队、矿产资源管理办公室、区不动产登记中心、区国土资源和房屋档案信息中心5个局属事业单位，并设有工业园区、巴川、侣俸、永嘉、蒲吕、大庙、安居、平滩、虎峰、少云、旧县11个规划和自然资源所。年末，全系统有在编干部职工166人，退休人员64人，在职职工中党员110名，退休职工中党员34名。

【规划工作】 **空间规划科学前瞻** 坚持“多规合一”和产城融合，兼顾开发建设、生态保护、粮食安全等长远发展需要，加快推进铜梁区国土空间规划编制，按照150平方千米面积控制城市开发边界，科学划定“三区三线”，规划“中心城区—重点镇——般镇”的高品质城乡融合发展三级城镇体系，谋划好全区2035年至2050年发展蓝图。

“多规合一”更新完善 按照一张蓝图统筹项目实施要求，开展完善和动态更新“多规合一”一张蓝图工作，重点对中心城区45平方千米控规进行优化完善，并对各类专业专项规划内容及控制要求进行整合，制定最新的城镇控规整合图，开展国土空间“一张图”实施监督信息系统构建，运行三维仿真系统和地下管线系统，形成了国土空间“一张图”。

城市提升亮点纷呈 秉持“山头不推、稻田不填、推窗见田”的规划理念，开展淮远新区城市设计和控规编制，高起点规划建设8平方千米淮远新区，科学布局学校、医院、市场、公园等公共服务设施，推进“山、水、田、园、城”融合发展，打造“产城景”一体的生态新区和海绵城市示范区。加强淮远新区城市设计规划方案的跟踪落实，进一步完善淮远新区东西向路网及相关配套基础设施，形成以白龙大道、原乡大道、少云大道、佳胤大道为纵向，以铜合路、乡恋路、乡逢路、书香路为横向的“四纵四横”道路框架结构。启动书香路、乡逢路、乡恋路等道路的规划设计，构建淮远新区互联互通的绿廊绿道慢行系统，大力打造高品质生态新区。全年筹备召开规委会5次，审查项目选址、规划、建筑等方案约50个，高水平规划设计白龙广场等重要城市节点，融媒体中心、文化艺术中心、铜梁中学淮远校区等城市“大件”，做好铜梁二中扩建等项目规划设计，持续实施中心城区“五横五纵”骨干道路景观提升，原乡中央公园、望山公园、见水公园、玄天湖生态画廊成为领略原乡风情、品味乡愁情怀的网红公园，龙城天街商圈展现现代化新城风貌，形成多元化、多层次商贸业态，铜梁区城市规划展览馆于2019年底正式开馆。

村镇规划特色突出 牵头完成西郊示范片总体规划、绿道经济示范片概念规划、60千米绿道环线基础设施规划、环境综合整治方案、农房外立面整治规划等10余项专项规划，完成西郊片区24个村村规划编制工作。以行政村为单位，按区位条件、自然资源禀赋、经济社会、历史人文“四本底”和生态保护、地质安全“两底线”开展特征分析，为全区266个行政村建立“4+2”资源本底台账，并在此基础上将266个村划分为聚集提升、城郊融合、特色保护、搬迁拆并4种类型，落实不同的规划指引及发展策略，差异化配置规划建设用地指标，因村施策引导村庄规划建设。制定印发《重庆市铜梁区民居建设指引》，以图文并茂的形式对农村居民住宅选址、建筑布局、建筑风貌、建筑立面、废污处理、绿化树种栽植等提出指引要求，并按照3人/户、4人/户、5人/户等不同户型及单栋、拼接等不同样式提供参考效果图、平立剖面图，切实满足农村不同类型建房需求。

（区规划自然资源局　陈季忠）

勘察设计

【概况】 **地理信息更新**　利用大数据的功能价值和社会效益，建成包括全区1340平方千米、分辨率0.4米的实景三维数据及覆盖面积约36平方千米、分辨率为0.05米的实景三维数据。对中心城区2017、2018年新建的约56千米市政道路地下管线进行系统维护，并对中心城区约12平方千米、镇街约3平方千米地形图进行更新测量，进一步提升信息化能力和数据设施建设水平。

土地房屋测绘　整合原铜梁区城乡规划设计室与原铜梁区土地房屋勘测所，基本完成“多测合一”，完成铜安乐高速、都市快轨璧铜线和国道319线西泉段改造等重要交通项目的勘界测绘工作。全年完成房屋建面测绘238.9万平方米，土地面积测绘92.8公顷，完成地形图测绘59件、约3平方千米。

（区规划自然资源局　陈季忠）

【勘察设计监管】　监督全区在建项目地质勘察，严格执行业内各项法律法规，规范勘察设计市场行为。完成地质勘察的在建项目共计137个，区城乡建委抽查项目16个，抽查率11.68%，合格率98.5%。

【初步设计审批】　办理政府投资初步设计批复23件，其中：公建项目12件，总建筑面积16.71万平方米，总投资10.16亿元；市政项目11件，总投资6.34亿元。

【施工图审查备案】　按照市城乡建委房屋建筑和市政基础设施工程勘察设计管理要求，定期通过“重庆市城乡建委勘察设计管理统计报告系统”填报图纸审查备案情况，施工图审查备案建筑项目48个，总建筑面积180.19万平方米。

【勘察设计执法】　对全区建设工程勘察设计质量进行执法检查，随机抽查项目15个，涉及勘察设计单位30家，未发现勘察设计质量问题。

（区住建委　李旭波）

城市建设

【城市公建设施】　建成市级智慧校园建设示范学校3所，成功创建重庆市社区教育示范区。第三人民医院、精神卫生医院二期等5所医院建成投用，建成美丽医院4家，区级医院实现全流程自助服务。完成图书馆、博物馆两馆提档升级，新增基层综合文化服务中心38个，新增市级社区健身点11个，提质改造全民健身中心，体育馆门球场主体竣工，成功举办全国老年人气排球系列赛和区第五届运动会。新改建敬老院12所、社区养老服务站55个，新增养老床位800张。新增城市公园3座、提质1座，新增城区公厕12座，对外开放城区社会单位公厕36座，新增公共绿地130万平方米，建成城区农贸市场6个，建成公共区域直饮水点5个，新美化“五小”设施1264个，新建无线局域网访问接入点788个，城市基础配套设施日趋完善。

【城市重点组团基建】 **铜梁高新区**　产业大道东面地块土地整治工程有序推进；小米生态产业园主体结构正加紧施工；高新区铜梁花园完成高新区入口景观工程和渝遂高速一侧50米防护林，并进行示范段及主要干道提升工程建设；铜梁区机动车驾驶人服务中心及铜梁区科目二、科目三考场工程纳入PPP项目包，由区发改委牵头实施。

龙城天街商圈　完成商圈内绿化及踩板等附属设施提质升级，喷泉改造及商圈楼宇灯饰建设更加优化，实现“水中龙、楼上舞”的特色灯饰联动效果；智慧商圈建设全面完工，商圈绿化更加精致亮丽，市民休闲、娱乐、购物更加智能便捷。

巴岳山玄天湖度假区　景区新增垃圾桶120

个、普通座椅80个、龙形椅2个、蝴蝶椅7个、树圈椅1个、垃圾收集箱8个，安装高清摄像头187个，智能广播86个，景区配套服务功能逐步完善。全面完成玄天湖镜湖路、环湖路沿线10千米车行道彩色沥青混凝土铺设，种植树状月季、木芙蓉、象牙红等植物49种37.6万余株，裸露边坡喷播草花1万余平方米，种植高大乔木40余株，聘请园林专家对景区周边树木、花草修枝整形，租借展演天鹅60只。按照国家4A级景区创建要求，加强玄天湖景区内设施设备维护力度，游客接待中心改造、景区停车场建设等工作加速推进。

小北海度假区 完成园区科创中心主体建设，正在进行室内二次结构和砖体工程。以西郊示范片为载体，围绕蔬菜、特色林果、生态渔业三大主导产业，进一步强化科技支撑力度，建立科研机构（果之王园艺研究院）1个，建设专家大院3个，提升园区农业龙头企业6户；配套休闲农业，建立符合园区实际和适应当地农业生产和产业发展需求的技术创新模式，不断增强园区区域性农业科技创新能力和引领能力。全年蔬菜产量70万余吨，特色水果产量6.3万余吨，生态鱼产量3.5万余吨。

安居古城景区 完成情景水街污水主管建设2.5千米，铺设三级管网1.8千米，四级管网2千米，砌筑条石挡墙3千米，铺设河道内块石1.5千米，彻底解决后河沟污水直排污染涪江的问题；完成兴隆街、后河街3千米灯饰建设，景区亮化提质升档；进行铜梁安居国家湿地公园原始植被恢复及部分景区节点打造，整治内河驳岸2.1千米，铺设条石道路1.6千米，格栅道路1.3千米，卵石道路700米，碇步道路30米；修建湿地生态池4个，公共服务厕所2个，成功通过国家林业和草原局对湿地公园的验收。全年接待游客280万人次，实现旅游综合收入13.8亿元。

大庙工业园区 实施区级重点基础设施项目4个，总投资7.07亿元，计划完成投资2.51亿元，实际完成投资2.25亿元。金桂大道、金狮大道、电力廊道支路5.3千米的道路建成投用，金桂大道延伸段、金桂支路南段在加快建设。日供水5000立方米自来水厂建成投用，日处理5000立方米污水处理池结构施工完成，综合楼、鼓风机房等结构施工完成80%；电力排管、弱电管网、给排水管网、燃气管网跟随道路建设同步实施。完成46.67公顷平场工程，进行园区入口处绿化景观打造，实施企业服务中心周边绿化亮化工程，主体工程动工建设，大庙互通口改造项目。

【城区老旧小区改造】 巴川街道完成居民水、电、气、网及消防设施等改造升级。全年完成改造老旧小区21个。东城街道整治城区老旧小区39个。南城街道综合整治老旧小区5个，进行消防管网及强弱电改造老旧小区15个。

（区住建委 李旭波）

【城区及场镇供水设施改造工程】 投资2.7亿元实施城乡供水一体化城区及场镇供水设施改造，计划新建改建供水主管网180千米，“一户一表”改造2万余户，分两期实施。一期工程基本完工，新建改建侣俸、石鱼、庆隆、虎峰、福果、少云等镇供水主管网55千米。

【城乡供水建设】 一是编制完成《铜梁区城镇供水专业规划（2019—2030年）》，报区政府审批。二是整合21个镇23个镇街水厂并入铜梁区龙泽水务公司，并由龙泽水务公司全资成立的新公司负责管理营运。三是推动铜梁区纳入重庆市农村饮水安全巩固提升十三个试点区县之一。四是投资580万元，实施全区35个村级供水工程巩固提升，完成75处农村人饮工程责任公示。五是投资550万元，实施太平镇、高楼镇、巴川街道、云雾山等4个农村人饮巩固提升项目。六是投资约30万元，新建市级贫困村供水管网9.3千米，受益群众128户454人。七是实施农村饮水安全普查，全区4465户建卡贫困户饮水安全全部达标，建卡贫困户饮水安全标识牌安装到户。

（区水利局 杨鹏博）

村镇建设

【小城镇建设】 投资1750万余元，完成安居古城情景水街项目——河岸整治及排污管网工程建设。项目起于安居镇新农村附近，止于乌木桥，全长1675米，河道两侧全线设置条石河堤挡墙3386米，河堤内侧双侧设置d400污水干管，总长约2960米。项目实施有效解决了沿线污水直排问题。

【农村危房改造】 以农村建卡贫困户、低保户、散居五保户、残疾人困难家庭等四类重点对象实施农村旧房改造4820户。

【乡村振兴示范点建设】 重点围绕产业振兴、人才振兴、生态振兴、文化振兴、组织振兴，加大农村环境整治和基础设施建设力度，充分发动群众，着力打造农村生态一流、农业产业一流、示范效应一流的乡村振兴西郊示范片，展现原乡风情、大美铜梁地域特色。片区包含巴川、南城、土桥、太平和侣俸5个镇24个村（社区）。至年底，完成乡村振兴西郊示范片沿线14个村村规划编制，持续开展农村人居环境整治，进一步提升村庄亮化美化水平，推动乡村全面振兴。建成宽7.5米、长60千米绿道，新建西郊会客厅7个，在建便民服务中心7个，完成沿线绿化25千米，栽种乔、灌木500万余株，片区主要节点免费Wi-Fi全覆盖。环线内涵盖多个乡村旅游及休闲农业示范村，串连成王果业、荷和原乡、牧棠纯草莓基地、新陆有机蔬菜基地、黄桷门奇彩梦园、巴岳山玄天湖等大小30多个地标，涉及农业龙头企业34家，发展规模化特色水果、蔬菜、苗木花卉种植和名特优水产养殖等1466.67公顷，新建智慧农场3个，新培育农家乐和精品民宿24家，形成120平方千米乡村振兴示范片，荣膺“重庆十大最美乡村”。

（区住建委　李旭波）

城市管理

【概况】 1998年，成立铜梁县市政管理局，为县政府直属正局级事业单位；2006年，更名为铜梁县市政园林管理局；2014年，铜梁撤县建区，更名为重庆市铜梁区市政园林管理局；2017年，更名为重庆市铜梁区城市管理局，为区政府城市管理主管部门，加挂重庆市铜梁区城市管理综合行政执法局牌子，负责授权范围内的城市管理综合行政执法工作；2019年，不再保留重庆市铜梁区城市管理综合行政执法局牌子。其职能是贯彻执行有关市政管理、城市园林绿化方面的法律、法规、规章和方针政策，拟定全区市政管理及园林绿化发展战略和政策措施，负责城市管理相关行政审批、行政执法，负责市容秩序、市容环卫、市政设施、园林绿化的维护管理等。

内设机构有办公室、财务科、行政审批科、园林绿化科、市政市容科。机关行政编制12名，实有11人。下属事业单位6个：区城市管理综合行政执法支队、区市政环卫管理所、区路灯管理所、区园林管理所、区公园管理所、区市政设施管理所，事业单位编制129名，实有109人。

【城市综合管理】 **概况** 2019年，区政府常务会共通报城市品质提升工作17次，交办问题228件，完成整改209件，有序推进整改19件；区政府分管领导定期协调调度城市品质提升工作，年内累计召开停车收费调整、市容秩序整治等工作协调会33次，交办解决疑难问题355件，制定各类文件24个。

2019年，智慧城管综合管理系统立案26407件，挂账18件，未处置及处置中367件，结案26022件，结案率98.54%；“市政110”城市管理服务热线受理市民来电1042次，转办1042件，办结率100%；办理市“12319”城市管理民生服务系统问题214件，结案率100%；办理非紧急求助警情分流系统市民投诉222件，处理222件，结案率100%。

路长制 设立区级总路长1名，由区政府分管领导担任；区级部门路长28名，由路长制工作领导小组区级部门成员单位主要或常务负责人担任；街长6名，由路段所在街道行政主要负责人担任；路长59人、巷长36人、楼长87人、所长27人、站长12人、园长116人、店长若干。全年各部门单位、街道办事处协调办理问题824件。

“马路办公” 全年“马路办公”发现问题共2887件，办结2875件，结案率99.6%。

智慧管理 地下管网气体监测预警系统报警有毒气体超标15376次，自动抽排15376次；环卫车辆监控系统、“应指工程”视频监控系统运行正常；完成巴川河数字监管系统建设，新增河道、公园、环卫视频监控55路，设置7个点位，实现巴川河水质、水位、排污情况实时监测。

市场化管理 实现城区80万平方米市街绿化、2.5万株行道树、101.1万平方米公园广场、47座公厕、建成区市政设施维护、202.2千米河道清漂保洁、餐厨垃圾处理、垃圾分类市场化管理。

【城市照明】 铜梁区建成区道路照明灯29814盏，年度用电量1390万度；维护路灯6510（盏次）、路灯保洁7500（盏次），路灯智能控制率100%、道路照明设施亮灯率99.2%、道路照明设施完好率98.5%。

路灯改造 年内实施裱褙街、金龙大道A段、民主路路灯改造工程，改造路灯管线约1.15万米，安装LED路灯815盏，年节电量（改造前日用电量减去改造后日用电量×365）约31.23万度。城区LED路灯自2015年改造以来，累计改造18431盏，LED路灯普及率61%。2019年投入663万元，完成白龙大道沿线高压电缆下地改造，优化管线1.9千米。

景观灯饰 全区景观项目8项，楼宇灯饰538栋，堤岸灯饰2千米，景观灯179197盏（支），LED景观灯占比100%；年度建设资金3971.6万元、维护资金758万元；景观照明维护均已市场化，景观设施完好率96%。

景观工程 全年新打造3项景观工程：一是龙城天街及人民公园周边楼体景观照明工程。8月动工建设，10月亮灯运行，工程总投资约3000万元。景观灯饰打造范围：龙城天街及人民公园周边的大润发ABC馆及裙楼、东宏女人街、东宏时代广场5栋（万达广场）、天禧豪生酒店、市民服务中心、金龙大地、晶山LOMO4栋、龙腾盛世高层4栋、龙腾盛世矮层5栋、龙胤大酒店、欧陆经典4栋、世纪阳光3栋、体育馆、人民公园雕塑、人民医院、欧鹏华府一期3栋、欧鹏华府二期3栋、御景天下6栋、中国银行等共计51栋楼体建筑。着重提升功能性照明的有效性，设置城市合理的亮暗分区，运用现代科学照明表现手法，体现传统文化的传承与现代都市生活的融合；以“龙文化”展示为导向，打造铜梁龙城天街现代化都市夜景，拉动城市夜景经济发展，美化城市夜景。二是白龙大道沿线楼体景观灯饰工程。11月动工建设，12月亮灯运行，工程总投资约700万元。景观灯饰打造范围：区委、区人大、区公安局、区检察院、区法院、区住房城乡建委、区司法局、区水利局、区交巡警支队、区武装部、区消防救援支队、区生态环保局、区卫生健康委员会、区妇女儿童医院以及龙城御景、聚龙苑、杰鹏花苑、俊龙居、白龙大道、淮远古韵牌坊等建筑。灯饰打造主要结合铜梁地域特色与城市气质，延续铜梁核心区已有的城市夜景风格，完善核心区建筑楼宇的照明景观设计，打造与核心区夜景形成互动的城市照明景观。本次打造的楼宇为现代风格的商业住宅楼，主题体现现代艺术气息，风格简洁素雅、色彩淡雅、光色以黄白为主，楼身照明以投光灯、洗墙灯勾勒楼宇主体结构，注重照明技术与艺术的结合，突出了建筑结构美。三是第二届重庆铜梁中华龙灯艺术节城市亮化。2018年11月动工建设，2019年1月亮灯运行，工程总投资约300万元。景观灯饰打造范围：龙腾大道及其延伸段、金川大道、白龙大道、迎宾路、迎宾东路、龙门街、中兴路、中兴东路、龙都路、亚龙路、东梓路、步行街、金龙大道、铜梁北高速路口至玉泉公园等重要路段及重要节点。灯饰设计理念主要是传承中华优秀传统文化，以“办好一个节会，传承一批技艺，壮大一个产业，富裕一方百姓”为目标，展现“原乡风情·大美铜梁”的独特文化魅力，进一步提升铜梁知名度、美誉度和影响力，彰显时代性、传统性、参与性，助推全区经济、文化、旅游等各项事业发展。

【城市设施】 建成区道路中心线195.3千米，人行道长度369千米；沥青路面积335万平方米、人行道面积152.5万平方米；城市桥梁共38座，其中车行桥23座，人行桥15座。

道路管护 全年修复白龙一二三路、艺术工程学院等人行道面积约14000平方米，修复龙飞路、中龙路等车行道面积约4000平方米，修复白龙大道等路沿石约4000米；更换存在安全隐患井盖水篦子等800余个，清理水篦子约600个，更换老旧管网约600米，疏通管网约2000米，确保了城市管网良好运行，城市市政设施完好率97%以上。

桥梁管理 年内累计常规检查城区38座桥梁1200余次；完成白龙大桥、金龙大桥桥梁的动静荷载试验，金龙大桥等14座大桥的防撞设施整治，白龙大桥、金龙大桥等6座桥梁结构的定期检测，35座桥梁的抗推力检测试验，38座桥梁的常规定期检测。全区桥梁结构定期检测率达100%。

设施增设 完善城区道路隔离设施，安装龙腾大道、广龙路等道路中央隔离护栏15.37千米；安装仙鱼街、金龙小学等道路隔离桩约990个；安装白龙大道等道路隔离石球1100个；新增停车位3513个；井盖、斑马线、果皮箱、配电箱、导示牌“五小”改造共计1264处，其中已更换破损及有安全隐患的井盖1100个；改造实验一小、龙都路等配电箱54个，安装万达广场等导视牌10个，更换城区果皮箱约100个。完成旧县、蒲吕、安居、福果镇、土桥镇地埋式压缩站技术改造，有效改善了群众居住条件和场镇环境面貌，促进了城乡一体化发展。党校、新南门车站等高楼安装22台高空喷雾系统。

【园林绿化】 2019年，铜梁区城区绿地面积2065.79公顷（建成区1498.79公顷），绿化覆盖面积2114.79公顷（建成区1547.79公顷）；公园16个，公园面积257.6公顷，公园绿地面积555.79公顷。全年公园游人量400万人次，文化活动及展览展出29次；城区达到林荫路标准的人行道、自行车道的长度567.91千米，道路成荫率92.73%；全年政府类投资新（改）建城市绿地建设项目31个，社会投资项目19个，新增城市绿地130.5万平方米。

城美山青 开展“增绿添园”“增花添彩”和生态建设工作，均衡绿地布局，加快绿地建设。一是公园“增量”。修建原乡中央公园、望山、见水公园三大公园，投入资金约5.26亿，修建规模达92.6万平方米。二是公园“提质”。投入资金950万元，完成凤山公园1.58万平方米提质改造，新建巴渝风格样式的天开文运牌坊一座，新建栖凤亭、拥翠廊、飞凤阁等仿古建筑；打造人民公园景观塑石节点；新增公共直饮水点10处。三是城市“增添”。完成城区龙门街、迎宾大道、中兴路、龙城大道人行道景观花池安装及花池绿化景观打造重点项目，新增花箱5600平方米，栽植景观植物70万余株。

铜梁城区凤山公园新貌　（区城管局　供图）

城市品质提档升级 一是绿廊绿道打造。修建50千米乡村振兴西郊绿道环线，按照“串点连线、成片扩面”思路，将铜梁西郊片区各产业及美丽乡村点串联为产业生态观光带，形成以点连线、以线扩面的城市发展模式。二是城市主干道绿化建设。开展白龙大道、金川大道等20条骨干道路和铜梁互通、铜梁北、铜梁西互通等重要节点绿化,新增开花小乔及灌木70余种,栽植开花乔木13000余株,栽植开花、色叶花灌木90万余株,提质改造绿化面积9.2万平方米,其中,完成白龙大道环境整治提质,铺装彩色沥青非机动车道及人行跑道6千米,提质改造车行道7.2万平方米、新(改)建绿化面积约1.6万平方米,栽植植物20万余株,实现白龙大道“四季有花开、四季有花香”的景观效果;三是老旧小区改造。提质改造城区50个老旧小区,免费送出植物15000余株,美化改造老旧小区外立面墙体6500平方米。四是裸露地面整治。完成迎宾大道、龙安大道、金地大道等多条道路绿带内裸露地块绿化补植,及时组织开展公园、广场补植补造和生态环境改善,累计栽植乔木200株、灌木50万株、藤本植物9800株、地被植物约9万平方米,更换时令花卉120万钵。五是公园广场噪声管理。制定印发《铜梁区城区群众有声娱乐健身活动秩序管理办法》,实行“三定(定区域、定方向、定数量)”“三限(限人数、限时段、限分贝)”,通过登记备案制、挂牌公开制、分数考核制,进一步规范城区群众有声娱乐健身活动,有效解决了城区娱乐健身活动噪声扰民等突出问题。

园林景观特色打造 一是按照“自然、生态、野趣”原则的景观模式,完成铜梁互通、铜梁北、铜梁西互通等高速互通口绿化打造,采取增绿添色、硬坡还绿、立体增绿等方式,扩展绿化空间,栽植红枫、树状月季、使君子等植物13万余株。二是成立重庆美国红枫、三角梅产业基地,总投资约3亿元,打造川渝片区规模最大、品种最多,辐射全国的三角梅产业园;成立东郁彩色景观苗木基地,以未来景观彩化市场为导向,高起点、高标准建设国内一流、国际同步的西部最大彩色景观苗木基地,建成后彩色景观苗木基地新栽植面积预计达133.33公顷。三是合理利用区花、区树扮亮城市。在全区园林绿化的建设中,优化使用区花区树。全年使用区树黄葛树3000余株、区花使君子3万余株。

【环卫管理】 全区新增固定公厕16座,改造1座。年底,城区共有公共厕所224座,其中固定公厕86座、移动公厕32座、对外开放单位厕所106座;全区共有垃圾中转站38座,垃圾中转箱2250个;环卫专用车辆180辆,其中生活垃圾运输车100辆、扫地车22辆、清洗车56辆(抑尘车8辆)、吸粪(污)车2辆;全区粪便设施总量3865座,其中城区3314座,场镇551座;全区环卫作业面积728.99万平方米,其中机扫道路面积475.69万平方米,主要城市道路机扫率达到92%。全年征收垃圾处置费1227万元,完成年初任务的245.4%。

垃圾分类宣传 充分结合“3·19”城市管理周、“6·5”世界环境日、“12·5”国际志愿人员日、“小手拉大手”、“十进”等重要载体,通过发放宣传单、组织趣味互动游戏、上门入户宣传等方式加大垃圾分类宣传力度,开展校园主题宣传培训活动170余次、垃圾分类健康教育课1900余堂,发放宣传册(单)8万余份、上门入户宣传5万余次,引导全社会了解、支持和参与生活垃圾分类工作,让垃圾分类深入人心。

生活垃圾分类试点 通过公开招标购买服务的形式,实施城区2个街道(约62160户)、农村19个村(约13884户)的生活垃圾分类示范建设工作。建设全智能化示范小区1个,城乡共设置公共生活垃圾分类收集点1540个,发放积分兑换卡58519张,发放户用分类桶17723组,建设阳光堆肥房7座,配备生活垃圾分类指导员、巡检员、宣传员共约340人。年底,示范区域内小区居民知晓率100%、参与率达到90以上%、分类投放准确率达到80%以上,全年共回收可回收垃圾16.5吨、易腐垃圾44.7吨。同时,全区公共机构按照《铜梁区公共机构生活垃圾强制分类实施方案》要求,认真开展公共机构生活垃圾强制分类工作,城镇110家公共机构生活垃圾分类已达到全覆盖,共设置公共分类收集点700余个。

餐厨垃圾集中收运 集中收运机关单位71家、学校36所、企业59家、社会餐饮企业1055家，城区公共机构和社会餐饮企业产生的餐厨垃圾集中收运处置达到100%全覆盖；配置专用收运车辆9辆、专用收集桶2600余套、收运人员30人，全年累计收运餐厨垃圾2.2万吨。同时，启动城镇餐厨垃圾集中收运无害化处置，收运范围将由城区扩大到各场镇。

河道清漂管理 全区共管辖水域面积4973.39公顷，其中河流水面1807.69公顷，水库水面1019.51公顷，坑塘水面2146.19公顷。2019年，水域常态化清漂及垃圾收运处置工作取得较好成效。一是通过加大河道清漂保洁区级财政投入（约1024万元），解决以往各镇街清漂作业机具购置、作业人员经费严重不足的问题，配备清漂船只70余艘、作业车辆7辆、清漂拦渣网120张、清漂作业人员140人，保障河库水面保洁常态化开展。二是实施涪江等六条重点河流共200.2千米一体化市场化清漂保洁，解决各镇街清漂管理责任区不明确、水面垃圾清理不及时、跨界影响下游的问题。三是通过完善农村生活垃圾收运系统、开展非正规垃圾堆放点整治、强化建筑装修垃圾分类管理。

农村生活垃圾治理 持续改善农村人居环境，全面消除农村生活垃圾治理空白村，行政村生活垃圾有效治理比例达到94%以上。一是加大经费投入，进一步完善农村生活垃圾收运设施。安排区级农村生活垃圾治理专项补助资金520.5万元到镇街，投入市级资金646万元购置垃圾箱596个、垃圾桶6452个、农村两分类垃圾箱1100个，提档升级各镇街老旧收集设施。二是广泛宣传发动。以“3·15”城市管理日“6·5”世界环境日为载体开辟专题报道，全方位宣传报道农村生活垃圾治理工作。三是强化督查监督。组建实地检查组和邀请第三方机构深入镇街、村社、院落不间断巡查、现场考评。发现农村垃圾收运不及时等问题60余处。四是农村生活垃圾分类示范有序推进。通过公开招标购买服务的方式，启动巴川街道玉皇村、东城街道青羊村、南城街道黄门村、蒲吕街道康济村等19个行政村生活垃圾分类工作，逐步形成“农户分类、村组收集、镇街转运、区域处理”的模式。

2019年，全区农村配置垃圾箱体2067个、120L和240L垃圾桶16099个、两分类垃圾桶1300个、垃圾运输车92辆、中转站26座，配备农村垃圾治理专兼职人员227人，各行政村配备农村保洁员799人，其中垃圾清扫收集727人，垃圾转运72人，农村生活垃圾收运系统全面建成，并常态化运行。

【市政执法】 强化依法行政规范执法行为，全面推行行政执法公示制度、执法全过程记录制度、重大执法决定法制审核制度“三项制度”；加强城市管理执法队伍建设，建立条块结合、条专块统的城市执法管理体制，实行区城管局统一管理和街道具体负责的“双重机制”，实施城市管理执法重心下移，向城区五个街道派驻30名执法人员，推动执法事项属地化管理；实施城市管理执法和协管人员网格化管理，明确网格管理对象、管理标准和责任人，实施常态化、精细化、制度化管理。全年开展建筑垃圾运输、城区道路交通秩序等行业集中治理行动11次，仙鱼街、凤竹路等重点区域秩序综合整治14次，出动162300人次，67420车次，立案并办结案件22391件，处罚金额57.46万元。

城区户外广告专项整治 全年整治楼盘软体广告97幅，整治布幅标语和彩旗、吊旗652幅，整治围墙广告228块，整治其他户外广告牌4138块，拆除大型T形广告牌9块（2376平方米）、违规招牌216块，拆除灯杆广告776块，整治户外广告面积合计约9787.7平方米，全区范围内灯杆广告基本拆除完毕。

道路扬尘专项整治 在建工地监管，全年定期检查城区在建工地1402次，行政约谈辖区22家在建工地，宣传相关法规政策，整改问题24

个。动态车辆管控，设置流动道路扬尘控制执法检查点6个，检查运渣车2631车次，处置污染路面案件11件，罚款23750元；设置脏车入城检查站6个、清洗点3个，全年冲洗车辆14万余车次；同时在城区主干道与城乡接合部道路搭接油化10处，防尘带有效形成。抑尘设备投入，新增更换各类环卫车辆34台（其中多功能抑尘车7台），新增高空喷雾系统22套，城市主要道路机扫率达到92%。巩固示范道路，建立完善10条扬尘控制示范道路长效管理机制，专题研究扬尘控制工作2次、全方位扬尘控制专项检查4次。

露天焚烧（烧烤）专项整治 印发《关于划定露天烧烤禁烤区限烤区的通告》，全年开展集中专项整治6次，依法规范禁烤区内露天烧烤行为530余起，约谈城区烧烤店120余家，规范烧烤摊位3319余次。同时，严格管控城乡接合部等秸秆焚烧多发地段，全年制止露天焚烧878次，警告、批评教育551人次。

城区建筑垃圾乱倾倒专项整治 3月，区城管局、区公安局、区生态环境局、区水利局等单位全面启动了城区建筑垃圾乱倾倒整治专项行动。

提升建筑垃圾消纳能力 建成投用北环路临时建筑垃圾消纳场，全年接收建筑垃圾近5000车次，累计处理4万余吨；建成建筑垃圾破碎站1座，分选转运处置废弃木材、废弃塑料、废弃包装等与生活垃圾相近的废弃物1000余吨。

规范建筑垃圾处置 全面清理存量建筑垃圾，排查建筑垃圾倾倒点96处，清运处置建筑垃圾7639余吨。强化建筑垃圾分类运输处理，引导小区、沿街商户装修业主对装修垃圾进行分类储存、分类运输；强化源头管控，督促各施工工地建立垃圾处置清运台账，进一步强化建筑倾倒处置的前期管控；简化建筑垃圾处置核准、建筑垃圾运输许可行政审批流程，对小型装修申请实行即办即结，提升群众、企业的接受度，满意度，推动审批制度更好落地。全年发放建筑垃圾运输处置备案证496张、签订承诺书496份，建筑垃圾运输核准证296张。

杜绝建筑垃圾随意倾倒 在建筑垃圾倾倒多发区域安装高清视频监控探头27套，使用无人机等先进技术开展常态化巡查，补齐建筑垃圾监管设施短板，消除建筑垃圾监管盲区；设点全天候巡查蹲守，根据排查出的建筑垃圾倾倒点或潜在倾倒点，组织社区及综治巡逻干部约80人开展三班制24小时巡查蹲守，区城管局、区公安局安排25名执法人员每日在城区重要路口设点24小时蹲守，同时设置空地围挡，落实常态化监管；从严监管执法，区公安局、区城管局、区生态环境局等部门成立专项执法工作组，落实"严管重罚"要求，形成了从重从严执法的高压态势。全年处理案件36件，罚款32万元。建筑垃圾乱倾倒行为得到有效遏制，建筑垃圾乱倾倒态势得到及时扭转，"垃圾围城"困境有效破解。

城区占道摊区整治 开展白土坝、仙鱼街、世纪阳光等以马路为市的临时市场集中整治，共出动执法人员1000余人次，车辆100余车次，取缔临时摊位2800余处，临时市场全部消除。拔除仙鱼街、龙门堤、狮子口等区域长年占道经营的"钉子户"。

道路交通秩序综合整治 设立城区道路交通秩序综合整治工作组，整治区域涵盖中心城区巴川、东城、南城街道城市建成区主次干道路、支路及其附属设施范围内，通过警示改正、行政处罚、强制拖移、学习教育等整治措施，重点整治机动车、非机动车乱停乱放，不按规定通行等交通违法行为；违法占用机动车车道、非机动车车道、人行道、停车泊位和消防通道；机动车及非机动车非法运营、违法载人。全年拖移违法停放车辆1300余辆，现场纠违20000余车次，处罚乱停放机动车2000余车次，罚款40万余元；同时，优化城区交通组织，完成固定违停抓拍系统安装120套、机动车不礼让行人电子抓拍系统6套，施划老北门车站片区等5个区域单向循环交通组织，城区道路交通逐渐"安全、畅通、文明、和谐、有序”。

门前三包责任制 全面推行“门前三包”责任制，全年签订“门前三包”承诺书3.6万份，制作安装“门前三包”责任牌3.6万余块。

（区城市管理局 杨浩）

建筑业管理

【概况】 **房屋建筑施工** 房屋施工面积约438万平方米，比2018年减少24.7%，其中新开工面积221.97万平方米，增长40.6%。新开工住宅面积145.22万平方米，增长46.4%。全年房屋竣工面积186万平方米，减少9%，其中住宅竣工面积145.57万平方米，增长35.3%。全年商品房销售面积142.26万平方米，下降6.9%，其中住宅销售面积100.10万平方米，下降11.7%。商品房销售额83.06亿元，增长11.8%，其中住宅销售额59.97亿元，增长15.8%。

建筑施工企业 全区共有建筑施工企业163家，其中施工总承包100家（一级2家，二级15家，三级83家）；专业承包53家，劳务企业10家。全年办理建筑企业资质增项9家；新办总承包企业13家，专业承包6家，劳务资质7家；引进总承包企业17家，调出1家。

房地产开发企业 全区共有房地产开发企业70家，其中一级4家，二级18家，三级22家，四级0家，其余暂定有26家。全年新办房地产开发资质6家，暂定资质延期12家，核定资质1家，新办资质4家，正式资质检验1家。

建筑业生产总值 完成建筑业在地总产值361.91亿元、增速27.7%，建筑业注册地总产值231.66亿元、增速13.4%；建筑业增加值100.74亿元、增速11.5%。建筑业对全区GDP贡献率为19.2%，拉动GDP增长1.7个百分点。

【行政许可标准化建设】 **网上审批服务** 由区住房城乡建委牵头，区发改委、区经信委等部门单位协同的工程建设项目审批服务大厅，完成业务受理事项9644项，其中工程建设项目审批受理事项1670项（立项用地规划阶段受理155项，工程建设许可阶段受理113项，施工许可阶段受理442项，竣工验收阶段受理372项，并行推进阶段受理162项，交通专项工程受理393项，水利专项工程受理33项）；非工程建设项目审批受理事项7974项（区住房城乡建委7893项、区消防救援支队81项），办结率100%。

审批流程再造 一般社会投资项目从立项到竣工验收全过程，审批时间压减至50个工作日以内，其中小型社会投资项目压减至35个工作日以内，带方案出让土地的项目压减至20个工作日以内，一般工业项目从取得土地到开工从市级改革文件要求的15个工作日压减至10个工作日以内；政府投资项目从立项到开工，审批时限从市级改革文件要求的58个工作日压减至33个工作日以内。同时，将区住建委建设工程基本建设程序9个行政权力事项，由法定时限130个工作日压缩至24个工作日；行政许可23个行政权力事项，由法定时限396个工作日压缩至109个工作日；人防办9个行政权力事项，由法定时限165个工作日压缩至21个工作日。

审批改革试点 将工程建设项目审批流程划分为立项用地规划许可、工程建设许可、施工许可、竣工验收、并行推进等五个阶段，并跨部门将交通专项工程和水利专项工程纳入审批制度改革试点，共设置11个综合窗口（其中：工程建设项目审批综合窗口8个、审批事项共计85项；非工程建设项目审批综合窗口3个、审批事项共计10项），办理流程覆盖立项到竣工验收、公共设施接入服务各个环节，办理事项覆盖行政审批和技术审查、中介服务、市政公用服务以及备案等全部事项类型。同时采用集中授权大厅审批与业务科室配合现场踏勘相结合的方式进行审批办理，依托全市一体化政务服务平台，将审批流程各阶段涉及的审批事项全部纳入审批管理系统，并与“多规合一”业务协同平台、各部门审批管理系统等信息平台互联互通，做到审批过程、审批结果实时推送，探索建立"横向到边、纵向到底"的工程建设项目审批新模式，逐步实现统一受理、并联审批、实时流转、跟踪督办、信息共享管理工作机制。

【施工许可】 **建筑市场监管** 完成项目开工前施工现场踏勘184个，办理施工许可证184件，建筑面积227.68万平方米，合同造价41.94亿元，同比分别增加124.39%、72.87%、89%，其中房地产开发项目25件，建筑面积158.69万平方米，合同造价为22.19亿元，同比分别增加31.57%、73.12%、76.95%。2014年3月1日实施预售资金首付款监管以来，全区共办理开发项目预售资金首付款监管建档登记项目89个，项目销档16个，现实际监管项目73个，监管核定预售许可证178个，核定监管总金额18.46亿元。全年共收取城市建设配套费3.36亿元。

房地产开发项目管理 办理项目资本金存入14件，金额为2705.86万元，按规定使用项目资本金办理54件，金额为3112.62万元。办理房地产开发项目建设方案备案15件，监督开发项目完成配套设施建设承诺书公示74件，完成房地产开发项目完善项目手册记录87次。

【建筑行业监管】 **建筑质量监管** 新报质监项目185个，其中房屋建筑项目104个，建筑面积221.97万平方米，市政工程81个，总投资7.79亿元。未完待结转工程项目265个，其中房屋建筑项目106个，建筑面积252.57万平方米，市政工程159个，总投资10.38亿元。竣工验收项目107个，其中房屋建筑项目97个，建筑面积186.11万平方米，市政工程10个，总投资1.5亿元。

工程安全监管 新报监项目58个，完工、停工项目45个，在监项目共计75个，总造价约52亿元；其中房屋建筑工程63个，建筑面积310.3万平方米，造价44.72亿元；市政基础设施工程9个，造价7.11亿元；土石方工程3个，造价1840.99万元。相继开展"建安"系列集中执法、防风险保平安护稳定迎大庆等行动，出动日常、专项检查1831人次，检查建筑工地793次，发现一般安全隐患3908条，下达限期整改通知书266份、停工通知书11份、局部停工通知书48份。进行高新区在建工业项目安全文明施工指导服务，排查项目34个，查找隐患241条。行政处罚137起，罚款40.3万余元（其中一般程序行政处罚10起，罚款28.1万余元，简易程序行政处罚127起，罚款12.2万元），项目经理质量安全违法违规行为扣分12人次共36分；安管人员履职考核不合格5人。

违法建设查处 立案办结一般程序行政处罚案件28件，累计处罚金额109.68万元。针对参建各方人员履职不到位的问题，建立在建项目微信群，对施工方主要管理人员到岗履职情况采取"双随机一公开""四不两直"等方式加强日常巡查，下发责改通知书15份，责停通知书11份。

【"智慧工地"建设】 加快"智慧工地"试点工作，不断推进建筑施工信息化、智能化、标准化建设，先后创建鑫城国际、集美东方、北城小学、中医院迁建工程等20个"智慧工地"示范工程，超额完成市住房城乡建委下达创建11个"智慧工地"目标任务。利用人员实名制登记、危大工程管控、起重机械黑匣子管理、视频在线监控等系统和平台，切实加强建筑工地"智慧"管控，进一步提升全区在建项目安全生产监管效能。

【建筑节能】 严格执行初步设计建筑节能专项审查、施工图审查、设计变更审查备案和建筑能效测评标识制度。全年建筑能效（绿色建筑）测评与标识通过91栋，建筑面积约106万平方米。执行绿色建筑标准项目16个，建筑面积约35万平方米。

（区住建委 李旭波）

生态环境保护

【概况】 2019年1月，在原铜梁区环境保护局基础上，挂牌成立重庆市铜梁区生态环境局。在划入应对气候变化和减排，监督防止地下水污染，编制水功能区划、排污口设置管理、流域水环境保护，监督指导农业面源污染治理等其他部门职责后，作为区政府工作部门，负责贯彻执行国家生态环境基本制度、重大生态环境问题的统筹协调和监督管理、监督管理减排目标的落实、环境污染防治的监督管理、生态环境领域固定资产投资、协调和监督生态保护修复工作、核与辐射安全的监督管理、生态环境准入的监督管理、生态环境监测、应对气候变化、生态环境监管执法和承担区生态环境委员会的日常工作等。

内设办公室、行政审批科、水生态环境科、大气环境科和土壤环境与辐射安全科5个科室；下设铜梁区生态环境综合行政执法支队(参公)、铜梁区生态环境监测站、铜梁区环境宣教信息中心3个事业单位。

全局核定编制共82人(其中行政编制11人，含局长1名、副局长3名、科级职数6名、科员1名)，实际在编在岗人员67人。从学历来看，具有研究生学历7人，本科学历56人，其他4人；从年龄结构来看，35岁以下34人，36~45岁18人，46岁以上15人；从政治面貌来看，中共党员38人，民主党派3人，无党派人士2人。

【环保宣传】 加大新闻媒体宣传力度，加强环保通讯员队伍建设，发挥官方微博、微信等平台作用，做好环境保护宣传报道工作。举办生态文明专题培训，提升环保从业人员专业化能力。开展“德耀巴渝·志愿铜梁”六五环境日主题少云志愿服务活动，组织开展环保公众开放活动，积极参加国家低碳日和节能宣传周、国际志愿者日、全国宪法日等活动，使公众理解环保、支持环保、参与环保，激发公众环境责任意识，推动形成崇尚生态文明、共建美丽家园的良好风尚。

【环境规划落实】 **严格管控生态空间** 构建以“三山”生态屏障和“一江三湖三河”的水域生态廊道为骨架的多维生态空间体系，加强自然生态系统保护，推进绿色城镇化建设，科学优化生态空间格局；完成生态保护红线的勘界定标；加强森林生态系统和湿地生态系统的保护与恢复，保护与改良农田生态系统；完善水源地及水源涵养区生态保护。

节约集约利用资源能源 推进生活方式绿色化，优化产业结构，推进绿色循环低碳发展；全面推进能源节约利用，强化土地集约节约利用，提高水资源利用效率，加强矿产资源节约和综合利用；推动工业产业结构调整，发展生态农业，推动全区绿色服务业发展，全面促进产业发展绿色转型；发展循环经济，加强生活垃圾分类收集与资源化利用，积极应对气候变化，推动循环低碳发展。

加强污染治理和风险防范 以提高环境质量为核心，深入实施“蓝天”“碧水”“宁静”“绿地”“田园”五大环保行动，重点打好大气、水、土壤污染防治三大战役，推进联防联控和流域共治，着力削减污染物排放总量、降低排放强度，加强工业园区、电镀加工园环境风险防控建设，提高环境治理的针对性和效率，全面改善生态与环境质量，降低环境污染风险。

深化生态文明体制改革 推进治理体系和治理能力现代化，建立环境目标责任制，加大环境执法力度，强化司法保护，加强普法教育，完善法制体系建设；培育环境治理和生态保护市场主体，完善财税价格政策，落实用能权、碳排放权、排污权、水权交易制度，积极发展绿色金融，加大环保资金投入与环境教育宣传，全面健全市场机制；完善生态环境监测网络，加强环境监察能力建设，强化宣传能力建设。

【环保督察整改】 7月12日至8月12日，中央第四生态环境保护督察组入驻重庆开展生态环境保护督察工作。督察组在渝期间，全区有关部门、各镇街进一步提高政治站位，对标对表中央生态环境保护督察要求，及时办理各类群众投诉，做到立知立改、立行立改、边督边改，全力配合做好第二轮中央生态环境保护督察工作，切实解决全区部分突出生态环境问题，有力推进辖区生态环境质量的改善。第一轮中央环保督察转办的33件群众投诉举报问题及反馈的15项措施整改任务全部完成整改；43个问题整改任务完成41个，未完成的“4万亩退耕还林任务”和“辖区内无污泥无害化处置场所”2个具体问题均为2020年度整改任务。第二轮中央生态环保督察期间转办的56件群众投诉举报问题办结51件，“龙璋纸业白泥渣场遗留问题”“天志环保违法行为未处置问题”等5个转办件整改工作取得初步成效，上报阶段性办结。

【环境管理】 **落实“放管服”措施** 一是取消建设项目试生产、《环评要求通知书》、水大气噪声污染防治设施验收审批事项。全年共审批124个环境影响评价文件，办理固体废物污染防治设施验收98个，办理国家排污许可68个，办理重庆市排污许可198个，办理夜间施工审核74个，办理建设项目环境影响后评价备案1家，办理排污权核定92家，审批江河、湖泊新建、改建或者扩大排污口审核2件，办理固体废物申报登记175件，辐射安全许可9家。

二是严格按照“双随机一公开”的原则坚持依法监管，落实事中事后监管责任，推进“双随机”抽查制度化、规范化；坚持公正高效，做到严格规范、公正文明执法；联动推进行政审批、行政执法和社会信用体系建设，将行政审批及行政执法数据全面录入信用数据库。

三是着力解决办事堵点难点。坚持问题导向，认真梳理企业和群众办事最烦最难的领域和环节，有针对性地采取措施。强化行政服务精细化管理，对受理的待办件，建立台账，明确工作人员、办结时间。在办理环境影响评价手续中，明确接件后5个工作日内必须出具审查意见，审查通过的项目，项目编制单位按照审查意见进行修改，但必须在10日内报批，项目环评报批后必须在公示期满后办结。对办件质量进行跟踪督办，对不能按期办结的工作人员进行严肃处理。加强中介服务机构管理，在办理环境影响评价审批手续中，不断加强环评机构的管理，项目审查时对服务机构的服务质量一并进行审查，并强制要求中介机构项目通过审查后必须在10日内进行报批，对不能按期、保质完成报批的中介服务机构进行通报。解决准入难，区生态环境局联系区经济信息委，加快推动镇街工业产业规划及规划环评编制工作，并联合区级有关部门对镇街工业产业规划提出初步意见；组织行业领域专家在企业投入运行前，开展环境保护技术服务，帮助企业解决环保管理方面的难题。全年共组织60余次专家技术咨询会，直接到服务对象现场，帮助企业找差距，促整改。

开展打击“三排”专项行动 持续加大环境违法犯罪行为打击力度，强化按日连续处罚、查封扣押、限产停产、移送行政拘留等手段实施情况的调度。深化与公、检、法机关的信息共享、案件移送、联席会议、会商督办方面的协调联动，实现行政执法与刑事司法的高效衔接，严惩环境违法犯罪行为。开展污水“三排”专项整治行动，共出动检查人员1300余人次，累计发现污水偷排直排乱排问题62个，其中50个问题完成整改，剩余12个问题主要是生活污水直排问题，需通过完善管网等工程措施来彻底解决。年内全区立案查处环境违法行为123件，做出行政处罚104件，处罚金额555.36万元，举行听证会2次，行政复议3件，行政诉讼2件，无违反新《中华人民共和国环境保护法》第六十八条规定情形等方面情况。移送涉嫌环境犯罪案件2件；查封扣押案件1件。全年信访投诉总数1013件，较上年度下降24%，有效解决4个12369环保举报热线转办的突出环境问题，对工地夜间违法施工扰民问题进行专项治理，督促21个环境安全隐患点完成整改，备案各类风评及应急预案118个，全年未发生环境安全事故。

【污染防治】 **蓝天保卫战** 督促全区化工、水泥企业完成废气治理设施深度治理，全面执行大气污染物特别排放限值。督促重点VOCs排放企业废气治理设施稳定达标排放，并在夏季高温时间段开展错峰生产。淘汰柴油货车150辆，路检机动车2008辆。主要城市道路机扫率达79%以上，检查运渣车2704车次，处置污染路面案件11件。实施工地扬尘控制“红黄绿”标志管理制度，督促整改施工扬尘问题650余个。完成37家公共机构食堂和181家餐饮企业油烟治理和监测。落实露天禁烧网格化管理制度，发放1万份禁烧宣传手册，开展专项执法行动，责令停止违法焚烧垃圾、秸秆769件次。建设22套高空喷雾降尘设施，开展32次人影作业，实现10月和11月全部为优良天气。采购9台腊肉环保集中熏制设备，在城郊接合部设置腊肉集中熏制点，引导群众正确熏制腊肉。

碧水保卫战 完成伍家水库、会龙河、小北海水库综合整治工程，水质得到明显改善，会龙河达到Ⅲ类水质。完成城区生活污水处理厂提标改造工作并开工建设三期扩建工程。建成城市污水管网12.57千米、乡镇污水管网37千米。完成2.1万头存栏生猪当量畜禽养殖污染治理配套设施整改，畜禽养殖粪污综合利用率达到87.96%，规模养殖场、大型规模养殖场粪污处理设施装备配套均达到100%。开展化肥、农药减量和替代利用，加大测土配方施肥推广力度，完善废旧地膜和包装废弃物等回收处理制度农村面源污染得到有效控制。开展饮用水水源规范化建设，城市集中式饮用水源水质全面达标，乡镇集中式饮用水源水质达标率达到90.9%以上。

净土保卫战 开展“一物一码”精细化管理，有序推进一般工业固废申报登记，基本完成全区危险废物申报登记工作。推进实施重庆重润表面处理科技园电镀废水回用系统改造，实现电镀废水回用，削减了重金属铬排放总量。强化涉重金属排放企业环境监管，防止发生涉重污染事件。对广益汽配、铜兴建材、红蝶锶业、潼南115井4个污染地块实施风险管控，防止污染扩散。督促重庆天志环保有限公司完成西泉中转站地块污染治理修复，完成13家历史遗留矿山恢复治理修复与土地复垦工程。开展“绿盾2019”自然保护地强化监督工作，完成全部现场核查，共计核查点位2267个，发现存在违法违规企业6家，督促其完成年度整改任务。

（区生态环境局　李牧原）

【矿山环境恢复治理】 深入实地对全区历史遗留问题和关闭矿山情况进行再次调查摸排，全面掌握各矿山生态恢复治理现状，完成18个废弃或关闭矿山的生态恢复治理工作，恢复治理面积15.81公顷。完成1处长江及主要支流10千米范围内废弃露天矿山生态恢复治理工作，恢复治理面积1.11公顷。全面启动绿色矿山建设，要求全区所有生产矿山企业全部编制绿色矿山实施方案，2019年成功创建市级绿色矿山3家。

（区规划自然资源局　陈季忠）

【环境监测】 区环境监测站年内出具监测报告293份，监测环境质量数据7981个，报告数据

6711个，共14692个数据。

水质监测 2019年城区集中式饮用水源涪江安居杨乐村断面监测项目达标率为100%；开展33个点位的镇街饮用水监测工作，达标率为90.9%；对“三河”（即淮远河、小安溪河和琼江河）四个断面（即众志桥断面、双河口断面、中和断面和安居莲花桥断面）每月一次，25个项目；涉及考核的断面（即安居莲花桥和段家塘，段家塘断面为小安溪河出境断面，由合川监测站监测）达标率为50%；玄天湖水库每半年监测一次，达标率为100%。同时，每月开展区内9条河18个断面的河长制监测，为全区河长制工作提供技术支撑。

大气环境质量监测 优良天数302天，完成市局下达的300天的考核要求。

噪声监测 交通噪声为64.6分贝，区域环境噪声为50.1分贝，功能区噪声均达到相应功能要求。

污染源监测 区环境监测站多次与执法支队协同联动，对区内工业企业排放的废水、废气、噪声进行监督性监测，开展污染投诉执法监测。在区公安局协助下，保质保量完成2000辆汽油柴油车的路检工作。

其他 指导完成辖区内51家重点企业开展自行监测。完成《2018年铜梁区排污状况报告书》和《2018年铜梁区环境质量报告书》。

（区生态环境局　李牧原）

商贸服务

综述

【概况】 2019年1月，更名为重庆市铜梁区商务委员会。主要承担：贯彻执行国家有关内外贸易的法律、法规、规章和方针政策，提出内外贸易发展战略和政策建议；负责提出利用外资措施建议，编制全区利用外资计划；指导对外贸易、对外经济技术合作、技术引进，审批或转报利用外资项目；承担组织实施重要商品市场调控和流通管理的职责；负责城乡商贸统筹发展工作；承担商贸流通业监督管理的责任；负责本区外出和外地在铜梁举办商品展会的统筹和协调工作。内设办公室、安全科、市场运行科、外经贸科、商贸流通科5个科室；设主任1名，副主任3名，科级领导职数7名；机关行政编制12名，实际到岗11人；工勤事业编制2名，实际到岗2人；下设1个事业单位——铜梁区商贸服务中心，事业编制6名，实际到岗5人。

（区商务委　苗玉林）

【市场建设】 **商场超市发展**　全区在1000平方米以上的各种商场超市18个。其中：1万平方米的超市有超联购物中心、重百商场龙城国际0.7万平方米、永辉0.5万平方米、糯米鲜生超市0.5万平方米；0.1万方至0.5万平方米的商场超市有：苏宁电器、重百电器、国美、金泉生活馆、金泉总店、塔山重百、联豪超市、佳悦购超市、弘沥超市、侣俸枫梧、平滩金泉、虎峰枫梧等17个。

专业市场建设　各类大中型专业市场共13个，经营面积36.27万平方米。其中：红星美凯龙星艺佳家居建材市场4万平方米，居然之家建材市场3万平方米，杰民蔬菜水果批发市场4.2万平方米，龙迈家居建材市场约3万平方米，建玛特铜梁商场4.2万平方米，百汇国际建材市场约12万平方米，重长司铜梁汽车北站五金交易市场1.8万平方米，百事达汽车交易市场0.5万平方米，友谊蔬菜批发市场0.2万平方米，龙城百货批发市场1万平方米，仙鱼塘水果批发市场0.17万平方米，龙城铠恩家具市场1.2万平方米，快递物流市场（城乡共同配送中心）1万平方米。全区农贸市场共51个，开展经营43个，经营面积约15万平方米。其中：城区经营的标准化菜市场9个约3万平方米，镇规范化农贸市场34个12万平方米。规划建设和在建的6个农贸市场（滨河花园、玉泉社区、师范附小、晏渡社区、白土坝、仙鱼塘），建面约3.2万平方米。

龙城天街建设　总体规划用地面积3.8平方千米，建设面积110万平方米，其中零售商业面积72万平方米，专业市场约3万平方米，写字楼面积约18万平方米，酒店面积约17万平方米，是重庆市除主城以外最大的商圈。商圈内主要有万达广场、宝莲国际都会、商社汇、嘉和大润发广场、财富中心、潜能大厦等六大商业综合体项目。建成投用沥青公路7条2.9千米，路灯900盏，公厕2座，直饮水设施4处，树池座椅10处，龙形投影1个，生命之树特色灯饰景观1处，完成9栋楼的灯饰工程装饰，广场铺装5万平方米，完成整个龙城天街的Wi-Fi全覆盖。

（区商务委　彭建平）

电子商务发展 全区电商市场经营主体988家，其中平台企业8家、企业网店264家、个人网店716家；累计发展区域品牌网货34类260余种；农产品线上交易网点达650余家，线上销售品种达210余种。全区实现电子商务交易额30亿元，同比增长35%；网络零售额16.6亿元，同比增长31%，占全区社会消费品零售总额的7.6%。

（区商务委 刘涛）

物流发展 全区有规模以上（50辆以上）道路货运企业7家，危化品运输企业4家，入驻的快递企业26家，物流企业在全区布局网点61个，仓库面积达到194.6万平方米，其中物流及快递仓库面积1.44万平方米。2018年，我区依托重长司货运场，着力打造城乡共同配送中心，着力构建区内商贸物流体系，主要提供快递、第三方物流、仓储服务、大型物件、普通货物运输、货运物流信息交易等综合服务。目前，正在镇、村一级大量设立商贸物流网点，全区33家货运物流企业向城乡共同配送中心聚集，区内商贸物流体系逐步得到完善。商贸物流企业信息化水平不断提升，信息化率达到100%。

【市场运行经济指标】 全区GDP实现616.56亿元，第三产业增加值224.24亿元（其中批发零售业增加值33.21亿元，同比增6.2%；住宿餐饮业增加值10.86亿元，同比增6.7%）。商业增加值44.07亿元，在全区第三产业增加值中占19.7%，占全区GDP的7.1%。社会消费品零售总额实现212.24亿元，同比增长13.7%；批发零售销售额实现226.9亿元，同比增长13.8%；住宿餐饮业额实现38.8亿元，同比增长15%。年内新发展限额以上商贸单位105家，累计487家。

（区商务委 彭建平）

批发零售业

【概况】 截至年底，全区商贸市场主体累计达到38750户，其中企业5420户，个体工商户33330户。批发和零售业27441户，其中企业3566户、个体工商户23875户；住宿和餐饮业5434户，其中企业529户、个体工商户4905户；居民服务、修理及其他服务业4189户，其中企业294户、个体工商户3895户；租赁和商业服务业1686户，其中企业1031户、个体工商户655户。

部分大中型零售企业销售额与上年比较表 （单位：千元）

企业名称	2018年销售额	2019年销售额	同比增速
重庆市铜梁县超联商贸有限公司	178281	142762	24.9%
重庆华乙欢电子商务有限公司	14114	11422	23.6%
重庆市铜梁区卓信电器有限公司	35350	30127	17.3%
重庆市奇镁摩托车销售有限公司	43731	35074	24.7%
重庆全泉商贸有限公司	78016	69062	13.0%
重庆市铜梁区锦辉商贸有限公司	98813	78381	26.1%
重庆市铜梁区宏扬家私有限公司	57424	45604	25.9%
重庆润文商贸有限责任公司	111388	89427	24.6%
重庆市铜梁区新世纪车行	100734	81804	23.1%
重庆市铜梁区昊川汽车销售有限公司	202304	163604	23.7%

（区商务委 彭建平）

特种商品流通

【成品油】“十三五”期间成品油加油站(点)规划执行情况 铜梁区“十三五”期间新增加油站3座,分别是:2019年新增中石油龙腾加油站1座,2018年新增重庆渝蓉高速铜梁围龙服务区新建加油站2座。全区共有43座加油站,中石油公司16座,中石化公司5座,中铁建公司1座,中航油公司1座,中外合资企业1座,民营企业19座。

成品油销售 2019年,全区成品油消费量7.7万吨。其中,汽油消费量4.93万吨,占64%;柴油消费量2.77万吨,占36%。

【散装水泥】 全区散装水泥年供应量达到6万吨,散装率达到45%。

(区商务委 秦忠杰)

【再生资源回收】 铜梁区再生资源回收布点形成点面结合、三位一体的再生资源回收网络体系。至年末,全区建成再生资源集中处理中心2个,面积分别为1.3万平方米和0.5万平方米,年处理废旧物资1.5万吨。培养规模较大的个体户11户。年内全区回收再生资源470吨。

(区商务委 供稿)

粮油购销

【概述】 粮食生产 全区粮食种植面积54586.67公顷,粮食单产6369.6千克/公顷,粮食总产量34.77万吨,其中谷物总产量25.95万吨,豆类总产量1.39万吨,折粮薯类7.43万吨。

粮油收购 全区粮食收购企业共7家,其中:国企1家,民企6家,全年购入粮油15.68万吨。

粮食销售 2019年全区粮食需求量37.21万吨。辖区内构建较为完备的粮食销售网络体系,支持铜梁区储备粮有限公司、金泉超市、重庆超联等骨干商贸企业在全区建设了28个粮食应急供应网点,应急大米储备400吨。

粮食储备 全年共储备各级政策性粮食14.27万吨,全部按照国家规范储粮相关管理要求储存,做到数量真实,账实相符,质量良好、储存安全。

粮库建设 全年共投入资金350万元,其中,市级支持资金175万元,企业自筹资金175万元,配置一体化空调制冷机设备21台和小型谷物冷却机2台,用于低温储粮项目建设,满足低温储粮需要,取得显著成效。

粮食安全检查 每月不定期对全区储粮库点进行安全检查,严格落实粮食库存数量、质量和储备粮轮换检查计划,核查粮食收购许可证资格,加强对粮食加工厂安全生产情况的检查,加大对粮食流通环节的监管力度,有效保障储备粮储存安全,杜绝“打白条”、压级压价等坑农害农行为,切实保护农民种粮积极性,确保粮食生产持续发展,保障“舌尖上的安全”。

(区发展改革委 韩夷)

国家储备粮管理

【铜梁区储备粮有限公司】 重庆市铜梁区储备粮有限公司是集粮油购销、储运、加工和综合贸易于一体的国有粮食企业,属重庆市储备粮管理有限公司直属企业。公司下设铜梁国家粮食储备库、安居直属库、龙乡军粮供应站3个子公司,营销、工业2个专业公司,巴川、平滩、虎峰3个分公司以及酒类销售中心,控股重庆铜梁龙文化发展有限公司。有限公司拥有固定经营场所和粮油经营门市,拥有完好仓容28万余吨,存有各级储备粮油14.27万吨;绿色优质粮油种植基地3个,国内一流的大米加工生产基地2个,传统工艺菜籽油生产线2条。有职工147人,各类专业技术人员95人,其中储粮与加工相关技术人员39人。

【经营状况】 粮油收购 全年购入粮油11.44万吨,其中,从生产者购进6.43万吨,从企业购进5.01万吨。

铜梁区储备粮有限公司2018年与2019年稻谷收购价格对比表

单位:元/千克

2018年收购价

时间	1.1—1.18	1.19—1.31	2.1—2.6	2.7—4.11	4.12—5.2	5.3—5.10	5.11—5.14	5.15—7.6	7.7—8.5	8.6—11.15	11.16—12.31
价格	2.75	2.79	2.70	2.72	2.66	2.64	2.60	2.52	2.50	2.52	2.50

注:2017年国家最低收购保护价为2.72元/千克(2018年执行2017年最低保护价)

2019年收购价

时间	1.1—7.31	8.1—8.15	8.16—9.23	9.23—12.31
价格	2.52	2.50	2.52	2.54

注:2018年国家最低收购保护价为2.52元/千克(2019年执行2018年最低保护价)

粮油销售　全年销售粮油10.36万吨,完成目标任务10万吨的103.65%,同比增加1.52%;加工粮油6.02万吨,完成目标任务3.5万吨的171.88%,同比增长20.00%;实现营业收入32046万元,完成目标任务30000万元的106.82%,同比增加3.42%;实现利润646.26万元。巩固发展大宗贸易,推动效益持续增长,继续巩固与重庆啤酒、五粮液股份公司、泸州老窖酒厂原辅材料供应商稳定合作伙伴关系,外购外销业务得到不断拓展,销售粮食3.9565万吨,同比增长14.3%;专供粮油取得明显成效,圆满完成铜梁、合川、潼南军粮专供配送任务,为全区中小学校提供专供粮油2200吨;做好巴川城区粮油供应网点5个,城区粮油正常销售,网上销售粮油1.7898万吨。

(区储备粮公司　邓娟)

【财务管理】　全年实现营业收入32043万元,比上年度同期30987万元增加1056万元,增加了3.41%,实现利润778万元;年末,公司资产总额19025万元,负债总额4203万元,净资产14822万元,资产负债率22.09%。

铜梁PLC智能化大米生产线　(戴刚　供图)

【仓储管理】　按照"一符、三专、四落实"及"规范化、精细化"的储备粮管理要求做好仓储管理,保障国家急需时调得动、拿得出、用得上。同时开展"双低规范化"储粮管理,将储粮管理目标及责任,落实到位,明确到人,建立健全各项规章制度,规范应用"四合一"储粮新技术,积极开展"浅层地能低温"和"一体化专用储粮空调机控温"储粮,取得良好效果。

加强规范储粮　一是按照"一规定两守则"和上级主管部门要求,组织储粮管理人员将安全储粮、科技储粮、规范储粮等各项工作,逐级逐项地进行分解落实,明确目标和责任;二是严格仓储管理制度和粮情检查,坚持储粮安全查仓制度、清洁卫生制度和粮情分析例会制度，确保制度完善，落实到位；三是规范储粮管理，从库内到库外，从制度到技术，严格按照要求，做到卫生达标、记录规范，储粮安全、措施科学合理；四是积极配合上级部门组织开展政策性粮食库存数量和质量大清查工作，发现问题，及时整改、完善措施并顺利通过市级普查和全国抽查；五是加大资金投入，共投入近500万元，对储粮仓房的防雨防潮、隔热保温、气密性等进行改造和功能提升，对库区供电进行扩容和对供电线路进行改造升级。

开展科技储粮 一是积极开展机械通风、环流熏蒸等"四合一"和"浅层地能低温"及"空调控温"等储粮技术的应用。高温时节，安居储备库全面开展浅层地能低温储粮技术，对粮堆及储粮仓房空间进行补冷控温，将粮堆最高点温度和仓房空间温度控制在25℃及以下；铜梁国库实施7.2万吨空调控温储粮技术运用，将仓内空间温度控制在22℃~25℃之间，取得良好效果；二是在国家粮食和物资储备局的项目经费支持下，以技能拔尖人才工作室为平台，在安居储备库继续开展"浅层地能低温绿色储粮技术实践与应用"，优化经济运行模式，按照实施方案有序开展，取得一定效果；三是铜梁公司与北京粮科院、北京邮电大学、河南工业大学、南京财经大学、中储粮成都粮科院等科研院所共同开展"国家公益科研项目"——储粮虫螨区系预测预报技术研究，实现手机终端检查粮堆储粮害虫，预测储粮害虫的发生发展趋势，在上半年通过专家组验收、完成；四是在市储备粮管理公司支持下，争取市级资金近170万元，配置21台粮仓专用空调机和2台谷物冷却机，实施控温储粮仓间3.8万吨仓容，在铜梁国库开展"优质粮食工程"——控温储粮技术实施及应用项目；五是开展规范化储粮示范仓建设，在安居储备库和铜梁国库共进行3间规范化储粮标准仓建设，特别是铜梁国库的37号仓建设，创新仓房吊顶模式，采用轻钢龙骨和单面铝皮的聚氨酯保温板进行吊顶隔热，平整美观，气密、隔热效果好，在全市粮食仓储企业推出应用。

严格质量管理 一是开展稻谷产新质量及产量调查，为粮食轮换收购提供参考依据；二是加强收购入库粮食质量的监督检查和大米加工、军粮供应的监督检查，指导产品生产质量及控制；三是做好采购稻谷和采购小麦的重金属、脱氧雪腐镰刀菌烯醇（呕吐毒素）的检测，严格控制重金属"镉"超标的稻谷入库；四是开展政策性粮食每年两次的陈化分析检测，对全公司储存的政策性稻谷、小麦、玉米进行抽样检测，并按规定做好品质分析及卫生指标检测，形成品质分析报告；五是不定期组织对粮油商品计量、质量、定量包装检查，实施外购粮油的监督检验，杜绝不合格产品的购入和流出；六是对加工质量进行质量监督，加工、销售粮油经各级质监部门抽检，质量合格，无质量、计量事故发生。

规范技术与创新 通过规范化及科技储粮水平的应用和提升，一方面提高"低温"和"准低温"储粮比例，延缓储存粮食品质劣变；另一方面也抑制虫霉的大量发生及发展。一是深化、拓展规范化储粮标准仓和空调控温储粮仓的建设，提高公司的仓储管理水平，进一步树立企业良好形象；二是通过仓房气密性改造、空调控温储粮技术的应用和浅层地能低温储粮技术的实施，减少熏蒸杀虫用药量，提高杀虫效果，使粮食的储存品质明显优于同年代、同批次储存于一般房式仓的粮食品质；三是空调控温储粮技术的运用，在机械通风、谷物冷却的协同配合下，基本实现"准低温"储粮目标，减少储存粮食损失损耗，有效延缓储粮品质劣变，提高市场销售价格和占有率，增加轮换效益；四是浅层地能低温储粮技术的运用，有效降低仓间温度，调节仓房室温，提升成品粮安全度夏能力，减少周转和搬转频率，确保数量真实，质量良好，储存安全，急需时拿得出、调得动、用得上。

【粮食轮换经营管理】 **轮换数量** 全年完成中储、市储轮换计划，其中轮入中央储备粮稻谷

1.41万吨，轮出中央储备粮稻谷1.41万吨、小麦0.15万吨（轮入由中央储备粮重庆直属库）；轮入重庆市级储备粮小麦0.04万吨，轮入重庆市级储备粮稻谷1.57万吨，新增轮入0.5万吨。轮出重庆市级储备粮稻谷1.57万吨、小麦0.04万吨。

工作措施 一是认真分析粮食生产和需求状况，走访、听取个体收购人员的意见及建议，采取多种收购形式，拓宽粮食收购渠道，力争多收粮、收好粮。在稻谷种植面积减少，扬花期间雨水较多，产量下降的情况下，完成中央储备粮、市级储备粮的轮换任务，全年纯收购粮食3.12万吨，占计划的111.3%；二是开展片区收购价格联动协调机制，合理确定收购价格，掌控粮食收购主动权；三是加强信息收集与沟通，及时分析国际国内政策和价格走势，了解周边区县或单位的价格执行及收购进度，合理调整价格和方式，采取灵活多变的收购策略，开展粮食收购；四是积极走访粮食经纪人，与种植大户和个体烘干户沟通、协调，对接、收购合格粮食；五是动员收粮职工及个体人员，开展新稻谷湿粮收购，自行组织进行烘干、晾晒，有效控制粮源；六是合理确定粮食收购和入库质量标准，在以国家粮食质量标准和储备粮轮换入库质量标准的前提下，严格质量指标控制，对能整理的限制指标，采取整理、通风等方式，扩大入库粮源，确保轮换任务的完成。

【安全生产管理】 全年，无重特大安全事故发生，无职工集访、滋事现象发生；共组织安全培训3次，安全检查12次，发现安全隐患10个，整改完成10个，投入资金12万元，安全教育100人次。

【内部管理】 **抓好制度完善** 全面梳理从严治党、纪检监察、购销经营、加工生产、安全稳定、人力社保、后勤保障等管理制度及工作规程，新修订资产管理、目标管理、薪金管理等4个制度，新建《企业年金制度》《信用管理办法》2个制度。

推进依法治企 组织中层以上干部，参加区法治考试26人次，“五法”普法知识竞赛148人次，邀请法律顾问开展讲座1次，干部职工法制意识和依法办事能力明显增强。充分发挥法律顾问作用，咨询重大问题25个，出具法律意见13条，审核经济合同116份，全年签订购销合同116个（其中：采购合同35个），无经营、法律纠纷，无呆滞账款发生。依法依程序续签劳动合同15份，有效维护职工权益。

（区储备粮有限公司　邓娟）

食品药品商业

【概况】 2019年，全区共有食品及相关产品市场主体10145户，其中食品生产环节236家（含食品生产小作坊138家、食品相关产品8家）、食品销售环节4671户（含保健食品经营546户、摊贩314家），餐饮服务环节2936户（含学校食堂206户、摊贩260家）。农（集）贸市场53个，内含固定摊位食用农产品经营者959家。

全区有药品医疗器械生产单位18家（药品生产企业3家、批发企业6家；医疗器械生产企业2家、批发企业7家）；药品零售经营企业453家，其中经营冷链药品（非口服和外用生物制剂）6家；医疗机构757家（含民营医院、个体诊所、村卫生室），其中取得特殊药品使用资质的单位55家，疫苗接种单位29家，分发、配送单位1家（区疾控中心）。

（区市场监管局　谭春梅）

烟草商业

【概况】 2019年，铜梁区烟草专卖局（分公司）有在册职工67人，其中：领导班子成员4人：党组副书记兼副局长、副经理（主持全面工作）1人，副局长兼纪检组长1人，副经理1人，副调研员1人；机关人员26人，一线人员37人。内设中层管理机构7个科室：办公室、客户服务部、专卖监督管理科、财务审计科、内管与法制监督科、综合管理科、党建人事科（纪检监察科）。客户服务部下设3个区域市场客服部：区域客户服务一部、二部、三部。专卖监督管理科下设1个稽查支队和2个稽查大队,即稽查支队、城网稽查大队、农网稽查大队。

全年铜梁分公司卷烟销售总量23929箱,同比增加6.12%;实现税利12348万元,增长11.73%。

(区烟草专卖局　黄晶)

盐业商业

【概述】 铜梁盐业,解放后属于铜梁县供销系统的专营业务。1965年10月,成立铜梁盐业批发部,隶属于重庆盐业运销站;1983年10月更名为铜梁盐业支公司。2014年,重庆直辖后更名为重庆市盐业(集团)有限公司铜梁分公司,是铜梁辖区食盐专营经济实体,并拓展到糖酒、调味品、日化等非盐产品市场。公司内设办公室、市场营销科和财会科;固定资产340万元,建筑面积3874.45平方米;有员工18人,专人负责铜梁城乡800余个网点的商品配送及售后服务工作;2014年盐销售量5500吨,其中食用盐3000吨,加工用盐2500吨,全年盐和非盐产品销售收入近4000万余元。

2015年,重庆市盐业系统实行改制,铜梁盐业分公司为重庆市盐业(集团)渝西有限责任公司的下属分公司。2017年1月,为适应市场变化和改革的需要,重庆市盐业(集团)渝西公司又将合川盐业公司和铜梁盐业公司合并为重庆市合川盐业分公司,隶属于渝西公司。2018年,合川盐业分公司经营部以3人担负铜梁片区盐业经营管理职责,经营业务由合川分公司管理。

2019年,中国盐业系统再次进行改革。渝西(合川)分公司管理合川、永川、大足、荣昌、铜梁、潼南六个区的盐业营销业务,并在原铜梁分公司基础上新设铜梁配送站(有盐业仓库),在职员工3人,主要负担铜梁辖区内各销售网点的盐业专营配送业务,员工、财务、营销业务等均归属渝西盐业分公司管理。铜梁盐业配送站每年向铜梁辖区所属网点配送食盐约3000吨。

(区史志办　王万明)

供销商业

【概况】 铜梁区供销合作社联合社系参公处级单位,为全区供销系统的主管部门,内设行政办公室和业务发展科,编制11人,其中领导职数4个,干部人数7人。实有在编人员11人,其中正处级干部1人,副处级干部3人,四级调研员1人,正科级干部2人,一级主任科员1人,二级主任科员1人,新招录公务员2名。

区供销联合社直属单位有农资企业、物资回收公司、电子商务公司、农民专业合作社服务中心有限公司、合作经济联合会各1个;恢复基层供销社28个,其中创建平滩镇、侣俸镇、虎峰镇、永嘉镇、土桥镇、南城街道基层供销社示范社6个。

2019年末,区供销社系统有区级农资配送中心1个、中心镇农资配送中心10个、区级废弃农膜中转站1个,镇街和村级庄稼医院18个、化肥经营网点94个、废旧回收网点40个、桐君阁大药房药店90个、烟花爆竹经营网点450个、村级综合服务社156个,镇级废弃农膜回收站40个,村级综合服务社“星级示范社”9个,基层供销社参股入股农民专业合作社10个。

区供销系统全年完成销售总额166505万元,同比增长14.18%,资产总额期末余额13085万元,同比增长11.46%;所有者权益期末余额4107万元,同比增长11.46%;农产品经营额135477万元,同比增长9.74%;连锁经营额129824万元,同比增长273.42%;再生资源销售额1350万元,同比增长46.74%;基层供销社经营收入29678万元,同比增长37.83%。

【恢复重建工作】 **镇级供销社恢复重建**　年内完成华兴、西河、安溪、福果、东城、双山、小林、高楼、维新、水口、二坪13个镇街基层供销社的恢复重建，实现28个镇街基层供销社全覆盖。华兴、西河、安溪、福果、东城、双山、小林、高楼、少云、维新、二坪、蒲吕、土桥、安居、庆隆、华兴16个镇街供销社的经营房产由铜梁区政府划拨国有资产形成社有资产，巴川、南城、大庙、侣俸、虎峰、旧县、水口、太平、围龙、平滩、白羊、石鱼12个镇街供销社的经营房产由市区财政资金购买形成社有资产。全区28个镇街供销社经营场所达到3077平方米，每个基层社办公和经营场所面积平均110平方米，达到“有资产、有制度、有能人、有产业”的“四有”标准。全区镇街基层供销社全部恢复农资经营、农技服务等业务。

镇级供销示范社创建 年内培育平滩、侣俸、虎峰、永嘉、南城、土桥6个基层供销社示范社，每个基层供销社示范社经营性资产面积达到200平方米以上。经营方面，基层供销社因地制宜，采取多种形式为“三农”服务，平滩、侣俸镇供销社主要以农资经营为主服务三农，满足供应区域内农民专业合作社和农户的农资需求，开展农业技术服务工作；永嘉镇供销社通过开放办社形式，吸收社会能人联合开展家具经营，开展以旧换新、家具维修等社会服务；虎峰镇供销社通过开放办社形式，开展农资经营和白酒酿造等业务；土桥、南城供销社在做好传统农资供应、技术服务等情况下，购置农用机械设备，开拓机耕、机播、机插、统防统治和机收农业生产全程社会化服务。6个基层供销社示范社示范作用显现，达到创建基层供销社示范社标准。

村级综合服务社恢复重建 区供销社整合全区264个行政村“爱在龙乡”电商线下店，恢复重建村级综合服务社264个，10个村级综合服务社被评为“星级”村级综合服务社，其中：永嘉镇塘坪村、侣俸镇天星村、安溪镇谭洪村、大庙镇双鹅村、虎峰镇青符村5个村级综合服务社被评为“三星”级村级综合服务社，平滩镇洋海村、西河镇双永村、少云镇高碑村3个村级综合服务社被评为“四星”级村级综合服务社，土桥镇六赢村、旧县街道石砚村2个村级综合服务社被评为“五星”级村级综合服务社。10个“星级”村级综合服务社实行股份制，村集体占股20%，本村村民占股10%，镇供销社占股10%，经营业主占60%。所有村级综合服务社开展生活日杂超市、农资超市、银行服务、信息发布、政策咨询服务、文化活动、电子商务、农产品收购与销售等服务，把超市开进农村，把工业品送到农村，把农产品运销城市，让农户足不出村能购买到商品，也解决了农产品难卖瓶颈，村级综合服务社重新发挥着连接城市与农村的桥梁与纽带作用。

【农民合作社服务中心】 区农民合作社服务中心成立于2016年，主要为全区农民专业合作社服务。2019年，农民合作社服务中心成立农村金融服务工作站1个、农村综合信息服务分中心1个，在南城街道、平滩镇、侣俸镇、土桥镇、虎峰镇、永嘉镇设立6个农村综合信息服务站，在平滩镇洋海村、侣俸镇天星村、大庙镇双鹅村、安溪镇谭洪村、西河镇双永村、少云镇高碑村、虎峰镇青符村、永嘉镇塘坪村、旧县街道石砚村、土桥镇六赢村设立10个村级农村综合信息服务点，为28个基层供销合作社、50个农民专业合作社及其他经营主体开展代账、代办政务、工商事务代办、档案管理、项目立项、政策咨询、农业技术指导、融资服务咨询、农产品推介等服务687场（次），开展经营管理培训16场（次），开展农技培训213场（次），帮助农民专业合作社推广销售农产品6400万余元，帮助32个农民专业合作社和农业企业融资6400万余元。

【“三社”融合工作】 **“三社”融合试点** 铜梁区为第二批试点区县。铜梁区委办、区政府办出台《关于印发〈铜梁区推进“三社”融合发展实施方案〉的通知》，推进基层供销社、农村商业银行（信用社）与农民专业合作社“三社”融合发展。

区供销社清理“挂牌社”“空壳社”108个，调动村支“两委”、农村能人、返乡创业人员领办创办农民专业合作社69个，区合作经济组织联合社在28个镇街全部建立镇街农合分会，吸收农民专业合作社、家庭农场、涉农企业，以及其他新兴农业经营主体等入会，加强联合合作。农民专业合作社建立健全社员（代表）大会、理事会、监事会“三会”制度。

土桥镇、安溪镇、太平镇、西河镇、虎峰镇、水口镇、少云镇、维新镇、大庙镇、侣俸镇10个基层供销社分别参股入股10个农民专业合作社：铜梁区荷美莲藕股份合作社、铜梁区金滩油茶种植专业合作社、铜梁区坪溪果树种植专业合作社、铜梁区双增水果种植专业合作社、铜梁区长继水果种植专业合作社、铜梁区康山水果种植专业合作社、重庆真艾农业有限公司、重庆沿捎客水果专业合作社、铜梁区生命树蚕桑专业合作社、铜梁区凤骊农业专业合作社，入股金10~12万元，真正以资本形式融入农民专业合作社，形成服务优势叠加、产业相互渗透、功能互补延伸，利益共享、风险共担的利益共同体。基层供销社参与农业生产技术、统防统治、农资供应等农业生产全程社会化服务工作，解决专业合作社生产上、技术上的难题，促进产业持续稳定发展。

开放办社试点　土桥镇供销合作社作为开放办社的试点社，以开展农业生产全程社会化服务为突破口，打造以农业生产全程社会化服务为服务“三农”主要业务的新时代基层供销社。由铜梁区农民合作社服务中心占股51%，铜梁区绿品蔬菜种植股份合作社占股49%，共同组建土桥供销社，在做好传统农资供应、技术服务情况下，购置95万元的农用机械设备，开拓机耕、机播、机插、统防统治和机收农业生产全程社会化服务，解决农业生产劳动力缺乏、用工难等问题。

解决融资难　三社（供销社、农民专业合作社、农村商业银行）发挥各自优势，共同开展农民专业合作社信用评级、授信工作。供销社向农商行推荐生产经营正常、辐射带动能力强、信誉好、有贷款需求的专业合作社。2019年，农商行铜梁支行、市总社农信公司向全区20家农民专业合作社、农业公司等贷款4740万元，解决农民专业合作社融资难瓶颈。

【盘活存量闲置资产】　供销社2001年改制后，部分剩余资产多为70年代修建，老旧破烂严重。2019年，供销社抓住推进“三社”融合发展的机遇，多渠道筹资维修维护，改造盘活区农资配送中心、安居、华兴、围龙双碾、平滩百合、福果联合等地改制后闲置资产，建成基层服务网点，面积达2600平方米，盘活利用所有资产，用作仓库、养殖场、企业厂房、农资经营、老年活动室等，增加供销社收入，为解决下岗职工实际困难和信访稳定问题提供经济保障。

【建立完善农资经营服务体系】　全区逐步恢复供销直属农资经营网点32个、加盟农资经营网点54个、村级综合服务社264个，形成“供销社+农资配送中心+镇街农资网点+村级综合服务社”农资经营网络，健全整个农资经营服务体系，经营网点覆盖所有镇街，覆盖率达100%，供销社服务“三农”阵地得到重建和恢复，服务功能逐步增加，服务能力和水平得到提升。全区农资淡储能力8000余吨，销售各种农资1万余吨，供销社发挥农资保供主渠道、淡储平抑物价作用彰显。在减肥增效方面，供销社起到重要作用，大力推广有机肥，减少化肥销售和使用，推广有机肥面积3000亩，销售有机肥1000吨，引导带动农民增施各种商品有机肥3000吨。

【扶贫攻坚】　各级供销社主动投身扶贫攻坚战，开展精准扶贫，在10个“星级村级综合服务社”建设中，要求财政补助资金给村民配股，其中对建卡贫困户和低保户加倍配股，在废弃农膜回收利用村督导员配备中，要求首先安排能够胜任工作的贫困户。通过领办、创办和指导成立农民专业合作社促进产业扶贫，鼓励贫困户加入农民专业合作社。全区4467户贫困户中，54.98%的贫困户以各种形式加入专业合作社；在5个市级脱贫村，97.9%的贫困户加入专业合作社。各级供销社派遣专业技术人员到贫困村实地进行技术指导，无偿支持有机肥及微量元素肥、旋耕机、施肥器等农机农资产品，指导帮助开展农业社会化服务。5个镇街供销社分别入股10万元到5个市级贫困村的农民专业合作社，打造“三社”融合发展试点示范社；区供销联社派出干部蹲点西河镇双永村开展扶贫工作，帮助双永村解决公厕建设资金等问题6个。

【农膜回收】 2019年，铜梁区人民政府制定出台《铜梁区废弃农膜回收利用管理办法》。华贸供销社把“三社”融合发展与推进农村人居环境整治和生态环境保护专项行动结合起来，按照有营业执照、有场地、有人员、有资金、有标识标牌、有收购设备“六有标准”，在28个镇街新建40个废旧农膜回收站，覆盖所有镇街和赶集场所。在石鱼镇东店村新建废弃农膜中转站，占地2000平方米，其中分选场地400平方米，堆放场地1600平方米。在全区每个村设立了1名督导员，每个督导员每年补助资金1200元。全年回收废弃农膜439吨，有效减少废旧农膜环境污染，改善乡村环境。

（区供销联合社　陈元强）

住宿餐饮业

【概况】 全区现有住宿餐饮企业和个体5434个（其中企业529户、个体工商户4905户），经营面积53万平方米，从业人员2.8万余人。全年住宿餐饮营业额实现61.7亿元，同比增长15%，实现税收626万元。有铜梁大酒店等宾馆酒店212家，其中星级酒店3家，床位3800余个，有逍遥山庄等农家乐72家，其中星级农家乐27家，床位700余个。

（区商务委　刘涛）

广告业

【概况】 **广告主体培育** 2019年，区市场监管局聚焦“放管服”改革，积极培育广告经营主体。全区广告经营主体1097户，同比增长32.33%，其中，主营广告公司239户，其他广告经营主体858户。

广告产业发展 全区有广告从业人员11199人，同比增长34.85%，其中，管理人员942人、创意设计人员4399人、业务人员5423人、其他人员435人。全年广告经营额4.15亿元，同比增长23.2%，其中，食品广告2908万元、药品广告1964万元、酒类广告1983万元、化妆品及卫生用品广告1751万元、房地产广告4847万元、家用电器及电子产品广告1628万元、信息传播及信息技术服务广告949万元、金融保险广告3541万元、服装服饰及珠宝首饰广告936万元、招工招聘及其他劳务广告2200万元、汽车广告2844万元、医疗服务广告1494万元、医疗器械广告1392万元、生活美容及休闲服务广告2799万元、旅游广告7120万元、教育广告1748万元、批发和零售服务广告713万元、其他广告704万元。

广告监督管理 全年开展农村食品广告、自媒体广告、户外广告、互联网广告、房地产广告、新建小区广告等6次专项整治，全方位、高频次监测337个重点网站（网址），累计监测广告4177条次，行政约谈17户次，立案查处广告违法案件12件，罚没款28.04万元，积极营造良好的广告市场竞争环境。

（区市场监管局　谭春梅）

供电

【概况】 国网重庆市电力公司铜梁供电分公司于2004年7月改制，注册资本金15815.6万元。2016年8月，铜梁分公司正式成为国网重庆市电力公司全资分公司。2019年，完成固定资产投资1.46亿元，营业收入9.51亿元，同比增长4.21%；安全生产实现“八不发生”。

【供需服务】 为铜梁区境内23个乡镇、5个街道供电，供电面积1343平方千米，供电服务人口84万人。2019年，公司完成售电量17.96亿千瓦时，同比增长5.83%。其中：第一产业用电0.18亿千瓦时，同比增长2.29%；第二产业用电10.20亿千瓦时，同比增长5.34%；第三产业3.39亿千瓦时，同比增长22.27%；城乡居民生活用电4.18亿千瓦时，同比减少3.44%。

为构建良好电力营商环境，提升“获得电力”指数，公司将小微企业办电环节压减至2个；由电网投资至企业红线，为客户节约办电成本2437.96万元；压缩接电时间，高压、低压业扩报装平均接电时间缩短至39.15天、3.64天，同比压减44.07%、36.14%。走访民营企业，解决用电问题56项，帮助162户开展用能分析，减少用电成本支出近2000万元。创新搭建“电力+金融+企业”平台，助力15户小微企业获得电力授信贷款851万元。

持续深化“三全三防”反窃电工作体系，以大数据分析为支撑，查处窃电和违约用电119户，追补金额125.95万元。认真落实市发改委降低电价政策，分别于2019年4月1日和7月1日对一般工商业客户电价进行调整，每度电降低0.0554元，一般工商业客户减少用电支出总计约1400万元。

【工程建设】 **基建工程** 2019年，铜梁500千伏变电站工程、500千伏改接工程、凉风垭220千伏线路工程、铜梁盘龙220千伏变电站110千伏送出工程、永兴110千伏输变电工程5个属地项目顺利投运。铜梁玉泉110千伏输变电工程竣工并投运。铜梁北郭110千伏变电站1号主变扩建、华兴110千伏变电站35千伏送出工程开工建设。铜梁华兴110千伏输变电工程、铜梁白羊35千伏输变电工程有序推进。各级电网建设进一步满足渝西供电区负荷发展需要，提高供电可靠性，为地区500千伏/220千伏电磁环网创造条件，完善了铜梁地区110千伏网络结构。

农网、城网改造 年内共完成7个批次106项农网工程建设，总投资1.0117亿元。覆盖紫极村、沙心村、树荫村等69个村。共计完成12个大项102个小项无危小区线路改造，涉及巴川街道、南城街道等12个镇街7808户居民，解决了电力线路老化无人管理、供电质量较差、分摊电费较高、易发生火灾甚至人身伤害等突出问题。通过农网改造，全区农村地区供电质量取得较大提升，供电可靠率提升至99.8349%，农村配电网供电半径缩短明显，电压质量合格率提升至99.973%，户均容量提升至2.06千伏安/户。

（铜梁供电分公司　谢地）

供水

【概况】 重庆市铜梁区龙泽水务有限责任公司于2004年12月由重庆市水利投资(集团)有限公司和铜梁区龙都水资源有限责任公司分别以61.83%和38.17%的比例出资登记成立，注册资本4690万元。公司于2015年中国农发重点建设基金有限公司资本金注入4500万元，用于琼江安居提水二期工程(远期5万吨)、国开发展基金有限公司资本金注入900万元用于独立工矿区管网安装工程，由此变为4个股东，分别以重庆市水利投资(集团)有限公司56.79%、铜梁区龙都水资源开发有限公司35.06%、国农发重点建设基金有限公司6.79%、国开发展基金有限公司1.36%的比例出资，注册资本为人民币66233.07万元。

公司有取制水能力10万吨/日，即小北海水厂10万吨/日(即琼江安居提水二期工程)，主要供水区域为铜梁城区和蒲吕街道、土桥镇、水口镇、二坪镇、庆隆镇。2019年，取水2795万吨，供水2671万吨，售水2174万吨；供水面积29平方千米，供水人口26万，供水有效率91.39%，水质抽检合格率100%；实现营业收入1.06亿元。铜梁城区居民用水价格为2.7元/立方米，工业用水价格为2.73元/立方米，建筑及其他类用水价格为3.28元/立方米。

【生产经营与供水服务】 实施"互联网+自来水工业"创新融合,努力打造智慧水务,实现自来水工业全生命周期管理。建立自来水生产信息化管理平台、能源管理系统和可视化运维平台,采用BIM建模技术,形成标准化、智慧化的生产运行和设备维保管理流程体系,使铜梁区小北海水厂成为全市第一家数字化智能化水厂,促进了标准化建设。运用大数据探索水务管理创新。认真落实供水管网巡查制度,全年共开展管网巡查165次,主动查找漏点57处,清理整改阀井70个、维修消火栓52处,更换病害井盖70处,及时发现并解决管网的渗漏、爆管问题,确保24小时不间断供水。强化综合监管,全面加强对水源水、出厂水、管网水进行24小时实时监测,加密取样化验,确保水质安全达标。运用物联网探索二次供水创新,实现终端服务标准化,二次供水能力显著提升。运用电子身份标定做好抄表管理,数据抄得准,月抄表到位率99.99%,水费回收率99%,累计用户达162456户。"智慧水务"建设,加强了以"质量、安全、规范、创新"为核心的"生产运行标准化"管理。开展供水降本增效试点工作,全年节约生产成本21.40万元,节约水表采购成本75.13万元。

【重点项目建设】 **镇街供水整合民生工程** 铜梁区除龙泽公司对城区及城郊镇街统一供水外,其余24个镇街由各镇街水厂供水。为解决镇街水厂存在的管理水平低效、水量不足、制水工艺落后等诸多问题,保障用水安全,由龙泽水务公司组建镇街供水整合工作筹备组,于2019年4月正式接管龙都公司所属20个镇级水厂的生产经营工作。10月23日,完成乡镇供水分公司的设立,并完成了工商注册登记。

城乡一体化城区及场镇供水设施改造工程 该工程为铜梁区2019年重大民生实事工程。年内完成城乡一体化城区及场镇供水设施改造工程,建设安装投资8100万元,其中一期完成7921.6万元,二期完成178.4万元;完成供水主管网建设58.53千米、二级管网建设36.08千米。

同心桥水库工程 同心桥水库作为渝西水资源配置工程中的在线调蓄水库,由枢纽工程、泵站工程、灌溉工程及供水工程四部分组成。水库总库容1126万吨,为Ⅲ等中型水库。工程项目设计估算投资7.08亿元,工程建成后年供水量为1062.6万吨。年内完成前期工作,包含可研、初设、主体工程及监理的招标工作,完成同心桥水库淹没范围内的房屋拆迁,并开展相关土地的征收工作,于12月开工建设。

小北海水利工程 是一座以城市防洪为主,兼有城市供水、农业灌溉等综合利用功能的Ⅲ等中型水库,水库总库容1188万吨,于12月顺利通过工程竣工验收。

(龙泽水务公司 供稿)

供气

【概况】 重庆潜能燃气股份有限公司系潜能集团的控股子公司,始建于1995年10月,原名铜梁县天然气公司。2001年3月,改制为股份制企业——重庆市铜梁县洁源天然气股份有限公司,2012年7月更名为重庆潜能燃气股份有限公司。注册资本3亿元,主营铜梁区境内天然气供应、天然气管道安装及维修、天然气相关产业如GNG加气站等,是重庆市第一批取得燃气经营许可证的城镇天然气企业之一。内设六部(财务部、工程部、技术安全部、用气监察部、管网运行部、市场部)一室(行政办公室),企业党团工会组织健全。有员工190人,拥有各类专业技术人才60余人,具备燃气管道、燃气设备设施、燃气器具安装和设计资质。

公司建成高压长输管线37.7千米,中低压管线2700千米,阀井759座,调压箱2810个,中压配气站2座,无人值守站2座,水容积2000立方米球罐1座,日供气能力100万立方米,发展各种用气户19.46万户，是“中国人民银行企业景气调查定点企业”。

全年新增入户11313户，总共有各类天然气用户199369户。全年供气9976万立方米，营业收入达29994万元；上缴税费1862万元。

【基础设施建设】 一是建成石鱼“足202井”至铜梁城区中压dn400 PE输气管线，增加气源供应渠道，其输气能力可达20万立方米/日，具备一定的调配和应急能力，从而提高铜梁天然气资源供应的安全级别，起到对正常气源供应的补充作用。二是建成铜梁高新区食品园dn355 PE供气管线，其输气能力可满足铜梁高新区食品园的用气需求。三是建成迎宾大道延伸段dn200 PE供气管线，其输气能力可满足迎宾大道延伸段两侧发展带来的用气需求。四是建成南北大道dn200 PE供气管线，其输气能力可满足南北大道两侧发展带来的用气需求。全年共建成中压管线141.5千米，低压管道400千米。

（潜能燃气股份公司　陈瑜）

旅 游

【概述】 1995年2月，铜梁县旅游公司成立，属于全民事业单位（配备工作人员3名），归县文化局管理。同年8月，成立铜梁县旅游事业管理办公室，与铜梁县旅游公司实行一套班子两块牌子。2003年4月，县文体局更名为铜梁县文化体育旅游局，内设旅游科。2006年2月，分设铜梁县旅游局，为主管全县旅游工作的县政府直属局级全额拨款事业单位，内设办公室和市场开发科。2014年7月，因撤县设区，铜梁县旅游局更名为重庆市铜梁区旅游局，由政府直属事业单位调整为政府工作部门。2019年2月，区旅游局与区文化委合并为重庆市铜梁区文化和旅游发展委员会（同时挂区体育局牌子），为区政府主管社会文化、旅游、广播及体育的工作部门，旅游业务归文旅委内设的产业发展科、下设的铜梁区旅游营销促进中心管理。

2019年，全区旅游业、旅游景区建设及配套设施建设均呈快速发展趋势。全年接待国内外游客987万人次；旅游综合收入达42.2亿元，同比增长12%。

【旅游接待】 春节期间，全区累计接待游客132.7万人次，增长43.6%；实现旅游收入6.2亿元，增长45.2%。第二届重庆铜梁龙灯艺术节共接待游客115.4万人次，其中人民公园灯展接待42.3万人次、奇彩梦园灯展（含风情小镇）接待17.7万人次、安居古城灯展接待55.4万人次。端午节期间，全区累计接待游客10.8万人次，同比增长12.25%；实现旅游收入5210万元，同比增长14.12%。其中，安居古城接待游客7.1万人次，奇彩梦园（含风情小镇）接待游客0.8万人次，荷和原乡接待游客0.6万人次。国庆节期间，全区累计接待游客49.8万人次，同比增长23.7%；实现旅游收入2.894亿元，同比增长13.2%。其中，安居古城接待游客29.7万人次，旅游综合收入1.45亿元；奇彩梦园接待游客4.2万人次，旅游综合收入86万元；巴岳山玄天湖接待游客5.5万人次；西郊绿道旅游示范片接待游客5万人次；邱少云烈士纪念馆接待游客3.3万人次；铜梁龙景区（僻幽谷）接待游客2.1万人次。各景区旅游秩序良好，无有效投诉和安全事故发生。

【重点景区】 2019年，铜梁区重点打造“一线四区”旅游功能区，旅游业发展态势良好。安居古城景区进行全面提档升级，积极争创国家5A级旅游景区，并成功创建国家湿地公园；全面启动西郊示范片乡村旅游建设，并出台《铜梁区乡村振兴西郊示范片区乡村旅游提升行动方案》。巴岳山玄天湖完成景观提质和旅游配套设施建设，并争创国家4A级旅游景区。

安居古城（4A级景区）古城位于重庆市铜梁区安居镇境内，景区面积13.2平方千米，内含安居古城核心区3平方千米以及黑龙嘴、琵琶岛、黄家坝、波仑寺等文化旅游功能区块。城内有市、区级文物古迹197处，国家级非物质文化遗产1项。宗祠、行会、商会、哥老会遗迹林立，“九宫十八庙”璀璨夺目，街巷明清建筑鳞次栉比，琼江书院、崇德书院古雅耀目，湖广、福建、江西、广东等地会馆遐迩闻名。是集古县城文化、巴渝文化、宗教文化、书香文化、移民文化、抗战文化和龙文化于一体，多元文化交融的千年古城。黄埔军校14期驻训安居培养抗战英杰，蒋介石、冯玉祥、刘伯承等均在此留下足迹；大蠕龙、稻草龙、黄荆龙、扁担龙、铁水钢花漫天飞溅的铜梁火龙汇聚安居，玩龙灯、抢龙宝、扳龙角、赛龙舟等民俗活动经久不衰，龙文化丰富多彩。

先后获得"中国十大最美乡愁旅游目的小镇""2014中国最具文化魅力古城""2014年全民探寻重庆新名片之重庆新名片10强""重庆十佳文明风景旅游区"以及全国文明村镇等称号，继续全力打造国家5A级旅游景区、国家级旅游度假区。

巴岳山玄天湖度假区 位于重庆市铜梁区南翼，与城区浑然一体，规划面积3.33公顷，先后获评"全国休闲农业与乡村旅游示范点""玄天秀水——新重庆·巴渝十二景"等美誉，巴岳山玄天湖综合开发项目成功入选2016年全国优选旅游项目名录，并积极争创国家5A级旅游景区、国家级旅游度假区和全国生态旅游示范区。

巴岳山因其山秀、岩险、林密、石奇、水美而名传巴渝。巴岳35峰，海拔约700米，绵亘30余千米。巴岳美景被誉为"巴岳游龙"，成为"重庆小十景"之一。

玄天湖，是一座集农业灌溉、城乡供水、防洪及旅游生态保护为一体的中型水库。2005年建成，长约3.5千米，湖面最宽处有800多米。总库容1056万立方米，大坝高29.69米，正常蓄水位282米。湖旁中华龙温泉，号称西南第一泉，日流量4000多立方米，水量丰富，品质优良，富含硫、钙、钾、镁等70余种微量元素，属硫磺医疗矿泉，常年水温42°C左右。温泉水随矿物质的分泌量不同而常呈蓝、绿、紫、无色等多彩变化，素有"彩色温泉"之称。

绿道环绕的玄天湖一角 （区文旅委 供图）

西郊示范片 由区文化和旅游委牵头，玄天湖旅投公司具体负责修建的西郊示范片项目，包括东郁彩色苗木基地、三角梅产业基地、玫瑰产业基地以及西郊雅社精品民宿。彩色苗木基地项目占地面积为266.67公顷，主要种植进口美国红枫、美国海棠、豆梨和绣球等；三角梅产业基地占地面积100公顷，总投资5000万元；玫瑰产业基地占地约40公顷，与云南杨月季达成合作，在西来村打造玫瑰产业基地；西郊雅社精品民宿利用旅投苗圃已建成的闲置四合院，打造以浪漫、休闲为主题的温馨客栈。巴岳文津街书画民宿，融入龙文化和书画艺术，打造书香文化体验民宿。荷和原乡精品民宿，依托荷和原乡景区，利用文创街融入荷文化元素，打造以荷文化为主题的民宿。

黄桷门奇彩梦园景区（4A级景区） 位于铜梁区南城街道黄门村巴岳山脚下，紧邻玄天湖度假区。景区以优美的山水田园、花木彩景等资源为依托，以"彩色农业"为主题，着力打造以休闲度假为主导，集农业观光、乡情体验、商务会议、居住地产于一体的人文化、多元化、高品质的综合型产业园区。园区占地216.67公顷。花海景区由七彩斑斓的各色花卉织就的43.33公顷色彩缤纷的花海组成，以四季花海为主题，每季种植主要花卉20余种。

奇彩梦园一隅 （区文旅委 供图）

荷和原乡（3A级景区） 即爱莲湖湿地公园，位于铜梁区巴岳山脚下土桥镇庆林村，距县城10千米车程。园区背靠六赢山，有唐代县令赵延之带领民团保卫乡土而六战六克的营盘岭和擂鼓寺等历史遗迹。是集商品莲藕生产、名优特色荷花观赏、都市休闲旅游及“荷”文化展示于一体的荷花生态湿地公园。景区的荷莲种植面积达866.67公顷，其中核心景区133.33公顷，种植有90多个观赏荷花和500多种水草，是西南地区最大的荷莲种植基地。景区内还开设了游船、垂钓、烧烤、露营、骑行和水上娱乐等10余个游乐项目。

【宣传营销】 **户外广告宣传** 利用重庆火车北站展位广告灯箱、机场T3航站楼GTC通廊广告灯箱、渝遂、渝蓉、渝黔等高速路广告大牌、重庆电视台新闻联播前15秒广告、入境关怀短信、铜梁旅游微信、网站、《乡愁》杂志等10余个宣传平台，对乡村文化旅游节会和活动事件进行持续宣传，不断提升铜梁文化和龙乡旅游的知名度与影响力。

文旅活动宣传 利用“原乡风情 大美铜梁”2019中国·重庆小姐大赛”筹划组织了2019重庆铜梁原乡风情马拉松赛比赛；铜梁首届中华龙灯艺术节；铜梁火龙闪耀中国台湾外宣活动；2019铜梁第八届荷文化旅游节；2019年中国西部旅游产业博览会；重庆全球旅行商大会、2019年“中国旅游日”重庆市铜梁区分会场等活动进行宣传。用品牌搭载、联合营销的方式对荷和原乡、巴岳山玄天湖度假区等铜梁文化旅游资源进行传播，引爆渝乐新风尚，展示铜梁城市形象，促进铜梁区旅游业的发展。同时通过市场化运作，成功举办葡萄节、庆隆梨子节、西河胭脂脆桃节、平滩柚子节、双山樱桃节、土桥荷花节、巴川猕猴桃节等近10个常态性乡村旅游节会，持续保持铜梁旅游市场热度。做到月月有活动，季季有重点。

渝西协作推介宣传 根据渝西联盟的总体安排，组织相关景区和旅游企业参加渝西旅游经济带区域协作区成都考察、2019年中国西部旅游产业博览会、广安文化旅游节、2019重庆夏季旅游新闻发布会和2019重庆夏季旅游启动仪式等营销活动。同时在铜梁城区万达广场组织5·19“中国旅游日”活动，开展现场抽奖赢礼品等活动，发放3000余份旅游宣传资料，并通过网络、电视等媒体持续宣传，取得很好效果。此外，在市文旅委组织下还先后赴简阳、广东、重庆主城商圈等地开展文化旅游宣传推介活动。

网络及新媒体宣传 一是对重庆小姐大赛进行宣传，总决赛仅网络视频+图文直播一项，3个多小时上游、花椒、大V网红等多个直播平台共创下544万人次在线观看新高，其中上游直播首次突破400万，创在线观看新高。总体统计2019赛事全程及配合活动网络直播在线观看人次总量达到1500万。人民网、新华网等数十家中央和地方媒体、商业网站、自媒体参与全程宣传报道，发布原创新闻报道（含图文和新闻视频）400余条，百度搜索关键词“大美铜梁重庆小姐大赛”网页结果为105000个，资讯结果为34100条，赛事活动全程4个月全网曝光量保守估算1亿+。二是在“中国铜梁旅游网”“铜梁旅游”新浪微博等自有宣传媒体加强铜梁宣传推介。全年发布微博131条、微信141条，借助移动通信公司平台开通移动手机报和入境关怀短信项目，入境关怀短信1000万余条；在安居古城、奇彩梦园、荷和原乡等景区加强互动宣传。

【旅游集散中心提档升级】 铜梁区旅游集散中心建立于2016年，位于铜梁客运北站（新北门车站），中心总面积约360平方米，分为游客咨询区、旅游服务区、游客休息区、商品展示区、商务洽谈区等五个功能区。集散中心在完善旅游推介功能，代售、代订景区门票，车票，机票方面以酒店和旅游特产展示销售；提升旅游集散中心软环境，摆放绿色植物，完善洽谈室相关功能设施；在提升旅游集散中心接待咨询人员素质，加强业务培训，统一着装等三个方面进行了提档升级，全年共接待游客5万余人。

【旅游行业】 全区有18家旅游机构，其中旅行社3家，15家旅行社门市部。主要有重庆曙光旅行社有限公司、重庆铜梁区龙骧旅游发展有限公司、重庆长途汽车运输集团馨程旅游有限公司铜梁分公司、重庆汇丰国际旅行社有限公司，业务涉及组织国内旅游、入境旅游，国际、国内旅游的招徕、咨询、宣传等。有导游7人，从业人员100余人。此外，全区有星级饭店3家，其中四星级饭店1家：铜梁大酒店；三星级饭店2家：太阳宾馆、龙都饭店。

【管理服务】 **实施旅游营销奖励办法** 制定《2019旅游营销奖励办法》，并积极组织实施。与国旅、曙光旅行社、汇丰旅行社等20余家旅行社开展营销合作，不断增加来铜团队游客数和自驾车辆数，并按程序拨付相关营销奖励资金。每月对旅行社进行日常检查，要求各旅行社导游、领队严格执行“行前说明制度”。向游客发放《中国公民国内旅游公约》《游客不文明行为记录管理暂行办法》《旅游安全》等宣传手册，倡导文明旅游。

【节庆活动】 年内主要开展铜梁第四届“巴岳仙境·花果圣地”桃李缤纷赏花季、2019重庆铜梁原乡风情马拉松赛、双山第12届樱桃采摘节、“中国旅游日”重庆市铜梁区分会场活动、西河镇胭脂脆桃采摘嘉年华、“悠悠小荷·梦回原乡”铜梁第八届荷文化旅游节”、“原乡风情·大美铜梁”2019中国·重庆小姐大赛”总决赛暨原乡·玄天湖大型实景演艺、铜梁区第四届职业技能大赛导游服务讲解比赛等活动。

此外，还于4月组队参加第六届中国西部旅游产业博览会和重庆南岸区的“2019文化旅游品质生活节”；7月前往重庆江北机场T3航站楼参加“重庆文化旅游空港大型宣传推广活动”，全方位展示铜梁文化旅游。

（区文旅委　杨顺）

房地产业

【房地产开发】 **征地拆迁** 年内完成新征集体土地322.33公顷，拆迁房屋902户，审核征地人员安置对象1705人，办理养老保险1312人，支付补偿安置款约7.51亿元。完成2018年度棚户区改造国有土地上房屋征收468户交房、付款等工作，提供房屋261套，支付征收补偿款2.2亿元。启动2019年棚户区改造房屋征收工作，涉及群众231户，面积1.72万平方米。协同巴川街道、南城街道、东城街道、安居、虎峰、福果等镇街，整体推进南城大道东段、319线改道、同心桥水库等建设项目内零星国有土地上房屋收购及国有土地上企业搬迁工作。

开工情况 全年新开工项目154.43万平方米，同比增长37.9%；竣工面积159.25万平方米，同比增长48.1%。

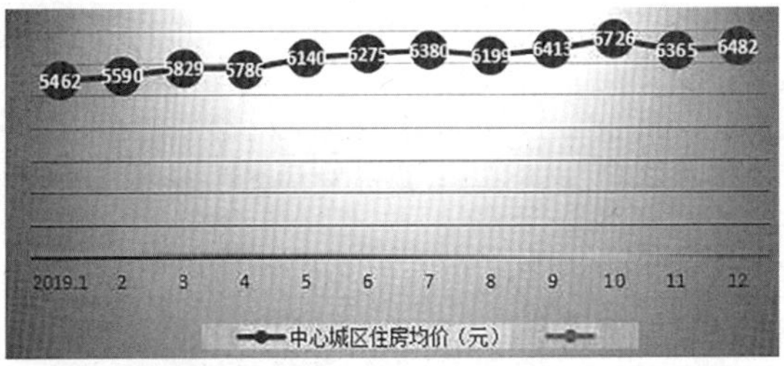

2019年铜梁中心城区商品住房价格走势图（单位：元/平方米）

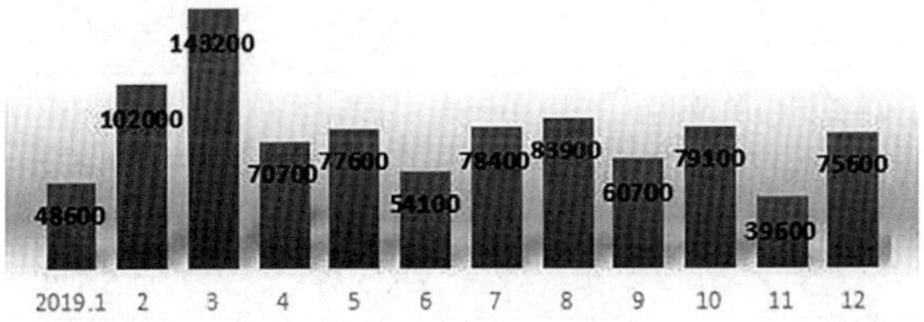

2019年铜梁区城区商品住房成交量走势图（单位：平方米）

【房地产市场】 1—12月商品住房成交8524套91.35万平方米，金额约54.98亿元，同比分别上涨1%、9%和37%。另销售商业用房12.64万平方米10.88亿元，车位3369个11.66万平方米，金额约2.03亿元。中心城区成交8265套88.82万平方米，金额约54.26亿元，同比分别上涨3%、24%和39%。其中，有1297套14.12万平方米8.58亿元由非铜梁籍居民购买，套数占15.7%，面积占15.9%，金额占15.8%。商品住房成交均价6019元/平方米，同比增长26%；中心城区成交均价6109元/平方米，同比增长12%。二手住房交易4278套42.31万平方米，同比分别增长22%和25%。

全年办理商品房预售许可113件98.03万平方米（含非住宅），全区现有预（销）售楼盘73个。据回备数据库的网签数据统计，2019年尚有3050套33.8万平方米商品住房、77.6万平方米商服用房、86.6万平方米停车用房。

【房地产管理】 坚决制止和查处房地产市场违法违规行为，对全区73个在售楼盘日常巡查85次，约谈房地产企业负责人10次，责令企业立即整改问题18项，立案查处5项。

【物业管理】 全区有物业公司52家，从业人员3565人。区住建委在年内开展现场摆展宣传2次，组织开展物业管理培训10期。在主城33个小区组织开展"端阳送艾"和现场产品展示活动，发放宣传单85000份、邀请函10000份，桁架搭设39个，免费发放艾香包10000个、挂株85000束、足浴包和艾灸条各150包（盒），现场展示"原乡小艾"品牌艾灸条、足浴包和精油等产品390套。全年物业专项维修资金交存户数24232户，归集金额约1.35亿元，受理支取申请106起，实际划拨金额620万元，涉及房屋面积约268万平方米。共完成前期物业合同备案9件，区域划分备案5件，物业合同备案6件，前期物业招投标备案4件。现场调查、核实、书面回复物业管理类信访事项75件，办理完成群工系统交办件27件。

（区住建委 李旭波）

财 税

财政

【概况】 区财政局作为区政府的重要经济部门，承担全区组织财政收入、保障财政支出、加强财政监督等职能。机关行政编制21人，实有20人(其中，领导班子编制局长1名、副局长3名，实有局长1名、副局长3名)。事业编制72人(含参公事业编制49人)，实有66人(含参公事业编制47人)。内设机构10个(办公室、预算科、国库科、行政经济建设科、政法教科文科、企业和资产管理科、农业和基层财政科、社会保障科、综合会计法规科、债务管理科)，正副科长(主任)编制数14名，实有8名；局下属事业单位3个(国库集中支付核算中心、财政预算评审中心、非税收入征收管理中心)，其中参公事业单位1个(国库集中支付核算中心)，正副主任编制9名，实有8名。局机关党委下设5个党支部，有中共党员88名(其中退休党员18名)。

2019年全区一般公共预算收入完成32亿元，同口径增长10%，其中：税收收入19.8亿元，扣除减税因素后增长7.2%，占一般公共预算收入的62%。全区一般公共预算支出77.3亿元，增长21.1%。

铜梁区2019年一般公共预算收入支出明细表　　单位：万元

预算科目	累计完成数	比上年±%	预算科目	累计完成数	比上年±%
一般公共预算收入	319,632	9.9	一般公共预算支出	772,806	21.1
一、税收收入	197,841	-8.3	一般公共服务支出	77,643	21.5
增值税	43,602	14.1	国防支出	565	89.6
企业所得税	14,266	-14.6	公共安全支出	30,923	14.1
个人所得税	3,118	-20.4	教育支出	134,226	6.9
资源税	6,316	121.5	科学技术支出	7,681	0.4
城市维护建设税	9,851	5.9	文化体育与传媒支出	11,476	59.8
房产税	6,841	-30.8	社会保障和就业支出	81,525	3.8
印花税	2,588	-24.6	卫生健康支出	100,751	18.8
城镇土地使用税	27,569	-17.9	节能环保支出	19,942	19.3
土地增值税	27,806	31.2	城乡社区支出	144,934	82.1
耕地占用税	3,183	-71.3	农林水支出	75,726	6.0
契税	52,175	-20.2	交通运输支出	29,105	7.1

续表

预算科目	累计完成数	比上年±%	预算科目	累计完成数	比上年±%
环境保护税	135	—	资源勘探信息等支出	12,298	93.5
其他税收收入	391	—	商业服务业等支出	1,729	13.5
			金融支出	420	12.3
			自然资源海洋气象等支出	5,832	28.7
二、非税收入	121,791	62.0	住房保障支出	16,851	19.5
专项收入	14,213	74.9		15,733	28.8
行政事业性收费收入	11,775	-61.7		4,965	
罚没收入	5,828	-9.4		479	755.4
国有资源(资产)有偿使用收入	83,524	559.2	债务付息支出	2	
其他收入	6,451	-62.5	其他支出		—

【财政预算】 全区预算执行情况 一般公共预算：全区一般公共预算收入32亿元，同口径增长10%，完成预算的100%。加上级补助收入、债券转贷收入、调入资金等转移性收入50.6亿元，一般公共预算总收入82.6亿元。全区一般公共预算支出77.3亿元，增长21.1%，加转移性支出5.3亿元，一般公共预算总支出82.6亿元。

政府性基金预算：全区政府性基金预算收入55亿元，加上级补助收入、债券转贷收入等转移性收入17.7亿元，政府性基金预算总收入72.7亿元。全区政府性基金预算支出56.7亿元，加转移性支出16亿元，政府性基金预算总支出72.7亿元。

国有资本经营预算：全区国有资本经营预算收入0.02亿元，调出到一般公共预算0.02亿元。

区级预算执行情况 一般公共预算：区级一般公共预算收入30亿元，同口径增长1.6%，完成预算的100.5%。加转移性收入51.2亿元，区级一般公共预算总收入81.2亿元。区级一般公共预算支出71.8亿元，增长22.7%，完成预算的99.2%。加转移性支出9.4亿元，一般公共预算支出总支出81.2亿元。

政府性基金预算：区级政府性基金预算收入55亿元。加转移性收入17.7亿元，政府性基金预算总收入72.7亿元。区级政府性基金预算支出56亿元。加转移性支出16.7亿元，政府性基金预算总支出72.7亿元。

国有资本经营预算：区级国有资本经营预算收入完成0.02亿元，调出到一般公共预算0.02亿元。

政府债务情况 2018年末区政府债务余额65.9亿元。2019年新增政府债券20亿元、再融资债券2.8亿元，偿还到期债券2.8亿元，年末政府债务余额85.9亿元。市级下达铜梁区2019年政府债务限额85.9亿元，政府债务余额控制在限额以内。

2019年新增政府债券20亿元中：分别为一般债券8亿元、专项债券12亿元。一般债券中，含10年期7亿元，年利率3.39%；30年期1亿元，年利率4.11%。专项债券中，含5年期土储专项债券5亿元，棚改专项债券3.5亿元，年利率均为3.27%；30年期其他领域专项债券3.5亿元，年利率3.96%。

2019年政府债务余额85.9亿元中：分别为一

般债券47.6亿元、专项债券37.4亿元、外债0.9亿元。

【财政政策实施】 **着力收入征管** 2019年全区一般公共预算收入完成32亿元，同口径增长10%，其中：税收收入19.8亿元，扣除减税因素后增长7.2%，占一般公共预算收入的62%。面对减税降费带来的减收压力，全区财政系统主动作为，挖潜增收，深入开展“五清”（清钱）行动，追收欠缴税费4亿元。

着力资金统筹 坚持有保有压，兜实“三保”底线。2019年财政民生支出63亿元，比上年增加11.1亿元，增长21.4%，占一般公共预算支出的81.5%。脱贫攻坚支出2.4亿元，比上年增加0.4亿元，增长20%，全面实现“两不愁三保障”。统筹资金47.8亿元，加大乡村振兴、城市提升、“四好农村路”、实体经济发展等重点领域投入。全年两次共压减一般性支出1.9亿元，压减率10%以上，“三公”经费支出下降9%。全面兑现政策性待遇和民生补贴资金，未出现拖欠政府工程款和农民工工资问题。

着力债务管控 严格执行政府债务“绿色可控”机制。实施严格的成本管控办法，大幅降低融资成本；实施精准的提款管理制度，重点国有企业周转存量资金减少近20亿元；创新融资模式方面，2019年新增政府债券20亿元，PPP项目成为年内全市唯一进入财政部项目库的项目；守好看牢隐性债务底线，未新增隐性债务，未出现债务违约风险。

管绩效增效能 全面实施预算绩效管理，强化项目绩效目标编制，扩大绩效评价范围，2019年对1678个项目52.6亿元资金进行绩效评价。实施预算公开评审全覆盖改革，公开评审2020年部门预算项目1864个，审减金额5.3亿元，审减率20.2%。实施国库集中支付电子化改革，财政资金使用安全高效，简化国库集中支付审批流程，部门办理支付业务“只跑一次”。建立涉农资金统筹整合长效机制，提高涉农资金使用效益。完善镇街财政管理体制，建立托底保障和激励约束机制，提高镇街财力保障水平。

强监管促规范 严格财政投资评审管理，全年综合审减率9%。强化政府采购管理，全年节支率9.8%。对34个部门、镇街开展财政票据和资金缴存专项检查，督促单位管好用好财政资金。开展惠民惠农财政补贴资金“一卡通”专项治理，开展扶贫项目资金专项检查。建立农村财务信息化监管平台，对农村财务实行在线监管、联网监督。

【财政监管】 5月，下达《关于开展惠民惠农财政补贴资金“一卡通”专项治理的通知》，牵头开展2017—2018年度惠民惠农财政补贴资金“一卡通”专项治理。通过一卡通专项治理共追缴收回资金12.1万元，返还发放资金1.42万元。通过专项整治强化惠民惠农补贴资金监管，促进“一卡通”及补贴资金管理使用规范。

6月，下达《关于开展2018年度政策和项目资金绩效评价工作的通知》，开展预算绩效评价工作。重点绩效评价项目5个，涉及预算资金1.66亿元；部门自评项目1678个，涉及资金预算52.64亿元。

10月，下达《关于开展财政支持脱贫攻坚资金使用情况专项检查的通知》，对区农业农村委、区林业局、区统战部门、区卫生健康委员会等8个部门的扶贫资金使用情况进行了专项检查。

【债务管控】 2019年，区财政局深入贯彻习近平总书记关于防范化解债务风险的重要论述，认真执行《中华人民共和国预算法》《中共中央国务院关于防范化解地方政府隐性债务风险的意见》等规定，严格落实债务“绿色可控”机制，扎实推进财政管理、债务管控相关工作，全面筑牢债务风险防控屏障。

严格新增债务管理 一是严格政府债务限额管理和预算管理，2019年末政府债务余额严格控制在市级下达限额内，政府债务率、偿债率、付息率均低于警戒线，政府债务绿色可控。二是严格厘清项目边界，应由财政安排资金的公益性项目由财政安排，建设项目必须明确资金来源后方可开工建设，绝不触碰隐性债务红线。

稳妥化解存量债务 一是每月初召开重点国企债务风险防控联席会，细化落实存量债务化解举措。二是严格执行隐性债务化解计划，超额完成全年隐性债务化解任务。三是主动协调重点国企与金融机构对接债务展期、重组工作，全年未发生债务违约风险。

筑牢风险防控屏障 一是做大财政收入蛋糕，2019年全区一般公共收入32亿元。二是优化支出结构，坚持有保有压，兜牢“三保”底线。全年两次共压减一般性支出1.9亿元，压减率10%以上，“三公”经费支出下降9%。三是严格财政管理。实施预算公开评审，减少预算项目5.3亿元；严格投资评审，全年综合审减率9%；强化政府采购管理，全年节支率9.8%。

【政府采购】 全年政府采购下达计划56765.28万元，实际合同金额31189.13万元，合同预算金额34591.80万元，节约资金3402.67万元，节支率9.83%。

规范采购限额标准 参照市级标准制定铜梁区政府集中采购目录限额标准。政府集中采购目录内，单次采购金额50万元及以上的项目，委托集中采购机构代理采购；单次采购金额50万元以下的项目，在政府采购云平台采购。政府集中采购目录以外，单次采购金额50万元以上的货物、服务，100万元以上的工程，实行分散采购。

落实政府采购贫困地区农副产品政策 贯彻落实国家脱贫攻坚政策，带动贫困地区建档立卡贫困户增加收入，助力打赢脱贫攻坚战。实施政府采购贫困地区农副产品方案，督促各预算单位预留2020年采购份额，采购贫困地区农副产品，落实优先购买、预留份额采购贫困地区农副产品政策。

促进政府采购公平竞争 严格执行《中华人民共和国政府采购法》《中华人民共和国政府采购法实施条例》《政府采购货物和服务招标投标管理办法》等法律法规，依法保障各类市场主体平等参与政府采购活动的权利，全面清理政府采购领域妨碍公平竞争的规定和做法，保障政府采购的公开、公平、公正。

推行“重庆市政府采购云平台” 实施“互联网+政府采购”行动，积极推进电子化政府采购平台和电子卖场建设。限额标准以下的采购项目纳入“重庆市政府采购云平台”，完善电子化政府采购平台的网上交易功能，提升政府采购活动的便利程度。

加强代理机构监督检查 开展一年一度的政府采购代理机构监督检查工作，规范代理机构的政府采购活动，成立由局分管领导为组长、企业和资产管理科科长为副组长、科室工作人员为成员的政府采购检查工作组，对区公共资源交易中心开展政府采购活动的执业情况进行深度检查。

【支农扶贫】 **提高社会救助保障标准** 从8月份起，城市居民最低生活保障标准提高到每人每月580元，农村居民最低生活保障标准提高到每人每月440元；特困人员基本生活标准提高到每人每月754元；孤儿、艾滋病感染儿童基本生活保障标准分别提高到每人每月1404元和1204元；流浪乞讨人员生活保障标准提高到每人每月580元。

2019年建立健康扶贫基金1000万元，确保建档立卡贫困人口在住院或门诊治疗费用达到市级控费目标。

做好农户直补兑现工作 兑付退耕还林、农机具购置补贴、生猪屠宰环节损失与无害化处理等涉农直补资金8404.58万元。同时协同区农业农村委和各镇街完成对全区耕地地力保护补贴工作，发放耕地地力补贴6583.38万元，补贴农户种植面积6.12万公顷。

着力资金保障 全年共安排财政专项扶贫资金2779.185万元，其中：市级专项扶贫资金1472万元，区级专项扶贫资金1307.185万元（其中：区级扶贫产业发展资金500万元，区级扶贫产业发展基金500万元，区级建档立卡贫困户医疗保险资助资金280.39万元，上年专项扶贫资金结转结余26.795万元）。主要安排用于扶贫产业发展项目38个，1450万元；贫困大学生学费资助、精准脱贫保、建档立卡贫困户危房改造等其他项目1329.185万元。出台《重庆市铜梁区财政扶贫资金监督管理实施细则》《重庆市铜梁区扶贫项目资金绩效管理实施细则》，开展扶贫资金专项检查，从建立制度、资金保障、绩效管理上强化扶贫资金监管，确保扶贫资金安全、高效。

【会计事务管理】会计队伍 截至年底，通过市财政会计信息管理系统（新系统）备案注册登记的区内会计人员2651人。其中，大专及以下学历1919人，本科以上学历732人；会计专业技术高级职称23人，中级职称237人，初级职称836人。

加强法律法规宣传 全年认真开展《中华人民共和国会计法》《会计准则制度》及其配套法规、规章的宣传工作，制作宣传画及宣传单2万余份向社会广泛宣传会计法律法规，编印制度手册500余册下发到单位财务负责人及会计人员手中学习。

全面执行政府会计制度 编印《政府会计制度》学习读本，开展单位会计人员培训，改造单位会计核算信息网络平台，统一设置政府会计核算内容，扎实开展单位资产、往来款项、基建财务、结转结余资金等清理工作，夯实单位财务会计基础。从年初起，全区261个预算单位全面执行《政府会计制度》，做到了新旧会计制度有序衔接、平稳过渡，政府会计准则制度执行"不变形""不走样"。

开展专业培训 一是加强机关企事业单位会计人员培训。先后举办3期财会人员专题业务培训，培训人员达600余人次。二是借助区委对村级干部涉农政策培训平台，加强村级财会人员业务培训工作，培训人员达300余人次。

加大代理记账机构管理力度 将"会计代理记账机构执业资格审批"的事项纳入区财政局行政许可，采取开放端口的方式，实行代理记账许可证书网上审批，减少审批环节，简化办理程序。积极推行"互联网+政务服务"，审批时间从20个工作日缩短为5个工作日，为服务对象提供更为便捷的办事渠道。按照"双随机一公开"细则要求，对代理记账机构开展的代理记账活动时时检查，对存在的问题进行时时整改，公示检查结果，不断规范代理记账业务管理。

强化会计基础管理 一是加强会计基础工作建设。制定行政事业单位费用报销凭证管理办法，扎实抓好会计基础工作规范化管理，全面加强单位会计基础工作，规范会计操作行为，提高会计核算质量和会计工作质量，提升全区会计基础工作规范化、制度化和科学化水平。二是规范会计档案管理。全区各行业各单位把规范会计档案管理、有效保护和利用会计档案作为一项重要工作抓实抓好。联合档案管理部门，开展会计档案管理工作检查，确保实施效果。三是提高日常服务工作水平。优化会计窗口服务，做好政策宣传解释，改进服务态度，充分利用公众信息网、会计之家等平台，加强对全区会计工作的宣传，让会计人员及时了解、主动关注会计事业发展。完成会计人员基本信息采集工作，截至年底统计，采集会计人员信息2613人；开展会计专业技术初、中级职称考试报名审核及服务工作，2019年会计专业技术初、中级职称考试合格186人；组织会计人员有序开展继续教育工作，年内全区会计继续教育参与人员1942人。

会计电算化 加强会计信息化建设，全面实现会计人员管理信息化，会计专业技术资格考试无纸化管理制度。全区预算单位会计核算统一信息化网络平台建设,实现共享管理制度。全区所有行政事业单位会计核算工作,全部实行电算化记账管理模式。区内各规上企业也基本实行电算化核算管理模式。

建账监督 建立区内行政事业单位财务会计信息大数据库,对全区行政事业单位财务会计信息数据统一管理,通过财政大平台信息系统,统一会计科目设置,统一会计核算要求,实现时时监管。同时,针对部门财务核算出现的一些新情况,开展监督检查,促进单位财务会计基础工作规范化。全区企业财务核算管理主要依赖于区税务部门借助税收征管手段进行日常监管。

【注册会计师行业】 **概况** 铜梁区当地注册成立会计师事务所1家,即在铜梁区市场监督管理局登记成立的重庆龙源会计师事务所有限责任公司。因注册会计师的管理职能在省级,所以铜梁区未涉及注册会计师管理,亦无注册会计师协会。

重庆龙源会计师事务所 该事务所系1999年按国务院关于经济鉴证类社会中介机构拖钩改制的要求,由原分别隶属铜梁县财政局、县审计局的重庆龙洲会计师事务所、铜梁县审计事务所脱钩改制中组建,为专业从事经济鉴证类的社会中介服务机构。

(区财政局 沈美余)

税务

【概述】 **机构** 重庆市铜梁区税务局下设18个内设机构、8个派出机构、2个事业单位。共设立1个机关党委,16个基层党支部,推进区局机关工会委员会、机关妇委会、区局团委的设立,精心构建组织全覆盖、党建带群建的大党建工作格局。

纳税人 2019年,辖区内有正常经营纳税人23401户,增值税一般纳税人2425户,小规模企业纳税人5638,小规模建账户3927户,双定起征点以上小规模纳税人2户,双定起征点以下15336户。企业所得税纳税人6188户,个人所得税扣缴义务人5246户。

税收收入 2019年,纳税超过1亿元的3户,纳税5000万元~1亿元6户,1000万元~5000万元44户,100万元~1000万元293户。我局共组织税收收入全口径338922万元,同比下降2.8%,其中中央级收入完成115133万元,同比增长5.0%,市级收入完成25480万元,同比增长9.03%,区县级收入完成198309万元,同比下降8.0%;共组织社保费191597万元,同比增长22.6%,非税收入完成9750万元,同比增长3.2%,其他收入完成12786万元,同比增长12.1%。

全年共组织税费收入55.31亿元,其中税收收入完成33.89亿元,社保费完成19.16亿元,非税收入完成0.98亿元,其他收入完成1.28亿元,

减税降费 成立由区纪委监委、区委办、区府办、区财政局等15个部门组成的减税降费联络沟通小组,统筹开展全区减税降费工作。通过区融媒体中心、微信公众号、税企QQ群等途径,发送普惠性政策短信3万余条;印发“六税两费”等4类宣传资料2.5万余份,通过邮政DM宣传单夹报直投方式发放减税降费宣传单4万余份,收集并跟进处理纳税人意见建议100余条。组织开展减税降费培训31场,参训纳税人达7905余户次;定期摸排增税企业名单,分析增税原因,逐一上门进行实地针对性辅导,为企业送达量身定制的优惠政策清单,帮助企业正确规范运用减税降费政策,确保企业税负只减不增。先后开展7次全局性减税降费工作督查督办,开展2轮借减税降费服务之名乱收费行为排查整治,聘请14位区人大代表、政协委员为铜梁区减税降费特邀监督员,组织现场调研1次、开展专题汇报1次,听取他们的意见建议,及时对照整改,确保减税降费落实到位。年内全区因新增减税政策共计减免税费3.43亿元,惠及纳税人10万余户。

2018年至2019年收入完成情况比较表

项目		2019年	2018年	同比±%	占比%	占比增减%	拉动±%
总收入		553055	525834	5.2	—	—	—
一、税收收入		338922	348674	-2.8	—	—	—
分级次	01.中央级	115133	109638	5.0	34.0	2.5	1.6
	02.地方级	223789	239036	-6.4	66.0	-2.5	-4.4
	其中:区县级	198309	215666	-8.0	58.5	-3.3	-5.0
分税种	1.增值税	134214	115397	16.3	39.6	6.5	5.4
	2.消费税	8746	5741	52.3	2.6	0.9	0.9
	3.营业税	1204	2218	-45.7	0.4	-0.3	-0.3
	4.企业所得税	35665	41752	-14.6	10.5	-1.5	-1.7
	5.个人所得税	12994	16324	-20.4	3.8	-0.8	-1.0
	6.资源税	6316	2852	121.5	1.9	1.0	1.0
	7.城市维护建设税	9851	9304	5.9	2.9	0.2	0.2
	8.房产税	6841	9879	-30.8	2.0	-0.8	-0.9
	9.印花税	2588	3432	-24.6	0.8	-0.2	-0.2
	10.城镇土地使用税	27569	33572	-17.9	8.1	-1.5	-1.7
	11.土地增值税	27806	21199	31.2	8.2	2.1	1.9
	12.车船税	18	22	-18.2	0.0	0.0	0.0
	13.车辆购置税	9482	10245	-7.4	2.8	-0.1	-0.2
	14.耕地占用税	3183	11088	-71.3	0.9	-2.2	-2.3
	15.契税	52175	65382	-20.2	15.4	-3.4	-3.8
	16.环境保护税	270	267	1.1	0.1	0.0	0.0
其他	二、非税收入	9750	9444	3.2	—	—	—
	三、社保基金	191597	156307	22.6	—	—	—
	四、其他收入	12786	11409	12.1	—	—	—
	五、出口退税	-33567	-24075	39.4	—	—	—
	其中:免抵调库	-14017	-3824	266.6	—	—	—

【税收征管】 **增值税管理** 严格落实增值税降率、扩大抵扣范围,不动产一次性抵扣、生产性和生活性服务加计扣除、出口退税调整、农产品抵扣调整、增值税发票管理、小微企业普惠性税收减免、增值税留抵退税等改革举措,抓好免征、即征即退等增值税优惠政策执行情况监管,加强政策执行情况跟踪分析,防范税收政策执行风险。

企业所得税管理 实时监控税源基础数据信息,加强比对分析,及时核实维护异常数据,夯实基础数据质量。规范企业所得税核定征收工作,完善核定程序,完成全区630户纳税人企业所得税核定征收方式认定,对360户纳税人由"核定"转"查账"方式进行流程维护。认真开展2018年度企业所得税汇算清缴工作,共汇算清缴入库企业所得税5220.16万元,办理退抵税938.64万元。

个人所得税管理 深化自然人税收数据库建设，开展个人所得税基础数据采集复核，完成3万余条自然人身份疑点数据清理工作，实现企业信息100%采集。继续推进个人所得税改革，对内组织干部职工个税政策及系统操作等培训6场，对外对扣缴义务人办税人员系统操作、个税新政培训、个税专项附加扣除政策培训等共计22场，实现扣缴义务人和纳税人100%全覆盖。2019年累计申报112.92万人次，入库税款5492万元，享受六项专项附加扣除政策达1.77万人次，减免税款1495万元。

财产和行为税管理 土地增值税清算审核成效卓著，年内审核完结18个房地产开发项目，超市局下达计划13个项目的38%，清算补税765.19万元，清算退税1890.93万元。契税征管秩序不断规范，推进房地产交易管理系统上线，建立了存量商业用房计税价格分区+基准价+修正系数的评估体系，增加和更新住房评估价格。加强资源税管理，多渠道获取纳税人生产经营信息，进一步查实纳税人的销售价格，全年征收入库资源税6316万元，同比增长121.5%。加强环保税征管，与区生态环境局签署《深化环境保护税征管协作机制备忘录》，向区住建委获取施工项目信息，向生态环境部门交送34份复核提请单，追征环保税5.4万元。

社保费和非税收入 推进城乡居民"两险"征管职责划转。为全区28个镇街社保所和333个村社配备361台专用POS机，配备征收电脑和打印机。加强宣传培训。先后2次对28个镇街社保所进行业务培训，印制25万份宣传单，利用各镇街网格管理员，发放到全区每户家庭手中，并通过电视台、电台、报纸等各类媒体，QQ群、微信公众号网络平台广泛宣传，有效扩大宣传覆盖面和影响力。2019年，城乡居民两险征收65万人，缴费2.18亿元。

税收风险管理 充分利用税收数据系统、第三方数据平台，通过建立模型计算、财务报表核对、行业数据横向纵向比对等方法，积极主动发现风险线索，确定风险等级，及时做出应对处理，实现风险任务应对数量和质量新突破。2019年，风险模型扫描发现风险纳税人62户次，推送风险应对任务51条，查补税款3486万元；获取区财政、发改委、教委、区交易中心、供电公司等部门2.05万条三方信息，查补税款1300万元；完成应对任务356户次，查补税款及滞纳金6500万元；完成举报案件和自然人异议申诉核查43户次，查补税款150万元。

追缴欠税欠费 开展往年呆滞税金及陈欠清理确认工作，分户建立欠税管理台账，完成陈欠、呆滞税金以及关停、空壳企业欠税的复核确认工作；做好欠税企业风险分类管理，逐户逐笔建立低风险、中风险、高风险和高危风险欠税台账，逐月制定欠税清缴计划，加强风险欠税纳税人的监控，开展欠税分析，运用欠税约谈、欠税公告、信用等级评定、限票管理、阻止出境、税收保全等措施，提高欠税追缴成效，全年共追收欠税900多户次，追收金额达9500万多元。加强欠费管理，严格执行不集中清欠政策，按重大风险、一般风险、较低风险三个等级分类处理，对重大风险及因欠费存在企业职工上访的欠费企业加大征收力度，督促企业缴费。2019年成功追缴201家企业欠费1161万余元，成功解决北天鹅重庆羽绒公司职工因欠缴社保费造成上访的问题，追缴社保费235万元，维护社会稳定。

【纳税服务】 **办税资料全面"瘦身"** 取消35项税务证明事项，办税缴费更加方便快捷；落实《税收征管操作规范2.0》，对97项底层业务涉及的1115份附列资料进行调整，减少727份涉税资料报送；对网上实名认证的纳税人通过电子税务局报送的电子涉税资料，不再要求报送纸质资料，初步实现无纸化办理。

办税渠道方便快捷 大力推广电子税务局，实现发票领用、纳税申报、优惠办理等14类119项办税事项全程网上通办，最大限度减少企业和群众跑路次数；推行预约办税服务，引导纳税人分时段、分区域办税，缩减排队等候时间90%以上；更新“最多跑一次”和“全程网上办”清单，8大类209项涉税事项实现一次上门或零上门办理；

税银合作助力融资 完成2019年度5984户纳税人信用评价工作，依托税务局与银行信用评估体系，对接数据，推进“银税互动”线上审批。企业只需在网上按指引操作，足不出户，即可完成贷款申请、审批流程。年内共发放“银税互动”贷款197笔，金额14500万余元，助力企业解决融资难、融资贵问题。

税企沟通更加顺畅 建立税务机关、涉税专业服务机构和小微企业三方沟通机制，畅通对外公开办公电话、纳税服务监督电话、办税服务厅服务热线。2019年通过12366纳税服务热线系统共处理涉税举报18条，意见建议2条，咨询1条，投诉2条，通过电话接收并处理涉税举报14条。

行政执法更加规范 2019年，审理重大涉税（费）事项46项。落实税收执法责任制，加强日常税收执法行为监控，提醒督促各单位及时纠正错误17项。全力开展执法督察，全年督查整改7个项目10大类316个问题。

【税务稽查】 2019年立案检查“双打”案件50件（含以前年度未结9件），查结36件，滞补罚共计入库91.7万元。推进双随机案件检查，确定17户抽查对象（1户尚未立案），查结11件，在检查5件，滞补罚共计入库4.72万元。开展积案清理，2016年及以前年度积案结案7件，滞补罚共计入库53.66万元，4户2017年新积案均已清理完毕。承接扫黑除恶移交线索，查结涉黑案源“重庆市铜梁区团林建材厂偷税案”，滞补罚共计入库3807万元，该案件被评选为市局优秀案例。

（区税务局　杨威力）

金 融

综述

【概述】 **管理机构** 重庆市铜梁区金融发展中心是区人民政府办公室管理的正处级公益一类事业单位。成立于2012年，内设综合科、金融科和监管科，核定编制数12名，实有在编人数11名。主要是负责铜梁区内金融体系宣传，贯彻有关金融工作的法律、法规和方针政策，提出我区金融业发展规划并组织实施，行使政府监督管理、协调服务职能；规范和维护地方金融秩序，防范和化解金融风险；协助处置金融突发事件和“三金”“三乱”遗留问题等。

金融机构 全区共有各类金融机构47家，其中：银、证、保29家（银行12家、证券公司2家、保险公司15家）。经市级金融主管部门审批，共设立地方金融机构18家。其中：小额贷款公司5家，注册资本5.69亿元；融资担保公司2家，注册资本2亿元；基金7支，规模77.71亿元；基金管理公司3家，注册资本0.4亿元；典当公司1家，注册资本0.2亿元。

营业指标 年末，全区银行业金融机构存款余额508.96亿元，比上年同期增加27.3亿元，增长5.67%。其中：居民储蓄存款388.13亿元，比上年同期增加36.25亿元，增长10.3%。全区金融机构贷款余额442.6亿元，比上年同期增加47.16亿元，增长15.21%；存贷比88.19%，比上年同期上升5.08个百分点。1—12月份区内金融机构投放贷款172.17亿元，其中投放实体经济115.52亿元。全区金融机构实现营业收入17.43亿元，比上年同期增加2.61亿元，增长17.61%；税收及附加1.7亿元，比上年同期增加0.02亿元，增长1.19%；净利润5.75亿元，同比增加0.66亿元，增长12.97%。融资担保公司在保余额达到8.62亿元；证券公司实现代理证券交易额314.34亿元；保险公司实现保费收入9.38亿元。

银行

【农发行铜梁支行】 支行有职工26人，营业网点1个，业务范围办理银监会批准的国家政策性业务，主要有：农业农村基础设施和水利建设、流通体系建设贷款，办理农业综合开发、生产资料和农业科技贷款，办理棚户区改造和农民集中住房建设贷款，办理易地扶贫搬迁、贫困地区基础设施、特色产业发展及专项扶贫贷款，办理县域城镇建设、土地收储类贷款，办理农业小企业、产业化龙头企业贷款。截至年末，各项存款余额11.60亿元，比年初减少1.52亿元，下降11.6%；各项贷款余额48.88亿元，较年初增加3.97亿元，增长8.84%，存贷比421.38%。

【工商银行铜梁支行】 成立于1984年，有员工56人，其中支行行长1人、副行长3人。下设2部1室、4个网点，共有ATM存取款机25台，自助设备20台，乡村便民设备助农取款机24台。截至年末，各项存款余额31.08亿元，较年初减少1.69亿元，下降5.2%，其中居民储蓄存款余额23.89亿元，比年初增长1.57亿元。贷款余额达到43.41亿元，比年初增长4.25亿元，增长10.85%，存贷比

119.5%。

【农业银行铜梁支行】 成立于1979年12月。有员工179人，其中支行行长1人，纪委书记1人，行长助理1人。下设5个部室、13个网点，共有ATM、存取款一体机49台，超级柜台、查询机等自助设备70余台，惠农服务点266个，其中四融平台39台，智能智付通227台。截至年末，各项存款余额77.92亿元，其中居民储蓄存款余额65.51亿元。各项贷款余额59.98亿元，存贷比76.98%。

【中国银行铜梁支行】 内设综合管理部、业务发展部、营业部，下辖两个经营性支行(北门支行、中兴路支行)。有在编、在岗员工80人。业务范围包括存款、贷款、个人储蓄、外币兑换、转账结算以及现金结算等。截至年末，各项存款余额34.37亿元，其中居民储蓄存款余额23.95亿元。各项贷款余额27.8亿元，存贷比80.88%。

【建设银行】 成立于1987年。有员工74人，其中支行行长1人、副行长3人，下设有4个网点。截至年末，各项存款余额29.6亿元，其中：居民储蓄存款22.33亿元；各项贷款余额33.09亿元，存贷比111.79%。

【邮储银行铜梁支行】 2019年，成立“小额贷款服务中心”；设立“信用村”2处；设立“农村金融服务站”2处。截至年末，各项存款余额90.17亿元，其中：居民储蓄存款83.06亿元；各项贷款余额24.55亿元，存贷比27.23%。

【重庆银行铜梁支行】 有员工55人，物理网点两个，在行式自助银行及离行式自助银行各2个。业务范围主要包括存贷款、结算业务、票据业务等。截至年末，各项存款余额45.77亿元，其中：居民储蓄存款28.34亿元；各项贷款余额62.92亿元，存贷比137.47%。

【农商行铜梁支行】 有从业人员(在岗职工)481人。有营业网点50个，其中1个小微专营支行；自助设备89台，POS机具340台，在金融服务需求较大的村社一级还设有农村便民服务点13个。截至年末，各项存款余额153.15亿元，其中：居民储蓄存款131.41亿元；各项贷款余额82.02亿元，存贷比53.56%。

【三峡银行铜梁支行】 2019年末，各项存款余额21.63亿元，其中：居民储蓄存款5.41亿元；各项贷款余额36.23亿元，存贷比167.5%。

【哈尔滨银行铜梁支行】 2015年12月25日开业，在铜梁区开设营业网点1家，ATM自助设备2台。有员工19人，其中行长室1人、公司金融部2人、零售金融部3人、营业部6人、安保4人、后勤3人。2019年末，各项存款余额4.3亿元，其中：居民储蓄存款2.72亿元；各项贷款余额14.74亿元，存贷比342.79%。

【重庆铜梁浦发村镇银行】 2017年5月18日开业。2019年末，各项存款余额1.18亿元，其中：居民储蓄存款0.41亿元；各项贷款余额1.21亿元，存贷比102.54%。

【民生银行重庆铜梁小微支行】 2017年8月8日获准试营业。截至2019年末，各项存款余额为1.11亿元。

保险

【中国人寿保险】 中国人寿保险股份有限公司重庆市铜梁区支公司内设5个部门，下辖16个营销服务部；有合同制员工35人，个人代理人1000余人，主要经营以人为标的的团体及个人业务，提供人寿、意外和健康保险产品等，涵盖生存、养老、疾病、医疗、身故、残疾等多种保障范围，开办了农村小额保险、扶贫保险、老年保险、学平险、城镇职工补充医疗保险、计生保险、诸多个人保险等，为全区超过80万人次提供过保险服务。2019年实现保费收入31568.75万元，上缴税费207.57万元。

【人民人寿保险】 人民人寿保险铜梁支公司成立于2009年，直属于重庆市分公司管辖。主要经营人寿险、健康险、意外险、人身再保险和投资业务。2019年实现保费收入3907.3万。

【人民财产保险】 下辖有1个营销服务部，1个外部出单点，支公司内部设有总经理室、综合部、理赔分部、车商业务部、直销业务部5个部室。2019年实现保费收入12406.71万元。

【平安人寿保险】 中国平安人寿保险股份有限公司成立于2003年2月，下辖网点在铜梁、潼南。在职职工共2000余人。主要经营各种人身保险业务，包括各类人寿保险、健康保险（不包括“团体长期健康保险”）、意外伤害保险等保险业务；办理各种法定人身保险业务；证券投资基金销售业务等经中国保监会批准的其他业务。2019年实现保费收入13354.09万元。

【平安财产保险】 中国平安财产保险股份有限公司铜梁支公司有在职员工24人，专业理赔人员4人。主要经营车险、财产险和意外健康险等险种，全年保费收入7972.52万元。

【安诚财产保险】 安诚财产保险股份有限重庆分公司铜梁支公司于2013年8月经重庆保监局批准成立。2019年全年完成保费收入8205.62万。

【新华人寿保险】 新华人寿保险铜梁营销部成立于2006年6月20日，有在职员工57人，主要经营各类人寿保险、健康险、意外伤害保险。2019年实现保费收入394.82万元。

【太平洋人寿保险】 太平洋人寿保险铜梁支公司成立于2002年5月，主要业务范围有人寿保险、健康保险、意外伤害保险等人身保险业务；经中国保险监督管理委员会批准的其他人身保险业务。2019年完成保费收入6703万元。

【太平洋财产保险】 太平洋财产保险铜梁支公司有在册职工25人，其中：理赔人员5人。主要经营车险、财产保险、人意险、责任险等保险业务。2019年实现保费收入7537.2万元。

【泰康人寿保险】 泰康人寿保险铜梁支公司成立于2004年。有在职员工3人、代理人325人。经营有人寿保险、健康险、意外险等业务，2019年实现保费收入646.73万元。

【恒大人寿保险】 恒大人寿保险有限公司铜梁中心支公司成立于2010年12月，主要经营人寿保险、健康保险、意外伤害保险等保险业务。2019年实现保费收入7101.33万元。

【幸福人寿保险】 成立于2012年1月，主要经营各类人寿保险、意外伤害保险、健康保险以及经中国保险监督管理委员会批准的其他人身保险业务。2019年实现保费收入199万元。

【永安财产保险】 永安财产保险铜梁支公司成立于2014年，主要业务范围有财产损失保险、责任保险、法定责任保险、信用保险和保证保险等。2019年实现保费收入308.26万元。

【中国人寿财产保险】 中国人寿财产保险股份有限公司重庆市铜梁区支公司于2017年8月18日成立。内设5个部门，有合同制员工10人，个人代理人50余人，主要经营范围为财产损失保险、责任保险、信用保险和保证保险，短期健康保险和意外伤害保险及经中国保监会批准的其他业务。2019年保费收入787.09万元。

证券

【东北证券重庆铜梁营业部】 1998年建立，扎根铜梁19年。经营代理A、B股，基金，债券（包括国债、公司债、企业债、可转债）等多交易品种，代销基金等金融产品。开展证券经纪业务，为客户提供证券投资咨询以及与证券交易、证券投资活动有关的财务顾问服务。2019年末，证券交易额263.2亿元，营业收入982.47万元，上缴税金58.79万元。

【西南证券重庆铜梁营业部】 2019年末，证券交易额达到51.18亿元，营业收入268.48万元，上缴税金1.87万元。

其他地方金融机构

【金田小贷】 重庆市铜梁区金田小额贷款有限公司于2009年4月2日开业，业务范围为办理各项贷款、票据贴现、资产转让。2019年末，贷款余额1.38亿元，实现营业收入868.17万元，税收及附加144.03万元，净利润492.94万元。

【龙城小贷】 重庆市铜梁区龙城小额贷款有限责任公司于2010年5月12日开业，下设综合部、客户部、风险部、财务部。2019年末，贷款余额1.95亿元，实现营业收入505.12万元，税收及附加-224.22万元，净利润-1445.22万元。

【腾越小贷】 重庆市铜梁区腾越小额贷款有限公司成立于2013年11月，注册资本金1.2亿元，主要经营范围为：办理各项贷款、资产转让，票据贴现。2019年末，贷款余额1.48亿元，实现营业收入651.59万元，税收及附加61.35万元，净利润-284.13万元。

【百事达小贷】 重庆市铜梁区百事达小额贷款有限公司于2014年11月27日成立，公司现有员工11人，其中总经理1人，监事1人，总经理助理1人，下设综合管理部、信贷业务部、风险管理部、计划财务部。2019年末，贷款余额2.69亿元，实现营业收入3753.37万元，税收及附加766.53万元，净利润2912.47万元。

【富登小贷】 富登小额贷款(重庆)有限公司铜梁分公司富登小额贷款(重庆)有限公司成立于2011年4月。2019年末，贷款余额0.27亿元。

【兴农担保】 重庆市铜梁区兴农融资担保有限公司成立于2012年6月12日，公司经营范围包含开展贷款担保、票据承兑担保、贸易融资担保、项目融资担保、信用证担保等融资性担保业务为“三农”服务。2019年末，在保余额8.62亿元。

（区金融发展中心　黄春燕）

经济监督管理

发展计划管理

【概况】 重庆市铜梁区发展和改革委员会核定行政编制23名，实有人数22人，参公事业编制13名，实有9人。内设科室7个（办公室、国民经济综合科、招投标监管科、能源科、粮食管理科、价格管理科、投资科），下属参公事业单位1个（价格认证中心）。2019年，实现地区生产总值616.56亿元，增长8.7%。区十七届人大三次会议批准的《关于重庆市铜梁区2018年国民经济和社会发展计划执行情况及2019年计划草案的报告》得到积极执行，单位地区生产总值能耗等7个约束性指标全部完成；15个预期性指标中，地区生产总值、全社会消费品零售总额等7个指标超过预期目标，全社会固定资产投资、城镇登记失业率等3个指标达到预期目标，进出口总额、第 产业增加值等5个指标未达到预期。

2019年国民经济和社会发展主要指标预期目标实现情况预测

类别	序号	指标名称		2019年预期	2019年完成
经济增长	1	地区生产总值(%)		9.5	8.7
	2	全社会固定资产投资(%)		7	10.1
	3	社会消费品零售总额(%)		11.5	13.7
	4	进出口总额(%)		10	23.3
结构质量	5	第一产业增加值(%)		3	2.3
	6	规上工业总产值(%)		11	13.6
	7	工业增加值(%)		9.2	9.8
	8	第三产业增加值(%)		9.7	7.7
	9	公共财政预算收入(%)		5	9.9
	10	税收收入(%)		10	−8.3
	11	城镇化率(%)		达到57.9	达到58.36
生态文明	12	单位地区生产总值能耗(%)★		1▽	1▽
	13	主要污染物排放总量(%)★	化学需氧量★	0.1▽	0.1▽
	14		氨氮★	0.6▽	0.6▽
	15		二氧化硫★	0.2▽	0.2▽

续表

类别	序号	指标名称		2019年预期	2019年完成
	16		氮氧化物★	0.1▽	0.1▽
	17	城区空气质量优良天数(天)★		300	302
	18	森林覆盖率(%)★		达到46.2	达到46.2
社会民生	19	城镇常住居民人均可支配收入(%)		9	8.9
	20	农村常住居民人均可支配收入(%)		9	9.7

注:①加*为约束性目标,其他为预期性目标;②▽为预期下降目标,以市级复核数为准。

未完成指标说明:第一产业增加值因受非洲猪瘟疫情和关停不符合环保政策的养殖场影响,增长率略低于预期;第三产业增加值因房地产开发、金融存款放缓等因素影响,增长率低于预期;税收收入因减税政策性因素,有较大幅度下降,若剔除减税影响,2019年实际增长7.2%;城镇常住居民人均可支配收入受宏观经济下行影响,财产性收入增速放缓,增长率略低于预期。

固定资产投资完成320亿元,增长10.1%。其中,工业投资完成107.2亿元,占固定资产投资总额的33.5%,增长23%。重点建设项目顺利推进,121个重点建设项目开工建设114个(含续建64个)、竣工46个,完成投资190亿元。

2019年重点建设项目年度计划投资分类完成情况

项目类别	项目总数	新开工项目个数	续建项目个数	竣工项目个数	在建项目个数	完成投资(亿元)
合计	121	50	64	46	68	190.19
工业振兴项目	46	14	32	11	35	86.76
乡村振兴项目	15	11	4	13	2	15.92
基础设施项目	35	18	15	18	15	44.45
社会事业项目	16	3	8	3	8	8.36
房地产项目	9	4	5	1	8	34.7

【发展管理】 强化责任领导,突出一个“快”字 区委、区政府始终把重点项目建设作为第一抓手,成立了以区委书记、区长为组长的双组长重点项目推进领导小组,每个项目都按照一名区级责任领导、一个牵头责任单位、一套项目推进班子、一个项目实施方案的工作要求,全程跟踪、全速推进,形成了步步咬合、高效运转的项目推进格局。严格过程推进。实施清单管理、过程管控、打表推进,做到“日清、周结、月盘点”;推行重点项目模块化管理,实行“红黄绿”亮灯考核,对“红灯”项目专题研究调度;落实“四同步四到场”制度,实行设计、施工、监理、甲方代表“四同步四到场”,建立重大项目跟踪审计制度;建立健全挂图作战机制,将土地证、规划许可证、施工许可证等工作节点挂图上墙,项目推进持续提速。优化服务环境。从项目前期工作直至建设、竣工各环节全程介入,从“流程再造集成创新”到“综合窗口”再到“承诺制信任审批”,逐步深化工程建设项目审批制度改革,为项目业主提供全天候、全方位、全过程的“一条龙”服务,最大限度缩短项

目前期工作时间。

强化要素保障，突出一个"实"字 全力推动各类优质资源向项目建设集聚，确保"要素跟着重大项目走"。土地保障方面。区重点办定期不定期地安排工作人员深入各重点项目现场，及时了解项目用地存在的问题，并协调解决实际问题。区规划自然资源局积极争取新增建设用地规模和指标，据统计，2019年全区完成新增建设用地3600亩，有力保障了全区重点项目用地需求。资金保障方面。通过向上争、对外引等多种形式筹集资金用于项目建设。2019年，全区向上争取支持资金14.28亿元，新增政府债券20亿元，有效破解项目建设资金难题。同时，搭建"政企银"沟通对接平台，促进更多的金融活水流向实体经济。征地拆迁方面。成立征地拆迁攻坚行动领导小组，加大征地拆迁力度。2019年，完成拆迁任务816户，有效保障了重点项目建设或地块挂牌出让需要。

持续推进以商招商，突出一个"优"字 聚焦招商引资这条项目工作的生命线，以产业链招商、龙头企业招商，招商引资工作热度不断提升，一批优质项目相继落户。突出招大引强。坚持把工作重点放在引进体量大、质地优、带动力强的重特大项目上，不断提高10亿元以上重大项目在项目投入中的比重。全区六大专业招商小组中，10亿元以上项目19个，占总投资的63%，华雄智能制造产业园、中性硼硅药用玻璃产业基地等重大项目成功落户。突出"精"和"特"。积极组织参加各级重大招商节会，举办招商引资推介会、恳谈会，围绕电子信息、装备制造、新材料、文旅康养等战略性新兴产业实施重点招商，延伸产业链。

严格项目建设考核，突出一个"严"字 发挥考核导向作用。制定全区重点项目考核办法，并将重点项目考核列入年度综合绩效考评。完善督查推进机制。充分发挥区委督查室、区政府督查室、区执行力办、区重点办的督导作用，对全区重点项目的前期工作、开工建设、竣工投产等工作开展常态化督查考核，形成"每周一督查、每月一快报、半年一总结，年度一考评"的项目督查考核机制。实行"限时制""销号式"管理。无论什么问题、哪个环节上的问题，只要涉及项目建设，都全程跟踪督查、一追到底，确保项目顺利推进。全区重点项目建设呈上升趋势。原乡中央公园、望山见水公园建成投用，西郊示范片成效显著，龙城天街商圈陆续开业；市域快线璧铜线、渝遂扩能北碚至铜梁段项目、同心桥水库等重大项目成功举行开工仪式，项目推进取得实质性进展。

（区发展改革委　张晓、魏晓晓、王益）

国有资产管理

【国有企业改革发展】 **加强监督管理** 为深化国有企业改革，依法履行出资人职责，结合铜梁实际，区国资中心制定并印发《重庆市铜梁区国有企业监管机构权力和责任清单》《区属国有企业资产负债约束实施方案》《铜梁区区属国有企业投资监督管理办法（试行）》。

推进区属国有企业分类改革工作 实行区级党政机关和事业单位经营性国有资产集中统一监管。通过关闭注销、国有资本转让退出、整合移交等三种方式，完成46户参改企业与原主管部门脱钩。其中14户存续企业通过国有资本无偿划转纳入区属重点国有企业子公司管理；1户镇级水厂无偿划转纳入安居旅投公司子公司管理，1户水务局所属供水企业及12户镇级水厂合并到龙都水资源公司；18户僵尸、空壳及规模小、竞争力不强的企业已清算注销。

强化重点国有企业融资工作 2019年，六家重点国有企业已获得融资余额256.74亿元，已审批融资额度的已到位融资金额66.38亿元，为重点项目建设提供了资金保障。

推进公务用车改革工作 为进一步推进全区区属国有企业公务用车制度改革，结合铜梁实际，区国资中心起草《重庆市铜梁区区属国有企业公务用车制度改革实施方案》，并经市车改办审核同意，铜梁参改区属国有企业共49户，区属国有企业公务用车制度改革总体节支率为35.83%。

加强区属国有企业内部审计工作 根据《重庆市铜梁区审计局关于贯彻落实审计署内部审计工作的规定的通知》精神，区国资中心制定并印发《开展和加强区属国有企业内部审计工作实施方案》。

加强监督考核 为切实履行出资人职责，激励和约束重点国有企业完善现代企业制度，健全法人治理结构，区国资中心根据区委区政府工作部署完成区属国有企业2018年年度目标考核、2016—2019年度任期绩效考核；制定并印发《铜梁区重点国有企业2019年目标责任考核办法》。

加强债务管控 一是制定出台《铜梁区区属国有企业投资监督管理办法（试行）》，加强投资事前、事中、事后管理。二是建立区属重点国企融资计划审批制；三是建立区属重点国企债权债务动态监控制，每月均将国有企业债务、融资相关情况实时报送区委区政府，并会同区财政局每月定期召开重点国有企业债务风险防控研判会；四是通过招标加强国有企业信息化平台建设，实现对区属重点国有企业投融资、资金管理、固定资产管理等一体化动态监管。

抓好安全稳定工作 为切实履行对区属国有企业安全生产监督管理职能，2019年，区政府分管领导和国资中心领导累计到国有企业现场督查21次，发现安全隐患9处，督促企业落实整改9处，其中2处为长期坚持。全区属国有企业安全生产工作基本平稳，未发生重大安全隐患及事故。

【行政事业单位国有资产管理】 开展行政事业单位国有资产的整合、处置等工作 2019年整合、调配、报废、出租出售国有资产121批；会同联交所铜梁支所共计出租出售国有资产55宗，成交金额1158.13万元，增幅为25.44%。

开展全区行政事业单位国有资产的清查工作 区国资中心全面开展行政事业单位资产月报工作；完成全区行政事业单位国有资产年度清查工作，截至2019年12月31日，全区行政事业单位资产总额（账面净值，下同）1605，065.27万元，其中：流动资产475482.11万元，占资产总额29.62%；固定资产228392.71万元，占资产总额14.23%；在建工程151587.32万元，占资产总额9.44%；长期投资58016.67万元，占资产总额3.61%；无形资产16958.94万元，占资产总额1.06%；公共基础设施等行政事业性国有资产674627.52万元，占资产总额42.03%。

【建立报告制度】 区国资中心代区委、区政府起草《关于建立区人民政府向区人大常委会报告国有资产管理情况制度的实施意见》。2019年11月向区人大报告国有资产管理情况：2018年，全区行政事业单位资产总额净值852，412.05万元；区属国有企业资产总额635.97亿元，负债总额312.07亿元，资产负债率为49.07%。

【其他工作】 推进在铜央企及市属国有企业办社会职能和解决历史遗留问题的分离移交工作 完成驻铜央企"三供一业"供水设施改造1509户，其中供水改造379户，供电改造646户，供气改造52户，物业改造432户。正在维修改造供气设施228户。市属国企完成改造1424户，其中供水519户，供电324户、供气42户，物业539户。退休人员社会化管理移交人员890人，移交市政设施16处。共拨付财政资金383万元。

持续开展"三金"追债变现工作 2019年，"三金"追债累计入库资金254.43万元。

（区国资中心　阳兴国）

公共资源综合交易管理

【概况】 重庆市铜梁区公共资源综合交易中心

是全区统一的公共资源综合交易平台，于2011年9月1日正式挂牌运行。隶属于区政府办公室管理的正处级参公事业单位，现有编制19个，实有在编工作人员18人。其中领导班子编制职数3个，实际任职人数3人（正处级2名，副处级1名），改非领导2人；二级班子编制职数7个，实际任职人数5人；一般机关干部编制职数8个，实际在职人数8人。内设办公室、建设工程交易科、政府采购科、国有产权交易科和监督科5个科室。2019年10月1日，区交易中心正式入驻市民服务中心，办公地点由巴川街道龙门街258号搬迁至东城街道亚龙路2号。

在运行模式上，实行“一委”“一中心”模式：“一委”即设立铜梁区公共资源综合交易监督管理委员会，负责对全区行政辖区内公共资源交易活动中的重大事项进行研究和决策，组织协调相关部门对招标文件进行会审，组织协调相关部门处理质疑投诉，提出指导性意见，并对整个交易活动实行全程监督。监管委主任由区府分管领导担任，区府办、财政局、发改委、国土房管局、城乡建委、交委、市政园林、水务、农委、审计、林业等11个有关部门为成员单位。“一中心”即铜梁区公共资源综合交易中心，主要职责是收集、发布各类交易信息，为区内公共资源交易活动提供场所和服务，为公共资源交易信息发布提供平台。承担场内交易日常管理工作；拟定交易管理制度和内部管理制度，并组织实施。全程记录交易过程，协助区级有关部门做好交易活动的监管和投诉举报工作。协助做好信息公开和诚信体系建设工作。承办主管部门交办的其他事项。

【交易活动】 2019年共完成交易项目666个，交易金额70.2亿元，节支2.4亿元，实现土地溢价9.75亿元。其中完成工程交易项目501项，交易金额12.89亿元，节支2.08亿元，节支率13.93%；完成政府采购项目127项，成交金额2.71亿元，节约资金0.32亿元，节支率10.48%；完成国有土地使用权交易39个，成交金额54.60亿元，出让溢价共9.75亿元，平均溢价率达21.73%。充分发挥了职能作用，实现了增收节支、提高公共资源交易效率的目标。

（区交易中心　杨鹏）

国土资源管理

【土地供应】 供应国有建设用地61宗、面积247.97公顷，土地价款579426.43万元，其中：划拨土地22宗、面积33.72公顷、划拨土地权益价款35066.56万元；出让土地39宗、面积214.27公顷、土地出让成交价款544359.87万元；完成新增建设用地指标报批240公顷，落实农转用集体建设用地8.27公顷、设施农用地3.13公顷、临时建设用地18.8公顷，有效满足了高新区、淮远新区、乡村振兴西郊片区等城市重要发展片区和重点项目的用地需求。

【供后监管】 加强土地供后监管，及时对已供土地的开工、竣工、开发建设进度等情况进行巡查并建立监管信息档案，对未按期开工、竣工的项目依法予以处置。持续开展“五清”（清地）行动，狠抓存量土地、涉嫌闲置土地、欠缴土地价款及其滞纳金和房地产开发项目遗留问题的清理处置，对全区土地利用问题进行了专题研究，督促5宗涉嫌闲置土地开工建设。

（区规划自然资源局　陈季忠）

矿产资源管理

【概况】 出台《重庆市铜梁区碎石矿山分类处置方案》《重庆市铜梁区露天矿山综合整治专项行动实施方案》，通过开展区内碎石矿山分类处置，整顿碎石矿山小、散、乱现象，完成了全区2宗新设采矿权出让计划的报批，做好重点项目的建筑用碎石材料保供。全年累计开采矿产资源776万吨，其中石灰石资源741.9万吨，砂岩资源15.4万吨，页岩资源18.7万吨；收取采矿权出让收益14134.67万元、采矿权使用费2.35万元。

（区规划自然资源局　陈季忠）

审计工作

【概况】 2019年，铜梁区审计局人员编制34人，实有29人。设有办公室（电子数据审计科）、法规审理科、整改督查与内审管理科、财政审计科、重大政策跟踪审计科、企事业审计科、投资审计科、经济责任审计科（经济责任审计工作联席会议办公室）。下设铜梁区审计中心（参公事业单位）。年内铜梁区审计局共完成审计项目40个，其中审计37个，专项审计调查3个。查出主要问题金额2424327万元，其中违规金额89510万元、管理不规范金额2334817万元；审计发现非金额计量问题432个；出具审计报告和专项审计调查报告49篇。审计处理处罚金额108972万元，其中应上缴财政89496万元、应调账处理金额19476万元；移送司法机关、纪检监察机关和有关部门处理事项7件，移送处理人员13人，移送处理金额40015万元。审计促进整改落实有关问题金额975058万元；审计后挽回（避免）损失19476万元；核减投资额22512万元。审计提出建议208条，被采纳208条；提交审计信息189篇，被批示、采用28篇。

2019年度，铜梁区审计局实施的2018年度璧山区财政预算执行和决算草案审计被评为重庆市审计局优秀审计项目。区审计局先后荣获铜梁区三八红旗集体、重庆五一劳动奖状荣誉称号。

【主要工作】 **国家重大政策措施落实跟踪审计** 围绕市级重点建设项目推进、减税降费政策执行、水污染防治等进行跟踪审计。

财政审计 全年完成财政预算执行审计项目16个，财政决算审计项目2个，查出主要问题金额1695501万元。

经济责任审计 对水口镇等11个单位的18名党政主要领导干部开展经济责任审计，促进领导干部依法用权、秉公用权、廉洁用权。聚焦生态保护和污染防治，对华兴镇开展领导干部自然资源资产离任审计，促进领导干部切实履行自然资源资产管理和生态环境保护责任。

固定资产投资审计 全年开展投资审计项目14个、政府交办工程结算审计项目100个，核减投资额22512万元。

专项资金审计 全年完成专项资金审计（调查）项目5个，延伸审计单位11个，审计专项资金总额24086万元，查出主要问题金额481449万元。

信息化建设 完善数据采集和定期报送协作、督促机制，充分利用大数据分析平台，对全区13个一级预算单位开展了预算执行审计。积极运用大数据审计思路和方法，统一分析、重点核查，做到精准发现问题、精准处理问题、精准运用结果，提升审计工作的质量和效率。

内部审计 全区设内部审计机构50个，配备内部审计人员204人。2019年，全区各级内部审计机构共完成审计项目327个，提出的建议和意见被采纳469条。

（区审计局　刘琳）

统计工作

【概况】 重庆市铜梁区统计局下设办公室（统计执法队）、投资与综合核算统计科、工业与能源统计科、贸易与服务业统计科四个科室，两个下属事业单位（重庆市铜梁区社会经济调查队、重庆市铜梁区普查中心）。2019年末，全局共有编制26名（行政编制9名，社会经济调查队参公编制10名，普查中心参公编制7名），实有工作人员23名。

【主要工作】 **筑牢统计基层基础** 全区各镇街、各部门统计机构健全、职责明确，经费保障充足，统计网络健全、通畅，人员配齐配强、调整变动制度化、规范化。继续全面推行基层统计工作规范化建设“台账式”管理，不断提高基层统计工作规范化水平。强化重点镇街管理，以重点镇街规范化引领全区镇街统计规范运行。全区年内对各镇街、各行业部门分管领导和统计人员、企业统计人员至少进行3次以上规模较大的业务培训；同时，结合上级要求和近期重点工作，适时开展培训。

推进依法治统 贯彻落实中央对统计工作的要求，加强统计法治建设。结合四经普进一步加大了统计法治宣传力度，切实把思想和行动统一到党中央关于统计工作的重大部署上来，严肃整治统计数据造假等违纪违法问题，切实推动统计工作健康发展。结合实际，制定《统计数据大生产工作业务流程和质量保证措施》，对数据生产各个环节制定了质量控制办法，进一步完善全程记录、全程留痕的全员全程全域统计数据质量控制体系，切实加强数据生产流程扁平化管理；进一步完善数据质量评估会审会议制度，研究制定《统计数据质量审核评估办法》，规范数据质量的审核评估。

提升统计服务水平 全年共撰写《统计分析》53期，《统计关注》5期，《调查研究》7期，经济信息125条，其中《商贸经济持续发展 消费市场繁荣活跃》《形势严峻 房地产开发市场“双降”》等6篇经济分析获得区领导批示。编印《改革开放40周年铜梁发展报告》《新中国成立70周年铜梁发展报告》，从经济、人口、农业等方面展示铜梁经济社会发展取得的辉煌成就。铜梁区实施乡村振兴战略的调查报告《乡村发展初见成效 全面振兴任重道远》，在全市优秀分析评比活动中荣获二等奖。

发挥统计监测预警职能 修订出台《关于加强部门统计工作的实施意见》，进一步明确了各行业主管部门的统计职能职责。坚持每季度由区政府常务副区长组织召开统计工作联席会，分析研判当前经济形势、安排部署下一阶段工作。农业、工业、建筑业、商贸业、固定资产投资等行业牵头部门每月或每季度召开行业分析会。强化与各行业主管部门沟通协作，及早发现苗头性、倾向性问题，及时研究解决，对于推动经济增长、谋划行业发展发挥很好的作用。

完成第四次全国经济普查工作 为确保普查登记质量，区经普办分3个小组，重点做好对经济总量大的镇街、统计力量相对薄弱的镇街业务指导，在入户登记过程中，对指标的逻辑性、关联性、匹配性进行区镇两级联动审核，及时解决普查登记中出现的各种问题。市经普办对铜梁开展了全市经济普查数据质量检查工作，主要经济指标差错率均控制在标准范围以内，全区第四次全国经济普查工作得到市经普办领导的充分肯定。研究制定了《重庆市铜梁区第四次经济普查资料开发应用计划》，普查后期成果应用工作有序推进。

（区统计局 李健）

住房公积金管理

【概况】 1996年3月县机构编制委员会批准成立铜梁县住房资金管理中心。2004年3月在“铜梁县住房资金管理中心”增挂“铜梁县住房公积金管理部”牌子。2008年8月重庆市住房公积金管理机构体制改革，县住房公积金管理部职能上划至重庆市住房公积金管理中心，成立重庆市住房公积金管理中心铜梁县分中心。2014年7月铜梁撤县设区，更名为重庆市住房公积金管理中心铜梁区分中心。机构性质为自收自支副处级事业单位，领导职数两名，内设综合科、财务科、业务科三个科室。2019年末共有在编职工6名，派遣职工6名。

【主要工作】 **制度覆盖面不断扩大** 通过加大政策宣传力度、增强归集扩面精度、提高行政执法强度等多种方式，不断扩大住房公积金制度覆盖面。2019年底，全区建立住房公积金制度单位共621个，参建总人数为34610人；新增缴存人数3533人；归集住房公积金5.35亿元，完成计划的110.03%。缴存总额为34.44亿元，缴存余额14.63亿元。

资金使用效益彰显 严厉打击开发企业拒绝住房公积金贷款行为，切实维护住房公积金缴存人贷款权益。2019年提取住房公积金11310人次4.09亿元，同比增加6.82%、8.49%。其中住房消费性提取占78.39%，累计提取75573人次20.19亿元，当年提取率为76.44%。发放个人住房公积金贷款1165人，4.47亿元，个贷回收1.64亿元，贷款余额15.84亿元，存贷比为108.21%。始终把资金安全作为工作的重点，依托新信息技术不断加强内控管理和风险防控，缴存单位缴存公积金直接交至市中心资金池。个贷风险防控，逾期率为0.01‰。实现增值收益2203万元，增值收益率为1.59%。

窗口服务形象进一步提升 一是加强学习培训，提高职工综合素质。二是优化办事环境，提升窗口服务水平。完善办事大厅便民设施设备，增添便民伞，窗口人员推广使用普通话，开展“五心”服务，铜梁分中心获全市公积金系统内部“五心”服务示范窗口提名奖、获“全国巾帼文明岗”“重庆市三八红旗集体”荣誉称号。

（住房公积金中心　唐家利）

市场监督管理

【概况】 重庆市铜梁区市场监督管理局（简称铜梁区市场监管局）于2019年3月4日正式挂牌成立。新组建的铜梁区市场监管局整合区工商、质监、食品药品监管分支机构的职责，以及区发展和改革部门的价格监督检查、商务部门的反垄断职责、知识产权管理部门的有关职责，作为铜梁区政府工作部门，加挂铜梁区知识产权局牌子，实行市以下垂直管理。同时承担区政府食品安全委员会具体工作，加挂铜梁区食品安全委员会办公室牌子。

全局内设科室25个：办公室、法制科、组织人事科、宣传教育科、财务科、综合科（区食品药品安全委员会办公室秘书科）、食品安全监督管理一科、食品安全监督管理二科、食品安全监督管理三科、药品监督管理一科（不良反应监测科）、药品监督管理二科、产品质量安全监督管理和质量发展科、特种设备安全监察科、注册和许可科（小微企业个体工商户专业市场党建工作科）、价格监督检查和反不正当竞争科（规范直销与打击传销办公室）、消费者权益保护科、计量科、标准化管理科（认证认可监督管理科）、信用监督管理科、网络交易监督管理科、企业监督管理科（广告监督管理科）、知识产权管理科、机关党委、离退休人员工作科、纪检组。派出机构28个，有巴川街道等5个街道市场监督管理所和土桥镇等23个镇市场监督管理所。直属单位1个，即重庆市铜梁区市场监督管理综合执法支队（待全市市场监管综合执法改革落定后挂牌）。

主要负责市场综合监督管理；负责食品安全监管；负责药品零售使用、医疗器械经营使用、化妆品经营监督管理；负责宏观质量管理及产品质量、特种设备监督管理；负责市场主体统一登记注册、消费者权益保护工作，推进市场主体信用体系建设工作；负责规范和监督管理市场秩序，开展市场监管综合执法工作；负责统一管理计量、标准化、认证认可和检验检测工作；负责知识产权发展与保护工作；协助指导小微企业、个体工商户、专业市场党建工作，负责机关、直属单位党建工作。

年末全局在职干部职工174人，其中公务员157名、工勤人员12名、消委会事业人员5名，平均年龄约45岁。首届领导班子由14名同志组成，其中党组书记、局长1名，党组成员、副局长12名（含党组副书记1名，其中1名上挂重庆商标审查协作中心），党组成员、纪检组长1名。中层干部75人。离退休人员122人（含代管人员6人）。全局有14个党支部（含离退休支部2个），共有在职中共党员131人（含预备党员1名），约占在职总人数的75%。

【食品药品安全】 以抓实新中国成立70周年大庆安保维稳工作为主线，提早做好应急预案，做实做深做细防范化解重大风险各项工作。召开会议专题学习《地方党政领导干部食品安全责任制规定》和《关于深化改革加强食品安全工作的意见》等规定，与28个镇街签订食品药品安全工作责任书，压实责任。开展央视“3·15”晚会曝光涉嫌问题食品、“五毛”食品、药师“挂证”和食盐、疫苗、保健品市场乱象百日行动、无菌和植入性医疗器械、化妆品风险排查等专项整治。开展风险研判10次，收集248个风险点，限时整改销号。医疗器械不良事件监测、化妆品不良反应监测完成率100%。完成抽查检验3068组，后处置率达100%。206所学校食堂“明厨亮灶”达100%。妥善处置食品安全突发事件7件。有效防控非洲猪瘟疫情。有序推进国家食品安全示范城市建设。

【工业产品质量安全】 牵头拟定全区《质量提升工作方案》《质量提升2019—2020年重点工作计划》。牵头开展塑胶排水管道、学生用品、劳保用品、钢筋水泥等专项整治。完成生产领域市级监督抽查262批次，不合格11批次，合格率95.8%，完成国家监督抽查15批次，不合格2批次，合格率86.67%。流通领域完成16大类150组商品质量监督抽查。

【特种设备安全】 力促区政府出台应急预案、加强电梯质量安全通知等文件3个。组织召开全区特种设备安全工作会、电梯新增企业等会议。开展警示教育、签订责任书、隐患自查等工作，压实企业主体责任。编制《日常监管手册》口袋书，邀请市局专家开展专题讲座，新增监察员培训27人次，夯实基层监管基础。培训企业450余人次，检查企业342家次、设备1187台，下达监察指令66份，整治隐患208起。深化危险化学品、电梯及各景区、大型游乐设施乘客束缚装置、旅游观光车辆等隐患排查治理。月月实现“零飘红”。全区未出现一起特种设备安全事故。

【注册许可】 2019年，全区新登记各类市场主体7962户，其中内资企业1667户、个体工商户6220户、农民专业合作社75户，累计拥有各类市场主体49726户。全区累计民营经济市场主体达48973户，资金总额529.99亿元，分别增长8.81%、13.41%。

持续推进商事制度改革 “先照后证”惠及市场主体4574户，向许可部门推送登记信息5740条。全程电子化网上登记量持续提升，内资企业设立登记占比达93.24%；个体工商户占比达32.75%。大力推广企业开办网上服务平台、注册登记实名认证、企业名称自主申报等改革举措，企业设立登记当天办结率达85.84%，100%实现1个工作日内办结。

优化注册许可职能配置 将区市场监管局管辖或市局授权、委托的行政审批服务事项集中到综合业务窗口，实现职能范围内许可事项“一窗受理、分类审批、统一出件”。合理划分事权，将面向个人的审批事项全部下放到市场监管所，实现“就近能办”。

持续提升审批服务效能 严格落实“证照分离”改革举措，食品、药品、特种设备等涉企许可事项审批时限在法定时限的基础上压缩一半以上。持续提升企业开办便利度，协调市民服务中心、公安、税务、人社等部门设置“开办企业综合窗口”，配齐设施设备和帮办、辅助人员，实现企业开办“一窗通办”。

持续畅通企业退出机制 在实施企业简易注销的基础上，自4月1日起，允许企业选择国家企业信用信息公示系统在线办理清算组成员、清算组负责人备案以及免费发布债权人公告。8月23日上线企业注销一网通办平台，通过业务协同、数据共享的方式，实现市场监管、税务、人力社保、商务、海关等部门注销业务“一网通办”。全面落实服务民营经济发展20条措施，助力民企“解七难”，构建亲清政商关系。

【企业监督管理】 履行年报公示监管职能，内资企业年报率92.07%。贯彻执行《无证无照经营查处办法》，引导706户无照经营户规范办照。依法开展经营异常名录管理，企业列入经营异常名录470户、企业移出经营异常名录75户。完善市场主体退出制度，吊销企业171户。实现“双随机、一公开”监管全覆盖、常态化，共开展双随机抽查18次，抽查主体4206户，检查结果100%公示；推动建立全区市场监管领域部门联合“双随机、一公开”监管工作联席会议制度。

【价格监督管理】 出台《关于调整公平竞争审查区级部门联席会议成员的通知》《铜梁区全面推进落实公平竞争审查制度2019年工作重点》等文件，履行公平竞争审查工作区级部门联席会议召集人职责。组织全区各成员单位按照谁制定、谁清理、谁审查、谁负责的原则，对照《公平竞争审查制度实施细则(暂行)》，全面严格清理审查文件，防止出现排除、限制市场竞争内容。

扎实开展“重点领域价格监管工作”专项执法检查行动，清理规范不按规定明码标价、串通涨价、捏造散布涨价信息哄抬价格、价格欺诈等违法行为。开展铜梁区商品房销售明码标价监制、物业收费公示监制、停车收费公示监制、景区公示监制等收费监督工作。开展汽车检测领域违规收费、医疗服务价格重点治理、药品集中采购和使用试点工作中的监督管理专项执法检查行动，发现违法线索4条，涉嫌违法金额300万元。围绕落实小微企业收费优惠减免政策清理防范违规涉企收费行为，围绕降低用能成本清理防范转供电环节乱收费行为，围绕流通、零售环节清理防范药品领域价格违法行为，共走访调研涉企收费公用企业3家、商业银行8家、转供电主体15家，发现价格违法线索5条。对经营者开展价格行政约谈和行政指导，确保物价稳定。

【电子商务监管】 落实《中华人民共和国电子商务法》，认领排查网站网店206户，建档建库网站49户，及时率准确率均为100%。核发网络经营者电子标识8个，发放率93.98%，贴置率88%。建立网络消费维权站5个、重点网站行政指导站25个，建比率均为100%。

【信用监管】 归集有效企业信用信息8570条。出具信用报告345份。164户企业及其法定代表人因存在不良信用，在高层次创新创业人才推荐、劳动保障守法诚信推荐、市级“党建之友”和“党建之星”推荐中受限，“一处失信、处处受限”信用监管格局逐渐完善。

【消费者权益保护】 做好“五线合一”衔接工作，严格执行12315和政务值班制度，确保举报投诉及时受理处置。实行全天24小时值班制度，及时受理、及时接收，及时分流，及时处理，及时反馈。共受理投诉举报989件，为消费者挽回经济损失145.66万元，无逾期分流情况，及时准确处理办结率达100%。开展“3·15”宣传活动。开通手机App现场直播主题为“信用让消费更放心”的“3·15”宣传活动，与观众互动，点击量11.4万人次。利用铜梁电视台、铜梁App、《铜梁报》、“铜梁市场监管”微信公众号等媒体向社会发布相关的“消费提(警)示”。

推动维权共治。在人口密集、商业繁华地段设置“放心消费”的标识标语及宣传彩旗1万余份，提醒经营者自律。在安居古城、七彩梦园等旅游景区设立消费维权服务站。多元化开辟消费纠纷调解“绿色通道”，加大对“消费维权服务站”的重建升级，重新授牌30家“消费维权服务站”，借助108家“放心消费”示范单位，“一点多面、全民参与”的消费维权大格局逐步形成。

【质量强区】 牵头拟定全区《质量提升工作方案》《质量提升2019—2020年重点工作计划》。组织5家企业参加第七届市长质量奖申报培训，重庆威斯特电梯公司获评第七届市长质量奖提名奖。组织60家重点规上企业130余人参加卓越绩效专题培训，宣传动员10家企业导入卓越绩效管理模式申报重庆名牌，成功创建重庆名牌4个，重庆知名产品2个，累计创建重庆名牌78个，知名产品24个。开展第二届龙乡质量管理奖评选，重庆涪柴动力机械制造有限公司、重庆新美鱼博洋铝业有限公司、重庆福斯特饲料股份有限公司等3家企业获此殊荣。

【计量管理】 加强专项监管。开展民用“三表”、加油机、计量单位、集贸市场衡器、眼镜制配场所计量等专项监督检查和定量包装监督抽查，检查民用“三表”企业17家、加油站43家、集贸市场42家、眼镜制配场所45家、使用法定计量单位企业5家，整治定量包装企业2家。配合开展规范儿童青少年近视矫正工作。加强日常监管。出租车、加油机等重点管理计量器具检定率达100%。连续第5年推进基层医疗机构医用计量设备免费检定，各基层医疗机构医疗计量器具送检率、检定率均达100%。加强计量宣传。开展主题为“国际单位制(SI)—根本性飞跃”的第20个“世界计量日”宣传活动，进机关、进社区、进校园、进企业宣传计量知识，协调重庆计量质量检测研究院铜梁所现场免费为群众检测血压计、电子计价秤等计量设备33台。

【标准化管理】 组织10家开展对标达标工作。指导24家企业115个企业标准开展网上自我声明公开。完成《铜梁龙舞道具制作技术规范》和《铜梁龙舞演绎技术规范》两个地方标准的制定、报备、批准发布协调工作，分类指导5家企业建立完善标准体系，协调推进安居古城国家级标准化试点建设。

【认证认可监管】 开展“6·9世界认可日”系列宣传。草拟《关于加强质量认证体系建设促进全面质量管理的工作方案》。检查3家机动车检测企业24批次。检查强制性产品认证获证企业26家，巡查率100%；抽查自愿性认证获证组织15家，运用国家认监委“认证行政监管系统”随机抽查认证现场审核(检查)活动16个。检查电动自行车销售网点38家，检查儿童玩具产品销售网点12家，检查有机产品生产、销售企业7家次。对重庆祥龙电器有限责任公司和中国质量认证中心成都分公司开展责任倒查。重点检查重百超市内的牛奶、五谷杂粮、生鲜蔬菜等销售量大的有机认证产品，以及全区儿童玩具卖场、母婴店、儿童玩具批发市场产品。

【法治工作】 落实《市场监督管理行政处罚程序暂行规定》，案件审核率达100%。出台《行政处罚案件审核审批暂行制度》和《行政处罚案件负责人集体讨论暂行制度》。实施各类行政指导1938件，开展行政调解305次。持续开展汽车检测领域违规收费、医疗服务价格重点治理、房屋中介乱象、涉众型经济违法、网剑行动、格式合同整治、“打传规直”“双打”“扫黑除恶”专项斗争等工作。全年立案282件，办结222件。

【“小个专”非公党建】 **指导“小个专”党组织开展“不忘初心、牢记使命”主题教育** 依托“三会一课”、主题党日抓实学习教育和检视整改。用好“百堂党课进企业”“八个一”等活动形式，全年累计组织习近平新时代中国特色社会主义思想、十九大精神宣讲31次，参加人员383余人(次)。坚持“三同步”做实调查摸底。持续推进注册登记、企业年报、其他市场监管业务中同步开展非公党建工作，累计完成4300户新增个体工商户党建信息调查摸底和非公党建信息系统维护，新查找“隐形党员”60余名，及时更新台账。实施动态管理深化党员“三亮”。开展对445户已亮个体党员经营户的全覆盖回访，对注销、停歇业或存在其他不符合亮牌条件的经营户取消“三亮”资格。

帮扶助推企业发展 先后对重庆真艾农业有限公司农产品商标品牌打造、重庆祥龙电气招工难等问题进行政策辅导、部门协调。提升示范点创建水平，指导市局党建示范点——重庆威斯特电梯有限公司党支部进一步充实完善“3C”党建工作法，成功入选全市非公党建优秀案例。积极引导重庆祥龙电气股份有限公司创建市局示范点，力促非公党员坚定不移跟党走、正道走、快步走。

(区市场监管局　谭春梅)

物价管理

【价格监测】 截至2019年底上报粮油肉禽蛋菜副食水产品日报257次，旬报105次，月报36次，上报率100%。完成市场价格监测情况月度分析6篇，为政府价格干预决策提供依据。

粮油肉禽蛋菜水产品价格

监测点：重百铜梁龙城国际店

	商品名称	规格等级	计量单位	2019年均价
面粉	富强粉	标一	元/500克	2.94
大米	晚灿米(大足米)	标一	元/500克	2.2
	粳米(东北大米)	标一	元/500克	2.86
食用油	菜籽油(红蜻蜓)	一级散装	元/500克	8.06
	花生油(鲁花)	一级桶装	元/5升	146.52
	菜籽油(红蜻蜓)	一级桶装	元/5升	80.95
	食用调和油(红蜻蜓)	一级桶装	元/5升	72.62
	大豆油(红蜻蜓)	一级桶装	元/5升	50.02
肉蛋奶鱼	猪肉	去骨后腿肉	元/500克	16.4
	猪肉	精瘦肉	元/500克	22.49
	猪肉	三线肉	元/500克	17.75
	猪肉	纤排骨	元/500克	23.81
	鸡肉	白条鸡、开膛上等	元/500克	17
	鸡肉	活母鸡(土鸡)	元/500克	20.8
	牛肉	去骨后腿肉	元/500克	30.76
	羊肉	去骨后腿肉	元/500克	26.72
	鸡蛋	鸡场饲养鸡蛋	元/500克	5.75
	草鱼	活750克左右一条	元/500克	7.96
	花鲢鱼	活750克左右一条	元/500克	9.93
	牛奶(天友)	220ML袋装纯牛奶	元/袋	2.11
蔬菜	青椒	新鲜一极	元/500克	2.99
	黄瓜	新鲜一极	元/500克	3.13
	西红柿	新鲜一极	元/500克	2.95
	茄子	新鲜一极	元/500克	3.36
	莴笋	新鲜一极	元/500克	2.02
	豆腐	新鲜一极	元/500克	4.58
	莲白	新鲜一极	元/500克	1.27
	黄秧白	新鲜一极	元/500克	1.47
	瓢儿白	新鲜一极	元/500克	2.6
	白萝卜	新鲜一极	元/500克	0.96
	莲藕	新鲜一极	元/500克	4.17
水果	苹果	红富士、新鲜一极	元/500克	8.17
	鸭梨	新鲜一极	元/500克	5.71
	脐橙	新鲜一极	元/500克	4.77
	香蕉	新鲜一极	元/500克	4.12

【收费管理】 全面清理涉企收费。2019年4月开展并完成全区2018年度行政事业性收费统计工作。完成2019年收费备案工作，共计办理培训收费备案（含幼儿园收费）11件、物业收费备案6件、停车场收费备案15件。

【价格改革】 贯彻落实《重庆市发展和改革委员会关于降低我市一般工商业电价有关事项的通知》和《重庆市发展和改革委员会关于进一步降低一般工商业电价有关事项的通知》，先后2次降低一般工商业电价共计5.54分/千瓦时。

根据国家天然气行业增值税税率调整情况和《重庆市发展和改革委员会关于做好我市天然气价格有关工作的通知》有关要求，调整全区居民、非居民、车用CNG天然气销售价格。居民用天然气各阶梯价格均降低0.02元/立方米，工业用气和CNG原料气最高销售价格下调0.2元/立方米；商业用气和车用CNG最高销售价格下调0.03元/立方米。

聘请中介对铜梁区2019年6万亩农业综合用水价格进行测算，并根据测算价格制定了铜梁区2019年农业水价综合改革实施区域用水指导价格。为顺利推进乡镇供水一体化工作，聘请中介对乡镇一体化供水后的供水成本进行测算，为下一步制定乡镇供水一体化价格奠定基础。

实施城区公交票价改革。聘请中介对区内4家公交公司的运行成本进行了成本监审，拟定了公交价格拟调整方案。

为规范城区路内停车收费管理，会同区城市管理局印发《铜梁区停车服务收费管理调整办法（试行）》的通知。

【农本调查】 完成国家安排的调查任务。完成存售粮专项、农资购买专项、中籼稻预测等工作，并撰写文字分析材料。按时上报主要农产品及化肥询价月报。每月向农调户采集并报送价格数据，进行价格变动情况及原因分析，确保月报信息正确、及时。做好价格认定工作，提供优质价格服务。全年共受理案件145件，标的264.27万元。受理案件做到100%无投诉、无复议。

（区发展改革委 汪林）

就业管理

【就业再就业】 组织召开36场现场招聘会，累计服务192家企业，提供岗位5870个；网上发布用工信息1591条，公共职业介绍服务机构成功介绍4252人次。累计促进城镇新增就业15585人，城镇登记失业人员就业4164人，城镇就业困难人员就业2863人。

【农民工返乡创业】 对辖区内有就业意愿的返乡农民工进行求职登记，全面掌握返乡农民工的求职需求及就业愿望，建立就业服务台账，有针对地开展返乡就业服务，利用28个镇（街）赶场日，到镇街开展小型招聘活动，让广大农民工在家门口就能找到合适的工作。同时，通过开展创业培训、提供创业担保贷款、开发创业项目等措施，不断提升农民工创业质量。累计回引21214名在外务工人员返乡就业创业。

【大学毕业生就业】 开展专项招聘活动，充分利用网络平台，通过铜梁人才网、重庆人才交流网、重庆就业网等积极发布用工信息，为毕业生提供就业岗位。扎实做好离校未就业高校毕业生实名制登记管理，及时向未就业毕业生提供岗位信息、就业指导、职业培训、就业见习等扶持政策。与区内各部门、企事业单位、就业见习基地联系，协调实习岗位45个，组织实施在校大学生暑期实习工作。举办高校毕业生就业专场招聘会5场，进场求职人数605人，达成意向协议67人。2019年高校毕业生报到累计人数766人，其中：博士1人，硕士32人，本科527人，专科206人。2019年市就业局下发离校未就业高校毕业生名单共计760人，除去升学、考试、参军等226人，实际人数534人。年终已就业517人，就业率96.82%。走访见习基地63家，新增辖区内重庆市铜梁区万盟消防安装工程有限公司、重庆市铜梁区点划课外教育培训学校有限责任公司等25家企业备案为青年就业见习基地，全区见习基地备案数已达79家。提供见习岗位39个，开展就业见习202人；发放补贴金额共计56.98万元。

【人力资源市场】 供求结构分析 由于用工需求最多的是制造业和服务业，所以大部分岗位都无技术要求。机械制造业和服务业占有较大的比重。在现场招聘会中，专业技术人才比较受企业的青睐，企业对此部分人员也提供了相应的福利待遇；而企业一线工人和服务业人员还有短缺。

为解决企业“招工难”问题，采取针对性的措施。一是全力畅通信息发布渠道。利用区、镇(街)、村(社区)公共就业平台，对全区企业用工信息和招聘会信息每天滚动播放；在28个镇(街)显要地段设置户外广告牌；及时通过重庆群工系统、铜梁电视台等宣传媒介发布招工信息；在广场、镇街、社区发放各类宣传资料，将各企业招工需求、农民工返乡创业就业优惠政策等资料送到千家万户。二是积极搭建供需对接平台。精心组织区人力资源市场的现场招聘会和各类户外大型招聘会。三是切实抓好人才引进。积极组织辖区内企业单位参加人才引进活动。组织区内企业赴深圳、天津、吉林、重庆大学、西南大学等地区和高校开展高层次人才引进活动，达成就业意向131人。

规范人力资源市场 一是加强组织领导，制定工作方案，明确工作责任。建立健全政府部门指导推动、行业组织协同配合、服务机构积极参与的工作机制，形成工作合力，确保各项工作扎实推进。二是自觉加强群众监督，注重听取群众意见和建议，及时反馈处理情况，开展诚信评估，推荐诚信示范单位做到公平公正，公开透明，不向服务对象收取任何费用。三是加强督促检查，确保各项任务落到实处，对存在的问题及时整改。

（区人力社保局　罗伟）

劳动管理

【劳动保障监察】 创建优化服务试验区 开展人力资源和社会保障创新执法优化服务试验区创建工作并通过市局验收。通过创建，完善了劳动监察软硬件设施，充实了劳动保障监察力量。

畅通举报投诉渠道 一是设立了劳动维权日常接待登记值班制度和24小时值班制度，安排专人负责来访来电群众接待登记及处理，确保群众的诉求及时得到回复。二是充分发挥12333举报投诉平台、区长信箱、区长公开电话等作用，及时处置网络及线上投诉。

严格劳动监察执法 截至年底，处理日常调解、信访和劳动保障监察案件共328起，涉及2046人、4924.12万元，其中立案查处40件，涉及74人、54.29万元。对违反劳动保障法律法规的用人单位，责令改正16起，行政处理8起，行政处罚13起，罚款金额6.36万元，查处劳务派遣机构1起，督促企业参保登记2起，清退童工5人，清退押金和服装费4.68万元，办理拒不支付劳动报酬案件3起，向市人力社保局推送重大劳动保障违法案件1起，有效打击恶意欠薪行为，维护劳动者的合法权益。

开展联合检查 全年开展2018年度企业劳动保障守法诚信等级评价书面审查1次，开展清理整顿人力资源市场秩序专项行动1次，开展装修企业专项检查1次，开展“双随机一公开”日常巡查检查1次，开展农民工工资根治欠薪夏季专项行动1次，开展农民工工资根治欠薪冬季专项行动1次。通过主管部门日常巡查，多部门联合执法检查等方式，共检查用人单位376家，涉及劳动者2.54万人，有效避免了劳动者工资拖欠问题的发生。

在建工程项目实现“两金三制”全覆盖 2019年，办理农民工工资保证金减免67起、涉及金额5569.49万元。截至年底，保证金收取7621.84万元，支出4235.63万元，累计结存余额

14523.58万元。审查建筑项目竣工验收农民工工资拖欠公告113起。截至年底，全区85个在建项目均已落实“一金三制”，通过专用账户银行代发农民工工资5.36亿元，涉及6.09万人次，有效减少了建筑行业拖欠农民工工资的案件。

【劳动合同制实施】 一是充分发挥政府、工会、工商联等协调劳动关系三方四家单位的作用，选择劳动关系基础状况较好、工作积极性高、在区内有代表性的重庆长途汽车运输（集团）铜梁分公司等24家企业作为全市第二批示范点企业，按照《和谐劳动关系企业评价规范评分标准》的项目要素，指导企业逐一对照落实。全区和谐劳动关系示范点企业20家达到规定的80分以上标准，创建率达到83.3%。二是配合区总工会，帮助指导用人单位和劳动者依法订立和履行劳动合同。2019年度，共指导18家用人单位签订集体合同并纳入备案，其中工资集体专项合同17份，女职工权益保护专项合同1份，涉及职工3197人。

组织召开构建和谐劳动关系企业培训会 （区人力社保局 供图）

【职业技能培训】 全年开展职业技能培训149期，培训合格3976人。一是加强政策解读和舆论宣传。充分利用报刊网络、区公共和民办培训机构、基层社保所等组织加大政策宣传力度，提升政策社会影响力和公众知晓度。为符合条件的重庆籍贫困家庭子女、毕业年度高校毕业生、城乡未继续升学的应届初高中毕业生、农村转移就业劳动者、城镇登记失业人员提供免费的职业培训。二是不断壮大和培育培训机构。鼓励全区具有合法资质的公办和民办培训机构公平、公正参与定点培训机构申请认定。2019年，新认定创优职业培训学校和华绣中等专业学校2家，全区定点培训机构总量为9家。新增重庆火锅调味、产后康复服务、小儿推拿保健服务等6个工种，全区可培训工种达19个。三是不断加强培训过程监管。通过远程监控、现场不定期突击抽查和电话抽查培训学员参训的情况，力争做到开班期间每天进行一次现场检查。同时，要求培训机构对培训情况进行全程录像，并将影像资料保存备查，确保培训过程真实有效。

【职业技能鉴定】 全年组织各职业工种鉴定考试130次，职业资格鉴定2850人，专项职业能力鉴定1210人，对参加鉴定考试的农民工和下岗失业人员实施职业技能鉴定补贴，共计补贴2759人，发放补贴554270元。按照职业资格改革工作有关要求，严格按照国务院公布的职业资格目录开展技能鉴定，对不在职业资格目录范围内的工种不予鉴定。

（区人力社保局 罗伟）

烟草专卖管理

【专卖管理】 **行政许可** 2019年共受理许可证新办申请508起，暂停366户，歇业350户，变更22户，延续184户，恢复营业82户，整个受理阶段无相关群众投诉。截至年底，有效零售户数3119户。

宣传打假 通过3·15消费者权益日与5·15打击经济犯罪日活动，聚焦网络售假，告诫消费者在正规渠道购买卷烟，切勿因小失大。全年，区烟草专卖局通过社会媒体加强卷烟打假法律宣传，强化卷烟零售户规范经营意识，印制和发放宣传资料3000余份，宣传卷烟打假有奖举报和典型案例，从消费者和零售户两方面有效提升市场规范运行水平。

专卖执法 与公安、工商、邮管等部门开展联合执法27次，主要对边界市场、娱乐场所、名烟酒店等违法行为高发区域开展专项整治。在元旦、春节和中秋、国庆期间，分别开展"双节"卷烟市场专项整治、边界市场专项整治、娱乐场所和名烟酒店专项整治等专项行动14次。全年共查处各类违法经营卷烟案件100起，其中无证运输案23起，假冒卷烟案7起，异地进货案65起，走私烟案件1起。查扣各类卷烟5797条，查获卷烟案值118万元。

（区烟草专卖局　黄晶）

工程建设项目招投标监督管理

【概况】 根据全区机构改革实施方案要求，区发展改革委加挂重庆市铜梁区公共资源交易监督管理局牌子，负责指导、协调和综合监督全区招标投标工作。区经济信息委、住房城乡建委、交通局、农业农村委、规划自然资源局、水利局、林业局、城市管理局等区级行政监督部门按照职责分工对本行业招标投标活动实施监督，依法查处招标投标活动中的违法行为。2019年度全区完成工程建设项目501个，其中公开招标项目105个，竞争性比选项目1个，随机抽选项目395个，涉及成交金额12.98亿元，节约资金约2.22亿元。组织相关行政监督部门查处违法案件3起，违法单位3家次，违法人员1人次，累计罚款8.22万元；约谈告诫评标专家、招标代理机构等共16人（个）次。

非必须招标项目发包管理。区发展改革委会同相关部门建立铜梁区非必须招标项目随机抽选承包商库及实施细则；充分运用"信用中国"等信用信息体系，对入库企业严格实行动态管理。已建立勘察、设计、施工、监理4大类承包商库，入库企业共计1377家，不予入库和清退企业共计63家。资源中介机构管理由区发展改革委牵头，会同区财政局、区住房城乡建委等17个部门开展公共资源交易领域中介机构清理规范工作，共清理中介机构682家次，印发实施《重庆市铜梁区中介机构管理规范九条措施》，建立中介机构名录信息平台，并制定相应的管理考核办法。可研评审、勘察、设计、造价咨询等环节已建立中介机构名录信息平台。招投标营商环境整治由区发展改革委牵头，会同相关行政监督部门开展全区工程项目招投标营商环境专项整治，清理相关招标项目284个，随机抽查项目75个，随机抽查比例为26.41%，发现问题11个，均按要求进行整改。5月6日对全区相关部门、镇街、区级企业的主要领导、分管领导和经办人员等200余人进行招标投标业务知识培训，提高招标投标监管水平。

（区发展改革委　姚挺）

社会事业

科学技术

综述

【概况】 铜梁区科学技术局，内设办公室、科技资源配置科、技术创新及产业化科，有行政编制9名，后勤服务人员事业编制1名，实有工作人员8名。下属1个财政全额拨款正科级事业单位——铜梁区高新技术生产力促进中心，核定事业编制10名，实有工作人员7名。

全年通过认定的国家高新技术企业16家（其中首次认定10家，再次认定6家）、科技型企业126家。4家企业建成工程技术研究中心。“铜梁枳壳星创天地”成功获批市级星创天地。铜梁区气象科普基地被评为市级科普基地，新建5个区级科普基地、3个农业科技专家大院。强化科技人才引进培养，重庆天齐锂业有限责任公司申报的“重庆天齐科技创新研发团队”、重庆威斯特电梯有限公司申报的“基于5G时代电梯物联网技术研发创新创业团队”被评为“重庆英才·创新创业示范团队”。完善科技扶持政策，制定出台《铜梁区科技发展专项资金管理办法（试行）》。加强科技金融服务，向10家企业发放创业种子基金免息信用贷款495万元；深化知识价值信用贷款改革，推动合作银行向61家科技型企业发放知识价值信用贷款10250万元。

2019年区内企业获国家高新技术企业认定名单

序号	企业名称	序号	企业名称
1	重庆天路电力设备有限公司	2	重庆鼎佳绝缘材料有限公司
3	重庆市铜梁区沪华五金电子有限公司	4	重庆新仙农业科技有限公司
5	重庆百钰顺科技有限公司	6	重庆和泰润佳股份有限公司
7	重庆红旗金龙弹簧有限公司	8	重庆沃特尔粉末冶金有限公司

续表

序号	企业名称	序号	企业名称
9	重庆精鸿益科技有限公司	10	重庆安碧捷科技股份有限公司
11	重庆北思卡新材料有限公司	12	重庆赛维药业有限公司
13	重庆睿拓汽车流体管路系统有限公司	14	重庆凌达磁材科技有限公司
15	重庆川普机械有限公司	16	重庆飞尔达通风设备股份有限公司

【科技计划项目】 区级工业类科技计划项目年内立项30项，安排科技经费185万元；区级农业类科技计划项目立项21项，安排科技经费130万元；区级社会事业类科技计划项目立项71项，安排科技经费45万元；争取市级科技计划项目立项1项，获得科技经费支持5万元。

【国家高新区建设】 2019年，铜梁高新区创建国家级高新区已进入国务院审批序列，创建工作有序推进。推进国家级科技企业孵化器建设，与北京科技大学签订咨询服务协议，制定《重庆铜生科技服务中心入孵优惠政策（试行）》，截至年底，铜生科技企业孵化器累计培育科技型企业近20家，高新技术企业2家。建成博士后工作站4个，院士专家工作站3个，技术研究中心、重点实验室等市级以上研发平台38个。组织企业赴深圳、天津、武汉、吉林等参加人才招聘大会和重庆"博士渝行周"等引才活动。协助举办2019年重庆英才大会海归论坛活动，搭建海外留学人才来铜创新创业桥梁，累计引进134名高层次人才，拥有科技人员3000余人。编制完成《铜梁高新技术产业开发区智慧园区总体建设方案》，并在市经信委备案。

【科研平台建设】 全年兑现科研平台奖励70万元，新培育重庆华丰迪杰特印刷材料有限公司、重庆重变电器有限责任公司等5家区级企业工程技术研究中心。促进企业与西南大学、重庆农科院等高校、科研院所合作，建设科技研发和服务平台。指导京东云（铜梁）创新空间成功申报市级众创空间。指导果之王园艺研究院、现代蚕业综合科学院成功注册区级民办非企业科研机构，推动区教科所等8家事业单位备案政府所属科研机构，补齐科研机构研发投入短板。

2019年铜梁区新建区级科研平台名单

序号	平台名称	申报单位
1	重庆市铜梁区企业工程技术研究中心	重庆华丰迪杰特印刷材料有限公司
2	重庆市铜梁区企业工程技术研究中心	重庆重变电器有限责任公司
3	重庆市铜梁区企业工程技术研究中心	重庆普利特新材料有限公司
4	重庆市铜梁区企业工程技术研究中心	重庆和泰润佳股份有限公司

【科技服务民生】 一是科技项目支持社会事业发展。安排71个科技计划项目支持文化、医疗卫生领域的课题研究，着力解决制约民生改善与社会进步的技术瓶颈问题。二是开展科技特派员专项行动，新增派15名市级科技特派员带领团队在子奇药材、真艾农业、沿河村等企业、合作社及农户开展科技研发、技术指导。深入金滩、沿河等市级贫困村开展产业技术需求调研工作，组织科技特派员到市级贫困村开展油茶、辣椒等种植技术培训指导3次，在基层开展农技推广大培训，进村入户提供技术指导。三是专家大院助推农业农村发展。新建3个农业科技专家大院

（大庙现代蚕业科技专家大院、重庆艾尔农业科技专家大院和天星寨野葛食品研究专家大院），累计建成专家大院16个，其中2个市级专家大院。四是科技普及服务公众生产生活。新建区级科普基地5个（区妇幼保健院健康教育基地、安居国家湿地公园宣教中心、铜梁中学校科创中心、谭洪村茶叶休闲体验园和澳大利亚茶树种植科普基地），铜梁区气象科普基地被评为市级科普基地。联合区科协、区社科联、区教委等单位成功举办2019年科技活动周、全国科普日等系列科普活动，为公众生产生活提供科学技术服务。

【科技合作与交流】 支持长安离合与武汉理工大学签订引才协议，引进汽车飞轮减振系统研究方面的顶尖人才陈雷副教授，建立双质量飞轮动力学仿真模型和发动机高动态扭振仿真模型，研制出一批具有国际先进水平的双质量飞轮试验装备。支持新美鱼博洋铝业、重庆瑞信气体、环际低碳、融达管道等企业与重庆大学合作，联合开展技术攻关。推动和泰润佳与重庆工商大学合作开展高分子膜材料技术研究。促成融通环保与重庆工商大学环境与资源学院共建大气污染控制工程技术中心。引进“长江学者”、西南大学教授夏庆友团队落户苗源生态农业公司。

【科技成果推介】 全年科技成果登记共24件。通过果之王园艺研究院、现代蚕业综合科学研究院等科技服务平台，推广应用樱桃种植、饲料养蚕、洽枳一号、平滩蜜柚、澳大利亚茶树等新品种、新技术，开展科技培训20余次，受训人数达1000人次。

2019年铜梁区科技成果登记表

序号	成果登记号	成果名称	完成单位
1	铜梁科成字2019Y001	一种轴管涂漆烘烤架	重庆宏雷机械制造有限公司
2	铜梁科成字2019Y002	一种车辆运输支撑装置	重庆宏雷机械制造有限公司
3	铜梁科成字2019Y003	一种端轴钻孔装置	重庆宏雷机械制造有限公司
4	铜梁科成字2019Y004	喷涂用喷嘴	重庆雷钜电子科技有限公司
5	铜梁科成字2019Y005	一种喷涂机	重庆雷钜电子科技有限公司
6	铜梁科成字2019Y006	快速打磨机构	重庆雷钜电子科技有限公司
7	铜梁科成字2019Y007	抓取薄壁件用机械手	重庆雷钜电子科技有限公司
8	铜梁科成字2019Y008	一种计算机外壳接地装置	重庆市铜梁区沪华五金电子有限公司
9	铜梁科成字2019Y009	一种防静电计算机金属外壳	重庆市铜梁区沪华五金电子有限公司
10	铜梁科成字2019Y010	一种金属计算机外壳前面板	重庆市铜梁区沪华五金电子有限公司
11	铜梁科成字2019Y011	一种便携计算机金属机壳结构	重庆市铜梁区沪华五金电子有限公司
12	铜梁科成字2019Y012	一种计算机外壳的改良金属结构	重庆市铜梁区沪华五金电子有限公司
13	铜梁科成字2019Y013	一种台式计算机显示器金属外壳	重庆市铜梁区沪华五金电子有限公司
14	铜梁科成字2019Y014	一种可减少电磁辐射的计算机机壳	重庆市铜梁区沪华五金电子有限公司
15	铜梁科成字2019Y015	一种具搪瓷金属结构的计算机外设装置外壳	重庆市铜梁区沪华五金电子有限公司
16	铜梁科成字2019Y016	一种用于笔记本的金属复合板材外壳的结构	重庆市铜梁区沪华五金电子有限公司

续表

序号	成果登记号	成果名称	完成单位
17	铜梁科成字2019Y017	一种干式变压器	重庆重变电器有限责任公司
18	铜梁科成字2019Y018	一种干式变压器的移动装置	重庆重变电器有限责任公司
19	铜梁科成字2019Y019	一种油浸式变压器的散热结构	重庆重变电器有限责任公司
20	铜梁科成字2019Y020	一种干式变压器的冷却装置	重庆重变电器有限责任公司
21	铜梁科成字2019Y021	一种油浸式变压器的呼吸器	重庆重变电器有限责任公司
22	铜梁科成字2019Y022	一种油浸式变压器的绝缘装置	重庆重变电器有限责任公司
23	铜梁科成字2019Y023	配电柜通风结构	重庆重变电器有限责任公司
24	铜梁科成字2019Y024	一种防震油浸式变压器	重庆重变电器有限责任公司

（区科技局　沈春）

知识产权管理

【商标管理】　商标培育发展　借助各种媒体积极宣传商标法律法规及实施“品牌化”建设的重要意义，激发市场主体注册商标积极性。截至年底，全区新申请注册商标1972件，新增注册商标1096件，全区有效注册商标6617件，其中中国驰名商标5件，地理标志证明商标6件。

商标助推乡村振兴　制定实施全区农业商标品牌建设实施方案，助推乡村振兴。年内指导“原乡小艾”开展商标品牌建设及商标保护性注册。

推进地理标志证明商标申请注册　梳理、制定优势特色农产品培育计划。协助“铜梁龙柚”“铜梁鹌鹑蛋”“铜梁麻羊”“大庙桑葚”开展地理标志证明商标申报工作。全年国家知识产权局已受理“铜梁龙柚”“铜梁鹌鹑蛋”“铜梁麻羊”的地理标志证明商标申请。

【专利管理】　2019年，全区专利申请受理1209件，其中发明专利申请受理166件；专利授权834件，其中发明专利授权98件；全区发明专利存量为438件，有效发明专利拥有量为6.03件/万人。

大力培育市级、国家级知识产权优势和示范企业，强化知识产权示范带动效应。2019年，重庆市商顺换热设备有限公司、重庆威尔德浩瑞医药化工有限公司被认定为国家知识产权优势企业，重庆威斯特电梯有限公司、重庆新钰立金属科技有限公司被认定为市级知识产权优势企业。

强化知识产权保护，严厉打击侵权假冒商品，全年开展专题培训3期，邀请市知识产权局和商标事务所专业人员讲授知识产权相关问题及商标保护运用等知识，增强知识产权注册保护意识。通过投放宣传短片、悬挂横幅标语等形式提高民众聚焦知识产权创造、保护和运用的意识，营造良好社会氛围。

（区市场监管局　杨浩）

【版权管理】　承办全市区县软件正版化工作推进部门综合培训会（渝西片区），并积极组织区内12个部门参会培训。组织召开铜梁区2019年软件正版检查工作专题业务培训会，配合市委宣传部对全区29家部门、企业进行软件正版化检查。

（区委宣传部　张陈）

大数据应用发展

【概况】　重庆市铜梁区大数据应用发展管理局是区政府工作部门（正处级），于2019年1月23日挂牌。编制5名，设局长1名、副局长1名。内设科室2个，分别为综合科、产业发展科；下设事业单位区大数据应用发展中心，编制6名。年内区大数据发展局调研走访区委政法委、区市民服务和营商环境促进中心、中国电信铜梁分公司等30余家部门（企业），摸清全区大数据发展基本情况及需求。

【信息化建设】 **统筹智慧城市建设** 编制《铜梁区新型智慧城市建设总体方案（2019—2022年）》，谋划智慧城市重点建设任务27项、重点工程52个。成立区新型智慧城市建设领导小组，统筹推进全区新型智慧城市建设，启动龙城天街智慧商圈工程、互联网+政务服务平台、雪亮工程、铜梁智慧生态宜居及防灾减灾大数据平台、交通运行监测与应急调度中心、“神农大脑”项目，其中“神农大脑”获评2019年度全市智慧城市建设示范项目。

全面落实“云长制” 成立区“云长制”工作协调领导小组，统筹全区“云长制”工作。全面清理全区政务信息系统，合理制定年度迁云整合目标，迁云系统19个、涉及部门13个、迁移比例100%；整合减少系统10个、涉及部门4个、整合比例32%。

构建平台抓共享 着力推进政务数据资源共享交换平台建设，完成区政务数据资源共享门户、政务数据资源共享交换系统、政务数据服务聚合平台建设。完成区级部门政务数据资源目录整理30个，目录资源数1286条，挂载数据资源542条，并同步上报至市级交换平台。制定全区政务数据资源目录需求清单，截至年底共有户籍人口信息等政务数据资源需求67条，涉及区农业农村委、区规划自然资源局、区民政局等10余个部门。

紧盯问题抓整治 组织各电信运营公司规范整治通信管线设施，完成区政府常务会交办的城市品质提升整改任务50余项，并制定定期自查自纠制度，督促各电信运营商、广电运营商发现问题及时整改。制定规范整治老旧小区通信管线方案，完成整治50个。

助力推动数字乡村发展 实施电信普遍服务试点基站建设，侣俸镇永乐桥村、维新镇哨楼村、永嘉镇明山村、安居镇紫极村获批2019年度电信普遍服务试点村。扎实开展网络扶贫，协调电信运营商出台扶贫优惠资费等政策，及时推送就业服务、政策宣传等信息，优化提升5个市级巩固脱贫村通信基础设施，4G网络平均覆盖率达93%以上。推动数字乡村发展，配合编制全区数字乡村规划。持续推进巴川、南城、土桥、安居、平滩等互联网小镇建设，共铺设光纤78千米，新增端口1007个，新覆盖用户1930户，新建及改造4G基站81个，新建公共区域免费无线局域网AP100个。组织开展西郊示范片环线及侣俸、蒲吕等镇街农村通信线路规范整治300余千米，协调水口镇、土桥镇场镇通信管线下地，助推人居环境改善。

夯实基础抓建设 在商圈、医院、车站、西郊环线等场所新建AP195个，安居古城、人民公园、人民医院等公共区域场所覆盖AP数量累计达788个，其中接入全市统一认证I-Chongqing平台219个。组织编制全区5G发展专项规划，共建成5G基站71个，正在建设52个。4G基站新建及改造315个（其中城区152个），累计达到1856个，移动宽带用户普及率达85%。新铺设光纤2249千米、累计25853千米，新增端口31648个、累计端口达514474个，新覆盖用户74332户、累计覆盖用户748281户。

【电信服务业】 **中国电信铜梁分公司** 位于铜梁区巴川街道中兴路100号，下设6个内设机构和12个支局，有从业人员196人。2019年公司主营收入13255.62万元，纳税总额191.33万元。年内主营业务收入累计完成进度100.2%。

加强通信建设，保障地方通信需求。2019年，中国电信铜梁分公司共投入建设资金1500万元。一是建设智能光网。投资1100万元提升城区和农村场镇宽带接入能力，新铺设光纤

26089纤芯千米(其中城区16188.56纤芯千米,农村900.44纤芯千米),持续推进100M起步、200M普及、1000M引领的光纤网络。扩容华为城域网核心路由器10G口10个,光网络总出口带宽提升到240G,出口带宽利用率均值降至12.86%,出口带宽利用率峰值仅达48.83%,有效避免网络拥塞;建设XGONP网络,提供覆盖区域千兆光纤接入能力;整治2个核心机房和20个接入网机房,拆除6个农村接入网机房,光交整治138个,IP-RAN成环改造率达到100%。完成城区及场镇新建楼盘的FTTH光网络建设、行政村零星FTTH增补等,全年新增末级端口能力21440个,深度实现电信FTTH能力城区、场镇、行政村全覆盖。截至年底,FTTH城区覆盖率达99.8%,场镇覆盖率达99.8%,村社覆盖率达78%(269个行政村FTTH村村通)。

二是建设移动基站。2019年新建及改造4G基站112个,全面提升4G业务能力,打造高低频协同的4G精品网。有效支撑流量不限量卡业务发展。针对行政村弱覆盖区域,重点关注贫困村,补网建设基站14个。2019年新建5G基站37个,基本完成城区面上的覆盖,以及安居、黄桷门等区域的覆盖。

三是推进"互联网+"应用。完成中国电信铜梁区云计算中心建设。持续推进"互联网+明厨亮灶",建立可视化餐饮网络信息系统,监管铜梁辖区内所有学校及托幼机构食堂、大中型餐馆、旅游景区等。持续推进"互联网+安全生产",建成铜梁区安全生产指挥中心。全面落实推进区政法委的"雪亮工程"项目,统一部署视频监控系统,在各级农村、场镇在建点位2400余个。

依规开展携号转网服务。2019年11月,铜梁分公司按照市公司正式开展携号转网业务。同时,持续提升网络质量,建立支局搜集信号盲区并直报分管领导的机制。

积极践行保驾护航责任。通过提供网络优化、应急机动通信保障、互联网电路快速扩容等保障服务,确保各单位重要信息系统和基础通信正常运行。尤其是在重大会议、重大活动、节假日、中高考等重要时间节点前,积极梳理网络应急预案,排查设备及网络安全,关注端口流量,防患于未然。

提高网站备案信息联系方式的准确性。开展互联网基础管理专项行动,严把接入关、彻底清理未备案网站、清理接入网站主体信息、管控IP地址备案等,确保本地接入网站备案率100%,备案主体信息准确率(备案主体资质证件准确率)保持在90%以上。

中国移动铜梁分公司 拥有全区最大的本地移动电话网络。2019年共计完成宽带建设15000余线,专线建设2500线,4G基站新建及改造117个,新建5G基站29个,实现城区重点区域、主要干道、龙城天街等核心商圈的5G连续覆盖。年末,有从业人数104人,全年向区税务部门上缴各类税金94.99万元。

助力信息产业发展。2019年,先后开展农委信息进村入户项目,公安局警务终端项目,教委标准化考场项目等,并上线政企视频彩铃,政企云、移动云等产品。

提升服务水平。一是建立"客户之声"焦点投诉问题机制,每月对渠道进行业务知识培训及考试,提升业务技能,从根源上减少渠道解释及办理争议。二是禁止不知情业务开通、不规范外呼营销等"红线"违规行为,从稽核业务真实办理情况、客户投诉等多途径核查渠道异常销售行为,对发现的问题进行通报、处罚,杜绝侵害客户利益的行为发生。三是提供"携号转网"服务,用户无需换号就能自由选择电信企业所提供的优质服务。

加强整治维护。一是积极配合移动基站、线路搬迁整改工作。2019年共整治基站和光缆135处,累计派出维护支撑人员2580人次,出动车辆658车次,投入资金1580万元。完成2个镇街场镇的重点村光缆线路集中规范整治工作,含杆路升高、电杆补充、线缆捆绑等，累计派出维护支撑人员568余人次，出动车辆134余车次。二是严格落实工信部《坚决杜绝漠视群众利益，切实保障农村网络正常使用》工作要求，多次召开关于漠视侵害群众利益专题研讨会，下发《铜梁分公司关于落实工信部坚决杜绝漠视群众利益，切实保障农村网络正常使用》的实施方案。

中国联通铜梁分公司 位于铜梁区东城街道财富中心二号楼，下设3个内设机构和3个营销网格，有从业人员46人。2019年营业收入5200万元，向区税务部门上缴各类税金合计6.8万元。

市场经营。一是新建自建营业厅2个，采用现代化服务设施，采取全业务受理的综合服务模式。二是深入推进营销模式转型。打破原有经营模式，增强互联网产品种类，打造线上线下一体销售服务能力，全年场景营销与互联网线下交付实现新增用户3.1万余户。

网络建设。一是完成4G基站新建及改造86个，新建5G基站5个，极大提升行政村区域覆盖能力。二是累计建设固网端口6324个，基本实现城区光纤全覆盖。三是部署安排L900、携号转网等专项工程。四是加大共建共享力度。9月确定电联共建一张5G接入网的策略，11月开通第一个由电信承建的共享站点。

（区大数据发展局　白红梅）

气象事业

【概况】 铜梁区气象局属国家一般气象观测站。年底有职工26人，其中在编职工9人，编制外聘用人员17人；离退休职工8人。在职职工中，研究生3人、大学本科生11人、大学专科生9人，高中级工程师11人、助理工程师2人。建有局党组和机关党支部，设有办公室（法规科）、气象台、防灾减灾科（人工影响天气办公室）、气象服务中心、防雷中心、突发事件预警信息发布中心及气象影视中心等机构。

2019年，区气象现代化实现率、公众对气象服务满意度位居全市前茅；铜梁区获评“中国天然氧吧”称号；区气象科普教育基地成功创建为“全国气象科普教育基地”和“重庆市科普基地”。获2019年“全市重大气象服务先进集体”“年度目标考核优秀单位”和“首届重庆铜梁中华龙灯艺术节先进单位”荣誉。申报的“主动融入 注重创新——打造铜梁三维生态宜居及防灾减灾大数据平台”项目获“2019年度全市气象部门创新工作奖”，这是区气象局连续七年获此荣誉。持续保持“全国文明单位”称号。局党组书记、局长刘飞荣获“全国气象部门优秀气象局局长”“首届重庆铜梁中华龙灯艺术节先进个人”称号，被重庆市气象局记三等功；副局长廖向花被重庆市青年联合会授予“优秀委员”；职工闫红英荣获“2019年全市重大气象服务先进个人”。

【气象服务】 **重点项目推进** 一是实施推进铜梁气象公园三期（包括公园文化与景观提升）规划建设调研及方案设计工作。二是实施推进铜梁生态气象保障中心业务用房建设（包括气象科普馆与雷达楼建设），截至年底已进入项目设计招标阶段。三是使用5G通信、人工智能、物联网、三维倾斜摄像、三维GIS平台等先进技术，实施开展铜梁智慧生态宜居及防灾减灾大数据平台规划建设；平台已集成14个部门30类异构数据，完成一期建设并成功参展2019年重庆市国际智能产业博览会。

铜梁智慧生态宜居及防灾减灾大数据平台亮相2019中国国际智能产业博览会 （罗先猛 摄）

重大活动决策服务 一是精准预报了“2·7”“4·19”强降温及“5·17”“6·27”“7·21”区域性暴雨天气过程。二是针对区春运、两会、马拉松、首届中华龙灯艺术节等重大活动积极开展精细化气象服务。三是针对铜梁文化旅游开展专项气象保障服务，提供舞龙气象指数和观花气象指数。

防灾减灾服务 一是编制并配合区政府印发《重庆市铜梁区气象防灾减灾救灾行动计划》（2018—2020年）。二是完成突发事件预警信息发布平台升级改造。全年共发布重要气象信息专报19期、预警信号71条、通过突发平台发送短信907条，短信接收达1043万人次、各类终端接收达4万台次，开展部门联动会商6次。三是创新气象灾害风险管理，实现暴雨、高温、低温雨雪冰冻等灾害风险监测预警工作业务化，完成防灾减灾基层“六个一”标准化建设。四是深化融入乡村振兴战略，大力推进智慧气象为农服务，新型农业经营主体“直通式”服务主体数量较去年增长35%以上。五是强化防雷安全执行监督检查，全年对66个单位进行执法检查，发现隐患11家，完成整改11家，全部实现闭合销号管理。

生态旅游气象服务 一是在玄天湖、荷和原乡新建2个生态气象观测站。二是牵头开展“中国天然氧吧”创建工作，并于2019年7月18日获“中国天然氧吧”称号，成为重庆市首批获评此荣誉的4个区县之一；积极推进“中国天然氧吧”品牌效应的发挥，在高速路口、地标性建筑、各大景区等显耀位置设置“中国天然氧吧”宣传标牌。三是完成毓青山生态旅游气候资源评估工作。四是加强与区生态环境局的合作，联合开展气象条件对铜梁大气污染防治对策影响研究，大力实施“蓝天行动”人工增雨作业并取得良好成效。全年累计开展人影作业374炮（箭）次，有效防御气象灾害和改善空气质量。

气象科普教育不断强化 一是成功创建“全国气象科普教育基地”“重庆市科普基地”。二是积极推进气象科普教育常态化，深化与区教委及职教中心合作，建立气象科普教育共建机制，每周安排60名中小学生到区气象局上半天科普教育课。全年累计培训中小学生2000余人次。

（区气象局　罗先猛）

教　育

综述

【概况】 重庆市铜梁区教育委员会内设督导室、办公室、人事人才科、基础教育科、财务科、基础建设科、德体卫艺科、职业与成人教育科、安全保卫科共9个科室，核定行政编制20名，工勤1名。年末在编在岗行政人员20人，工勤1人。代管区教育考试中心、区学生资助管理中心，下辖教育技术与装备中心一个事业单位。

全区共有各级各类学校256所，其中幼儿园168所（公办65所），小学61所，初中14所（含重巴），普通高中4所（含重巴国际高中），教师进修学校1所，职业中学2所，特校1所，九年一贯制学校1所，完全中学1所，在铜高校3所。全区在编教职工5858人，其中：普通高中974人、职业中学184人（含基地）、初中1785人（含重巴、实验中学）、小学2730人、特校21人、幼儿园113人、区教师进修学校42人、技装中心9人；在校学生13.2475万人，其中：幼儿园20081人，小学45394人，初中32118人，普通高中15569人，职业中学4780人，特校118人，高校14415人。全区学校占地237.71万平方米（不含高校，中职18.95万平方米，普高42.24万平方米，初中59.67万平方米，小学96.48万平方米，特校0.25万平方米，学前教育20.12万平方米）；校舍建筑面积126.1万平方米（不含高校，中职7.8万平方米，普高31.13万平方米，初中32.93万平方米，小学40.32万平方米，特校0.3万平方米，学前教育13.62万平方米）。全年教育经费总投入20.34亿元，其中国家财政性投入16.62亿元。

2019年铜梁区教育事业情况表　　单位：所、人

	学校数	毕业生数	招生数	在校生数	教职工数	
					总计	其中专任教师
总计	255	32895	33780	118314	7937	6796
中等职业教育	3	1203	2109	5062	257	243
普通高中	5	5000	5333	15579	1324	1147
普通初中	17	8197	12110	32125	1982	1865
普通小学	61	10396	6972	45347	2724	2648
特殊教育	1	16	14	120	21	21
学前教育	168	8083	7242	20081	1629	872

注：此表数据包含民办教育，数据来源于《2019—2020年学年初铜梁区教育事业统计综合报表》。

2019年铜梁区办学条件情况　单位:万平方米、万册、亿元、万GB、台

	占地面积	校舍面积		运动场地面积	固定资产值		图书		教学用计算机
		总计	其中教学行政用房		总计	其中教学仪器设备值	总计	其中电子图书	
总　计	237.71	126.09	57.12	61.74	18.36	1.93	216.54	–	13500
中职教育	18.95	7.80	4.36	2.55	1.26	0.27	21.29	–	1381
普通高中	42.24	31.13	11.96	9.54	6.79	0.47	37.54	–	1832
普通初中	59.67	32.92	10.12	18.32	5.85	0.43	50.37	–	4284
普通小学	96.48	40.32	20.42	25.61	4.46	0.76	92.87	–	6003
特殊教育	0.25	0.30	0.10	0.05	–	–	0.28	–	–
学前教育	20.12	13.62	10.16	5.67	–	–	14.19	–	–

注:此表数据包含民办教育,数据来源于《2019—2020年学年初铜梁区教育事业统计综合报表》。

2019年铜梁区教育经费与办学水平情况　单位:万元、元、%、人、年

类别	数量	类别	数量
教育经费总收入	203370	每万人口在园幼儿数	241
其中:国家财政性教育经费	166238	每万人口在校小学生数	569
社会捐、集资办学经费	8064	每万人口在校初中生数	332
事业收入	28906	每万人口在校高中阶段学生数	231
教育经费总支出	192891	学前三年毛入园率	91.2
其中:事业性经费支出	191490	小学适龄人口入学率	100
其中:基本建设投资项目支出	7766	初中适龄人口入学率	100
财政预算内教育经费支出占财政支出的比例	17.37	高中阶段教育入学率	92.0
政府教育财政拨款的增长与财政经常性收入的增长比例	高1.46	小学毕业生升入初中比例	100
小学生均预算内教育事业费	10962.44	初中毕业生升入高中阶段教育比例	92.8
初中生均预算内教育事业费	18401.50	教育人口占总人口的比例	14.2
普通高中生均预算内教育事业费	14343.13	人均受教育年限	12
中等职业学校生均预算内教育事业费	15583.51		
小学生均预算内公用经费	2861.55		
初中生均预算内公用经费	5589.86		
普通高中生均预算内公用经费	3141.88		
中等职业学校生均预算内公用经费	6178.07		

注:此表数据包含民办教育,教育经费数据来源于《2019年全国教育经费统计报表》。

【党建工作】 概况 教育系统共有各级各类党组织134个，党员2261名，年内新发展党员30名，新吸收预备党员21名，预备党员转正25名。各学校党组织书记讲党课200余次，党员参加志愿服务4180人次。

主题教育 教育系统开展十九届四中全会精神宣讲84场。结合工作实际梳理各类问题83个，拿出破解难题措施100条。通过党费收缴专户，规范党费收缴。落实意识形态责任制，重点抓实网络意识形态工作。将爱国主义和“四个自信”教育贯穿于思政课建设，加强思想政治理论课队伍建设。以中华优秀传统文化教育、法治教育、劳动教育、心理健康教育等为内容，培育和践行社会主义核心价值观。加强党对群团组织的领导，坚持党建带团建促少建。

作风建设 全年研究党风廉政与反腐败工作5次。召开“以案四说”教育警示大会3次，开展“以案四说”警示教育152场。坚持开展“师德标兵”“师德先进个人”等评选活动，严格执行师德失范“一票否决制”，构建形成学校、教师、家长、学生“四位一体”的师德师风监督格局。开展“违反中央八项规定精神突出问题”自查自纠。出台解决形式主义突出问题切实为基层减负的12项措施。全年组织处理70人次，党纪处分2人，政纪处分2人，进一步筑牢拒腐防变的思想基础。

【教育科研】 全区承担各级各类在研课题272项。立项课题97项，其中重庆市教育科学“十三五”规划2019年度课题6项：铜梁中学罗世洪主研“科创教育促进高中生物理核心素养发展的实践研究”、铜梁中学刘思渝主研“龙舞运动校本课程开发实践研究”、教师进修学校赵燕主研“基于龙文化的小学美术校本课程开发实践研究”、龙都小学李朝飞主研“科学亲子阅读，提高阅读素养——小学低段指导亲子阅读的有效性研究”、金龙小学张力友主研“中华传统文化经典诗词与小学德育教育融合的研究”、关溅小学张云龙主研“乡村振兴背景下小学区级名师成长规律研究”成功立项。全区2019年精品课程24门，知识技能类8门、兴趣特长类9门、德育健康类2门、活动实践类5门，李奕奕名师工作室“高中英语悦读课程”、第二实验小学“篆隶入门”“弘雅日新”、巴川小学“诗书情课程”、外国语实验小学“小学英语口语训练与应用校本课程”、铜梁一中“找到我的启明星”6门立项为一类课程，华兴实验学校、立心小学、岚峰小学等18门立项为二类课程。全区2019年教育科研课题67项：重点课题10项，一般课题57项，学前教育、科技创新、高中教育、学生阅读创新、校本生态文明教育、思政课程等列为重点课题范围。同时，按照一定标准给予每项课题教育科研经费补助。全年举行开题会33次，结题会36次，课题结题102项，开展课题推进会24场次。

在重庆市第七届优秀基础教育著述评选中，获特等奖1项，一等奖2项，二等奖15项。重庆市巴川中学校郭洪、陈亮、杨鸿、周永平、姜利琼编写的《走向均衡：教育评价五级系统开发》获特等奖，铜梁区金龙小学唐芸、何代国、贺开敏编写的《生命的灵动、课堂的精彩》，永嘉小学罗宣海撰写的《论书法兴趣教学和道德教育融为一体》获一等奖，重庆市巴川中学校周义强编写的《语文人生》，铜梁一中李永编写的《高中物理课堂教学方法有效性研究》，教师进修学校田益、铜梁中学徐思龙撰写的《当好新时期校长的三项“修炼”》等15项获二等奖。

【教育合作与交流】 龙都小学校长李朝飞、司马小学副校长王斌通过重庆市卓越校长工程中新合作培养计划第四批人才选拔，公派到新加坡南洋理工大学学习。区内高中毕业出国留学学生共24名，其中：重庆市巴川国际高中毕业生出国留学8人，铜梁中学德语DSD项目毕业生出国留学16人。选派3名教师到西藏昌都市支教，选派5名教师到巫山县支教。是年，铜梁中学、铜梁一中、铜梁二中、重巴国际高中、淮远幼儿园、才儿坊普罗旺斯幼儿园分别聘请外籍教师1名。

【教师队伍建设】 出台《关于集中开展师德师风专项治理的通知》《重庆市铜梁区引进和培养优秀教育人才实施办法(试行)》《关于印发铜梁区调整乡村教师岗位生活补助标准实施方案的通知》,加强干部教师激励。交流任职校级干部51名,补充提拔校级干部19名(正校级10名,副校级9名)。招录新教师150名。区外引进人才12名,区外在编教师选聘8名。继续委托重庆师范大学培养农村小学全科教师50名,委托重庆幼儿师范高等专科学校培养两年制学前教育免费师范生12名,委托重庆市文化艺术职业学院培养五年制幼儿免费师范生计划5名。成功申报"国培计划(2019)"——重庆市新教师入职培训项目。遴选中小学优秀校长、教师87人,幼儿园优秀园长、教师52人参加"国培计划"市内外培训项目。实施小学名师和骨干教师培训、班主任培训、初中教师跟岗培训等20余个区级教师培训项目,培训教师4000余人次。大庙中学获"全国教育系统先进集体"称号;岚峰小学教师吴启英获"全国优秀教师"称号;铜梁一中副校长李永、实验一小教师杨伟获"重庆市优秀教师"称号;金龙小学书记唐芸获"重庆市优秀教育工作者"称号;龙都小学校长李朝飞、重庆巴中教师周文强获正高级职称;进修校副校长胡拥军获"重庆市教育学会工作先进个人"称号;进修校教师周华平、李诗星、梁泽芳获"重庆市教育科研工作先进个人"称号。

【德育工作】 制定《指南》,印发《铜梁区中小学校园文化建设实施指导意见》《校园文化建设实施方案》。开展"弘扬少云精神 ""梦想课堂 自然笔记""爱国爱家爱龙乡 家乡变化我知晓"等12项主题教育活动。开展新时代好少年"我为祖国点赞"主题教育读书、征文、演讲、朗诵比赛,区教委荣获全国先进集体称号,张伟、朱小琴等6名教师荣获全国先进个人称号,铜梁一中学生叶璐萍获全国演讲比赛三等奖,实验一小学生陈奕宇荣获全国朗诵比赛二等奖,36名学生获全国征文比赛一等奖。组织中学德育管理干部到重庆巴中跟岗学习1个月。开展铜梁区15个班主任工作室"主持人沙龙"活动;举办第八届班主任基本功大赛;选派15名班主任到璧山参加魏书生班主任报告会;组织350名班主任开展全员培训。开展实验幼儿园、金龙小学、外国语实验小学、重庆巴中、铜梁中学5所学校试点示范课题研究工作。

【美育工作】 举办铜梁区第二十届中小学生艺术节;开展铜梁区"月末艺术广场"中小学生校外美育实践活动9场;组织职教中心等校参加2019重庆铜梁原乡风情马拉松赛、书记"双晒"活动等龙舞表演20余场次。组织参加重庆市2019年中小学学生艺术活动月系列活动。区教委和金龙小学、铜梁二中等9所学校获优秀组织奖;金龙小学、铜梁二中和职业教育中心获校园集体舞视频评选一等奖,立心小学获二等奖;龙都小学、巴川中学和实验中学获课堂器乐视频评选一等奖,玉泉小学获二等奖,教师合唱团获合唱视频评选一等奖。

【体育工作】 全区投入1480万余元购置体育器材和建设校园足球、田径、篮球、体育馆等场地;全区中小学共有篮球场220块、排球场95块、体育馆6个;400米的田径场有7块,400米以下的小运动场有53块。全区共有31所市级及以上体育特色学校,其中有16所全国青少年校园足球特色学校、4所全国青少年校园网球特色学校、7所全国青少年校园篮球特色学校、4所市级体育特色学校。区财政还对成功创建市级及以上体育特色学校的中小学,每年给予310万元的专项工作经费。开展体育特色创建工作,对已成功创建为市级及以上体育特色学校的单位给予10万元的专项工作经费。

【卫生工作】 开展"师生健康中国健康"主题教

育、学生健康素养促进行动、青少年性与生殖健康促进行动、第30个爱国卫生月活动、“世界艾滋病日”活动，做好学校传染病防控工作，严格落实学校晨午检等制度；全面实施义务教育学生营养改善计划，全覆盖78所义务教育学校，受益学生77290名，共投入资金3393万元；开展春秋季校园及周边食品安全专项检查，投入20万元实施学校食堂“明厨亮灶”工程；开展儿童青少年近视防控工作，组织爱眼宣传讲座20场，活动服务人数8000名，发放爱眼资料12万份；召开儿童青少年近视防控工作培训会3次，培训人员400余人次，开展学生近视监测工作，全区学生总体近视检出率为50.7%，其中，幼儿园为10.9%、小学为29.5%、初中为71.1%、高中为73.5%，实现总体近视率降低0.5%的目标。

【基本建设】 续建项目包括职教中心三期工程、北城小学迁建工程、旧市坝小学扩建工程、平滩幼儿园新建工程、少云小学扩建工程、西泉小学综合楼工程、第三实验幼儿园、第四实验幼儿园。其中：第三实验幼儿园及第四实验幼儿园于2019年9月份开园办学，新增公办幼儿园学位360个。新开工项目包括铜梁中学新校区建设工程、铜梁二中扩建工程、白龙小学新建工程、安居中小学幼儿园新建工程、关溅小学迁建工程等；维修改造学校包括铜梁巴中、实验中学、金龙小学等。少云小学扩建工程及西泉小学综合楼工程基本完工，职教中心三期工程、北城小学迁建工程、旧市坝小学扩建工程及平滩幼儿园新建工程主体完工。2019年底铜梁巴中、实验中学、金龙小学等29所学校维修改造工程全部按时完工验收。

【财务后勤】 铜梁区教育经费总投入20.34亿元，比2018年增加2.29亿元，增长12.66%，其中：国家财政性投入16.62亿元，比2018年增加1.24亿元，增长8.05%。结合“两类学校”建设工作，联合区发展改革委员会、区财政局共同编制《铜梁区义务教育薄弱环节改善与能力提升工作项目规划（2019—2020年）》，同时投入资金2019万元完成当年规划项目实施工作。完成2014—2018年“全面改薄”总结性评价工作，五年来全区累计投入资金4.12亿元，新建和改造校舍13.55万平方米，建设运动场地等附属设施11.6万平方米，完成设备购置1.48亿元。

【学生资助】 教育系统资助各类学生31505人次，资助总金额3620.6008万元。学前教育阶段资助家庭经济困难幼儿943人次，资助金额99.559万元；义务教育阶段资助家庭经济困难寄宿制学生13095人次，资助金额850.68万元；义务教育阶段学生有3231人次享受爱心午餐，资助金额162.0755万元；中职教育阶段资助学生8050人次，资助金额1030.65万元；高中教育阶段资助学生4706人次，资助金额557.72万元；办理大学生生源地信用助学贷款985笔，贷款总金额713.762万元；通过泛海助学项目资助家庭经济困难大学新生37人，资助金额18.5万元；对铜梁籍建档立卡贫困家庭大学生学费资助299人次，资助金额177.4543万元；还对贫困家庭经济困难大学新生107人资助8万元的路费；对52名三峡移民专科大学生资助5.2万元。

【教育装备与信息化】 投入教育技术装备建设经费共1000万元。对47所中小学的“班班通”设备、校园网络、广播系统进行升级改造；新建录播教室3间、建成录播远程互动教学点18个，实现幼儿园到高中的全覆盖；购置“班班通”设备160套、电脑300台、升级校园网络8个、改造校园广播系统19个、平台服务2项。实验中学、外国语实验小学、实验二小3所学校成功创建第二批“重庆市智慧校园建设示范学校”。10所学校65个班级启动云课堂试点工作，开启平板进课堂云教学模式。10个“少年硅谷”项目落户铜梁实验一小、实验中学等中小学，并有序推进人工智能教育和编程教育进课堂。进一步完善区教育云中心应用平台，整合现有教育管理服务应用各大平台，区级资源库容量达2T以上。层层签订《教育系统网络和信息安全目标责任书》，共清理出在用学习类App达17个，关停网站10个。全年全区教育系统未出现1起网络安全责任事故。

重点开展教师信息化应用水平培训活动，培训学员达2000余人；积极开展联网攻坚行动和网络扶贫工作，开展远程互动教学活动共225节次。在“铜梁区数字校园云平台”注册的教师达6828名、学生达83808名。8所承担“基于互联网+开展中小学创客教育途径与方法研究”子课题研究的学校全部顺利结题，铜梁二中国家级课题已成功开题。“一师一优课、一课一名师”活动成绩突出，全区晒课教师5531人，晒课数5778人，有课堂实录520节，评选出200节区级优课。获“部级优课”16节、“市级优课”35节、2人被评为市“先进个人”。区教委被评为市“优秀组织单位”。信息化应用活动硕果累累，获国家级奖15人次、市级奖138人次。

学前教育

【概况】 全区新增公办幼儿园2所，改扩建侣俸镇中心幼儿园等13所乡镇中心幼儿园，改造侣俸镇斑竹小学幼儿园等10所农村薄弱幼儿园。巴川街道童话城幼儿园等5所幼儿园新申报认定为普惠性幼儿园；初评巴川街道金蓓贝幼儿园等7所一级幼儿园、南城街道启航幼儿园等2所二级幼儿园；石鱼小学幼儿园等3所幼儿园升等为一级幼儿园，斑竹小学幼儿园等4所升等为二级幼儿园。全区公招幼儿教师20名，专任教师达1221人。

全区共有学前教育机构168所。在园幼儿20081人，学前三年毛入园率91.51%。其中：公办园65所（独立建制公办园38所，公办性质27所），公办园占比38.69%；公办园在园幼儿6354人，在园幼儿占比31.64%。民办园103所，在园幼儿13727人。普惠园140所，在园幼儿15882人，普惠率79.09%。等级园156所，其中：一级园42所（含示范园1所），二级园48所，三级园66所；其中：公办65所，民办75所。

基础教育

【概况】 全区小学、初中正常适龄儿童入学率、巩固率均为100%，全区流动人口随迁子女定点就读学校新接收流动人口随迁子女3295人（其中小学2241，初中1054人）。在实验一小、龙都小学、巴川小学等11所小学开展课后延时服务试点工作。铜梁一中成功申报地理课程创新基地并立项，铜梁中学成功申报市级校本教研基地并立项，铜梁一中高中“物化生”生活化运用和铜梁二中数字图像处理成功申报重庆市普通高中精品选修课程并立项，铜梁中学驼铃文学社团、铜梁一中龙舞社团、铜梁二中清风艺术社团成功申报重庆市普通高中优秀学生社团并立项。年内有初中应届毕业生8230人，按8∶2的重点中学指标到校录取毕业生3069人，较2018年增加21人，3337名初中毕业生参加联招考试，上线1763人，上线率为52.8%，700分以上特高分段人数达11人，680分高分段人数达152人。报名参加高考考生4449人，总上线4447人，上线率达99.96%，600分以上特优生达395人，重点上线1516人，重点上线率达34.08%。全区共招收义教阶段学生18977人（小学6895人，初中12082人），其中现役军人、援藏干部子女或消防人员子女34人，公租房、拆迁户子女110人，房交会业主子女25人。

（区教委　胡雪莉）

高等教育

【重庆艺术工程职业学院】 概况 重庆艺术工程职业学院占地213835.9平方米，校舍建筑面积79909.88平方米。开设专科专业27个，其中环境艺术设计专业为市级骨干建设专业，室内艺术设计、建筑设计为校级骨干建设专业。已形成艺术设计类、建筑工程类、影视传媒类、信息技术类四大专业群。全校在校学生4131人,教职工285人,其中专任教师239人。建成16个实训基地、47个实训室,其中校企共建创新发展中心1个、生产性实训基地5个。另有师生作品展览馆2个,专家工作室4个。实训场地面积达2.09万平方米,实训设备2705套。全年,学校率团赴英国牛津城市学院、澳大利亚国立管理与商业学院、悉尼科技大学等进行考察、访问、交流,与英国牛津城市学院(City of Oxford College)签订中外合作办学项目,获得重庆市教育委员会批准、教育部国际合作交流司备案编号。11月,学校首次自主评审高级职称,2人通过教授专业技术职务评审,7人通过副教授专业技术职务评审。

2019年,学校共获得各类奖项60项,其中,获得首届全国大学生电子竞技知识竞赛一等奖1项、"巴渝工匠"杯重庆市第十二届高职院校学生技能竞赛一等奖1项、全国大学生广告艺术大赛重庆赛区一等奖1项、第三届"国青杯"艺术设计大赛一等奖2项、重庆传媒艺术作品大赛一等奖3项,张毅、王立峰获市级竞赛优秀指导老师称号;在重庆市第六届服装制版师职业技能竞赛中,胡洪老师获"十佳服装制版师"第二名;羊英姿获重庆市优秀教师称号。召开首届"感动艺工职院十佳人物"评选。梁挺、文涛、邓荣蓉、吕小波、刘巍巍、付颖、陈志伟7位教师,刘钰枫、王智杰、江德懿3名学生被评为"感动艺工职院十佳人物"。

党建工作 全年校内发展党员20名,转正党员8名。认真开展"不忘初心、牢记使命"主题教育,组织集中学习、集中研讨、讲党课等活动;聚焦"全面从严治党与基层党的建设""人才队伍建设""就业工作"等6项关系学校生存发展的实际问题进行调研,形成专题调研报告;深入检视,对检视出来的问题,逐一明确责任领导、整改完成时限。同时,校党委与重庆市油画学会党支部联合开展"到人民中去"主题党建写生活动,共有50余位艺术家的75幅作品,在重庆艺术工程职业学院第二展厅进行展览。

"到人民中去"主题党建写生活动启动仪式 (艺术工程学院 供图)

职教改革 2019年3月27日,建筑职业教育集团成立,理事单位103家。6月18日,由艺术工程学院牵头的重庆艺术职业教育集团成立,理事单位107家。借助两大职教集团平台,2019年新增重庆港庆建筑装饰有限公司、重庆唐卡装饰工程集团有限公司、重庆国际艺术有限公司、重庆威凯农业发展有限公司等13家校企合作单位。新增港庆室内设计、大方室内设计订单班5个,校企合作共建的VR实训室、大数据实训室已基本完成,装饰工程施工工艺实训室、博克智能CAD制版实训室正在建设中。

教学工作 2019年,环境艺术设计市级骨干专业通过市教委专家组验收;艺术教育、电子竞技运动与管理、商务数据分析与应用、物联网应用技术4个新专业获得批准;修订了23个专业教学标准;编制了专业核心课程的课程标准。完成了54门课程标准和退役军人6个专业的人才培养方案的编制工作。2019年,学校再次举办"巴渝工匠"杯产品包装设计与制作大赛,共计19所高校、37支参赛队伍参加比赛。5月,开展"精彩一课"课堂教学竞赛活动。11月,举行第三届大学生技能竞赛,600余人次角逐19个竞赛项目,167人次获奖。学校出台《深化职业教育改革实施意见》,重点推进"1+X"证书培训考试改革,学校已开展8个"1+X"项目培训,参加培训考试学生已达900人次。

学生工作 2019年，全校学生整体出勤率达到91.6%。积极组织学生参加运动会、迎新文艺会演、大学生艺术团等活动。累计有2435人获得各类奖助学金和学费减免，奖助金额共计1019万元；为家庭经济困难的学生办理国家生源地信用助学贷款共计656人；有33名学生通过“新生绿色通道”入学。2019年，招生录取2990人，报到2521人，分别比上年增长95.2%、106.5%。2019年学校毕（结）业学生662人，经过重庆市教委就业指导中心初审、二次核查及国务院督查，截至8月30日全校毕业生初次就业率为92.30%。

师资队伍建设 2019年学校深化人事制度改革，召开第一届第三次教职工代表大会，审议并通过《重庆艺术工程职业学院职称评审管理办法（试行）》等制度，首次开展高级职称评审工作，学校新增2名教授，5名副教授，教师职称结构得到进一步优化。2019年学校引进专任教师、辅导员、管理人员共48人，其中高级职称1人，硕士研究生10人，共有120人次教师参加国家、重庆市各类培训。学校共有教学名师5名，骨干教师15名。

基本建设 2019年完成学生宿舍的改建，新增宿舍160余间；新建篮球场、乒羽球场，打造丹青湖、柚园，移栽翰墨湖周边花木、安装休闲座椅；食堂增设500余个用餐座位、1个民族特色窗口，调整和增加饭菜花色品种。

（艺术工程学院 李亚卿）

【重庆师范大学涉外商贸学院】 重庆师范大学涉外商贸学院是2002年经教育部批准设立的全日制普通本科高校。有本科专业42个，专科专业4个，涉及7个学科门类、22个一级学科。英语、国际经济与贸易、旅游管理三个本科专业为重庆市“三特行动计划”特色专业，应用经济学是市级重点学科，国际经济与贸易是市级一流专业，国际经济与贸易、旅游管理是市级转型发展试点专业。

学校有专任教师1000余人，具有硕士及以上学位的达66.1%以上，31%以上具有副高级及以上职称。拥有市级优秀教学团队2个，区级科技拔尖人才团队1个。共有在校学生18000余名。学校已基本形成“1+3”的办学模式，即大一学生全部就读于铜梁校区，大二至大四的学生在合川校区完成。设有跨境商务学院、文学与创意传播学院、大数据与智能工程学院、影视融媒体学院等11个二级学院（系、部）。建有智慧实验实训大楼、标准图书馆、体育馆、实验剧场、模拟演播厅和200余间多媒体和智能化教室；设有智能教育与智慧学习协同创新中心，网络舆情大数据研究中心、数字媒体技术与应用研究所、全媒体创意传播研究中心、“智慧管理+”研究发展中心等科研机构。有市级实验教学示范中心、市级众创空间、市级大学生创业孵化基地。

2019年铜梁校区有在校学生5000余人，均为大一新生。铜梁校区设立管理委员会，代表学校负责铜梁校区的全面工作。管委会下设综合办公室、教务办公室、学生工作办公室、后勤管理办公室四个职能部门；保卫、财务、图书馆、网管中心根据实际工作需要派驻校区工作人员，履行其相应的职责。2019年铜梁校区常驻教职工52人（行政管理岗、辅导员），任课教师均由合川校区按专业课程设置派往铜梁校区任教。

学校重视学科专业建设和人才培养模式创新。一是积极开展校地、校企合作，全面深化“产教城”融合发展。“互联网+”时代下的双创型计算机人才培养模式、跨境数字经济产学融合创新创业人才班教学研究、腾讯云大数据综合实验室建设等5个项目获教育部2018年第一批产学合作协同育人项目立项；与腾讯云（北京）有限公司共建西南地区高校首家腾讯云实验室；与爱奇艺（重庆）有限公司、欧文教育集团等知名企业开展学生带薪实践项目；先后与美国、加拿大、法国、俄罗斯等十余个国家的院校建立学术交流和友好合作关系。二是常年聘请外籍教师在校任课和讲学，派送一定数量的优秀学生赴境外开展实习实践，学生赴美国等国家带薪实习项目发展成熟；与阿里巴巴等企业建立校企合作关系并签订共建实习实践基地协议；长期为合川区政府、合川区文化和旅游发展委员会、财政局等单位开展培训服务，服务地方发展。

毕业生就业率保持在95%以上，学位授予率91%以上，考研录取率30%以上。学校累计向社会输送优秀毕业生4万余人。近三年，学生在全国大学生物流仿真设计大赛、全国大学生数学建模竞赛等各类竞赛和大赛中屡获佳绩，共获国家级一等奖37项、国家级二等奖136项。

学院先后荣获“重庆市普通高等教育学生管理工作先进集体”“重庆市普通高等教育学生学籍管理工作先进集体”“重庆市暑期三下乡社会实践活动先进单位”“重庆市普通高校毕业生就业工作先进集体”“重庆市创业孵化基地”等荣誉称号。

（涉外商贸学院　秦韬）

【重庆传媒职业学院】　概况　重庆传媒职业学院是经重庆市人民政府批准、教育部备案设立的国家计划内统一招生，具有独立颁发国家学历文凭资格的全日制普通高职院校。学校建立于2008年，占地33.34公顷，是重庆市唯一一所以数字传媒为主线，集文化传媒策划、制作、运营、云媒资共享信息技术和经济管理、公共服务与事业管理等多学科相互渗透，突出应用和创新特色的高等职业学校。学校设有经济管理学院、数字媒体学院、现代教育学院3个二级学院，涵盖新闻、影视、艺术、财务、电子商务、教育、现代服务与管理等多个专业，学校面向全国各省市招生，在校学生5600余人。

学校有专任教师200余人，其中副高以上职称占30%，硕士学位以上教师占50%，“双师型”教师占60%以上，教育部教学指导委员会成员1名。同时，学校还聘请了十余位国内外知名教授担任客座教授。

2019年，学校获得重庆市级团体荣誉3项、师生个人荣誉15项，其中石美珊校长获评为重庆市教育系统优秀党务工作者、重庆市民办教育协会工作先进个人，辅导员余林老师获2018年度重庆市高校辅导员年度人物称号，罗政府老师获重庆市优秀教师称号。

党的建设　2019年开展党委会10次、党委理论学习中心组集中学习13次、党建工作专题会议12次。组织师生集中观看全国两会、纪念五四运动100周年大会、十一国庆阅兵，组织开展庆祝新中国成立70周年系列活动。同时，邀请《重庆日报》报业集团党委书记管洪、铜梁区党校陈显威做专题辅导讲座2场，开展“红色经典故事会”18场。定期召开党务工作者专题培训会，全年举办党支部书记培训会10次、党员发展工作专题培训会4次。全年举办入党积极分子培训班2次，发展对象培训班2次，培训入党积极分子共计500余名，新发展党员47名，预备党员转为正式党员30名。党员领导干部包点联系整顿后进基层党组织工作，安排专人对相应党支部的工作进行督促指导。推进年检中有关党建的整改工作，制定整改方案，分解整改任务，经过整改，已完成或基本完成整改任务。

基本建设　学校建有高配置的校内外实习实训基地，全功能数字化教室、标准化图书馆、电子阅览室、高标准配置演播室、摄影摄像室、微机室、语音室、电视节目制作室、画室、艺术创意室、非线性编辑室、图形工作站、动漫画实训基地、形体艺术室、灯光室、化妆室、物流与报关实习实训基地、微型企业创业园、云媒资共享实验室（手机电视台）等校内学习和实训平台。与世界500强企业怡亚通集团公司合作建立了以移动互联网相关技术为核心的“众创学院”，与华三通讯技术公司合作成立了“华三网络学院”，与华龙网、深圳电视台、北京通用航空等大型企业建立长期的校外实训基地。同时还开设具有行业特色的“立方国际可视化”“国际邮轮乘务”“北京通用航空服务”等定向班。学生在校期间即可参与企业项目制作，实现零距离上岗。学生顶岗实习率达100%，一次性就业率持续保持在95%以上。

2019年学校开展学生第三宿舍楼建设项目和东楼建设项目，第三宿舍楼建筑总面积15060.5平方米，已进入综合验收阶段。东楼建筑总面积15520.12平方米，已完成东楼的设计、地勘、监理、施工、审图公司等合同的签订。

专业建设 加强专业建设规划，注重内涵发展。2019年学校设有艺术设计、播音与主持、广播影视节目制作、动漫制作技术等27个专业，其中市级（省部级）重点专业一个，面向全国招生。紧跟市场经济和经济发展步伐，与产业紧密接轨，根据社会需求，适时调整专业设置，新增大数据技术与应用、电子竞技运动与管理、公共卫生管理、社区康复等四个专业，停招信息安全等专业。通过召开专业建设研讨会，适应市场需求，优化专业结构，合理配置资源，将现有专业整合为五大专业群：影视传媒专业群、数字艺术专业群、财经商贸专业群、健康管理专业群、教育与语言专业群，确定五大专业群带头人，确定了学前教育等5个校级重点建设专业。

专业共建、订单培养。建立与达内集团、北京东方通航教育科技有限公司、重庆森联职创智能科技有限公司、重庆竞天择文化产业有限公司等的合作，包括合作专业大数据技术与应用、云计算、公共卫生管理，电子竞技运动与管理，合作领域新媒体大数据、文秘、航空高铁服务、有害生物防治、电子竞技主持与解说。

加强课程和标准建设，提高人才培养质量。一是学校持续组织修订各专业人才培养方案，对方案体系进行调整，制定指导性意见、新的人才培养方案模板、课程标准，2019年4月初步审查并使用。继续优化集中实践、课程实训的设置与安排，完善德、智、体、美、劳特别是增加劳的课程，突出实践能力的培养。二是提倡课程考核方式改革，严格课程考核方式改革的论证。三是深入推进“项目制”教学活动，优化“图形图像制作”等通识课程，加强就业指导课程的开发，2019年根据教育部发布的就业率统计，学校一次性就业率为95%。

产学研结合，加强教学内容创新。把电子商务、新闻采编、广告设计、动漫设计、数字媒体等整套业务流程引入校内，通过真实的工作岗位、真实的工作环境、真实的工作流程，使得工学紧密对接产业、企业，校企双方联合建立“职业感知—职业体验—职业实践”的“任务驱动、三阶递进”的技能人才培养模式，有力推动了校企合作、产教融合层次。在2019年“巴渝工匠”杯重庆市第十二届高等职业院校学生职业技能竞赛中，共7名同学斩获3个三等奖。二是组织校级技能竞赛，共计7个项目。各二级学院秉承“早准备、重过程”的工作方针，积极着手筹备各个赛项。通过初赛、决赛层层选拔即锻炼了学生的专业技能、积累宝贵的参赛经验，同时也为学校参加市级竞赛乃至国家级竞赛奠定了有利的基础。

师资队伍建设 一是持续开展“青年教师课堂教学能力提升”行动。2019年，新进教师22人，充分发挥骨干教师、专业带头人等优秀教师的“传、帮、带”作用，开展新进教师培训会、青年教师技能展演、多媒体课件比赛、教学成果展等活动，建立起一支高素质、强能力的中青年骨干教师队伍。二是不断加强师资队伍培训力度，借助市教委“双千双师交流计划”积极推进教师进企业、企业技术人员进课堂。根据《重庆市教育委员会等4部门关于推荐双千双师交流计划第五批互聘人选的通知》精神，为加强学校双师型教师队伍建设，深化校企合作，促进产教融合，学校积极与企业进行沟通、交流，在双方达成一致意向后分别按要求上报上级管理部门。2019年学校的段光奎、李杨、王林、付全等被分别派往重庆华龙网文化实业发展有限责任公司、重庆银行股份有限公司、重庆锦海捷亚船务有限公司和重庆达内特睿纳软件有限公司进行企业培养。

招生及就业　加强招生管理工作。学校成立了学校春招工作领导小组，制定《重庆传媒职业学院2019年高等职业教育分类考试工作方案》《重庆传媒职业学院2019年高等职业教育分类考试招生章程》等一系列文件，认真落实春招工作的每一环节。根据教育部和市教委对2019年高校招生录取工作的要求，学校结合招生工作的实际情况，进一步深化录取工作改革。一是加强计划管理，完善计划申请报批手续，认真实行按计划招生。二是严格实行网上录取，录取新生一律由省（市）招办投档审批，杜绝非正规招生现象。三是加强录取通知书的管理，实行专人管理登记，把住录取通知书审核发放关，没有发生差错。四是简化录取操作程序，减少不必要的重复工作环节，减轻录取工作人员负担。五是加强录取过程的调控，使录取工作忙而不乱，井然有序。六是进一步加强录取新生的质量管理，在确保完成招生工作任务的前提下，努力提高新生质量。七是在录取及新生报到阶段，千方百计与考生和考生家长取得直接沟通，反复征求意见，尽量把那些真正能到学校报到的学生录取到学校，保证录取工作的有效性，提高新生报到率，在校生规模达到5600人。

加强毕业生就业创业指导。一是学校进一步加强毕业生工作，加强回访和就业市场调研，常年开拓实习就业市场，2019年学校新签署12家校企合作实习实训就业基地协议，满足学生的实习就业需求。校各专业初次平均就业率达94%，实习就业基地全部建在全国最发达的地区（长三角、珠三角），联系高端的企业（酒店管理专业都为五星级酒店，物业管理专业为全国物业管理十强，国家一级资质的企业，工程管理专业多为大型国企），接受最先进的企业文化和企业管理理念，为毕业生在职场更好的发展搭建最好的平台，学校在大型企业服务的毕业生达到55%以上，进一步提升了毕业生的就业质量。二是做好大学生创新创业教育工作。学校通过“养成教育提升工程”，加强对学生的创新创业能力和综合素质的培养，并积极辅导学生参加“互联网+创新创业”大赛、创青春比赛、大学生创新创业训练项目、服务外包项目等多种形式，学生成功主持国家级创新创业训练项目4项，在各类创业比赛中多次拿一、二等奖，学生的创业能力和创业意识得到很好的培养。

（传媒职业学院　刘定鑫）

职业教育

【概况】　铜梁区职教中心位于巴川街道金龙大道999号，占地16.75公顷，总建筑面积12.9万平方米，其中校舍建筑面积8.7万平方米，运动场2.8万平方米，实习实训场所建筑面积达1.4万平方米。2018年办学总收入6359.90万元。

2019年学校新增工业机器人专业，累计设置专业14个，84个教学班，在籍学生3886人，主要集中在汽车运用与维修、学前教育和数控技术应用3个专业。学校教职工318人，其中专任教师184人，本科以上学历178人，硕士以上学历12人。“双师型”教师111人，占60.33%。有区级名师1人，市级骨干教师10人、区级骨干教师8人、校级骨干教师21人，专业带头人13人，国家职业技能鉴定高级考评员2人、考评员39人，国家一级普通话资格考评员2名。学校以“培养德智体美劳全面发展的社会主义事业建设者和接班人”为目标，依托“准军事化”德育管理，开展“青春心向党 建功新时代”五四青年节主题活动、18岁成人礼、“红旗飘飘 伴我成长”主题读书活动等，厚植爱国主义情怀，引导学生自觉培育和践行社会主义核心价值观。新建三期工程及机械加工实训中心建设项目位于校区北侧，占地2.75公顷，建筑面积36480平方米，总投资1.012亿元，包括综合办公楼（1号楼）、机器人实训中心（2号楼）、机械加工实训中心（3号楼）和模具制造实训中心（4号楼），已基本完成主体工程建设。学校有校外实训基地46个，增加了温州意华接插件股份有限公司、合兴股份有限公司等优秀企业；签订了校企合作协议企业23家，吉利集团、北京吉利学院与学校开展校企合作（现代学徒制）共同体暨“成蝶计划”订单班为学校汽修专业学生找到了更多更好的出路，2018至2019学年度为学生提供顶岗实习岗位数631个。学校加强与京东的合作，2019年5月，铜梁职业教育中心与京东云创新空间（铜梁）基地举行了校企合作交流会暨电商实训基地授牌仪式；成功引企入校，遂宁宏继精密模具有限公司入驻学校，企业工程师到校担任实习实作教师和专业课教师；温州意华接插件股份有限公司、合兴汽车电子股份有限公司为学校捐赠7.6万元；遂宁宏继精密模具有限公司投入设备25台，金额达565.7元。

特殊教育

【概况】 2019年，对全区6～16周岁共643名残疾儿童进行摸底，对失学、辍学学生按照“随班就读、特校就读、送教上门”方式安排接受义务教育，实现适龄残疾儿童少年教育全覆盖。开展“一生一案”送教上门工作，对137名残疾儿童送教上门达5840次。争取市级专项资金，在虎峰中学、蒲吕中学、实验二小、大庙小学、石鱼小学、侣俸小学建设特殊教育资源教室。全年区特殊教育学校在校学生119人，开设聋、弱、自闭、综合等义务教育班8个，三残儿童入学率100%、巩固率95%。7月，小学毕业11人、初中毕业17人，共毕业学生28人。

重点学校

【铜梁中学】 铜梁中学校办学历史悠久，其前身是北宋元符（公元1098年）知县梁民创办的巴川县学，乾隆二十五年（1760年）改建为“巴川书院”。1907年，举办新学，定名为“铜梁中学堂”。抗战时期，黄埔军校第13、15、16、17期曾在校驻训；1949年被命名为“川东区铜梁中学校”；1953年更名为“四川省铜梁中学校”；1980年3月，学校定名为“铜梁中学校”，被誉为“千年书院、百年名校”。学校是原四川省首批重点中学，重庆市直辖后首批重点中学，跨区域办学合作开展活跃，以“川渝五校联谊会”为纽带，与川渝各校成功搭建学术交流、教育教学合作平台。学校占地224亩，现有86个教学班，在校学生5000余人，其中数百人来自全市及全国各地；教职工369人，其中高级教师115人，全国先进工作者、研究员、特级教师、重庆市教学名师10余人，市级骨干教师30余人。

2019年高考，学校重点线上线936人，创历史新高；600分以上特优生144人；特色教育日益明显，考取空军及民航飞行员18人；国际化教育硕果累累，DSD德语班有13人获美因茨大学、莱比锡大学、德雷斯顿工业大学等世界一流名校公立预科及本科预录取书。教学科研屡结硕果，年内学校2项市级课题顺利结题，新申报市级规划课题2项，3个区级课题顺利立项开题，学校有市区级课题25项在研，审核立项校级课题33项，立项校本课程开发47项，7项市级精品课程建设顺利，课程创新基地被教育部评为“全国学校体育教学、训练、竞赛及条件保障体系建设优秀改革成果”。教师获得区级以上荣誉40余人次，50余篇论文在各类公开刊物发表或获区级以上奖励，有60余人次获得区级以上指导教师奖；学生获得区级及以上奖励300余人次。

全年学校持续投入资金600万多元，提升学校办学档次：启动智慧校园建设，全面更换了学生课桌凳和寝室衣物柜、桌凳，全面整修龙山校区厕所，更换凤山校区教师办公桌椅。2019年，“联盟学校”顺利搬迁至铜中凤山校区，学校投入资金150万余元，为联盟学校建设智慧教室和微机室、音乐室、阅览室等，力争为联盟学校提供最佳环境。

学校田径队获区中小学生运动会冠军，女子

篮球队获区中学生篮球运动会第一名，足球队获重庆市中学生男子足球比赛校园组冠军，龙舞队囊括全国青少年舞龙舞狮锦标赛团体及竞速舞龙、障碍舞龙、规定套路四枚金牌。

【铜梁一中】　多措并举加强队伍建设　一是扎实开展党建工作。全年党委中心组学习12次，党委会学习21次，党员集中学习教育12次，教育引导师生牢固树立“四个意识”，坚定“四个自信”，做到“两个维护”。二是调整领导班子，提拔副校级领导干部1名。三是扎实开展“不忘初心、牢记使命”主题教育。开展了6次集中学习研讨，5次党委中心组学习，7场党课，班子成员围绕7个课题开展了28场调研，撰写调研报告7篇。四是高度重视意识形态工作。全年召开意识形态工作专题会4次，研究、布置意识形态工作6次。五是加强师德师风建设。印发《廉政风险点排查及防控责任清单》，与行政干部签订了《党风廉政建设责任书》，与教职工签订了《廉洁从教责任书》，加强反腐倡廉教育。开展了师德师风建设专项治理“专题学习和警示教育”，采取集中学习与分组讨论相结合的方式，举行了7场专题讲座、3场小组讨论会和1场学习心得交流报告会，撰写个人学习心得体会310篇。

着力促进教学质量提升　一是构建了从校长、分管副校长到教务教科处、年级组、教研组的层级管理网络，对备课、上课、作业批改、个别辅导、考试等各环节加强监督检查，修订了《铜梁一中评职晋级考核方案》，制定了《铜梁一中教学质量增量考核办法》《铜梁一中综合素质评价工作方案和实施细则》，确保教学常规入格到位。二是重视新高考研究。选派人员外出学习、考察，组织年级组领导学习、研究新高考改革方案，组织全校教师学习，优化教学策略，转变教育观念。进行新课程背景下的集体备课，分年级组开展，定时间、定地点、定中心发言人。顺利稳妥地做好了2021级的选课走班工作，学生学业水平考试合格率高。三是重视师资培训。采用老带新、观摩学习等方式，“请进来、走出去”的办法为教师搭建平台，组织多名优秀教师外出培训学习，特邀了重庆市学科带头人对教师进行培训，提升教师的教学能力，成功推荐上报了市级名师2人，市级骨干教师4人。四是积极参加“一师一优课，一课一名师”及赛课等教学活动，赛课获市一等奖6人次、区一等奖11人次，教师发表论文或论文获奖319人次，成功申报了市级课程创新基地、精品选修课程、校本教研基地和优秀学生社团各1个，科研课题结题3个。五是2019年高考再创辉煌，一本上线307人，本科上线987人，升学率达99.92%，本科率72.6%。

践行立德树人根本任务　一是重视思想引领。召开思想政治课教师学习座谈会，学习贯彻习近平总书记在学校思想政治理论课教师座谈会上的重要讲话精神。开展“庆七十华诞 我和祖国共成长”系列活动，加强爱国主义教育和社会主义核心价值观的教育。联合西南政法大学开展校园模拟法庭活动，全面推进未成年人思想道德建设工作。有效开展了“爱国、诚信、守法、文明、感恩、励志”等养成教育，评选了三好学生248名、优秀学生干部140名、优秀团员248名、文明寝室48间。二是创新德育特色活动。开展了“女生教育优先”特色教育，组织了第十四届艺术节和体育节。承办“薪火百年 青春心向党·十八而志 建功新时代”铜梁区纪念五四运动100周年主题团日活动暨铜梁一中第五届十八岁成人礼，得到了市区电视台以及团中央、团市委的宣传报道。三是深入挖掘体艺特色。学生节目《校园圆舞曲》《中华龙舞起来》获市一等奖，校橄榄球队参加重庆市橄榄球冠军赛分获男子亚军、女子季军，男子橄榄球队参加全国青少年英式7人制橄榄球锦标赛获全国第五名，啦啦操队参加2019年全国啦啦操联赛获第三名。四是扎实推进志愿服务。组建“少云志愿服务队”，长期开展青年志愿河长巡河、生态文明传播等活动，在春节、重阳节等特殊时间节点慰问铜梁区社会福利院。

切实做好教育保障工作 一是抓好安全稳定工作。定期开展安全教育，发放各种安全宣传资料16000余份；落实各项管理制度和措施，实行责任制和责任追究制；开展安全隐患的排查和整改，加强扫黑除恶专项斗争工作的宣传与排查，组织应急演练，整个校园平安稳定，全年未发生安全责任事故。二是加大投入改善办学条件，完成校园视频监控系统采购、学生宿舍空调采购、教室多媒体设备采购等政府采购项目17个，完成综合楼改造、教学楼维修、消防管网更换等维修改造项目11个。三是强化精准扶贫。成立了脱贫攻坚领导小组，建立健全了《铜梁一中脱贫攻坚实施方案》，对口帮扶水口镇大滩村6户困难群众，精准实施贫困学生资助落实工作，进家入户走访慰问建卡贫困家庭学生71人，做到了“不让一个学生因贫困而失学”的承诺。

2019年师德师风建设专项治理“专题学习和警示教育”（区教委　供图）

【铜梁二中】 铜梁二中原名西泉中学，由国民党政要钱大钧创办于1942年，为四川省立中学。当时既解决了一批抗日将士子女的教育问题，也接收了铜梁境内及附近的合川、璧山、大足、潼南等贫困子弟就学，培养了以白先勇、钱雅芸、张帮藩等为代表的大批优秀校友。解放初期（1951年），学校与铜梁中学合并，其场地改为川东解放军疗养院并做剿匪指挥部，1954年剿匪结束，原地复建西泉中学。在老一辈西中人的坚守和拼搏下，形成了“扎根山区、艰苦创业、团结拼搏、乐育英才”的良好校风，培养了数以万计的国家建设人才。2001年采取股份制办学模式迁址于铜梁区（县）金龙工业园区，更名为铜梁二中。2010年区（县）政府用1.1亿元回购私人股份，学校重返公立学校行列。经多方努力，2012年成功创建成为重庆市重点中学。

学校占地7.73公顷，建筑面积约5.3万平方米。2019年7月区政府同意铜梁二中扩建工程建设，新建4万余平方米教学楼、学生寝室（食堂）、地下车库。学校有在职教职工297人，其中，市级名师1人，市级骨干教师15名，区级名师2名，研究生学历教师29名，市五一劳动奖章获得者1名，获评“重庆好人”1名。学校办有74个教学班，有学生4237名。学校获“中国中小学优秀文化艺术传承学校”“第三批全国中小学舞龙舞狮教育示范学校”“重庆市文明单位”“重庆市重点中学”“重庆市绿色学校”“重庆市依法治校示范校”“重庆市足球示范校”“重庆市心理健康教育示范校”“重庆市非物质文化遗产传承教育基地”荣誉称号。

进一步明确办学定位。深度开展“思想大解放、学校大发展”大讨论和“我为学校发展建言献策”活动，学校提出了“艺体启智，人文润心”的办学定位，并以创建“重庆市人文艺体特色示范高中”为办学目标。

立德树人亮点纷呈。学校进一步梳理德育工作，明确提出“以爱国主义为魂，以社会主义核心价值观为统揽，以准军事化管理为抓手，以励志教育为龙头，培养具有家国情怀的二中人”的德育目标。开展“一看、一呼、一唱”“国事三十分”“励志教育”等特色德育活动。

教学工作成绩显著。学校“以提升学生综合素养为目标，以课程建设为核心，以课堂建设为突破口，以课题研究为动力，全面推进素质教育”，坚持低起点、缓坡度、降重心，2019年高考升学率首次实现100%；有在研国家级课题1个，市规划办重点课题1个，一般课题2个，区规划办课题4个。学校周成勇、郭丽婷两位老师参加重庆市优质课大赛获市级一等奖,刘圣英、王波、陈佳敏、王娇阳等教师参加区优质课大赛获一等奖和第一名;唐娜老师获评部级优课。

艺体教育特色鲜明。学校舞蹈节目《龙把子》获得全国第十八届群星奖,组织56名师生参加庆祝"中华人民共和国成立70周年"天安门广场群众联欢活动。2019年学校还获得首届重庆铜梁中华龙灯艺术节先进单位称号、铜梁区第五届运动会优秀组织奖等荣誉称号、铜梁区"总工会杯"第五届职工气排球联赛学校女子组三等奖等称号或奖项十余项。

【铜梁巴中】 铜梁区巴川中学始建于1957年,现有106个教学班,在校学生6847名,教职员工417名,本科以上学历377人,市区级骨干教师80人。学校占地112亩,2万平方米的教学楼,3000人住宿公寓,5000人就餐食堂,八大功能室,智慧教室、录播教室、心理咨询室、"少年硅谷"创客工作室的投用,校园网络的全覆盖,为全校师生提供了健康、快乐、智慧、安全的生活环境和学习环境。

学校在"树人教育"思想的指引下,提出了"成就最好的自己"的办学理念,遵循"极致细节,追求卓越"的校训,建成"和而不同,张弛有度"的校风,形成"宁静致远,精虑后得"的教风和"学有所长,日有所进"的学风。深入推进素质教育,大力实施以"树人教育""英语特色教育""艺体特色教育""特色社团教育"为主的特色学校建设,促进学生德智体美劳全面发展,为人生成长奠基。学校先后被评为全国信息技术创新应用示范学校、全国"争当小实验家"科学体验活动示范学校、全国学习科学研究先进集体、全国创新教育实验基地学校、全国体育工作示范学校、首批国家级校园足球特色学校、西南大学艺术教育实验基地学校、重庆市教育科研先进集体、重庆市首批智慧校园示范学校、重庆市科技教育特色学校、重庆市艺术特色学校、重庆市文明礼仪示范学校、重庆市文明单位、重庆市健康校园。现已经成为铜梁区示范初中、铜梁区一级一等学校。

2019年7月,经铜梁区教育体制改革专项小组第一次会议研究决定,成立铜梁中学教育集团联盟学校,10个教学班集中在铜梁中学凤山校区办学。同时建成26个智慧班级,均采用智慧课堂系统助力教学,高效的互动、及时的反馈、针对性的教学让课堂变得更加生动,大大增加了教学的容量,激发了学生的学习兴趣,在互动中将思维推向新高度。联盟班、智慧班,已经成为腾飞中的铜梁巴中一道亮丽的风景,一张优秀教育的名片,得到了社会的广泛认可。

【重庆巴中】 学校占地277亩,校舍面积124680平方米,现有教学班198个,在校学生10088人,来自全国33个省份,其中区外学生占70%,住校生占83%;现有教职工921人,其中专任教师680人,公办教师270人,民办教师410人(其中教授、中学特级教师11人)。是年,学校秉承"成就孩子一生梦想"的办学理念,不忘初心,与时俱进,各项工作有序推进。

党建工作扎实有效 坚持中心组学习制度,集体研讨,互助共进;每月一期学习资料,内容新颖;政治学习与教育教学相互促进,学校风清气正,秩序井然;开展学习笔记展评,互动交流;加强组织建设,预备党员按期转正,壮大党的队伍;开展"不忘初心、牢记使命"主题教育,强化教师职责使命;开展民情民意调查,倾听群众声音,及时化解矛盾;设立党员公示栏,开展党员"亮身份""亮承诺""亮业绩"工作,发挥党员先锋模范作用;党日活动丰富多彩,效果明显;党建资料归档规范,助力学校发展。

德育工作内容丰富 重视班主任队伍建设,选派班主任分别到重庆、成都等地交流培训;成功举办"班主任节";开展主题班会、微班会课大赛;撰写班主任教育故事;成功构建"共商、共建、共管、共享"的德育教育模式;主题班会、微班会序列化、教研化,增强德育教育的科学性和有效性。实施“五维”自主教育，强化德育过程教育；通过“班级值周+云课堂”形式，培养学生自主管理能力；实施“操行银行”模式，培养学生良好行为习惯。活动育人，效果显著。有序开展新生国防训练、“五四”入团退队仪式、“教师节”感恩活动、消防逃生演练、青春期讲座、班级文化展示等活动，学生在感悟中成长，综合素养显著提高。7月，郭洪校长做客央视，接受著名主持人朱迅的专访，向全国人民展示铜梁教育的新成果。

教学教研形式多样 师资培养，形势喜人。通过教材培训、课堂验收、实练中考题、师生同考等形式，有效提升教师专业能力；举办第三届青年教师优质课大赛，大批青年教师脱颖而出。教学改革，稳步推进。尝试“分层走班”教学改革，探索全新教、学方式，彰显学生主体地位，激发自信心，学生能力、成绩明显提升。形式多样，成果丰硕。举办新入职教师自主教育论文写作专题培训；召开郭洪自主教育工作室成果物化培训会；开展创新实验展示活动，有效提升物理、科技教师专业素养。98名教师成功获得区教育学会个人会员资格；“巴洛克高音竖笛——班级器乐”项目入选区2019年精品课程。该校教师获区首届自主教育成果奖112项；教师论文获国家、市、区级奖436篇；在各级各类刊物发表文章25篇；苟怀海教育专著《语墨文香》正式出版；教师说课、优质课大赛获国家、市、区级奖19人次。课题研究立足于教学实际，相关微型课题结题率达94%；学校获市级课题、科普项目立项6项，市、区级课题结题11项。学校为铜梁区初中干部和教师影子研修举办了近十期培训。

加强艺体工作队伍建设 结合区体艺教师跟岗研修工作，加大艺体教师培养力度，教师实力整体提升。工作稳步推进。学生体质健康监测与学生艺术素质测评有序进行；实施体育艺术“2+1”项目，课程建设与教学质量收效显著。圆满完成区学校体育工作评估和重庆市学生艺术素质测评工作；学生合唱、管乐艺术团荣获市级资质；足球、篮球项目升格为国家级体育特色项目，器乐成为市级艺术特色项目，代表队在相关竞赛和展示活动中名列前茅。注重对外展示。学生周末广场音乐会演出达到181场；“我和我的祖国”系列艺术活动精彩纷呈；通过区马拉松比赛、月末艺术广场等活动，彰显巴中均衡教育成果。

中考高考成绩显著 中考重点高中上线率连续19年居全市第一；学生高考连续三年100%上重点本科院校，国际精英班学生连续三年100%考入世界前30强大学；2019年高考实现新突破，10人考入清华北大，双一流大学上线率达95.3%。

【实验一小】 铜梁区第一实验小学创建于1902年，现有学生2990人，教职工178人。学校紧紧围绕“每天一小步”的办学理念，坚持立德树人，用“七彩习惯”成就孩子幸福童年；用“灵动课堂”和“六个人人会”助推孩子全面发展。着力打造“双语教学、科技教育、艺术教育”三大特色品牌。是年，区委书记唐小平、区长左永祥到校检查指导校园安保工作。四川、江苏省人大相关领导到校开展家庭教育工作调研。与长石小学、新复小学等4所学校建立教学联盟，到校跟班听课217人次，开展教研活动、互动教学18次。科研课题小学“三级”课堂教学模式建构荣获重庆市第二届教育综合改革试点成果三等奖，龙文化提升师生人文素养的研究获重庆市普通中小学校教学成果类三等奖。学校被评为重庆市首批智慧校园示范校；周虹辉、李会两位老师在全国名师工作室说课比赛中分获特等奖和一等奖，谢昌淑老师被市教委评为“最美班主任”，罗世莉被市教委评为“优秀班主任”；陈欣桐同学被重庆市教委评为“新时代好队员”。

（区教委　胡雪莉）

文　化

综述

【概况】　机构设置　重庆市铜梁区文化委员会（挂区体育局牌子）在2019年2月与重庆市铜梁区旅游局合并，更名为重庆市铜梁区文化和旅游发展委员会（挂区体育局牌子），为区政府主管社会文化、旅游、广播及体育的工作部门。内设一室五科：办公室、公共服务科、文艺科、产业发展科（行政审批科）、体育科、综合指导科；下属正科级事业单位6个：区文化馆（增挂铜梁区非物质文化遗产保护中心牌子）、区图书馆、区文物管理所（挂铜梁博物馆牌子）、区体育事业发展中心（挂铜梁区国民体质监测中心牌子）、区旅游监察大队、区旅游营销促进中心；下属副处级事业单位1个：区文化市场行政执法大队。

职能职责　区文化旅游委（体育局）主要职责为全区文化旅游行政管理和行政审批两大类，主要负责对全区文体、旅游的发展规划与实施，对下属单位开展行政管理和业务指导，推进全区文化旅游体育公共服务，促进文化产业、旅游发展，开展行业监管以及文化交流等。

编制配备　文化旅游系统核定编制80名，在编70名。其中，机关行政编制15名，机关工勤1名，在编14名；文化市场行政执法大队参公事业编制7名，在编7名；旅游监察大队事业编制8名，在编7名；旅游营销促进中心事业编制5名，在编4名；文化馆事业编制16名，在编15名；图书馆事业编制11名，在编11名；文管所（博物馆）事业编制7名，在编6名；体育事业发展中心事业编制10名，在编6名。按文化分，有研究生以上文化6人，大专以上文化60人；按职称分，有正高级职称1人，副高级职称4人，中初级职称27人。

获得荣誉　2019年，铜梁文化馆原创作品《龙把子》参加在上海举行的全国第十八届群星奖大赛，荣获舞蹈类国家级金奖，这是铜梁第三次荣获国家大奖——群星奖。

（区文旅委　杨顺）

社会科学

【概况】　重庆市铜梁区社会科学界联合会有团体会员单位10个，全国人文社会科学普及基地2个，市级人文社会科学普及基地4个，镇街社会科学普及工作站26个。社科联机关内设科室1个，编制4名（参公），现有主席1名、副主席1名、工作人员2名，兼职副主席7名。荣获“2019年度全市区县社科工作综合工作先进单位”。

【社科规划】　围绕全区经济社会发展中的重大理论和现实问题，精编《选题指南》，精选立项项目，经项目负责人申报、所在单位审核、专家差额评审、区社科联党组会议研究并报区委宣传部同意，立项2019年度社会科学规划年度项目20个（其中重点项目7个），调研项目2个。联合区发改委，开展“十四五”规划前期调研工作，立项调研项目3个。坚持质量导向，注重过程督导，精心组织专家对申请结项的社科规划项目进行结项评审。

【社科普及】 贯彻落实《重庆市科学技术普及条例》，立项社科普及活动项目16个，结项15个。狠抓社科普及阵地建设，联合区科技局、区科协等单位出台《铜梁区科普基地创建及管理暂行办法》，新命名区级科普基地5个，加强对镇街社科普及工作站工作指导。多渠道、多形式推进“社科五进”，面向广大公众印制发放图文并茂的全国两会精神解读性普及资料20000份；设计制作6个版面，5000余把宣传普及习近平总书记视察重庆重要讲话精神的宣传折扇；联合旧县街道社科普及工作站开展群众喜闻乐见的社科知识宣传普及活动。

【学术工作】 联合区诗词学会、区图书馆等单位组织开展庆祝新中国成立70周年 讴歌伟大新时代——“我心中的祖国”诗歌创作朗诵活动，评选优秀作品80余篇，并制作成图文并茂专集330本。加强对区级各社会科学类社会组织开展的学术研讨（沙龙）活动进行指导，鼓励发挥各自的学科特长和人才优势，开展学术研讨活动，不断繁荣学术。

【智库建设】 积极探索，有序有效推进新型智库建设。出台《铜梁区社科智库建设工作方案》，联合区委宣传部共同任命铜梁区社科智库首批专家26名，同时印发《重庆市铜梁区社科智库专家管理暂行办法》。

【机关建设】 持续推进“两学一做”学习教育常态化制度化，开展增强“四力”教育，深入开展“四治”专项行动、执行力建设，不断巩固“去四化强三性”群团改革成果。狠抓制度建设，进一步修改完善机关工作规则5个，机关制度建设日趋完善。深入推进全面从严治党，始终坚持把党的政治建设摆在首位，严守政治纪律和政治规矩，加强和规范党内政治生活，党内政治生态良好，机关党员干部“四个意识”牢固、“四个自信”坚定、“两个维护”自觉。强化机关党风廉政建设，坚决落实中央“八项规定”精神，驰而不息纠正“四风”。

（区社科联　姚春应）

文学艺术

【文学】 2019年，铜梁文学以“四力”教育实践为主线，通过采风和创作不断深化“举旗帜、聚民心、育新人、兴文化、展形象”的使命任务。一是深入生活一线开展创作成常态。先后到铜梁南城街道奇彩梦园、庆隆百年梨园开展创作采风，深入市级贫困村安溪镇金滩村等了解脱贫攻坚情况，增强提取素材、书写时代的能力。二是文学与时代同行成为自觉意识。作协在全区开展“厉害了，我的国”新中国成立七十周年征文，评出获奖诗词、散文、小说40余件；诗词学会推出庆祝活动专刊；文学骨干参与创编展示城乡融合发展的《原乡晨曲》摄影集。三是把知名作家“请进来”开展交流力度加大。诗人傅天琳、文学评论家蒋登科、古体诗词专家陈仁德等先后来铜开展作品评点、理论交流和文学讲座。四是文学成果数量和质量逐步提升。除《巴岳风》《铜梁文学》《铜梁诗词》持续推出新作外，全区作者在各类报刊发表作品日益多样化。其中《重庆晚报》《作家视野》《重庆法制报》《重庆政协报》《重庆科技报》《重庆日报·农村版》《公民报》等市级公开发行的报纸成为铜梁作者发表作品的重要园地。李明忠在《中国文艺报》刊发《铜梁看龙》，在《中国艺术报》刊发《古城在文字里幽香》；苏其善、刘凤分别在《散文选刊·下半月刊》第8期刊发散文《打工的父亲》和《父亲撒谎》；陆祖孝在《文学月报》第2期和第4期刊发组诗《乡愁》《月亮站在最高处》；唐道伏在《民主与法制周刊》第28期发表《飒爽英姿：寻求真相大白》。李明忠小说《安居古城》获第八届重庆文学奖，是铜梁作家在该奖项上的突破。

【艺术】 2019年铜梁文艺领域展现出主题活动多、文艺作品丰富的特点；协会之间联合开展活动，形成优势互补引人关注。其中，区音协和区朗诵主持艺术学会从3月到10月承办“点赞少年”少儿才艺大赛；区书协和区美协在9月26日承办电视书画大赛；区盆景艺术协会、区诗词学会和区老年书画研究会在9月30日至10月5日联合举办了“大美龙乡 诗画铜梁”诗词书画和盆景联展。

铜梁区庆祝新中国成立70周年“百筝齐鸣颂祖国”（张云惠 摄）

书法 区书协承办了重庆市首届隶书作品展、铜梁·南川小品书法交流展等有规模和影响的赛展。王成金作品入展第五届中国西部书法篆刻作品展，在7月10日《书法导报》发表了关于铜梁书法强势崛起的访谈；柏毅、李可因书法创作获得市委宣传部等主办的重庆十大最美书香家庭称号；庹纯双在天津教育出版社、新疆青少年出版社出版字帖；李中华、刘放、何建川、蒋永健、高东海、朱旭敏等作品入展市级各类赛展35人次。

美术 区美术协会举办了茶和雅集名家书画小品展，《龙乡风情》作品展，巴岳——李勇、黎秋果、杨俊、朱荣山水画展，万蚨祥——中国书画名家邀请展等活动。杨俊、任有福、刘诗霖、冯丽思等42人次的作品入展首届重庆市工笔画展、重庆市第七届美术作品展等。

音乐 区音协成立钢琴专委会并承办钢琴大赛，开展情满龙乡南川·铜梁音乐交流活动、百筝齐鸣颂祖国、中国新时代交响音乐会等活动；区合唱协会开展了梦想驿站音乐快闪、国庆人民公园合唱快闪等活动。刘敏《巴川情悠悠》在《歌曲》2019年第一期发表；秦启江《那一片云》获重庆市第八届文艺奖，为铜梁音乐家首次获得该奖项。

摄影 区摄协举办首届艺术摄影展，承办了新春摄影大赛、上游新闻摄影大赛、最美阳台摄影展、脱贫攻坚成果展、幸福生活随手拍、重庆“精彩一日”等系列活动。银代明、叶晓红的《摄影人》《把关》《石鸡沱土陶坊》等作品在《中国摄影报》刊发，郭洪、康力文、马良叙、周义均、周发乔等人的作品在《中国摄影报》《大众摄影》和市文联等机构举办的摄影大赛中入展和获奖40余人次。

舞蹈 区舞协承办了首届重庆铜梁中华龙灯艺术节龙灯龙舞大巡游、广场舞领舞骨干培训、马拉松赛啦啦操迎宾表演等活动。被评为首届重庆铜梁中华龙灯艺术节“先进集体”。

影视 在第五届重庆市区县广播电视好新闻奖评选中，《新乡贤好乡亲》《铜梁十万干群齐心协力抗击洪水》分别获广播专栏和移动直播二等奖，《救援队伍追随五公里施救》《六赢的荷花经济》《7月12日电视新闻》分别获广播消息、电视消息和电视编排三等奖；倪选林获市委宣传部主办的重庆市“阅读之星”市民诵读大赛总决赛金奖。

曲艺 区曲艺家协会举办脱贫故事分享会、“我和我的祖国”川渝曲艺名家交流展演等活动。苏其善的三句半《勤劳扶贫人人夸》在《重庆艺术》2019第1期发表。

（区文联 唐道伏）

广播　电视

【内宣展播】 2019年开设《不忘初心 牢记使命 推动重庆各项事业沿着习近平总书记指引的方向奋力前行——铜梁篇》《壮丽70年 奋斗新时代》《在行动·铜梁篇大型系列报道》《看效果·铜梁篇大型系列报道》《脱贫攻坚进行时》《中央生态环保督察重庆行动》《新乡贤好乡亲》《四治四

提在行动》《关注农村人居环境》等专栏，共编播《铜梁新闻》和《铜梁新闻午报》各208期、《铜梁新闻周刊》39期，新闻2200余条。精心制作专题片、精彩短视频和公益宣传片，针对党建、时政、社会、经济、医疗保健等方面的话题进行深入报道，摄制播出《龙乡视点》11期，其中7期被选送到学习强国网络平台展播；播出《龙乡党建》10期、《寻医问药》20期；创作“七个一”等音乐短片7个、VCR5个，宣传片10部、专题片17部、公益广告5个，生产特别节目6期、其他精彩视频短片30多个。

【外宣展播】 利用央视、重庆卫视、《重庆日报》等多个区外平台，推广宣传铜梁的各项工作成绩和亮点。央视通过直播、栏目分发等播出《重庆：集体经济助推乡村振兴战略》《传统习俗过小年喜庆祥和迎新春》《安居水云龙》等相关稿件19条；重庆卫视播发《铜梁：做大龙文化产业 拓宽群众增收路》《铜梁：打造“绿道经济”助推乡村振兴》等消息207条，其中重庆卫视新闻联播采用稿件达91条。

【社会影响】 开展新媒体直播报道39场，发布H5作品9个，各种短视频100余条，“铜梁发布”微信作品1000余条。其中，“铜梁区委书记唐小平邀你来点赞”单条新闻点击量高达24.68万，“大美铜梁——2019中国·重庆小姐大赛半决赛”点击量达11.5万，“H5跟我学！轻松get点赞铜梁”点击量达4.2万，短视频“刚刚，9条铜梁龙惊艳亮相新中国成立70周年联欢活动（180秒）”两日浏览量达6.45万，“书记邀赞海报、点赞流程、市民点赞视频”等微信作品4日总浏览量突破10万+。“铜梁App”手机注册用户26.8万人，在重庆客户端集群联盟的评奖中，评为十佳客户端。“铜梁发布”微信公众号粉丝31万人；“大美铜梁”抖音号用户5531人；铜梁手机报用户25.1万人，所有新媒体注册用户每年增长20%。

【获奖作品】 全国脱贫攻坚公益广告《思路=出路》获国家广播电视总局电视入围奖、广播专栏《新乡贤好乡亲》获第五届重庆市区县广播电视好新闻奖二等奖、广播消息《安居涪江餐饮船上三人被困 救援队伍追随五公里施救》获好新闻奖三等奖、《铜梁龙灯会》获重庆市广播电视好新闻奖三等奖、《中国你好》获香港第九届全国摄影艺术展览工业及建筑摄影系列百佳作品奖、《大道百十年》获2018“网聚正能量·共筑中国梦”重庆微视频大赛优秀作品奖、《第四届“手拉手共成长”让艺术走进留守儿童文艺晚会》获优秀直播报道奖、《陈鹏的故事》180秒短视频和《〈我和我的祖国〉重庆铜梁万人“快闪”，真精彩！》获全市优秀短视频奖等。

（区融媒体中心 郭攀）

广电网络

【概况】 铜梁分公司作为重庆有线电视网络股份有限公司在铜梁的唯一经营机构，致力于服务铜梁区84万龙乡人民，拥有12万在册有线综合（单向无线电视、双向有线互动电视、独立个人宽带，专线IP等）用户，在承担党和政府宣传喉舌功能的基础上，从单一的有线电视网络传输商实现有线、无线、互联网等多种协同承载为依托，以数据、物联网等应用技术为支撑的信息化平台。

2019年，公司优化职能职责，由原三个生产经营中心优化为两个经营中心，增设政企业务中心，保持综合业务部、市场营销部、技术支撑部不变。年末有从业人员86人，其中中共党员37人，研究生2人，本科12人，大专22人，中专及高中37人。铜梁辖区28个镇街均设置属地网格化站点营维管理，进一步加强干线抢险施工队和干线维护抢险队职能职责，二级调度实行7×24小时上班制度，确保了网络安全运行和用户快速服务。

分公司以“稳”和“进”的创新经营战略为重点指导思想，突出市场创新机制，细化经营管理单元，严格落实奖惩措施，开展线上线下同步经营机制，在体验、订购、交付、操控、语音等经营方式上更加灵活多样，推动小区地推服务活动，主动上门办理业务，开展用户生命周期关怀活动，联合家电实体企业推进整合营销等不断拓宽更多经营渠道，2019年实现由上年度亏损扭转为盈利。

【产业发展】 拓展产业增长点 加快构建智慧广电生态链，完善全区乡镇智慧社区平台建设，着力打造智慧家庭、智慧城市、4K高清电视产品等全新内容，发展平台更加夯实，结合铜梁区智能化总体部署和行业情况，积极推动城乡融合发展，以集客、专线业务为基础，努力推进基础网络建设，结合5G技术、大数据、云计算、物联网、人工智能等技术不断推广应用为契机，加快全光网、全IP建设，推动新的产业形成，拓展培育新的产业增长点。

网络建设 重点规划城区老旧小区网络改造和行政村网络建设工作，全面提高网络高承载和全业务支撑能力。全年完成网络建设投资共计450万余元，新建光缆皮长412千米，完善全区行政村通光缆266个。

【服务管理】 客服工作 一是兑现服务违规奖惩制度，加强工单管理，对工单流程和服务质量进行严格把控，开展对老弱病残特殊用户上门服务活动。二是持续推进好师傅进小区现场业务办理，实行用户费用到期线上预警信息和人工电话同步提醒，工单实施电话二次催修。全年转派96868工单9713件，实行安装必派工单100%和日完工率100%制度。处理及回复疑似违规服务和客户问题工单共82件，服务质量满意度得到大幅提升。

安全生产 一是建立安全生产长效机制，强化安全责任和意识，一手抓经营创收，一手抓安全生产。二是落实措施、严密防范，签订安全责任书，不留死角。三是抓好安全教育，增强员工自我防范意识，形成“时时讲安全、人人关注安全”的氛围。截至年底，累计组织网络安全巡查85次，处理网络安全隐患80起，各类光纤故障抢险118次，无线基站故障抢险11次，处置车辆破坏网络5起，网络整改投资45.5万元，组织参加各类安全培训4场180人次，到乡镇实地进行技术支撑工作累计68次，办公场、机房、室外一体机柜等夏季、冬季集中安全检查2次。全面完成2019年新中国成立70周年庆祝活动重保安全播出工作。全年前端系统可用率100%。

（广电网络铜梁分公司　供稿）

报纸

【概况】 2019年，《铜梁报》针对党建、时政、社会、经济、医疗保健等方面分专栏进行深入报道，编发136期，累计刊发各类稿件4200余条。同时在中央媒体发稿23条，其中《人民日报》刊发2条，《经济日报》2条，《光明日报》刊发1条，新华社刊发3条；重庆日报城区版发稿99条、农村版92条，《重庆日报》一版6条；在新华网、人民网、中国网、中新网、华龙网、重庆日报客户端、上游新闻、大渝网等新闻网站和客户端上稿800多件。

（区融媒体中心　郭攀）

新兴媒体

【概况】 全力推动媒体融合发展，“中央厨房”建设稳步推进，整合改造新闻演播室和专题演播室，建成综合演播室、融媒体采编中心。不断加强新媒体的建设和推广，重点打造铜梁App、铜梁发布微信公众号等新媒体品牌，累计粉丝数82万余人。年内，各新媒体平台媒体每天推送信息100余条。铜梁App开展网络直播47场，品牌栏目“莹莹带你看铜梁”制作播出38期，铜梁App“双晒”期间推送的短视频《铜梁区委书记唐小平邀您来点赞》浏览量近25万。铜梁发布微博微信发布信被“重庆发布”转发26条。铜梁App、铜梁网继续成为区外新闻网站和新闻客户端转发新闻的主阵地、主渠道。2019年被上级网站媒体转发新闻1000多条次。

（区委宣传部　张陈）

印刷出版

【概况】 组织召开铜梁区印刷出版业管理工作会和印刷业及印章刻制业负责人业务培训会，学习相关法律法规，通报典型案例，发放宣传资料1000余本（份）。全年出动文化执法检查人员2100余人/次，检查印刷复印企业219家/次，检查出版物经营单位648家/次；收缴非法出版物489本（张）；办结印刷企业违法案件3件，罚款1万元。

文物 博物

【文博单位】 **铜梁博物馆** 成立于1995年10月，是重庆市第一家区县级综合类博物馆，馆内设馆长1名，核定编制7名，实有在职在编事业干部6名，其中党员5名。馆舍占地面积7000平方米，馆藏文物1万余件，其中一级文物126件（组）、二级文物15件，3级文物565件。1999年被确定为铜梁县青少年爱国主义教育基地。馆内开设四个具有铜梁地域特色的文物陈列展室，分别展出被中科院命名的2万多年前的旧石器文化“铜梁文化”、俗称“小兵马俑”的铜梁明墓石刻仪仗俑、誉满全球的铜梁龙灯和具有浓郁生活气息的民俗文物。2000年加挂“重庆铜梁龙博物馆”牌子。2004年被确定为“魅力重庆一日游——铜梁文化专线”景点。2009年6月被评为国家三级博物馆，同年7月实行永久性免费开放。2012年被确定为铜梁县科普教育基地。

铜梁匾额博物馆 2010年10月，经重庆市文物局批准成立铜梁木匾博物馆，与铜梁博物馆合署办公，在铜梁新图书馆开设1500平方米的陈列室，陈列精品清代木匾100块，是铜梁区文化建设的一大亮点。

【文保单位】 铜梁区共有不可移动文物点481处，其中市级文物保护单位16处，区级文物保护单位84处，未核定的文物点381处。

【文博工作】 2019年，对全区不可移动文物进行安全巡查，App系统运行正常。11月，对区级文物保护单位三圣寺屋面完成抢救性维修；同时对未核定文物保护单位华兴镇棺材滩石牌坊进行了防风化处理。12月，博物馆对龙文化展厅进行了提档升级，投入经费110万元。年内，博物馆完成文创产品研发成果产品数量3个，主要是以铜梁石俑为元素的书签、文化衫、水杯等文创产品。全年举办临时文博展览7次、展览走进校园27次。发放资料9500余份；年内共接待观众44万人次（含匾额博物馆），其中青少年参观19万人次。

（区文旅委　杨顺）

公共图书馆

【概况】 铜梁图书馆为国家一级公共图书馆、全国社科普及基地、市级社会科学教育基地。地址在迎宾路文化公园。馆舍建面12534平方米，免费开放面积7000余平方米。有在编职工11人，临聘员工9人。馆内设有图书外借室、少儿借阅室、铜梁古籍保护中心、视障阅览室等15个免费开放窗口。建有数字图书馆、ILAS系统、哥德电子借阅网络系统。2019年新增藏书34800余册，馆藏总量达36万余册（件）。馆内年接待读者37万余人次，外借图书近56万册次。

公共服务平台建设 为实现公共服务多样性，先后打造“铜图论坛”“周末故事会”“中英双语绘本”“家庭教育基地”“书画培训中心”“临时家长代理”等公共服务平台，做到周周有活动。据统计，全民服务平台年服务读者3万余人次。全年开展讲座20场，展览13场，阅读推广活动150场，分馆及基层业务辅导28场。文化到基层、社区、机关、学校已成常态，受益群众数十万人次。30个分馆工作进入常态，24小时自助图书馆建成并投入使用。

文化志愿者队伍建设 志愿者服务工作站共有文化志愿者247人，分别来自30个分馆业务骨干、全区各行各业专业技术人员。在馆办“文化到基层”、全民阅读推广月、科普宣传周以及各类阅读推广活动中开展活动,文化志愿者服务平均在1500小时以上,服务读者近10万人次,受到社会好评。

非遗宣传和传承工作 为充分挖掘铜梁龙灯潜在的经济价值和社会影响,铜梁图书馆收集整理铜梁龙灯数字资源10万余字。同时邀请专家、学者、艺术工作者利用暑假为青少年读者开展铜梁龙灯文化知识讲座、铜梁龙舞教习等,吸引大批热爱传统文化艺术的青少年朋友走进图书馆、利用图书馆,同时培养了一大批龙舞爱好者,为传承中华优秀传统文化培养了传承者。2019年在全国少年儿童阅读推广活动中,铜梁图书馆申报的“家乡文化我传承——传承日记”案例获全国星级奖。同时,为宣传和学习国际主义战士邱少云精神,鞭笞个别别有用心的人对邱少云英雄的亵渎,制作了《烈火金刚邱少云》传媒课件,在“2019·全民阅读活动典型案例征集活动”中被评为“典型案例”,并受到业界广泛好评。

(区文旅委　杨顺)

档案

【概况】 **加强政治引领** 2019年,区档案局以建设安全档案、规范档案、优质档案为目标,积极主动把档案工作融入党委办公室工作中,把讲政治体现在档案工作的全过程、各方面,把履行“为党管档、为国守史、为民服务”职责落实见效放在更加突出的位置,切实树牢“四个意识”、坚定“四个自信”、坚决做到“两个维护”,确保全区档案工作始终沿着正确的政治方向推进。

完善工作机制 落实机构改革工作要求,将原档案局(档案馆)承担的行政职能划归区委办公室,对外保留档案局牌子,区档案馆作为区委办所属事业单位。由区委办综合科(档案科)履行全区档案行政管理职能,确定2名干部具体从事档案行政管理工作。区委办主任兼任区档案局局长,全面理顺档案工作领导管理体制和日常运转,确保履行职责上下融通、执行有力。

加强组织领导 落实《关于做好机构改革中档案管理和处置工作的实施意见》《关于做好机构改革有关文物、文化艺术品、实物档案、公务礼品等资产管理工作的通知》等文件要求,加强对涉改部门档案整理、移交等工作指导,压实档案管理工作责任,确保机构改革过程中档案工作“不断档”。

【规范化建设】 **业务培训指导** 定期开展档案工作业务专题培训,提升档案系统工作人员业务素质。召开行业主管部门抓档案工作座谈会,充分调动和发挥行业系统主管部门自身的组织效能,促使各行各业中的档案工作与业务工作同部署、同落实。围绕工业振兴、乡村振兴、脱贫攻坚等重点工作,对30余家企业、镇街、村(社区)开展档案工作一对一上门指导服务,主动帮助其建立、开展档案工作,对发现存在的问题要求限期整改。

档案法制宣传 严格落实“谁执法谁普法”工作责任制,贯彻执行“七五”法治宣传教育实施方案,结合“12·4”全国法制宣传日及6月9日“国际档案日”,开展《中华人民共和国档案法》《机关档案管理规定》《村级档案管理办法》等档案法律法规宣传活动,增强全社会档案意识、档案法治意识。

优化行政许可服务 及时完善更新网上行政审批平台信息,建立档案行政权力事项清单台账12项。贯彻落实区行政审批流程再造集成创新,优化审批流程、压缩审批时限,对重点建设项目档案验收等8项行政审批及许可事项重新编制服务指南并入驻区市民服务中心,实现线上线下联合作业。

档案数字化建设 指导各机关、企事业单位继续推进档案数字化工作,实现区档案馆馆藏档案数字化率100%,并积极争创国家级数字档案馆。2019年，区档案馆被确定为国家级数字档案馆建设试点单位。

信息数据管理 更新完善全区71个镇街、部门和企事业单位档案统计信息，完成1124卷、219928件档案的进馆规范统一管理。持续升级完善机房服务器及数据库信息，确保档案数据存储实现本地双机备份，提升档案信息数据安全存储水平和利用效率。

抓好风险防控 坚持“安全第一、预防为主”，聚焦薄弱环节，定期开展档案案卷质量检查和安全检查，及时解决整改发现的问题和隐患，坚决防止各种危害档案的安全事故发生。建立突发事件防范和应急处置责任制，不定期开展火灾、水灾、震灾等实战演练，切实提高应对各种突发事件应急处置能力。

【基础设施建设】 新建综合档案馆8000余平方米，设置档案库房、对外服务用房、档案业务和技术用房、附属用房等。同时启动实施综合档案馆设施设备采购安装工作，完成库房档案密集架采购实施、机房软硬件系统、网络安全系统等阶段性重点任务。

（区档案局 供稿）

社会文化

【公共文化网络】 铜梁区公共文化设施总面积4.29万平方米，万人公共文化设施占有面积646平方米。有国家一级图书馆1个、国家一级文化馆1个、国家三级博物馆（综合类）1个、匾额博物馆（专业类）1个，镇街综合文化服务中心28个。建成图书馆分馆30个、文化馆分馆30个，实现镇街一级全覆盖。全区基本形成以区图书馆、区文化馆、区博物馆为龙头，28个镇街综合文化服务中心为基础，266个村、67个社区文化服务中心为补充的三级公共文化服务设施网络。“三馆一站”免费开放率达100%，开展流动文化服务进村活动1304场次，送文艺演出、阅读推广、教育培训、展览展示等1726场次，服务群众近60万人次，为广大群众提供标准化和均等化的公共文化服务。

【公共文化服务队伍】 区图书馆、文化馆、博物馆三馆编制34人，镇街综合文化服务中心编制93人，村（社区）通过编制内混岗使用、购买社会服务、聘请文化志愿者等方式，均配备了专兼职文化管理人员共计333名。全区有夕阳红、老年大学等业余艺术团体30余个，业余演职人员达5000余人；有机关、部队以及企事业单位文艺骨干1万余人；有各级各类文化志愿者324名，分别参与到“三馆一中心”免费开放、送文化下乡、关爱特殊群体、保护文化遗产等主题活动中。

【重要文化会议】 **铜梁区文艺工作座谈会** 4月22日下午，全区文艺工作座谈会召开。唐小平主持会议并讲话。他强调，坚持以人民为中心的发展思想，牢记使命担当，根植铜梁大地，全力推动全区文艺事业繁荣发展。

全市乡村文化振兴现场推进会在铜召开 6月25日，全市乡村文化振兴现场推进会在铜梁区召开，对乡村文化振兴工作进行总结和部署。市委常委、宣传部部长张鸣，副市长潘毅琴出席会议并讲话。

【首届重庆铜梁中华龙灯艺术节】 **概况** 2019年1月13日至3月8日，在铜梁城区、部分景区举办了首届重庆铜梁中华龙灯艺术节，活动由重庆市文化委员会、重庆市旅游发展委员会、重庆市铜梁区人民政府主办，各相关部门承办，全面展示了铜梁龙舞的恢宏气势。节会期间，人民公园、安居古城、奇彩梦园等城区主干道上的150组造型各异的龙灯灯组照亮夜空，营造了流光溢彩的节会氛围。吸引了全国各地游客近400万人次来铜观看龙灯、龙舞。

龙灯龙舞大巡游 元宵节上午，在人民公园至龙城天街路段，区文化旅游委举行了盛大的龙灯龙舞大巡游活动。全区14个镇街的龙灯龙舞传承项目、大型腰鼓队伍、健身操队伍共计500

余名演员参加了2019年龙灯龙舞大巡游活动。

元宵节民俗文化展演 元宵节上午，区文化旅游委在人民公园举办了2019年“一镇一品”民俗文化展演活动，来自全区14个镇街的262名演员登台展示各具特色的龙舞和灯舞，上万名群众观看此次惠民展演。

首届重庆铜梁中华龙灯艺术节闭幕式 元宵节晚上，在奇彩梦园举行了首届重庆铜梁中华龙灯艺术节闭幕式。在闭幕式上，铜梁特色传统文化节目进行展演，并举行了热烈的焰火晚会。

【群众文化活动】 2019年组织大型展览15次，展线全长1340米，受益群众38500人次；组织大型文化活动17次，受益群众100000人次，其中由党委、政府主办的“一镇一品”“龙灯艺术节”“广场舞大赛”等全民艺术普及活动7次，各项活动覆盖全区28个镇(街)。以“拥抱新时代、践行新思想、实现新作为”为主题的迎春团拜会、“铜梁马拉松”启动仪式演出、“我和我的祖国”万人“快闪”活动、竹编技艺大赛、“乡村振兴 舞动龙乡”乡村坝坝舞展演和“我和我的祖国”爱国歌曲大家唱广场展示活动最有特色。

【文化工程】 新建黄桷门村乡情陈列馆，建成黄桷门村乡情陈列馆，通过文字、图片、影像、场景再现等，传承农耕文明，凝聚乡土乡情。

基层综合文化服务中心建设实现全覆盖 完成28个镇街、333个村社综合文化服务中心升级建设任务，覆盖率达到100%。

图书馆、文化馆总分馆制实现镇街一级全覆盖 全区建成图书馆分馆29个(其中社会力量参与建设1个)，各分馆借阅图书27944人次，借阅图书74584册次；建成文化馆分馆30个(其中社会力量参与建设1个、直属分馆1个)，各分馆开展免费艺术培训、讲座、展览和群众文化演出活动共计144场次。

【培训与辅导】 **广场舞领舞骨干培训** 4月11日，铜梁区2019年广场舞领舞骨干培训在金龙体育馆正式开班，拉开了“乡村振兴大舞台”系列文化旅游活动的序幕。培训由区文化旅游委、区文联主办，区文化馆、区舞蹈家协会承办，为期两天，由舞蹈家协会老师进行授课，369名文化专干、镇街和村社广场舞领舞骨干参加了培训。6月28日，2019年第二期村级艺术团队广场舞领舞骨干培训在藕塘湾灯光球场举行，197名文化专干、镇街和村社广场舞领舞骨干参加了培训。

阵地培训辅导 办音乐、舞蹈、书法、美术、戏剧、曲艺、文学、摄影等各类培训班95期，累计学时达1520课时，服务人数共计1576人次；其中针对未成年人开设免费培训班共计70期，服务人数达1190人次；针对老年人开设免费培训班共计12期，服务人数达185人次；针对外来务工人员开设免费培训班共计11期，服务人数201人次。

基层培训辅导 建立基层文化活动示范点15个，其中6个基地在农村和社区、4个基地在学校、3个基地在外来务工人员所在地，年均辅导2次以上。年度举办基层文化站室业务人员及文艺骨干培训班2期，培训人员395人。区文化馆干部到基层综合文化中心辅导、培训，实现28个镇街全覆盖。

【主要荣誉】 2月2日，铜梁获评2018—2020年度“中国民间文化艺术之乡”。5月16日，由区文化旅游委推荐的铜梁优秀原创作品《龙把子》参加在上海举行的全国第十八届群星奖大赛，荣获舞蹈类国家级大奖——金奖，获全国群星奖。9月，组织作品参加“我和我的祖国”第十九届重庆市美术书法摄影联展，铜梁区6幅(件)作品荣获等级奖。

(区文旅委 杨顺)

电影

【电影惠民工程】 2019年，铜梁区惠民电影放映场次专项资金共计203.56万元，其中市级资金63.8万元、区级配套资金139.76万元(包含爱国主义教育电影54.43万元，城区广场公园55.44万元，敬老院、军干所、农民工补助专项资金29.89万元）。新建西河镇、福果镇、南城街道、土桥镇4个室内固定放映厅。全区共有室内固定放映厅17个，占乡镇（街道）总数61%。全年农村放映3650场次，社区放映804场次；爱教电影放映在全区82所中小学实现覆盖率100%；敬老院、军干所、农民工专场放映574场次，遍及全区33所敬老院、1个军干所、2个农民工集中点；广场、公园放映公益电影1630场次，安居古城、荷和原乡、黄桷门村共播放公益电影369场次；“我和我的祖国”——铜梁区庆祝新中国成立70周年电影放映活动成效明显，全年订购优秀影片200余部，其中国产影片198部，占总订购片的95%以上；重庆市庆祝新中国成立70周年优秀国产影片在铜梁展映1300场，观众30万多人次。

（区委宣传部　供稿）

惠民电影放映　（区委宣传部　供图）

【铜梁龙文化】　龙文化发展　铜梁龙舞晋京参加庆祝新中国成立70周年联欢活动，得到陈敏尔书记肯定性批示。回渝后，晋京铜梁龙舞队在重庆人民广场进行了汇报演出和展示。成功举办首届重庆铜梁中华龙灯艺术节。铜梁龙赴美国纽约时代广场参加了2019年新年倒计时活动。铜梁火龙、铜梁竞技龙分别赴中国台湾南投县、以色列等地进行展演并开展文化交流活动，受到境内外观众的热烈欢迎。出台《铜梁区龙文化产业发展工作方案》，设立5000万龙文化产业发展专项资金，各项改革有序推进。

（区委宣传部　张陈）

铜梁龙舞晋京参加庆祝新中国成立70周年群众联欢活动（区委宣传部　供图）

2019年，区文旅委完成《铜梁龙舞规范》《铜梁龙舞道具制作规范》两项地方标准，打造铜梁龙舞品牌。由于铜梁龙文化活动广泛开展，2019年2月，铜梁区获评2018—2020年度“中国民间文化艺术（铜梁龙灯）之乡”。

（区文旅委　杨顺）

非物质文化遗产

【保护名录体系建设】　6月18日，重庆市人民政府《关于公布重庆市第六批市级非物质文化遗产代表性项目名录的通知》公布，三项区级非物质文化遗产代表性项目成功列入重庆市第六批市级非物质文化遗产代表性项目名录。分别是：传统体育、游艺与杂技类“余家拳”、传统技艺类“铜梁赵木二羊肉制作技艺”和“三活春鸡兔鱼烹制技艺”。至此，全区列入市级非物质文化遗产代表性项目名录的共有13项。第一批，铜梁龙舞（市级、国家级）、龙灯彩扎工艺；第二批，铜梁火龙、铜梁龙灯会、金钱板、福果民间礼仪；第三批，木匾工艺；第四批，坐歌堂、彩灯舞；第五批，何氏制墨工艺；第六批，余家拳、铜梁赵木二羊肉制作技艺、三活春鸡兔鱼烹制技艺 。

【代表性传承人保护工作】　一是2019年12月26日，区文旅委发文《关于公布第三批区级非物质文化遗产名录项目代表性传承人的通知》，新增第三批区级非物质文化遗产名录项目代表性传承人23名，其中铜梁龙舞2名。二是对各级传承人工作进行年度考核，兑现补助，签订了2020年度传承目标责任书。其中，区级非物质文化遗产项目代表性传承人为2000元/年，所需经费由区财政解决。三是申报2019年市级传承人补助经费，全区共有18人，其中国家级1人，全部落实补助。

【市级非遗展示展演】 3月，铜梁龙灯彩扎工艺传承人1名参加由重庆市文旅委主办的“2019我在重庆学非遗”主题外宣活动。4月，组织木匾作品和龙灯彩扎作品参展由重庆市文化和旅游发展委员会主办的重庆市文化旅游品质生活节“巴渝匠心”传统工艺展览。5月，组织4家非遗商家参加由重庆市文旅委主办的“天工开物·琳琅满目”第四届重庆非物质文化遗产暨老字号商品展示展销。

（区文旅委　杨顺）

文化艺术交流

【交流活动】 **赴美对外交流** 2018年12月29日至2019年1月3日，铜梁龙舞参加美国纽约时报广场新年倒计时活动。以“山水之都·美丽重庆”为主题亮相时报广场新年倒计时开幕庆典，展示重庆独特的自然文化遗产。重庆铜梁龙舞队现场表演铜梁龙舞，与来自世界各地的人们一起迎接新年的到来。这是铜梁龙舞队自2017年后，再次参加纽约时报广场跨年庆祝活动。

赴台两岸交流 元宵节期间，铜梁火龙表演队连续三年第三次来到台湾进行巡演。从2月17日至22日，铜梁火龙在台湾南投、彰化共举行7场展演，为两岸合作发展实现共赢书写新的篇章。

参加国庆70周年联欢活动表演 10月1日晚，天安门广场举行“庆祝中华人民共和国成立70周年联欢活动”。铜梁龙继参加首都国庆35周年、50周年、60周年庆典后，再次入选国庆庆典。在联欢活动中表演十多分钟，是铜梁龙历次参加国庆庆典最长的一次。

承办国际级文化艺术培训 10月27日至31日，由国家体育总局社会体育指导中心支持，国际龙狮运动联合会主办，中国龙狮运动协会和铜梁区人民政府承办，铜梁区文化和旅游发展委员会（体育局）协办的2019年“一带一路”国际级舞龙舞狮裁判员培训班在铜梁区举办。来自美国、印度尼西亚、马来西亚、新加坡、菲律宾、澳大利亚6个国家，和来自中国台湾、北京、上海、江苏、浙江、广东等17个省市的共74名学员参加了培训。国家体育总局社会体育指导中心一部主任余汉桥出席开班仪式并讲话，出席结业仪式并为学员颁发裁判员证。

承办和参与第五届亚洲龙狮锦标赛 10月28日至11月1日，由亚洲龙狮运动联合会主办，中国龙狮运动协会、重庆市体育局、重庆市铜梁区人民政府承办的第五届亚洲龙狮锦标赛在铜梁区举行。来自中国香港、中华台北、中国澳门、马来西亚、中国、印度尼西亚、泰国、越南、新加坡等国家和地区的20支队伍220余人参赛。第五届亚洲龙狮锦标赛分为舞龙和舞狮两大类项目，铜梁竞技舞龙队获舞龙自选套路冠军。

（区文旅委　杨顺）

文化产业

【概况】 全区发展文化企业933家（其中规模以上文化企业44家），个体经营户1800余家，有重庆市文化产业示范基地2个、市级乡村乐园2个、市级首席技师工作室1个。全区文化产业实现增加值13.29亿多元。

6月19日，中共重庆市铜梁区委办公室、重庆市铜梁区人民政府办公室出台《铜梁区龙文化产业发展工作方案》，制定文化产业发展政策。

举办铜梁区第四届文化旅游惠民消费季活动，全年开展了春季、夏季和冬季三季活动，累计开展活动15场，参与文化旅游消费者达15万余人次，参与的文化旅游企业、商户60余家，涵盖景区、星级饭店、旅行社、健身场所、歌舞娱乐、电影放映、图书销售、广告婚庆、书画市场等文化旅游行业，带动文化、体育、旅游等相关领域消费4.2亿元。举办首届重庆市铜梁中华龙灯艺术节活动，推出铜梁龙灯主题系列产品120种，参演专业艺术展演团队20支，接纳游客115.3万人次，为地方增收6.2亿元。参加第八届中国西部旅游产业博览会，组织一批旅游文化产品参展，获最佳组织奖，同时“原乡小艾”系列商品获得2019年“重庆好礼”特色旅游商品（文创产品）大赛铜奖。参加第十一届中国西部动漫文化节，获评优秀组织单位。

（区文旅委　杨顺）

文化市场

【概况】 全区有文化企业197家，其中歌舞娱乐场所26家、游艺娱乐场所21家、互联网营业场所93家、文艺表演团体29家、营业性演出场所1家、旅行社2家、分社1家、旅行社网点16家、体育游泳场所8家。在行政审批工作中推行“项目公示、集中受理、办结承诺、统一送达、首问责任、一次性告知、最多跑一次”等便民措施，全年行政许可申请审批事项65件，其中不予受理1件，办结64件。

（区文旅委　杨顺）

文化执法

【执法机构】 1989年1月设立铜梁县文化稽查队，负责全县文化市场管理；2006年2月更名为铜梁县文化市场行政执法大队，2014年“撤县设区”后于12月改名为铜梁区文化市场行政执法大队，为副处级事业单位，接受铜梁区委、区政府领导和市总队指导，履行全区文化执法职能职责。执法大队以常规巡查为抓手，专项行动为重点，举报应急为突破口，把文化市场执法工作与“扫黄打非”专项行动相结合，坚决打击各种违法经营行为，不断净化文化市场环境。全年检查文化经营场所850余家次，巡查镇街182次，收缴非法出版物498本（张），办结行政处罚案件19件。

【执法工作】 **加强校园周边文化环境整治** 在春、秋两季开学前后，执法大队集中一段时间，对区内中小学周边文化经营场所进行检查，深入清查妨害未成年人健康成长的各类非法、有害出版物，对宣扬淫秽色情、血腥暴力、校园霸凌、自杀自残等有害内容的图书、报纸、期刊、音像制品等依法予以收缴。全年出动执法人员130人次，检查校园周边文化场所50家次，收缴非法出版物66本（张）。

开展印刷复制业专项整治行动 一是强化宣传引导。会同相关部门召开3次印刷业管理工作会议，通报近年来印刷行业典型案例，对经营业主、员工进行法律法规宣传，不断提高守法经营意识。二是开展专项执法检查。从7月上旬至8月中旬，集中力量对辖区内的印刷企业进行全覆盖检查，重点检查印刷品承印五项制度、安全生产责任落实情况。全年出动执法人员110余人次，检查印刷企业40余家次，办理印刷类案件6个。

加强出版物市场监管 围绕庆祝新中国成立70周年这条主线，加大对出版物市场的执法检查力度，以零容忍的态度，坚决打击诋毁党的领导和社会主义制度，攻击党的基本理论、基本路线、基本方略，诽谤党和国家领导人，否定改革开放等政治性有害出版物。严厉查缴涉民族分裂、宗教极端、非法传教、封建迷信等反动出版物及宣传品。全年出动执法人员355人次，检查出版物经营场所140家次，镇街文化市场巡查182次，收缴非法出版物300余本（张）。全区出版经营场所做到了证照齐全，业主守法经营，整体有序可控。

强化娱乐场所监管 进一步加强与公安局等职能部门联系，及时掌握行业动态；强化对歌舞娱乐场所的执法监管，每月对辖区内的歌舞娱乐场所进行全覆盖检查1次以上，对重点场所加大检查频次，对违法行为依法查处。全年出动执法人员621人次，检查娱乐场所237家次，办理违法案件4件。

强化网吧监管 注重普遍巡查和重点检查相结合，日常和周末（节假日）错时检查，法律法规宣传教育与约谈、依法查处违规行为相结合等工作方式，及时处理群众的意见、建议和举报。将网吧集中的城区（巴川、东城、南城）进行划片监管、责任到人，各自在夜间、节假日开展巡查，及时制止违法行为。全年出动执法人员1182人次，检查网吧422家次，办理网吧违法案件9件，使网吧违规接纳未成年人的现象得到遏制。

加强演出市场监管 加强事前监管，广泛宣传教育。在日常巡查及以其他形式获取涉嫌营业性演出活动的相关线索后，积极上门开展法律法规宣传教育，要求严格遵守营业性演出相关规定。对符合条件的，引导其及时办理完善相关手续；对不符合条件的，劝导其取消演出活动。全年开展上门宣传教育5次。大队还开展景区擅自演出等违法违规行为的专项整治，加强了流动大棚等营业性演出活动的巡查监管，对乡村演出市场开展了调研。

开展文化市场安全检查 1月，执法大队在重点场所签订了安全承诺书，发放公共娱乐场所消防安全自查导则。分别组织网吧、歌舞娱乐业开展消防安全培训各1次，文化经营业主安全意识明显提升。加强文化市场安全检查，对存在的安全隐患限期整改，并复查验收，形成安全检查闭合环路。加强重要时段安全管理工作，节假日、高考、中考期间，每天通过文化市场QQ群温馨提示，要求网吧、娱乐场所加强安全检查，整改安全隐患，不接纳未成年人。高考、中考结束后大队对网吧、娱乐场所全面巡查，确保不发生各类安全事件。

强化宣传教育引导 举办法律宣传培训，召开各类文化经营业主宣传培训会议8次，参训人员800余人次。组织学习相关法律法规，通报典型案例，发放宣传资料3000余本（份）。在文化市场日常执法监管中，对业主进行约谈10余次。通过宣传引导，经营业主守法意识明显增强。同时主动跟踪相关舆论动向，安排专人每天上、下午在互联网相关网站（华龙网重庆网络问政平台、腾讯大渝报料台、铜梁网、阳光重庆、市文化执法总队等），查阅相关舆论信息，做好登记、报告、及时处置等工作。

开展“扫黄打非”宣传 一是开展“绿书签”宣传活动。年内印制“绿书签”20000张、宣传海报1000张，委托出版物经营单位负责张贴、发放，并开展相应的宣传活动。二是开展“扫黄打非”进基层宣传活动。印制铜梁区“扫黄打非”进基层宣传折页60000份，制作“扫黄打非”无纺布袋7000个，由需要的镇（街）在开展相应的宣传活动时免费发放到广大群众手中。

（区文旅委　杨顺）

体育

【概况】 铜梁区文旅委同时挂铜梁区体育局牌子，属两块牌子一套机构。区文旅委内设体育科，具体履行全区体育工作职能；下辖铜梁区少年儿童业余体校。区体育局指导下的社会组织有体育单项协会20个和体育俱乐部13个、镇街文体中心28个，老年人体育协会、篮球协会、排球协会、钓鱼协会等部分体育协会在各镇街、各部门和企事业单位建立分会150余个，形成遍布城乡、规范有序、富有活力的公共体育服务体系，在很大程度上满足了广大群众的文体活动需求。全区有运动员队伍9个，教练员381人、裁判员456人。

主要项目有篮球、足球、田径、舞龙、跆拳道、羽毛球、乒乓球、武术、棋类、游泳、自行车、门球、太极拳剑扇、排球、网球、跳绳、徒步、有氧健身操、余家拳等。竞技训练项目以篮球、足球、田径、跆拳道、竞技舞龙、羽毛球、乒乓球为主。

【体育设施】 铜梁区训练基地和场馆齐备，主要有藕塘湾体育场（含灯光球场）、区运动场（足球场）、金龙体育馆、全民健身中心、金龙游泳馆（PPP模式）等大型公共体育场馆5个。28个镇街中有25个镇街修建有区级标准乡镇健身广场；266个行政村有254个行政村修建了农民体育健身工程设施。至2019年底，全区有10个市级标准健身广场，67个社区的健身路径达到全覆盖；创建有市级标准社区健身点26个；建成体育场地数量3123个，其中学校场地984个、登山健身步道7条。此外，重庆传媒学院、铜梁中学、铜梁巴中、重庆巴中、职教中心、金龙小学、旧县小学、铜梁一中、外国语小学等大中小学均有新颖的体育场馆及相应的体育设施设备。

【竞技体育】 **运动员蔡柏阳入选国家集训** 3月5日，国家体育总局社会体育指导中心《体育总局社体中心关于印发单板滑雪国家集训队运动员名单的函》公布进入单板滑雪国家集训队训练的运动员名单，有铜梁区体校向国家体育总局输送的运动员蔡柏阳入选，这是铜梁历史上第二个进入国家集训队的运动员。

举办2019重庆铜梁原乡风情马拉松比赛 3月24日在铜梁城区人民公园至玄天湖绿道路段举行，6680名跑友参加，近5万人参与实时互动，当日点击量突破25万人次，百度、360等搜索网站关于铜梁马拉松赛链接近30万个。

举办铜梁区第五届运动会 10月至12月举行，设有10个比赛项目、2个展示项目，共有区内83个代表团8000余名运动员参赛。大型赛事特别是国际赛事的成功举办，充分展现了铜梁城市形象和旅游形象，进一步扩大了铜梁的对外影响力，有效带动了文体旅产业融合发展和全域旅游发展，助推全民健身事业的蓬勃开展。

举行第三十届中小学运动会 3月14日至4月2日举行，共有296支队伍参赛，其中教职工组男子75支、女子65支，青少年组男子85支、女子71支，比上年增加28支队伍。参赛运动员共有3052人，其中教职工组运动员1404人、青少年组运动员1648人，领队和教练员624人。运动会历时20天，在10个比赛场地，开展了825场比赛。

承办第五届亚洲龙狮锦标赛 10月28日至11月1日举办，这是铜梁区首次承办国际性赛事，共有来自海内外9个国家和地区的20支队伍220余人参赛，赛事的成功举办受到国家体育总局、中国龙狮运动协会肯定，铜梁区人民政府被评为2019年度全国龙狮运动发展突出贡献单位，区文化旅游委被评为优秀赛区，铜梁舞龙队取得自选套路第一名的好成绩。

承办2019重庆国际（中美）青少年篮球友谊赛 10月17日，在铜梁金龙体育馆举行，铜梁中学篮球队和美国加州洛杉矶查米纳德预备高中两支队伍参赛。

承办2019重庆渝西片区篮球邀请赛 12月在铜梁举行，铜梁、合川、璧山、潼南等8个区参赛，铜梁区取得第三名的成绩。

承办2019年全国老年人气排球系列赛（重庆铜梁站） 5月22日至24日在金龙体育馆举行，共有7省市，23个区、市、县35支代表队330余名老年气排球运动员参赛。比赛分为男、女两个组，经过两天半的紧张角逐，男子组重庆大学、重庆永川、四川广安区、广西贺州、广西南宁、湖北宜昌、重庆綦江、重庆铜梁、四川南充、湖北来凤、湖北大冶获优胜奖；女子组广西南宁、湖北恩施、陕西西铁、河北石家庄、湖北大冶、贵州黔南、广西贺州、重庆大学、重庆铜梁、四川广安市获优胜奖。

参加2019"黄飞鸿杯"第十五届世界华人狮王争霸赛 10月，铜梁舞龙队参加，取得自选套路第一名。

参加重庆市迎新年登高活动 12月底，铜梁组队赴涪陵区红酒小镇参加活动，获得团体第三名。

【群众体育】 **承办市级活动** 一是7月20日至21日，全国象棋业余棋王赛重庆赛区铜梁预选赛暨重庆"铜梁龙"杯象棋团体赛在铜梁区巴川街道龙山社区举行。来自南岸、渝北等16个区县和企事业单位代表队共计18个代表队72名选手参赛。经过激烈的角逐,南岸区队、沙坪坝区队、大足区队分获团体前三名,来自重庆棋院的杨剑获得本场预选赛"棋王"称号。二是5月举办了全国老年人太极拳展示大联动暨2019年铜梁区老年人太极拳剑比赛。三是6月承办了重庆市第八届全民健身运动会气排球比赛,铜梁队获区县女子组第一名和男子组第三名。四是10月举办了重庆市中学生篮球比赛。

举办区级活动 一是3月31日至6月22日,铜梁足协2019年度"体育彩票"足球联赛在铜梁二中、铜梁巴中、铜梁中学、铜梁一中举行。二是4月20日至23日,铜梁区第五届职工气排球联赛在区金龙体育馆、全民健身中心开赛,共有67个基层工会、112支队伍、1100余名职工参赛。三是5月19日,在藕塘湾灯光球场举办庆祝新中国成立七十周年太极拳(剑)比赛,区内22支队伍,近300余人参加了比赛。四是9月23日至25日,铜梁区第二届老年人气排球联赛在全民健身中心风雨球场和藕塘湾运动场举行,来自各镇街、部门和行业共70支代表队伍600余人参赛。五是10月在金龙体育馆举办2019年铜梁区庆祝老年节暨老年气排球联赛和2019年铜梁区第三届全民健身运动会开幕式暨健步走展示活动。六是11月铜梁区第三届全民健身运动会闭幕,本次比赛设置健步走展示、篮球、足球(5人制)、气排球、乒乓球、羽毛球、门球、拔河、中国象棋、第九套广播体操10个项目。

推广全民健身系列活动 8月7日,在明月广场举行全民健身日活动启动仪式,开展有氧健身操、太极拳展示活动,进行广播体操互动体验,开展国民体质免费监测、《重庆市全民健身条例》宣传、好体育人志愿服务、健康义诊、微步有约小程序体验、体彩公益宣传等活动。现场发放《重庆市全民健身条例》和全民健身宣传指南700余份,为400余名群众进行健康义诊和免费体质监测,社会体育指导员为400余名群众进行了科学健身指导。

【设施建设】 **玄天湖塑胶跑道亮相央视** 铜梁区大美玄天湖塑胶跑道上央视新闻频道"两会特别节目",用26秒时间向全国人民展示最美跑道,告诉全国人民什么是幸福感!

新建与改造 年内新创建市级标准社区健身点11个,对全民健身中心室外球场进行了改造;修建风雨球场,场内包括2个篮球场、4个气排球场、4个羽毛球场、15张乒乓球台。同时更换运动场主席台顶棚,更换LED屏,修建了长9.2千米的塑胶跑道。

(区文旅委　杨顺)

医疗卫生

综述

【概况】 区卫生健康委员会内设10个科室，核定行政编制21人、工勤编制2人，年末实有行政人员22人、工勤人员2人。

全区有医疗卫生机构834所。其中：政府举办的区级综合医院1所、中医医院1所、街道社区卫生服务中心5所、镇卫生院23所、妇幼保健院1所、疾控中心1所、卫生计生监督执法局1所、健康教育所1所；村卫生室568所，民营医院个体诊所及企事业医务室232所。全区医疗机构设置病床3717张。其中：区直医院（含民营医院）2340张，镇卫生院（含中心卫生院）、街道社区卫生服务中心1278张，妇幼保健院99张。实有床位4215张。其中：区直医院（含民营医院）2524张，镇卫生院（含中心卫生院）、街道社区卫生服务中心1589张，妇幼保健院99张，门诊部3张。

全区各类医疗卫生机构人员数5871人，其中卫生技术人员4395人，其他技术人员207人，管理人员148人，工勤技能人员634人，乡村医生和卫生员487人。截至2019年12月31日，在全区医疗卫生机构人员中有在编职工2031人，其中：卫生技术人员1843人，管理人员97人，工勤技能人员33人，其他技术人员58人。在卫生技术人员中，高级职称279人（正高52人，副高227人），中级职称689人，初级职称933人。执业（助理）医师2052人；注册护士2390人。

2019年全区医疗卫生机构资产总额234629.75万元，财政对卫生计生系统投入56601.25万元（包括公立医疗卫生单位和主管部门）。大力支持社会办医力度，医疗服务体系进一步夯实。人才队伍素质不断优化，硕士研究生比去年增长10.19%，高级职称人才比去年增长4.26%。卫生服务能力进一步提升，全区现有国家、市级重点（特色）专科22个；创建全国群众满意乡镇卫生院7个；在区人民医院开设老年病科。

2019年，铜梁区共报告传染病类突发公共卫生事件4起，均为未分级事件。累计发病55人，无死亡病例。事件发生场所：3起发生在学校，1起在托幼机构。通过规范的流行病学调查、病例严格隔离治疗、加强学校晨午检/因病缺课追踪制度以及复课管理、消毒等制度的落实，疫情均得到规范处置和有效控制。登革热疫情得到有序平稳的成功处置。

为进一步提高全区传染病疫情应对能力，最大限度地减少疫情所造成的危害，保障公众身体健康与生命安全，根据《铜梁区突发公共卫生事件应急预案》的要求，2019年10月18日，由铜梁区卫生健康委与区教委主办，区疾控中心承办，在铜梁区中医院学术报告厅开展铜梁区2019年学校诺如病毒感染防控应急演练。全区28个镇（中心）卫生院/社区卫生服务中心公卫科防疫人员、各中小学幼儿园传染病防控人员共计200余人参加。

铜梁区健康知识科普基地建成投用。基地内设健康知识大讲堂、合理膳食、心理咨询、科学健身等8个区域板块，是全区唯一固定的健康知识传播场所，已面向社会免费开放。每月定期组织学生在基地进行观摩教学。该基地被重庆市社科联命名为“第四批重庆市人文社会科学普及基地”。

在2019年上半年重庆市卫生健康重点工作日常管理跟踪督查情况通报中，铜梁区取得优异成绩。健康管理和服务受益率、民生实事均在片区排名中并列第一名，区县卫生健康行政部门督查指标得分100分。

疾病防控

【疫情管理】 全面落实《“健康中国”2030》规划要求，加强各医疗机构密切配合，加强呼吸道等重点传染病疫情监测，做到早发现、早报告、早隔离、早治疗。据传染病报告信息管理系统统计，2019年铜梁区无甲类传染病报告；乙类传染病报告14种1480例，发病率为204.03/10万，死亡18例（肺结核3例，艾滋病15例），死亡率为2.48/10万，病死率为1.22%；丙类传染病报告7种2312例，发病率为318.72/10万，报告死亡1例（流行性感冒），死亡率为0.14/10万，病死率为0.04%。乙类传染病中，肠道传染病报告4种45例，报告发病率为6.21/10万；呼吸道传染病报告4种482例，报告发病率为66.48/10万；自然疫源及虫媒传染病报告4种6例，报告发病率为0.83/10万；血源及性传播传染病报告5种947例，报告发病率为130.62/10万；无新生儿破伤风病例报告。

【重点传染病防治】 **人禽流感、SARS等突发急性传染病监测** 按照国家和重庆市人禽流感、SARS等突发急性传染病监测工作要求，2019年铜梁区疾控中心每月于东门农贸市场、李家湾农贸市场和（或）刘学勇养殖户开展外环境禽流感病毒污染状况（病原学）监测（144份）；12月于永嘉镇开展职业暴露人群的人禽流感抗体水平监测（50人份），为人禽流感疫情的预测预警提供依据。建立敏感、快速的人禽流感、SARS等突发急性传染病早期预警监测，全区人禽流感、SARS等突发急性传染病的监测和防治能力大幅提高。

2019年开展不明原因肺炎/人禽流感可疑病例监测，按时完成不明原因肺炎监测月报表12期。主动搜索到2例不明原因肺炎病例，并迅速按照相关要求进行病例的个案调查及采样检测，最终结合区疾控中心实验室检测结果、病人临床体征及流行病学史等因素综合分析，排除患者感染SARS、人禽流感H7N9的可能。

霍乱防治工作 区疾控中心与各级医疗卫生单位把以防治霍乱为主的肠道传染病作为防治工作的首要任务来抓。高度重视医疗救治、流行病学调查、消毒、采样检验、预防服药、后勤保障等组织机构的建立健全，人员、药品、器械等物资配备齐全。各医疗机构在5—11月规范开设肠道门诊，做到组织、人员、物资、经费“四落实”。

乙型病毒性肝炎监测项目 2019年完成急性乙肝监测项目工作，在全区各医疗机构中筛查急性和未分型乙肝病例，区疾控中心制定《铜梁区乙肝监测方案》，并进行乙肝专题培训会。年内全区共报告8例急性乙肝病例，对每名患者都规范及时地进行血液样品的采集检测和个案调查。

性病艾滋病防治 按照《重庆市遏制与防治艾滋病“十三五”行动计划》的实施方案，积极开展宣传教育、政策倡导、乡村医生培训等活动，为艾滋病防治工作营造一个良好的氛围。年内累计完成212例首次流行病学调查，流调率为100%。两劳人员检测576人，检测率均达100%，确认阳性1人，阳性率0.17%。自愿咨询检测2035人次，阳性16人，阳性率0.88%。

结核病防治工作 把结核病防治工作纳入2019年卫生工作目标管理，做到层层有组织，级级有人抓。据统计，全区接待初诊病人1696例，免费痰检2665人次，确诊肺结核病318例。全年综合医疗机构实际报告本地疫情486例，转诊到位398例，追踪到位30例，其他到位52例，总体到位率为98.76%。

手足口病防治工作 2019年全区共采集手足口病病例咽拭子60人份，阳性率为85%（51/60）。其中阳性结果以CV-A16为主，阳性率为25%（15/60），其他肠道病毒阳性率为60%（36/60）。

狂犬病防控 2019年铜梁区无狂犬病病例报告。

【地方病防治工作】 2019年，地方病防治工作继续以碘缺乏病、疟疾防治和麻风病防治为重点，结合地方病三年攻坚行动要求，制定《重庆市铜梁区碘缺乏病防治专项攻坚行动方案》，确定地方病定点医疗治疗医构和专家救治团队，承担全区重点地方病“碘缺乏病”现症病人的救治和基层医疗单位的指导工作。区卫生健康委与各镇人民政府（街道办事处）签订地方病防治专项攻坚行动目标责任书，全面落实全区地方病防治工作。2019年10月，协调区发展改革委、区财政局及区教委等部门对本年度重点地方病（碘缺乏病）防治工作开展情况进行自查评估，及时上报《铜梁区地方病防治专项攻坚行动工作2019年度自查评估报告》。

碘缺乏病 制定下发《铜梁区碘缺乏病防治现状摸底调查实施方案》，在全区范围内进行Ⅱ度及以上甲状腺肿大和地方性克汀病的摸排工作。累计查阅门诊日志200万余人次，住院人次12万余人次，走访居民10万余人次，未发现碘缺乏病现症病人。制定《重庆市铜梁区2019年碘缺乏病监测实施方案》，组织开展项目工作业务培训1次。开展“5·15”碘缺乏病宣传日活动，免费为群众义诊、义检，免费发放碘缺乏防治宣传画200余张，宣传资料500余张，受益群众达500余人。完成太平镇、二坪镇、少云镇、围龙镇、小林镇共100名孕妇尿样和盐样的采集、监测和孕妇个案调查表工作，完成太平小学、二坪小学、关溅小学、围龙小学、小林小学8～10岁非寄宿学生200名的尿样和家中食用盐样的采集、监测及碘缺乏病健康教育宣传工作。收集324名新生儿甲低筛查结果，监测结果显示，5个镇街300户居民食用盐碘含量的碘盐覆盖率为99.67%，合格碘盐食用92.70%，盐碘中位数25.77 mg/kg。8～10岁儿童尿碘水平为：200名8～10岁儿童尿碘监测结果显示，尿碘中位数254.15 μg/L，其中，高于500μg/L 20份，占儿童检测份数的10.00%，尿碘含量位于21.30μg/L～1200.00μg/L区间。孕妇尿碘水平为：完成100名孕妇尿碘含量监测，尿碘中位数174.25μg/L，位于12.6μg/L～1200.0μg/L区间。完成全区基本信息及5个项目监测点基本信息、100份孕妇和200名儿童盐样和尿样结果的网络直报工作。

疟疾防治 一是根据铜梁区的血检任务，2019年需开展不明原因发热病人血检700例。1—12月累计完成不明原因发热病人血检730例，未检出阳性血片，区疾控中心血片复核阴性血片70张，未检出假阳性或阳性片；二是对回国人员开展主动侦查，检出一例输入性恶性疟疾病人，与人民医院合作及时对病人进行治疗，并按照规范，开展流行病学调查、疫点调查等工作，病人已康复，未出现疟疾传播；三是4月26日“全国疟疾日”开展以“消除疟疾，谨防境外输入”为主题的防治宣传活动，共计发放《疟疾防治知识》宣传单3000余份，接受群众咨询疟疾防治知识300余人次。

麻风病防治 全区现有麻风病人10例，分布在11个镇街。开展线索筛查总人口数为120人，密切接触者检查15人，未发现可疑者。积极开展“世界防治麻风病日”宣传活动，利用橱窗、街头咨询、社区、医院板报，广泛宣传麻风病可防、可治、不可怕。引导公众转变观念，消除对麻风病患者及畸残者的歧视和偏见，并开展送温暖活动。

【土源性线虫防治】 为了解全区土源性线虫病流行动态及影响因素，掌握流行规律，预测流行趋势，制定出台《铜梁区2019年土源性线虫病监测技术方案》，召开专业技能培训会1次，完成旧县街道石砚村、平滩镇插腊村、虎峰镇久远村、安居镇杨寿村、东城街道花院村5镇街3周岁以上人群1023份粪便的钩虫、蛔虫、鞭虫及蛲虫镜检，健康知识知晓情况及相关行为问卷调查工作，25份土壤的钩蚴及人蛔虫卵检测工作。12月，制定《铜梁区土源性线虫驱虫工作实施方案》，在全区范围内开展15周岁以上重点人群的驱虫治疗工作。完成辖区内28个镇街724名村医的驱虫治疗方案培训，共完成76699人驱虫治疗工作，发放健康宣传折页81136份。

【慢病防控工作】 **肿瘤随访登记工作** 2019年，继续在全区范围内开展肿瘤病例网络直报工作，并首次开展肿瘤病例生存随访登记工作，完成肿瘤监测平台网报数据新旧系统的转换工作。同时，完成3家区直医疗卫生机构和28家基层医疗卫生机构约60余人的业务培训会1次，开展肿瘤随访登记工作专项督导1次。截至2019年12月底，全区累计报告肿瘤病例2338例。

心脑血管事件监测报告工作 加强基层医疗机构网络报告心脑血管事件的能力，开展业务骨干专项培训1次，至12月底，全区累计报告心脏性猝死病例24例，心肌梗死341例，脑卒中3469例。

慢阻肺的监测报告工作 为规范全区慢性阻塞性肺部疾病的报告，扩大监测范围，提升报告质量，召开专项培训会1次，全区31家医疗机构的报告工作均实现网络报告。截至12月底，全区累计报告慢性阻塞性肺部疾病例7305例。

居民死亡监测报告工作 铜梁区2019年居民病伤死亡5286人，死亡率为7.28‰，恶性肿瘤、脑血管疾病、呼吸系统依然分别占死亡数的前3位。

减糖行动干预项目工作 为进一步推动全民健康生活方式行动“三减三健”，将减糖行动深入学校，制定了铜梁区2019年学校减糖行动实施方案。根据方案要求，选取蒲吕小学作为干预组，永嘉小学作为对照组。完成对照组622名，干预组620名儿童的问卷调查及干预活动工作。

健康支持性环境调查评估工作 2019年10月，对辖区内已创建的健康支持性环境开展运行状态评估及信息更新工作。全区有8类健康支持性环境建设累计67个，其中“健康示范社区”12个、“健康示范单位”11个、“健康示范食堂”14个、“健康示范学校”12个、“健康示范餐厅/酒店”3个、“健康小屋（健康加油站）”11个、“健康步道”3个、“健康主题公园”1个。1家健康主题公园和1条健身步道正在筹建中。

慢性病综合防控示范建设 依托基本公共卫生服务项目工作，结合全民健康生活方式专项行动，继续推行政府主导、多部门配合、全社会共同参与的综合防控工作机制，继续巩固市级慢性非传染性疾病示范区建设成果。走近厂矿、企业、机关事业单位、街头等开展爱耳日、全民营养周、世界卫生日、肿瘤防治宣传周、世界无烟日、全民健康生活方式行动日、高血压日及糖尿病日等专题宣传活动。全年累计发放健康宣传单、折页4万余份，受益群众5万余人；完成全民健康生活方式季报工作，开展全区健康支持性环境的调查评估工作。积极参加渝西片区开展的健骨操比赛，获得第5名的成绩。

【卫生检验】 **样本检测** 全年共完成盐碘监测300件共计300项目次，尿碘监测300件共计300项目次，27家医院消毒效果监测共计81项目次，水样701件共计13823项目次，公共场所监测206家共计3030项目次，一次性卫生用品19件共计114项目次，餐具监测24件共计24项目次，食品风险监测样检测52件共计174项目次，食品风险监测样处理24件，作业场所检测33家2042项目次，婴幼儿场所环境监测12家共计96项目次。

传染病相关检测 全年共参与处置突发事件及疫情共19次，其中处置食物中毒1次，共采集检测样本11件44项目次，处置不明原因肺炎疫情2次，共采集检测病例标本5件35个项目次，疑似幼儿园诺如病毒疫情1次共2件，参与

2019年铜梁区侣俸精神卫生中心流感暴发疫情处置采集并检测鼻咽拭子8份共计30项目次，处置登革热疫情1次，处置麻疹风疹疫情及血清IgM抗体检测5次，处置非慢性乙肝疫情及血清抗HBcIgM 1∶1000检测8次；完成HIV初筛及梅毒筛查各729人次；配合市疾控完成禽流感监测采集环境样本144份和高危人群血清抗体样本50份；检测手足口病例标本60份180个项目次；完成2018年度重庆市重大公共卫生项目土食源性寄生虫病监测，共检测粪便标本1000人份8000项目次，粪便中钩蚴培养50份共计100项目次，土壤标本25份共计50项目次。

健康体检　开展药业、饮食行业、公共卫生、学校卫生、职业卫生从业人员健康体检（包括大便培养、肝功检测、甲肝、戊肝、血常规、尿常规等项目）共18131人次。

公共卫生服务

【健康管理】　**0～6岁儿童健康管理**　2019年度辖区内活产数5410人，按照规范要求接受1次及以上访视的新生儿人数5092人，新生儿访视率94.12%；辖区内0～6岁儿童数32250人，辖区内接受1次及以上随访的0～6岁儿童数29727人，儿童健康管理率92.18%。

糖尿病、高血压患者健康管理　年内辖区内2型糖尿病患者应管理人数13000人，已管理人数14178人，按照规范要求进行2型糖尿病患者健康管理的人数9470人，规范管理率66.79%，最近一次随访空腹血糖达标人数9071人，管理人群血糖控制率63.98%；辖区内高血压患者应管理人数40600人，已管理的高血压患者人数45958人，按照规范要求进行高血压患者健康管理的人数30885人，规范管理率67.20%，最近一次随访血压达标人数29695人，管理人群血压控制率64.61%，在管高血压患者家庭医生签约人数41354人，签约率89.98%。

肺结核患者健康管理　辖区同期内经上级定点医疗机构确诊并通知基层医疗卫生机构管理的肺结核患者人数250人，已管理的肺结核患者数250人，肺结核患者管理率100.00%。同期辖区内已完成治疗的肺结核患者人数278人，按照要求规则服药的肺结核患者人数273人。

老年人健康管理　辖区内65岁及以上常住居民数90892人，接受老年人健康管理63053人，管理率69.37%，建立健康档案的65岁及以上老年人88709人，65岁及以上老年人健康体检64831人。

严重精神障碍患者管理　辖区内登记在册的确诊严重精神障碍患者人数3924人，按照规范要求进行管理的严重精神障碍患者人数2957人，严重精神障碍患者规范管理率75.36%。

孕产妇健康管理　辖区内孕13周之前建册并进行第一次产前检查的产妇人数5034人，早孕建册率93.05%，产妇出院后28天内接受过产后访视的产妇人数5052人，产后访视率93.38%。

居民健康档案管理　2019年辖区内常住居民数725400人，建档人数567827人，健康档案建档率78.28%，建立电子健康档案人数567827人，电子健康档案建档率78.28%，档案中有动态记录的档案份数386672人，健康档案使用率68.10%。

【传染病及突发公共卫生事件管理】　2019年登记传染病病例数4951人，网络报告的传染病病例数4951人，传染病疫情报告率100.00%，报告传染病病例数4951例，报告及时的病例数4951例，传染病疫情报告及时率100%，报告突发公共卫生事件相关信息数4个，及时报告的突发公共卫生事件相关信息数4个，突发公共卫生事件相关信息报告率100%。

【家庭医生签约服务】　已组建家庭医生团队数178个。辖区内常住居民数725400人，常住人口签约数220536人；辖区内0～6岁儿童数32250人，0～6岁儿童签约数18328人；辖区内65岁及以上常住居民数90892人，65岁及以上常住居民签约数74872人；辖区内孕13周之前建册并进行第一次产前检查的产妇人数5034人，孕产妇签约数3572人；年内辖区内已管理的高血压患者人数45958人，在管高血压患者家庭医生签约人数41619人；年内辖区内已管理的2型糖尿病患者人数14178人，糖尿病患者签约数12493人；已管理的肺结核患者人数250人，肺结核患者签约数人228人；辖区内登记在册、诊断明确、在家居住的严重精神障碍患者人数3924人，严重精神障碍患者签约数2913人；辖区内残疾人数14985人，残疾人签约数8041人；辖区内计划生育特殊家庭人数1688人，计划生育特殊家庭自愿签约数1553人；纳入计划生育家庭特别扶助制度的独生子女伤残或死亡家庭的夫妻人数1398人，纳入计划生育家庭特别扶助制度的独生子女伤残或死亡家庭的夫妻签约数1288人；农村建档立卡贫困人口数12646人，农村建档立卡贫困人口签约数12215人；城乡低保五保人口数11639人，城乡低保五保人口签约数7226人。

【中医药健康管理服务】 辖区内65岁及以上常住居民数90891人，接受中医药健康管理服务65岁及以上居民数55066人，老年人中医药健康管理率60.58%；辖区内应管理的0～36个月儿童数15416人，按照月龄接受中医药健康管理服务的0～36个月儿童数8229人，中医药健康管理率53.38%。

【健康教育】 发放健康教育印刷资料1551种，651525本；播放健康教育音像资料472种，26158次，33087小时；设置健康教育宣传栏606个，更新宣传栏内容3661次；举办健康教育讲座2244次，参加人数50434人；举办健康教育咨询活动391次，参与人数41685人。

【卫生计生监督协管管理】 发现的事件或线索次数624个，报告的事件或线索次数624个，卫生计生监督协管信息报告率100%，协助开展的食源性疾病、饮用水卫生安全、学校卫生、非法行医和非法采供血、计划生育实地巡查次数5904次。

【预防接种】 辖区内应建立预防接种证人数39083人，已建立预防接种证人数39083人，建证率100.00%。辖区内乙肝疫苗应接种人数5118人，实际接种人数5095人，乙肝疫苗接种总针次数15798针，乙肝疫苗接种率99.55%；卡介苗应接种人数5786人，实际接种人数5772人，卡介苗接种总针次数5772针，接种率99.76%；脊灰疫苗应接种人数5387人，实际接种人数5361人，脊灰疫苗接种总针次数22629针，接种率99.52%；辖区内百白破疫苗应接种人数4751人，实际接种人数4725人，百白破疫苗接种总针次数25917针，接种率99.45%；麻疹成分疫苗应接种人数5353人，实际接种人数5326人，麻疹成分疫苗接种总针次数11154针，接种率99.50%；辖区内流脑疫苗应接种人数3914人，实际接种人数3889人，流脑疫苗接种总针次数18099针，接种率99.36%；辖区内乙脑疫苗应接种人数5606人，实际接种人数5579人，乙脑疫苗接种总针次数12483针，接种率99.52%；辖区内甲肝疫苗应接种人数6830人，实际接种人数6803人，甲肝疫苗接种总针次数6803针，接种率99.60%。

医疗

【医疗服务】 一是区级医院服务能力稳步增强。区中医院骨伤科成功申报为重庆市中医药重点学科，区妇幼保健院妇女常见病防治专科成功申报重庆市重点专科。区人民医院实施国家卫生健康委提升县级医院综合能力建设项目和“三甲”创建工作统筹推进；二是基层医疗服务能力持续提升。深入推进全科医生规范化培养，落实基层全科医生补助政策，全区每万民居民全科医生达2.31人。制定下发《铜梁区优质服务基层行活动实施方案》，年内完成虎峰镇中心卫生院乙级乡镇卫生院、东城街道社区卫生服务中心乙级社区卫生服务中心评审工作。加强村卫生室一体化管理，对乡村医生基本公共卫生工作进行定期督导考核，根据考核结果兑现乡村医生公共卫生服务经费;三是社会办医有序发展。以人大评议民营医院法治环境为契机,积极开展"放管服"改革,认真贯彻落实全市优化社会办医跨部门审批政策规定,优化审批方式,开展一项承诺制审批服务,有效提高审批效率。加强全行业监管,公平公正对待公立医院和民营医院,形成以公立医院为主体、民营医院为补充的办医格局;四是全国基层中医药先进单位荣誉进一步巩固。继续实施基层中医药服务能力提升工程,开展中医类别医师业务培训,基层医院中医馆信息化建设全覆盖,巴川街道社区卫生服务中心成功申报市级精品中医馆建设项目;五是全民健康促进行动全面推进。联合区教委、扶贫办、妇联开展铜梁区2019年健康中国巴渝行活动,扎实开展健康促进三年攻坚行动,推进健康教育"进家庭、进校园、进社区、进乡村、进企业、进机关",广泛普及健康知识。开展公众应急技能提升行动,全区共报名培训310人,考核合格300人,培训通过率96.77%。

【医疗业务】 **门诊业务** 2019年,铜梁区门诊病人4410965人次。其中:综合医院924247人次,中医医院524906人次,中西医结合医院17655人次,妇幼保健院184247人次,专科医院26324人次,社区卫生服务中心(站)219299人次,镇(中心)卫生院556412人次,门诊部20110人次,诊所、卫生所、医务室815539人次,村卫生室1122226人次。政府举办的医疗机构门诊业务收入49392.923万元。其中:综合医院24054.6万元,中医医院13069.1万元,妇幼保健院4339.7万元,社区卫生服务中心2330万元,镇(中心)卫生院3874.1万元,村卫生室实现业务收入1725.423万元。

住院业务 2019年,铜梁区住院治疗出院病人138593人。其中:综合医院(含民营医院)59850人,中医医院29292人,中西医结合医院1259人,妇幼保健院6911人,专科医院2209人,社区卫生服务中心10393人,镇(中心)卫生院28654人,门诊部25人。政府举办的医疗机构住院业务收入76601.9万元。其中:综合医院42157.2万元,中医医院22969.3万元,妇幼保健院2623.2万元,社区卫生服务中心2345万元,镇(中心)卫生院6507.2万元。平均病床使用率83.48%,其中:综合医院(含民营医院)95.21%,中医医院93.91%,中西医结合医院29.14%,妇幼保健院79.62%,专科医院19.77%,社区卫生服务中心78.87%,镇(中心)卫生院77.47%。全区出院者平均住院9.0天,综合医院7.9天,中医医院9.1天,中西医结合医院16.2天,妇幼保健院4.2天,专科医院2.2天,社区卫生服务中心7.6天,镇(中心)卫生院12.8天。全区平均死亡率0.20%,其中综合医院0.37%,中医医院0.16%,社区卫生服务中心(站)0.02%,卫生院0.01%。

【医药费用控制】 2019年,全系统药品占医药收入的比例为34.29%,同比下降0.48个百分点。每门诊人次费用201.42元,同比增长1.48%,其中:区直医院增长0.39%,基层医疗卫生机构增长5.29%。全区出院者平均医药费用5935.78元,比去年增加0.09%,其中:区直医院下降1.9%,基层医疗卫生机构增长0.05%。

【健康扶贫】 一是积极完善"先诊疗后付费""一站式"结算便民惠民措施,执行大病集中救治、重病兜底保障、慢病签约服务的"三个一批"分类救治行动计划,印发《铜梁区卫生计生系统健康扶贫工程实施方案》《铜梁区农村贫困人口大病专项救治实施方案》等健康扶贫工作专项文件。全区共有建档立卡贫困户4465户、12646名,患病人员5949名,大病集中救治1603人、7828人次,慢病签约服务2776人、14004人次,重病兜底保障1101人、2837人次,常见多发病2012人、3853人次,救治进展均为100%;实施"光明工程",白内障免费救治78例次;共支付健康扶贫基金502.79万元,救助贫困住院患者2670人、5172人次,自付比例9.71%;重特病门诊患者739人、7269人次,自付比例11.92%,区域就诊率

93.28%，各项指标均控制在政策范围之内；二是落实贫困人口城乡居民基本医疗保险，建立1000万元的健康扶贫专项基金专门用于贫困患者救治，保障贫困患者住院及慢特病门诊合规费用自付比例在10%和20%以内。三是实行家庭医生签约服务全覆盖，强化对口帮扶，确保就近就医。实行未脱贫人口医疗结对帮扶制度，选择责任心强的医务人员“一帮一”帮扶辖区内未脱贫户，协助解决患病就医过程中存在的困难。全区共组建家庭医生团队176个、总人数806人，优先为贫困人口提供家庭医生签约服务，完成全区12215名在家有签约意愿的贫困人口面对面的家庭医生签约工作；四是强化重点传染病、地方病防治措施，扩大癌症筛查和早诊早治覆盖面，加强严重精神障碍患者、艾滋病、结核病等基本筛查登记，救助和服务管理；五是强化政策宣传，提高群众知晓率。在重庆电视台农村公共频道专题栏目《巴渝视窗》、重庆新闻联播、重庆国际在线及华龙网4家市级新闻媒体及铜梁区融媒中心宣传健康扶贫政策，同时在各医疗单位大厅、输液厅的显眼位置设置健康扶贫政策专栏及摆放宣传折页。统一新印制健康扶贫手提袋、“健康扶贫明白纸”及健康扶贫政策宣传折页分发到各医疗单位，专门用于帮扶责任人和家庭医生入户走访贫困户时发放。

【特色专科】 **区人民医院** 共有市级重点专科4个：泌尿外科、肿瘤科、临床护理、神经内科、神经外科。市级特色专科4个：泌尿外科、呼吸内科、肝胆胸外科、神经内科。区域医学重点学科建设项目1个：重症医学科。区域医学重点专科建设项目1个：呼吸病学。市级重点学科1个：肿瘤科。

区中医院 为国家三级甲等中医医院，其中骨伤科为国家中医药管理局“十五”“十一五”“十二五”重点专科。国家级特色专科2个：心脑血管科、康复针灸理疗。市中医重点专科3个：心血管科、脑病科、疼痛针灸科。市中医特色专科2个：疼痛科、肛肠科。国家中医特色优势重点专科1个：肺病科。市级重点学科1个：中医骨伤科。

区妇幼保健院 市级重点专科1个：妇女常见病防治专科。

【供血用血及器官捐献】 2019年全年采血6392人。其中采集全血6338人，血量为9236.5u，共计1847300ml；单采血小板39人，54个治疗量。发往临床：血浆类9232u，血小板51u，红细胞类9282u，冷沉淀1301u，全血4u，成分输血率99.9%，采全血人次增长率为-0.02%，采全血量增长率-0.05%。2019年接受遗体器官捐献志愿申请22人，配合市红会实施器官捐献5例。至2019年，共登记遗体捐献553人，实施器官捐献22例。

【疾病构成】 主要收集来源于城市医院住院病人主要病种分析，包括区人民医院和区中医医院。2019年区人民医院前十位疾病排名主要有慢性阻塞性肺病伴有急性加重，后循环缺血，社区获得性肺炎、非重症，包皮过长，急性上呼吸道感染，急性支气管炎，大脑动脉血栓形成引起的脑梗死，手术后恶性肿瘤化学治疗，混合痔，慢性阻塞性肺病伴有急性下呼吸道感染。

区中医院2019年住院病人前10位疾病病人数占疾病总和的26.37%，是病种的主要来源，其中腰椎间盘突出、慢性阻塞性肺病伴有急性加重、混合痔位列前三位。2019年共计46例死亡病例，其中前三位分别是：呼吸衰竭8例，心肌梗死5例，恶性肿瘤5例。

妇幼保健

【概况】 2019年全区活产数为5410人，孕产妇保健覆盖率达到98.52%，早孕建卡率为93.81%，产后访视率为93.38%，孕产妇死亡2人，死亡率为36.97/10万，孕产妇系统管理率为92.05%。7岁以下儿童保健覆盖率为92.18%，3岁以下儿童系统管理率为91.06%，新生儿产后访视率为94.12%，5岁以下儿童死亡率为4.07‰；婴儿死亡率为3.14‰，出生缺陷发生率6.2‰。全年向

4107名妇女免费发放了叶酸，育龄妇女叶酸服药率达94%。对4691名孕产妇进行了免费艾滋病、梅毒和乙肝筛查，为378名儿童免费接种了乙肝免疫球蛋白，免费治疗了10名梅毒孕妇，随访艾滋病产妇及儿童、梅毒孕妇所生儿童共计77人次，全年无艾滋病、梅毒、乙肝母婴传播发生。全区28个镇街卫生院开展妇女"两癌"检查任务，完成宫颈癌筛查13188人，任务完成率101.45%；完成乳腺癌筛查12342人，任务完成率102.85%。共查出宫颈癌低级别病变37例，癌前病变42例，确诊宫颈浸润癌5例、微小浸润癌2例；乳腺癌11例。宫颈癌早诊率89.80%，阳性妇女均进行了治疗和随访。开展免费孕前优生健康检查2760人，目标人群覆盖率为96.1%，早孕随访率、妊娠结局随访率均为100%。开展计划生育技术服务，避孕节育术前咨询率达100%、术后随访率达92%。全年免费药具发放人数为100215人，免费药具发放率为96%，公立医院和基层医疗机构免费药具发放覆盖率100%。在全区所有接产医院开展了新生儿"苯丙酮尿症""甲状腺功能低下""葡萄糖-6磷酸脱氢酶"和"17α羟孕酮"筛查，全区助产机构分娩新生儿5711人，新生儿疾病筛查5607人，筛查率为98.17%。

医院管理

【概况】 一是修订《铜梁区医疗质量控制中心管理办法》，完善质控中心考核管理机制，调整各质控中心人员组成，召开11个质控中心主任工作会，开展质控督查，加强护理质量管理，各医疗机构定期开展护理人员岗位能力培训，区级医院不断深化专科护理培训。二是开展落实医院章程试点，推动建立现代医院管理制度。区人民医院、区中医院、区妇幼保健院和天恩中西医结合医院继续落实医院章程试点工作，遵照医院的权利与义务、内部治理体系、领导班子的主要权利和义务、决策机制、运行管理等工作机制开展工作。三是启动区人民医院现代医院管理制度试点。制定健全现代医院管理制度实施方案，修订完善医院管理《章程》，规范内部治理结构和权力运行规则；推进医院资源运营管理系统（HRP）应用，提升精细化管理水平。四是加强医院感染管理，与区环保局建立联动机制，召开医院感染管理暨医疗废物处置管理工作培训会2次和协调处置会5次；加强医疗废水处置设施整改，确保所有医疗机构医疗废水达标排放。五是按照《铜梁区卫生健康行业作风整治专项行动方案》，进一步整顿全区卫生健康行业作风，着力解决因医德医风缺失在医疗服务中违法违规违纪、侵害患者合法权益等突出问题，上报数据到市卫健委医政处，加强医疗机构和医务人员执业管理，开展医疗机构和医务人员不良执业记分管理。六是贯彻落实《中华人民共和国献血法》和《重庆市献血条例》，加强对血液安全的管理，保证铜梁区内医疗临床用血的需要和安全，保障献血者和受血者的身体健康，促进全区无偿献血工作的全面发展、可持续发展，做到采供血零事故，服务质量零投诉。

卫生法制与监督

【卫生法制建设】 把《中华人民共和国执业医师法》《护士条例》《医疗机构管理条例》及各项卫生健康法律法规知识读本作为全区卫生健康普法教材。根据新划转的职业健康职能和老龄委职能，把《中华人民共和国职业病防治法》《重庆市老年人权益保障条例》列入普法培训教材。严格实施重大行政决策制度，开展重大决策合法性审查工作。聘请专业律师担任法律顾问，对重大决策法律事项开展审核，确保依法依规。做好规范性文件的制定和清理工作，对清理出的4份规范性文件，废止1份，保留3份。深化审批制度改革，完成卫生健康权责清单、公共服务项目动态调整梳理工作。积极推进行政审批标准化建设，对卫生健康相关的行政许可事项进行行政审批标准化办事流程梳理，按照简政便民的工作要求对所有行政许可事项的办理时限进行全面压缩，压缩比例达50%以上。依法开展卫生计生行政服务事项审批工作，将公共场所卫生许可纳入承诺制信任审批服务。2019年共办理卫生健康审批服务事项4163件，办结率为100%。审批再生育233例。

【卫生行政许可与处罚】 1—12月，公共场所卫生许可588件、集中式供水1件、二次供水1件、放射诊疗16件、消毒产品1件。共立案查处案件149件，处以罚金32.47万元，其中公共场所卫生49件，处以罚金6.63万元；生活饮用水16件，处以罚金1.6万元；消毒产品1件，处以罚金0.5万元；传染病防治卫生34件，处以罚金4.88万元；放射卫生3件，处以罚金0.4万元；医疗卫生35件，处以罚金7.36万元；无证行医9件，处以罚金9.1万元；计划生育1件，处以罚金2万元；没收违法所得0.08万元；办理大案要案3件，其中罚款2万元的2件，吊销医疗机构执业许可证的1件。

【卫生监督覆盖率】 截至12月底，公共场所卫生、生活饮用水卫生、学校卫生、医疗卫生、职业（放射）卫生、传染病防治、消毒产品、计划生育等8个专业监督覆盖率均为100%。

【"双随机"监督抽检工作】 2019年，国家下达铜梁区8个专业共292家监督抽检任务，监督完成率、任务完成率及任务完结率均为100%。对监督抽检中发现的问题，下达《卫生监督意见书》，要求限期整改，对违反相关法律法规的共立案5起，共处罚金0.4万元。将监督抽查结果在铜梁区政府官方网站进行公示，按要求填报国家系统，按时上报各专业相关报表。

【专项监督检查】 2019年上级下达15个领域的专项监督检查任务，对检查中发现的问题下达《卫生监督意见书》，责令限期整改。对违反相关法律法规的共立案处罚55件，共处罚金13.24万元。

【日常监督检查】 全年开展放射卫生日常监督检查、餐饮具集中消毒单位日常监督检查和抽检、计划生育日常监督检查、饮用水监督抽检等工作，对发现的问题，下达《意见书》或进行立案处罚，或处以罚款。

【卫生监督协管】 一是对全区28个镇街卫生单位的105名卫生计生监督协管员开展2期卫生监督协管知识及职业卫生知识培训；二是每季度对28个镇街的协管工作督导考核1次，对发现的问题及时督促整改。

医学教育科研与合作交流

【概况】 2019年，全年协议引进医学博士3名，柔性引进博士（正高级职称人员）6人、培养在读博士1名；硕士研究生考核招聘11名、招聘非在编10名、柔性引进1名，培养在职硕士研究生5人；公开招聘卫生事业人员57名；招募"三支一扶"卫生技术人员16名；招聘"三支一扶"服务期满人员6名；考核招聘基层医疗卫生机构紧缺实用专业技术人员13名；订单定向医学生签约2名。开展基层卫生人员能力提升大轮训，组织基层医务人员参加培训200人。"三峡之光"访问学者1名。依托医学会专委会请市区级医疗教学专家开展学术报告和学术讲座等学术活动18期，共培训医务人员1900余次；依托区人民医院、区中医院建成2个医共体，覆盖所有镇街医疗机构、民营医疗机构和区妇幼保健院，建立医共体内部分工协作机制，开展人员柔性流动和技术指导，累计派出医护人员50余人次，发放资料2500余份，为600余人提供疾病筛查及健康咨询。区人民医院与重医附一院联合办医成效明显，建立远程心电会诊系统，年内上传数据1430例次；引进中国人民解放军火箭军特色医学中心吴继敏专家团队，成立"胃食管反流病诊疗中心"和"吴继敏教授名医工作室"。区中医院为基层医疗机构开展火针结合神经阻滞治疗带状疱疹、艾条灸等中医药适宜技术推广培训，累计培训60余人次。

爱国卫生

【概况】 年内开展第31个爱卫月活动。发动群众参与治理2万余人次，整治居民小区、村落400余个，整治农贸市场30余个，治理卫生死角400余处，清除暴露垃圾200余吨，清运垃圾600余吨。爱卫月活动期间全区共办宣传专栏100余期，制作宣传展板100余块、横幅60余条，张贴宣传海报4000余份。定期开展病媒生物防制，专业技术人员300余人次参与，清除孳生环境400余处，开展重点监测50余次，使用灭杀药品5000余千克，做到药物按技术规定投放，覆盖率达100%，全面清除"四害"孳生场所。完成农村卫生厕所改(建)造11642户。2019年12月30日，南城街道黄桷门村、巴川街道玉皇村、土桥镇大磨村被命名为重庆市卫生村。

职业健康

【概况】 2019年5月，职业健康职能从区应急局划转到区卫生健康委，成立职业病防治工作领导小组。一是出台铜梁区尘肺病防治方案。组织召开铜梁区2019年职业健康工作会暨业务培训会，13家部门、28家镇(街道)、各医疗卫生单位和民营医院分管领导和工作人员，全区存在职业病危害因素单位305家主要负责人和职业卫生管理人员共500余人参加会议。9月，分两期对镇街分管领导、卫生监督协管员再次开展职业健康业务培训，提升工作人员监督管理水平。二是加强摸底排查，督促企业进行申报、检测、体检、培训等工作，通过清理，全区存在职业病危害企业330家。截至12月3日，申报企业达到239家，其中已审核205家，待审核25家，驳回9家。另有74家企业已和三方检测机构签约，正在开展职业危害因素检测工作，全年申报率、检测率、体检率均达90%以上。三是围绕"健康中国，职业健康同行"主题，深入企业、社区、厂矿，开展《中华人民共和国职业病防治法》宣传周宣传，共接待咨询服务群众300余人，发放《中华人民共和国职业病防治法》各类宣传材料共计2000余份。四是区疾控中心按照GBZ188要求开展职业健康体检，截至11月30日共体检6029人次，发现职业禁忌证874人次，疑似职业病27人次，监测接触职业病危害因素的劳动者69362人、当年接受职业健康检查的劳动者15140人、疑似职业病36人、职业禁忌证874人，均分别告知企业和体检者本人体检结果及相应建议。

开展职业性尘肺病随访及回顾性调查，全区1186例尘肺病例全部随访到位，调查结果为死亡203例，现患存活983例。区卫生计生监督执法局主动对55家企业进行职业危害因素的现场监督检查，督促企业提交相关历史资料，参与协助第三方技术机构，对部分企业的职业病危害因素进行现状评估，督促相关企业按照评审专家的要求，限期整改完善。全年监督检查总体情况良好，少数企业存在未备案、未进行定期检测、评价，员工培训未留底等情况。针对检查中发现的问题，卫生监督员现场下达卫生监督意见书21份，责令限期改正。其中，立案处理1件，已经下达警告的处理决定书。开展健康企业创建工作，成立领导小组，选定4家不同行业的企业代表铜梁区创建健康企业，经现场指导、督促检查，最终3家达标。开展重点行业职业病危害专项治理，组织人员对辖区内的矿山、化工、制鞋行业共23家企业进行现场检查和指导，截至年底已有17家企业完成申报、定期检测、体检、培训等工作。另外6家已和三方检测机构签约。对于职责转隶前部署的水泥生产、铅蓄电池、汽车制造等行业专项治理，加大对共和水泥厂的指导力度，确保其达到国家规定的标准。

人口与计划生育

【常住人口】 铜梁区年末总人口为72.2万人，育龄妇女14.89万人，已婚育龄妇女10.02万人。人口出生(含往年补报)6217人，出生率为8.58‰，死亡5009人，死亡率为6.91‰，自然增长1208

人，自然增长率为1.67‰。出生人口中，政策内生育6098人，符合政策生育率为98.09%；一孩3253人，一孩率为52.32%，二孩2611人，二孩率为42%，多孩353人，多孩率为5.7%；男孩3172人，女孩3045人，出生婴儿性别比为104.17。

【户籍人口】 铜梁区年末总人口为85.13万人，育龄妇女18.65万人，已婚育龄妇女13.18万人。人口出生（含往年补报）7218人，出生率为8.49‰，死亡人口5336人，死亡率为6.27‰，自然增长1882人，自然增长率为2.21‰。出生人口中，政策内生育7073人，符合政策生育率为97.99%；一孩3728人，一孩率为51.65%，二孩3064人，二孩率为42.45%，多孩426人，多孩率为5.9%；出生男孩3725人，出生女孩3493人，出生人口性别比为106.64。

【奖励扶助】 2019年新增奖励扶助对象2005名、特别扶助对象145名，累计奖励扶助享受对象29531名、特别扶助享受对象1625名。发放计划生育特殊家庭扶助金660.26万元。为计划生育特殊家庭对象1625人建立个人档案，实现计生特殊家庭联系人制度、就医“绿色通道”和家庭医生签约服务“三个全覆盖”；区财政每年投入“生育关怀特别扶助金”100万元用于扶助计划生育特殊困难家庭。特扶对象到市进京集访“零目标”。

（区卫生健康委　陈静）

计生协

【概况】 2019年全区有28个镇（街道）计生协会，333个村（居）计生协会，建有361个会员之家和3530个协会小组，会员60735人，其中骨干会员5321名，各级志愿者9001人。

【主要工作】 **群众性宣传教育** 全区各级计生协通过元旦春节期间的走访慰问活动、“5·29”计生协会员活动日、“7·11”世界人口日、“12·1”世界艾滋病日等宣传服务活动及在庆祝新中国成立70周年期间举办的“中国计划生育工作取得的巨大成就及当前人口形势”专题报告等形式，广泛宣传计划生育政策、优生优育和生殖健康知识，弘扬婚育文明新风尚。

计生家庭帮扶 投入保费705400元为1746名计生特殊家庭父母办理住院护理保险，全年有953人获得赔付101.33万元，赔付率达143.65%，有效解决了计生特殊家庭的就医困难。向463户计生特殊家庭、计生困难家庭发放生育关怀金961000元。对全区计生特殊家庭实行动态分类管理，落实计生特殊家庭“3+X”联系人制度，全年累计采集录入、更新维护计生特殊家庭联系人帮扶信息15434条，对高龄、失能、伤残、独居和多病等重点计划生育特殊家庭每两月1次入户走访谈心或电话联系，频率达100%。中秋节前夕，在虎峰镇、平滩镇召开计生特殊家庭中秋座谈会，宣讲帮扶政策，听取计生特殊家庭的意见建议和诉求，发放慰问金和慰问品。

家庭健康促进日（3月26日），邀请陆军军医大学附属第三医院的李力教授开设“中老年保健与防病”专题讲座。11月，对全区82名城乡老年人在家庭、健康、照料护理服务、经济、社会参与、维权状况、宜居环境及精神文化生活等方面进行全面监测调查。投入15万元加强区青春健康俱乐部建设，全年青春健康俱乐部培训中小学学生26期，培训2140人次，在企业、社区、学校开展讲座41次、受益12000余人。

基层组织规范化建设 在蒲吕街道龙桥社区、二坪镇中山村、虎峰镇双桥村、高楼镇高楼村、大庙镇双鹅村5个村（社区）计生协实施规范化建设，实现标识统一、标准统一、制度统一、服务模式统一，有效提升了基层计生协综合服务能力。指导基层计生协会开展会员清理和骨干会员培育工作，2019年全区5321名骨干会员为群众开展帮扶活动10057次。7月，市计生协会专职副会长到铜梁开展专题调研，对铜梁计生协会基层组织建设给予高度评价。

（区计生协　吴青）

重点医院

【人民医院】 2019年，区人民医院实现诊疗人次数894605人次，同比增长7.7%；实际占用总床日413867床日，同比增长3.98%；出院者占用总床日406017床日，同比增长2.21%；出院人数52164人，同比增长3.99%；出院者平均住院天数7.78天，同比减少1.77%；药品收入占医药收入比重的31.75%，同比减少3.70%，病床使用率110.21%，同比增长16.39%。

主要工作 推进党建与业务工作融合。加强基层党支部和党员队伍建设。撤销原有的8个党支部，新建27个在职党员党支部；推进党支部标准化规范化建设；建立党支部参与科室重大问题决策机制；发展党员7名。结合"不忘初心、牢记使命"主题教育，检视梳理问题16条、即知即改16条，形成调研成果6篇，解决8个群众急难愁盼问题。加强党风廉政建设。发现并整改2018年以来的采购项目问题3个，查处失职失责医务人员4人，查处健康扶贫领域损害贫困户利益的不正之风典型行为5起。

抓改革，调结构。一是推进医改。推进"三通"医共体和分级诊疗体系建设，实现本区域就诊率90%以上；推进医改便民服务长效机制持续有效运行，深化公立医院薪酬制度改革。二是建设"智慧医院"。搭建"智慧医院"框架，完成信息集成平台第一阶段实施；上线"移动护理"项目，让护理人员回到患者身边；完善HRP精细化管理系统。三是推动"三甲"综合医院创建。有针对性地发展薄弱科室；修订完善制度68个、新增制度50多个；完善医院质量与安全管理指标体系。四是提升专科服务能力。按照《三级综合医院服务能力指南(2016版)》所要求的基本标准项目和推荐项目拓宽服务领域，实现基本标准达标率82.7%、推荐标准达标率47.6%。呼吸与危重症医学科成功创建"PCCM二甲示范单位"，肿瘤血液内科、临床护理等创建市级重点专科验收合格。五是深化优质护理服务。推进互联网+护理；通过移动护理信息系统提升服务效率；适时根据各病区床护比实现护理人员动态弹性调配。

抓服务，惠民生。一是落实健康中国战略。认真落实贫困患者"先诊疗后付费""一站式结算"和费用控制等健康扶贫政策；将贫困患者"30种大病"纳入临床路径管理；严格落实贫困患者身份精准识别，执行首诊负责制，规范临床救治行为；按照要求落实好"光明扶贫"工作。二是提升医院服务水平。不断提高微创技术临床使用比例；审核确定新增新技术项目59项，已开展31项；健全预约诊疗、检查检验结果互认、医务社工和志愿者等制度；对标对表2018—2020年改善医疗服务行动计划，创新服务、优化流程；成立延续服务中心，加强出院随访、慢病管理等工作力度；强化临床路径、单病种付费控制管理；积极派出医务人员对口帮扶巫山县人民医院；加强医联体建设，建立长期的技术培训和技术协作机制；携手慧兰医疗打造的"互联网+护理服务"项目于12月成功上线，提供适合在家庭条件下进行的居家护理服务。三是推动人文素养提升。通过开展患者体验、全员"随手拍"等文化活动，引导员工提升人文素质。四是推动"美丽医院"建设。加强院内感染管理，对医院环境绿化、厕所、便民设施、医疗废水废物等重点领域集中整治，不断改善患者就医体验。

提质量，防风险。一是提升质量安全水平。健全质量安全管理体系，加强管理与控制，保障医疗制度有效运行；及时预防和处理医疗风险，加强急诊科和"胸痛、卒中、创伤"三个中心建设，组建"胃食管反流中心"；加强医疗技术准入管理和高风险诊疗技术及手术麻醉监管，防范医疗安全事故；加强临床安全用血管理，保证用血安全。二是推动"平安医院"建设。落实警医联动制度，加强信息沟通和行动协调。

抓好干部队伍建设。引进肝胆胰专业博士1名、科研工作博士1名；吸引大批研究生到院试岗,选聘7名紧缺专业的硕士研究生,考核招聘2020年硕士研究生16名;通过外聘专家、客座教授、返聘等柔性引进方式指导薄弱学科开展诊疗工作;1名护理人员赴英国研修学习,参加重庆医科大学在职学习博士研究生1名、硕士研究生2名;实施"英才培养计划",选拔4名学科带头人和4名青年骨干确定学习方向和深造医院,进行重点培养。

提升医院科研教学水平。一是加强教学工作。重庆医药高等专科学校将临床专业系统教学班大一以后的课程放在区人民医院进行;医院1名导师参与重庆医科大学全科医学专业硕士研究生面试,招收1名硕士研究生;定制完成教学积分管理软件开发,取得软件著作权,于10月正式上线并投入使用。二是加强科研工作。2019年,申报各级科研课题66项,同比均有增长,在研项目完成15项结题、54项完成情况较好;医院职工发表SCI论文3篇、申请新型实用专利11项。三是加强住培工作。新招收全科规培学员2名、助理全科规培学员10名;加强基地建设和社区指导;独立设置全科医学科。四是加强继续教育工作。申报并实施继续医学项目市级46项、区级39项,注重加强项目管理和质量控制;纳入本院继续医学教育管埋1186人,继续医学教育达标率100%。

做好预防保健工作。一是加强疾病预防控制。及时完成传染病发病与疫情报告,无法定传染病疫情暴发、流行;加强发热门诊、肠道门诊规范化建设和结核及HIV定点诊疗管理,启动石鱼传染病院作为结核住院病人的收治场所;11月10日正式开诊狂犬病预防处置门诊。二是做好妇幼卫生工作,各项指标均达到要求。三是加强慢病管理,完成重点慢病数据和新发肿瘤数据上报和死亡病例登记报告。四是完成健康教育及控烟各项工作。

加强经济运营管理。一是完成HRP综合运营管理系统6个子系统的建设,定制开发物流管理功能,提升卫生材料管理精度。二是针对新会计制度和医院制度的变化,完善内部控制流程及制度。三是加强物价管理,及时发现纠正整改违规收费行为;实现卫生耗材"零差率"销售的平稳过渡。四是加强内部审计,介入日常采购项目和欠费管理;经沟通协调,利用区里维稳资金解决了历年突发公共卫生事件病员欠费80万余元。

(区人民医院　唐玉清)

【中医院】 重庆市铜梁区中医院为国家三级甲等中医医院、南京中医药大学附属医院、重庆医科大学中医药学院非直管附属医院。2019年有23个临床科室,10个医技科室,编制床位600张,开放床位780张。职工总人数823名,高级职称人员110名,中级职称人员175名,博士研究生2名,硕士研究生33名。拥有1.5T磁共振成像系统(MRI)、64排128层螺旋CT、16排螺旋CT、数字减影血管造影X线机(DSA)、数字化X线摄影系统(DR)、彩色多普勒超声诊断仪、全自动生化分析仪等总值约1.7亿元的医疗设备。

医院承担全区120医疗急救、疑难危急重症救治、应急救援以及中医养生保健服务工作任务。骨伤科为国家中医药管理局"十五""十一五""十二五""十三五"重点专科,重庆市中医药重点学科;心病科为国家中医药管理局农村医疗机构中医特色专科,重庆市中医重点专科,铜梁区临床重点专科;针灸科为国家中医药管理局农村医疗机构针灸理疗康复特色专科,重庆市中医特色专科;脑病科为重庆市中医重点专科,铜梁区临床重点专科;肛肠科为重庆市中医特色专科。有国医大师工作室1个、全国名中医传承工作室1个,全国基层名老中医药专家传承工作室1个、劳模创新工作室1个。

2019年,中医院针灸科被市人社局、卫健委评为重庆市卫生健康系统先进集体;疼痛·针灸科被重庆市总工会授予重庆市"工人先锋号"荣誉称号。在"巴渝工匠"杯第三届重庆市健康养老行业暨生物医药行业职业技能大赛中荣获团队护理项目(职工组)第三名以及医疗机构优秀组织奖;护士唐华奇、李秀、徐瑶三人荣获个人护理项目(职工组)优胜奖。在重庆市中医护理技术创新·科普演讲竞赛活动中,陈思利、唐富菊荣获"中医护理科普演讲比赛三等奖",黄昌燕荣获"中医护理技术创新大赛三等奖"。

整体迁建和扩建项目 "一中心一基地"项目已竣工投用;迁建后的新重庆市铜梁区中医院占地面积200亩,建设面积14万平方米,病床设置1000张,整体迁建及外科大楼建设项目正有序推进。

人才队伍建设 成功引进博士研究生1名,公开招录17名工作人员,医院现有博士研究生2名,硕士研究生33人。杨波被国家中医药管理局确定为2019年全国中药特色技术传承人才培养对象;周渭入选全国中医临床特色技术传承骨干人才培养名单;周海波入选全国中医药创新骨干人才培养对象名单;李卫国入选重庆市卫健委第二季度"重庆好医生"。

医疗技术成果 2月15日,外一科副主任医师田康、陈安兵成功开展首例腹腔镜腹股沟疝修补术(TApp)。全国开展此手术的医院仅占5%。4月,国家知识产权局为中医院郑忠济、杨明军、刘华发明的"一种骨科髓内钉尾帽及改锥"颁发了实用新型专利证书。5月,国家知识产权局为中医院郑忠济、刘华、杨明军、莫庸、唐远毅、郑柳、陈江何发明的"一种分体式记忆合金髌骨爪"颁发了实用新型专利证书。

成功开展腹腔镜下胆总管切开取石术。外一科、外二科联手开展了一例全腹腔镜下胆囊切除+胆总管切开取石+胆道探查+"T"管引流术。

成功开展PICC置管术。中医院PICC专科护士唐琴、张晓均在重庆医科大学附属第一医院PICC专家指导下,为外一科1例乳腺癌患者实施了PICC置管术,填补了中医院在PICC操作技术空白。

中医院成为重庆市中医护理教育联盟成员单位。由重庆医药高等专科学校牵头,重庆市中医护理专科联盟单位及相关医疗机构、医药类学校联合组建重庆市中医护理教育联盟,并于10月23日在重庆医药高等专科学校召开联盟成立大会。中医院成为该联盟成员单位,护理部主任周鼓利被聘请为联盟特聘专家。

2019年中医院成为重庆市中医护理教育联盟成员单位。(区中医院 供图)

便民措施 中医院与中国农业银行合作,进行智慧医院(客户端)项目建设,实现预约、挂号、缴费、检查结果查询等均可线上操作。上线微信、支付宝结算方式,方便患者缴费。建立了医院门户网站、微信平台,加强信息引导;发布就诊信息在医院门户网站、微信平台等应用程序,多途径告知患者医院预约诊疗途径。"银医一卡通"实行分时段精准预约服务,逐步增加预约号源,提高患者预约成功率。

(区中医院 冉滟婷)

【妇女儿童医院】 铜梁区妇女儿童医院有职工233人。其中,卫生技术人员197人,占职工总人数的84.5%,正高职称2人,副高职称17人。临床医生66人,医技人员18人,护士113人。编制床位99张(开放床位99张)。拥有实时四维彩超、数字乳腺X射线摄影系统、全自动生化分析仪等先进的仪器设备400余台件。主要设有孕产保健部、妇女保健部、儿童保健部、计划生育技术服务部等业务科室以及相关辅助科室和职能科室。

医疗服务工作 年门诊人次184274例,住院人次6911例，业务收入7238.67万元，较去年同比增长6.34 %。孕产妇建档率和分娩量约占全区出生人口总量的50%。进一步建立健全各项规章制度，修订完善医疗核心制度，制定急危重症应急预案及流程，医疗质量管理更加规范，医疗技术水平得到进一步提升，医疗服务流程不断优化。

学科建设与科研工作 2019年5月，与重庆医科大学附属第二医院合作打造的“不孕不育治疗中心”成立。6月，医院妇科建设项目——“妇女常见病防治”通过重庆市第三批妇幼保健重点专科评审验收，成为医院首个市级重点专科项目。10月，医院中医科通过主管部门评审验收，主要开展穴位埋线、小儿推拿、中药穴位贴敷、中药熏洗等特色项目。宫颈疾病诊治、产后康复特色专科逐渐突显。年内医院科研创新方面取得新突破，开展新项目新技术3项。申报的“铜梁区儿童食物不耐受调研及中医药改善不耐受体质相关研究”“ATP红外线治疗仪在剖宫产术后伤口治疗中的效果观察”区级科研项目获批立项，推广市级卫生适宜技术“产后出血的规范化诊治技术”1项，在核心期刊上发表医学论文6篇。

健康教育工作 2019年，持续推进青少年性与生殖健康促进项目工作，建立青少年友好服务门诊，设立青少年咨询电话，创建青少年悄悄话QQ群，开设青春健康俱乐部，创建青少年关爱示范基地。全年举办青少年性与生殖健康项目师资培训3期；开展基地活动26期，参与2000余人次；开展青春课堂进校园（含镇街）36期，参与9000余人次；开展青春课堂进社区、进企业知识讲座5期，参课500余人次；举办辖区孕妇学校师资培训1期。通过举办妇幼健康教育授课技能大赛、承办铜梁区第二届孕妇学校师资授课技能大赛等，加强学习交流，实现区级、镇街（社区）妇幼健康教育工作同质化管理。2019年被铜梁区科技局命名为健康教育基地。

铜梁区外国语实验小学参观青少年关爱基地 （区妇女儿童医院 供图）

人才队伍建设 全年组织人员招聘2次，考核招聘硕士研究生1名。组织院内医务人员集中学习培训11次，继续医学教育覆盖率100%。为提高专业技术人员的业务能力和技术水平，全年选派8名医护人员外出进修学习，派出221人次参加各类学术会议和短期培训，利用“重医附属儿童网络（指导）医院”“重庆市妇幼保健院业务指导医院”等优势平台，培养培育医院人才骨干，学科带头人逐步形成。

统筹推进重点工作 一是实施健康扶贫工作。落实建档立卡贫困患者门诊慢性病报销比例和住院兜底补助政策，实行“先诊疗、后付费”“一站式结算”，全年共收治建档立卡贫困患者住院32人次。二是落实12项医改便民措施。拟定实施方案，设置母乳喂养室，安装自助挂号缴费机，实现微信、电话、现场等分时段精准预约，全年通过微信、电话、自助机或现场预约11.4万人次，合计预约占比71.9%。三是严格医疗质量管理。调整医疗保健质量与安全管理委员会、伦理管理委员会等组织机构成员，建立健全管理组织，规范病历书写，严格处方点评，加强医患沟通，加强质量控制。四是实施“美丽医院”建设，全院环境得到改善，医疗废物和垃圾分类逐步规范。

（区妇女儿童医院 张姝）

社会生活

区划事务

【管理机构】 重庆市铜梁区民政局，是重庆市铜梁区人民政府主管社会事务的职能部门。履行社会组织管理、基层政权建设、社会救助、社会福利和社会事务、区划地名等职能。2014年7月撤县设区后，原县民政局更名为重庆市铜梁区民政局。内设“三科一室”，即社会救助科、社会事务养老科、基层政权和社会组织管理科、办公室。下属7个事业单位，其中参照公务员法管理的事业单位4个：低保中心、婚姻登记处、救助站、殡葬管理所。非参公事业单位2个：社会福利中心、慈善捐赠中心。自收自支的事业单位1个：殡仪馆。全局干部职工编制39人，实有38人，缺编1人。其中，行政编制9人，实有9人；参公编制21人，实有21人；事业编制8人，实有7人；机关工勤编制1人，实有1人。

【地名普查】 建立民政局牵头，文联、文旅委等多部门联合审核的地名审核机制，强化地名文化保护，加强历史文化地名宣传。在老旧小区改造中坚持只改环境不改名，最大程度保留老街巷、老建筑等传统名字。通过会议讲解、进社区宣传等方式贯彻落实《行政区划管理条例》。

【区级边界管理】 完成与潼南界线联检工作，界线、界止点无变化，界线上标志物无明显变化，界线无争议，无刑事案件发生。完成平安边界创建工作，边界平安和谐，未发生边界纠纷和信访。

（区民政局　石春月）

人民生活

【城镇居民收入与消费】 全年城镇常住居民人均可支配收入40198元，比2018年增长8.9%。其中：工资性收入23745元，增长9.9%；经营净收入7991元，增长7.7%；财产净收入2420元，增长3.5%；转移净收入6042元，增长9.0%。城镇居民人均消费支出24707元，增长9.2%。其中：食品烟酒7670元，衣着2678元，居住4277元，家庭设备用品及服务4153元，交通和通信2292元，文化教育娱乐服务2272元，医疗保健1024元，分别增长8.6%、8.8%、6.9%、7.0%、11.6%、11.6%、25.6%。

【农村居民收入与消费】 全年农村常住居民人均可支配收入19690元，比2018年增长9.7%。其中：工资性收入7862元，增长10.9%；经营净收入5746元，增长7.5%；财产净收入468元，增长3.1%；转移净收入5614元，增长11.0%。农村居民人均消费支出12528元，增长9.7%。其中：食品烟酒4567元，衣着784元，居住2430元，家庭设备用品及服务1564元，交通和通信978元，文化教育娱乐服务937元，医疗保健1037元，分别增长9.0%、8.6%、7.1%、5.7%、12.4%、11.3%、25.2%。

城乡居民收入比2.04∶1。城镇常住居民恩格尔系数31.0%，农村常住居民恩格尔系数36.5%。

（区统计局　李健）

社会保障

【社会保险】 **概况** 2019年城镇企业职工基本养老保险参保13.83万人；城乡居民养老保险参保38.57万人；工伤保险参保10.63万人；失业保险参保74644人。全年城镇企业职工基本养老保险费收入84151.72万元；城乡居民基本养老保险费收入5671.1万元；工伤保险费收入2697.97万元；失业保险费收入2777.22万元。

社保工作 开展全民参保计划扩面专项行动。区人社局认真落实重庆市人力资源和社会保障局办公室《关于开展2019年全民参保计划扩面专项行动的通知》精神，督促镇（街道）做好情况核实工作，加强数据分析利用，通过宣传动员扩大参保覆盖面，实现应保尽保。专项行动期间，通过宣传促进参保6193人。

落实机关事业单位养老保险制度改革。正式通过“社银接口”全面交换7家银行养老待遇社会化发放数据，有效地规避了支付过程中的安全隐患。开展机关事业单位养老保险基数自查自纠工作，督促擅自扩大基数范围的单位及时整改。对2014年10月至2018年11月退休的1113名“中人”进行待遇复算。

降费减负惠民惠企。年内5月1日起，将城镇企业职工基本养老保险参保单位缴费比例降至16%；继续执行失业保险阶段性降费政策，总费率执行1%，单位和个人缴费费率各0.5%。全年共降费减负24412.22万元，其中：社会保险费降费率12226.13万元，为小微企业、困难企业减负12186.09万元。

推行社保服务大厅“综合柜员制”改革。通过开展标准化改造、优化窗口资源配置、再造业务经办流程、工作人员业务集中培训等措施，统一业务术语、统一服务形象、统一服务流程，实现“一窗通办”“最多跑一次”的经办服务目标，做到“一网、一门、一次”，将社保服务大厅打造成为铜梁区市民服务和营商环境促进中心人力社保分中心。

抓好社会保险基金监督。成立“社会保险基金管理风险防控工作领导小组”，对区社会保险局、就业和人才服务局以及六个镇（街道）社保经办机构进行了为期半年的社保基金风险防控专项检查。检查内容涉及城镇职工养老保险、城乡居民养老保险等5个方面，包括内部控制、业务经办、财务管理等5大类124个项目。通过检查发现，全区社会保险经办机构总体上表现良好，基金管理风险总体平稳可控，但在内部控制、日常核查等方面存在不足。检查共发现问题项目24个，已督促各经办机构整改落实。

（区人社局 罗伟）

全国统一咨询日社保主题宣传（区人社局 供图）

【社会福利】 **养老服务** 推进养老服务设施建设。筹资一亿元（其中中央投资4000万元），新建高楼、庆隆2所敬老院，续建双山、土桥、旧县、侣俸敬老院，新增床位800张；结合“三改工程”，投入1000万元专项资金，按照“六个一”的标准，提档升级西河、大庙、福果、安居、巴川、太平6所敬老院，床位480张。启动7个社区养老服务中心建设，新建55个社区养老服务站并投入使用。建成社区养老服务站278个，覆盖全区90%的城市社区和80%以上的农村社区；投入30万元，购买社工组织，依托已建成的社区养老服务站开展为老服务。

提升养老服务质量。提升全区养老机构工

作人员的准入门槛和待遇，优化队伍年龄结构，将女性工作人员年龄控制在50周岁以下，男性在60周岁以下；积极开展各类培训，安排专门培训经费15万元，培训从业人员544人次，切实提升工作人员的应急处置能力及服务能力。投入15万元，购买敬老院入住老人理发洁面服务，年内服务10000余人次。采取以奖代补方式，切实提高村（社区）养老服务站服务质量，累计补助站点170个，发放补助金258万元。

强化养老机构安全管理。加大监督执法力度，按照“日、周、月、季”安全检查职责和安全检查计划，集中检查全区养老机构4次，排查整改隐患数811条，下达整改指令24份，约谈养老机构负责人29人，罚款近万元。投入25万元，通过招标方式，委托具有资质的消防企业对全区养老机构消防设施维保，组织应急演练；投入20万元，委托养老服务企业每月对养老机构开展2次安全检查。完善监控管理机制，将社会办养老机构全部纳入监控范围，并与公安、应急管理等安全管理平台信息互联，形成了齐抓共管的良好局面。

推进公办养老机构改革。全面清理国有闲置资产，通过“公建民营”“民建公助”“租赁合作”等方式，招商引入品牌养老企业开展连锁型、经营性养老服务。2019年12月，重庆光大百龄帮集团入驻铜梁区福利中心，打造为医养结合型星级养老机构，全面提升铜梁养老服务水平。指导虎峰镇、永嘉镇在满足当地特困供养人员的养老需求前提下，通过公建民营方式，将闲置敬老院低偿租赁给当地的社会办养老机构开展养老服务；引导具备条件的小林镇等9个镇街敬老院收住社会老年人，满足当地经济困难的孤寡、失能、高龄、失独等老年人的养老服务需求。

【社会救助】 **城乡低保** 落实低保兜底政策。2019年，新纳入农村低保保障建卡贫困户190户348人，全区累计2351人建卡贫困对象享受低保兜底政策，占农村低保9900人的23.74%，占全区建档立卡总人口12631人的18.61%。全年发放农村低保保障建卡贫困户低保金900万余元。

提高城乡低保人员基本生活标准。自9月起，城市低保保障标准由原546元/月·人提高到580元/月·人，农村低保保障标准由原410元/月·人提高到440元/月·人。截至年底，全区共有城市低保对象2061户2890人，累计发放低保金1800.43万元；农村低保5511户9900人，累计发放低保金4383.74万元。城乡低保月人均补差分别达到500.86元、370.81元，分别达到保障标准的86.4%、84.3%。

开展“全面核查、精准救助”专项行动。开展“全面核查、精准救助”专项行动，把符合条件的对象全部纳入救助范围的中心目标，从政策执行、救助渠道畅通、重点人群摸排、在保人员经济核查等方面发力，确保救助公开、公平、公正。区民政局遍访全区未脱贫的建档立卡贫困户，向镇街交办救助线索55条；各镇街走访5500余户困难家庭，对1.4万户在册低保、特困人员进行了经济核查。在专项行动中，低保新增23户、停发6户，特困新增2人、停发3人，临时救助268户。

特困人员救助供养 自9月起，特困人员供养标准由原710元/月·人提高到754元/月·人。截至年底，全区共有城市特困3741人，累计发放特困人员供养金3451.7万元；农村特困2799人，累计发放特困人员供养金2467.11万元；特困人员丧葬费发放298人，共255.8万元。有177人领取特困全护补贴，发放补贴资金57.72万元，有864人领取特困半护补贴，发放补贴资金204.98万元。

孤儿养育 自9月起，特困供养金由原来的1106元/月·人提高到1204元/月·人，截至年底，铜梁区有孤儿50名，全年累计发放69.14万元。启动“福彩圆梦·孤儿助学”工程，以1万元/年·人的标准发放助学金，截至年底发放孤儿助学12人，累计发放金额2.75万元。

临时救助 严格落实《铜梁区人民政府关于

调整完善临时救助制度的通知》要求，降低救助门槛，提高救助标准，与全市救助水平保持一致。全年累计为困难群众解决临时性、突发性生活困难6276人次，发放临时救助金1349.8万元，次均救助2150.7元。对接市社会救助基金会，转介救助30户，救助金54.5万元。

残疾人两项补贴 自1月起，贫困残疾人生活补贴标准由原50元/月·人提高到70元/月·人，重度残疾人护理补贴标准由原一级残疾50元/月·人提高到70元/月·人、二级残疾60元/月·人提高到80元/月·人。截至年底，全区共有12421人享受残疾人两项补贴，累计发放补贴1053.61万元。其中，贫困残疾人生活补贴4257人、累计发放349.33万元，重度残疾人护理补贴8164人、累计发放704.28万元。

流浪乞讨人员救助 全年累计救助求助人员256人次，站内救助201人次、站外救助55人次。其中，未成年人23人次，疑似精神障碍36人次，智力残疾28人次，肢体残疾4人次，疑似传染病人2人次，行动困难10人次，危重病人2人次，基本健康151人。寻亲成功19例。

其他救助 一是发放精简退职困难老职工45人，生活救济金27.36万元；遗属21人，发放生活补助金12.83万元；拆停企业困难职工5人，发放生活补助金3.7万元；襄渝伤残民兵民工10人，发放困难补助金5.68万元；襄渝矽肺225人，发放困难补助240.41万元。二是为1435名经济困难失能老年人按200元/月·人标准，发放养老服务补贴330.22万元。三是实施“民政惠民济困保”第二轮投保。截至年底，累计参保2.45万人，理赔1722人次，理赔总金额244.29万元，提高了困难群众抵御风险能力。

（区民政局　石春月）

【社会抚恤】 全面落实优抚优待政策，年内共发放优抚各类抚恤补助7567.92万元。下拨200万元“解三难”资金解决优抚对象生活、医疗、住房困难，惠及对象1818人。加大优抚医疗救助力度，全年救助重特大疾病优抚对象256人次，救助金额41.87万元。同时，在国庆期间积极开展庆祝中华人民共和国成立70周年走访慰问活动，共慰问优抚对象646户，发放慰问金192.2万元。

（区退伍军人事务局　李宇悦）

【医疗保障】 **机构设置** 重庆市铜梁区医疗保障局于2019年1月22日正式挂牌成立，核定编制29名，在职28人（含行政编制5人，事业编制23人）；设党组书记1名、局长1名、副局长1名；下设行政科室2个（综合科、业务科），事业单位2个（医疗保障服务中心、医疗救助中心）。

医疗保险 2019年，全区城镇职工基本医疗保险参保人数99116人（在职75478人，退休23638人），城乡居民合作医疗保险参保人数682034人（农村576120人、城镇105914人），征收医疗保险费用97200万元，其中征收城镇职工基本医疗保险费44200万元，征收城乡居民合作医疗保险费53000万元。支付城镇职工医保待遇231.75万人次，报销医保统筹基金11199.26万元；支付城乡居民医保待遇（含市外住院手工报销）334.19万人次，报销医保基金43846.80万元；支付生育保险待遇972人次，报销生育保险基金2027.37万元。

基金监管 实施医保统筹基金运行情况预警管理制度，每月统计分析定点医疗机构统筹基金增幅情况，约谈基金支出增幅较大的医疗机构负责人56人次。全区900家定点医药机构分三批进行医保政策宣讲、打击欺诈骗保等专题培训，47家新增定点医药机构60余人次进行准入培训。依法集中清退信息系统中预警存疑的“僵尸”定点医药机构（未注销未开展医保业务的机构）134家。实行现场检查和专项检查并举，开展现场检查200余家次。审核定点医药机构1000余家次。全年共处理违规定点医药机构306余家次（含网审），追回医保基金154.96万元，处理违约金202.51万元，暂停医保网络结算173家，暂停医保服务协议25家，移交其他部门处理案件7件。

医疗救助 2019年，全区40家医保定点医疗机构开通医疗救助服务，救助对象在全市医疗救助定点医院就医，实行基本医疗保险、大病保险、医疗救助“一站式”同步结算。对医疗救助对象参加基本医疗保险个人缴费给予资助，全年医疗救助资助参保34659人768.36万元，其中：补助建卡贫困人员参加基本医疗保险12818人次224.08万元。救助对象门诊和住院医疗费用经基本医保、大病保险报销后，对属于医疗保险政策范围内的自付费用给予一定比例的限额救助。全年医疗费用累计救助132543人次，支出医疗救助金3051.94万元，其中：救助建卡贫困人员17675人次，支出医疗救助金359.22万元。

（区医保局 王薇玮）

【住房保障】 全年累计建成公共租赁住房项目10个，分布在南城、巴川、东城、旧县、蒲吕、安居6个镇街，共有住房4713套，其中单间配套1976套，一室一厅2479套，两室一厅258套，总建筑面积24万余平方米。接受公租房优抚对象租金补助申请30人次，老弱病残安置廉租住房6户，其他特殊情况安置公租房32户；清退不符合公（廉）租住房保障条件129户，不符合廉租住房保障条件转为公租房保障75户，因承租人不符合公（廉）租房保障条件按市场租金标准收取20户；对符合廉租住房保障条件尚未实物配租的家庭发放租金补贴59户，总金额8万余元；完成年度公共租赁住房摇号配租工作，受益群众403户；加强公（廉）租住房设施设备日常维护保养，现场查勘并处理问题120余个；严格公（廉）租房租金收取，全年收取租金644.15万元。

（区住建委 李旭波）

社会事务

【妇女儿童】 全区总人口85.16万人。其中，女性41.51万人，育龄妇女人口（15~49岁）18万人。全区人口自然增长率2.21%。

妇女孕产状况。孕产妇产前检查率94.63%。孕产妇住院分娩率100%，孕产妇系统管理率为92.05%，孕产妇贫血患病率2.25%。

妇女政治地位。全区共有区级人大代表270人，其中女性代表94人，占34.81%；区政协委员275人，其中女性98人，占35.64%，资料显示，铜梁区妇女参政议政意识强，管理决策有能力，入选人大代表、政协委员比例逐年上升，参与管理程度提高。

区委领导班子中有女领导干部1名，区政府领导班子有女干部2名；区党委11个工作部门中配有女干部的领导班子有5个，占班子总数的45.45%；区政府29个部门中配有女干部的领导班子有23个，占班子总数的79.31%；全区28个镇街党政机关中26个配有女干部领导；公务员中，女性公务员占比为30.73%；村民委员会成员中女性比重占22.82%；居民委员会成员中女性占44.75%；全区企业职工代表大会中，女性代表4663人，占总人数的42.21%。

卡介苗接种率为99.76%，脊髓灰质炎疫苗接种率为99.52%，百白破疫苗接种率为99.45%，含麻疹成分疫苗接种率为99.5%，乙肝疫苗接种率为99.3%，甲肝疫苗接种率为99.6%，流脑疫苗接种率为99.23%，乙脑疫苗接种率为99.52%。0~6个月内婴儿纯母乳喂养率89.09%，7岁以下儿童保健管理率为92.18%。

铜梁区全面实施农村义务教育经费保障机制改革，全部直接免除义务教育阶段中小学学生学杂费；进一步整合教育资源，办学条件不断改善，呈现出各类教育协调发展的良好局面，有力地保证了教育产业健康、快速、持续发展。2019年，全区小学适龄儿童净入学率达100%，初中入学率为120.8%，其中女生入学率115.8%，高中阶段女生入学率为95.1%。

（区妇联 栗治广）

【老龄事业】 全区年末60周岁以上人员有197565人，占总人口的23.20%。对全区3008名90岁以上老人发放高龄津贴，共计708.14万元。对全区9768名“空巢老人”建立台账并开展走访慰问活动。开展医养结合工作，一是与38家养老机构签订《医疗服务协议》，签约率为95%，二是指导卫生医疗单位开通老年人就医绿色通道，覆盖率为100%。

（卫健委　陈静）

老体协工作　2019年，全区老体协协会81个，会员95517人；直属站团11个。常年开展气排球、太极拳、健身操舞、柔力球、乒乓球、羽毛球等10余个体育项目。12月6日，重庆市铜梁区老年人体育协会第八届会员代表大会选举向中涛为铜梁区老年人体育协会主席，刘世平、陈世新、邓传明为副主席，刘建华为秘书长。

启动“全国老年太极拳之乡”创建工作。区老体协起草《创建“全国老年太极拳之乡”实施方案》，经文旅委研究同意后上报区政府分管领导，签批后向重庆市老体协、中国老体协进行申报。5月19日上午，全国老年人太极拳展示大联动暨2019年铜梁区太极拳剑比赛在铜梁区藕塘湾灯光球场举行，来自全区的22支代表队300余名运动员参加比赛。7月，区老体协召开创建“全国老年太极拳之乡”动员会。9月初，召开82个老体协分会的秘书长会议。会议再次对创建“全国老年太极拳之乡”工作进行布置和强调。9月和10月分别举办铜梁区镇街、部门分会“创建全国老年太极拳之乡”教练员、裁判员培训班。对太极拳基础理论知识和招式进行了教学。两期培训班共有28个镇街、33个部门分会265名学员参加。组建太极拳队310支、运动员、教练员、裁判员3596人。11月9日，中国老体协太极拳专委会副秘书长兼活动部副部长崔美荣一行来到铜梁，召开重庆市铜梁区创建“全国老年太极拳之乡”工作检查汇报会。

创建全国老年太极拳之乡工作——太极拳展示（刘建华　摄）

举办区级比赛和展示活动。一是9月23—25日，举办了铜梁区第二届老年人气排球联赛活动。来自48个分会的70支老年男、女代表队近1000人参加比赛活动。二是举行2019年铜梁区柔力球套路比赛。来自全区各分会的16支柔力球队、200余人参加比赛交流活动。三是11月24日举行“中医院杯”太极拳比赛。12支队伍参赛。四是2019年第八届南城、东城和巴川片区联谊活动分别由白羊镇、高楼镇和安溪镇承办，活动设广场操舞、太极拳等6个项目，28个镇街、1200余人参加。同时组织操舞指导站、柔力球指导站、持杖健走指导站、拳剑指导站和夕阳红艺术团开展送文体下乡，在三个片区联谊活动开幕式上进行展示表演。

推动老年人体育健身活动常态化。一是区老体协确定年内太极拳剑、健身球操、健身气功、柔力球等项目的培训计划，共举办培训班8期500余人。二是各健身指导站深入镇街和部门行业分会，直接面对基层群众，开展体育健身项目的培训普及工作，全年培训骨干500余人。三是因地制宜地举办老年人健身展示和交流活动。全年举办气排球、门球、柔力球、健身球操、太极拳等10多个单项比赛。四是39个部门、行业分会分别举办乒乓球、羽毛球、竞技麻将等邀请交流活动50多次。

承办全国和市级老体协交办的活动。4月11日至12日，承办“重庆市渝西片区老体协第二十四次(铜梁)工作座谈会。市老体协领导、渝西八区老体协负责人等50余人参加会议。年内还承办2019年全国老年人气排球系列赛和重庆市第五届全民健身运动会气排球项目比赛,来自全国7个省市、全市28个区县的82支代表队共800余人参加比赛。

(区老体协　刘建华)

【婚姻家庭】 婚姻登记。全年共办理结婚登记5130对,离婚登记2828对,补发结婚证3057对,补发离婚证155对,登记合格率、规范率均达到100%。无涉外婚姻登记,无违法婚姻登记,实现婚姻登记"零差错",维护婚姻当事人的合法权益。

婚姻档案信息录入工作。全面完成新中国成立以来全区婚姻档案的信息录入工作,共录入婚姻登记历史档案数据254609条,完善婚姻登记信息系统历史数据,实现婚姻登记档案网络查阅。

【社区建设】 推广"三事分流"。印发《铜梁区推广基层治理"三事分流"工作机制的实施方案》,利用以村(居)民利益为核心的各级"坝坝会"议事协商平台,建立楼(院)坝坝会、村(居)民小组坝坝会、村(社区)坝坝会"三级议事"协商制度,不断优化"大事"办理效率、健全"小事"协商机制、拓展"私事"解决途径,促进各项群众事务妥善解决,逐步实现政府治理与社会自我调节、村(居)民自治的良性互动。

建立健全"一约三会"。出台《关于进一步清理规范村规民约和居民公约的通知》《重庆市铜梁区民政局关于建立健全村(居)民议事会、红白理事会、道德评议会的通知》,指导督促全区333个村(社区)修订完善村规民约和居民公约,并在镇(街道)备案,分别建立村(居)民议事会、红白理事会、道德评议会333个。

进一步规范村(居)务公开。出台《重庆市铜梁区城乡社区治理领导小组办公室关于印发〈重庆市铜梁区村(居)务公开目录〉的通知》,指导全区村(社区)按时按规进行村(居)务公开。

落实"四张清单"。指导333个村(社区)贯彻落实基层群众性自治组织事项清单、协助政府工作事项清单、涉证事项清单以及负面清单;清理整治28个镇(街道)"社区万能章"使用情况。

便民服务中心规范化建设。贯彻落实《中共重庆市铜梁区委、重庆市铜梁区人民政府关于加强和完善城乡社区治理的实施意见》精神,333个便民服务中心对外均只挂村(社区)党组织、村(居)民委员会和村(居)务监督委员会牌子,对内设置服务大厅、居民议事室、人民调解室等功能用房。

【慈善事业】 **慈善募捐** 全区共组建网络捐赠团队314个,通过为企业捐赠搭建平台、与部门合作实施项目、争取上级慈善机构和区外爱心单位捐款、职工"双日捐"等多渠道多方式募集慈善款物,共筹募慈善款物1174.19万元,发放救助款物811.62万元,直接帮扶4435人和5个市级贫困村、5个敬老院,惠及8265人次。

慈善救助 慈善助学。积极推进"劲牌慈善阳光班"、"圆梦未来"、干部职工"一帮一"捐资助学、重庆天喜豪生大酒店助学、"双日捐"助学等活动。共资助全区困难中小学生及贫困大学新生2117人,金额158.33万元。

慈善助医。通过慈善医疗救助专项基金,救助低保、五保中的癌症和尿毒症患者47人,救助金额27.23万元。通过临时医疗救助项目,救助因病致贫,且不满足低保、五保中的癌症和尿毒症条件的其他贫困人员,共47人,救助金额5.9万元。爱尔眼科医院救助贫困眼疾患者360人,金额40.52万元。根据捐赠者的意愿对患者定向救助,共867人次,金额144.87万元。

扶贫、敬老、助残、救灾。慰问敬老院老人、贫困学生、留守儿童、空巢老人等各类困难人群300余人。开展为敬老院老人理发、剪指甲、修脚等义务服务;元旦春节期间开展集中扶贫慰问活动,组织重庆展成家俱制造有限公司、重庆鼎萨木业有限公司为五保老人和贫困学生捐赠价值

12.04万元的物资。

慈善福彩 2019年度,区级福利彩票公益金可用资金总额为782.8万元。其中,2018年清算追加38万元,2019年预安排334万元,2018年未使用转入2019年使用的区级福彩公益金410.8万元。

敬老院达标改造、提档升级等490万元。巴川、太平、福果、大庙敬老院达标改造使用430万元。二坪、小林、安溪敬老院生活设施提档升级使用35万元。维新、高楼敬老院生活设施维修改造使用10万元。太平敬老院旧楼部分消防设施改造使用15万元。

困难医疗救助20万元。转入医疗救助财政专户20万元,对城乡困难群众(含残疾人)按比例救助。2019年度,区城乡医疗救助中心共支出医疗救助资金3345.89万元。

社工人才队伍建设35.6万元。2018年社会工作者职业水平考试补助使用29.8万元;2019年社会工作者职业水平考试考前公益培训会务服务使用5.5万元;第三方机构对2018年市级财政补助资金支持社会工作服务项目开展中期评估使用0.3万元。

区福利中心设施设备维护21万元。用于消防设施设备改造及B、C两栋楼的维护等项目。

区福彩民心亭建设1.85万元。用于支付福彩民心亭维修维护等项目。

慈善公益服务 协助开展"最美家庭""十佳最美家庭"评选活动,分别给予获奖者500、1000元奖金,奖励111人(户),金额5.7万元。另有5人获得"重庆最美家庭"称号,区慈善会给予每人800元奖励,金额4000元。"爱心车队"义务接送高考、中考学生和其他急需用车人群,全年义务接送2600余人次。义务交通劝导队员有150余人。仟骏义工队义务抢险3次,义务救灾2次。

【社会行政事务管理】 **社会组织管理** 铜梁区共有社会组织377个,其中年内新成立12个(社会团体8个,民办非企业4个),登记合格率100%。开展全区社会团体、民办非企业单位年度检查工作,细化年检标准,改进年检服务,优化年检流程,做实年检结论。

加强行业协会商会涉企收费规范管理。出台《重庆市铜梁区民政局关于进一步做好行业协会商会收费信息在"信用中国"网站公示的通知》《关于在全区开展行业协会商会涉企收费专项治理工作的通知》;指导全区34家行业协会商会全部在"信用中国"网站公示了相关内容。

加强社会组织领域风险防范化解。在2018—2019年度年检工作中,要求社会团体和社会服务机构在工作报告里对本组织存在的风险及化解措施进行陈述,经排查,尚未发现有社会组织违法违规接受境外资助情形或被敌对势力渗透利用等情况。

社会组织党建工作。在社会组织登记时同步采集员工信息,发现存在3个以上党员情况,及时告知该组织并及时向其业务主管单位提交建立党组织的申请,并重点审核社会组织章程有无党的建设和社会主义核心价值观有关内容。

社会组织参与脱贫攻坚。印发《2019年脱贫攻坚工作计划的通知》《重庆市铜梁区民政局关于进一步动员社会组织参与脱贫攻坚工作的通知》,积极引导动员社会组织参与脱贫攻坚。通过社会组织年检和日常采集等方式,收集社会组织参与脱贫攻坚的相关情况,建立工作情况台账。

社会组织清理。对不参加年检、未开展活动、不发挥作用的社会组织开展清理行动,截至年底,依法注销35个社会组织。

社会救助综合改革 实施"一窗受理、一网通联、三级联动"社会救助综合改革,整合民政、教育、扶贫、残联、慈善等单位、社会组织的57项救助资源,实现一个窗口登记、一张网络办理,区、镇街、村居三级工作人员主动发现救助的大救助格局,打通服务群众"最后一公里"。

留守儿童工作 全面核查信息,摸清底数,每季度及时更新农村留守儿童数据,建立重点救助对象及核减对象、新增对象台账，对农村留守儿童管理信息系统数据实行动态管理，做到精准关爱、精准帮扶、精准保护。

丰富留守儿童关爱活动。将符合政策的儿童纳入民政救助对象；在全区中小学每年开展一次留守儿童“给妈妈的一封信”“给农村留守儿童父母一封信”活动；组织留守儿童过集体生日会，参加包粽子等节日活动，感受家庭式的温暖；开展“书香传爱”微爱小书架捐赠活动，为贫困村捐赠书架10个，少儿图书2000余册，争取到市妇联小候鸟图书角2个，培养留守儿童热爱阅读的习惯；春节开展“关爱留守儿童 真情温暖冬日”活动，为全区102名留守儿童代表送去节日慰问；邀请6名留守儿童、4名散居孤儿参加“庆六一·我读书我快乐”活动；开展了国庆节“金秋十月喜迎祖国70华诞”农村困难留守儿童关爱活动，对区内420名农村困难留守儿童展开关爱工作；开展“冬日阳光、温暖你我”青少年新春关爱行动，深入走访全区各农村小学的留守儿童并记录下他们个性化的心愿，通过网络认领的方式，广泛动员社会爱心人士，在网络上进行心愿认领，共募集爱心物资价值约5万元，帮助447名困难家庭儿童实现了他们的新年愿望。

构建多元关爱阵地。在全区建立“儿童之家”361个，覆盖所有村、社区及镇街；各中小学校共建成留守儿童亲情视频聊天室119间，亲情电话吧390部，配备心理健康教育专职教师16人，兼职教师1100余人，每两周开设1节心理健康教育课程；建立了“1+1+N”模式，即一名爱心妈妈+一个爱心组织+N个爱心人士组成的关爱帮扶制度；探索新建二坪镇留守儿童寄宿制学校；全面推广镇街、村社联系培养关爱留守儿童工作制度，积极发展“代理家长”深入农村留守儿童家庭，与留守儿童结成帮扶对子，确保留守儿童离校不离教，组织28个镇（街）儿童督导员、333个村（居）儿童主任开展农村留守儿童业务培训；全区“家长学校”84所，为家长提供家庭教育免费培训，每年开展各类培训、会议180余场次，培训家长（监护人）9万余人，全面提升留守儿童家长的法定监护意识和家庭教育意识。

收养登记 全年依法办理收养登记1件，登记率、规范率均达到100%，无违法收养登记。

殡葬事业 投入121万元更新改造区殡仪馆遗体火化炉2台，投入68万元完成大庙镇东森村农村公益性墓地二期工程建设。拆除活人墓3座，取缔违规治丧点1处，整治西郊绿道沿线坟墓190座，遏制殡葬违规行为。拨付遗体火化奖励补助和困难群众基本丧葬服务补助11万元，共计113例，惠民政策得到落实。出台困难群众节地生态安葬补贴实施办法，完成节地生态葬式认定工作，推广节地生态葬。全年建立村（社）红白理事会257个，全区333个村（社区）实现红白理事会全覆盖，引导群众文明治丧930例；检查殡葬服务单位43家次，排查安全隐患点16个，全年未发生安全责任事故。

（区民政局　石春月）

【烈士纪念馆设施设备维护与管理】 邱少云烈士纪念馆投入390万多元用于停车场建设、水池排污、新建厕所、新修围墙、地面铺贴和办公楼屋面粉刷等，于12月12日竣工验收。

全年烈士馆共接待参观群众75万余人次，其中团体2649个，解说2024场（其中免费讲解440场）。重庆市人大常委会主任张轩等先后到烈士馆参观。年内到馆参观的团体有：邱少云生前所在部队、重庆市革命伤残军人康复医院、重庆航天火箭电子技术公司、重庆红岩革命纪念馆、西南大学、重庆理工大学、重庆市第一中级人民法院等周边区县及铜梁的党团和工会组织、驻渝部队官兵和市内大专院校以及区内中小学生等。烈士馆按照区委宣传部的工作安排，指派3人到江北、万盛、璧山、长寿等市内区县有关单位开展邱少云事迹红色故事宣讲，完成宣讲任务28余场，接待听众3000余人次。

（区退役军人事务局　李宇悦）

灾害事故

【气象灾害】 2019年，铜梁区汛期暴雨洪涝总体较常年偏轻，全年共出现4次暴雨及大暴雨天气过程。一是4月19日至21日，全区普降大雨到暴雨，其中华兴镇雨量最大为97.5毫米。二是5月17日至20日，全区普降大雨，局地暴雨，其中虎峰镇雨量最大为87.4毫米。三是6月4日20时至5日08时，全区普降大到暴雨，其中安居镇雨量最大为86.1毫米。本次降雨过程及伴随的大风天气造成1800余人受灾，转移安置2人，无人因灾死亡。农作物受灾面积831公顷，绝收面积414.1公顷；倒损房屋150户250间，造成104.98公顷农作物受灾，直接经济损失210万元。四是6月27日至28日，区境内普降大到暴雨，局地大暴雨，最大降雨量出现在虎峰镇为125.9毫米。

（区气象局　罗先猛）

【洪涝灾害】 全年遭受7次洪涝灾害。全区25个镇（街）3763人受灾，紧急转移安置118人；倒塌房屋90户175间，严重损坏房屋135户283间，一般损坏房屋309户528间；累计农作物受灾面积286公顷，其中约35公顷农作物绝收，灾害共造成直接经济损失约1400万元。

（区应急局　供稿）

【地质灾害】 全年开展地灾隐患现场查勘120余次，落实资金682.19万元，实施地灾工程治理项目41个、地灾搬迁32户，发布地灾预警信息38次、8000余条，选聘重庆一三六地质矿产有限责任公司对云雾山岩溶塌陷区415个点位开展地质监测服务工作，对提出重建申请的唐大春等4户开展了房屋重建地勘工作，全年无地质灾害导致人员伤亡情况发生。

（区规划自然资源局　陈季忠）

【火灾】 2019年，全区发生火灾72起，均为一般火灾事故，无人员伤亡，直接经济损失27.74万元。区消防救援支队接警出动640起，出动车辆1053辆次，出动警力8345人次，抢救被困人员75人，疏散被困人员71人。

（区消防支队　供稿）

【道路交通事故】 全区年内发生一般以上交通事故145起、死亡45人、受伤160人，同比分别下降27.14%、11.76%、34.16%，未发生重特大交通事故。

【治安灾害事故】 全年无治安灾害事故。

（区公安局　高云全）

【水上交通事故】 全年未发生水上交通责任事故，没有发生船舶污染事故。

（区交通局　供稿）

【食物中毒事故】 全年未发生食品药品中毒事故。

（区市场监督局　谭春梅）

【生产安全事故】 2019年，全区共发生各类生产安全事故13起、死亡18人（比上年度同期减少1起，死亡增加3人），占全年控制指标（25人）的72%；发生较大事故1起。

全年事故特点分析：安全生产事故主要集中在道路交通、建筑施工、制造业3个行业领域。其中：道路交通发生事故6起，死亡10人（上年同期发生7起死亡8人）；建筑行业发生事故1起，死亡1人（上年同期发生2起死亡2人）；商贸制造业发生5起事故死亡6人（上年同期发生4起死亡4人）；采矿业发生1起事故死亡1人，上年同期未发生。危险化学品及烟花爆竹、农业机械、水上交通、渔业船舶、特种设备、消防生产经营火灾等6大重点行业和领域已连续9年保持“零死亡”。

（区应急局　李民锴）

巴川街道

【概况】 巴川街道辖区面积39平方千米，耕地面积16.82平方千米，下辖16个村(社区)。辖区常住人口约14万人，总户籍33336户、人口88977人，其中：城镇户籍27699户、人口81672人，农村户籍5637户、人口7305人，人口密度3589人/平方千米。街道办事处干部在编112人、在岗109人，退休干部115人。

地区生产总值912606万元。年内第一产业增加值12419万元，农业增加值12911万元；第二产业增加值212549万元，工业增加值50573万元；第三产业增加值687638万元。固定资产投资总额209045万元。工业投资总额23326万元。社会消费品零售总额451799万元。财政收入3606万元，其中工商税收3576万元。城镇常住居民人均可支配收入40112元，增速8.9%，农村居民人均可支配收入20734元，增速10.15%。

【经济发展】 **招商引税** 引进中税科信税务师事务所有限公司，签订《中税科信铜梁运营中心建设及运营合作项目合同》，利用该公司全国线上线下运营体系，为街道引进服务业类企业15家。神州顺利办铜梁运营中心项目正式入驻巴川。中铁建重庆石化销售有限公司在巴川注册，注册资本为4000万元。

第三产业发展 积极培育淮远河商业街、亲水湾夜市街、马家湾夜市街，打造“一刻钟便民服务商圈”。继续盘活小北海物流园存量商业，加快培育农副产品批发市场。着力推动电动车摩托车专业市场提档升级，入驻电动车、摩托车及配件等经营商户59家。积极发展电子商务。引入电商平台运营商“京纪人”指导辖区蜂蜜、成王果业果苗等农产品进行线上运营及网络营销，引进重庆新仙农业科技有限公司，支持其以“互联网+大数据”模式，研发推广线上农消平台、线下新零售体验店及同城速达等服务。

现代农业发展 纵深推进乡村振兴西郊绿道建设和产业规划。建成“绿道”7.5千米、产业路2千米、停车场6个，完成沿线房屋外立面改造380户、庭院整治370户、生化池改造360个。以西郊为依托，引进成王果业、禾盛园农业、科赛农业等16家农业企业，发展绿色经济、“互联网”经济。2019年，成王果业发展成为西南地区规模最大的果苗培育基地。禾盛园133.33公顷猕猴桃基地产量达到620吨。富邦水果33.33公顷沃柑进入盛产期。科赛农业建成6个高效低碳生态流水循环养殖槽，实现年产鱼150吨。蟹巢农业建成10公顷大闸蟹生态养殖塘，收获优质商品蟹15吨。培育发展农村电商，建成电子商务分店、形象墙22个，实现品牌农产品、土特农产品上线32个，依托“爱在龙乡”“京东”“果之王”等线上平台实现线上销售4500万余元。

新型农村集体经济发展 深化农村集体产权制度改革，稳妥推进农村集体资产量化确权工作，全面完成103个社、7371户、1681.8公顷土地的调查摸底、数据整理。积极推进“三变”改革，成立“铜梁区巴川街道玉皇村股份经济合作社”，构建“村集体+企业+农户”利益联结机制，盘活闲置土地5.7公顷，实现适度规模流转土地率提高至36.5%，年分红40万余元。

玉皇村“三变”改革股东分红现场会 （黄萌雨 摄）

休闲旅游 引进桃源山庄、逍遥山庄、九辉西苑、齐庆山庄等农家乐10余家，西郊科赛农业、禾盛园、蟹巢等企业分别举办了鱼王争霸赛、红心猕猴桃采摘节、以及“义波杯”“蟹巢杯”全国钓鱼邀请赛等10余次乡村旅游活动，吸引游客10万余人次，实现旅游综合收入4000万余元。

【社会发展】 **城市提质** 实施老旧小区补“短”，完成龙锦花园、鑫龙花园等40个老旧小区升级改造，为127个老旧小区、309幢单体楼落实管理责任人和保洁员。全力推进征地拆迁，强化重点项目建设保障，完善金砂西路和雪庵西路新增征收土地面积1.85公顷交地手续，完成乔家南北苑限价商品房分配244户，棚户区改造分房76户，货币补偿135户。积极开展“路长制”，查处乱倾乱倒垃圾11余起，规范骑门摊、占道经营游摊散贩2万余起，清理辖区牛皮癣5万余平方米。强化法制宣传教育，开展法律知识宣传29次，发放宣传资料2.4万余份，开展法治讲座8次。防范和化解重大风险，每月开展重大风险分析研判会，受理调解各类矛盾纠纷624件，受理群众来信来访96件，办结率达100%。加强重点人员帮扶管控，对辖区286名刑满释放和35名社区矫正人员建立台账，对521名在册吸毒人员和67名社区戒毒(康复)人员建立一人一档，对肇事肇祸精神障碍患者落实有奖监护。开展市级挂牌社会治安重点地区专项整治，发案率较去年同期下降32%。

环境保护 全面落实河长制，街道及村居级河长共巡河765次，排查整治河库问题68处，完成河道清漂4.8千米。开展禁养区畜禽养殖“回头看”行动，搬迁关停反弹养殖场6家，处理畜禽49头(只)。全面禁止肥水养殖，排查出河流两岸200米内水产养殖9户，取缔增氧机27台。积极配合创建国家森林城市，植树10万余株，完成农田林网和特色经济林新造26.67公顷。加强大气污染防治，处置露天焚烧点120余处，治理餐饮油烟68家，提高秸秆资源化综合利用率至

84.8%。扎实开展村庄清洁行动，以“三清一改”为重点，发动干部、志愿者等2.4万余人次，清洁公路干线及沟渠78千米，院落3450个，清运各类垃圾1500余吨。推广实施农村人居环境积分制，2019年共评比出“清洁文明户”1500户次、“美丽庭院”62户次。

社会保障 全力促进就业创业，城镇新增就业3937人，把老乡留在老家995人，完成重点电子智能终端企业招工240人。落实就业再就业优惠扶持政策，“4050”补贴368人、“单双解”社保补贴32人，低保就业补贴21人。办理城乡居民养老保险11021人、医疗保险54830人，城镇企业职工养老保险2841人、医疗保险344人。社会救助不断加强，发放城乡低保365户623人，救助民政部门建档特殊困难家庭483户91.19万元，发放老年人高龄津贴、服务补贴、特困护理补贴61.37万元，发放残疾人生活补贴、护理补贴61.168万元，免费为20户残疾人家庭实施无障碍改造、为12名残疾人提供康复服务及辅具适配。办理生育服务证341例，农村妇女免费“两癌”筛查惠及666人，完成家庭医生签约服务2.1万人，孕优优生检查430人，老年人免费健康检查5000余人。脱贫攻坚精准发力，完成C、D级危房改造58户，实现贫困学生资助、建档立卡贫困户新农合医疗保险、商业保险全覆盖。动员18户贫困户申请小额贷款27.8万元用于畜禽养殖、蔬菜种植等自主创业，不断提升贫困户“造血”能力。

【党的建设】 **概况** 街道党工委下设党委12个，支部95个，共有党员2657名。新设非公支部1个，新吸收预备党员10名，对25名退役军人恢复了组织关系，为党员过政治生日17次，组织党员重读入党志愿书，重温入党誓词380余人次，切实筑牢党的基层战斗堡垒。2019年，对22名干部进行岗位调整，9名公务员进行职级晋升，新提任党委书记1名，引进本土人才5名，调整社区干部5名。

“不忘初心、牢记使命”主题教育 全面贯彻党的十九大、十九届二中三中四中全会精神和习近平总书记视察重庆重要讲话精神，党风廉政建设和反腐败斗争等重点工作。全年组织各级党组织开展专题学习78次，一级班子成员牵头下沉调研120余人次，到基层开展宣讲100余场。

党风廉政建设 召开反腐败工作会13次，开展“以案四说”警示教育1次，转发学习违反中央八项规定精神等典型案例通报9次。2019年立案调查违纪党员1名，协助区纪委调查处理违纪党员2名，处分1名违纪党员，追踪管理2名被处分党员。深入实施“党建扎桩、治理结网”工程，常态化开展城市小区“小设施、小绿化、小场地”的“三小”认领工作，有效解决群众急难问题7800余件，带动117个无物业老旧小区落实管理，全力打造共建共治共享社会治理新格局。

（巴川街道 方庆玲）

领导班子名录

党工委书记 蒋 伟

党工委副书记 办事处主任 赵 洪

党工委委员 人大工委主任 赵 兵

党工委副书记 汪伯伦

党工委委员 办事处副主任 冉朝玉

党工委委员 政法书记 古洪斌

党工委委员 武装部长 办事处副主任 刘兴明

党工委委员 人大兼职副主任 周良群

党工委委员 纪工委书记 童 渝

党工委委员 黄 怡

办事处副主任 瞿 洪

党工委委员 办事处副主任 刘定航

各村(社区)基本情况表

村(社区)	户数(户)	户籍人口(人)	党委(支部)书记	村(社区)主任
接龙村	1094	2721	李 芳	何代碧
玉皇村	1143	3336	柏小林	刘 敏
千年村	1385	3323	吴代明	石安强
大雁村	879	1995	刘昌明	李仁文
盘龙村	702	2074	龙虎国	周孟勇
八一路社区	1820	3839	施正荣	陈正会
仙鱼社区	2236	4558	赵 燕	—
柿花社区	813	1766	阳明煜	彭汝莉
东方社区	4553	13574	赵 静	—
东城社区	3430	10063	王安秀	刘 洋
和平社区	3626	9639	叶甜甜	王兴洪
正街社区	2838	9024	郑淮平	—
龙山社区	1876	6243	刘 凤	谢 霞
体育街社区	2566	7082	叶作敏	—
淮远社区	1552	3739	张 宏	周情燕
袁家社区	2823	6001	刘学瑜	赵吉福

东城街道

【概况】 东城街道位于铜梁城区东北部，辖区面积约47平方千米，辖9个社区7个村，143个村(居民)小组，28609户68547人。辖区内有1所高中，1所初中，4所小学，18所幼儿园。

街道办事处核定编制114名，实有107人(其中行政46人；事业61人)。设党政办、党群办等17个内设机构，办公地址在东城街道迎宾东路368号。2019年度获得重庆市征兵工作先进集体称号。

全年完成地区生产总值162.51亿元，同比增长9.9%；第一产业增加值1.27亿元，同比增长2.6%；第二产业增加值119.4亿元，其中工业增加值94.19亿元，同比增长11.1%；第三产业增加值41.84亿元，同比增长9.1%；固定资产投资完成103.44亿元，其中工业投资46.4亿元；社会消费品零售总额32.45亿元，同比增长13.8%。全年完成地方预算内财政收入13061万元；其中：税收收入完成12942万元，非税收入完成119万元。城镇居民人均可支配收入40337元，同比增长9.05%，农村居民人均可支配收入20599元，同比增长10.45%。

【经济发展】 完成全年民营经济市场主体发展目标，新增个体工商户1697户，企业488家，新发展增速21.1%。规上企业206家，其中工业企业116家，限上商贸企业36家，服务业企业14家，建筑房地产企业40家。

投入50万元在青羊村1社种植6.67公顷沃柑、血橙等经果林，果苗长势良好。完善飞凤村特色水产养殖生态垂钓水果休闲采摘园项目，其中6公顷生态鱼年终效益20万余元。水星村1组成立农村集体经济组织，引进重庆市金粟食品有限公司，并建立“村集体+集体经济组织+业主+农户”的利益联结机制。

鸟瞰工业园区 （东城街道 宋玫红）

【社会发展】 **加强城区管理** 取缔世纪阳光、凤竹路临时菜市场2处。开展市容秩序集中整治6次。全面规范车辆停放和交通秩序，处罚违停车辆312起。推进城市管理“路长制”工作，发现处置问题600余个，辖区街面“脏乱差”等突出问题得到较好解决。全年共整治存量违法建筑102件1.5万余平方米。投入930万元对39个城区老旧小区开展整治，其中综合改造7个，强弱电线路改造15个,局部维修改造17个。组织环卫人员集中清理老旧小区内院、背街小巷、城中村建筑、装修等各类垃圾及杂物垃圾3900余吨。每日坚持“两扫一保”,确保城区清扫保洁质量。

生态保护 投入约20万元在安全村、花院村等20多千米的农村公路边播撒花籽480斤。对辖区内露天焚烧、2个污水处理站、600余家餐馆油烟治理、30余个汽修厂(店)、3个加油站油气回收装置运行等方面加强了巡查管控。对金龙石材、王毅吉源石材等15家企业、小作坊实施强制关闭。清理核实蜡梅园22处违法用地情况,拆除生态大棚内外设施4000余平方米。

全年累计参加义务植树4.4019万人次,植树22.01万株。在青羊村、安全村、水星村完成新一轮退耕还林任务50公顷。开展人居环境整治工作,召开动员会、推进会、村(社区)级会议等100多次,大力推行人居环境积分制兑现工作;发放农村生活垃圾治理村(居)规民约、倡议书等宣传资料11500余份,制作布标200余幅。累计整治道路40条206.8千米,参与村民近17400人。清理积存或散落垃圾2928.2余吨,清理河流沟渠近289.1千米,清理废弃秸秆、农膜及露天堆放农业废弃物283.9余吨。开展积分兑换活动2次,170余户获得人居环境积分奖励。全年投入人居环境整治的财政资金近46万元。街道级巡河110次,村级巡河378次,全面完成巡河任务。禁止露天焚烧、秸秆焚烧,全年共出动巡查3109人次,发现露天焚烧点107个,责令停止违规焚烧107件次,批评教育107人次。

社会保障 辖区内共有低保户300户,500人,全年共发放低保金227万余元。有建卡贫困户8户14人享受健康扶贫医疗救助、6户17人享受C级或D级危房改造补助、49名建卡贫困学生获得教育资助。扶贫小额信贷助推脱贫攻坚,累计向48户建卡贫困户发放贷款181.5万元。做好7个村、2个涉农社区103户建档立卡贫困户饮水安全工作。发放特困资金148万余元。持二代残疾证的残疾人1167人,新办证55人,享受生活补贴199人次,共计发放14.7万元;享受重度护理补贴569人,共计44.3万元。进行22个残疾人居家托养服务,每人每年给予托养补助1200元。辖区内的市级标准化示范性残疾人康复站(室)3个,建立12个残疾人文化进社区康复活动室。

全力促进就业创业,实现城镇新增就业4200人,城镇登记失业人员就业1200人,城镇困难人员就业646人。发放小额担保贷款金额600万元。积极开展家政服务、月嫂、厨师等技能培训,受益人数达220人。办理城乡居民医疗保险46960人。办理灵活人员“4050”社保就业补贴285人,发放金额88万元。高校离校未就业毕业生就业率达95%。

全面实施两孩政策,办理生育服务证528例、再生育服务证15例;享有农村部分计划生育家庭奖励扶助对象887人,计划生育特别扶助对象100人,发放奖扶资金106万元。农村适龄妇女“两癌”筛查人数1240人,完成率达106.8%。深入开展家庭医生签约服务,签约1.4万名居民;大力开展孕前优生健康知识宣传,组织184名适龄人员参检;为辖区4600名65周岁以上的老年人提供免费体检。加强对公共场所、学校、医疗机构日常监督检查执法力度,下达卫生监督意见书182份。加强对290名严重精神障碍患者的管护工作,规范管理282人,规范管理率达97.2%。

【党的建设】 **概况** 街道党工委现有下属社区党委9个,机关党总支1个,党支部56个,其中机关支部3个、村支部7个、社区党委下属支部32个、非公党支部14个。全年转入党员74人,转出党员48人,死亡党员14人,开除党籍3人,党员信息管理系统现有党员1865人,其中预备党员8人(应2020年转正),现管理党员档案956份。发展党员6人,其中农村党员2人,9名预备党员转正。落实恢复退役军人党组织关系1人,上报待组织部审批7人;全年缴纳党费144083元,成立非公党组织14个,党员人数112人。已全面实现党员管理“零遗漏”。梳理入党积极分子和申请入党人员花名册，积极分子19名。

"不忘初心、牢记使命"主题教育 领导班子开展读书班集中学习研讨5天，查找问题17个，班子成员查找问题38个，完成调研报告11篇，讲专题党课17场；各基层党组织开展学习交流讨论92场，检视查找问题70个，党组织书记讲专题党课39场，基层党组织党员开展志愿服务141次，参与党员2339人次，办好事实事1721件。专项整治工作中，查找出违反中央八项规定精神突出问题7个，形式主义官僚主义突出问题7个，干事创业精气神不够，患得患失，不担当不作为问题3个，已全部整改完成。排查出软弱涣散党组织2个，已按照要求进行整顿转化并验收合格。四治四提工作中，共梳理出87个亟待解决的问题，已全部整改完成。全年新选配村党支部书记1人，新上任村社区干部1人，配合区委组织部开展本土人才回引，经过面试、考察、联审、试岗等程序，新回引本土人才3人。

党风廉政建设 全年开展"以案四说"警示教育会22场次，受教育对象达1602人次。受理自办信访件2件，办结2件。查处群众身边的不正之风和腐败问题及其他问题3件，诫勉谈话3人，通报批评6人。组织干部开展扶贫领域腐败和作风问题专项督查，对辖区7个村、2个涉农社区工作落实情况、干部作风进行检查；明察暗访走访贫困户31户；谈话提醒4人。

（东城街道 宋玫红）

领导班子名录

党工委书记 张新全
办事处主任 袁厚泉
人大工委主任 童中华
党工委副书记 高 山
纪工委书记 伍小燕
政法书记 肖必兵
办事处副主任 石明琼 刘 霞 蒲淑红
办事处副主任 武装部长 邱光兵
党工委委员 卢应伦 何永平

各村(社区)基本情况

村(社区)	户数(户)	户籍人口(人)	中共支部(总支、党委)书记	村委(社区)主任
塔山社区	4167	10576	涂兴明	熊 燕
长坡社区	2934	7569	李代菊	张长云
龙城社区	3615	9073	李 霞	李 霞
晏渡社区	2610	6747	蒋有菊	高尚懿
玉泉社区	1386	2673	刘华伟	刘华伟
双门社区	1407	2631	周德富	周德富
金龙社区	1041	2094	陈代彬	龙 平
姜家岩社区	3267	6201	康笃位	刘昌兰
全兴社区	877	1903	陈天伦	汪永会
梁祝村	1780	3501	张才容	刘学福
飞凤村	1030	3184	黎永龙	康云龙
花院村	1295	3605	邱元清	王科全
安全村	1398	3986	田贵红	杨元菊
水星村	859	2191	冷继贵	张邦中
拦马村	543	1548	全成英	陈 荣
青羊村	400	1065	罗朝华	周和海

南城街道

【概况】 南城街道辖区面积66.24平方千米，辖7个社区、9个村、257个村(居)民小组。辖区户籍人口72009人，其中城镇居民43151人，农村居民28858人。

街道机关干部编制职数107人(其中行政41人、事业62人、参公4人)，在职人数101人(其中行政40人、事业57人、参公4人)；设有党政办公室、党群工作办公室、经济发展办公室等8个内设机构，另设退役军人服务站、社区事务服务中心、城市提升服务中心等7个事业单位。

2019年，全年完成地区生产总值818403万元，同比增长10.1%；第一产业增加值20439万元，同比增长3.1%；第二产业增加值443356万元，其中工业增加值341560万元，同比增长10.9%；建筑业增加值101796万元，同比增长27.3%；第三产业增加值354608万元，同比增长5.8%。全年完成固定资产投资291463万元，同比下降13.2%；工业投资15613万元，同比增长46.6%。全年实现社会消费品零售总额159253万元，同比增长15.5%。全年实现财政收入6710.97万元，其中税收收入3060.66万元。城镇居民可支配收入达到40404元，同比增长8.85%；农民人均可支配收入达到20429元，同比增长10.5%。

【经济发展】 **工业发展** 辖区内共有工业企业263家，2019年新增14家，其中规模以上工业企业40家，2019年新增3家；有商贸企业798家，2019年新增56家，其中限额以上商贸企业52家，2019年新增4家，另外有限额以上个体户64家，2019年新增5家。

农业发展 全年粮食播种面积1733.83公顷，粮食产量11173.8吨，同比增加258.8吨，同比增长2.37%。油料面积247.47公顷，产量155吨，蔬菜播种面积980.6公顷，蔬菜产量34833吨，均实现增产增收。全年累计流转土地1794.93公顷，适度规模经营率达66%。全年新发展农业企业1个、农民专业合作社1个，培育区级龙头企业1户。年内完成对黄桷门电商小镇、巴岳农特产品电商交易平台、梯子黎家沟生态经果园、梯子宇立呈中药材、河东村蔬菜基地等项目的上档提质；争取市级乡村振兴资金200万元，在黄桷门村实施建设“风雨长廊”项目。完成区乡村振兴西郊示范片环线公路建设11千米，种植各类苗木、花草400万余株。

【社会发展】 **征地拆迁** 组建6个拆迁攻坚小组，建立街道、村(社区)、村(居)民小组“三级联动”机制，完成铜梁中学迁建、城市规划用地、文化产业用地、市域快线璧铜线等项目征地132.91公顷，拆迁房屋300户，为各重点项目的顺利实施提供了用地保障。

城市管理 加大主要干道和重点区域治理力度，规范劝导占道经营、“骑门摊”、游摊散贩等市容违章行为30000余件次，处理人行道乱停乱放208起，整治违规、废弃、破损广告和横幅534块、1380平方米；办理市政违法简易程序案件254件，一般程序案件7件，处罚金额26400元；充分利用数字化城市管理平台，全年处理平台交办件3561件，完成率达100%。

环境保护 严格落实“河长制”，对辖区内14条河道重新梳理，完善一河一档的档案资料，各级河长共计巡河820次，整改河道问题7个，整治淮远河城区段沿岸毁绿种植农作物6000余平方米，清理河面漂浮物10000余平方米；关闭2家养殖场，完成14家养殖场整治工作。完成森林抚育66.67公顷、退化林修复（含人工更新）66.67公顷、义务植树21万株、西郊环线绿化6.67公顷，拆除巴岳山风景区违法用地、违章搭建户28户，共计19560.71平方米。切实加强秸秆焚烧、露天烧烤、渣土运输车辆的巡查、监管，制止露天焚烧300余起。大力实施人居环境整治，全面推行"积分制"，清理垃圾560吨、沟渠65千米、堰塘64处，清运废弃秸秆、农膜及露天堆放农业废弃物100吨，直接受益的群众达35000余人。

西郊绿道　（南城街道　供图）

民生事实　一是实施精准扶贫。严格落实"四必见"，对82户216名贫困群众进行"一户一策"精准帮扶，发放扶贫小额贷款54.2万元、脱瘟鸡苗1600多羽，利用公益性岗位带动贫困群众就业10人。对就业困难人员实行分类帮扶和实名制动态管理，帮助就业困难对象就业再就业547人，完成培训职业技能299人，报批创业担保贷款90人，发放1350万元。严格落实低保救助政策，发放低保金318.73万余元、各类救助金159.144万元。二是提升基础设施。新建农村四好公路14.315千米，改造C级危房31户、D级危房33户；在14个小区启动"三小"认领工作，启动老旧小区综合整治5处，另对15个老旧小区进行消防管网及强弱电改造。提档升级养老服务站2个，新建区级养老服务站3个。三是大力推进基层社会治理创新，全街道共划分为72个网格，明确网格员252名，成立网格党支部28个，发动单位党员到社区报到1611人，组织召开各级联席会议40次，收集处理问题120余个，做到矛盾就地化解不上交，提高辖区群众安全感、满意度。

文化体育　街道文化中心实施错时开放，每周对辖区内群众开放不少于42小时。全年完成流动文化进村38场，累计服务2万余人次；新增体育设施面积25000平方米，全街道体育设施免费开放面积累计达到88100平方米。深入推进"五风浸润"工程，各村（社区）评选"新乡贤、好乡亲"32名，其中1人获评区级"新乡贤、好乡亲"。

【党的建设】　概况　南城街道党工委下属基层党组织38个，其中机关总支1个、村（社区）16个、非公支部18个、流动党支部1个、专业合作社党支部1个、社会组织党支部1个，共有党员1861人。

抓实主题教育　组织召开党工委会13次，研究基层党建问题21个，到基层上党课2次，深入各村（社区）调研、指导党建工作26次。带头并督促班子成员参加所在支部的党组织生活，与班子成员开展交心谈心18次。在"不忘初心、牢记使命"主题教育中，各级党组织共开展集中学习140余次、送学605人、寄学70人，做到学习教育全覆盖。班子成员深入基层调研40余次，走访群众500余人次，组织召开问题分析研判会5次，形成调研理论文章16篇。街道大力开展"四治四提"专项行动，组织各级党员干部开展志愿服务活动260余次，参与人数达2500余人次，办理城市管理、环境整治、扶危济困等方面的好事实事680余件。

筑牢基层基础　新建村便民服务中心3个，整顿软弱涣散基层党组织2个；新引进本土优秀人才11人；全覆盖开办乡村振兴讲习所和社区党校，开展各类讲习活动达到192场，参与党员干部群众8600人；广泛推广使用群工系统，全年受理群工事项665件，办结率100%。开展“以案四说”警示教育，分5批组织党员干部到区廉政教育基地参观学习，办理区纪委转交的群众信访举报2件、党员违纪案件1件，处理违纪党员1人。充分运用各类媒介平台，结合“铜梁好人”“新乡贤、好乡亲”等先进典型评选和“我们的节日”、文明劝导等活动的开展，积极宣传社会主义核心价值观，大力弘扬中华民族优秀传统文化、传统美德。先后回复处理各类网络舆情8件，提高政府公信力和群众认可度，树立正面的网络舆论导向。

（南城街道　王伟）

领导班子名录

党工委书记　李祖建
党工委副书记　办事处主任　张晓天
党工委副书记 人大工委主任　范　川
党工委副书记　陈德星
党工委委员　纪工委书记　周　瑜
办事处副主任　龚川兵
党工委委员　政法书记　祝家福
党工委委员　办事处副主任　吴先兰
党工委委员　办事处副主任　武装部长　陈　伟
党工委委员　周　英
党工委委员　李　玲
党工委委员　办事处副主任　陈　熙

各村(社区)基本情况

村(社区)	户数(户)	户籍人口(人)	党组织书记	村(居)委会主任
南城社区	3318	10378	曹邦华	刘　畅
南门社区	2473	6980	黄成国	李孝琴
桐子社区	1637	4204	蒋赐兵	吴开春
岳阳社区	1813	4427	秦伟云	刘杰
两路社区	2330	5560	吴文禄	传显华
白龙社区	2415	6684	肖明海	范定友
团结社区	3266	6920	秦　翅	王卫娟
河东村	1220	3284	刘敏谷	瞿和君
西来村	740	1926	周英德	周英德
鱼溅村	1327	3403	刘泽芳	王定斌
翠英村	1377	3784	陈光云	周世超
黄桷门村	988	2660	雷　迅	雷　迅
梯子村	1453	3530	陈德平	郭开友
巴岳村	937	2501	余远彬	余远彬
马滩村	1112	3050	汪学贵	何永碧
聚星村	1041	2718	龚运奎	滕　良

蒲吕街道

【概况】 蒲吕街道位于铜梁城区东部，辖区总面积66.6平方千米，其中耕地面积2445.5公顷；街道下辖10个行政村、5个社区、206个村民小组，年末15368户，39980人，人口密度600人/平方千米。

2019年机构改革后蒲吕街道办事处编制101人（其中行政35人、事业66人），年末实有93人（其中行政32人、事业54人、参公7人）。有党政办、党群办、监察室等16个内设机构。

2019年地区生产总值完成504997万元；第一产业增加值18681万元，第二产业增加值437952万元，其中工业增加值419052万元；第三产业增加值48364万元；固定资产投资233229万元，其中工业投资完成161044万元。全年财政收入4634万元，同比增长7.3%，其中完成税收4404万元，同比增长12%；城镇居民可支配收入39776元，同比增长8.8%；农村居民人均可支配收入完成20590元，同比增长10.5%。

【经济发展】 **工业发展** 精准对接高新区工业跃升倍增计划，新落户杰尔精密电子、北思卡材料等企业11家，年产值达8.2亿元。全年500万元以上固定资产投资23.3亿元，其中工业固投实现16.1亿元，其他固投7.2亿元。积极挖掘商贸新增长点，新培育限额商贸个体3家，社会消费品零售总额2.3亿元，同比增长14.1%。

农业发展 大力推进新型农村集体经济发展，因地制宜完成15个村（社区）新型农村集体经济方案，并实现经济收入39.3万元。围绕“三点一线”总体规划，建设发展康济药乡示范点，种植川佛手、芍药、牡丹等各类中药材83.33公顷，实现药乡劳务收入人均10000～20000元/年；探索发展青山樱桃基地建设，加强管理、加工技术扶持，实现群众户均增收3000元以上。打造康济药用乌鸡、乌鸡蛋等品牌农产品，充分利用网络电商销售肉鸡3000余只、鸡蛋10000余盒，总产值达700万余元。

【社会发展】 **民生实事** 切实落实“一户一策”“一帮一”措施，137户贫困户全部脱贫；为贫困户发放沃柑苗10000余株，发放扶贫小额信贷放贷70户、97.7万元。大力推进民政、社保基础工作，全年发放各类救助15840人次，救助金990万余元；实现城镇新增就业1690人、创业836人，参加技能培训135人；完成“家庭医生”签约10505人、两癌筛查1449人，发放计划生育特殊家庭成员慰问金16200元。升级基础设施建设，改造完工新岚路7.4千米，积极推进29.5千米农村“四好公路”建设；实施农村卫生厕所改造290户；107户CD危房改造已全部完工并落实拨款；建成3个区级社区养老服务站。

城市管理 着力提升城市品质，在双石公园和穆莲公园内建成两座公厕，改造两个公园绿化，整体绿化率均达60%以上；建成城区二三级污水管网、实验二小管网改造2200余米，整改双石街外立面约12000平方米。优化城镇管理，开展城市秩序专项整治，规范游摊320余个，整治占道经营110余家，纠正违章停放车辆3500余车次，规范建筑工地5个，查处洒漏车辆70台次。着力亮化市容市貌，健全垃圾收运体系，配备一线环卫人员105名、装运设备203台，收运生活垃圾5300余吨、餐厨垃圾130吨；节假日在公园、步行街等摆放时令花卉1.26万株，对拆迁区域、人和村至康济村沿线约4公顷土地撒播草本花卉进行绿化美化。

环境保护 组织开展农村人居环境集中整治5次，参与人数达30690人次，清理垃圾514吨、沟渠105千米、废弃秸秆、农膜及露天堆放农业废弃物41吨。全面推动辖区内小安溪流域、淮远河流域生态保护及综合治理，累计巡河523人次。扎实做好农村面源污染整治工作，禁止秸秆焚烧，推动农村秸秆回收利用率达到84%以上，农药、化肥使用量均做到双下降，回收废弃农膜2.237吨。

文化事业 开展群众性文化活动，送演出、送图书、送法制政策宣传进村及各类文化活动44场次，观众达3.1万人次；结合清明、端午、中秋、重阳等传统节日开展“我们的节日”“讲文明、树新风”等活动50场次；发挥文化中心辐射作用，组织专业老师指导组建社区舞蹈队、社区腰鼓队，开展坝坝舞、老年运动会等活动，丰富群众业余生活；利用报刊阅览室、培训教室等配合多部门开展读书活动、教育培训、展览展示等，参加人数达1.2万人次；开展送春联下基层活动，现场向群众送出春联620余幅；开展书法摄影展览各4次，充分发掘社区居民艺术创作热情。

【党的建设】 **概况** 辖区内党组织29个，其中非公经济党支部5个、机关党支部3个、村（社区）党支部15个。共有党员1019人，其中在岗职工党员208人，农牧渔民党员539人，离退休党员159人，其他党员113人。预备党员13名，入党积极分子14名。

开展“不忘初心、牢记使命”主题教育 开展理论中心组学习6次、集中学习研讨8次、班子成员讲专题党课17场次，26个基层党组织依托乡村振兴讲习所、社区党校，结合“三会一课”、主题党日开展学习交流242次。组织辖区120余名党员干部开展革命传统教育、形势政策教育、先进典型教育、专题警示教育。

加强基础建设 一是扎实开展软弱涣散党组织整顿，全覆盖摸排走访15个村（社区），精准确定整顿大坪社区、青山村党组织，共查找问题10个，制定整改措施25条，全面完成整顿任务。二是增强基层党组织的战斗力，优化党员干部队伍结构，发展党员12名，回引本土人才6名，储备培养后备力量26人。三是以问题整改倒逼重点任务落实，对标对表问题清单，逐类逐条制定整改措施，整改完成各类问题110个，纳入长期整改范畴问题5个，建立问题整改长效机制。四是切实打牢阵地建设基础，规范各村社区便民服务中心标识标牌，统一制作各村（社区）公示公开栏107块，积极破解葫芦、大坪、石虎、新联、穆莲、康济等村（社区）便民服务中心新建扩建、服务提升等难题。

首创“龙桥驿站”服务平台 通过设置“三保障两中心”服务网络，精准对接民营企业招工难、用餐难、绿化散、保洁乱等问题，开展送工、送餐、绿化、保洁、职工服务等业务。同时将街道经济、拆迁、环保等各办所业务下沉“龙桥驿站”，助推街道各项工作有效开展和社区共享共建发展。现已开展送工、送餐、会议会场租赁、职工服务等5000人次；完成拆除征地拆迁历史遗留户3户；协助高新区搬迁苗木48394株；零矛盾发放184户、3108.6万元安置补偿费用；开设扶贫专柜，与10余家企事业单位签订供销协议，实现销售额5.2万元。

（蒲吕街道 代承丞）

领导班子名录

党工委书记 张焕兵

党工委副书记 办事处主任 唐 健

党工委委员 人大工委主任 曾建萍

党工委副书记 王 东

党工委委员 纪工委书记 朱文有

党工委委员 办事处副主任 李 兵

童 彬

党工委委员 武装部部长 办事处副主任 刘开勇

党工委委员 陈清训 贺 杨

办事处副主任 周茂伟

各村(社区)基本情况表

村(社区)	户数(户)	户籍人口(人)	党支部书记	村委(社区)主任
葫芦社区	864	1601	杨永兵	胡小龙
穆莲社区	1372	2845	谢发伟	范艳宾
龙桥社区	1780	3999	肖廷梅	杨昌禄
大坪社区	1112	2722	赵大斌	陈泽伦
新市社区	134	225	蒋永亮	蒋永亮
平安村	876	2361	陈朝勇	陈　信
人和村	1607	4514	陈良福	杨清柱
沙心村	1633	4367	李高洪	张开旭
石虎村	1075	3173	杨全忠	何洪海
大塘村	1501	3934	张祖明	何益文
善心村	437	1269	郭能祥	蒲云康
新联村	922	2856	陈文贵	谢尚均
沙坝村	635	1867	任开友	熊　辉
青山村	869	2597	林述容	龙运春
康济村	551	1644	白　桦	陈泽超

旧县街道

【概况】 旧县街道位于铜梁区东北部，与合川、璧山接壤，重庆三环高速、合璧津高速贯穿辖区，距遂渝高速路铜梁东互通口9千米、合川动车站14千米、渝新欧铁路始发站25千米，境内有段家塘500吨级码头，是成渝经济区的轴心节点之一。街道辖区面积80平方千米，下辖17个行政村、3个社区，296个村民小组，19287户，50681人，其中农业33054人，非农业17627人。政府机关核定行政编制38名，年末实有36人；事业编制51名，年末实有37人；参公编制4名，年末实有4人。

全年GDP完成19.94亿元，同比增长9.5%；财政收入完成2086万元，税收完成1922万元，同比增长7.5%，工业增加值完成8.39亿元，同比增长9.1%；固定资产投资完成7.22亿元，工业固投完成2.19亿元；服务业增加值完成5.53亿元，同比增长7.2%，城镇、农村常住居民人均可支配收入分别为37836元、20281元。

【经济发展】 **工业振兴稳步发展** 辖区内有工业企业32家，其中规上工业企业10家。通过深入开展集中走访精准服务民营企业活动，协助新申世纪化工有限公司扩规上档；抓住高新区（旧县组团）建设机遇，全面完成汽车离合器配件产业园项目16000平方米B车间建设任务；积极推进污水处理厂项目、骨干道路建设项目。

重庆长安离合器有限公司生产车间　（唐仁能　供图）

乡村振兴扎实推进 按照“5+3+1+N”产业发展规划，立足农业产业振兴，助推新型农村集体经济全面发展，全年共计发展农业公司15个，发展农民专业合作社13个，发展家庭农场和专业大户23个；全街道11个“空壳村”全部脱壳，17个村集体经济发展收入均在5万元/年以上；檬梓村50万羽标准化鹌鹑生态养殖场已建成投用，龙乡黄金鹌鹑蛋已通过“龙乡好礼”电商平台全面推广，完成了“铜梁鹌鹑蛋”国家地理标志的申报，品牌效益逐步显现；新栽种杂柑3000亩，“铜合柑橘产业带”已基本形成；尝试探索“南瓜+青菜”循环种植模式，推广种植南瓜73.33公顷、种植青菜166.67公顷，实现产值710万元。

【社会发展】 **城市提升** 铜梁区第六特困敬老院房屋主体工程建设基本完工；完成旧县场镇、九塘、箭高、石鼓段家塘、金钟片、岚槽场镇雨污管网改造工作，建成污水处理站，实施了旧县污水处理厂3个罐体应急大修换膜，完成了街道6个老旧小区改造设计；完成了邹家巷、老区公所还建房项目的初步概算。

城市管理 完成了城市市政服务外包，大力推行城市管理工作互动化、网格化，实施“五定”城市管理模式，规范人员管理，清扫保洁质量进一步提高；着力强化基础设施建设，新修停车场2个，新增停车位240个，新增路灯15盏，路牌3个；打好了“车辆秩序规范持久战，店外经营整治攻坚战，户外广告清理突击战”，全面规范车辆停放和交通秩序，对133个临街门面的“小耳朵”广告进行了清除。

整齐卫生的旧县街道 （唐仁能 供图）

环境整治 不断加强对辖区企业的环保检查力度，督促企业完善治污设施，切实提高污染物无害化处理能力，依法关停小安溪沿线无环保手续的企业1家，罚款处罚违法排污企业6家，完成整改企业排污问题10起；压实三级河长工作责任，扎实开展常态化巡河工作，坚持水上、岸上巡河同步推进，全年共计完成50次河流清漂工作，共清理水面漂浮物及岸坡垃圾700余吨；全面推广畜禽养殖循化改造，严格落实“五个一律”工作机制，拆除养殖场17户，治理13户；全面深化水产养殖污染防治，对山坪塘、水库进行常态化巡查，定期开展水质抽样检测，收回三坪塘承包养殖152口，依法拆除充氧机155台；陆续完成九塘、箭高、石鼓段家塘、金钟片区、岚槽场镇雨污管网改造工作，解决了居民点和农民新村等污水横流的现象；扎实开展村庄清洁行动，对公路沿线房前乱堆柴草、院坝、高速路、沿河两岸环境卫生进行排查整治，对排查出的69个突出问题已全部完成整改；积极推行积分制，制定评分标准，坚持每半月进行集中评定，群众可用获得积分兑换物品，极大地提高了群众参与清洁行动的自觉性。

民生工程 脱贫攻坚精准推进，将人均年收入未达3500元的14户29名建卡贫困户全部纳入低保兜底，发放临时救助21户55人，救助金额2.53万元；完成20户贫困户C、D级危房改造，硬化贫困户出行便道1000余米，改善房前屋后院坝1100平方米，提供28个公益性岗位解决贫困就业问题，并通过“南瓜+青菜”循环种植帮助贫困户增收，确保贫困群众“真脱贫、不返贫”。辖区内2019年落实贫困家庭临时救助992650元，向358户低保家庭发放低保金3233885元，发放优抚优待补助金5411653元，发放残疾人各类补贴603480元，发放高龄老人、失能老人服务补贴护理补贴共计324000元，有力保障了辖区各类困难群众的正常生产生活。完成城乡居民养老保险扩面参保25485人，基金征收379万元；城乡居民医保参保41019人，征收医疗保险费853.9万元；新增就业3692人，回引区外务工人员1168人，发放创业担保贷款246万元，组织218人参加厨师、电工等就业技能培训，切实为广大辖区群众提供了坚强的民生保障。

文化事业 全年购买公共文化演出服务34场次，积极组织开展各类单项文体活动13场次，强化社会主义核心价值观建设，以新中国成立70周年为主题，创作了“爱国歌曲大家唱”“巧手编出幸福景”等一批弘扬主旋律、讴歌新时代的文创作品，以“强化基层治理 提升群众凝聚力”为主题举办广场舞比赛1场次。

【党的建设】 **概况** 旧县街道党工委有基层党组织44个，其中机关党总支1个、机关支部3个，社区党委2个，村（社区）支部22个，非公支部13个，社会组织支部2个，集体经济控股党支部1个，共有党员1490名，2019年度培养入党积极分子50人，确定预备党员10人，预备党员转正10人。

扎实开展主题教育 围绕8个方面，列出5个专题，深入农村集体经济、脱贫攻坚、农村人居环境整治等重点工作一线，解决问题13个；班子成员讲专题党课8场，基层党组织开展专题党课70场次，发放主题教育学习资料1000份；聚焦旧县经济社会，形成调研成果10个；聚焦8个专项整治，形成问题清单32个，已完成整改19个；组织党员开展志愿服务17场次2028人次，做好事实事74次291人次；开展“三小”认领工作，对7个“脏、乱、差”老旧小区进行综合整治。

强化基层组织建设 调整不胜任或不在状态的村干部7名，平级交流支部书记5名，充实专职干部队伍6名，回引本土人才18名；全覆盖开展村（社区）干部培训，不断提升村（社区）干部业务工作水平。向软弱涣散村和空壳村选派第一书记11名，推进整顿软弱涣散党组织和指导空壳村新型农村集体经济发展。持续推进村（社区）便民服务中心优化提升工程，为12个村（社区）制作统一公开栏，对6个便民服务中心实施新建、扩建、国有资产划拨；深入实施“结网工程”，定期召开两级党建联席会议，分层分类定期研判解决基层党建、社会治理难题。

党风廉政建设 组织开展农村财务大检查，整治侵害群众利益的不正之风和腐败问题；办结群众信访件4件，立案查处党员违纪案件3件，提醒谈话46人次，诫勉谈话4人次，提升政府工作效能，营造风清气正、干事创业的良好氛围。

（旧县街道 供稿）

领导班子名录

党工委书记 刘 云

街道办事处主任 汪 龙

人大工委会主任 汪柱彬

办事处副主任 张 冬

党工委委员 政法书记 辜明川

党工委委员 办事处副主任 张 高

童光利

党工委委员 纪工委书记 赵宏峰

党工委委员 丁贤容 李 亚

各村(社区)基本情况

村(社区)	户数(户)	户籍人口(人)	党支部书记	村(社区)主任
永兴村	1230	3204	何开文	罗元华
金钟村	1248	3303	熊 云	李先品
檬梓村	1334	3562	周在海	周祖良
四龙村	1040	2720	邓永亮	邓永亮
长河村	758	2156	杨守春	贺开华
大观村	645	1712	万 群	—
石砚村	1496	4261	张 越	—
宋坪村	1147	2882	杨应伟	王廷芬
箭高村	825	2012	任开伦	—
丁家村	1014	2643	唐大伦	贺思力
双星村	1043	2713	唐泽提	—
中峰村	940	2965	刘生权	曾凡云
龙洞村	1054	3117	曾令伟	曾令伟
九塘村	868	2357	彭开华	彭开华
白果村	1082	2904	袁国胜	李安君
祝家村	901	2440	李自惠	李 君
永清村	996	2705	祝富国	—
万寿社区	542	1056	莫少纲	唐仁能
金钟社区	950	1630	刘仁君	刘仁君
人和社区	174	339	周 敏	周 敏

土桥镇

【概况】 土桥镇地处铜梁区南面，距城区10千米，铜大公路和淮远河穿境而过。镇辖10个村和1个社区(桃溪社区)、150村(居)民小组。面积45.85平方千米，其中耕地面积20平方千米，集镇面积0.71(建)平方千米；森林面积21.25平方千米，森林覆盖率为49.03%。2019年末村(居)民总户数为8486户，户籍人口22718人；人口密度496人/平方千米。镇政府内设党政办、人大办等综合办事机构8个，农业服务中心、社会保障服务所等事业单位7个。机关干部在职59名，行政26名、参公2名、事业31名；领导班子编制10名，实际任职10名。

2019年，实现财政收入3031万元，其中税收2309万元；规上工业总产值完成52605万元，固定资产投资完成47541万元，实现农业增加值16211万元，规上服务业完成1438.4万元，城乡居民可支配收入19794元，同比增长9.7%。

荷和原乡 (土桥镇 供图)

【经济发展】 **工业经济** 全镇工业企业31家，其中规上企业6家，辖区内完成工业固定资产投入1.42亿元。发展其他企业12家。2019年，全镇实现工业增加值24376万元。

农业发展 在荷美莲藕专业合作社的带动下规模种植莲藕866.67公顷，绿色蔬菜种植133.33公顷，成片栽种的四季小水果86.67公顷。以点带面发展特色产业，养殖小龙虾53.33公顷，养殖特色罗非鱼2公顷；持续扶持庆林村种植杨梅20公顷；完成大磨村彩色水稻种植3.33公顷，发展糯红优质高粱种植13.33公顷，完成六赢村33.33公顷枳壳基地建设。支持企业自主研发。新陆有机蔬菜基地引进保湿保温保肥立体化栽培生产技术，新建钢化智能联栋大棚2.67公顷，建成全区技术含量最高、品质最优的草莓工厂。同时，新增有机蔬菜品种2个，完成1.6公顷“空中草莓”种植培育，解锁冬草莓成熟期缩短技术。该公司还优化锦鲤品种，提档升级锦鲤交易区。家泽现代农业园自主研发改良夏黑、雨水红等5个葡萄品种，采用132个单体大棚种植17.33公顷优质葡萄。引进橙中橙果业、重庆喜知农业、腾勇花椒种植、若初见苗圃、“蒋氏老灶”等特色农业企业到镇注册，不断提高土桥品牌的知名度。采取“批发+配送”模式拓展产品供应市场。与永辉、重百等大型超市签订合作订单，提高土桥产品的市场竞争力。

农旅融合发展 一是以风情馆、荷文化展示馆为中心，成功引进小酒馆、陶器馆、龙灯彩扎基地等特色小店，提升游客休闲、观光、娱乐环境。二是坚持高中低档协同发展农家乐、精品民宿，提档升级莲乡茶宿等3家现有民宿，培育农家乐6家。六赢村和庆林村联合开办的原乡藕寓民宿经营管理有限公司，创新“公司+合作社+农户”联营模式，2019年已开放客房12间，提升了荷和原乡的接待能力。三是成功举办第八届荷文化旅游节，增加泡泡跑、先进表彰评比等特色项目，累计吸引游客25万余人次，实现旅游收入2800万余元。四是提高六赢村知名度，吸引更多的人到荷和原乡考察学习。全年先后接待市内外各类考察调研

200余场，2019年荣获“中国美丽休闲乡村”称号。

集体经济发展 建立“村集体+企业+农户”“村集体+农户”等集体经济发展模式。全镇已发展集体经济项目10个，正在筹划发展5个。六赢村助农中药材专业合作社完成33.33公顷枳壳苗种植、建成灌溉水池2个、安装水管6275米；高垭村农润水稻种植专业合作社种植的26.67公顷优质大米已成功上市。建成农机专业服务合作社，全面开展农机服务业务，营业额达30万余元。

【社会发展】 **民生实事** 建成六赢村18社新观音桥至产业大道、莲湖酒店至飞龙桥、飞龙桥至家泽草莓园7.5米宽的彩色沥青混凝土公路共计8.8千米；完成高速路南互通引道至莲湖酒店3千米彩色沥青绿道和1.2千米木栈道建设；完成奇彩梦园到南互通1.608千米的产业大道和绿化建设；栽植各类树木6000株、花草74万株、藤本花卉1.2万株，绿化面积达8万平方米；投资800万元实施飞龙桥建设。全年累计完成29条、21.8千米“四好农村公路”建设。截至年底，全镇农村公路总里程达到130千米，实现村民小组互通公路的目标，彻底解决了全镇群众出行难的问题。

环境治理 全年建成新桥、玉峡污水处理站2座，完成新桥391米、玉峡963米的二三级污水管网建设；完成土桥污水处理站等4处污水处理设施的技改升级；新增钩臂式垃圾箱17个、两分类垃圾桶196个、新建垃圾收集平台68个；在庆林村开展垃圾分类试点工作，增设三分类垃圾桶58套，174个，修建阳光发酵房1个；已建成的土桥、旧市坝二三级污水管网全面投入使用，解决了场镇生活污水收集问题。垃圾日处理能力已达到20吨，污水日处理达到930立方米/天，垃圾收运做到天天运，日日清。建成3000平方米桃溪休闲公园和3000平方米的桃溪生态停车场；整治桃溪社区裸露地面2000平方米。

社会事业 兜底帮扶低保163户265人，实施临时救助137人，共计5.59万元；大病救助15户、32人，发放救助金98785元；发放救灾资金3万元，解决47户120名困难群众因自然灾害而引起的生活困难；资助774名民政对象享受参保政策，涉及补助金额19.35万元；积极组织农村妇女390人参加免费“两癌筛查”。卫生厕所改造完成530户。

积极开展产业扶贫工作。高垭村蒋有福等9户建卡贫困户以土地入股合作社，年底已按照一般农户1.5倍收到了分红。六赢村曹纪纯等3户建卡贫困户以土地入股，高元林等3户建卡贫困户申请扶贫小额信贷参与合作经营助农中药材专业合作社，并享受年终分红。将铜梁区新芽义工送来的91套运动服转赠给62户建卡贫困户。募集稻草基金、青商会和成功人士捐赠9万元，帮助无力承担自付部分的6户贫困户建房。全年共资助6名大学生申请学费，落实43名学生享受教育资助政策。发放建卡贫困患者医疗补助2批次，12012元，受益17人次。办理小额贷款57户，87.6万元。为建卡贫困户提供公益性岗位10个。

开展就业技能培训139人，新增就业255人，新增创业25人，农民工返乡就业创业925人，发放创业贷款250万元，补贴3人1.22万余元，征收社保基金195.17万元，协助市重点电子智能企业招工163人。继续深入开展“把老乡留在老家”行动，组织300余名返乡农民工到铜梁高新区部分企业进行参观学习，进一步拓宽就业渠道。

精神文明建设 弘扬新风正气，焕发乡村文明。组建荷花龙舞队1支、斗笠舞队1支，开展坝坝舞、坝坝球等群众文体活动。积极推动“一村一品”，建成具有本村特色的文艺骨干团体11个，广场舞队伍15支。持续开展送文化下乡活动，开展专业演出24场；组织专业放映队下村播放电影144场；完成大型文艺演出3场；2019年荷和原乡舞蹈团代表全区参加市片区赛获得优秀组织奖，参加全区首届农民丰收节农民才艺展示获得一等奖。不间断开展送图书阅览、展览讲座进村活动，送辅导培训进村44次，送法规政策科技宣传进村22场。邀请15名书法家到荷和原乡开展“送万福、进万家”新春送春联活动，共送出大师墨宝300余幅。在高桥、桃溪社区新增健身点2处，投入健身设备35套。持续组织开展“新乡贤、好乡亲”推选、“星级文明户”评选和宣传教育活动。年内评选并表彰好乡亲12人，最美院落10户，自力更生脱贫攻坚标兵7人。经镇推荐，王龙才和雷开绪被评为“铜梁区2019年新乡贤”。

【党的建设】 **概况** 土桥镇辖区有25个基层党组织，其中村（社区）党组织11个、流动党支部2个、社会组织党支部2个、专业合作社党支部1个、非公党支部8个、机关党支部1个，2019年全镇发展入党积极分子12名，发展预备党员1名，转正5名，截至年末全镇实有党员695名。

“不忘初心、牢记使命”主题教育 各级党组织共组织集中学习81次，集中观看共产党员先进事例2次，集中开展志愿服务58次，到邱少云纪念馆和铜梁区廉政教育基地参观学习14次，组织基层党支部书记培训3次。开展调查研究，形成高质量调研报告9份。查找存在的突出问题，共整改完成106个。

实施扎桩工程，夯实基层组织 一是不断完善基层阵地建设，在庆林村、河水村新建各具特色的便民服务中心2个，截至年底，庆林村已投入使用。按照规范化标准化的要求，不断完善11个村便民服务中心的服务功能和服务制度，提高服务能力。二是推进村级班子年轻化，确保村（社区）至少有1名35岁以下、政治素质好文化素养高工作能力强的后备干部，要求各村每3年必须发展1名党员。办好乡村振兴讲习所，共开展讲习课程158堂。三是不断回引本土优秀人才，建立本土人才考核评价机制，及时把政治素质好、服务意识强、工作水平高、群众口碑佳的本土优秀人才充实到村级“两委”班子中，当年全镇共回引本土优秀人才4人。

加强作风建设，持之以恒正风肃纪 一是通过学习典型案例、忏悔录，结合各类违纪案例，在机关干部和村、社党员干部中开展“以案四说”警示教育，打牢思想基础，筑牢思想防线。二是认真开展扶贫领域腐败和作风问题的专项治理工作，严厉整治群众身边的不正之风和腐败问题。认真做好信访举报和案件查办工作，打通全面从严治党“最后一公里”。

（土桥镇　任莹莹）

领导班子名录

党委书记　秦　科

党委副书记　镇长　丁真兵

党委委员　人大主席　邓安其

党委副书记　韩　莉

党委委员　纪委书记　王春花

党委委员　武装部长　副镇长　叶永强

副镇长　侯大孟

党委委员　陈　晞

党委委员　陶　生

各村(社区)基本情况

村(社区)	户数(户)	户籍人口(人)	支部书记	村委(社区)主任
桃溪社区	254	464	李祖辉	夏王丽
高桥村	1558	4293	周云峰	李应红
大磨村	1101	3022	胡元刚	李开碧
六赢村	1114	2936	吴开英	—
黄沙村	398	797	罗定禄	龙　林
河水村	789	2098	雷开桂	邓定明
庆林村	1227	3406	夏远辉	—
新房村	965	2780	汪兴武	—
高垭村	559	1670	龙思勇	陈明德
新田村	315	768	张德模	李明利
石庄村	206	484	唐青万	张光海

二坪镇

【概况】 二坪镇位于重庆市铜梁区东北部，距城区7千米，辖区面积26.5平方千米，镇辖6个行政村和1个社区（兴龙社区）、108个村民小组。2019年末村（居）民总户数5554户，户籍人口13800人。

镇机关内设党政办、人大办等行政机构10个，镇属社保所、农业服务中心等7个事业机构。镇机关核定编制56人（行政21人、事业33人、参公2人），年末实际在编在岗50人（行政19人、事业29人、参公2人）。

辖区内有小学、幼儿园共2所，在职教师共30人，在校学生356人，其中幼儿园66人；适龄儿童入学率100%。镇内文化服务站1个，文化志愿者1名；中心卫生院1所，卫生人员21名（在编17人，三支一扶4人），床位20张；村级卫生室10个。

2019年，GDP收入37884万元；第一产业增加值10430万元；第二产业增加值12131万元；工业增加值5510万元；固定资产投资44770万元，其中工业固定资产投资完成5430万元；第三产业增加值15323万元；农业增加值9200万元。财政收入完成680万元，其中税收完成599万元，非税收入81万元。农村居民人均可支配收入19202元，增长9.1%。

【经济发展】 **重点项目** 全力协助城乡输变电工程项目建设，二坪镇500千伏变电站是国家电网着力推动清洁能源建设、实施川电入渝的重要工程，总投资3亿余元，占地5.33公顷，于2019年5月15日顺利竣工投运。

农业发展 继续围绕种好“一棵树”，炼好“一瓶油”，育好“一株苗”做文章。全力支持澳大利亚油茶树基地建设，按照“基地+公司+农户”的经营模式，澳大利亚茶树种植面积扩大到133.33公顷，探索延伸茶树产业链，做好精油初加工和衍生产品深加工，着力打造精油特色小镇。支持昊风蔬菜种苗基地提档扩规，基本实现蔬菜种苗良种选、引、育、繁的整体功能，以及种苗技术咨询、业务培训、科普教育、游览观光等附属功能。

新型农村集体经济 围绕“六个要”路径，积极探索新型农村集体经济发展新模式，争取上级项目资金实行股权化改革固定分红项目4个，二郎村栽植柠檬13.33公顷，并在基地行间种植玉米、红苕、蔬菜等经济作物，提高土地利用率，中山村利用空置敬老院建成粉葛加工厂，隘口、狮子等5个村利用荒山、荒坡种植澳大利亚茶树13.33公顷，全镇集体经济收入达37.64万元，其中股权化改革固定分红5.3万元。利用闲置资产、资源、闲置土地搞种植及加工32.34万元。全镇平均每村集体经济收入达到6.3万元。

【社会发展】 **基础设施建设** 农村“四好”公路完工21.4千米，正在设计14.1千米，全镇路网进一步完善；狮子村4、7社吴家岩危岩排危工程顺利进场施工。完成土地平整80公顷，新增耕地20公顷。场镇居民生活污水管网完成904米改造，新铺设人行彩板983平方米、草油路1447平方米，新增背街小巷路灯14盏。消除场镇裸露地面600平方米，拆除“两违”建筑1300平方米。

生态环保 认真开展环境问题“大排查、大整治”集中攻坚行动，自查环保突出问题14个，全部有序整改。依法关闭限养区内的畜禽养殖大户4户，实施循环化改造6户。全面取缔肥水养鱼，科学治理尾水。集中开展农村人居环境综合整治4次，每村至少配备2名日常保洁员，积极开展整洁庭院创建评比活动，有序推进积分制，各村累计开展72次集中兑换，有效调动群众积极性；带动群众在房前屋后、公路两旁栽植三角梅、月季、桂花等1.4万株、撒播花籽2.8万余平方米。完成农村卫生厕所改造239户。全力推进移风易俗，扎实开展“十抵制十提倡”，稳步提升乡风文明建设，评选“美丽庭院”23户。全力推进河长制。严格落实“五个一律”，完善6条镇级河流和4座水库“一河（库）一策”方案，严格落实河长巡河制度，年内镇级河长共巡河97次，村级河长共巡河471次。实施常态化清漂，共清运沿河周边垃圾60余吨，清理河库漂浮物40余吨。

脱贫攻坚 完善2019年建卡贫困户“精准脱贫保”续保工作，开展“健康扶贫”政策宣传，实现医疗保险及“家庭医生”签约全覆盖；扎实推进扶贫小额信贷工作，现已完成69户贫困户贷款，获贷率51%，落实4名贫困人员在公益性岗位就业，完成9户建卡贫困户D级危房改造。

社会保障 家庭医生签约3921人，重点群体签约率100%；全年完成“孕优”检查52人，787人享受计生奖扶政策。城镇新增就业219人，登记失业人员就业42人，城镇就业困难人员就业10人，开发公益性岗位2个，农民工返乡就业回引248人，创业担保贷款40万元，职业技能培训48人，协助市重点电子企业招工130人。城乡居民合作医疗参保11471人，救助30户64人，审核金额11.23万元。受理审批镇级临时救助60户118人，累计救助金额49000元。全年发放救灾资金、冬春救助资金70000元。发放高龄营养补贴9.34万元。走访慰问空巢老人44户。发放优待金138.8万元。发放重度残疾护理补贴2115人次11.14万元，发放贫困残疾人生活补贴1331人次6.69万元，救助困难精神障碍患者14人次，11.8万元。完成农村改厕239户。农村妇女“两癌”筛查219人，孕优检查32人。坚持创业带动就业，农民工回引就业创业502人，小额担保贷款90万元。

文化惠民 组织流动文化进村12场，放映红色经典电影30场，开展梦想课堂主题活动3场，丰富农村文化生活，提升居民文化素质。全镇现有体育设施场地共计11处，总面积14220平方米，向社会免费开放。

【党的建设】 全镇共有13个党支部，其中包括1个机关支部、7个村社区党支部、1个流动党支部、1个合作社党支部、2个非公党支部、1个社会组织党支部；现有正式党员480人，培育积极分子8人，新吸收党员1人。

“不忘初心、牢记使命”主题教育 开展集中学习研讨7次，做实做透调查研究，形成调研报告8篇，班子检视问题30个，班子成员检视问题61个，专项整治问题6个，“四治四提”问题6个，除需要区级层面解决的问题，其他均已整改完成。开展学习交流讨论42场次，党组织书记讲专题党课或报告心得体会16场，组织党员开展志愿服务31场次、参与520人次，党员干部为民办好事实事491件。全力抓好市委巡视反馈意见和区委巡察反馈意见整改，整改完成6个方面17个问题。

夯实基层组织 深入实施基层党支部扎桩工程，持续推进便民服务中心规范化建设，建立了7个村（社区）党组织书记工作清单，全面落实村（社区）组织运转经费和干部待遇，持续整顿后进党支部。大力培育新型农业经营主体，完善“新型农业经营主体+村集体+农户”的利益联结机制，认真落实“六要”路径发展新型农村集体经济，全面消除“空壳村”。加强后备力量建设，建立本土人才信息库，全镇已入库64名。做实基本活动，邀请致富能手、专业技术人员、群众参加培训14场次。坚持每月开展主题党日，全面推广“政治生日”，组织党员重读入党志愿书、重温入党誓词，结合乡村振兴、社会治理、人居环境整治等重点工作组织志愿活动44场次。

反腐倡廉建设　开展违反中央八项规定精神突出问题自查自纠工作，主动上报公积金缴存基数的问题，清退违规缴纳的公积金79362元。坚持和深化"七个全覆盖"重点工作，深入开展扶贫领域专项整治，对2017年、2018年度涉及的20项惠农惠民财政补贴资金"一卡通"进行了专项自查清理，查处群众身边不正之风和腐败问题1起，立案1件。

（二坪镇　王文雯）

领导班子名录

党委书记　柳建华

党委副书记　镇长　孔庆明

党委委员　人大主席　王治国

党委委员　纪委书记　向　娟

党委委员　田荣生

党委委员　政法书记　副镇长　王顺利

党委委员　武装部长　副镇长　刘仁建

党委委员　喻　映

副镇长　郑　昕

各村(社区)基本情况

村(社区)	户数(户)	户籍人口(人)	各村(社区)支部书记	村委(社区)主任
二郎村	907	2413	罗义雄	刘亚飞
狮子村	845	2225	罗昌明	石顺明
中山村	640	1592	汪　秀	周家全
隘口村	726	1837	周家兴	高　英
三房村	1174	2956	高兴才	汪定红
严家村	914	2236	苏继兰	任　川
兴龙社区	348	541	吴必忠	蒋广勇

水口镇

【概况】 水口镇距城区15千米，辖区面积26平方千米，辖1个社区、4个村、64个社。总户数3992户，人口10096人。机关编制数46个（其中行政编16个，参公3个，事业编27个），在编在岗43人。内设党政办公室、经济发展办公室、平安建设办公室等9个机构。下属农业服务中心、文化服务中心、劳动就业和社会服务保障服务所、退役军人服务站等7个事业单位。

2019年，财政收入完成1040万元，其中税收完成1023万元，增长18.4%。地区生产总值60885万元；第一产业增加值7735万元；工业增加值2282万元；建筑业增加值37460万元；第三产业增加值13408万元；农业总产值11685万元，农业增加值8079万元；固定资产投资39830万元，增长30.5%；社会消费品零售总额4566万元，增长12.3%。农村居民可支配收入达到18735元，增长9.4%。

【经济发展】 **特色产业** 发展四季经果、花卉苗木、水库生态鱼、红虾养殖等各种特色种养殖产业项目10余个266.67公顷，每村均有1个股份合作社，合作社总量达12个。树荫村依托原集体经济血橙17.33公顷产业基地，新发展优质香桃13.33公顷、长叶香橙2公顷，全镇在已建成的4个经果园补（扩）栽优质果苗1万余株，利用特色经果基地空隙间种465艳椒、优质大豆等“短平快”项目8.67公顷，水库清水生态养鱼37.33公顷。大力推行农业生产标准化，开展农产品“三品一标”认证，康山血橙成功申报无公害农产品，天寨百香果正审批中。

水口镇树荫村使君子专业合作社　　（苏其善　摄）

集体经济 树荫村在花语果乡产业基地开展血橙、红脆丰桃、中桃六号3次生态采摘和采取“订单农业”销售模式，接待采摘游客1000余人（次），实现销售收入10万余元。天寨村100亩百香果，实现销售收入7万余元。大滩村300亩生态鱼养殖，实现10万余元收入。汪祠村20公顷美国糖柑喜获丰收。树荫村成功培育独具特色的使君子花卉盆景300盆。全镇农村新型集体经济收入已实现30万余元。

农旅融合 投资40万余元，对树荫村四季经果园进行环境综合整治，全面完善道路、沟渠、山坪塘、厕所等配套设施，新购买除草机、施药机、选果机和电动三轮车等设备。同时抓好农村电商协调发展，开设“爱在龙乡”电子商务平台5个和电商销售实体门店1个，建立“爱在龙乡”线上分店，入店上线20余个农产品，完成电子商务平台销售额30万余元。

【社会发展】 **道路设施** 实施财政“一事一议”项目，完成11条10.5千米农村四好路及产业路建设，完成大滩村6千米、天寨村2.8千米农村道路硬化工程和汪祠村5.6千米生产生活便道。

农业设施 投资850万元，汪祠村农业综合开发333.33公顷高标准农田建设项目全面完工。投资35万余元基本农田有偿调剂费“水口镇天寨村大雅柑种植基地基础设施建设项目”，新建蓄水池3口，排水沟120米，田间供水管网5480米。投资75万余元，新建5万余立方米康家山山坪塘和蓄水池1口。总投资80万余元维修整治水库2座。大滩水库管理房维修等工程项目完成招投标。在全区率先实现全部在家3633农户安装漏电保护装置。完成C、D级危房改造和卫生改厕120户。

场镇建设 投资73万余元，长1.3千米的水口镇通信管道迁改工程竣工。投资240万余元的5000平方米健身广场、裸露地面综合整治工程和投资70万余元的光纤下地工程竣工。维修污水管网200米。拆除违法建筑600平方米。强化场镇日常保洁及设施维护，对场镇占道经营及脏、乱、差地带进行综合治理，规范停车秩序，整治场镇牛皮癣和裸露地面。

创业就业 就业和社会保险稳步提升，新增城镇就业人员98人，城镇就业困难人员就业4人。完成职业技能厨师培训1期45人。完成“老乡回老家”300人，向重点企业送工17人。发放创业担保贷款95万元，新增转移劳动力72人，回引农民工返乡创业就业252人。完成信息产业招工133人。

社会保障 城乡居民养老保险扩面参保6731人，完成基金征收97.3万元。实现特困人员、一二级重残人员的养老保险及医疗保险的全覆盖。家庭医生签约服务完成2595人，“两癌”筛查完成142人次，孕优完成40人次。新增低保39户61人，调增调减18户38人。发放镇级临时救助款14.31万元，救助困难群众270户746人。发放各种救助金和低保金266.0903万元。

公共文化 健全乡村公共文化服务体系，广泛开展全民阅读。有效推进广播村村响，电视户户通。文化惠民送电影下乡、文艺演出、培训教育74场(次)。成功举办第二个“中国农民丰收节”庆祝活动，开展文艺表演、首届农民运动会和残疾人运动会。在树荫村成立龙灯彩扎基地，培训96名群众彩扎技术。承接区龙文化传媒有限公司订单608个稻草人和2000个红灯笼扎制，实现劳务收入4.04万元，出售原材料获益1.3633万元。

脱贫攻坚 开展大走访大排查3次，实现全部农户3241户走访全覆盖。召开脱贫攻坚月研判会10次，研究解决问题37个，落实措施61条。摸排出边缘户2户2人，新识别建卡贫困户1户，退出贫困户13户27人，完成区下达的减贫任务。开展实用技术和职业技能培训2期90人，组织贫困人员参加专场招聘会2场，提供就业岗位8个。开发公益岗位9个，建设扶贫车间1个，解决建卡贫困户3人就业。发放扶贫小额贷款39户69.3万元。改造建卡贫困户、低保户、农村分散特困人员C、D级危房39户。对59名因学致贫学生全部落实生活补助、爱心午餐、学费资助等政策。救治住院患者55人87人次，费用总计35.97万元。贫困人口农村饮水安全巩固提升23户59人。实施扶贫产业全覆盖，购回1.25万株14公顷塔罗科血橙苗，发放到全镇93户建卡贫困户和树荫村388户在家的一般农户中。农村集体经济发展收益的15%扶持建卡贫困户。针对各类督查巡查发现的问题，共梳理出问题233个，完善中央巡视问题整改9类问题129条，完成国家和重庆市脱贫攻坚成效考核中共性问题整改80个，整改其他各级各类问题24个。

环境保护 加强公路绿化美化，投资80万余元，在姜水路、水二、水白路、树天路等水泥路旁栽种桂花、蓝花楹等绿化树4000余株，栽种三角梅、五色梅、月季、千层金、西洋鹃、红叶李、栾树、桂花树等各种花卉苗木1万余株(盆)，撒播花草籽1万余平方米，美化公路4条12千米。完成国土绿化幼林抚育40公顷、森林抚育33.33公顷。严禁农村区域秸秆综合利用及秸秆禁焚，回收废弃农膜1.51吨。

全面落实“双总河长制”,深入推行河长制,深化“五个一律”制,落实“清河一号”,做好“清四乱”专项行动。投资63万元,对6家畜禽养殖场进行循环化改造,拆除养羊场1家,补偿资金2万余元。对3口专用鱼池进行肥水养鱼污染治理,全镇6条区镇级河流16.2千米河道清理漂浮物175吨,清运河道垃圾360吨。各级河长共巡河416次,发现整改问题12个。增加清漂保洁员10人、添置垃圾箱体64个。

扎实推进农村人居环境整治,制定出台《水口镇人居环境整治村民积分管理办法》,通过主题党日和少云志愿服务活动,以“清洁村庄·我们在行动”为主题,800余人(次)党员干部和志愿者,带动全镇普通群众7700余人(次)参与农村环境整治,清理积存散落垃圾、废弃秸秆和农膜等生产生活垃圾139吨,清理道路、沟渠26千米,整治农户环境3960户,完成40名“积分制”管理的“洁美人家”评选。天寨村建成市级绿色新村。

【党的建设】 **概况** 2019年全镇有党支部84个,党员383名,培养2名积极分子,发展1名新党员。

基层党建 深入开展支部扎桩工程,做好树荫村、汪祠村软弱涣散党组织整改,针对找出的4个问题细分成8个方面,每月按进度实施。培育夯实基层干部队伍,建立本土人才信息库,入库符合条件人员48人,吸纳4名外镇大学毕业生到村任职,7名本土人才到村挂职锻炼。新建的汪祠村便民服务中心规划完成,投入13万余元打造大滩村党建示范点。严把干部选拔任用程序,镇二级班子提拔7人,职级晋升6人。强化对权力运行的制约和监督,从源头上防治腐败,加强对重点工程、重点项目及涉农资金的监督检查,镇纪委受理业务内信访举报2件,诫勉3人,开除党员1名。

主题教育 先后组织集体学习5次,干部大讲堂2次,专题交流研讨5次。党委书记带头为党员干部讲专题党课,其余班子成员讲专题党课7场。深入开展“四治四提”专项行动,从干部“软懒散瘫”作风问题下手,制定专项行动任务清单。广泛检视问题,征求对班子的意见和建议6个,班子成员检视问题141个,专项整治问题11个,“四治四提”问题16个,认领上级交办问题13个,各村(社区)支部收集到各类问题和建议105个,制定切合实际的整改措施,并进行整改。聚焦群众关心的热点难点堵点问题,完成调研报告9个。

(水口镇　苏其善)

领导班子名录

党委书记　汪文波

党委副书记　镇长　杨　锟

党委委员　人大主席　陈　琼

党委副书记　刘婧晶

党委委员　政法书记　副镇长　周孝全

党委委员　副镇长　钟世仁

党委委员　纪委书记　程　涛

党委委员　杨清荣　冯廷伟

各村(社区)基本情况

村(社区)	户数(户)	户籍人口(人)	各村(社区)支部书记	村委(社区)主任
树荫村	1019	2497	赵安福	罗元书
天寨村	999	2608	陈小勇	苏友维
大滩村	904	2372	苏元富	周有芹
汪祠村	736	1982	冯华智	吴久宇
清泉社区	334	637	杨德琴	李红专

安居镇

【概况】 安居镇距铜梁城区17千米，辖区面积56.7平方千米，场镇面积1.2平方千米，辖4个社区、13个行政村，15314户，户籍人口3.5918万人，是国家历史文化名镇、全国特色小镇和全国文明村镇。

安居旅游资源丰富。安居场镇有国家4A级旅游景区1处，规划面积14.16平方千米，内含安居古城核心区3.2平方千米以及黑龙嘴、琵琶岛、黄家坝、波仑寺等文化旅游功能区块，2019年获评为“重庆市文明单位”。

2019年，全镇实现地区生产总值14.4325亿元，同比增长7%；农村居民人均可支配收入1.9728万元，同比增长9.6%；财政收入469.1万元；固定资产投入17.4752亿元；安居古城景区接待游客282万人次，实现旅游综合收入13.8亿元。

【经济发展】 **特色产业** 督促指导各村结合产业规划制定符合自身实际的产业发展方案13个，发展新型农村集体经济项目23个，建成龙泉枇杷采摘、石马血橙采摘、赛龙樱桃采摘等特色产业基地14个，栽种枇杷、蜜柚、血脐、花椒等经果苗木253.33公顷，成功引进重庆谊品弘科技有限公司农副产品基地全国总部项目。

征地拆迁 年内累计征地155.30公顷；攻坚任务20户，已签约16户，任务完成率80%；农拆任务705户，已签约690户，任务完成率97.9%；国拆任务177户，已签约169户，任务完成率95.5%；企业征收搬迁任务数11家，已签约10家，任务完成率90.9%。

景区管理 成功引入红石榴、妙妙笑、原乡小艾等名优特品牌店10余家，全力打造翰林山居、印记书吧等特色业态20余个，定制并新推出文创折扇、纸伞、汉服等符合潮流时尚的旅游商品30余种。牢牢树立景区“三分建七分管”的理念，统筹景区市政、消防、综治、交协警等综合管理力量，常态化开展骑门摊、交通秩序、市场秩序等领域专项整治行动，健全完善景区环境卫生管理长效机制，增设文明旅游标识标牌9块，安居古城获评为“重庆市文明单位”，景区形象不断提升。

夕阳余晖下的安居古城 （安居镇 供图）

【社会发展】 **项目建设** 科学运用景区项目推进协调机制，全力配合安居华夏文旅公司实施铜梁安居国家湿地公园建设项目、情景水街建设项目河岸及旧建筑排污工程、污水管网整治——情景水街片区三四级管网及化粪池建设工程等19个建设工程项目，2019年12月安居国家湿地公园（试点）顺利通过国家林业和草原局验收，景区功能不断完善。

乡风文明 分类处置非法小庙20座，有力抵制封建迷信和陈规陋习。顺利配合完成“晒文化·晒风景”大型文旅推介活动安居古城点位拍摄工作，全面动员广大干部群众积极参与投票点赞。大力推进“四德”建设，成功评选区级“新乡贤、好乡亲”1名、最美庭院1个，送演出下乡28场次，惠及群众2万余人次。

生态保护 进一步压实镇村两级河长责任，如期超额完成巡河任务，全年累计巡河1006次，清漂1800余吨，更换河长制公示牌14块，发现并整改问题18个。严格河库执法，配合区水利局、区生态环境局开展联合执法7次，拆除、复绿河道违法建筑600余平方米。全面禁止肥水养殖，全部收回5座小(二)型水库和210口山坪塘承包权。推进国土绿化提升行动，开展义务植树2次，退耕还林90公顷，“四旁”栽植桢楠等一万余株。进一步完善农村生活垃圾清运体系，增配垃圾箱体20个、手推式垃圾桶200个、两分类垃圾箱43个，投入100万余元用于农村环境整治、河道保洁清漂及农村公路养护等工作。顺利推进安居污水处理站选址、设计工作。

民生实事 深入开展“下基层访深贫促整改”活动，完善建档立卡贫困户帮扶台账，积极争取重庆万和药房价值11.45万元药品捐赠，为建卡贫困户开发公益性岗位14个，成功申请小额信贷92户，发放贷款资金134.45万元，全镇228户604人建卡贫困户全部实现脱贫。安居敬老院达标改造工程全面完工，106户困难群众顺利入住公租房，完成农村育龄妇女“两癌”筛查近700人，发放各类民政资金930万余元，落实“4050”大龄灵活就业社保补贴30人、12.3万元。建成“四好”公路42.6千米、便道22.9千米，改造C、D级危房133户，办理改扩建80户，完成改厕700户，泉溪片区天然气主管道全线贯通，杨乐、淘河接通天然气150户，玉顶、赛龙、象山土地整治项目全面竣工，紫极高标准农田建设项目基本完工，农村生产生活条件逐步改善。

人居环境整治 开展农村人居环境集中整治7145户，创建绿色示范村1个，建立积分物品兑换超市7个，兑换扫把、香皂等积分奖品6万余元，引导群众绿化美化亮化房前屋后、公路两旁等“五沿”区域，全年共清理积存散落垃圾200余吨、沟渠110千米，规范鸡鸭棚舍2352户，回收废弃农膜2.6吨，受益群众超2.4万人。

安全生产 深入开展水陆交通、建设施工、食品药品、景区消防等领域专项整治行动，排查整改各类安全隐患165起，全面整改到位。召开各类安全培训10次，开展安全知识宣传6次，提升群众和从业人员安全意识。

信访稳定 坚持和发展“枫桥经验”，搭建公调对接平台，聘请2名调解员成立“驻所调解室”专门从事调解工作。认真落实领导接访、干部下访和信访工作联席会议等制度，召开信访联席会9次，一大批群众反映强烈的合理诉求得到及时解决。坚决打好防范化解重大风险攻坚战，全面摸排辖区各类风险隐患25个，动态管理风险问题台账，社会环境更加和谐。

【党的建设】 **概况** 2019年全镇有基层党组织25个，其中，机关党支部1个，村(社区)党支部17个，非公党组织7个，党员1131人。

思想政治建设 扎实开展“不忘初心、牢记使命”主题教育，对照党章党规检视整改，查摆整改问题116个，召开专题民主生活会3次。

基层组织建设 深入激发班子活力，2019年统一招录本土人才8名，调整村社干部13人；培养入党积极分子4名，发展党员7名，持续增强村(社区)党组织战斗力，组织村(社区)党支部书记外出考察5次。不断优化便民服务中心设置，完成杨乐、杨寿、象山3个村便民服务中心内部改造，重新设置功能室，全力推进石马、四面2个村阵地新建。春节、建党节慰问生活困难党员和特困群众286人次，发放慰问金5.7万余元，发放老党员补贴31.2万余元，管好用好群工系统，全年共办理事项231项，办结率100%，满意率98.7%。

党风廉政建设 完善落实纠“四风”长效机制，坚决反对一切形式主义、官僚主义。严控“三公”经费支出，全年“三公”经费支出同比减少4.5%。

(安居镇 刘建宏)

领导班子名录

党委书记 张正全

党委副书记 镇长 杨 勇

人大主席 蒋福生

党委副书记 刘 明

党委委员 纪委书记 黄 颖

党委委员 政法书记 副镇长 武装部长 郑渝强

党委委员 副镇长 何 磊

党委委员 周厚实

副镇长 罗辅强

各村(社区)基本情况

村(社区)	户数(户)	户籍人口(人)	支部书记	村委(社区)主任
大南社区	693	1351	张德英	唐治均
临江社区	707	1275	龙德辉	赵金秀
会龙社区	458	939	周红梅	胡继菊
大田社区	1006	1641	郑跃英	苟 兰
七佛村	694	1637	周贤容	周尚财
玉顶村	704	1555	李 毅	周必武
赛龙村	596	1631	刘正建	王 杰
石马村	1544	4012	李小平	李 建
龙兴村	1222	3355	刘福伦	陈泓宇
龙泉村	759	1959	朱孝华	刘 艳
紫极村	968	2327	陈德福	李德贵
琵琶村	578	1432	彭永群	李含群
淘河村	840	1802	陈德胜	郑登平
四面村	986	2444	周 川	李朝富
杨寿村	1382	3020	陈绪明	柏自友
杨乐村	1148	2821	王海涛	陈双春
象山村	1029	2717	古 明	欧祖志

白羊镇

【概况】 白羊镇地处铜梁区北部，距区政府驻地17千米。辖区面积38平方千米，户籍人口15467人，场镇面积0.5平方千米，常住人口2086人。辖1个社区、7个村，103个村民小组。

镇机关有编制56名，其中行政21人，事业32人，参公3人；实有48人，其中行政19人，事业26人，参公3人。机关内设党政办、经发办、民政社事办等7个办事机构。

辖区有1所小学，学生343名，教师32名，2019年共毕业94名，升学率100%。镇中心卫生院有职工23人，设床位30张。镇有白羊敬老院，设有床位80张，服务对象53人，服务人员6人。

2019年，GDP完成41830万元；第一产业增加值12229万元；第二产业增加值17854万元，其中工业增加值15197万元；第三产业增加值11747万元；固定资产投资39821万元，其中工业投资3100万元。财政收入721万元；城乡居民可支配收入18730元，同比增长9.2%。

【经济发展】 坚持不懈打造铜梁咸菜品牌，2019年有咸菜种植散户100余户，种植面积66.67公顷，年加工咸菜近1000吨，年创收750万多元。完成水碾村集体成立的重庆市铜梁区食佳咸菜专业合作社厂房建设，承包土地6.67公顷示范种植，村集体增收5万元，合作社成员户均收入4万余元。新发展油菜200公顷、艾草43.33公顷、示验示范粉葛、红薯13.33公顷、标准化蔬菜6.67公顷，盘活核桃基地5.33公顷，养殖小龙虾5.33公顷、食用蛇5000条。新发展以村集体为主体或参股注册联合社7家，村集体收入24万元，3个农村集体“空壳村”摘帽。

收获艾草　　（白羊镇　供图）

【社会发展】 **基础设施建设** 整治裸露地面100平方米，拆除场镇违建雨棚1000平方米；完成场镇雨污分流管网改造和污水处理厂技改升级任务，日处理量达到500吨。完成“四好农村公路”23.8千米，新建公路4.3千米、人行便道建设5.33千米，养护公路82千米。完成2019年C级18户，D级37户危房改造。建设美丽庭院20户，在全镇8个村（社区）新安装路灯78盏。在便民服务中心、河堤两岸、公路沿线、农家大院等重点区域播撒波斯菊、百叶草花种100千克，栽种石楠、金森女贞等苗木16万株，栽种紫薇、红梅等花卉树木8000株，绿化河堤2070米。

民生实事 投资50万元启动清晏村扶贫项目，发展优质水稻和生态鱼种养殖，完成小额扶贫贴息贷款58户107.8万元，开展中蜂养殖、家政服务等技能技术培训5场惠及530余人，巩固143户、340人插花式贫困户达到“两不愁三保障一达标”标准；加强文化阵地建设，广播电视村村通工程在响率90%以上；送文艺演出、图书阅览、政策宣传进村36场，放送电影112场，承办老体协片区赛、组织参加群众合唱音乐会比赛、农民丰收节才艺大比拼等活动，服务群众1万人次。

环保事业 开展农村人居环境整治和环保专项行动，全年开展村庄集中清洁行动6次，认真贯彻落实河长制，河流清漂41千米，清理漂浮物100余吨。整治肥水养鱼，收回上游水库承包，经营权养殖场停养6家、循环化改造4家。开展环境连片整治，新增垃圾箱(桶)360个，基本实现垃圾收运社全覆盖。完成220户农村三格式化粪池改造。

【党的建设】 全镇有基层党支部10个，其中村(社区)党支部8个，机关党支部1个，非公党支部1个，共有党员556人，培养积极分子5人，新发展党员5人，按期转正党员4人。

结合"不忘初心、牢记使命"主题教育，在镇机关开展"四治四提"专项行动，整改"农村垃圾清运不及时""对村社区治安巡逻不经常"等19个突出问题。召开党委会34次，专题研究意识形态工作2次，开展理论中心组学习13次，撰写调研报告8篇。领导班子、支部书记讲党课51次。坚决整治"四风"，组织镇、村党员干部300余人到区廉政教育基地参观学习，清理镇村干部"亲属涉权事项"，办结信访件3件，警示约谈2人，诫勉谈话1人。

(白羊镇 刘磊)

领导班子名录

党委书记 蒋文勇
党委副书记 镇长 潘 静
党委副书记 人大主席 刘鹏举
党委委员 纪委书记 荀廷刚
党委委员 副镇长 政法书记 查智勇
党委委员 武装部长 陈 伟
副镇长 杨秋华
组织委员 陈 颖
宣传委员 统战委员 陈方毅

各村(社区)基本情况

村(社区)	户数(户)	户籍人口(人)	支部书记	村委(社区)主任
羊咀村	943	2260	周明惠	雷世明
水碾村	1069	2508	周龙超	周艳平
清晏村	952	2347	李国云	徐 菊
金铃村	671	1597	周尚强	—
凤凰村	1102	2691	周定毅	—
兵马村	661	1591	蒋 奎	蒋 奎
石船村	831	2014	甘世芳	蒋 敏
金羊社区	292	459	陈志国	詹宗玲

平滩镇

【概况】 平滩镇地处铜梁区西部，距城区17千米。辖区面积91.2平方千米，其中建成街区面积1平方千米。辖17个行政村，1个社区，总户数17674户，2019年户籍总人口48660人。其中农业人口45906人，非农业人口2754人。

平滩土地肥沃，农田水利设施齐备，是铜梁区农业重点镇。辖区内耕地面积4811公顷，其中水稻播种面积2464公顷，年产稻谷19071吨；有林地1202公顷，草地39.8公顷，园地451.4公顷。辖区内主要发展“蔬菜、经果、水产”三大产业。建亨现代农业示范园区出产的“铜梁龙柚”在第十九届中国绿色食品博览会上荣获“金奖”，汉农蔬菜和骏兴水稻种植专业合作社获评2019年“重庆市农民合作社市级示范社”。

镇政府核定编制89名，其中行政编制38名，事业编制50名，机关工勤编制1名。年末实有在编人员81名，其中行政编制35人，事业编制45人，机关工勤编制1人。内设党政办公室、党群工作办公室、经济发展办公室等10个综合办事机构。下设农业服务中心、劳动就业和社会保障服务所、综合行政执法大队等7个事业单位。

辖区内有小学4所，在校学生共计2000余人，教师150余名；中学1所，在校学生1500余人。镇中心卫生院有职工61人，设床位90余张；镇敬老院有职工4人，设床位60张，收住老人30余名。

2019年全镇实现地方预算内财政收入1516万元，其中税收1490万元。地区生产总值142687万元，同比增长13.1%；第一产业增加值39941万元，同比增长1.6%；工业增加值8558万元，同比下降3.9%；建筑业增加值47567万元，同比增长37.7%；第三产业增加值46621万元，同比增长8.3%。农业总产值58949万元。固定资产投资62894万元，同比增加2.9%。工业投资7234万元，同比增加8.0%。社会消费品零售总额23688万元，同比增长15.2%，农村居民人居可支配收入20004元，同比增长8.7%。

【经济发展】 **发展特色农业** 累计建成1866.67公顷无公害蔬菜种植基地，年产蔬菜14.5万吨、产值2.61亿元，保障主城区蔬菜供应；大力发展经果种植，柚橘、葡萄等规模经果种植累计达1000公顷，年产经果2.2万吨、产值7000万元；推进特色效益渔业、生态商品渔业建设，年产水产4560吨、产值4560万元。

推进招商引资 积极创新招商引资方式，2019年新增各类经营主体116户，重庆强禄实业有限公司、重庆游弋建筑工程公司、重庆焊青建筑工程公司等10家企业相继落户本镇，其中总部经济企业7家，实现合同引资5亿元。

发展集体经济 成立17个新型农村集体经济股份联合社，发挥万亩蜜柚基地优势，采取“企业+集体+农户”“企业+业主+集体”等发展模式，新发展蜜柚2300亩。因地制宜壮大集体经济，按照“一村一策”要求，采取财政资金股权化改革、盘活集体闲置资产等方式，引导各村发展壮大新型农村集体经济，全镇累计实施发展壮大集体经济项目22个，14个村实现集体经济收入5万元以上，2019年实现集体增收120万余元。

【社会发展】 **场镇提质升级** 整治裸露地面2200平方米，维修污水管网3000余米，实施完成3条街道亮化工程，规范机动车停车位311个。对滨河公园实施提质，修缮人行步道，栽种各类苗木1300余株、草皮17000余平方米，改变了场镇无绿地公园的面貌。

生态宜居乡村建设 2019年投入1580万元，新建、硬化农村公路13.6千米，人行便道7.8千米，所有村公路实现硬化，通组公路通畅率达98%，通达率100%；投入40万余元完成了省道S302平滩段15千米的公路沿线环境整治；投入20万余元，完成各村垃圾桶、垃圾箱、垃圾台配置和建设，基本实现"户集、村收、镇街转运、区处理"的模式；投入412万元，完成农村卫生厕所改造4621户；投入1074万元，完成农村C、D级危房改造495户。开展农村人居环境整治行动100余次，清理积存或散落垃圾6.2吨，清理沟渠38千米，清理废弃秸秆、农膜及露天堆放农业废弃物0.6吨。

维护安全稳定 开展集中安全宣传18次，对辖区内学校等人员密集场所、危化、工商贸企业、交通安全、食品安全等重点区域检查456次，发现并整改隐患115处。狠抓社区专职巡逻队管理，对超市、车站等辖区的重点路段实行24小时轮流巡逻。全年安装视频监控摄像头137个，切实增强辖区群众安全感。

【党的建设】 **概况** 全镇共25个党支部，有党员1423名，全年共培养积极分子21名，新发展党员12名。

基层组织建设 扎实开展"四治四提"专项行动，推进党组织标准化、规范化建设，挂牌整顿惠风村软弱涣散党支部，不断提升基层党支部建设水平。加强村级后备干部及本土人才队伍建设，新引进本土优秀人才11名；严格按党员发展条件和程序发展党员，新发展党员12名。投入资金63万余元对2个便民服务中心提质上档，建成党建示范点1个，强化基层党组织功能。

"不忘初心、牢记使命"主题教育 开展"主题党日"学习209次，讲习所讲习221场。

党风廉政建设 2019年开展廉政教育活动2次，开展监督检查11次，提醒谈话人员30人次，诫勉谈话人员4人次，通报批评人员3人次。

（平滩镇 字树军）

领导班子名录

党委书记 马良媛

党委副书记 镇长 周景前

人大主席 张晓霞

党委副书记 熊 昕

党委委员 政法书记 刘德洪

人大副主席 李升泉

党委委员 武装部长 副镇长 柏 斌

党委委员 纪委书记 李 遗

宣传委员 张长林

组织委员 王伏娟

副镇长 王永吉

各村(社区)基本情况

村(社区)	户数(户)	户籍人口(人)	支部书记	村委(社区)主任
万桥村	1181	3225	叶大忠	程辉绪
洋海村	849	2397	周 春	徐 龙
华光村	673	1951	傅成明	何明江
新华村	960	2827	周启国	叶 群
插腊村	1002	2923	徐世全	张春良

续表

村(社区)	户数(户)	户籍人口(人)	支部书记	村委(社区)主任
青杠村	908	2538	邹其琳	田贵友
珠玉村	1235	3514	刘金炳	王　芳
高平村	1229	3485	喻良才	何安荣
四方村	968	2837	周帝伟	余　帜
太安村	830	2379	张维龙	刘　惠
红河村	861	2507	谭洪贵	李代洪
立灯村	870	2615	吴琼英	何庆刚
金竹村	921	2403	廖少红	曹　芳
洪太村	915	2352	汪学良	孔小红
玉龙村	1046	2875	张登文	吴永群
团宝村	1159	3094	高金云	熊光元
惠风村	687	1984	朱　云	—
龙潭社区	1380	2754	陈明凤	唐树伦

双山镇

【概况】 双山镇位于铜梁西部，与潼南区五桂镇、卧佛镇和大足区宝顶镇接壤，距铜梁城区23千米。全镇辖区面积33.83平方千米，有7个村、1个社区，总户数4511户，总人口12112人。

镇机关核定编制46名，实有在岗38人，其中行政18名，事业20名。内设党政办公室、人大办公室、经济发展办公室等综合办事机构8个。镇属事业单位有文化服务中心、农业服务中心、劳动就业和社会保障服务所等7个。

辖区内有国家一级乙等医院一所，是医疗保险定点医疗机构。有职工18人，医生5名，护士3名，核定床位数为20张。辖区内有9个村卫生室，10名乡村医生。双山小学在校学生548人，学校有教职工32人，其中区级骨干教师6人，中小学高级教师3人，中小学一级教师17人。

2019年双山镇GDP完成28880万元；完成第一产业增加值9923万元；第二产业增加值5387万元，其中工业增加值4251万元；第三产业增加值13570万元。本级财政收入实现465万元，同比增长8.1%，其中税收完成430万元，同比增长14.4%；固定资产投资完成3.9520亿元；城乡居民人均可支配收入完成18781元，同比增长9.1%。

【经济建设】 **招商引资** 2019年，成功引进重庆犇祥建筑劳务有限公司、重庆初尚商贸有限公司、重庆金莹旺建筑工程有限公司、重庆洛希建筑劳务有限公司、重庆群伦建筑劳务有限公司、重庆盛来建设工程有限公司、重庆巨匠建材销售有限责任公司、重庆巨双铮销售有限责任公司、重庆尚名商贸有限公司9家企业。截至年底，双山镇辖区内共有企业150家，其中工业企业19家，限上商贸企业3家，建筑房地产企业5家，完成文化旅游固投4300万元，工业固投8818万元。

集体经济 建新村在原有樱桃产业发展空档期，利用林间和林下空置地套种魔芋33.33公顷，实现集体和群众二次增收。大理村充分利用独特自然优势，瞄准市场新需求，以“村集体+大户+贫困户”发展模式，发展中蜂养殖100箱，实现集体收入3万余元。岩湾村加强对张家沟水库渔业管理，推进河库渔业增殖放流，实现集体收入2万余元。寿桥村发展清水鱼养殖，实现销售收入4.9万元。双泉村引入新业主发展青秋脐橙和金秋砂糖橘种植，按照“农户+村集体+大户”发展模式，明确利益分配机制，既促进群众增收，又解决了长期以来的信访矛盾。喻兴村利用蓼蓝市场前景广、附加值高的特点，发动群众种植蓼蓝8公顷，既发挥了大户的带动作用，又结合了群众自身意愿。群坊村整理荒山荒坡、“鸡窝地”13.33公顷，发展经果种植，建立利益联结机制。建新樱桃展台销售、双泉西瓜、群坊优质稻三个集体经济先行村项目收益不断巩固。2019年全镇3个“空壳村”全部脱壳。所有集体经济项目产品销售都建立“线上”和“线下”两种模式，全镇电商销售额达300万元。

产业发展 走群众分散生产与公司规模经营相结合的路子，铜梁樱桃种植面积达533.33公顷，建立规模化樱桃种植基地，大棚樱桃品种品质不断改良、长势良好，“一舍农场”打造初见成效。2019年铜梁樱桃荣获全国名优特新农产品称号。有力推动樱桃产业向品牌化、标准化、公司化发展。同时，进一步优化本镇农业园区规划设计，融入乡村旅游元素，与周边群众合作，开发小水果以及土菜、土猪、土鸡土鸭等绿色种养模式，实现特色农产品与旅游融合发展。全年累计接待游客10.2万人次，销售樱桃40.3万千克，旅游综合收入实现2068万元。

【社会发展】 **人居环境** 一是多种形式宣传宣讲，引导群众收拾好房前屋后，庭前院后，提升群众个人意识和习惯养成。二是在主干道两侧、便民服务中心周边、河堤休闲公园、重要产业节点附近及房前屋后栽植木春菊、三角梅、紫薇、春娟、鸢尾等植物以及四旁植树3万余株，撒播花籽200千克，出入场镇美化亮化2千米，建成“鲜花村道”6条，5个村便民服务中心周边环境旧貌换新颜。三是建立《双山镇农村环境卫生清洁制度》《双山镇人居环境改善积分管理制度》《农村人居环境考核奖惩制度》三项制度，全面深入推行“积分制”，坚持半月一评比、一月一兑现，一季度一通报、半年一表彰，形成有序工作机制。全年镇级层面表彰群众参与先进个人、干部引领先进个人、环境保持先进典型等24人，樱桃节会期间评选镇级“好乡亲”10名。四是常态化开展主题党日、集中攻坚脏乱差、定期巡查清扫、义务栽花植树四项活动，充分调动广大党员干部群众的积极性，引导群众“自觉干”“比着干”“争着干”，同时深化“五风浸润”行动，大力开展“少云志愿者”服务活动，组织志愿清扫活动130场次，参与800余人，实现农村人居环境改善共建共享，形成全镇上下齐参与、环境美化齐受益新局面。

建新村荣获重庆市绿色新村 （双山镇 供图）

脱贫攻坚 结合贫困户实际情况，优化调整帮扶责任人，实现了“多帮一”，其中5户由区领导直接帮扶、12户由区级联系部门领导帮扶，同时动员辖区教师、医生加入帮扶队伍，帮扶力量得到加强。继续深化“四必见”制度，每月定期召开各级脱贫攻坚分析研判会，梳理情况、解决问题。扎实做好小额贷款宣传推介工作，56户成功贷款107.5万元发展产业，贷款覆盖面达40.9%。深入开展脱贫攻坚“促改督战”“百日攻坚”大落实行动，一体推进中央脱贫攻坚专项巡视、市委巡视、区委巡查等反馈问题整改，2019年新脱贫35户、88人，全镇139户、420人建卡贫困人口均已实现“两不愁三保障”，实现建档立卡人口全部脱贫。

民生事业 完成“四好农村路”建设24千米；新建自来水厂投入使用，彻底改善全镇人民饮用水水质；完成10户D级危房改造、400口改厕任务；完成新卫生院搬迁，改善辖区群众就医条件；完成新敬老院建设工程。场镇污水管网整改和污水处理厂技改项目顺利完工；河长制、农村面源污染、肥水养殖、畜禽养殖循环化改造等一体推进，有效推进绿色发展。深入推动“把老乡留老家”行动，全年持续回引返乡创业就业人员424人。

【党的建设】 **概况** 全镇有党支部9个，党员408名，新发展党员4名，新调整支部书记1名。

主要工作 一是深入开展“入社大宣讲、入户大走访”活动，进社入户、深入田间地头采取院坝会（板凳会）等形式，集中对脱贫攻坚、新型农村集体经济等内容进行宣讲，共宣讲88场次，走访2500余户。二是新增本土人才4名，充实壮大基层干部队伍；着力便民服务中心整体优化提升，建新村成功创建基层示范党组织，启动喻兴村便民服务中心新建工程。三是建立定期研判和问责机制，推动“四治”专项行动向纵深推进，督促干部事事有响应、时时有行动。四是扎实开展主题教育，细化具体措施23项；精心组织开展研讨6次，入户走访335人次、谈心谈话182人次、召开院坝会45场，撰写调研报告8篇，讲专题党课2场，组织基层党组织开展志愿服务74次，做好人好事40件；按照"四治四提"要求，班子检视问题26条，整改完成24条，班子成员检视问题95条，整改完成86条，实现了整改落实从"问题清单"到"满意清单"的有效转变；聚焦干部作风，梳理"软懒散瘫"等突出事例8件，推进整改7件。五是推进机构改革落地，全面规范镇街机构设置，优化调整干部配置，选拔一批优秀干部到二级班子岗位，有效激发干部队伍活力。六是推进惩治小微腐败，查处2起，给予党内警告2人、诫勉4人。

（双山镇　汪子钦）

领导班子名录

党委书记　吴　罡

党委副书记　镇长　杨东升

人大主席　黄胜勇

党委副书记　张亚东

纪委书记　刘　波

政法书记　副镇长　武装部长　肖阳兵

副镇长　李大国

组织委员　经　玲

宣传委员　统战委员　唐大寨

各村(社区)基本情况

村(社区)	户数(户)	户籍人口(人)	支部书记	村委(社区)主任
双河社区	336	499	宋祖文	王兴容
双泉村	750	2107	吴跃明	张新建
寿桥村	664	1861	戴　霞	杨春雄
岩湾村	651	1575	张跃海	张焕春
大理村	529	1376	张明耻	姜荣亮
喻兴村	603	1778	陶甫华	曾晓菊
建新村	280	764	吴跃学	陶秋福
群坊村	698	2144	郑长玲	张祖义
团宝村	1159	3094	高金云	熊光元
惠风村	687	1984	朱　云	—
龙潭社区	1380	2754	陈明凤	唐树伦

小林镇

【概况】 小林镇地处铜梁西部。辖区面积30.67平方千米，耕地面积1279.5公顷，其中水田面积775.2公顷，退耕还林297公顷。辖4个村1个社区，共81个村民小组，2019年末总户数4597户，总人口12375人。

2019年底镇机关核定编制46个，其中行政编制16个，参公2个，事业28个。年末实有在岗人数38人。镇内有小学1所，教师31名，11个教学班，在校学生511名。幼儿园3所：其中公办幼儿园1所，教师3名，2个班，学生50名；民办2所，教师6名，4个班，学生122人。镇中心卫生院1个，在职职工16人，病床20张。敬老院1个，入住五保老人23人。

2019年地区生产总值完成32870万元；第一产业增加值完成8548万元；第二产业增加值完成11046万元，其中工业增加值完成1769万元；第三产业增加值完成13276万元；固定资产投入完成40603万元，其中工业投资1275万元。财政收入238.75万元；居民可支配收入18630元。

【经济发展】 **产业振兴** 一是砂糖李品牌建设再上台阶。以老鹰咀李子专业合作社牵头组织、210户果农参与，在修枝、施肥、治虫、疏花疏果等环节严格实行标准化、无公害方式管理，做优砂糖李品质。用好国家绿色产品A级认证和铜梁砂糖李国家地理标识，其影响力得到提升。广泛开展营销活动，和洪九果业、新仙C果、双福商贸、金泉超市等知名商家建立长期合作关系，坚定不移走市场化品牌化营销道路。二是发展圣灯村黑水凼水稻种植专业合作社，强化科技支撑，与市农科院合作建立水稻优良品种推广示范基地500亩，经市级验收，亩收益增加368元；经农业农村部检测，水稻品质从三级提高到二级，保证了小林生态米品质的纯洁性。三是大力发展林下养殖，壮大农村生态土鸡集体经济。采取集体统一引进优良品种、统一进行防疫处理、统一进行后期销售、农户进行分散放养的方式，发展生态土鸡养殖户100余户、养殖土鸡近万只，“东坡鸡”品牌初步得到市场认可，养殖户养殖纯利润从每只5元提高到20元，养殖户户均增收约4000元。2019年，铜梁砂糖李、小林生态米、小林东坡鸡等均已申请注册品牌，其中铜梁砂糖李已获国家优质李、国家A级绿色食品、国家地理标识等称号。

集体经济发展 深化实施“四要”发展路径，以合作社为载体，继续稳妥推进“1+4+N”模式。不断完善电商销售平台、新型农村集体经济组织、农户的利益连接机制。在重庆主城发展网络销售加盟社区店3个，网络销售平台完成升级改造，农产品上行销售额突破400万元。4个集体经济组织均实行跨村运营，通过“四向四要”(即闲置土地、闲置资产、流转土地要集体经济、向农村电商要集体经济、向大户带散户要集体经济和向产业融合要集体经济)。庆云村李子专业合作社，新建66.67公顷李子基地管理配套设施，建设围栏及监控、建设地面喷灌，使集体经济达32.71万元；华寿村重庆华沃家禽养殖专业合作社东坡鸡养殖，获政府补贴鸡苗款，集体经济收入23.4万元；鱼龙村枳壳基地生产配套设施建设项目，经果种植、小林镇生态猪肉加工基地建设，集体经济达50.43万元。着力培育生态水产项目。抓住取缔肥水养鱼契机，实施热带优质生态龙虾品种——澳大利亚龙虾本地化养殖项目，建成重庆最大澳大利亚龙虾育苗基地，一期育苗取得成功，占地6.67公顷的澳大利亚龙虾试验示范基地建成投用，采取合作社+农户的模式进行大面积推广。

【社会发展】 **脱贫攻坚** 一是狠抓精准扶贫工作。继续坚持干部"一帮一""四必见"联系制度，每月掌握建卡贫困户情况。对20户未脱贫户采取镇班子成员和二级班子包户帮扶的方式，制订一户一策帮扶措施。二是认真排查、逐一对照，解决贫困户的具体困难，"两不愁、三保障"问题得到全面解决。三是努力调动贫困户内生动力，通过上门宣传、介绍就业、解决公益就业岗位等方式动态确保劳动力贫困户有一人能稳定就业，落实贫困人口公益性岗位6个、新介绍就业3个、动员学习技能10人次。四是强化保障，无劳动力贫困户实现低保、五保、残疾人保障等政策兜底全覆盖。五是推进产业扶贫，落实小额扶贫贷款66户、128万元，助推贫困户产业发展。六是抓好各项问题整改落实，全年共完成中央、国务院、市级考核及铜梁百日攻坚4大类114个问题整改。截至2019年底小林镇20户66人未脱贫困户"两不愁、三保障"及收入均已达标，全部实现稳定脱贫。

生态保护 严格落实河长制，建立每月巡河机制，确保镇域范围内的所有河流有河长、水库有库长负责监督管理；对镇域范围内河道建立长效、清运机制。治理面源污染，对农业规模种植业主的化肥和农药使用情况进行监督检查，对20头以上生猪当量的养殖户进行摸排，限时完成循环化改造2户。生活污水得到全面收集处理，实现场镇污水收集、处理全覆盖。清理整治肥水养鱼，进行责任分片。完善垃圾收运体系。完善地埋式垃圾压缩中转站配套设施，添置垃圾桶120个，垃圾箱体19个，与村（居委会）签订农村公路垃圾清扫及场镇保洁，采取"社集—村收—镇运"的方式，对场镇及各村生活垃圾收运实现全覆盖。完成场镇1.5千米的河道拦河堰工程，整治裸露地面5000余平方米，完成污水管网建设300米，推进市政功能完善工程；因地绿化硬化，栽植各类灌乔木2万余株。在华寿村、鱼龙村、圣灯村人居环境整治示范点栽植木春菊、春鹃、桂花、红叶石楠等灌乔木12万余株，撒播花种6000余平方米。广泛动员村民共同参与大清洁行动30次，组织学生开展"小手牵大手，共创清洁村"和"我扫我家"活动12次，积极推动人居环境积分制工作，全年完成庭院整治并建设美丽庭院60户、文明清洁户50户。

整治后的河道 （小林镇 刘万全供图）

民生实事 农村四好公路改造计划8条，共计9.834千米，预计在2020年6月全面完工。小宝路改扩建公路工程，共征地19.73公顷，已完成总工程量的30%，正在进行施工挡墙及路基平整等。完成农村卫生厕所改造411户，兑现建档立卡贫困户改厕补助资金1.6万元。成立退伍军人服务站，顺利完成378名退役军人及其他优抚对象的信息采集工作，成立5个村（社区）退伍军人服务中心，实地到户悬挂退役军人光荣牌320块，每月按时发放补贴97人。办理创业担保贷款7件，发放创业贷款105万元，开展"把老乡留在老家"专项行动，共吸纳返乡创业就业12人，实现劳动力转移54人。完成敬老院搬迁工作，并荣获全市养老化建设二等奖。落实农村家庭计生奖励扶助、生育关怀等计生政策，组织动员辖区居民参加孕前优生健康检查和育龄妇女两癌筛查工作。华寿村完成1～1.5米宽的生产便道8.2千米。2019年完成D级危房改造16户。提高政治站位，持续深入扫黑除恶工作，通过加大宣传力度，着力提高群众知晓率。全年共化解3起有较大“民转刑”风险的矛盾纠纷，关闭非法小庙15座。切实做好严重精神障碍患者的管理服务工作，有效防范了严重精神障碍患者肇事事件的发生，维护社会和谐稳定。

【党的建设】 **概况** 2019年底有党支部10个，党员421名，发展新党员3名，预备党员转正2名。

强化思想政治工作 一是镇党委先后召开7次会议专题研究基层党建工作，制定符合实际的抓党建责任清单。10月对全镇5个村社区进行大走访，根据实际情况形成5个调研台账，并针对软弱涣散党组织圣灯村党支部制定“一支一策”和整改台账。对查找的21个问题，逐一销号。

落实支部“扎桩”工程 建立5个村社区党小组。整顿软弱涣散党组织，查找出圣灯村党支部存在的问题10个，制定整顿转化方案，促进整顿转化工作顺利推进。建立本土人才库，9月份已回引本土人才3人。严格执行发展党员程序和标准，发展党员3人。

党风廉政建设 认真落实全面从严治党“两个责任”，继续推进“七个全覆盖”，对2018年农村财务清理中发现的31个问题进行“回头看”，已全部整改到位。

（小林镇 刘万全）

领导班子名录

党委书记 涂伟生
党委副书记 镇长 谢 杭
人大主席 朱文彬
党委副书记 曾德熙
党委委员 纪委书记 周良民
副镇长 王泽林
政法书记 武装部长 副镇长 汪 杰
组织委员 王河静
宣传委员 统战委员 杨 静

各村(社区)基本情况

村(社区)	户数(户)	户籍人口(人)	支部书记	村委(社区)主任
圣灯村	1135	3206	施志福	—
鱼龙村	1003	2940	庞登明	杨德静
庆云村	1096	3237	叶兆良	张从富
华寿村	848	2250	何代勇	张正良
团山社区	515	742	范永福	唐定平

虎峰镇

【概况】 虎峰镇位于铜梁区东南部，距铜梁城区18千米。辖区面积79平方千米，其中耕地面积3565.5公顷，成片林地面积4900公顷。辖22个村，4个社区(居民委员会)，286个村(居)民小组18445户，总人口44359人，其中农业人口18445人。场镇建成区面积1平方千米，常住人口7657人。

辖区有初级中学1所，开设21个班，有在校生1037人。小学5所，共有学生1632人。幼儿园9所，其中公立幼儿园5所，私立幼儿园4所，有幼儿569人，学龄前儿童入学率达100%。

辖区有虎峰镇中心卫生院，开设有内科、外科、急诊科、麻醉科等诊疗科室，有主任医师1人、副主任医师1人、主治医师18人，医师7人、助理医师8人、其他人员53人，实际开放床位66张。

镇政府机关编制总数88人，其中核定行政编制38人，核定事业编制50人，年末实有77人。内设综合办事机构党政办、党群办等10个，下属事业单位农业服务中心、文化服务中心等7个。

2019年地区生产总值完成278604万元；第一产业增加值30746万元；第二产业增加值182239万元，其中工业增加值114407万元；第三产业增加值65619万元。固定资产投资104171万元，工业投资39391万元。财政收入1270万元，其中税收1213万元。农村人均可支配收入实现20301元，增长10.4%。

【经济发展】 **实施工业振兴** 不断培育机械加工、新型建材、电子信息和农产品加工等支柱产业。盘活闲置资产，引入重庆荣方科技有限公司等3个工业项目入驻虎峰。积极搭建平台，充分发挥虎峰商会资源优势，回引新鹏瑞房地产，铜合建筑公司等总部企业4家。新增限上商贸企业1家。

发展现代农业 不断壮大优质经果、花卉苗木、生态蔬菜、山地特色产业四大基地。成立股份经济合作联合社22个，通过组织振兴带动产业振兴，发动群众以土地入股方式新发展优质花椒、水果100公顷，新培育稻虾养殖6.67公顷，中药材2.07公顷，全镇集体经济总收入达100万余元，全部消除“空壳村”。

【社会发展】 **场镇提质** 启动新一轮场镇总体规划修编，规划布局了湿地公园、生态停车场等一批重点项目。开工兴建投资1700万余元的全民健身中心，有序推进虎峰汽车站片的开发项目。加快基础设施建设，G319虎峰至西泉改道工程建设有序推进，登芸桥渡改桥项目完成通航、防洪论证及可研评审。同心桥水库征地拆迁用15天时间完成，137户拆迁户100%签约。“金大线”110千伏输电线建设工程有序推进，页岩气脱水站工程开工建设。

四好公路建设现场　　（虎峰镇　供图）

民生保障 聚焦“两不愁三保障”，全面落实先诊疗后付费和住院报账自付比例不超过10%的医保政策，住房、饮水挂牌实现全覆盖。强化精准帮扶，公益性岗位安置9人，整合镇财政资金3万余元和小额贷款进行产业帮扶，通过发展新型农村集体经济，建立利益联结机制，实现脱贫增收。204户建卡贫困户均实现脱贫。

城乡一体化供水工程，改造场镇供水管网8千米，彻底解决镇村供水难问题。改造卫生厕所216户，普及率达85%。建成“四好农村路”45千米，实施农村CD级危房改造164户。开展“把老乡留在老家”活动，城乡新增就业412人，返乡就业1247人，城乡就业困难人员就业53人，返乡创业50人。动态调整城乡低保对象114户，临时救助225户、38万余元，做到应保尽保、应退尽退、应救尽救。发放解“三难”资金11万元。“两癌”检查836人次，家庭医生签约11432人。新建市级社区养老服务站1个、区级3个。送流动文化服务进农村覆盖率100%，受益群众2.7万余人。组织参加区第五届全民健身运动会荣获团体第三名。

生态保护 坚持“五个一律”要求，全面加强工业、畜禽养殖、肥水养鱼等突出问题整治，对9家“散乱污”企业进行停电关闭，开展以鱼净水试点和规模养殖场畜禽粪污资源化利用，久远河、小安溪河水质持续改善。实施污水管网应急整治项目7个，新建管网1.2千米，场镇管网雨污分流工程纳入全区首批EPC试点。大力整治农村人居环境，农村道路两侧栽植木春菊45千米，撒播花卉20千米。农村人居环境积分制评比全面铺开，创建整洁庭院120户。农村生活垃圾治理实现全覆盖，有效治理率达95%。强化乡风文明培育，“五风浸润”工程评选“好婆婆”“好媳妇”6名，“整洁户”2234户，最美院落3户。组建少云志愿者队伍27支，开展主题志愿者活动350余次。

【党的建设】 **概况** 虎峰镇党委下属基层党组织29个（其中机关支部1个、村社区支部26个、非公支部1个、退干支部1个），共有党员1339名。2019年转正8人，新发展12人，培养积极分子23人。

思想政治建设 扎实开展“不忘初心、牢记使命”主题教育，深入推进“四治四提”专项行动，班子成员按月轮流带队督查重点工作并及时通报，先后为民服务解难题487件。坚决整治形式主义、官僚主义等“四风”问题，把精力集中在探索创新、推动落实上，保持风清气正的政治生态和干事创业的良好环境。

党风廉政建设 制定《虎峰镇深化落实全面从严治党主体责任实施意见》《虎峰镇2019年党风廉政教育方案》。参观区廉政教育基地2次、扶贫领域“以案四说”警示教育2次。查处违反工作期间饮酒问题3起，对4起拟正常操办宴席的党员干部进行提醒，先后约谈党员干部460余人。针对单位垫付个人部分医疗保险、扩大职工住房公积金缴存基数问题、违规发放加班补助等问题进行自查自纠，共计清退违规资金48万余元。镇纪委办理案件1件、生活作风问题1件，开除违法犯罪党员2名，对2名村支书因违规违纪问题予以诫勉谈话，对轻微违纪违规行为23人进行警示约谈、在全镇范围内进行通报批评7件，持续保持反腐败的高压态势。

（虎峰镇　冉久红）

领导班子名录

党委书记　王咏忠
党委副书记　镇长　龙海波
党委委员　人大主席　黄开荣
党委副书记　陈俊洁
党委委员　人大副主席　黄　怡（2019.1—2019.7）
党委委员　纪委书记　周小锋
党委委员　政法书记　吴　科
党委委员　副镇长　武装部长　刘　龙
副镇长　杨明英
党委委员　副镇长　张建军
党委委员　柏兴霞　骆星宇

各村(社区)基本情况

村(社区)	户数(户)	户籍人口(人)	支部书记	村委(社区)主任
石岭村	849	2066	刘成刚	李正琼
久远村	777	2090	熊发刚	唐锡伦
石柱村	1261	3244	张定国	张小丽
石梯村	722	1855	张云阂	王菊英
庙湾村	544	1352	黄忠梅	朱荣斌
东山村	648	1600	扶永海	陈廷芳
回龙村	836	2389	冉顺江	李长庆
轮桥村	665	1681	席章玲	高　龙
石寨村	954	2564	胡在君	李明建
双桥村	553	1486	罗辅群	陈德祥
青符村	712	1872	罗辅强	周体玖
翰林村	914	2391	王　霏	张世明
天锡村	840	2287	刘远禄	—
滴水村	369	985	李　会	喻先容
纯古村	772	2105	骆禄刚	王荣彬
水鸭村	656	1736	陈宗全	陈久琴
太公村	439	1065	秦德瑜	石奉伟
西泉村	914	1784	兰代香	简治模
进仕村	602	1328	陈　静	秦万里
群力村	827	1414	夏世模	王隆明
前进村	593	1561	陈民志	关世春
双龙村	525	1513	李长旭	刘辉兰
建新社区	183	349	万安丽	刘贤容
新生社区	1375	2194	秦伦萍	冉荣禄
华西社区	269	499	邓永明	宋文彬
温泉社区	646	949	徐姝梅	—

福果镇

【概况】 福果镇位于铜梁区南部，距铜梁城区20千米。辖区面积37平方千米，集镇面积1.2平方千米，有耕地1488.13公顷，林地2130公顷，森林覆盖率58%。辖10个村，1个社区，119个村民小组，7164户18422人。

镇政府机关核定编制56名，实际在编40人。内设党政办、党群办、人大办等9个综合办事机构，下设农业服务中心、文化服务中心等7个事业单位。

辖区有小学1所，教师34人，学生465人；幼儿园2所，幼师16名，幼儿94名；卫生院职工18名，设病床10张；农村医疗点17个，技术人员17人。铜梁区农村商业银行福果分理处1个，有职工5名；区邮政银行福果分行1个，有职工5名。

2019年实现地区生产总值70919万元，同比增长4%；第一产业增加值完成12967万元；第二产业增加值完成35077万元，其中工业增加值18995万元；第三产业增加值完成22875万元。财政预算收入466万元，其中税收收入444万元；农村居民人均可支配收入19231元，同比增长9.35%。

【经济发展】 **重点项目** 一是同心桥水库，市级重点项目，占地涉及福果镇5个村、31个社、292户、111.3公顷，9月4日至10月31日顺利完成292户房屋征地拆迁工作任务，11月底完成淹没交地工作，项目建设顺利施工。二是生命纪念园，二期项目总投资8100万元，景区配套设施和5000个二号墓区正在规划建设中。

招商引资 2019年，持续扶持国裕酒业、泓奕机械等企业技改升级，做好落户园区工业企业后续服务。成功引进重庆创铭模具有限公司、重庆三个书生文化传媒有限公司、重庆市潼南区宗城置业有限公司3个企业注册福果，引进重庆铜福新型建材有限公司和重庆俱益家具有限公司、重庆禾润展示设计制作有限公司、重庆彭什旺居实木家具有限公司4个企业落户福果。

农业产业发展 结合“六要路径”工作导向，构建“党支部+合作社+贫困户”利益联动机制，实施水稻、龙虾等4个项目，栽种大雅柑、砂糖橘等经果林500多亩，打造1200亩茶叶基地，发展跑山鸡8户15批次，成立股份经济联合社10个、家庭农场（含专业大户）10个，登记注册国家级农业品牌2个，河兴、荷香、三元、三星4个村实现“脱壳”。

区、镇人大代表调研荷香村无河水稻集体经济发展（福果镇　供图）

【社会发展】 **场镇建设** 改造三星、龙岗、联合场镇污水管网829.26米，实施场镇污水处理站提质建设，日均处理污水量达60余吨；新增路灯12盏，整治裸露地面1700平方米；改造场镇人饮工程主水管网1800米。实施政府广场环境亮化提质工程，翻新政府广场地面新建政府化粪池1口、沉砂池1口；整治裸露地面重新植绿1700平方米。

民生实事 修建20条“四好农村路”，共16.3千米，改造CD级危房29户。设置10个人防疏散点，接收1711户1.5万余人，办理龙岗农民新村农房产权证10户。发放创业担保贷款90万，助力农民工返乡就业创业767人，办理城乡居民养老保险和医疗保险25680人。发放181户294人城乡低保户低保金150.98万元、201名特困人员供养金179.8万元。实施残疾人无障碍设施改造37户，改造农村卫生厕所338户。免费开放镇文化服务中心，举行“我和我的祖国”爱国歌曲大家唱、坝坝舞、竹编技艺活动3场，放映电影120场，送流动文化进基层活动40场。开展就业技能提升培训2场，“两癌”筛查257人，孕优检查50人，奖扶政策全面落实。

平安建设 调解矛盾纠纷146件，化解信访积案6件、“民转刑”案件1件，群众安全感指数97.69%。查处涉及道路交通、消防、企业生产等违法行为120起。新登记食品经营主体9户，办理食品摊贩备案5户，查办食品经营违法案件4件。自然灾后倒房重建5户，发放救助资金4.94万元。

脱贫攻坚 按照“两不愁、三保障、一达标”要求，对照中央、市委脱贫攻坚专项巡视反馈问题，建立“四类人员”基本情况台账，清单化管理107户建卡贫困户。开发公益岗位转移劳动力9个，落实低保和特困供养30户63人，义务教育政策扶持18人，签约家庭医生和购买“精准脱贫保”商业保险107户277人，申请发放小额贷款49户51.3万元。推广“后备箱经济”，帮助建卡贫困户销售富余农副产品96次。坚持“智志双扶”，开展技术和技能培训2次64人，全年送去成品脱瘟母鸡690只、875株果苗。

生态保护 全面铺开“河长制”责任网，常态化清理辖区6条23千米河道漂浮物、倒弯竹木及两岸生活垃圾，发现整改问题29个。关闭畜禽养殖场14家，循环化改造17家，拆除增氧机8台。改造升级垃圾压缩中转站，新增垃圾转运车1辆、垃圾箱体20个、垃圾分类处置箱33个，配齐保洁员33人，实现垃圾收运全覆盖。完成农村公路两旁栽花植树37.78千米，公共场所绿化7.8亩，巧妙运用人居环境改善积分制，累计评比132次，评出“清洁文明户”396户，兑换洗衣粉、肥皂、牙膏等生活用品3058份。

【党的建设】 **概况** 全镇有16个党支部（机关党支部1个，村社区党支部11个，非公党支部4个），正式党员582个，新发展党员4个，培养入党积极分子8个。

思想政治建设 专题研究党建工作4次、意识形态工作2次，党委会集中学习30次，中心组学习17次，个人自学100余次。扎实开展“不忘初心、牢记使命”主题教育，镇党委领导班子集中学习研讨6次、中心组学习4次，及时检视整改主题教育和“四治四提”存在的问题，全力解决好人民群众最关心最直接最现实的问题。

基层组织建设 实施西山村便民服务中心内部改造，团实村创建2019年全区党建示范点。调整村党支部书记1名、村委会主任1名，村务专干5名，整顿软弱涣散党组织1个。开展主题党日190余次；群工系统办理事项195件，办结率98.4%，群众满意度99.5%。

党风廉政建设 配合区纪委监委查处违纪案件2件，自办案件1件，增强党员干部知敬畏、守纪律、转作风的意识。

（福果镇 徐琴琴）

领导班子名录

党委书记 李祖建（2019.01—2019.08）

党委副书记 镇长 张朝敏（其间：2019.08—2019.12任党委书记）

党委委员 人大主席 李清华

党委副书记 吴小华

党委委员 纪委书记 谢 超

副镇长 汪 谧
党委委员 武装部长 副镇长 陈小波
党委委员 政法书记 副镇长 龙云兵
党委委员 组织委员 陈 果
党委委员 宣传统战委员 王光辉

各村(社区)基本情况

村(社区)	户数(户)	户籍人口(人)	支部书记	村(社区)主任
福兴社区	815	1066	宋关建	韩 航
林宇村	788	2200	杨光久	高永秀
高山村	591	1723	黄国忠	王 伟
河兴村	606	1630	傅贵芳	夏庆明
荷香村	579	1605	胡德申	李启明
龙岗村	679	1899	宋官友	范立筠
三多村	458	1237	陈世全	陈忠田
三星村	531	1492	杨光玲	—
三元村	713	2009	胡德碧	刘红霞
团实村	777	2050	胡正芳	张明文
西山村	627	1511	时明中	孙瑞友

石鱼镇

【概况】石鱼镇紧靠铜梁城区，交通便捷，辖区面积32.87平方千米，场镇建成区面积0.25平方千米。有8个行政村，1个社区（鱼兴社区），7581户19901人。场镇天然气已与铜梁城区连通；有自来水站1个；污水处理厂1个；小学2所（石鱼小学、安平小学），有在校学生746人；中心文化站1个；卫生院1个，病床20张，卫生技术员22人；幼儿园4所；敬老院1所。

镇政府机关核定编制数56名（行政编制为21名，事业为35名），实有在编在岗人员48人，其中行政编制20人，事业人员28人。内设党政办公室、党群工作办公室、经济发展办公室等17个机构。

2019年，实现地区生产总值111898万元，增长10.4％；第一产业增加值11340万元；第二产业增加值66555万元，其中工业增加值43700万元，建筑业增加值22855万元；第三产业增加值34003万元。完成固定资产投资58410万元，其中工业投资44684万元。完成社会消费品零售总额11040万元，增长12.9%.完成财政收入1114万元，其中税收收入1074万元。农村居民人均可支配收入19680元，增长10.1%。

【经济发展】 **招商引税** 成立石鱼商会，85家企业入会，实现抱团发展。利用现有厂房淘汰落后产业企业3家，新引进重庆天亿鑫机械设备制造有限公司、重庆玉玖线条厂、重庆地标会展有限公司、重庆美之创会展有限公司、重庆华塑环保科技有限公司、重庆凯业机械有限公司6家企业。全年共引进项目11个，其中新引进重庆诗辉门窗、重庆盛玺建筑有限责任公司、重庆宏锐夹板有限公司、重庆张益郡商贸有限公司、重庆吉龙科技自动化科技有限公司5家企业（预计产值增加12000万元，产生税收350万元）。重庆勇乘建筑安装工程有限公司、重庆页岩气勘探开发有限公司2家企业新升规，为镇财政培植了新财源。

优化营商环境 重庆市石鱼小企业创业基地挂牌，着力引进符合环保要求和产业方向的企业。开展闲置厂房、闲置土地清理。建立企业微信群、QQ群等，发布各类有利于企业发展的政策措施，让企业第一时间就知晓好的政策和发展方向。解决企业发展资金问题，与农商行签订战略合作协议，已向辖区内企业贷款2千万余元，支持10余家企业扩规；与国网铜梁电力公司签订战略合作协议，确保企业稳定用电；持续开展把“老乡留在老家”行动，帮助企业招工600余人，解决贫困户就业106人；为4家企业代办手续，协调处理企业土地、用电、用水等各类问题30余起；对辖区5家工业企业进行升规指导。主动对接区部门支持辖区企业发展。积极为同心桥水库、垃圾焚烧发电站等区级重点项目做好协调工作。

商贸旅游发展 用“互联网+”为农业赋能，全镇有27个线上店铺，建立村级线下店8个和镇级电商平台1个，线上单品469个，线上销售额达到403万元。通过政府主导、引进社会资本、村民参与，成功举办第四届“巴岳仙境·花果胜地”桃李缤纷赏花季，共接纳游客30万人次，产生经济价值约200万元。加大产业调整力度,新栽植李子、柑橘、花椒等360亩,因地制宜发展休闲采摘、观光旅游等新产业新业态,促进农旅融合。鼓励龙头企业、农民合作社、家庭农场等新型经营主体按标生产,新发展新型农业经营主体5个,建立益农信息社8个。培育的2个"三品一标"农产品(东店沃柑绿色食品、联丰爱媛38无公害农产品)已通过检测。加强兴发村、兴红村盛果王农业公司集体经济工程项目建设管理,长乐村转租荒山荒坡向闲置土地要效益、联丰村做优集体果园、三和村改进枇杷种植,12个集体经济项目建设完工8个,已实现经营收入18.3万元。

农村集体经济发展培训会——沃柑管理技术培训(石鱼镇 供图)

【社会发展】 **基础设施建设** 完成石鱼镇城镇人居环境整治提升规划(2018—2020)方案的编制。镇公共服务中心完成装修,8个办站所入驻办公;政府办公楼顺利完成排危,改善办公环境。完成场镇三期污水管网建设工程,对管网渗漏、堵塞、破损及提升泵损坏等问题,进行治理和修复。完成石鱼小学路口雨污管网及新农贸市场污水管网改道工程。完成场镇"石鱼生态停车场及农贸市场提质工程"的规划和方案设计。完成农村危房D级21户,C级6户的改造。"四好农村路"建设已建成竣工8条22.3千米。完成通组路4条4.1千米,提质路2.558千米,窄路拓宽6条7.8千米,以及产业路2.2千米路基土石方工程。完成场镇垃圾压缩站进场道路的硬化。完成2019年度16.65千米通组路的规划设计。提前实施0.42千米的兴发村林家坡产业路,有效改善花果山的通行条件。申请近50万元地质灾害防治专项补助,先后完成石鱼公园西侧排危、边坡治理工程及审计,兴发村凉亭路危岩治理工程,盐田15组公路涵洞塌陷治理工程,排除兴发村好渔郎滑坡等险情。协作推进页岩气H2平台的租地、迁坟及H3平台的房屋拆迁工作,落实H1平台的预征地及人员安置。完成联丰垃圾焚烧发电项目的征地、房屋拆迁、卫生防护区租地工作和庆石路改道工程、垃圾发电站物流通道项目的放线、坟墓搬迁、土地丈量、用地协调工作。

生态保护 一是狠抓农村人居环境整治。稳步推进"三清一改"村庄清洁行动,全年发动干部群众49985人次,集中对6013户开展大扫除、大清洁,清理垃圾1093吨,沟渠31.6千米,清理废弃秸秆、农膜及露天堆放农业废弃物156.3吨。落实专人对国省主干道两边环境问题进行整治,保证线路主干道两边干净整齐。全覆盖组建"绿化养护、环境保护、秩序维护"少云志愿者队伍,常态化开展志愿服务活动28场次。开展"最美庭院"评选活动全覆盖,实行农村社会治理积分奖励机制,引导提升村民素养、培育文明乡风。实施农村四好路绿化提质14.3千米,新增绿化面积3.33公顷。二是河长制有序推进。制定河道水环境治理"一河一方案",实行常态化巡河制度,全年完成镇级河长巡河158次,村级河长巡河367次。完成16家养殖场、3家污染企业污染治理回头看整改,对全镇531处鱼塘鱼池、32家养殖场、64家工业企业进行大排查。畜禽养殖环保治理、龙门桥水库肥水养鱼,久远河清漂、工业企业环保治理全部完成销号。三是实施场镇"六个一"工程,规划设计新建停车场、升级农贸市场。进一步排查整治疏通了场镇污水管网;对4家非法采石场永久性断电关停并安装摄像头进行实时监控,完成奇硕建材复垦复绿。加强呱呱木业，玖玖红蒜米厂、鹰鹏食品等企业排污监督。帮助17家企业办理环保手续。农村新配置垃圾箱体32个，垃圾桶500个，完善落实农村清扫保洁、垃圾收运机制。

文体卫生事业 强化校园周边环境整治，加强对学校安全、食品药品监管，不断优化办学环境。认真组织实施孕优检查，两癌筛查，举办健康养生活动。利用赏花季实现文旅融合，文化下乡20场，积极参加新中国成立70周年歌咏赛和区第五届运动会。持续开展深化移风易俗“十抵制十提倡”宣传活动，积极组织新乡贤好乡亲评选活动，石鱼镇敖良胤当选铜梁区2019年新乡贤，甘承玉当选铜梁区2019年好乡亲。残疾人陈洪在全国第十届残运会上获得乒乓球双打冠军、单打亚军的好成绩。2019年全镇新出生109人，男女性别比100∶101。持续实施农村卫生厕所改造，2019年完成新建三格式卫生厕所201个，水冲式卫生厕所117个。全镇共举办健康养生讲座92场次，养生活动36场次，4000多人次参与学习。组织154名干部、群众参加健康素养调查。督促检查石鱼小学、安平小学、幼儿园、村卫生室等30个单位的卫生健康工作。为2205人发放土源性线虫驱虫药。督促16名严重精神障碍者签订监护协议，并对全镇精神障碍患者84人、疑似精神障碍者9人随时进行随访、监管和关爱康复工作。

社会保障 多渠道筹资近20万余元解决13户贫困户和困难群众住房问题。赏花节期间设置扶贫专柜销售建卡贫困户农产品，帮助贫困户销售李子、土鸡等农产品共30万余元；三和、兴红等村部分贫困户实现分红。帮助57户建档立卡贫困户申请小额贷款117万元。持续实施“志智双扶”，52名建卡贫困户子女激发内生动力。组织32户贫困户参加农村实用技术及精气神培训。完善贫困户与村集体经济间的利益联结机制，明确建卡贫困户的收益高于一般农户5%～10%，有8户加入旺康生猪养殖合作社，有11户加入东沃水果专业合作社。兴发村花果山生态园建设项目、2019年市级财政专项资金（第二批）两个扶贫项目通过验收。建立脱贫监测户和有致贫风险的边缘户台账。制定石鱼镇动态调整工作方案，贫困户脱贫、新识别和返贫、家庭成员自然增减严格按照“四进七不进一出三不出”标准和“八步、两评议两公示一比对一公告”等程序进行，2019年减少5人，增加3人。实现城镇新增就业人员1096人，返乡就业创业人员934人，组织参加各类职业技能培训人数67人，农村新增劳动力转移31人，累计农业富余劳动力非农就业总数7765人。对全镇建卡贫困户、低保、残疾、4050名人员进行实名制动态管理，做到底数清，数据明。2019年发放创业担保贷款145万元。为221名农民工做好养老保险新参保及补缴，为86人做好衔接和中止。城乡居民养老保险参保11156人，基金征收196万元。城乡居民医保参保16087人，征收金额493万余元。

【党的建设】 **概况** 全镇有党支部14个，党员562人，发展党员3名。

强化政治建设 镇领导班子成员确定发展农村集体经济、人居环境整治等9个调研课题，深入村（社区）、示范点等实地调研77次，召开座谈会13场。上专题党课11次，乡村振兴讲习所讲习54场次。

加强基层组织建设 聚焦贯彻中央部署的8个专项整治任务，向村（社区）干部及群众共征求到意见建议93个。整顿软弱涣散党组织1个，新建党建示范点2个，提升4个村级便民服务中心阵地建设。回引9名大专以上毕业生、2名外出经商务工人员到村社区挂任职，在本土人才中成功培养党支部书记2名，为党的建设和乡村振兴注入新鲜血液。

加强党风廉政建设 党委会研究党风廉政建设工作6次，修订完善《石鱼镇党委会议事规则》《财务审签及大宗物品采购管理办法（试行）》，制定《石鱼镇政府办公会议事规则》《石鱼镇工程管理实施细则》《石鱼镇机关事业干部考核办法》，做到用制度管人、管事、管权。对将医保垫底资金和公积金单位缴存部分计入基数等问题进行了整改，提醒、约谈扶贫项目、工程管理等重点岗位人员51人次，开展违反中央八项规定自查自纠和吃喝操办问题专项整治。开展“以案四说”30场次，受教育人数达1500余人。

（石鱼镇　刘　娟）

领导班子名录

党委书记　左春华
党委副书记　镇长　王远平
党委委员　人大主席　蒋永余
党委副书记　陈　伟
副镇长　郭　琴
党委委员　副镇长　政法书记　何银强
党委委员　副镇长　武装部长　胡功友
宣传统战委员　张元华
纪委书记　吴远礼
组织委员　王守金

各村(社区)基本情况

村(社区)	户数(户)	户籍人口(人)	支部书记	村委(社区)主任
鱼兴社区	727	1100	敖　爽	王和平
兴红村	1131	2895	敖天福	卢永后
东店村	610	1666	李光忠	高飞剑
联丰村	764	2211	邹兴伦	蒋思荣
长乐村	1140	3251	熊达友	肖世平
太康村	514	1482	赵孝良	赵孝良
兴发村	884	2270	张兴洪	犹安礼
盐田村	780	2076	李　鹤	孙显谷
三和村	1031	2950	姚永国	秦学礼

少云镇

【概况】 少云镇位于铜梁西北部，距铜梁城区20千米，辖区面积66.85平方千米。辖12个村、2个社区，191个村民小组（居委会）。总户数11824户，户籍人口30122人（其中非农业户籍人口2026人，农业户籍人口28096人）。乡村从业人员17729人，人口密度450人/平方千米。少云镇政府驻地琼江社区，场镇建成区面积1平方千米。

镇政府机关核定编制数为69个，其中行政编制28个，工勤编制1个，事业编制40个；实有在岗57人，其中行政编制28人（含参公3人），机关工勤人员1人，事业编制30人。设党政办、党群办、人大办等10个综合办事机构。镇属事业单位有社保所、农业服务中心、文化服务中心等7个。

辖区有中学1所，在校学生987人，教职员工85人；小学4所，教职员工119人，在校学生1156人；卫生院1个，卫生技术员42人，开放床位40张。铜梁区农村商业银行少云分理处1个，有职工6名；区邮政银行少云分行1个，有职工10名；区国土所1个，职工4名；区工商局少云分所1个，职工3名；区司法局少云司法所1个，职工1人。

物产资源 辖区确权耕地面积3628公顷，主要种植水稻、油菜、番薯、黄豆、花生、玉米等作物；林地3383.67公顷，成片森林面积2542.8公顷，木材、撑绿竹资源丰富，森林覆盖率达50.6%。家禽主要养殖生猪、牛、鸡鸭等；水产养殖面积700.87公顷，主要养殖草鱼、鲤鱼、白鲢、乌鱼等。

全镇水资源丰富，有小（一）型水库2座（石梁水库、联合水库）、小（二）型水库5座（团山水库、转龙水库、双石水库、梅子沟水库、隔河摸石水库），常年蓄水在2000万立方米以上。有少云、长滩2座小型水力发电站，变电站1个，有变压设备2台。

全年地区生产总值完成10.97亿元；第一产业增加值2.7亿元；工业增加值3.3亿元；建筑业增加值1.4亿元；第三产业增加值3.6亿元；固定资产投资5.3亿元；工业投资1.1亿元；社会消费品零售总额2.0亿元。财政收入完成416.93万元，其中税收收入完成276.16万元。农村居民人均可支配收入19442元。

【经济发展】 **铜梁艾草** 铜梁，自古产艾草，“铜梁艾草”属菊科蒿属，端午节采摘，全草入药，有温经、去湿、散寒、止血、消炎、平喘、止咳、安胎、抗过敏等作用。少云镇为“铜梁艾草”的优质产区，本地多丘陵，气候资源丰富，立体气候明显，具有春早夏热、秋雨冬暖、雨热同季、风速小、多云雾的特征，多为保墒能力好的红壤土。艾草种植历史悠久，本地乡民采用独特的种植方式，将艾草种植在日照好的山间田野，艾草有效生长时间比其他产区更长，更能聚集有效的成分，有着独特的薄荷味。端午时节，家家户户都会在门口悬挂或插上用红绳扎好的艾草，祈福平安、驱毒辟疫。艾草的功用在铜梁民间广为流传。“铜梁艾草”是铜梁的文化名片，承载着铜梁人精神上的寄托，是铜梁本地乡民日常生活中必不可少的常备之物。辖区内“铜梁艾草”种植面积达

666.67公顷，种植户2000余户，年产量超1万吨，经济效益已达1.3亿元，不仅是铜梁区的重要农产业，也是少云镇农业创收的支柱产业。

其他产业 有花椒100公顷、柠檬93.33公顷，养殖乌鱼120公顷、小杂水果133.33公顷等传统优势产业及钦鼎中央厨房、铜梁龙景区等一二三产业融合发展企业，新发展向阳桑园基地40公顷，逐步形成"一核多产"产业格局。累计发展农业合作社13个、家庭农场和专业大户42家，艾草加工厂1个和小型榨油厂1个。规上规模企业4个（重庆顺庆织造有限公司、重庆市琼江机械厂、重庆市铜梁区伦达机械制造有限公司、重庆伦源机械制造有限公司），其他各类企业23家。

大佛村农户古现珍"最美院落" （少云镇　供图）

【社会发展】 **基础设施建设** 2019年完成四好农村路47.3千米，完成高久产业路（旅游路）1.62千米。完成农村人饮管网维修整治工程，修复饮水管道2.1千米，协助实施场镇一体化供水工程；改造农村用电设施300余户，增加变压器5台，新增高压、低压线路近80千米。向阳村、高碑村实施"千亿斤粮食项目"450公顷，2019年完成双堰村特色经果基地坡耕地水土流失综合治理工程。村（社）自来水覆盖率86%、通电率100%，有线电视、宽带接通率100%。

民生工程 全年发放城乡低保、农村特困人员供养等社会救助资金530万元，惠及城乡困难群众8525人。为973户退役军人悬挂光荣牌，累计为复原、参战、带病等优抚军人1791人发放补助147.6万元。少云镇敬老院完成搬迁，现入住老人55名，投入使用社区养老服务站10个。完成1154人次两癌筛查工作，完成500户改厕工作，其中建卡贫困户11户；就业培训（母婴培训）一共40人，建档立卡贫困户4人；开展"把老乡留在老家"活动，回引661名外出务工人员返乡就业创业，其中建档立卡贫困户18人。

平安环境建设 深入开展扫黑除恶工作。开展校园及周边环境整治、电动三轮车登记喷码、烟花爆竹检查，发现整改隐患43条。定期开展邪教人员走访摸排，开展走访或电话帮教。全年排查矛盾纠纷232件，调处成功率达98%；开展"四个一批和依法处理"专项行动，解决疑难信访案件5件，处理网上信访案件50余件，办结回复率达100%。

【党的建设】 少云镇党委辖21个党支部，其中机关支部1个、村（社区）党支部14个、非公企业党支部6个，共有党员981名，现有入党积极分子15名。吸收预备党员3名。

开展"不忘初心、牢记使命"主题教育，组织各类学习85次，累计学习成果交流130余人次；通过个别访谈、查阅资料、实地查看等多种形式，收集到问题30余个，形成调研报告9篇。群工系统共解决群众事项112件，办结率100%。

抓实基层建设，回引陈永平等7名本土人才充实基层干部队伍；完成双堰村便民服务中心内部改造；启动海棠村、转龙村便民服务中心扩建和向阳村便民服务中心新建工程。落实党员党内关怀帮扶。全年下发老党员生活补贴39万余元，发放节日慰问金5万余元。

（少云镇　周　岚）

领导班子名录

书记　张桂生

镇长　陈文汉

人大主席　刘　翔

党委副书记　刘有春

纪委书记　刘安全

政法书记 副镇长 夏光劲
党委委员 副镇长 陈 静
武装部长 副镇长 苏生泉
党委委员 徐 伟

各村(社区)基本情况

村(社区)	户数(户)	户籍人口(人)	支部书记	村委(社区)主任
少云村	980	2517	张文俊	周登礼
大佛村	992	2686	王世毅	邓金华
七宝村	840	2516	练 旭	王开明
老君村	918	2446	陈金华	龚绍仁
海棠村	708	1863	彭 忠	张昌兰
转龙村	964	2316	李运密	蒲建忠
向阳村	1399	3266	田 敏	柏世术
石庙村	811	2172	柏 强	邓学东
塔坡村	892	2197	江 中	江 中
高碑村	843	2441	唐中富	张 泽
双堰村	566	1594	逯元烈	欧祖荣
砚池村	772	2082	陈西德	陈洪军
琼江社区	989	1765	彭 杰	刘正平
长滩社区	150	261	陈代华	高 媛

高楼镇

【概况】 高楼镇距铜梁城区33千米，距渝遂高速少云互通11千米，辖区面积26.47平方千米，耕地面积1510.5公顷，森林覆盖率达48%。全镇共辖4个村、1个社区居委会，86个社、3个居民小组，户籍人口12087人。

镇机关有在编干部40人，其中行政及参公人员17人，事业人员23人。内设党政办、人大办、经发办等8个机构；下属农业服务中心、文化服务中心、社保所等7个事业单位。

辖区有小学1所，教职员工43人，在校学生296人，幼儿园学生81人；卫生院1所，卫生计生人员14人，开放病床10张。

高楼镇水资源丰富，涪江河沿镇东而过，下游过安居入合川汇入嘉陵江。盛产清波、黄辣丁、桂鱼等优质野生鱼类，水资源丰富，适合种植蔬菜，成功创建成为“国家露地蔬菜标准园”；高楼镇是铜梁火龙的发源地，是重庆市特色文化乡镇，2012年正式被重庆市人民政府命名为“重庆市文化产业示范基地”。2018年“高楼火龙”入选中国农民丰收节100个乡村文化活动。2019年成功创建重庆市市级卫生镇。

2019年全镇实现地区生产总值40248万元；农业增加值10145万元；工业增加值5052万元；第三产业增加值20660万元；农村常住居民人均可支配收入达18752元，同比增长9.25%。

【经济发展】 **农业发展** 通过整治荒山荒坡，大力发展现代农业产业，强化新型农村集体经济发展。围绕“六个要”路径，着力培育“大户+集体+农户”“村集体+种植能手”“大户带散户”等生产组织模式，新增集体经济花椒种植项目20公顷。坚持适度规模经营理念，新流转土地64.8公顷，全镇累计流转土地726.67公顷，土地流转率达49%，已经形成333.33公顷花椒，133.33公顷蔬菜，53.33公顷四季水果。全年新增农业公司及专业合作社10个，个体工商户10家。

高楼镇花椒种植喜获丰收 （高楼镇 供图）

商贸发展 持续推进柠檬、花椒等产业走电商发展道路，全年销售额3720元；不断壮大发展“铜梁火龙”文化，高质量完成了第三届“龙耀宝岛”赴台湾展演，共完成台湾、上海等地演出23场次，火龙展演收入达141.8万元。

【社会发展】 **基础设施建设** 完成2088米场镇雨污分流管网改造项目，改造场镇152户居民管网，实现室内户外污水、雨水分流。全面完成188户197处老街危房改造。全年“四好”农村公路开续工26.46千米，其中完工18.6千米，新建生产作业便道9.5千米。开展住房安全排查，完成C级危房改造6户、D级76户，农村旧房整治147户。完成高楼村、莲花村12个社农村电网改造工作，新增天然气用户39户。在盘石村实施

423.73公顷土地整理项目,已完成土地平整422.5公顷、作业路2.9千米、生产路10.3千米、新增耕地1.25公顷,有效提高土地利用率。

生态环保 强化农村面源垃圾治理,全镇保有垃圾勾臂箱41个、垃圾桶297个,全年新增2立方米垃圾勾臂箱18个、两分类垃圾桶13个、120升垃圾桶22个,农村垃圾收运基本实现全覆盖。财政投资5120元,建立农药包装袋、农膜回收点1个,回收农膜4.5吨。“农村人居环境整治积分制”工作全覆盖,累计发放奖品1165户。积极实施“三清一改”村庄清洁行动春夏和秋冬战役,带动2100余名农户主动参与,清理积存及散落垃圾15吨,清理沟渠10千米,清理废弃秸秆、农膜及露天堆放农业废弃物1.5吨。深入推进河长制工作,开展涪江内外河清漂18次,巡河库272次,清运漂浮物42车240余吨,每月坚持2次水源地巡查,涪江高楼段常年保持Ⅱ类水质。持续推进畜禽粪污资源化利用,全面完成13家养殖场循环化改造工作。实施国土绿化行动,完成“四旁植树”13.33公顷,实施退耕还林33.33公顷;动员群众房前屋后、公路两旁栽花种草,撒播花种300余斤,公路清淤养护60千米,大幅提升乡村面貌。

脱贫攻坚 通过大力整治荒山荒坡发展特色产业,全镇共有54户建卡贫困户通过产业发展流转土地获得4.8万元/年的稳定租金收益,解决了21人在产业基地内常年或季节性务工的问题。开展实用技能培训2次、46人次;累计提供公益岗位6个;协助办理小额扶贫贷款46户,发放贷款资金127.5万元;2019年建卡贫困户中新增低保户10户15人,特殊供养户1户1人,政策兜底全面落实;全面落实97户在家贫困户家庭医生签约服务,协助贫困户办理特病证9人,办理住院医疗救助126人次,报销48.5万元,门诊医疗救助98人次,报销10.3万元,医疗保障全面落实;落实72名在校学生教育扶贫政策,无一户一人因贫失学辍学。完成建卡贫困户C级危房改造3户、D级危房改造11户,住房保障全面落实;完成盘石、莲花两个村的农村人饮工程建设,实现全镇4个村都通自来水的目标,饮水安全保障全面落实。

社会保障 不断加强劳动和社会保障工作,城乡居民养老保险基金征收75.8万元,扩面征收7524人,城乡居民合作医疗基金征收2216825元,扩面征收9714人,开展职业技能培训结业58人,发放小额担保贷款75万元,深入开展“把老乡留在老家”,回引区外务工人员355人次。发放城乡低保金129.23万元。发放临时救助52人,大病救助金14.84万元,抚恤补助金100.19万元。改造农村卫生厕所1133户。持续开展免费孕优检查,农村适龄妇女“两癌”免费检查112人,持续加大对失独家庭、留守儿童、留守妇女、退役军人和空巢老人等特殊群体的关心关爱,建成镇级儿童之家1处。

平安建设 始终保持扫黑除恶专项斗争高压态势,制作宣传横幅98条,发放宣传资料9000余份,开展线索摸排72次。排查登记各类矛盾纠纷89件,接待群众510余人次,办结信访案件46件次。开展治安巡逻210余次,组织各村(社区)开展罂粟踏查专项行动2次。累计开展安全检查251家(船)次,发现安全隐患15条,整改15条,整改率100%,查处道路交通违章442起,开展消防培训1次。深入开展特殊人群服务管理,对6名易肇事肇祸精神病人施行全部入院治疗,完成对41名刑释人员的帮教转化。

【党的建设】 高楼镇辖7个党支部,正式党员394名,2019年新发展党员4名。全年组织中心组学习12次,开展学习培训40余场次,镇党委班子成员上党课25场次,组织开展研讨交流12次、撰写心得体会70篇,调研报告8篇。

加强对村级组织运转经费保障,全年调拨经费3.4万余元;强化阵地建设,加强对5个便民服务中心的管理,投入80万余元加快完成莲花村基层党组织示范点建设、积极向上级部门争取资金50万余元建设涪江村村级服务中心；受理网上群众代办事项115件，办结115件，满意率达100%。抓好软弱涣散党组织整顿工作，督促建立整改台账，针对查找出的4个问题，制定整改措施11条，已全面整改完成。

常态化开展“以案四说”警示教育，进行提醒谈话32人次，组织参观廉政教育基地2次；充分利用党员远程教育平台，培训党员1100余人次；充分发挥党员先锋模范作用，提升农村带头人队伍整体作用；加强党内关怀帮扶，党员送学110人次，发放困难党员补贴13.2万余元。

（高楼镇　曹佳）

领导班子名录

党委书记　赵光友

党委副书记　镇长　刘启勇

党委委员　人大主席　苏元兵

党委副书记　赵东升

纪委书记　龙运来

党委委员　政法书记　武装部长　副镇长　丁其勇

党委委员　罗晓威

党委委员　汪书红

各村(社区)基本情况

村(社区)	户数(户)	户籍人口(人)	支部书记	村委(社区)主任
龙源社区	421	691	陈瑜	欧　强
涪江村	1094	2876	周光林	欧　建
高楼村	1530	3445	陈良勇	陈有贵
莲花村	1100	2644	周秀立	欧　红
盘石村	934	2431	潘延华	张开华

维新镇

【概况】 维新镇位于城区的西北部，距城区43千米。辖区面积50.56平方千米，耕地面积2453.67公顷，森林覆盖率达50%。辖7个村，1个社区，107个合作社，总户数7108户18660人(城镇人口1420人，农业人口17240人。)。

维新镇机关内设党政办、经济发展办、民政和社会事务办等9个机构，有农业服务中心、维新镇文化服务中心、维新镇劳动就业和社会保障服务所等7个事业单位。机关事业单位共有编制56名，其中行政编制21名，实有20人；事业编制35名(含参公2名)，实有29人。机关有领导职数10个，实配10人；二级班子职数11个，实配8人。事业单位领导职数10个，实配5人。

2019年，全镇GDP达到55408万元；第一产业增加值完成16597万元；第二产业增加值15816万元，其中工业增加值6847万元，同比增长6.9%，建筑业增加值完成8969万元；第三产业增加值完成了22995万元，同比增长5.9%；社会消费品零售总额10253万元，同比增长9.1%；完成固定资产投资3.5692亿元，其中工业投资2790万元。财政预算收入463万元，其中税收450.32万元。农民人均纯收入完成18956元，同比增长9.05%。

【经济建设】 **产业不断优化** 按照“1+1+N”产业发展规划，维新麻羊、维新脆李和其他特色种养产业不断巩固发展。出台《维新镇发展麻羊产业实施意见》，发展大户28户，带动散户养殖1万只以上；对100公顷脆李产业园实施品种改良，进一步提质上档；在新滩、营基、杨柳、沿河等村栽植花椒164.67公顷、艾草26.67公顷、辣椒3.33公顷、生态养鱼13.33公顷，投资70万元建设花椒烘房4处共1000平方米。全镇共培育75个新型农业经营主体，成功申报区级龙头企业共5个，新增“三品一标”农产品10个。

维新镇“脆李园” (维新镇 供图)

新型农村集体经济发展 通过“公司+集体+农户”“合作社+集体+散户”“大户+散户”等方式盘活闲置土地实现农户保底分红；通过股权化改革向流转土地要效益，实现集体与农户固定分红；通过“补转借”盘活闲置资产，实现集体和贫困户共同增收。全年来新增215户农户土地入股97公顷，3个村收入在5万元以上，实现“脱壳”目标。全镇累计流转土地面积达543.33公顷，租金收入177万元，增加农民务工收入326万元。

【社会发展】 **基础设施建设** 全面完成25条31.2千米“四好农村路”的建设任务；在沿河、新堰、杨柳等村新建人行便道20千米；在沿河村新建人行桥1处，方便3个社360余名群众出行。在新滩、沿河等村新建人饮管网13.2千米，700余人受益；在新堰村新建电灌管站1处，解决650亩农田灌溉用水。完成2个村15个社928户农网改造，确保农村用电安全。启动营基村266.67公顷土地整理项目，建成作业路9千米、生产路4千米等。新建滨河休闲健身步道300余米，通过栽植三角梅、撒播花籽、河道绿化和安装太阳能路灯等方式进一步提升场镇品质。将闲置农贸市场改建成停车场，取消新正街公路停车位11个，基本解决场镇车辆乱停乱放等问题。

生态保护 完成污水处理厂技改，实现场镇生活污水达标排放。建立与潼南区比邻镇共管水域清漂联动工作机制，坚持河长常态化巡河631人次，发现并整改问题22个。全部收回水库承包权，取缔琼江流域500米内增氧机36个，全面禁止肥水养鱼。完成4家规模畜禽养殖场的循环化改造。强力整治农村生活垃圾，在新滩村启动农村生活垃圾分类试点建设，在全镇实施"三清一改"村庄清洁行动，开展人居环境集中整治70余次，积极推广人居环境整治"积分制"，改造农村卫生厕所230户，"户集村收镇转运"工作机制运转正常。开展国土绿化提升行动，完成"四旁植树"33.33公顷、退耕还林226.67公顷。深入实施"五风浸润"工程，评选好乡亲16名，广泛传播向上向善精神力量。

社会保障 聚焦"三落实"打好脱贫攻坚战，开展"四必见"走访、"促改督战"和"百日攻坚"专项行动，动态解决298户贫困户"两不愁三保障"突出问题，完成上级交办各类问题整改60个，24户45人如期脱贫。开展扶贫实用技术培训301人次，新培育扶贫创业致富带头人3人，落实公益岗位就业7人，发放扶贫小额贷款121户153.6万元。抓好市级脱贫村产业提升，新发展3.33公顷生态辣椒，管护好21.33公顷糖柑，全年实现集体增收35万余元。开展家庭医生签约服务5237人，完成281名农村妇女"两癌"免费检查，建成镇级儿童之家1处，农民工返乡就业创业529人。完成"雪亮工程"建设，化解各类矛盾纠纷26件。

【党的建设】 **概况** 维新镇党委下属12个党支部，其中机关党支部1个，村社区支部8个，非公支部1个、社会党组织2个，全镇共有党员535人。2019年新发展党员3名，培养入党积极分子3名。

抓实主题教育 全年组织党委会学习28次，中心组学习15次，召开专题民主生活会3次，带领班子成员讲党课16次。采取个人自学和集体学习研讨相结合，列出5个专题开展集中学习研讨，班子成员撰写研讨发言材料40篇，形成调研报告10篇，班子共检视问题12个，班子成员检视问题共109个，专项整治问题10个，"四治四提"问题7个，全部完成整改。

加强干部管理 抓实支部书记工作清单，将党支部书记抓基层党建述职纳入镇对村的目标考核。聚焦干部作风"软懒散瘫"突出问题，对照"八个不"逐一对照检查，查找出4个问题，建立台账并逐一整改。以党员"三亮"为抓手，发挥镇行政服务窗口和村社区便民服务中心党员示范作用，建立党建、发展等6个方面任务清单，加强工作督促检查，确保重点任务按序时进度高质量完成。对群众反映的民生问题，逐一摸排，建台账抓整改，切实提升群众获得感、幸福感。

（维新镇　罗永超）

领导班子名录

书记　代永飞
镇长　谭正举
人大主席　周良琼
党委副书记　邹宽彬
纪委书记　张晓勇
党委委员　副镇长　武装部长　陈　勇
党委委员　副镇长　刘　念
副镇长　陈明鑫
党委委员　陈建兰

党委委员 曾李智

各村(社区)基本情况

村(社区)	户数(户)	户籍人口(人)	支部书记	村委(社区)主任
槐树村	1321	3706	蒋木江	唐洪云
新滩村	434	1246	张邦能	钱志学
营基村	1059	2975	汪登科	张松林
沿河村	1126	2836	黄吉良	廖守红
新堰村	874	2362	周帮兵	任志华
双石村	859	2350	唐洪兴	唐代兵
杨柳村	999	2558	喻学伦	杨中云
龙翔社区	436	627	颜洪江	颜洪江

大庙镇

【概况】 大庙镇辖区面积为41.47平方千米，耕地面积有1535.8公顷。集镇面积为0.5平方千米，全镇辖11个村和1个社区，182个村(居)民小组。2019年末，人口总户数10754户，户籍人口26957人。

年底机关有行政人员31人(行政27人，参公4人)，事业编人员27人。辖区有卫生院1所，病床50张，在编在岗职工36人；中学1所，班级21个，教师81名，学生1079人；小学2所，学生1060名，教师68人。

2019年，大庙镇地区生产总值115048万元。固定资产投资158020.57万元，其中工业投资121287万元；规上工业企业总产值达到4.57亿元。财政收入完成597万元，其中税收424万元。农村居民人均可支配收入19917元，同比增长9.85%。

【经济发展】 **园区建设** 园区供地保障有力，全年完成小家电项目征地13.53公顷，金桂大道、丽彩特等项目租地15.93公顷、拆迁户31户，确保园区入驻企业如期供地，同时，积极配合区专业招商小组做好大庙园区招商引资工作。积极协助园区金桂大道南延伸段、污水处理厂等工程建设和永阳铁塑、锐霸科技等8家企业开工建设。

铜梁工业园区大庙组团 (大庙镇 供图)

农业发展 坚持园区化、智能化、集约化推动蚕桑产业基地建设，将新型蚕桑作为乡村振兴第一产业，建立产学研基地带动发展现代蚕桑产业，辐射全镇10个村。完成现代蚕桑产业发展规划编制；成功组建现代蚕业科学综合研究院；苗源农业发展公司与西南大学前沿交叉学科研究院生物学研究中心、家蚕基因组生物学国家重点实验室合作项目——工厂化全龄饲料试验示范基地投用，成功试验示范养殖3批次；建成“沧海桑田·质朴大庙”蚕桑特色产品电商体验中心，开发桑椹醋、桑椹酒等12种蚕桑系列产品。

发展新型农村集体经济 11个村发展新型农村集体经济项目21个，推进发展效果较好的15个，村实现经营总收入50.6万元，其中纯收入19.6万元；村实现经营收入在10万元以上的村1个，5万元的村5个。三品村集体牵头小蚕共育，组建蚕桑专业合作社，反租倒包14.67公顷为苗源果桑基地，提供桑园管理服务，利用桑园桑树和果桑夏伐桑叶，建设小蚕共育基地。东森村引进业主利用原大华煤矿，新建年生产2万吨的生物质颗粒燃料加工基地，收集秸秆、杂草等废弃物加工新型颗粒燃料3000吨，产值240万元，既盘活了闲置资产，又整洁了村庄环境，还促进了社集体和群众增收。

【社会发展】 **城镇建设** 2019年投资450万元完成大庙小学、原司马乡撤并场、司马小学、东森村居民点二三级管网建设和实施场镇三四级污水管网及处理设施改造，做到污水应收尽收；投入150万元改造升级垃圾压缩中转站。投入536万余元实施场镇北门广场及停车场片块裸露地面整治、场镇红绿灯设置、足球运动场等工程；投入1200万余元实施大兴路征地、改扩建和政务服务中心装修工程，并进入施工阶段。

脱贫攻坚 完成9户20人脱贫任务目标；为63名学生提供教育资助金13.9432万元；改造完成建卡户C级危房16户、D级危房9户；全镇186户建卡户饮用水水质均达标；为建卡贫困户提供公益岗位9个，组织10户建卡贫困户参加职业技能培训；为建卡贫困户改厕17户。积极推进以现代蚕桑产业为主的产业结构调整，建成果桑基地、花卉苗木、特色水产、绿色蔬菜基地200公顷，发展优质水果（美国糖橘、沃柑、青脆李）等33.33公顷，培育农民合作社等新型农业经营主体67个，吸纳就近农户务工就业600余人，重点引导向建档立卡贫困户倾斜，让贫困户参与、分享产业链增值收益，实现稳定脱贫。推进扶贫小额信贷助推贫困户产业发展，完成小额信贷78户，获银行批准发放贷款136.58万元。

生态环境 一是扎实推进农村人居环境整治。开展"三清一改"百日农村清洁行动，落实农村保洁人员待遇、建立健全"户集村收镇运区处理"垃圾处理机制，垃圾收集率达到99%以上；推行农村人居环境"积分制"，评选出"清洁户"950户；推进危旧房和庭院整治，拉网式开展农村危房1374户等级鉴定和公示，完成C级34户、D级68户危旧房改造，全面保障建档立卡贫困户住房安全；完成农村"四好"路建设28.5千米和双鹅村土地整理项目工程量的70%。二是推进农业生物质废弃物资源化利用。完成9家规模养殖场畜禽粪污资源化利用项目建设；双马畜禽养殖场有机肥基地生产有机肥3000余吨，年产值525万元，并承办了全市畜禽粪污资源化利用现场观摩会。三是全面压实河长制。落实镇、村两级河长21名，严格落实App巡河制度和"一巡一报告"制度，全年镇村河长巡河1094次；累计投入资金31.6万元对小安溪、桂林河等32千米河道及九龙水库、大元水库、深沟水库等重点水域开展常态化清漂；认真开展大排查大整治，排查环保突出问题48个，落实责任清单，全面完成中央环保督察反馈问题整改销号；完成33处疑似肥水养殖问题整改。

民生保障 一是狠抓就业第一民生工程。开展职业技能培训123人，申报创业担保贷款210万元，实现新增就业340人，积极与高新区企业对接，完成"把老乡留在老家工作"802人；二是狠抓民生改善工作。新建三品村、双马村、大狮村养老服务站；完成敬老院达标改造；发放各类救助资金744.14万元；关心关爱135名留守儿童和573名空巢老人；老年人免费体检2283人，家庭医生签约7006户，适龄妇女"两癌"免费检查784人次；完成金桂村等4个村9000余人的饮水安全工程。三是丰富农村文化生活，完成农村"村村响"数字化广播改造，完成文化活动展演22场，文化演出服务进村44场，惠民电影132场。2019年大庙镇投入10.3万元建成投用一块五人制非标准足球场，球场面积486平方米。四是压实安全稳定"党政同责、一岗双责"责任，坚决打好防范化解重大风险攻坚战，排查调处矛盾纠纷133件，办结信访件54件；扎实开展扫黑除恶专项斗争，办结区扫黑办转办件2件，涉黑涉恶线索摸排5条；严格落实重点人员管控；打掉1起"全能神"邪教组织聚会，完成镇级综治中心建设，完成"雪亮工程"；开展道路交通、食品药品安全执法检查，行政处罚2.2万元。快速妥善处置"9·29大庙交通事故"，将损失降低限度，确保一方稳定，创同类事故处置铜梁速度，得到市委领导肯定。

【党的建设】 全镇有党支部17个，党员792名，吸收预备党员9名，培养入党积极分子5名。2019年，投资175万元改造便民服务中心4个，新建2个；完成后进村支部整顿1个；注重村党支部书记的"选拔任用、培养帮带、人才储备"，培养后备力量30名；开展干部专题培训867人次；常态化开展支部主题党日活动156次，开展讲习活动

144场次。

（大庙镇　陈民玲）

领导班子名录

党委书记　郑跃润
党委副书记　镇长　贺　鑫
党委委员　人大主席　叶　勇
党委副书记　吴　江
党委委员　武装部长　副镇长　陈　鑫
党委委员　政法书记　副镇长　张全伦
党委委员　宣传委员　熊传伦
党委委员　纪委书记　张易川
党委委员　组织委员　李淑华
副镇长　陈　文

各村(社区)基本情况

村(社区)	户数(户)	户籍人口(人)	支部书记	村委(社区)主任
文兴社区	1158	2225	周禹	赵呈荣
黄升村	1084	2861	高荣禄	唐兴明
石兴村	904	2461	罗世国	刘华全
龙岩村	713	1937	夏庆全	陈德淑
双鹅村	729	1934	刘　惠	陈世彬
大狮村	777	2005	肖桂伦	肖桂伦
金桂村	906	2497	杨朝勇	刘汉君
双马村	912	2276	余光明	宗仁轩
三品村	1234	3010	侯　河	徐家志
双胜村	746	2011	夏　杨	陈小莉
东森村	721	1874	晏厚伟	晏厚伟
莲胜村	733	1772	周有碧	刘成坤

围龙镇

【概况】 围龙镇位于铜梁南部，距铜梁城区30千米，辖区面积46.5平方千米；耕地面积1527.87公顷；辖13村1社区、156户村民小组、4居民小组。2019年人口总户数9354户，户籍人口23393人，其中非农业人口2917人，农业人口20476人，常住人口21001人。

2019年，围龙镇政府机关内设11个办所，核定行政编制23个，事业编制35个（含参公2个），年末在编干部51人，行政编制23人，事业编制28人（含参公2人）。

镇内有中学1所，教师42名，在校学生364人；小学3所，教师74人，在校学生835人；文化服务中心1个；医院1个，病床45张，卫生技术员26人。

全镇地区生产总值10.21亿元，同比增长8.6%；工业增加值完成31279万元；固投4.97亿元，其中工业固定投资8832万元；社会消费品零售总额1.69亿元，同比增长12.1%。实现财政收入597万元，其中税收收入581万元。农民人均可支配收入18967元，同比增长9.8%。

【经济发展】 **工业发展稳步提升** 优化营商环境，做好企业靠前服务、精准服务，利用雄龙汽配、天青锶化等闲置企业的厂房开展招商引资，成功引进重庆权琳建材有限责任公司、重庆市铜梁区围龙永钢建材有限公司2家年产值上亿元的企业落户围龙。推动重庆银阁食品有限公司、重庆权琳建材有限公司、重庆华松食品有限公司、重庆家兴木炭厂、重庆黄家岩塑料制品厂实施技改扩能，不断激发企业发展活力，其中，银阁食品、华松食品新购进车间加工设备，年产值新增1亿元。有序推进页岩气勘探项目协建，完成了足205井钻井压裂施工作业，压裂酬酸化工序和试采分析及测试。

商贸旅游加快推进 全镇民营企业增至172家，个体工商户增至824家，增速达12%。紧紧依托围龙互通口的区位优势、桥亭湖山水的生态资源优势和围龙服务区的开放平台优势，积极规划商贸旅游融合发展。以龙湖村、腾龙村100公顷无锡阳山水蜜桃为核心积极打造现代生态农业观光带；积极协调渝蓉高速公路集团推进围龙服务区二期工程——“五彩乐园”休闲度假项目，现正开展项目招商；积极协助渝蓉高速公路集团引进30余个知名品牌入驻围龙服务区，精品商业街已初具规模，成功举办“高速带我文明游·打造美丽风景线”“原乡小艾·送福送爱”等活动，进一步提升铜梁围龙名片影响力。

美丽乡村——龙湖村 （围龙镇 供图）

农业发展提质增效 农业特色日趋明显，大力发展龙韵村、龙湾村优质富硒鲜花椒133.33公顷，龙湖村、腾龙村无锡阳山水蜜桃100公顷，龙湾村蜜柚33.33公顷、循环流水稻渔综合种养26.67公顷，腾龙村猕猴桃40公顷等特色种养殖。

与水蜜桃等特色项目建立利益联结机制，以产业发展推动新型农村集体经济不断壮大，村社集体实现收入62万元，全面消除空壳村。积极培育新型农业经营主体，新引进2家农业公司，成立2个家庭农场、6个专业合作社，组织汶沂养殖有限公司积极申报特色农业龙头企业。大力开展农技培训及农机具推广，培训新型职业农民100人，推进有机肥替代化肥项目133.33公顷，新增农机推广50台。深化农村改革，集体资产实行股权化改革、土地确权等工作正有序推进。

【社会发展】 **基础设施更加完善** 完成“四好农村路”建设32.9千米，入户便民道路14.6千米，生产道路1.3千米。完成场镇二三级管网，四合、双碾撤并场镇、黄家岩片区、老街医院、农贸市场片区雨污管网和处理设施建设工程，新建管网5.6千米，新建污水处理设施3套，整改渗漏污水管网2处。在四合、黄家岩2个污水处理厂末端实施生态湿地建设，进一步净化水体，美化环境，场镇污水处理厂提标升级改造工程正加速建设。积极开展华兴110千伏输变电工程项目协建工作，土建工程已完工，主体工程正在建设中。

生态环境持续改善 配合做好第二轮中央生态环境保护督察，办理中央第四生态环境保护督察组转办投诉举报案件等工作。加强工业排污治理，强化日常巡查监管，对未办理排污许可证等环保手续的3家企业落实停产整顿。严格落实“河长制”，镇村两级河长完成巡河847次，关闭禁养区内养殖场3家、循环化改造21家，收回124口山坪塘承包经营权，整治专用鱼池7口，清理拆除穆家河主河道沿岸200米内增氧机17台，清除河道垃圾36吨。狠抓秸秆禁烧，确保责任到位、工作到位、不留死角。申请专项资金105万元用于穆家河源头污染治理，该项工程已完成设计。

场镇品质有效提升 划定垃圾收运责任区，增加街道每日巡扫次数，定期清洗、消毒垃圾箱体，垃圾清运更加及时。开展场镇行道树修枝整形310株，取缔占道经营12户，拆除违章搭建32户，统一安装折叠式遮阳棚128户，规范车辆停放、客车载客违规行为65起，沿街布置迎新灯饰，场镇“颜值”焕然一新。

美丽乡村成效凸显 完善农村垃圾收运体系，开展“三清一改”村庄清洁行动大扫除4次，重点集中整治“五沿”地区，清理清运各类垃圾2700余吨，全覆盖回收废弃农膜8吨，打造干净整齐乡村环境。实施农村人居环境积分制，深化长效激励，发放积分存折4616本，开展卫生评比162次，发出各类奖品3500件，扎实开展国土绿化提升行动，实施农村“四旁”植树、农田林网和特色经济林改造、森林抚育等项目386.67公顷，种植桢楠2.4万株、水蜜桃、美国糖橘等经果苗木3.3万株，播撒波斯菊等花籽350千克，打造乡村“流动风景线”。积极推进农村“厕所革命”，完成卫生改厕363户。

乡风文明再上台阶 大力推进“五风浸润”工程，在14个村（社区）建设梦想课堂、小马工作室等阵地，开展主题活动等30场，调解矛盾纠纷79件。深化“家风润万家”活动，开展好家庭好家风巡讲、家庭教育知识讲座等57场。强化先进典型示范带动作用，推荐评选区级“新乡贤”1人、镇村“好乡亲”52人、“铜梁好人”4人，“最美庭院”区级1户、镇村42户。标准化建设新时代文明实践站1个、新时代文明实践所14个，开展政策宣讲、关爱帮扶、移风易俗“十抵制十提倡”等文明实践活动183场；组建少云志愿者队伍52支、2502人，常态化开展志愿服务活动。围绕庆祝新中国成立70周年实施文化惠民工程，开展流动文化服务进村活动52场，组织群众性文化活动6场。

脱贫攻坚精准发力 深入开展“下基层、访深贫、督攻坚”工作，全覆盖走访165户建档立卡贫困户，落实帮扶干部精准帮扶，一户一策量身制定脱贫方案，全年实现8户19人稳定脱贫。深入开展脱贫攻坚“百日攻坚”行动及大排查、大督导“回头看”，排查出的10类48个问题已全部整改完毕，建立产业发展与贫困户利益联结机制，规范制作张贴房屋等标识标牌，开展人居环境整治，每户栽植樱桃等经济苗木。全年共提供公益性岗位就业10人；落实低保兜底37户68人；发放小额扶贫贷款72户109.5万元；学生享受教育资助政策62人；完成D级危房改造12户、旧房整治20户，存量危房实现“清零”；饮水安全问题全部解决，建卡贫困户全面实现“两不愁三保障”。

民计民生不断改善 开展农房安全鉴定，全面摸排困难群众住房状况，实施CD级危房改造80户、旧房整治75户。落实低保、五保、优抚、临优临济、大病救助等民政政策，发放各类救助资金500万余元，做到了应保尽保。整合资源，协调镇稻草援助中心为43户D级危房改造户新建院坝1690平方米，发放补助资金10.14万元，改善了困难群众生活环境。“99公益日”期间募集爱心捐款20万元，获得腾讯公益配捐4.4万元，全部用于开展困难群体“靶向救助”。新建化龙村、龙湾村、腾龙村3个区级养老服务站，为老年人提供便捷、周到的养老服务。

社会保障全面提升 加强居民养老保险、医疗保险、就业再就业等政策宣传，养老保险参保人数达1.45万人，基金增收300万余元，城乡居民医保参保人数1.82万人，征缴社保金419万余元。完成就业技能培训94人，提供创业担保贷款80万元。扎实开展“把老乡留在老家”专项行动，成功回引铜梁籍人士返乡就业1316人、创业38人。设立围龙镇退役军人服务站，完成退役军人及其他优抚对象信息采集和录入工作796人，开展就业培训，提高退役军人就业技能。深入推进卫生计生工作，完成新增计生奖扶对象47人、特扶对象1人的录入和审核；开展计生送温暖活动，发放慰问金2.4万元；组织孕优送检81例；加强46名肇事肇祸精神病患者摸排及日常管控。

安稳局面持续向好 定期检查非煤矿山、道路交通、烟花爆竹等重点行业、重点领域，排查各类安全隐患131个，查处各类违规、违法行为为524件次，罚款1.05万元；对辖区365辆电动三轮车进行登记编号并加强管理，全镇未发生较大以上安全责任事故。开展拉网式全覆盖大检查，排查可能影响社会稳定的矛盾纠纷和苗头隐患79件，已化解75件。严格落实“首接首问”制和“五帮一”措施，做好了“迎大庆保平安”相关工作，重点稳控扎实有效，未发生非访集访问题。同时，积极解决龙湖等村2400余亩土地流转欠租的历史遗留问题及双碾农贸市场纠纷遗留问题，成功化解谭某某信访积案，全镇信访矛盾突出问题从根本上得到遏制。将扫黑除恶专项斗争与综治工作相结合，落实网格管理，辖区治安、刑事案件数量持续下降，群众安全感极大提升。

【党的建设】 **概况** 镇党委辖24个支部，其中包括1个机关支部、14个村社区党支部、1个流动党支部、7个非公党支部、1个退休干部支部；现有正式党员799人，预备党员7人，女党员200人，占党员总数的25%。初中及初中以下学历的有522人，占党员总数的65.3%；高中及中专（中技）学历的有216人，占党员总数的27%；大专以上学历的有120人，约占15%。

思想政治建设 全年召开37次党委会、专题会，研究党建议题16个，解决重大问题7个。严格执行基层党建工作每季度例会和班子成员联系指导基层党建定期报告制度。

党风廉政建设 开展“以案四说”警示教育等16次、约谈172人；全年共立案1件，纪律处分1人；组织处理20人次。

（围龙镇 张 捍）

领导班子名录

党委书记 刘 伟

党委副书记 镇长 蒋东华

党委委员 人大主席 杨之光

党委委员 纪委书记 鲁 超

党委委员 武装部长 副镇长 夏元毅

党委委员 政法书记 副镇长 吕 济

副镇长　颜　华
党委委员　沈　平
党委委员　田　林

各村(社区)基本情况

村(社区)	户数(户)	户籍人口(人)	支部书记	村委(社区)主任
龙井村	946	2182	袁　彬	袁　彬
龙鸣村	766	2147	袁由会	刘昭友
龙湾村	788	2221	刘启华	刘章维
龙苑村	761	1865	叶永全	刘德模
化龙村	475	1172	蒋德元	叶发兵
龙珠村	891	2016	袁由全	蒋德强
合龙村	542	1431	罗谟春	杨兴平
龙隐村	378	1010	陈应文	盛朝碧
龙湖村	542	1498	罗献平	袁耀明
龙韵村	739	2073	罗继芳	蒋德政
腾龙村	772	1950	陈民德	陈清春
龙神村	473	1189	邓思国	周可苹
卧龙村	560	1547	蒋德永	唐明川
龙升社区	721	1092	方晓玲	陈明华

华兴镇

【概况】 华兴镇地处铜梁区境内南端毓青山麓，距铜梁城区34千米，距渝蓉高速公路大庙互通口2千米。辖区面积37平方千米，耕地面积1167公顷，林地面积2300公顷。2019年末5643户总人口14463人，其中非农业人口2083人，农业人口12380人；人口密度390人/平方千米。

镇机关内设党政办等10个行政机构，核定编制21人，实有21人；还设有镇社保所等7个事业单位，核定编制35人，实有27人。全镇辖6个村1个社区，104个村民小组、居委会。

辖区内有著名景点燃灯寺（系飞地），系铜梁、永川、璧山三区交界处，是铜梁区境内至高点，海拔885米。

2019年，地区生产总值完成52639万元；第一产业增加值完成10598万元；第二产业增加值25855万元，其中工业增加值完成20028万元；第三产业增加值16186万元。全镇财政收入完成1321万元，同比增长2.3%，其中税收收入完成1299万元，同比增长0.7%；固定资产投资完成38920万元，其中，工业投资9523万元；社会消费品零售总额0.795亿元，同比增长12.7%；农村人均可支配收入实现18543元，同比增长9.45%。

【经济发展】 **实体经济** 深入推进供给侧结构性改革，强化企业服务，成功解决林水建材厂困难问题6个，鑫童氏机械制造有限公司实际困难2个。新发展民营企业8家。全年规模以上工业企业总产值4.13亿元；完成工业增加值2亿元，同比增长13.7%。

农业项目 培育新型农业经营主体6个，流转土地44公顷。采取“政府供苗+集体指导+群众栽植+企业包销”模式，在白茶、沃柑中套种美人椒33.33公顷，帮助群众增收280万元，有效解决产业发展周期长、见效慢的问题。由村集体主导集合100余户散户组建专业合作社，采取“118”股份分红形式，拓展沃柑种植面积至66.67公顷；采取“大户+集体+群众+贫困户”的模式，扩大白茶种植面积至73.33公顷、新发展花椒种植14公顷；积极引进业主，成立专业合作社，采取大户带散户的模式，整理荒山荒坡、闲置土地30公顷，建成6.67公顷中药材基地、6.67公顷无花果基地、13.33公顷阳山水蜜桃基地、1.33公顷食用菌基地，“一村一品”格局基本形成。

电商发展 建成镇级电商门店1个，完善村级销售点6个，建立“线上+线下”销售模式和“三级”质量监管体系，采取“预售+订购”模式，做好品牌提升与推广，销售额26.8万元，全面叫响“华兴土伙儿”品牌；开展农资产品销售下行大会战，成立全区首个线上农资销售公司，以“惠农价”销售农资产品，帮助集体增收3万元。2019年全镇消除“空壳村”。

【社会发展】 **基础设施建设** 投资35万元，实施7千米场镇出入口道路两旁提质工程，栽植花木6万株。投资10万元，完成河堤休闲公园美化提质工程，增设凉亭1个，栽植花木0.9万株。投资10万元，提质场镇中心转盘，修缮醒狮憩园，绿化生态停车场。以“四好农村路”为环线，撒播花籽9000平方米，栽植树木7.2万株。新建“四好农村路”25.5千米，新建人行步道6.8千米，完成改厕107户，CD级危房改造已完成57户，规划安装公共照明路灯或庭院灯60盏，启动茯苓村和明月村土地整治项目。

民生保障 围绕巡视巡察、考核检查反馈的意见，根据实际，整改落实174个问题。建立137户建卡贫困户“一对一”帮扶机制，落实“四必见”制度，开展“贺新春送关怀”行动，为贫困户送去27400元物资。围绕“两不愁三保障”及饮水安全等核心任务，发放小额扶贫贷款65户156.6万元；建成扶贫项目2个，帮助14户贫困户增收5万元；采取“政府供苗+集体包销”的形式，发放鸡苗2368只、美人椒苗33762株，帮助111户贫困户增收20万元。严格落实“两不愁三保障”，帮助贫困户改造C、D级危房57户，申请学费资助及生活费补贴55名，申请医疗救助24名，办理低保政策兜底49户90人、新增特困救助供养3人。投入65万元整治犀牛13社、明月5组、燃灯寺滑坡3处。开展“把老乡留在老家”专项行动，组织务工人员参加现场招聘，帮助307人返乡就业；发放创业担保贷款75万元，完成职业技能培训83人，招聘公益性岗位2人，完成电子企业招工133人；动态管理城乡低保，发放各类救助金43.2万元。

文化教育卫生事业 建成基层综合性文化服务中心，统一修缮农村广播；组织开展送文艺演出、展览讲座进村等活动29场、“乡村振兴大舞台”系列文化旅游活动5次、放映农村惠民电影96部；发展镇级文化志愿者5人，组织开展文艺骨干培训2次，组建坝坝舞、气排球、羽毛球等队伍13支，丰富群众文化生活；积极参加“新乡贤好乡亲”“铜梁好人”等系列评选活动，镇评选出好乡亲12名，其中杨启万被评为全区“新乡贤好乡亲”。

生态环境保护 建立“1+1”（一套管理机制+1名管护人员）污水管网监管机制，发现并整改问题50余个，疏通堵塞管网3000米，更换转运泵5台，新建转运井1个，封堵污水口3处，场镇污水处理厂由日处理30余吨增长至220吨，实现应收尽收；对全镇工业企业开展逐个排查，立即整改问题4个，发放限期整改通知书3份，责令停工整顿2家；严格执行“三区”管理规定，关闭养殖场5家，完成循环化改造11家；收回水库承包经营权3口、山坪塘127口。完善河库管护机制，镇村河长累计巡河822次、发现并解决突出问题15个；增设固定标语21幅、警示牌30块；投入10万余元，清理处置桂林河、小安溪河沿岸的倒伏竹木、生活垃圾等620吨，清理沟渠117千米、堰塘61口。

开展集中清理专项行动6次，清理牛皮癣230处，拆除违法建筑2000平方米，硬化裸露地面1000平方米。投入10万元修缮垃圾中转站、购置垃圾箱体（桶）72个，自筹10.08万元每村配备垃圾清运保洁员3名；开展农村存量垃圾集中清理行动4次，清除垃圾118吨；成立7支农村人居环境整治工作队，实施“领导包村、干部包社、党员包户”工作责任制，集中清理5800户。开展交叉检查活动14次，兑换奖品1290份；开展积分兑换活动，统一制发积分证3300本，组织集中积分兑换活动16次。开展“每周义务劳动半天”志愿活动155次，累计6715人参与，变“群众看”为“共同干”。

【党的建设】 **概况** 镇党委辖11个党支部，其中村（社区）支部7个、非公经济支部3个（团林建材厂、非公经济联合支部、庆龙公司）、机关支部1个；现有党员531名，其中流动党员152名。

学习宣讲 围绕主题教育，领导班子集中学习16次，党支部主题教育专题学习60余次。开展党的十九大精神、党内法规制度等主题学习50场次；组建11个宣讲小分队，深入村社、田间地头、生产一线等开展宣讲340余场次；深化落实乡村振兴讲习所（社区党校）“五讲四规范”标准，建立镇、村两级师资库80名，开展讲习活动400场次、组织少云志愿者活动280场次。

开展“扎桩工程” 建设党建引领示范点1

个;整顿软弱涣散党支部1个。开展党支部书记业务培训会21次;建库后备力量33名,回引本土人才2名;新发展预备党员4名。专题研究意识形态工作4次,签订意识形态工作责任书7份,落实场所管控信息员7名,开展工作培训14次。

党风廉政建设　观看廉政警示教育片5场,开展集体谈话4场,约谈党员干部120余人次,诫勉谈话并通报批评1人,办理法纪案1件,给予党内警告处分(均已结案);配合区纪委执行开除党籍2人、党内严重警告处分1人;诫勉谈话并通报批评5人;抽调协助调查信访举报件2件;严格干部选拔任用标准,提拔、转正科级干部12名。

(华兴镇　孙瀚滔)

领导班子名录

党委书记　蒋明河

党委副书记　镇长　何德忠

党委委员　人大主席　汪　亮

党委副书记　人大副主席　但永贵

党委委员　纪委书记　董建彬

党委委员　副镇长　政法书记　肖朝刚

党委委员　副镇长　武装部长　蒋和禄

党委委员　刘　丽　方中伦

副镇长　刘永洪

各村(社区)基本情况

村(社区)	户数(户)	户籍人口(人)	支部书记	村委(社区)主任
惠民社区	344	560	刘启凤	宗和芬
犀牛村	990	2583	吴光亮	余坤芳
茯苓村	1197	3187	符学智	骆昌秀
三塘村	678	1808	唐孝明	黄　芊
香山村	688	1856	罗金明	肖明英
明月村	1167	3072	陈　林	陈　林
团林村	579	1397	杨小平	彭　廷

庆隆镇

【概况】 庆隆镇辖区面积28平方千米，耕地面积1340公顷，林地面积906.7公顷。2019年末，总户数5872户，总人口16009人，其中非农业人口6302人，农业人口9707人；人口密度571人/平方千米。全镇森林覆盖率41%。镇内有冬笋村、金源村、同康村、庆新村4个村和1个社区(镜滩社区)，共有90个村民小组；有小学2所，幼儿园2所，在校学生414人，教师34人。文化站1个，卫生院1个。2019年末，政府机关实际在编人数39人，其中公务员16名，事业人员22名，机关工勤人员1名。内设党政办等9个办事机构，镇属农业服务中心等7个事业单位。

全年完成GDP4.95亿元，固定资产投资6.5亿元，工业增加值1.7亿元，工业固定资产投资完成4.2亿元；服务业增加值1.25亿元，农业增加值12993万元。财政收入完成828万元，其中税收完成722万元，非税收入106万元。农村居民人均可支配收入19285元，增长9.65%。

【经济发展】 **重点项目** 重庆顺安天力达爆破器材有限公司正式投产，全年生产炸药2.86万吨，雷管近5300万发，产值约3亿元；垃圾焚烧发电建设项目征地拆迁工作有序推进，36万平方米卫生防护区(房屋拆迁签订协议150户)完成平场工作；H2页岩气平台勘探经过镇党委政府的努力，有效化解群众矛盾纠纷，页岩气平台勘探进展顺利。新引进重庆贤能建筑工程有限公司、重庆东群建筑工程有限公司注册庆隆，全镇入驻企业累计达到7家，进一步扩大本镇财税来源。

农业发展 冬笋村土地整治项目平整旱地、水田3公顷，全面启动沟渠和道路修复工程。加强全镇近400公顷成片优质梨树集中管护。采取“合作社+村集体+农户”发展模式，积极推进农旅融合发展，盘活荒山荒坡等闲置土地，新发展梨产业20公顷，花椒基地13.33公顷，小龙虾10公顷。引进产业扶贫项目2个，在冬笋村、庆新村投资70万余元发展种植中药材佛手14.87公顷，2019年村社集体收入30万余元。通过宣传造势、大户带动的方式，帮助群众及贫困户发展并销售“庆隆梨”、火龙果等农副产品，实现收入500万余元。

【社会发展】 **环境保护** 清理垃圾50余吨，沟渠21千米。加强农村垃圾日常清运工作机制，新增加专业保洁员6名，垃圾箱体12个，垃圾桶70余个，按照“户集、村收、镇转运、区处理”模式，对全镇53个垃圾收运点进行每日集中清运，清理农村垃圾650余吨，确保全镇垃圾“日产日清”。完成改厕任务330户。督促各村(社区)每月举办“积分制”集中兑换奖品活动，全年兑现奖励749户。完成省道虎庆路、庆石路、金源村公路主干道绿化美化工程、庆丰小广场绿化及停车位改造工程，栽植各类花卉苗木1.2万余株，四旁植树13.33公顷，撒播花草种子90余千克，大幅提升村容村貌。在全镇范围内开展环保领域问题大排查，下达企业停工停产执法文书28份；完善污染设施改造企业7家，停工整改“小散乱污”企业22家，肥水养鱼污染治理专用鱼池225口、山坪塘56口，完成养殖场畜禽粪污资源化利用5家。严格落实“河长制”责任，常态化做好河流清漂工作，全年开展巡河915次，发现并解决问题91个。

民生保障 精准开展脱贫帮扶，集中向贫困户发放梨树苗3000余株，完成贫困户CD级危房改造2户，助学资助8人，公益性岗位就业3名，信贷支持自主创业23户，发放扶贫小额贷款58.3万元。开展贫困户动态识别管理，排查出脱贫监测户2户7人，边缘户2户3人。组织帮扶责任人开展贫困户入户走访帮扶，稳定实现全镇建档立卡贫困户“两不愁、三保障”。完成场镇及周边群众自来水管网改造1千米，投资50万余元完成场镇老街污水管网改造200余米，引导场镇商户业主统一安装门店伸缩雨棚41个，更换分类垃圾果皮箱18个。家庭医生签约服务4100人，孕前优生健康检查55人。新增公益性岗位2人；回引450名外出务工人员返乡就业；城镇新增就业90人；发放创业担保贷款113万元；完成职业培训66人。购买公共文化演出进村（社区）16场次，为群众配备广场舞音响4套，丰富广大干部群众文化生活。

社会治理 认真开展多部门联合执法，开展安全生产大排查大整治大执法检查35次，消防安全专项行动23次，排查隐患5处，整改5处，举行大型宣传活动4次。建立防洪抗旱、地灾等应急预案，开展地灾应急演练1次，校园消防安全培训1次，完成社区微型消防站建设，补充消防应急物质45套。积极稳妥做好征地拆迁区、地陷区、页岩气勘探区安全稳定排查稳控化解工作，化解信访积案4件。大力实施“雪亮工程”，新安装摄像头38个。开展扫黑除恶专项斗争。会议研究部署16次，设置公益广告38幅，专栏（展板）4块，发放宣传资料4万余份。群工系统全年办结259件，群众满意度100%。评选“新乡贤·好乡亲”等优秀典型15名，成立了新时代文明实践所（站），全年开展知识讲座培训共17场次。积极配合开展庆祝新中国成立70周年系列主题活动，扎实开展“不忘初心、牢记使命”主题教育活动宣传，全镇制作“主题教育在行动”宣传栏12个，召开调研座谈会25场。认真落实意识形态工作责任，全年召开意识形态工作会4次，党委会专题研究意识形态工作2次，切实加强党的最新理论和社会主义核心价值观宣传引导，努力孕育社会好风尚。

【党的建设】 **思想政治建设** 全年党委中心组学习15次，基层党组织学习207次。开展习近平总书记视察重庆重要讲话精神宣讲5次。开展“四治四提”专项行动，着力解决了冬笋地陷区群众饮水出行困难、场镇管理不规范、农贸市场脏乱差、同康村群众饮水困难等群众反映的突出问题。

基层组织建设 深入实施“扎桩工程”，进一步规范村（社区）公开栏、标识标牌等设施，完成金源村、冬笋村便民服务中心内部改造，镇村两级服务中心运行规范，群工系统全年受理办结事项269件。全镇共9个党支部，即机关党支部1个、村社区党支部5个、非公联合支部1个、非公经济党组织1个，社会党组织1个。2019年共有党员459人，培育积极分子3人，新发展党员3人，转正1人。完成金源村软弱涣散党支部转化整顿。

党风廉政 全年廉政谈话73人次，诫勉谈话2人，提醒谈话6人次，通报批评7人，党内警告处分1人，共开展干部作风等明查暗访20余次，收到信访举报件15件，办结15件。

（庆隆镇　陈琴）

领导班子名录

党委书记　周维凤

镇长　方军

人大主席　王跃兵

党委副书记　陶启伦

纪委书记　熊德鑫

武装部长　政法书记　副镇长　詹小立

副镇长　兰天英

党委委员　任开忠　王格容

各村(社区)基本情况

村(社区)	户数(户)	户籍人口(人)	支部书记	村委(社区)主任
镜滩社区	141	265	张仁露	祝玉金
冬笋村	2036	5695	谭　彬	龙　旭
金源村	1181	3251	张玉模	蒋光友
同康村	1294	3503	王义国	陈世容
庆新村	1220	3295	张仁友	范定柱

永嘉镇

【概况】 永嘉镇地处铜梁区南部，距铜梁城区47千米，距成渝高速复线围龙互通口5.6千米，辖区面积63.91平方千米，耕地面积2785.19公顷，辖13个村1个社区，201个村民小组，1个居委会。有党支部19个，党员878人，其中流动党员287人。年末总户数11968户，户籍总人口33892人。场镇面积0.82平方千米，场镇常住人口8150人，城镇化率28.4%。

政府机关行政编制27个，实有24人；农业服务中心编制20个，实有17人；社保所编制5个，实有3人；文化服务中心编制3个，实有3人；退役军人服务站编制2个，实有1人；综合行政执法大队编制3人，实有1人；乡村产业培育中心3人，首批1人；乡村生态治理中心编制3人，实有1人。

中学1所，在校学生1088人，小学2所，在校学生1835人；学前儿童入学率99.9%，文化服务中心1个，卫生院1所，病床70张，卫生技术员44人。

2019年，完成GDP8.47亿元；第一产业增加值2.25亿元；第二产业增加值2.38亿元，其中工业增加值1.56亿元；第三产业增加值3.84亿元；固定资产投资3.93亿元，其中工业固定资产投资完成0.92亿元。本年财政收入完成210.72万元，其中税收完成182.07万元，非税收入28.65万元。农村居民人均可支配收入19220元，增长9.5%。

【经济发展】 **招商引资** 引进重庆臻轻建筑劳务有限公司、重庆达菱建筑工程有限公司、重庆轻欣商贸有限公司、重庆市润辰建筑劳务有限公司等6家公司落户永嘉。2019年新增企业或微型企业41家，其中农业企业8家，工业微企4家，建筑业5家，商贸服务业24家；全镇共有企业和微型企业327家，其中农业微型企业124家，工业52家，建筑业10家，商贸服务业141家。

农业项目 粮食作物播种面积达2750公顷，同比增长3.2%；粮食作物产量1.78万吨，同比增长4.5%。一是着力调整农业产业结构。在保护2616.67公顷耕地的前提下，大力发展生态笋竹、甲鱼、孔雀等特色产业。万年村回引郭辉良创建宝竹股份合作社，初步建成笋竹示范基地33.33公顷，冻库建设400立方米，采取“合作社+公司+农户”帮助农户销售冬笋、麻竹叶300万余元，竹农户均增收2000余元；永东村以一二三产业融合发展的思路，回引在外乡贤余建平和余学丰创建余敏丰生态农业发展有限公司，建立以“公司+农户+基地”的利益联结机制，通过“示范带动、订单种植、基地管理、合同销售”，实现集体、农户双增收，初步建成优果示范基地18公顷，完成土地整理和果苗栽种工作。和益、复兴、明山等村组织成立思农中药材种植专业合作社，整合撂荒地与农户签订3年免租协议，已种植白芷等中药材3.33公顷，贫困户通过扶贫小额贷款入股合作社，实现按股分红。明山、塘坪、高龙等村结合退耕还林发展花椒53.33公顷。

【社会发展】 **场镇建设** 彻底解决综合农贸市场和新油坊地块历史遗留问题。完成铜梁区供电公司永嘉供电所主体建设，方便群众办事。完善农贸市场5000余平方米建设，引进兴街坊超市2780平方米正式营业，顺利完成永嘉污水处理厂改扩建工程，完成塘坪撤并场镇管网及污水处理设施并投入使用；对先禄农贸市场、场镇摆摊设点和占道经营进行集中整治。规范场镇停车秩序，实施车辆乱停放集中整治，并形成常态管理。补齐嘉庆老街基础设施短板，引导老百姓主动栽花种草，植入文化元素，完成百年天主教堂维修，启动郭汝瑰出生地保护工作，将永嘉老街逐步打造成党建文化街。不断完善永嘉场镇污水管网，完成二、三级污水管网1.89千米，提升泵井1座；完成塘坪撤并场镇管网及污水处理设施建设，现已铺设主管网4.02千米，污水处理站3个。

基础设施建设 完成农村集中供水提质改革，将农村供水并入场镇集中供水，解决全镇七个村的饮水安全问题；实施"四好农村路"建设项目，完成31.3千米，"一事一议"公路建设项目2.68千米；完成人行便道建设9.55千米。投入500万余元改扩建第一特困人员供养设施2500平方米，达到三星级建设标准并投入使用；协助完成铺设光纤80千米，对永东、大兴、圣水、明山村变压器改造升级。

民生工程 实施精准脱贫。永嘉镇2019年有建卡贫困户194户，620人已完全脱贫。通过培育发展特色优势产业，扶贫小额贷款入股合作社，为贫困户提供就近就业岗位，开展就业培训，落实建档立卡贫困家庭大学生资助，中小学生爱心午餐，发放建卡贫困患者医疗补助资金等措施，逐步实现脱贫。完成职业技能培训106人，发放创业担保贷款154万元；提供公益性岗位17个，回引人员347人；新建社区养老服务站2处；全面完成39户C、D级危房建设；完成农村适龄妇女"两癌"检查1054人，孕优检查89人，家庭医生签约8870人，签约率达52%。化解信访积案6件，社会矛盾纠纷同比下降21%。新中国成立70周年安保维稳工作记集体三等功。

【党的建设】 **明确任务，强化责任** 召开党委会59次，党委中心组学习13次，研究党建工作30次，印发《永嘉镇2019年党建工作清单》《永嘉镇落实全面从严治党责任清单》，签订目标管理责任书14份。班子成员指导党建工作192次，开展党建督查6次，印发督查通报4期。部署意识形态工作8次，调查处理网络舆情10件，推送各类信息200余条。全力抓好市委巡视反馈意见和区委巡察反馈意见整改，5个方面13个问题已整改完成。扎实开展村（社区）便民服务中心规范化建设，着力抓阵地打造、日常管理、工作内容、公开公示等方面提升。

狠抓基本队伍 建立支部书记年度工作和负面行为"两张清单"，有效督促工作落实，向软弱涣散高龙村、空壳幸福村选派第一书记。全覆盖集中培训基层党组织书记14人次，组织部分支部书记赴璧山、合川、安徽等地学习考察新型农村集体经济发展。调整支部书记3名、村委会主任2名、专干5名，高龙村、蓝山村实行支书主任"一肩挑"。建立本土人才信息库98名，回引本土人才7名。新发展党员8名，培养入党积极分子11名。

严肃党内政治生活 全年开展支部主题党日活动176次。乡村振兴讲习所培训党员干部群众190场次。发挥群团联系服务群众的作用，开展少云志愿服务，引导党员参与志愿服务2986人次。

（永嘉镇 陈超）

领导班子名录

党委书记 杨 晋
党委副书记 镇长 陈树刚
党委委员 人大主席 郭铭海
党委副书记 龚代友
党委委员 纪委书记 郭明勇
副镇长 王继伟
党委委员 副镇长 李晓燕
宣传 统战委员 余发强

各村(社区)基本情况

村(社区)	户数(户)	户籍人口(人)	支部书记	村委(社区)主任
围永村	904	2233	刘荣玉	谢云模
永东村	669	1905	陈正玉	谢顺明
竹海村	979	2907	胡　伟	何懿文
高龙村	821	2497	郭基忠	郭基忠
大兴村	794	2904	熊　雁	李富容
蓝山村	763	2254	何平军	何平军
复兴村	810	2293	杜清贵	许汝学
圣水村	907	2410	李继禄	夏磊
明山村	884	2583	雷世清	段士明
和益村	890	2448	肖升洪	肖思友
塘坪村	1088	3265	欧　刚	唐明汉
万年村	716	2121	车夕全	王兴志
幸福村	829	2346	白杨福	郭辉学
嘉庆社区	914	1726	郭辉禄	董秋菊

西河镇

【概况】 西河镇位于铜梁区南部，距铜梁城区38千米。镇辖7个行政村1个社区、97个村民小组，4个居民小组，2019年末总户数7559户，户籍人口18136人。辖区面积38平方千米，集镇面积1.5平方千米，集镇人口4860人。镇有1所中学、2所小学、在校生1161人，1个卫生院，2个35千伏安变电站，1个敬老院。

镇机关共有编制56名，其中行政编制21名，事业编制35名。实有在编在岗人员45名，其中行政编制19名，事业编制26名。西河镇设党政办公室、党群工作办公室、经济发展办公室等8个综合办事机构，有农业服务中心、文化服务中心等7个事业单位。

2019年，全镇GDP完成63603万元；第一产业增加值完成11327万元；第二产业增加值31060万元，其中工业增加值完成26763万元；第三产业增加值完成21216万元；固定资产投资完成27235万元，其中工业固投完成11679万元。完成财政收入957.96万元，税收收入957.96万元。农村居民人均可支配收入完成19420元，同比增长9.5%。

【经济发展】 **工业经济** 全年新引进各类企业13家。引进河北邯郸华源碳素公司盘活原中电碳素厂区，投资1亿元进行技改，实现工业投资1.17亿元。强化企业服务工作。坚持每月召开一次工业发展安全专题会议，分析工业发展形势、存在的问题，以及解决问题的办法、措施。协助5家企业实施环保设施技改升级。积极做好并完成了全国第四次经济普查工作。

农业产业 各村按照“一村一策”工作目标推动集体经济项目建设，实现5个行政村集体经营收入上5万元。组建专业合作社4个，农业公司1个，注册农产品商标6个，完成7个村集体经济股份联合社赋码登记工作。发展双永村小龙虾养殖基地10公顷。成功举办第二届胭脂脆桃采摘嘉年华活动，销售脆桃30万斤，销售金额240万元，人均增收900元。兴建村金蕙大米专业合作社在该村流转56公顷土地用于种植优质大米，产出的“野香优”和“晶两优1206”品种已达到国家二级标准。投资900万元实施大珑村坡改梯项目，新修蓄水池10口，新建3.5米生产便道6千米，整治土地13.33公顷，改善群众的生产生活条件。

西河镇市级脱贫村双永村胭脂脆桃基地脆桃采摘现场 （西河镇 供图）

【社会发展】 **场镇建设** 实施西西街临时停靠点及二三级污水管网建设，对共和场镇的生活污水全部应收尽收。投资1800万元对坡桥河两岸进行治理，加快推进群众期盼已久的坡桥河流域污水整治。目前正在实施坡桥河全流域的清淤项目；投资450万对民兴暗河生活污水进行整治。新建停车场1000平方米，新建公厕1个。投入8万元绿化亮化场镇干道两旁，平整场地2420平方米，规范植树种花2千米。投资30万元，新建垃圾压缩中转站并已正常运行。新增垃圾桶346个，垃圾箱25个。加强了市政管理和清扫保洁，城镇环境更加干净、整齐、有序。

民生工程 "四好农村路"24.1千米开工，完成建设21.6千米；完成"一事一议"便道建设4千米。投资61.8万元新修蓄水池、排水沟和维修电灌站等水利设施。完成第五批宅基地复垦项目及农转城项目共计153户约5.33公顷。"大棚房"问题全面"清零"。深入开展村庄清洁行动，全面推行积分制，推动"四旁"绿化美化，开展"整洁庭院"评选活动。完成农村旧房及生活环境整治129户。贫困户医保参保全覆盖，住院、门诊自付比例分别为9.91%、11.06%；对住房未保障的14户建卡脱贫户全部实施C、D级危房改造；饮水安全问题全部解决；今年共资助义务阶段学生63人，其中建档立卡贫困家庭学生44人。建档立卡贫困户全面实现"两不愁三保障"。新建村级养老服务站2个，开展文化活动送演出进村（社区）16场，送图书阅览进村4次，送展览讲座进村4次，送辅导培训进村5次，送法规政策科技宣传进村4场，成功举办镇第一届残疾人运动会。组织开展各类书画作品展，丰富和活跃群众精神文化生活，陶冶群众情操，服务群众1万余人。

生态保护 全面落实河长制工作，累计巡河372次，发现问题15个，完成整改15个，整改完成率100%；中央环保督察问题整改1个；涉及小安溪河河流污染暨环保突出问题28个，完成整改销号27个，整改完成率96.43%；河库污染问题79个，已完成整改销号78个，正在整改1个。开展"吊脚楼专项治理"，共排查出整治对象38户，已全部完成拆除；完成畜禽养殖循环化整治34户，关闭限适养区养殖场28家。认真开展污染源摸排工作，共摸排污染源531个，其中需整改的87个，已整改70个。切实开展农业面源污染治理，回收废弃农膜1.4吨，完成13户肥水养殖鱼塘水质达标整治。完成农村卫生改厕150户；开展美丽家园、庭园建设等的宣传活动40次，美化环境志愿服务活动63场，发放宣传资料7000余份，累计清运各类垃圾1125吨，在铜永路沿线及各村主干道沿线播撒花种18.5千米。推进林区有害生物防治，实施松材线虫病防控539.33公顷，实施2018、2019年森林抚育100公顷。

社会保障 家庭医生累计签约5111人，其中在家贫困户、计划生育特殊家庭签约率100%，实施免费健康体检累计2630人；新增国家计生奖励扶助对象56人、计生特殊困难家庭扶助对象1人。完成敬老院三星级改造工作，城镇新增就业152人；组织104人开展就业技能培训工作；完成了创业担保贷款申请7人，发放5人，贷款金额共计75万元；办理城镇职工医疗保险97人。全镇城乡居民养老保险参保4462人，完成征缴金额157.93万元。全年累计发放低保金216.62万元，发放临时救助、自然灾害补助37.01万元，发放特困供养金277.91万元。

全年共排查登记各类矛盾纠纷61件，成功化解59件，化解成功率达到96%；有效化解市交办积案1件，区交办信访积案3件。扎实开展领导干部接访下访，完善领导班子全员全天接待群众来访制度，全年共接访群众来访110件次、132余人次，处理上级交办件22件次，结案率达100%。帮助企业调解各类纠纷7件、协调解决问题4件，全年生产安全死亡事故实现了"零目标"。

【党的建设】 全镇共有党委1个、党支部13个，党员517人。扎实开展"不忘初心、牢记使命"主题教育，镇党委开展集中学习研讨7次，撰写心得体会45篇，完成调研报告9篇，基层党组织集中讨论学习39次；检视班子及成员存在问题27个，八个专项整治存在问题10个，基层党组织及成员存在问题52个，已全部整改完成。开展双永村、龙岭村软弱涣散基层党组织整顿，查找问题10个并已全部整改完成。全年研究党建工作13次，专题研究意识形态工作2次，入户走访涉邪人员12次，排查处置非法聚集点2处。开展“以案四说”警示教育10次，约谈182人次，党纪处分1人。

（西河镇　陈　苗）

领导班子名录

党委书记　陆学福
党委副书记　镇长　吴　别
党委委员　人大主席　周　练
党委副书记　吴明亮
党委委员　副镇长　武装部长　黎昌强
党委委员　纪委书记　黄　群
组织委员　唐　艳
党委委员　副镇长　政法书记　马存亮
宣传委员　蒋永福

各村(社区)基本情况

村(社区)	户数(户)	户籍人口(人)	支部书记	村委(社区)主任
西河村	750	1759	刘继军	—
龙岭村	960	2403	杨泽莲	江方国
大珑村	985	2594	王绍国	杨　春
兴建村	963	2361	余永华	张代发
双永村	968	2617	赵代发	杜　军
三善村	1194	3024	杨书明	叶良谷
新四村	850	2086	刘成英	杨代华
长兴社区	889	1292	唐明川	张辉成

安溪镇

【概况】 安溪镇辖区面积29平方千米，集镇面积0.25平方千米，耕地面积1041.9公顷，林地面积1533.3公顷，其中森林706.7公顷、竹林533公顷、茶叶433.3公顷，森林覆盖率52.9%，退耕还林面积153.33公顷。辖4个行政村，1个街道社区，61个村民小组。2019年末总人口10454人，人口密度360人/平方千米。

2019年机关行政编制有16名，事业单位编制有31名，年末实际在岗行政人员14人、事业27人（镇农业中心11人，社保所3人，文化中心3人，退役军人服务站1人，综合行政执法大队4人，乡村产业培育中心3名，乡村生态治理中心2名）。

镇有小学1所，开办于1940年，学校占地面积10950平方米，建筑面积5477平方米，绿化面积3240平方米，2019年在编教职工27人，7个班，在校学生350人。医院1所，设有妇产科、内科、外科等科室，有卫生技术员12人，年末有床位20张，年门诊18033人次，住院患者655人次。

2019年地区生产总值47660万元；第一产业增加值7480万元；第二产业增加值20809万元，其中工业增加值11759万元；第三产业增加值19371万元。实现财政收入524万元，其中税收收入514万元；实现城乡居民人均可支配收入18454元，同比增长9.3%。

【经济发展】 **农业产业** 突出“两茶”主导产业，强化优质鲜叶基地建设。“黄金茶”示范片正式投产，延伸了茶产业链条。金滩村新发展油茶33.33公顷，全村油茶种植面积达133.33公顷，实现了一定规模效应。因地制宜发展一村一品特色产业，以金滩村、谭洪村为主发展山地辣椒36.67公顷，安康村发展中药材通草种植13.33公顷，龙峰村发展泉水虾养殖5.33公顷，初步取得较好市场效益。因地制宜发展新型集体经济，成立专业合作社6个，全镇4个村集体经济纯收入达到20万元，全面消除“空壳村”。谭洪村茶叶鲜叶基地项目通过改良种植管护方法，带动周边群众增收。采取“合作社+农户”、大户带动等发展模式，发展泉水虾、通草等产业。

商贸旅游 坚持“农旅、商旅”融合，大力发展休闲旅游。建设集采摘、炒制、科普、茶文化体验为一体的休闲体验园和中小学生茶叶科普基地，成为休闲体验好去处。安溪镇谭洪村四社星级农家乐以品香茗、吃野菜、听松涛为特色，能同时容纳100人就餐和进行会议，有标间10个、普通间20个供住宿。还有建有占地6.67公顷山地葡萄果园的永安农家乐和可参与农事趣味活动的三根树农家乐，体验农家淳朴生活，领略农村民俗风情。

【社会发展】 **基础设施建设** 公路建设共11条，累计长度12.9千米，谭洪村安阳提质路0.8千米正在建设，安康村9组、谭洪村3组公路1.6千米已开展招标。完成场镇管网的疏淤、补漏工作，新建4个化粪池，新建1个卫生厕所。新建156米农民新村雨水管网。完成谭洪村土地整治、灌溉和排水工程。启动污水处理厂改造升级工程（完工后排放标准将提升至一级A标）。

社会保障 全镇累计发放低保资金约92元，

优抚资金发放约102万元，城乡三五人员补助资金发放约62万元。全年新增转移农村劳动力249人，农业劳动力培训结业人数48人。办理居民医疗参保人数10239人，居民养老参保人数5710人。办理奖励扶助434人，发放扶助金82.8万元，发放特殊家庭26人，共计20.664万元，春节慰问特殊困难家庭19户9500元，完成“两癌”筛查150人，社会保障水平不断提升，群众的获得感、幸福感不断增强。

文化卫生 实施小学生饮用奶计划，为贫困学生提供“爱心午餐”，不断改善青少年营养状况。持续推进校园安全新型警务和勤务体制，加强校园环境综合整治，确保校园师生安全。突出抓好师德师风教育，学校教育教学质量稳步提升。保护和传承非遗文化，“安溪茶传统制作技艺”获得重庆市铜梁区非物质文化遗产称号。通过购买服务送文化下乡10场次，满足群众精神文化生活需求。

精准扶贫 一是深入实施“321”扶贫工作机制，将全镇贫困户分为动态关注、政策兜底、助推攻坚三类进行管理，做到一户一策、精准施策。把“一月一上门”“一月一研判”两项制度和铜梁区精准扶贫App管理相结合，实现线上线下动态化、精细化管理。二是抓好脱贫长期产业与短期产业的结合，紧紧围绕辣椒、绿茶、油茶、泉水虾、通草等脱贫攻坚产业，结合实际建立起合作经营分红、产业管护补贴、提取扶贫基金、支持贫困户在产业基地务工等多重措施，引导23户贫困户土地入股，82户贫困户以现金参与合作经营，2019年实现分红收益74357元。三是拓展渠道解决有劳动力的贫困户就近就业。全镇提供超过25个公益性岗位和合作社劳务用工岗位，在产业基地劳务用工工资高的贫困户超过7000元。结合“把老乡留在老家”工作，设立扶贫车间恩熙电子公司，实现30余人就近务工，其中贫困户、残疾人等困难群体10人，人均月工资超过3000元。引导和帮助贫困户在金滩村龙灯彩扎基地务工，群众参与热情高。四是持续抓好美丽乡村建设与扶贫扶志的结合，把脱贫户家园环境整治作为美丽乡村建设的重要内容，实施了家庭环境的“八个一”专项行动，认真落实积分制，改善了包括贫困户在内的农村人居环境和个人卫生习惯，帮助和引导脱贫户硬化院坝，建设卫生厕所、卫生厨房，实现禽畜分离饲养，逐渐养成良好的卫生习惯，不断增强脱贫户内生动力。

生态保护 全面推行河长制工作，完善“一河一策”“一河一档”，按照“五个一律”要求开展养殖场循环化改造和专用鱼池整治，已完成养殖场循环化改造19家、关闭畜禽养殖场7家，完成禁养区专用鱼池整治12口。开展场镇综合环境整治，对场镇污水管网进行清淤排堵和修整工作，新建提升池1口，新建二三级管网800米，实现场镇污水应收尽收。不断加强农村环境卫生治理及垃圾清运，按照“户集、村收、镇转运”清运模式，对全镇38个垃圾收运点进行每日集中清运，确保农村垃圾日产日清。开展清“四乱”工作，发动镇村社干部、党员干部、志愿者和群众5000余人次开展了冬、夏日村庄整洁行动，清理积存或散落垃圾60余吨，清理沟渠3千米。全面推进农业面源污染治理。清理废弃秸秆、农膜及露天堆放农业废弃物约1.6吨。引导群众在永武路、安西路道路两边栽植花草10千米。

【党的建设】 **思想政治建设** 全年召开镇党委会30次，召开理论中心组学习14次，研究部署基层党建工作22次，镇党委书记带头上党课6次，开展基层党建宣讲9场，听取党建工作汇报4次。召开党委会、专题会研究意识形态工作6次，干部大会学习贯彻意识形态方面工作3次，处置网络负面舆情2条，辖区内宣传阵地管理和意识形态场所管控有序。

基层组织建设 全镇共有党支部7个，党员343人，在家党员188人，新发展3人，转正2人，培养积极分子1人。举办为期2天的基层党组织书记培训班。办好乡村振兴讲习所，启动龙峰村、谭洪村便民服务中心改建以及顺河社区便民服务中心改造工程，改善党组织活动的条件。对全镇党员组织关系开展排查并对党员档案、流动党员参加组织活动情况进行全面清理，对发现的问题及时进行处理。加强本土人才建设和培养，全年共调整和补充了5名本土人才。

干部作风建设 严肃查处了一批违纪违规问题，诫勉谈话2人，立案1件，给予党纪处分2人。充分发挥群工系统作用，共办理事件186件，办结率为100%，满意率为100%。充分发挥民主理财监督小组和村务公开监督小组的作用，实现村级财务管理规范化。实行重点工作每月汇报推进情况，确保全镇重点工作的快速有序推进。

（安溪镇 胡梦平）

领导班子名录

党委书记 张 跃

党委副书记 镇长 谷 俊

党委副书记 人大主席 石先财

党委副书记 人大兼职副主席 王大洪

纪委书记 蒲 丽

党委委员 政法书记 副镇长 武装部长 张西泉

副镇长 张隆云

党委委员 曾宪友

各村(社区)基本情况

村(社区)	户数(户)	户籍人口(人)	支部书记	村委(社区)主任
顺河社区	269	498	秦国明	陈荣建
金滩村	1051	2857	郑显琼	董廷富
龙峰村	822	2289	刘昌洪	张鸿昌
安康村	967	2756	陈华进	—
谭洪村	679	2054	王方荣	戴 利

侣俸镇

【概况】 侣俸镇位于铜梁区西部，距城区7千米，辖区面积87.56平方千米，有3个社区19个村301个村(居)小组，17342户47415人。

镇机关在编干部81人。辖区内有1所中学、4所小学、6所幼儿园，卫生院1所(兼区精神病医院)。

2019年实现地区生产总值250373万元，同比增长13.4%；第一产业增加值完成35764万元；第二产业增加值完成158405万元，其中工业增加值97999万元，同比增长12.2%；第三产业增加值56204万元，同比增长7.3%；社会消费品零售总额20904万元，同比增长15.1%；建筑业增加值60406万元，同比增长32.5%；固定资产投资完成85279万元，其中工业投资18579万元；完成公共财政总收入1931万元，同比增长26.21%；农村居民可支配收入20104元，同比增长10.4%。

【经济发展】 **企业发展** 全镇工业企业80家，其中规上工业企业16家。工业固投完成1.86亿元；文化旅游固投完成2.03亿元。新发展重庆普凯机械等4家企业；完成重庆盈达等4家企业扩规和技术改造，新申报双龙精密弹簧、普润得机电2家规上工业企业。新发展民营企业25家、个体工商户122家，新增鑫泉百货限上个体1个。商贸企业营业额同比增长24.36%；住宿餐饮业营业额同比增长26.95%；服务业营业收入同比增长24.06%。完成19个村级电商线下实体店的建设。在爱在龙乡、易田等平台开设店铺58个，上架土鸡蛋、小龙虾等产品380个，实现销售额6.94万元。

农业发展 围绕“四万产业”，完成新学村166.67公顷蔬菜基地提档升级，大力引进蔬菜业主，盘活蔬菜基地存量土地6.67公顷；新发展黄精、枳壳、艾草等中药材种植33.33公顷；规划栽种柠檬133.33公顷，已栽种53.33公顷。创建农业“三品一标”29个。

集体经济发展 规划发展项目43个，种植业21个，养殖业8个，其他14个，其中已建成项目34个，在建项目1个，拟实施项目8个。已成立专业合作社(股份经济合作社联合社)19个、公司2个，已发展柑橘种植53.33公顷，中药材(黄精、瓜篓、枳壳、艾草等)、花椒种植66.67公顷，建生态养殖(垂钓)基地6个，新发展石蛤村苗圃基地等，11空壳村全部脱壳。

【社会发展】 **基础设施建设** 投入资金25万元，完成综合市场、滨河公园、市民休闲公园设计。大力实施场镇人居环境综合整治，整治老旧小区环境3000平方米，整治裸露地面800平方米，整治老旧路面500平方米；投资210万余元新建停车场2个，新增停车位70个；新建14个电子警察抓拍点位，有效解决场镇乱停乱放现象。投资850万元的雨污分流项目已全部竣工，实现污水应收尽收。按照生态宜居的要求，对场镇道路进行白改黑提质，大力推进鲜花场镇打造，完成池水河创业桥至侣俸桥段河岸绿化设计，老下街两侧沿街民房外墙设置花篮109个，场镇形象大幅提升。

新建的市民休闲公园 (侣俸镇 供图)

生态保护 全面推行积分制，持续开展“三清一改”“美丽村庄，我在行动”和村庄清洁行动，清理垃圾1300余吨、沟渠200余千米，废弃秸秆、农膜及露天堆放农业废弃物100余吨。各村、社整改人居环境问题清单89条。新增农村保洁员29名，已纳入保洁范围道路共计249千米，强化农村生活垃圾治理，通过“户集、村收、镇转运”的运行模式，农村面貌焕然一新。启动保乡村垃圾分类试点工作，布局74个垃圾投放点，发放1400个分类垃圾桶。建设新学、文曲、保乡等6个鲜花场镇示范点，栽种三角梅、绣球花1万余株。深化“五个一律”“清四乱”“治三排”行动，淘汰污染企业2家，督促企业办理环评手续8家，正在办理6家。严格履行镇村两级河长职责，巡河900余次。集中清理青云水库66.67公顷水面的漂浮物，确定23名河道保洁员对侣俸河道开展常态化清漂。

社会保障 对全镇229户贫困户全覆盖大排查，制定帮扶计划。明确扶贫专干19人，新引进本土人才8人充实到脱贫攻坚队伍。对贫困户精准识别、精准退出。利用财政资金3.9万元送鸡苗、鸭苗、猪崽、果树苗、修缮猪圈等帮助贫困户发展产业。引导开展小额扶贫贷款，99户获得贷款。大力开发公益岗位，为贫困户提供了护林员、保洁员等27个公益性岗位。帮助8户(1户双残户)争取区残联补助8.4万元改善人居环境，扶持产业发展。新增就业登记485人。持续开展“把老乡留在老家”活动，回引1402名外出务工人员返乡就业创业，上报小额担保贷款16人，贷款金额225万元。完成区级重点项目侣俸第二敬老院主体工程，新建区级养老服务站6个，全镇已开始运行供养服务12个站，全年新增特困供养人员20人，对279名散居特困供养人员落实帮扶责任。完成妇女两癌免费检查及救助行动；精准落实了低保兜底政策。

民生实事 完成9.4千米的农村“四好”公路建设和志和村善德桥建设。协助城镇供水一体化侣俸段工程实施。维修整治天星村、西岳村山坪塘，启动坪堰村饮水工程前期工作。加强水库管护，投入10万元整治9个水库。解决了妙明、永乐村建卡贫困户饮水困难问题。完成C、D级危房改造100户，整治农村旧房117户。

【党的建设】 镇党委有基层党组织27个，其中机关支部1个、村社区22个、非公支部4个，中共党员共计1618名。

思想政治建设 依托19个乡村振兴讲习所、3个社区党校，开展政治理论和实用技术培训374次、培训党员群众8000余人。成立意识形态工作领导小组，严格落实意识形态工作责任制，与22个村(社区)签订意识形态目标责任书，确保全镇意识形态领域安全。

基层组织建设 选优配齐农村后备干部队伍，补充支部书记10名、主任2名、专干8名、本土人才8名；严格按照发展程序吸纳党员11名，培养积极分子23人；举办党员发展、组织工作专题培训3期，培训200余人次。抓实“三会一课”制度，举办专题培训6期，办理群众反映事项263件，办结率100%；抓好党建带群建，落实群工系统全覆盖，建强少云志愿者队伍，评选“好婆婆好媳妇”等共121人，市最美家庭1户，开展妇女之家教育讲座92次。严格落实村(社区)运转经费，及时兑现村(社区)干部待遇，为125名村专职干部、本土人才购买人身意外伤害保险，确保了基层组织的战斗活力。

干部作风建设 加强对风险岗位的廉政管理工作，对全镇排查出的各类“风险点”50个进行重点监督；开展“两个责任”约谈工作制度，共约谈党员干部122人次；深化“七个全覆盖”，每半年对镇、村进行一次财务检查，对4个村、1个社区进行财务审计，发现并要求整改问题9类。全年书面通报9期，会议通报4次。

(侣俸镇 冯琳凯)

领导班子名录

党委书记　潘国庆（2019.12离任）
党委书记　赵光友（2019.12上任）
党委副书记　镇长　贺立新
党委委员　人大主席　龙　华
党委副书记　万　波
党委委员　武装部长　副镇长　兰加林
党委委员　纪委书记　詹　玲
党委委员　政法书记　陈　勇
副镇长　柴克应
党委委员　人大副主席　肖　瑜
宣传委员　统战委员　陈　莉
组织委员　唐定静
党委委员　副镇长　孙贤菊

各村(社区)基本情况

村(社区)	户数(户)	户籍人口(人)	支部书记	村委(社区)主任
水龙村	1217	3134	曾　勇	刘学明
新学村	1260	3423	万　红	旦开荣
柏香村	542	1545	瞿和菊	瞿和菊
石蛤村	1072	3206	向以富(代)	向以富
永乐村	1085	3188	刘　华	刘　华
玉林村	1057	2974	刘天志	卢应平
西岳村	500	1407	赵吉才	曾宗穆
保乡村	1095	3008	张文峰	张发均
文曲村	851	2322	周在春	李福兴
石河村	846	2316	田贵忠	田云寿
志和村	816	2181	张泽会	雷世美
天星村	976	2808	罗德中	胡功海
保宁村	833	2302	银　东	王安树
凤飞村	719	1908	唐宗合	谭江海
妙明村	681	2192	刘远旺	何龙飞
白塔村	670	1768	黄小容	杨邦练
三石村	636	1801	汪朝富	刘　伟
坪堰村	825	2393	唐云洪	周景才
太石村	570	1465	张　议	柏洪彬
池水河社区	779	1401	胡珂铭	夏永菊
中兴社区	100	260	黄礼庆	杨　艳
竹园社区	212	413	陈春宇	陈　云

太平镇

【概况】 太平镇位于铜梁区西北，距城区5千米。辖区面积51.6平方千米，下辖10个自然村，1个社区，168个村民小组，1个居民小组。2019年末总面积5170公顷(其中耕地面积2729.87公顷)，森林覆盖率48.6%；户籍10086户，总人口24489人(其中农业人口24225人、非农业人口264人)，人口密度506人/平方千米；城镇发展规划面积1.5平方千米，建成面积0.5平方千米。

2019年镇机关共有编制61名(行政24名、事业37名)，实有54人(行政22人；事业32人)，内设机构17个，退休干部28人。

镇、村文化活动室12个，文物7处。敬老院1所，老人34人，床位72个；镇级卫生院1所，病床50张，卫生技术员26人；村级卫生室20个，卫生技术员21人；小学2所，在职教师70人，在校学生1075人；幼儿园2所，在校幼儿359人，在校幼师24人，学龄儿童入学率100%。

全年地区生产总值完成101805万元；第一产业增加值17176万元；第二产业增加值完成56932万元，其中工业增加值25560万元；第三产业增加值完成27697万元，同比增长7.2%。固定资产投资51464万元，同比增长64.6%，其中工业固投7890万元，同比增长76.3%；建筑业增加值完成31372万元，同比增长14.0%。实现社会消费品零售总额12796万元，同比增长14.1%。财政收入完成1326万元，其中税收1249万元，同比增长13.7%。实现农村常住居民人均可支配收入2.0031万元，增长10.2%。

龙灯彩扎制作 (太平镇 供图)

【经济发展】 2019年，突特色、重产业、统筹农工贸，抓好经济发展。全镇支柱产业有规上企业11个(工业3个、建筑4个、服务1个、餐饮1个、批发零售2个)，市级科技农业园1个，正创建国家科技农业园区1个。发展个体工商户69户，民营企业新增16户，同比增长13.1%。

2019年大力引导农业企业“三品一标”创建，御丰蔬菜专业合作社创建无公害农产品41个，绿色66个，重庆市名牌农产品2个，坪漆果树种植专业合作社创建绿色农产品1个。以农业产业园为特色种植、西郊绿道公路打造观光与草莓采摘，“桃谷人家”的赏花采摘带动乡村旅游和田园观光，并成功举办“桃谷人家”赏花季和“桃谷人家”采摘季，累计接待游客10万人，实现销售收入70万元。提档升级普通蔬菜大棚种植133.33公顷，立体栽培20公顷，鱼菜共生0.67公顷，生态水产66.67公顷、特色经果66.67公顷、高端药材13.33公顷，花椒33.33公顷。农村电商实现农产品线上销售57.05万元，发展集体经济项目12个，村集体经济收入66.23万元，同比增长9.3%，消除了空壳村。

【社会发展】 **民生实事** 在安居至凉水，巴川至凉水220千伏安高压线安装和七千多米长的天燃气管线安装的协调工作中，组织有拆迁经验的骨干人员租用土地3.5公顷，租代征用地3.93公顷，迁坟54座，拆房5户，发放租地补偿费635万元，解决各种矛盾纠纷12件，顺利完成了工程任务。完成了垣楼村生产生活便道建设12.9千米、万寿村农村饮水安全巩固提升工程项目的自来水管网242户2.84千米。全镇配水管网20.328千米，使用自来水5474户，使用率达48.5%。漏电保护器安装2315户。

庭院、墙面、屋顶、门窗、厕所"五整治"，推进150户农村旧房整治提升工作，完成西郊绿道环线公路太平段2.89千米。对垣楼村西郊绿道环线公路和319公路太平场镇到千佛寺段两侧287户农房进行综合整治，新修化粪池173口，安装太阳能路灯211盏。完成20条28千米"四好农村路"建设和29千米乡村振兴补短板泥结石路硬化，扩建白云农贸市场3300平方米。

2019年完成卫生改厕529户；农村妇女"两癌"检查679人。65岁以上老年人、部分高血压、糖尿病进行了家庭医生签约服务6823人，签约100%。计划生育奖励扶助享受对象1314名、发放资金160.464元，特别扶助享受对象68名，发放资金54.6万元。免费孕前优生健康检查98人。2019年镇里投入资金3.1万元，开展送流动文化进村总场数49场，受益群众8000人次；完成了每村放电影12部，全镇累计放电影132场次132部，极大地丰富了群众的文化生活，提升了全镇精神文明建设。

生态保护 治建结合地把好准入关。对库塘沟渠、企业、单位、场镇、人口大院、餐饮、洗车场、建筑工地的漂浮物、粪污排放、粉尘污染、油烟污染、噪声污染、大气污染等存在的八类22项54个生态环境与人居环境问题纳入重点任务清单进行管理。责任单位每天巡查一次，镇领导、主管部门人员每月巡查一次，村、社区干部每月巡查3次。全年投入580余人次，库塘沟道清理漂浮物7吨，各类垃圾136吨，完成了8家肥水养鱼整治、7家20头以上生猪当量养殖场循环化改造，关停2家，查找出的54个问题全部得到整改。实现化肥农药零增长目标，全镇秸秆资源化利用率达85%。

社会保障 充分利用逢场天和干部大讲坛发放宣传资料6000余份，开展厨师培训一期共45人，取得资格证37人，完成农民工回引人数650人，城镇新增就业人员105人，转移农村劳动力14109人(新增劳动力转移人数1584人)，通过劳动力转移实现收入13568万元。2019年征收居民养老保险金689万元，城镇职工养老保险562万元；农村合作医疗基金493万元，实际参保人数为22033人，参保率达97.87%，其中特殊群体参保率达100%。实行低保动态管理，按评议、审报、审核、审批程序，增减变化123户，月减少金额1.1129万元；新增城低3户6人，月新增金额0.194万元；新增农低66户113人，月新增金额3.3041万元。救济低保394户共688人，每月低保救济金额25.5898万元。

2019年新增特困供养对象21人，停发10人。现共有特困供养对象313人，集中供养35人，分散供养278人，月发放金额23.6002万元。孤儿救助3名，月发放金额0.3612万元。发放冬春生活救助5万元，救助受灾群众248人次，发放临时救助资金21.5万元，救助困难群众876人次。申报临时医疗救助9户25人，救助金额6.7万元。走访慰问106户空巢老人，90岁以上高龄老人109人，月发放金额2.18万元；100岁以上高龄老人3人，月发放金额0.12万元。发放残疾人辅具31人，精神残疾人服药补助全覆盖，享受区残联服药补助、辅具政策5人，重残人员中享受居家托养16人，每人每年补助0.12万元。解决退伍军人医疗、住房、生活困难补助5.6万元。发放17名伤残军人、烈士遗嘱慰问金3.4万元。受理申请带病回乡、农村籍年满60周岁生活补助

12人次。

安全稳定　全年召开镇村安全生产会37次，举办镇领导、主管部门人员、企业负责人专题安全知识讲座与安全技能培训19场次，发放宣传资料2398份，镇、社区、企业、学校组织灭火与逃生自救等应急演练10场次，参与人数504人次，安全检查270次（交通98次、企业93家，消防69次），查出安全隐患51例，投入整改资金20万元，下达整改指令16份，整改率达96%。纠正交通违法1100件次，处罚3.289万元。全民扫黑除恶抓综治。排查梳理出土地租金、移民群体、涉军群体等3类涉稳重点问题和其他各类矛盾纠纷197件，受理网上投诉58件，区联席办交办信访积案3件，区长公开电话、政府公众电子邮箱信访件15件，接访群众78批次135人次，反映问题38件，均按“一岗双责”责任制和“五个一”工作要求建立信访事项工作台账和责任清单，进行妥善处置，逐一化解，化解率均为100%。刑事案件立案15件（同比下降了17%），破案9件占60%；治安案件立案32件（同比下降了9%），查处14件，调解14件（占88%）。对54名帮教对象进行常态帮教，无一重新犯罪迹象。

【党的建设】　2019年镇党委下辖15个党支部，党员750名，其中预备党员4名。镇党委领导干部发挥示范带动作用，带头学习研讨、带头讲党课、带头整改落实，督促基层党组织抓好党员教育。深化群众评议党委、支部活动，把群众满意度作为工作第一信号，充分运用测评结果抓好意见反馈、整改，取信于民。开展学习贯彻党章党规党纪活动，开展主题党日、革命传统与警示教育等活动。

（太平镇　周景财）

领导班子名录

党委书记　邱　东

党委副书记　镇长　孔令全

党委委员　人大主席　唐世琼

党委副书记　李小波

党委委员　纪委书记　喻　红

党委委员　政法书记　副镇长　周尚江

党委委员　武装部长　副镇长　肖坤成

党委委员　副镇长　高凯碧

党委委员　徐世建　李昌兰

各村(社区)基本情况表

村(社区)	户数(户)	户籍人口(人)	党支部书记	村委(社区)主任
凉水村	836	2201	赵善慧	刘昌友
双福村	853	2228	龙思海	谢　秀
垣楼村	1238	3238	周云芬	张建国
白云村	670	1815	陈连坤	李　中
余家村	614	1504	黄光强	黄光强
太平村	1081	2733	刘太春	陈明玖
坪漆村	893	2286	赵东阳	赵元碧
万寿村	920	2195	甘世明	周明兵
团碾村	1156	2880	查兴明	周富强
铁鹅村	752	1880	柏道理	李晓会
白云社区	1073	1529	唐金龙	周训杰

集体荣誉榜(2019)

获奖或荣誉名称	获奖或荣誉单位	颁发或授予机关	颁发或授予日期
全国乡村治理体系建设首批试点单位	铜梁区	中央农村工作领导小组办公室、农业农村部、中央组织部、中央宣传部、民政部、司法部	2019.12
2018—2020年度中国民间文化艺术之乡	铜梁区	国家文化和旅游部	2019.02
国家农产品质量安全县	铜梁区	国家农业农村部	2019.11
第二批节水型社会建设达标县(区)	铜梁区	国家水利部	2019.11
中国天然氧吧	铜梁区	中国气象服务协会	2019.07
第十八届中国文化艺术政府奖——群星奖	《龙把子》(铜梁区文化馆选送、铜梁二中表演)	国家文化和旅游部	2019.05
中国美丽休闲乡村	土桥镇六赢村	国家农业农村部	2019.12
全国教育系统先进集体	大庙中学	国家人社部、教育部	2019.09
全国先进司法所	南城司法所	国家司法部	2019.01
最佳志愿服务组织	区新芽义工组织联合会	全国宣传推选学雷锋志愿服务“四个100”先进典型活动组委会(中央宣传部、中央文明办等)	2019.02
全国“五好”县级工商联	区工商联	全国工商联办公厅	2019.12
全国最美家庭	陈淑梅家庭	全国妇联	2019.05

续表

获奖或荣誉名称	获奖或荣誉单位	颁发或授予机关	颁发或授予日期
全国维护妇女儿童权益先进集体	区妇联	全国妇联	2019
感谢在庆祝中华人民共和国成立70周年联欢活动中做出的积极贡献	区委、区政府,区委宣传部,区文化旅游委	中华人民共和国成立70周年北京市庆祝活动领导小组联欢活动指挥部	2019
全国中华魂(腾飞的祖国——改革开放四十年)主题教育活动先进集体	区关心下一代工作委员会	中国关心下一代工作委员会、教育部关工委、全国“中华魂”主题教育读书活动组委会	2019.07
全国关心下一代宣传工作标兵单位	区关心下一代工作委员会	中国关心下一代工作委员会	2019.08
2019年度全国龙狮运动发展突出贡献单位	区政府	中国龙狮运动协会	2019.11
2019年度全国龙狮运动发展龙狮竞赛优秀赛区	区文化和旅游发展委员会(承办第五届亚洲龙狮锦标赛)	中国龙狮运动协会	2019.11
重庆市乡村振兴贡献奖先进集体	区委组织部	重庆市委、市政府	2019
重庆市统战工作先进集体	区委统战部	重庆市委统战部、重庆市人力资源和社会保障局	2019.04
文明家庭	杨龙科家庭、韦祎家庭	重庆市委、市政府	2019.08
文明单位	区公安局、区人力资源和社会保障局、重庆威斯特电梯有限公司、重庆市铜梁区安居古城	重庆市委、市政府	2019.08
重庆市文明村镇	铜梁区安溪镇,铜梁区南城街道黄桷门村、铜梁区巴川街道玉皇村、铜梁区土桥镇六赢村	重庆市委、市政府	2019.08
国庆70周年重庆晋京游行展演先进集体	区委宣传部、铜梁职教中心	重庆市委办公厅、市政府办公厅	2019.11
2018年重庆市信息报送工作突出单位	区政府	重庆市政府办公厅	2019.01
2019年度宣传通联工作先进集体	区政协	重庆市政协办公厅	2019.12
重庆市岗位学雷锋示范点	区道路运输管理所	重庆市委宣传部	2019.03
重庆市平安建设暨社会治安综合治理先进集体	区委政法委	重庆市委政法委、市人力资源和社会保障局	2019.12

续表

获奖或荣誉名称	获奖或荣誉单位	颁发或授予机关	颁发或授予日期
重庆市最美志愿服务站(岗)	黄桷门村	中共重庆市委宣传部、市文明办、市民政局、市生态环境局、市农业农村委、市文化旅游委、市图资委、市总工会、市共青团、市妇联、市文联、市残联	2019.11
新中国成立70周年安保维稳工作成效突出记二等功集体	区委政法委	重庆市委组织部、市委政法委、市人力资源和社会保障局	2019.12
重庆市卫生健康系统先进集体	区中医院针灸科	重庆市人力资源和社会保障局、重庆市卫生健康委员会	2019.01
重庆市交通系统先进集体	区交委	重庆市人力资源和社会保障局、重庆市交通局	2019.01
重庆市尊师重教先进集体	区人力资源和社会保障局	重庆市人力资源和社会保障局、重庆市教委	2019.09
重庆市第三次全国农业普查先进集体表彰	区农业普查办公室	重庆市人力资源和社会保障局、重庆市人民政府第三次全国农业普查领导小组办公室、重庆市统计局	2019.02
2014—2018年重庆市国家安全工作先进集体	区委国安办	重庆市委国安办、重庆市人力社保局	2019.12
2015—2019年度重庆市人力资源和社会保障工作先进集体	区就业和人才服务局	重庆市人力资源和社会保障局	2019.12
重庆五一劳动奖状	重庆威斯特电梯有限公司、区审计局	重庆市总工会	2019.04
重庆市工人先锋号	重庆红蜻蜓鞋业有限公司生产部针二组、区中医院疼痛针灸科	重庆市总工会	2019.04
重庆市模范职工之家	重庆天齐锂业有限责任公司工会委员会	重庆市总工会	2019.12
重庆市工会爱心托管班	重庆红蜻蜓鞋业有限公司工会、巴川街道正街社区工会联合会	重庆市总工会	2019.09
重庆市文明校园	巴川小学、蒲吕中学、石鱼小学	中共重庆市委宣传部、重庆市精神文明建设委员会办公室	2019.05

续表

获奖或荣誉名称	获奖或荣誉单位	颁发或授予机关	颁发或授予日期
先进集体	区应急局	重庆市安委办	2019.05
重庆市第三次全国农业普查市级先进集体表扬	铜梁区侣俸镇人民政府、永嘉镇人民政府、大庙镇人民政府、安居镇人民政府、水口镇人民政府、巴川街道办事处、南城街道办事处	重庆市人民政府第三次农业普查办公室、重庆市统计局、国家统计局重庆调查总队	2019.02
巾帼文明岗	区公园管理所	重庆市妇女联合会	2019.12
重庆市2018年环境执法大练兵表现突出集体	区环境行政执法支队	重庆市生态环境局	2019.01
“七五”普法中期先进集体	区司法局	重庆市普法办	2019.03
2018年优秀劝导站	大庙镇三品村劝导站	重庆市安全生产委员会道路交通安全办公室	2019
市级扫黑除恶先进单位	区委组织部	重庆市扫黑除恶领导小组	2019.05
2018年度重庆市教育学会工作先进集体	区教育学会	重庆市教育学会	2019.03
重庆市2018年度教科研工作先进集体	教师进修学校	重庆市教科院	2019.06
2018年重庆市生源地信用助学贷款先进集体	区学生资助管理中心	国家开发银行重庆分行、市教委	2019.08
先进党组织	中共重庆市铜梁区蒲吕街道岚峰小学支部委员会	重庆市教育工委	2019.07
2018年度重庆市区县社科联工作先进单位	区社科联	重庆市社科联	2019.03
实施的大足区2017年度财政预算执行和决算(草案)审计(财政审计)获优秀项目实施单位	区审计局	重庆市审计局	2019.01
考核特等奖	区妇联	重庆市妇联	2019.02
“书香润万家”家庭阅读活动优秀组织奖	区妇联	重庆市妇联、中共重庆市委宣传部、重庆市教委、重庆市文化旅游委	2019.09

续表

获奖或荣誉名称	获奖或荣誉单位	颁发或授予机关	颁发或授予日期
首届十佳百优手工制作“巴渝巧姐”、农村电商“巴渝网姐”、家政服务“巴渝大姐”评选活动优秀组织奖	区妇联	重庆市妇联、市商务委、市文化旅游委、市扶贫办	2019.09
第十九届重庆市美术书法摄影联展组织工作奖	区文旅委	重庆市文旅委	2019.09
“清风常伴 廉洁齐家”家庭助廉立德活动组织奖	区纪委、区妇联	重庆市妇女联合会、中共重庆市纪委办公厅	2019.12
重庆市“中华魂”(腾飞的祖国——改革开放四十年)优秀组织单位	区关心下一代工作委员会	重庆市委宣传部、重庆市关心下一代工作委员会、重庆市精神文明办公室、重庆市教育委员会、重庆市文化委员会	2019.01
重庆市“十百千万”五老关爱行动优秀组织奖	区关心下一代工作委员会	重庆市关心下一代工作委员会	2019.12
重庆市“十百千万”五老关爱行动帮扶品牌——铜梁区关工委“正科级及以上干部资助贫困学生”活动	区关心下一代工作委员会	重庆市关心下一代工作委员会	2019.12
2019年重庆市“脱贫攻坚·青春榜样”故事大赛	共青团铜梁区委	重庆市委宣传部、市扶贫开发办公室、团市委	2019.10
2018年度重庆市青少年学生校外教育工作优秀单位	区青少年活动中心	重庆市青少年学生校外教育工作联席会议	2019.05
2019年度“三品一标”监管优秀、2019年度“三品一标”发展优秀	区农业品牌与农产品质量监督管理科	重庆市农产品质量安全中心	2019.12
2019年度农机推广工作优秀单位	区农业机构化技术推广服务站	重庆市农业机械化技术推广总站	2019.12
2018年度优秀交安办	石鱼镇交安办	重庆市安全生产委员会道路交通安全办公室	2019.08
2018年度优秀劝导站	石鱼镇东店劝导站	重庆市安全生产委员会道路交通安全办公室	2019.08
全国放心粮油示范工程示范加工企业	区储备粮有限公司	中国粮食行业协会	2019.12
“我爱我的祖国”微视频、摄影作品大奖赛	区融媒体中心	中央宣传部“学习强国”学习平台	2019.12

续表

获奖或荣誉名称	获奖或荣誉单位	颁发或授予机关	颁发或授予日期
2018年公路工作先进单位	区交通局	重庆市公路局	2019.01
2018年度路政管理工作先进单位	区公路路政管理大队	重庆市公路局	2019.01
先进单位	铜梁港航管理处	重庆市港航管理局	2019.01
2018年公路养护工作先进集体	区公路局	重庆市公路局	2019.01
2019年公路养护工作先进集体	区公路局	重庆市公路局	2019.12
电网先锋党支部	铜梁供电公司侣俸供电所	国家电网公司	2019.06
2019年重庆市安全生产劳动竞赛和技能竞赛先进单位三等奖	铜梁供电公司	国家电网公司	2019.12
2019年重庆市安全生产劳动竞赛和技能竞赛先进集体三等奖	铜梁供电公司侣俸供电所	国家电网公司	2019.12
在改善患者就医感受,深入落实2018年度“进一步改善医疗服务行动计划”活动中,表现突出,予以表扬	区人民医院	国家卫生健康委员会、医政医管局	2019.01
重庆(2019)肿瘤防治金牌科室十强	区人民医院肿瘤血液内科	重庆市肿瘤防治办公室、《重庆日报》《上游新闻》	2019.06
“我和我的祖国——重庆卫生健康70年·奋进”重庆市卫生健康系统庆祝中华人民共和国成立70周年片区文艺会演　优秀奖	区中医院	中共重庆市卫生健康委员会　重庆市卫生健康委员会	2019.07
先进集体二等奖	区中医院	重庆市中医药协会	2019.06
重庆医药职业教育集团、中医护理教育联盟单位	区中医院	重庆医药高等专科学校	2019.01
全国放心粮油示范工程示范加工企业	区储备粮有限公司	中国粮食行业协会	2019.12
重庆市农产品加工示范企业	区储备粮有限公司	重庆市农业农村委员会	2019.12
新中国成立70周年大庆安保维稳工作获评市公安局一等奖	区公安局	重庆市公安局	2019.11

个人荣誉榜(2019)

奖项或荣誉名称	获奖或荣誉个人	颁发或授予单位	颁发或授予时间
新中国最美奋斗者	邱少云	中央宣传部等	2019
2015—2018年全国残疾人体育工作先进个人	张永红	中国残疾人联合会、国家体育总局	2019.12
市场监管系统优秀基层工作者	刘纯宇	国家市场监管局	2019.12
2019年“我的书屋·我的梦”农村少年儿童阅读实践活动优秀绘画手抄报作者和指导教师	陈俊安、黄远琴	国家新闻出版署	2019
2017—2018年度富民兴渝贡献奖	黄廷炎	重庆市委、市政府	2019
2017—2018年度富民兴渝贡献奖提名奖	杨发英	重庆市委、市政府	2019
重庆市道德模范(助人为乐类)	吴定富	重庆市委、市政府	2019.08
国庆70周年重庆晋京游行展演先进个人	刘艳、秦启江、何青美、张名鑫	中共重庆市委办公厅、重庆市人民政府办公厅	2019.11
重庆市技术能手	蒋天科	重庆市人力资源和社会保障局	2019
重庆市国家安全工作先进个人	吴勇	重庆市委国家安全委员会办公室、重庆市人力社保局	2019.12
重庆市平安建设暨社会治安综合治理先进个人	陈显荣	重庆市委政法委、重庆市人力社保局	2019.12
2019年重庆市安全生产劳动竞赛和技能竞赛先进个人三等奖	于倩倩	重庆市总工会	2019.12
重庆市交通系统先进个人	张强	重庆市人力资源和社会保障局、重庆市交通局	2019.01
重庆市优秀教师	李永、杨伟	重庆市人社局、市教委	2019.08
优秀教育工作者	唐芸	重庆市人社局、市教委	2019.08
重庆市教育系统先进个人	黄开宇	重庆市教委、市人社局	2019.08
重庆市司法行政系统先进个人	戴红	重庆市司法局、市人社局	2019.02
重庆市司法行政系统先进个人	陈泓志	重庆市司法局、市人社局	2019.02
重庆市脱贫攻坚工作2019年度先进个人	陈明策	重庆市人社局、市扶贫办	2019

续表

奖项或荣誉名称	获奖或荣誉个人	颁发或授予单位	颁发或授予时间
重庆市卫生健康系统先进个人	谭昌菊	重庆市人社局、市卫健委	2019.01
重庆市第三次全国农业普查先进个人	吴志明	重庆市人力资源和社会保障局、重庆市人民政府第三次全国农业普查领导小组办公室、重庆市统计局	2019.02
重庆市平安建设暨社会治安综合治理先进个人	周堰	重庆市人社局、市卫健委	2019.12
第十九届重庆市书法美术摄影联展三等奖(《Pm20的幸福喷泉》)	冯丽思	重庆市文化和旅游发展委员会	2019.09
第十九届重庆市书法美术摄影联展二等奖(《闹元宵》)	康力文	重庆市文化和旅游发展委员会	2019.09
第十九届重庆市书法美术摄影联展一等奖(《孟郊诗》)	王成全	重庆市文化和旅游发展委员会	2019.09
第十九届重庆市书法美术摄影联展二等奖(《苏轼:柳氏二甥求笔二其一》)	柏毅	重庆市文化和旅游发展委员会	2019.09
第十九届重庆市书法美术摄影联展二等奖(《对联》)	李中华	重庆市文化和旅游发展委员会	2019.09
2019年度全市检察研究工作先进个人	罗森	重庆市人民检察院	2019.12
2019年度政协新闻宣传工作先进个人	唐运明	重庆市政协办公厅	2019.12
2019年度宣传通联工作优秀通讯员	文博	重庆市政协办公厅	2019.12
重庆市三八红旗手	夏薇	重庆市人力社保局、重庆市妇联	2019.03
重庆市第三次全国农业普查先进个人表彰	赵宏	重庆市人力资源和社会保障局、重庆市人民政府第三次全国农业普查领导小组办公室、重庆市统计局	2019.02
2013年—2017年度重庆市国企贡献奖	彭光荣	重庆市国有资产监督管理委员会	2019
2019年"99公益日"活动先进个人	王清丽	重庆市慈善总会	2019.11
全市关心下一代工作终身成就奖	周举之	重庆市关心下一代工作委员会	2019.06
重庆市退役军人工作模范个人	王廷生	重庆市人力资源和社会保障局、中共重庆市委退役军人事务工作领导小组办公室、中共重庆市委组织部、重庆市退役军人事务局、重庆警备区政治工作局	2019.11

续表

奖项或荣誉名称	获奖或荣誉个人	颁发或授予单位	颁发或授予时间
重庆市模范退役军人	施志荣	重庆市人力资源和社会保障局、中共重庆市委退役军人事务工作领导小组办公室、中共重庆市委组织部、重庆市退役军人事务局、重庆警备区政治工作局	2019.11
重庆五一奖章	赵本常、唐芸	重庆市总工会	2019
“七五”普法中期先进个人	张强	重庆市普法办	2019.03
重庆市第三次全国农业普查先进个人	周顺超	重庆市人社局、市统计局	2019.02
2018年度“重庆市优秀共青团员”	张月	重庆市人社局、团市委	2019
重庆市审计系统先进个人	鄢秀玲	重庆市人社局、市审计局	2019
重庆市劳模	熊长生	重庆市总工会	2019
重庆市优秀辅导员	周璐	重庆市团委、重庆市教委、重庆市少工委	2019.06
第十届“重庆市优秀少先队辅导员”	郭屿	重庆市团委、重庆市教委、重庆市少工委	2019.06
嘉奖	肖媛	重庆市人民检察院	2019.01
2018年度重庆市教育学会工作先进个人	胡拥军	重庆市教育学会	2019.03
重庆市2018年度教科研工作先进个人	李诗星、梁泽芳、周华平	重庆市教科院	2019.06
重庆市学前教育质量与评价工作2018年度先进个人	向晓凤	重庆市教育评估研究会	2019.03
2018年重庆市生源地信用助学贷款先进个人	周凤英、肖亚、周群	国家开发银行重庆分行、市教委	2019.08
2019年重庆市中小学优秀班主任	郑伟、廖明全	重庆市教育委员会	2019.08
优秀共产党员	龚劲	重庆市教育工委	2019.07
2019年感动重庆月度人物	吴开英、李世会、黄廷炎	重庆市委宣传部	2019
2018年全市优秀劝导员	宗和兵	重庆市安全生产委员会道路交通安全办公室	2019
重庆市“助推绿色发展建设美丽长江”最美护河员	刘云	重庆市水利局	2019.04
2018年度畜牧技术推广先进个人	范文萍	重庆市畜牧技术推广站	2019.02
2018年全市优秀劝导员	蒋永亮	重庆市安全生产委员会、道路交通安全办公室	2019.08
优秀劳动保障监察员	罗乐	重庆市人力资源和社会保障局	2019

续表

奖项或荣誉名称	获奖或荣誉个人	颁发或授予单位	颁发或授予时间
2018年重庆市信息工作成效突出个人	肖翠焕	重庆市政府办公厅	2019.01
重庆市最美书香家庭	刘云惠	重庆市妇女联合会、市委宣传部、市教委、市文旅委	2019
重庆市巾帼建功标兵	丁小燕	重庆市妇联	2019
2017年度最美环保志愿者	李军	重庆市生态环境局、市委宣传部、市精神文明建设委员会办公室	2019.01
水利统计工作先进个人	刘娅	重庆市水利局	2019.01
重庆市第三次全国农业普查市级先进个人表扬	金治海、周红旗、赵文娟、张勇、陈厚红、马菁程、李建、张捷、陈瑜、詹先涌、李涛	重庆市人民政府第三次全国农业普查领导小组办公室、重庆市统计局、国家统计局重庆调查总队	2019.02
2019年重庆最美书香家庭	陈捷	重庆市妇联、市委宣传部、市教委、市文化旅游委	2019.07
新中国成立70周年安保维稳工作记二等功	曾永生	重庆市委组织部、市委政法委、市人社局	2019.12
2018年度安全生产统计工作先进个人	黎孝英	重庆市安委办	2019.05
重庆市2018年度工贸行业安全生产工作先进个人	李兵	重庆市应急管理局	2019.02
2018年度应急管理先进个人	姜汝平	重庆市应急管理局	2019.02
2018年度全市非煤矿山安全生产工作先进个人	唐守敏	重庆市安全生产监督管理局	2019.02
2018年度危险化学品、烟花爆竹打非治违先进个人	李继川	重庆市人民政府安全生产委员会办公室	2019.03
2019年重庆“最美家庭”	张辉燕	重庆市妇女联合会、中共重庆市委宣传部、重庆市精神文明建设委员会办公室	2019.11
空军招飞局成都选拔中心招飞工作先进个人	苏培煜	空军招飞局成都选拔中心	2019.12
2019年度业务工作优秀个人	黄秀琴	重庆市农产品质量安全中心	2019
2018-2019年度农机购置补贴工作优秀个人	廖顺	重庆市农业机械化技术推广总站	2019.07
2019年度农机推广工作优秀个人	廖顺	重庆市农业机械化技术推广总站	2019.12

续表

奖项或荣誉名称	获奖或荣誉个人	颁发或授予单位	颁发或授予时间
路政管理先进个人	胡国辉	重庆市公路局	2019.01
2018年公路养护工作先进个人	王汝刚	重庆市公路局	2019.01
2019年公路养护工作先进个人	粟健、傅华	重庆市公路局	2019.12
教育系统2018年度职称工作先进个人	郭峰	重庆市教委	2019.09
优秀共产党员	蒋天科	重庆市国有资产监督管理委员会	2019
2018年度兽药饲料及畜产品质量安全监测管理工作先进个人	姜家福	重庆市兽药饲料检测所	2019.02
征兵工作先进个人	谭序	重庆市征兵工作领导小组	2019.01
国家电网有限公司2018年度管理创新推广成果三等奖	杨道朋、黄林、王艺翰、欧世其	国网公司	2019.01
青年岗位能手	于倩倩	国网公司	2019.04
优秀共产党员	于倩倩	国网公司	2019.06
“重庆好医生、重庆好护士”	李卫国	重庆市卫健委	2019.07
2019年重庆市“优质护理服务之星”荣誉称号	赵永红	重庆市卫生健康委员会	2019.05
首批重庆市基层优秀卫生专业技术人才荣誉证书	周堰	重庆市卫健委	2019.06
重庆市优秀基层卫生人才	林茂	重庆市卫生健康委员会办公室	2019.12
重庆市基层优秀卫生专业技术人才	吴春丽	重庆市卫生健康委员会	2019.12
2019年度重庆市最美基层医生	李万川	重庆市卫生健康委员会	2019.07
首批重庆市基层优秀卫生技术人才	刘光建	重庆市卫生健康委员会	2019.06
2019年中国健康县域大会组委会组织的“健康县域卓越建设者”系列评选——中国县级医院管理创新奖	王厚明	中国健康县域大会组委会	2019.04
乡村好医生	熊长生	中国宋庆龄基金会、人民日报全国党媒信息公共平台与中国平安集团联合发起	2019.03
全国“中华魂”主题教育活动先进个人	胡燕	中国关心下一代工作委员会、教育部关心下一代工作委员会、全国“中华魂”主题教育活动组委会	2019.07
2018年度全市优秀社区戒毒社区康复优秀禁毒专干	吴勇	重庆市禁毒委员会办公室	2019.01

2019年中共铜梁区委重要文件目录摘选

文件名称	发布文号	发布时间
关于区委外事工作委员会组成人员的通知	铜梁委〔2019〕13号	2019.08.08
关于中共重庆市铜梁区市民服务和营商环境促进中心党组等党组织更名的通知	铜梁委〔2019〕14号	2019.08.09
关于设立中共重庆市铜梁区教师进修学校委员会的通知	铜梁委〔2019〕15号	2019.08.23
关于成立区委"不忘初心、牢记使命"主题教育领导小组及组成人员任职的通知	铜梁委〔2019〕16号	2019.08.31
关于区委网络安全和信息化委员会组成人员的通知	铜梁委〔2019〕17号	2019.10.07
关于对周可吉等258名同志予以表扬的通报	铜梁委〔2019〕18号	2019.10.09
关于区委审计委员会组成人员的通知	铜梁委〔2019〕19号	2019.11.08
关于印发《重庆市铜梁区机构改革方案》的通知	铜梁委发〔2019〕1号	2019.01.10
关于区委常委会2018年度民主生活会区情况的通报	铜梁委发〔2019〕2号	2019.01.23
关于印发《重庆市铜梁区贯彻〈中国共产党党内功勋荣誉表彰条例〉实施细则》的通知	铜梁委发〔2019〕3号	2019.01.23
关于建立区人民政府向区人大常委会报告国有资产管理情况制度的实施意见	铜梁委发〔2019〕4号	2019.03.01
关于印发《中共重庆市铜梁区委常委会2019年工作要点》的通知	铜梁委发〔2019〕5号	2019.03.07
关于印发《中央第四巡视组脱贫攻坚专项巡视反馈意见铜梁区整改落实方案》的通知	铜梁委发〔2019〕6号	2019.02.21

续表

文件名称	发布文号	发布时间
关于印发《市委第二巡视组巡视反馈意见整改落实方案》的通知	铜梁委发〔2019〕7号	2019.03.17
关于区委常委会脱贫攻坚专项巡视整改专题民主生活会情况的通报	铜梁委发〔2019〕8号	2019.03.27
关于区委常委会巡视整改专题民主生活会情况的通报	铜梁委发〔2019〕9号	2019.04.10
关于印发《2019—2022年全区干部教育培训规划》的通知	铜梁委发〔2019〕10号	2019.04.12
关于进一步加强巡察整改工作的实施意见	铜梁委发〔2019〕11号	2019.04.16
关于印发《铜梁区庆祝中华人民共和国成立70周年活动方案》的通知	铜梁委发〔2019〕12号	2019.05.15
关于进一步优化完善镇街机构设置的实施意见	铜梁委发〔2019〕13号	2019.05.22
关于深入学习贯彻习近平总书记视察重庆重要讲话精神推动铜梁在西部大开发形成新格局中展现新作为实现新突破的决定	铜梁委发〔2019〕14号	2019.06.11
关于贯彻落实习近平总书记在解决“两不愁三保障”突出问题座谈会上重要讲话精神的实施意见	铜梁委发〔2019〕15号	2019.06.13
关于废止、宣布失效和修改部分党内规范性文件的决定	铜梁委发〔2019〕16号	2019.08.26
关于在全区开展“不忘初心、牢记使命”主题教育的实施意见	铜梁委发〔2019〕17号	2019.09.18
关于新时代加强和改进人民政协工作的实施意见	铜梁委发〔2019〕18号	2019.12.04
关于区委常委会“不忘初心、牢记使命”专题民主生活会情况的通报	铜梁委发〔2019〕19号	2019.12.05
关于印发《区委常委会“不忘初心、牢记使命”专题民主生活会整改方案》的通知	铜梁委发〔2019〕20号	2019.12.10
关于深入学习宣传贯彻党的十九届四中全会精神的决定	铜梁委发〔2019〕21号	2019.12.12
关于召开中共重庆市铜梁区第十五届委员会第七次全体会议的通知	铜委办〔2019〕1号	2019.01.08
关于做好全区机构改革有关事项的通知	铜委办〔2019〕2号	2019.01.11
关于表扬2018年度人大代表建议和政协委员提案承办先进单位的通报	铜委办〔2019〕3号	2019.01.13
关于区委常委分工的通知	铜委办〔2019〕4号	2019.01.23
关于转发《重庆市铜梁区关心下一代工作委员会2019年工作要点》的通知	铜委办〔2019〕5号	2019.02.12
关于成立区委落实中央脱贫攻坚专项巡视反馈意见整改工作领导小组的通知	铜委办〔2019〕6号	2019.02.12
关于调整部分专业招商小组领导及办公室负责人的通知	铜委办〔2019〕7号	2019.02.19
关于成立区委退役军人事务工作领导小组的通知	铜委办〔2019〕8号	2019.02.20
关于印发《铜梁区2019年征地拆迁攻坚行动方案》的通知	铜委办〔2019〕9号	2019.02.21
关于印发《2019年督查重点工作安排》和《铜梁区2019年督查检查考核年度计划》的通知	铜委办〔2019〕10号	2019.02.22

续表

文件名称	发布文号	发布时间
关于明确2019年党委信息工作目标任务的通知	铜委办〔2019〕11号	2019.02.28
关于印发《重庆市铜梁区纪委监委向区一级党和国家机关派驻纪检监察组设置方案》的通知	铜委办〔2019〕12号	2019.03.01
关于调整铜梁区"大棚房"问题专项清理整治行动领导小组的通知	铜委办〔2019〕13号	2019.03.05
关于调整区委密码工作领导小组成员的通知	铜委办〔2019〕14号	2019.03.06
关于成立铜梁区基层党建引领基层社会治理创新工作领导小组的通知	铜委办〔2019〕15号	2019.03.07
关于印发《中共重庆市铜梁区宣传思想工作领导小组2019年工作要点》的通知	铜委办〔2019〕16号	2019.03.12
关于区委关工委主要负责人调整的通知	铜委办〔2019〕17号	2019.03.12
关于印发《中共重庆市铜梁区委2019年度政党协商计划》的通知	铜委办〔2019〕18号	2019.03.21
关于成立区委落实市委第二巡视组巡视反馈意见整改工作领导小组的通知	铜委办〔2019〕19号	2019.03.13
关于成立区委落实市委第二巡视组巡视反馈意见整改工作专项小组的通知	铜委办〔2019〕20号	2019.03.15
关于印发《市委第二巡视组巡视铜梁区的反馈意见》的通知	铜委办〔2019〕21号	2019.03.18
关于成立"学习强国"学习平台铜梁区建设工作领导小组的通知	铜委办〔2019〕22号	2019.03.21
关于认真做好区十七届人大三次会议重点督办建议办理工作的通知	铜委办〔2019〕23号	2019.03.25
关于印发《中共重庆市铜梁区委全面深化改革委员会工作规则》《中共重庆市铜梁区委全面深化改革委员会专项小组工作规则》和《中共重庆市铜梁区委全面深化改革委员会办公室工作细则》的通知	铜委办〔2019〕24号	2019.03.28
关于重庆市铜梁区改善农村人居环境工作领导小组更名及成员调整的通知	铜委办〔2019〕25号	2019.03.26
关于认真做好区政协十届三次会议重点提案督办工作的通知	铜委办〔2019〕26号	2019.04.08
关于2018年度金融机构评价结果的通报	铜委办〔2019〕27号	2019.04.15
关于印发《"重痕迹轻实效"问题专项整治工作方案》的通知	铜委办〔2019〕28号	2019.04.15
关于成立区委坚决打好防范化解重大风险攻坚战工作小组的通知	铜委办〔2019〕29号	2019.04.30
关于调整铜梁区扫黑除恶专项斗争领导小组组成人员的通知	铜委办〔2019〕30号	2019.04.30
关于调整重庆市铜梁区双拥工作领导小组成员的通知	铜委办〔2019〕31号	2019.05.07
关于成立重庆市铜梁区城市提升领导小组及专项工作小组的通知	铜委办〔2019〕32号	2019.05.13

续表

文件名称	发布文号	发布时间
关于印发《重庆市铜梁区2019年"乡村振兴大舞台"系列文化旅游活动总体方案》的通知	铜委办〔2019〕33号	2019.05.24
关于成立配合第二轮中央生态环境保护督察工作领导小组的通知	铜委办〔2019〕34号	2019.05.24
关于印发《铜梁区创建新一届市级双拥模范城活动实施方案》的通知	铜委办〔2019〕35号	2019.05.24
关于调整部分区级议事协调机构的通知	铜委办〔2019〕36号	2019.05.28
关于成立区委坚决打好防范化解重大风险攻坚战领导小组的通知	铜委办〔2019〕37号	2019.05.30
关于召开中共重庆市铜梁区第十五届委员会第八次全体会议的通知	铜委办〔2019〕38号	2019.05.31
关于印发《铜梁区贯彻落实习近平总书记在重庆市考察工作结束时重要讲话精神工作措施清单》的通知	铜委办〔2019〕39号	2019.06.14
关于开展党内规范性文件备案审查工作的通知	铜委办〔2019〕40号	2019.06.24
关于深入贯彻习近平总书记对贵州水城"7·23"特大山体滑坡灾害做出的重要指示精神切实做好汛期安全防范和抢险救灾工作的紧急通知	铜委办〔2019〕41号	2019.07.26
关于区委落实市委第二巡视组巡视铜梁区反馈意见整改进展情况的通报	铜委办〔2019〕42号	2019.08.05
关于表扬铜梁区2019年教育系统先进集体和先进个人的通知	铜委办〔2019〕43号	2019.09.06
关于转发《中共重庆市铜梁区委巡察工作领导小组关于从十五届区委巡察看铜梁政治生态变化情况的报告》的通知	铜委办〔2019〕44号	2019.09.11
关于成立铜梁区"防风险保安全护稳定迎大庆"集中攻坚行动指挥部的通知	铜委办〔2019〕45号	2019.09.26
转发《区考核办关于2018年度区管领导班子和区管领导干部综合考核优秀等次班子和干部的通报》的通知	铜委办〔2019〕46号	2019.10.07
印发《关于深化行政执法体制改革加快推进综合行政执法的实施方案》的通知	铜委办〔2019〕47号	2019.10.07
印发《关于深化行政执法体制改革加快推进重点领域综合行政执法的分工方案》的通知	铜委办〔2019〕48号	2019.10.07
关于成立铜梁区国家安全人民防线建设领导小组的通知	铜委办〔2019〕49号	2019.10.29
关于印发《第二届重庆铜梁中华龙灯艺术节总体方案》的通知	铜委办〔2019〕50号	2019.11.15
关于开展好学习贯彻党的十九届四中全会精神宣讲工作的通知	铜委办〔2019〕51号	2019.11.27
印发《关于以党的政治建设为统领加强和改进区直机关党的建设的工作措施》的通知	铜委办〔2019〕52号	2019.11.27

续表

文件名称	发布文号	发布时间
关于印发《推进新时代铜梁产业工人队伍建设改革目标任务分解方案》的通知	铜委办〔2019〕53号	2019.11.29
关于召开中共重庆市铜梁区第十五届委员会第九次全体会议的通知	铜委办〔2019〕54号	2019.12.03
关于做好2020年度党报党刊发行工作严格规范报刊发行秩序的通知	铜委办〔2019〕55号	2019.12.03
关于印发《铜梁区2020年第一季度区领导公开接待群众日程安排表》的通知	铜委办〔2019〕56号	2019.12.16
关于印发《铜梁区持续开展集中走访精准服务民营企业活动方案》的通知	铜委办〔2019〕57号	2019.12.18
关于成立铜梁区青年工作联席会议的通知	铜委办〔2019〕58号	2019.12.31
关于调整重庆市铜梁区人大常委会机关职能配置、内设机构和人员编制的通知	铜委办发〔2019〕1号	2019.01.24
关于印发《铜梁区贯彻落实〈深化"枫桥经验"重庆实践十项行动实施方案〉的实施方案》的通知	铜委办发〔2019〕2号	2019.01.25
关于印发《中共重庆市铜梁区委研究室职能配置、内设机构和人员编制规定》的通知	铜委办发〔2019〕3号	2019.03.25
关于调整中共重庆市铜梁区纪律检查委员会重庆市铜梁区监察委员会机关职能配置、内设机构和人员编制的通知	铜委办发〔2019〕4号	2019.03.25
关于印发《中共重庆市铜梁区委办公室职能配置、内设机构和人员编制规定》的通知	铜委办发〔2019〕5号	2019.03.25
关于调整中国人民政治协商会议重庆市铜梁区委员会机关职能配置、内设机构和人员编制的通知	铜委办发〔2019〕6号	2019.03.25
关于印发《中共重庆市铜梁区委统一战线工作部职能配置、内设机构和人员编制规定》的通知	铜委办发〔2019〕7号	2019.03.25
关于印发《中共重庆市铜梁区委巡察工作领导小组办公室职能配置、内设机构和人员编制规定》的通知	铜委办发〔2019〕8号	2019.03.25
关于调整中共重庆市铜梁区委机要保密局职能配置、内设机构和人员编制的通知	铜委办发〔2019〕9号	2019.03.25
关于印发《重庆市铜梁区人民政府办公室职能配置、内设机构和人员编制规定》的通知	铜委办发〔2019〕10号	2019.03.26
关于印发《重庆市铜梁区大数据应用发展管理局职能配置、内设机构和人员编制规定》的通知	铜委办发〔2019〕11号	2019.03.26
关于调整重庆市铜梁区信访办公室职能配置、内设机构和人员编制的通知	铜委办发〔2019〕12号	2019.03.26

续表

文件名称	发布文号	发布时间
关于印发《重庆市铜梁区退役军人事务局职能配置、内设机构和人员编制规定》的通知	铜委办发〔2019〕13号	2019.03.26
关于印发《铜梁区建设新时代文明实践中心试点工作方案》的通知	铜委办发〔2019〕14号	2019.03.29
关于调整中共重庆市铜梁区委机构编制委员会办公室职能配置、内设机构和人员编制的通知	铜委办发〔2019〕15号	2019.03.29
关于印发《中共重庆市铜梁区委组织部职能配置、内设机构和人员编制规定》的通知	铜委办发〔2019〕16号	2019.03.29
关于印发《中共重庆市铜梁区委宣传部职能配置、内设机构和人员编制规定》的通知	铜委办发〔2019〕17号	2019.03.29
关于印发《中共重庆市铜梁区委政法委员会职能配置、内设机构和人员编制规定》的通知	铜委办发〔2019〕18号	2019.03.29
关于印发《中共重庆市铜梁区委网络安全和信息化委员会办公室职能配置、内设机构和人员编制规定》的通知	铜委办发〔2019〕19号	2019.03.29
关于印发《重庆市铜梁区法学会机关职能配置、内设机构和人员编制规定》的通知	铜委办发〔2019〕20号	2019.03.29
关于印发《重庆市铜梁区机关事务管理局职能配置、内设机构和人员编制规定》的通知	铜委办发〔2019〕21号	2019.03.29
关于印发《重庆市铜梁区卫生健康委员会职能配置、内设机构和人员编制规定》的通知	铜委办发〔2019〕22号	2019.03.29
关于印发《重庆市铜梁区生态环境局职能配置、内设机构和人员编制规定》的通知	铜委办发〔2019〕23号	2019.03.29
关于印发《重庆市铜梁区文化和旅游发展委员会职能配置、内设机构和人员编制规定》的通知	铜委办发〔2019〕24号	2019.03.29
关于印发《重庆市铜梁区水利局职能配置、内设机构和人员编制规定》的通知	铜委办发〔2019〕25号	2019.03.29
关于调整重庆市铜梁区林业局职能配置、内设机构和人员编制的通知	铜委办发〔2019〕26号	2019.03.29
关于印发《重庆市铜梁区科学技术局职能配置、内设机构和人员编制规定》的通知	铜委办发〔2019〕27号	2019.03.29
关于印发《重庆市铜梁区农业农村委员会职能配置、内设机构和人员编制规定》的通知	铜委办发〔2019〕28号	2019.03.29
关于印发《重庆市铜梁区医疗保障局职能配置、内设机构和人员编制规定》的通知	铜委办发〔2019〕29号	2019.03.29
关于印发《重庆市铜梁区招商投资促进局职能配置、内设机构和人员编制规定》的通知	铜委办发〔2019〕31号	2019.03.29

续表

文件名称	发布文号	发布时间
关于印发《重庆市铜梁区区属国有企业负责人履职待遇、业务支出管理暂行办法》的通知	铜委办发〔2019〕32号	2019.04.12
关于印发《重庆市铜梁区巡察整改监督检查工作办法(试行)》的通知	铜委办发〔2019〕33号	2019.04.16
关于印发《重庆市铜梁区应急管理局职能配置、内设机构和人员编制规定》的通知	铜委办发〔2019〕34号	2019.04.24
关于调整重庆市铜梁区财政局职能配置、内设机构和人员编制的通知	铜委办发〔2019〕35号	2019.04.24
关于印发《重庆市铜梁区民政局职能配置、内设机构和人员编制规定》的通知	铜委办发〔2019〕36号	2019.04.24
关于印发《重庆市铜梁区发展和改革委员会职能配置、内设机构和人员编制规定》的通知	铜委办发〔2019〕37号	2019.05.15
关于印发《重庆市铜梁区住房和城乡建设委员会职能配置、内设机构和人员编制规定》的通知	铜委办发〔2019〕38号	2019.05.15
关于印发《重庆市铜梁区城市管理局职能配置、内设机构和人员编制规定》的通知	铜委办发〔2019〕39号	2019.05.15
关于调整重庆市铜梁区教育委员会职能配置、内设机构和人员编制的通知	铜委办发〔2019〕40号	2019.05.15
关于调整重庆市铜梁区经济和信息化委员会职能配置、内设机构和人员编制的通知	铜委办发〔2019〕41号	2019.05.15
关于调整重庆市铜梁区交通局职能配置、内设机构和人员编制的通知	铜委办发〔2019〕42号	2019.05.15
关于印发《重庆市铜梁区人力资源和社会保障局职能配置、内设机构和人员编制规定》的通知	铜委办发〔2019〕43号	2019.05.15
关于调整重庆市铜梁区商务委员会职能配置、内设机构和人员编制的通知	铜委办发〔2019〕44号	2019.05.15
关于印发《铜梁区推进"三社"融合发展实施方案》的通知	铜委办发〔2019〕45号	2019.05.22
关于印发《重庆市铜梁区党政机关国内公务接待管理办法》的通知	铜委办发〔2019〕46号	2019.06.03
关于印发《铜梁区龙文化产业发展工作方案》的通知	铜委办发〔2019〕47号	2019.06.19
关于印发《以党的政治建设为统领深入推进机关党建工作"三基"建设的工作方案》的通知	铜委办发〔2019〕48号	2019.08.02

（区委办　供稿）

2019年铜梁区人民政府重要文件目录摘选

文件名称	发布文号	发布时间
关于加强燃放烟花爆竹管理的通告	铜府〔2019〕7号	2019.01.15
关于做好为烈属、军属和退役军人等家庭悬挂光荣牌工作的通知	铜府〔2019〕11号	2019.01.18
关于印发铜梁区工业跃升倍增工程实施方案的通知	铜府〔2019〕33号	2019.03.08
关于禁止在林区野外用火的通告	铜府〔2019〕42号	2019.03.28
关于印发铜梁区创建智能制造特色产业建设基地工作方案的通知	铜府〔2019〕65号	2019.05.05
关于在城区试鸣防空警报的通告	铜府〔2019〕77号	2019.05.28
关于确定生猪定点屠宰企业名单的通知	铜府〔2019〕93号	2019.07.09
印发《关于探索建立涉农资金统筹整合长效机制的实施方案》的通知	铜府〔2019〕94号	2019.07.10
关于划定高污染燃料禁燃区的通告	铜府〔2019〕147号	2019.10.28
关于印发铜梁区行政应诉行政复议若干问题规定的通知	铜府〔2019〕154号	2019.11.19
关于印发2019年全区安全生产与自然灾害防治工作要点的通知	铜府发〔2019〕1号	2019.02.18
关于印发《铜梁区质量提升行动工作方案》的通知	铜府发〔2019〕2号	2019.03.27
关于调整取消一批行政许可事项的决定	铜府发〔2019〕3号	2019.05.09
关于印发重庆市铜梁区人民政府工作规则的通知	铜府发〔2019〕4号	2019.05.10
关于印发重庆市铜梁区人民政府会议管理制度的通知	铜府发〔2019〕5号	2019.05.10
关于推行终身职业技能培训制度的实施意见	铜府发〔2019〕6号	2019.05.21
关于印发重庆市铜梁区城市提升专项行动方案的通知	铜府发〔2019〕7号	2019.05.23
关于印发铜梁区迎接第二轮中央生态环境保护督察工作方案的通知	铜府发〔2019〕8号	2019.06.10
关于做好当前和今后一个时期就业创业工作的实施意见	铜府发〔2019〕9号	2019.07.03
关于规范广场舞健身活动的通告	铜府发〔2019〕11号	2019.08.27
关于印发健康中国铜梁行动实施方案的通知	铜府发〔2019〕12号	2019.12.30
转发《重庆市人民政府关于探索建立涉农资金统筹整合长效机制的实施意见》的通知	铜府办〔2019〕1号	2019.01.10

文件名称	发布文号	发布时间
关于进一步加强用电用气安全工作的通知	铜府办〔2019〕5号	2019.01.31
关于印发《铜梁区重点工业企业培育壮大行动方案(2019—2021年)》的通知	铜府办〔2019〕6号	2019.01.31
关于印发铜梁区创建国家森林城市实施方案(2018—2020年)的通知	铜府办〔2019〕10号	2019.02.20
关于印发铜梁区清理规范中介机构工作方案的通知	铜府办〔2019〕11号	2019.02.25
关于转发《重庆市养老机构管理办法》的通知	铜府办〔2019〕14号	2019.02.27
关于下达2019年度"四好农村路"(通组路)第一批建设计划的通知	铜府办〔2019〕15号	2019.03.04
关于加强乡村振兴西郊示范片绿道管理工作的通知	铜府办〔2019〕16号	2019.03.06
关于印发《铜梁区残疾儿童康复救助制度实施细则》的通知	铜府办〔2019〕17号	2019.03.06
转发《重庆市人民政府办公厅关于机构改革后政府信息公开申请办理问题的通知》的通知	铜府办〔2019〕18号	2019.03.08
关于开展政府类投资项目建设"四同步、四到场"工作的通知	铜府办〔2019〕19号	2019.03.08
关于印发铜梁区义务教育阶段非寄宿贫困家庭学生"爱心午餐"实施方案的通知	铜府办〔2019〕20号	2019.03.08
关于印发重庆市铜梁区扶贫项目资金绩效管理实施细则的通知	铜府办〔2019〕21号	2019.03.13
关于铜梁区综合防控儿童青少年近视的实施意见	铜府办〔2019〕22号	2019.03.14
关于建立重庆市铜梁区保障和改善民生行动计划联席会议制度的通知	铜府办〔2019〕23号	2019.03.15
关于印发《重庆市铜梁区气象防灾减灾救灾行动方案(2018—2020年)的通知	铜府办〔2019〕26号	2019.03.22
关于印发重庆市铜梁区实施"全渝通办"深入推进审批服务便民化工作方案的通知	铜府办〔2019〕28号	2019.03.26
关于促进农村公路建管养运协调发展的实施意见	铜府办〔2019〕35号	2019.04.04
关于印发铜梁区"四好农村路"建设项目管理实施办法的通知	铜府办〔2019〕36号	2019.04.04
关于切实做好铜梁区2019—2020年国土绿化提升行动工作的通知	铜府办〔2019〕37号	2019.04.08
关于印发《重庆市铜梁区2019年对口帮扶巫山县计划任务分解表》的通知	铜府办〔2019〕39号	2019.04.10
关于印发铜梁区农村饮水安全巩固提升试点工作实施方案的通知	铜府办〔2019〕46号	2019.04.23
转发《重庆市人民政府办公厅关于进一步明确基层群众性自治组织依法自治及协助政府工作事项的通知》的通知	铜府办〔2019〕47号	2019.04.25
关于印发重庆市铜梁区2019年度地质灾害防治工作方案的通知	铜府办〔2019〕48号	2019.04.28
关于印发重庆市铜梁区垃圾处置专项整治行动实施方案的通知	铜府办〔2019〕49号	2019.04.28

文件名称	发布文号	发布时间
关于印发重庆市铜梁区环境空气质量限期达标规划(2017—2025年)的通知	铜府办〔2019〕50号	2019.05.05
关于印发重庆市铜梁区乡村振兴西郊示范片2019年建设工作方案的通知	铜府办〔2019〕51号	2019.05.06
转发重庆市人民政府办公厅关于印发2019年重点民生实事工作目标任务的通知	铜府办〔2019〕53号	2019.05.07
关于调整铜梁区交通基础设施建设提升战略行动工作领导小组组成人员的通知	铜府办〔2019〕56号	2019.05.10
关于印发铜梁区创新建设农村现代物流体系实施方案的通知	铜府办〔2019〕58号	2019.05.17
关于进一步做好2019年教育考试工作的通知	铜府办〔2019〕60号	2019.05.20
关于印发重庆市铜梁区人力资源和社会保障创新执法优化服务试验区工作实施方案的通知	铜府办〔2019〕64号	2019.05.29
关于印发铜梁区贯彻落实打赢蓝天保卫战三年行动计划实施方案的通知	铜府办〔2019〕65号	2019.05.30
关于印发铜梁区废弃农膜回收利用管理办法(试行)的通知	铜府办〔2019〕68号	2019.06.10
关于进一步做好区长公开电话(信箱)办理工作的通知	铜府办〔2019〕70号	2019.06.14
关于印发全区城乡居民养老保险费和城乡居民合作医疗保险费征管职责划转工作方案的通知	铜府办〔2019〕74号	2019.06.24
关于加快布局5G移动通信网络基础设施建设的通知	铜府办〔2019〕77号	2019.06.25
关于开展第三届青少年科技创新区长奖评选活动的通知	铜府办〔2019〕78号	2019.06.28
关于印发铜梁区贯彻落实《重庆市全民健身条例》实施意见的通知	铜府办〔2019〕79号	2019.07.02
关于加强电梯质量安全工作的通知	铜府办〔2019〕83号	2019.07.17
关于印发《铜梁区政府风险补偿金管理办法(试行)》的通知	铜府办〔2019〕84号	2019.07.17
转发《重庆市防御雷电灾害管理办法》的通知	铜府办〔2019〕85号	2019.07.29
转发《重庆市人民政府办公厅关于全面推行行政规范性文件合法性审核机制的实施意见》的通知	铜府办〔2019〕87号	2019.08.21
关于印发《铜梁区"一窗受理、一网通联、三级联动"社会救助综合改革实施方案》的通知	铜府办〔2019〕97号	2019.09.20
关于印发《铜梁区农村财务一体化监管平台及农村便民查询平台运行管理实施细则(试行)》的通知	铜府办〔2019〕99号	2019.09.23
关于举办首届"渝创渝新 大美铜梁"创业创新大赛的通知	铜府办〔2019〕100号	2019.09.23
关于印发铜梁区进一步深化政务服务流程再造集成创新工作方案的通知	铜府办〔2019〕101号	2019.09.24

文件名称	发布文号	发布时间
关于印发铜梁区2019年推动长江经济带发展工作要点的通知	铜府办〔2019〕103号	2019.09.27
关于印发铜梁区提高研发投入强度深入推进创新驱动发展实施方案的通知	铜府办〔2019〕104号	2019.09.27
关于印发重庆市铜梁安居国家湿地公园管理办法的通知	铜府办〔2019〕106号	2019.09.29
关于印发第五届亚洲龙狮锦标赛工作方案的通知	铜府办〔2019〕114号	2019.10.24
关于印发重庆市铜梁区市场监管领域部门联合“双随机、一公开”监管工作联席会议制度的通知	铜府办〔2019〕115号	2019.10.28
关于印发重庆市铜梁区职业技能提升行动实施方案(2019—2021年)的通知	铜府办〔2019〕116号	2019.10.29
关于印发重庆市铜梁区提升经济证券化水平行动实施方案的通知	铜府办〔2019〕117号	2019.10.30
关于印发铜梁区迎接义务教育发展基本均衡区国家督导评估复查工作方案的通知	铜府办〔2019〕119号	2019.11.01
关于印发重庆市铜梁区政务服务承诺制信任审批实施办法(试行)的通知	铜府办〔2019〕122号	2019.11.11
关于印发铜梁区质量提升行动重点工作计划的通知	铜府办〔2019〕125号	2019.11.12
关于印发《铜梁区农业财政资金补助项目监督管理办法》的通知	铜府办〔2019〕126号	2019.11.18
关于印发《铜梁区推广基层治理“三事分流”工作机制的实施方案》的通知	铜府办〔2019〕127号	2019.11.18
关于成立铜梁区地方病防治专项攻坚行动领导小组的通知	铜府办〔2019〕128号	2019.11.18
关于加强已征收集体土地及其地上构附着物管理的通知	铜府办〔2019〕134号	2019.12.02
关于印发重庆市铜梁区防范和惩治统计造假弄虚作假责任制实施办法(试行)的通知	铜府办〔2019〕136号	2019.12.04
关于调整《重庆市铜梁区2019年对口帮扶巫山县计划任务分解表》的通知	铜府办〔2019〕137号	2019.12.09
关于印发铜梁区调整畜禽养殖区域划分方案的通知	铜府办〔2019〕138号	2019.12.12
关于进一步加强特种设备安全工作的通知	铜府办〔2019〕140号	2019.12.11
关于印发铜梁区政务服务“好差评”工作实施方案的通知	铜府办〔2019〕141号	2019.12.13
关于做好应急无偿献血工作的通知	铜府办〔2019〕142号	2019.12.13
关于印发重庆市铜梁区尘肺病防治攻坚行动实施方案的通知	铜府办〔2019〕144号	2019.12.13
关于上调我区耕地开垦费收取标准的通知	铜府办〔2019〕147号	2019.12.18
关于印发2020年春节期间燃放烟花爆竹安全管理工作方案的通知	铜府办〔2019〕149号	2019.12.20

续表

文件名称	发布文号	发布时间
关于印发重庆市铜梁区2019年度粮食安全行政首长责任制考核工作方案的通知	铜府办〔2019〕150号	2019.12.25
关于印发铜梁区加快培育新型职业农民工作方案的通知	铜府办〔2019〕151号	2019.12.27
关于铜梁区2018年度环境保护突出贡献单位和个人的通报	铜府办〔2019〕152号	2019.12.30
关于印发重庆市铜梁区加强质量认证体系建设促进全面质量管理工作方案的通知	铜府办〔2019〕153号	2019.12.30
关于印发《铜梁区全面取消公立医疗机构医用耗材加成同步调整医疗服务项目价格工作实施方案》的通知	铜府办〔2019〕156号	2019.12.31
关于全力做好2019年春运工作的通知	铜府办发〔2019〕1号	2019.01.18
关于印发2019年春节期间燃放烟花爆竹安全管理工作方案的通知	铜府办发〔2019〕2号	2019.01.19
关于进一步加强全区学校安全风险管理工作的实施意见	铜府办发〔2019〕7号	2019.02.25
关于印发全面加强乡村小规模学校和乡镇寄宿制学校建设工作方案(2018—2020年)的通知	铜府办发〔2019〕8号	2019.03.22
关于印发重庆市铜梁区智慧教育五年工作方案(2018—2022年)的通知	铜府办发〔2019〕9号	2019.04.17
关于印发重庆市铜梁区2019年义务教育阶段招生工作实施方案的通知	铜府办发〔2019〕11号	2019.05.08
关于改革完善医疗卫生行业综合监管制度的实施意见	铜府办发〔2019〕13号	2019.06.03
关于印发2019年全区法治政府建设工作要点的通知	铜府办发〔2019〕15号	2019.07.12
关于进一步做好政务公开和政府网站及政务新媒体有关工作的通知	铜府办发〔2019〕16号	2019.07.19
关于印发《铜梁区非诉行政执行案件执行工作方案》的通知	铜府办发〔2019〕19号	2019.09.03
关于调整政务公开工作领导小组的通知	铜府办发〔2019〕21号	2019.09.23
关于印发铜梁区全面推行行政执法公示制度执法全过程记录制度重大执法决定法制审核制度实施方案的通知	铜府办发〔2019〕22号	2019.09.27
关于印发《铜梁区生活垃圾分类工作实施方案》的通知	铜府办发〔2019〕23号	2019.10.24
关于进一步加强社区教育工作的实施意见	铜府办发〔2019〕24号	2019.12.31

（区政府办　王　刚）

2019年重庆市铜梁区国民经济和社会发展统计公报

重庆市铜梁区统计局
2020年2月25日

2019年，在区委区政府的坚强领导下，全区上下深学笃用习近平新时代中国特色社会主义思想，全面贯彻党的十九大、十九届二中三中四中全会精神和习近平总书记对重庆重要指示要求，认真落实市委市政府决策部署，坚决落实区委区政府部署要求，坚持稳中求进工作总基调，坚持贯彻落实新发展理念，坚持供给侧结构性改革，扎实推进"实业立区、创新强区、开放兴区、生态优区"，坚决打好"三大攻坚战"，大力实施"八项行动计划"，突出抓好工业振兴、乡村振兴、城市提升，抓实大通道、大投资、大项目、大保障，着力优化营商环境，努力推动高质量发展、创造高品质生活，全区经济社会呈现稳中有进、稳中向好的良好态势。

一、综合

全年实现地区生产总值616.56亿元，比上年增长8.7%。其中，第一产业实现增加值48.12亿元，增长2.3%；第二产业实现增加值344.19亿元，增长10.2%；第三产业实现增加值224.24亿元，增长7.7%。三次产业结构为7.8∶55.8∶36.4。按常住人口计算，人均地区生产总值达到84914元，增长8.6%。

从三大产业对地区生产总值的贡献程度和拉动力看，第一产业贡献率2.0%，拉动地区生产总值增长0.2个百分点；第二产业贡献率66.1%，拉动地区生产总值增长5.8个百分点；第三产业贡献率31.9%，拉动地区生产总值增长2.7个百分点。

年末全区常住人口72.62万人。其中，城镇常住人口42.38万人，农村常住人口30.24万人。城镇化率58.36%，比上年提高1.79个百分点。

年末全区户籍人口总户数33.06万户，总人口85.15万人，比上年增加0.05万人。其中，城镇人口40.06万人，乡村人口45.09万人。按人口年龄结构分，0～17岁14.98万人，18～34岁17.27万人，35～59岁33.15万人，60岁及以上19.75万人。按性别分，男性43.65万人，女性41.50万人。全区人口性别比(以女性为100，男性对女性的比例)105.2，其中出生婴儿性别比103.8。全区人口出生率9.11‰，死亡率7.57‰，人口自然增长率1.54‰。

全年促进城镇新增就业15585人，城镇登记失业人员就业4164人，城镇就业困难人员就业2863人；贫困劳动力实现就业242人。

全年新发展各类市场主体7962户。其中，新增内资企业1667户，个体工商户6220户，农民专业合作社75户。全区拥有各类市场主体50352户。其中，内资企业12147户，外资企业45户，个体工商户37460户，农民专业合作社700户。

年末全区建档立卡贫困人口12646人，比上年末减少113人；贫困发生率0.002%。建档立卡贫困人口人均可支配收入12594元。

二、农业

全区实现农业总产值72.67亿元，比上年增长13.8%；农业增加值49.15亿元，增长2.5%。粮食作物播种面积81.88万亩，粮食产量34.77万吨。蔬菜面积33.64万亩,增长1.1%;蔬菜产量71.43万吨,增长2.3%。生猪出栏34.27万头,下降21.0%;家禽出栏1636.12万只,增长10.6%。水产品产量3.62万吨,增长3.0%。

三、工业和建筑业

全年实现工业增加值243.46亿元,比上年增长9.8%,占地区生产总值比重39.5%。工业对地区生产总值的贡献率46.9%,拉动地区生产总值增长4.1个百分点。

全区规模以上工业企业339家,实现总产值572.80亿元,比上年增长13.6%。其中,大中型工业企业37家,实现总产值147.72亿元,增长10.9%。规模以上工业企业中高新技术企业79家,实现总产值214.61亿元,增长21.9%,拉动规模以上工业企业总产值增长7.6个百分点;战略性新兴产业48家,实现总产值74.78亿元,增长17.6%,拉动规模以上工业企业总产值增长2.2个百分点;数字经济企业53家,实现总产值148.61亿元,增长37.1%,拉动规模以上工业企业总产值增长8.0个百分点。规模以上工业企业主营业务收入增长13.4%;利润总额增长6.7%;资产负债率53.1%;产销率达97.8%。

全年实现建筑业增加值100.74亿元,比上年增长11.5%,占地区生产总值比重16.3%;对地区生产总值的贡献率19.2%,拉动地区生产总值增长1.7个百分点。

注册在铜具有资质等级纳入联网直报统计的建筑业企业90家。其中,总承包建筑业企业62家,专业承包建筑业企业28家。按资质等级分类,一级资质企业2家,二级资质企业19家,三级资质企业52家,不分等级企业17家,实现注册地建筑业总产值231.66亿元,增长13.4%。全区实现建筑业在地总产值361.91亿元,增长27.7%。

四、服务业

全年交通运输仓储和邮政业实现增加值23.13亿元,比上年增长4.6%;批发和零售业实现增加值33.21亿元,增长6.2%;住宿和餐饮业实现增加值10.86亿元,增长6.7%;金融业实现增加值26.11亿元,增长6.0%;房地产业实现增加值31.59亿元,增长2.1%;其他服务业实现增加值98.32亿元,增长11.1%;农林牧渔服务业实现增加值1.03亿元,增长14.3%。全年规模以上服务业企业实现营业收入18.24亿元,增长18.8%。

全年公路总里程达4335千米(不含高速公路)。行政村通畅率达100%;村民小组通达率100%,村民小组通畅率达到96%。全年完成客运周转量83318万人/千米,货运周转量93700万吨千米。

年末全区机动车保有量144749辆,比上年增长14.2%。其中,汽车保有量80417辆,摩托车保有量64185辆,其他机动车保有量147辆。从汽车保有量分类看,载客汽车保有量73505辆,载货汽车保有量6536辆,其他汽车保有量376辆。

全年邮电业务收入6.11亿元。邮政业完成邮政函件业务6.80万件,包裹和快递业务158万件,快递业务收入745.99万元。年末全区拥有移动电话83.31万户,互联网用户22.58万户。

五、国内贸易

全年社会消费品零售总额212.24亿元,比上年增长13.7%。分行业看,批发业零售额12.36亿元,增长7.2%;零售业零售额88.66亿元,增长13.7%;住宿业零售额0.85亿元,增长9.2%;餐饮业零售额30.88亿元,增长16.3%。

批发和零售业销售额342.63亿元,比上年增长13.8%。其中,批发业销售额143.79亿元,增长13.2%;零售业销售额198.84亿元,增长14.2%。住宿和餐饮业营业额61.66亿元,增长15.0%。其中,住宿业营业额2.91亿元,增长19.2%;餐饮业营业额58.75亿元,增长14.8%。

限上单位通过互联网实现的商品销售额比

上年增长29.7%。在限额以上单位商品零售额中，粮油、食品类增长20.9%，服装、鞋帽、针纺织品类增长21.9%，家用电器和音像器材类增长23.6%，中西药品类增长22.7%，家具类增长21.5%，通信器材类增长16.4%，石油及制品类增长21.4%，建筑及装潢材料类增长21.5%，汽车类增长12.8%。

六、固定资产投资

全年全社会固定资产投资总额比上年增长10.1%。其中，工业投资增长23.0%，占固定资产投资比重为33.5%；工业技改投资增长3.7%，占工业投资比重为35.3%；房地产开发投资同比下降4.2%，占全社会固定资产投资比重为13.5%。基础设施投资增长21.7%，占全社会固定资产投资比重为35.6%；民间投资增长7.1%，占全社会固定资产投资比重为62.9%。

商品房销售面积142.26万平方米，比上年下降6.9%。其中，住宅销售面积100.10万平方米，下降11.7%；办公楼销售面积2.00万平方米，下降14.1%；商业营业用房销售面积17.14万平方米，下降5.4%。

七、对外经济

全年外贸进出口14.27亿元，比上年增长23.3%。其中，出口13.1亿元，增长26.4%；进口1.17亿元，下降3.4%。实际利用外资7448万美元。

八、财政金融

全年一般公共预算收入31.96亿元，增长9.9%。其中，税收收入19.78亿元，下降8.3%。一般公共预算支出77.28亿元，增长21.1%。其中，一般公共服务支出7.76亿元，增长21.5%；公共安全支出3.09亿元，增长14.1%；教育支出13.42亿元，增长6.9%；科学技术支出0.77亿元，增长0.4%；社会保障和就业支出8.15亿元，增长3.8%；卫生健康支出10.07亿元，增长18.8%；节能环保支出1.99亿元，增长19.3%；城乡社区事务支出14.49亿元，增长82.1%。

全区共有银行业金融机构12家，年末全区银行业金融机构人民币存款余额508.96亿元，同比增长5.7%。其中，住户存款余额388.02亿元，同比增长10.3%。银行业金融机构人民币贷款余额359.70亿元，同比增长15.2%。其中，中长期贷款余额127.81亿元，同比增长12.7%。银行业金融机构人民币存贷比70.7%。

全区共有证券公司2家，全年证券交易额314.34亿元，比上年增长35.6%。保险分支机构15家，全年保费收入9.38亿元，增长5.5%。

九、居民收入消费和社会保障

全年全体居民人均可支配收入31292元，比上年增长10.4%。其中，工资性收入16847元，增长11.9%；经营净收入7016元，增长8.3%；财产净收入1572元，增长5.8%；转移净收入5857元，增长10.0%。全体居民人均生活消费支出19415元，增长10.6%。其中，食品烟酒支出6322元，增长9.7%；衣着支出1855元，增长10.7%；居住支出3475元，增长8.0%；生活用品及服务支出3028元，增长8.3%；交通通信支出1721元，增长13.4%；教育文化娱乐支出1692元，增长13.0%；医疗保健支出1029元，增长25.3%；其他用品及服务支出293元，增长6.5%。

分城乡看，城镇常住居民人均可支配收入40198元，比上年增长8.9%。城镇常住居民人均生活消费支出24707元，增长9.2%。农村常住居民人均可支配收入19690元，增长9.7%。农村常住居民人均生活消费支出12528元，增长9.7%。

城乡居民收入比2.04:1，比上年缩小0.02个百分点。全体居民恩格尔系数32.6%。其中，城镇常住居民恩格尔系数31.0%；农村常住居民恩格尔系数36.5%。

年末城乡居民养老保险参保38.57万人;城镇企业职工基本养老保险参保13.83万人;机关事业单位养老保险参保1.34万人;工伤保险参保10.63万人;失业保险参保7.46万人;城乡居民医疗保险参保68.20万人;职工医疗保险参保9.91万人。

年末全区共有2890人享受城市居民最低生活保障,9900人享受农村居民最低生活保障。城市特困人员救助供养人数3741人。农村特困人员救助供养人数2799人。

城市居民最低生活保障标准为580元/人·月,农村居民最低生活保障标准为440元/人·月,特困人员救助供养标准为754元/人·月,集中供养孤儿补助标准1404元/人·月,社会散居孤儿补助标准1204元/人·月。

十、教育和科学技术

全区共有各级各类学校258所。其中,幼儿园168所,小学61所,初中16所,普通高中4所,教师进修学校1所,职业中学2所,特校1所,九年一贯制学校1所,完全中学1所,在铜高校3所。

全区在编教职工5865人。其中,普通高中973人,职业中学181人,初中1789人,小学2736人,特校21人,幼儿园114人,教师进修校40人,技装中心11人。

在校学生132475人。其中,幼儿20081人,小学45394人,初中32118人,普通高中15569人,职业中学4780人,特校118人,高校14415人。

全区报名参加高考学生6041人,总录取5351人,录取率88.6%。其中,本科录取2970人,占总录取人数的55.5%,高出全市平均水平5.5个百分点,10名学子考入清华北大。参加初中升学联招考试3337人,上线1763人,上线率52.8%,高于全市平均水平8.2个百分点,700分以上特高分段人数达17人。

新培育科技型企业126家,总量达到371家;新培育国家高新技术企业10家,有效期内高新技术企业达到84家。成立铜梁农业科技园区创新服务中心。创建农业科技专家大院3个,新增5个区级科普基地,铜梁区气象科普基地被评为市级科普基地。子奇药材获批市级农业星创天地。

新增注册商标1096件,有效注册商标总量达6617件。其中中国驰名商标5件,地理标志证明商标6件。新增重庆名牌产品5个,重庆知名产品2个。全区重庆名牌产品累计达77个;重庆知名产品累计达22个。

十一、文化旅游和卫生健康

全年全区举办各类群众性文化体育旅游活动1800余场,开展流动文化服务进村活动1304场次,组织惠民活动1693场次,惠及群众250.4万人次。新增基层综合文化服务中心38个,新建市级社区健身点11个,图书馆和博物馆提档升级。获评2018—2020年度“中国民间文化艺术之乡”称号。有线广播电视实际用户12.1万户。广播综合人口覆盖率99.7%;电视综合人口覆盖99.8%。

全年全区接待游客987.8万人次,比上年增长13.0%;实现旅游综合收入42.2亿元,增长12.5%。年末全区拥有国家A级景区9个,其中4A级景区2个,3A级景区3个。旅行社2个,星级饭店4个。

全区现有区级医疗卫生机构6个,镇(中心)卫生院23个,街道社区卫生服务中心5个,社会办医疗机构228个,村卫生室(点)568个。全区医疗卫生机构卫生人员总数5872人,执业(助理)医师2052人,注册护士2390人,全区医疗卫生机构编制床位总数3717张。组建家庭医生团队178个,开展签约服务22.05万人。新生儿疾病筛查率98.17%,婴儿死亡率3.14‰,5岁以下儿童死亡率4.07‰。基础“八苗”接种率99.30%。完成2.55万名农村妇女“两癌”免费检查初筛。农村卫生厕所改造11642户。

十二、资源、环境和应急管理

规模以上工业综合能源消费量49.45万吨标准煤，产值能耗0.08吨标准煤/万元。

全年总用水量2.05亿立方米。治理水土流失面积14.93平方千米。

全年空气质量优良天数达302天、优的天数达126天，分别比上年增加2天、16天。PM2.5日累积平均浓度为39微克/立方米，同比下降6微克/立方米；琼江安居莲花桥断面监测水质平均为Ⅲ类。城区区域环境噪声50.1分贝，道路交通噪声64.6分贝，满足国家声环境质量标准。

建成区新增绿地面积130.6公顷，建成区累计绿地面积1498.79公顷。

全年全区共发生各类安全生产事故13起，死亡18人，比上年减少1起，增加3人。其中，发生道路交通事故6起，死亡10人。

注:

1.本公报中2019年数据均为初步统计数，最终数据以《铜梁统计年鉴2019》为准，部分数据因四舍五入的原因，存在与分项合计不等的情况。

2.地区生产总值、各产业增加值绝对量按现价计算，增长速度按可比价计算；2019年地区生产总值及第二、三产业各行业增加值根据全区第四次全国经济普查结果计算。

3.常住人口是指在本镇（街道）居住半年以上的人口，或虽居住不满半年，但离开户口登记地半年以上人口以及户口待定人口。

4.民间固定资产投资是指具有集体、私营、个人性质的内资企事业单位以及由其控股（包括绝对控股和相对控股）的企业单位建造或购置固定资产的投资。

5.恩格尔系数是指居民食品烟酒消费支出占全部生活消费支出的比重。

6.行业统计标准。

规模以上工业：年主营业务收入2000万元及以上的工业法人单位。

有资质的建筑业：有总承包、专业承包和劳务分包资质的建筑业法人单位。

限额以上批发和零售业：年主营业务收入2000万元及以上的批发业、年主营业务收入500万元及以上的零售业法人单位。

限额以上住宿和餐饮业：年主营业务收入200万元及以上的住宿和餐饮业法人单位。

房地产开发经营业：全部房地产开发经营业法人单位。

规模以上服务业：年营业收入1000万元及以上，或年末从业人员50人及以上的交通运输、仓储和邮政业，信息传输、软件和信息技术服务业，房地产业（不含房地产开发经营），租赁和商务服务业，科学研究和技术服务业，水利、环境和公共设施管理业，教育，卫生和社会工作；年营业收入500万元及以上，或年末从业人员50人及以上的居民服务、修理和其他服务业，文化、体育和娱乐业法人单位。

资料来源（以文中数据为序）。

本公报中户籍人口、机动车数据来自区公安局；就业、社会保障（除医疗保险）数据来自区人力社保局；各类市场主体、商标、名牌产品数据来自区市场监管局；贫困人口数据来自区农业农村委；公路、周转量数据来自区交通局；邮政数据来自中邮铜梁分公司；通信数据分别来自中国电信铜梁分公司、中国移动铜梁分公司、中国联通铜梁分公司；对外经济数据来自区商务委；财政数据来自区财政局；银行数据来自合川人行；证券、保险数据来自区金融发展服务中心；医疗保险数据来自区医保局；最低生活保障、特困数据来自区民政局；教育数据来自区教委；科技数据来自区科技局；文化旅游数据来自区文化旅游委；广播电视数据来自重庆广电铜梁分公司；卫生数据来自区卫生健康委；用水量、治理水土流失数据来自区水利局；环保数据来自区生态环境局；绿地数据来自区城管局；安全生产数据来自区应急局；其他数据来自区统计局。

重庆市铜梁区组织机构及其领导班子名录

区级领导班子名录

中共重庆市铜梁区委员会

书记：唐小平

副书记：左永祥（10月离任）
姜国杰（12月到任）
朱华伦

常委：钟　伟　何建伟　陈益国　胡华超
屈　锐　张　波　江　涛　廖　强

重庆市铜梁区人大常委会

主任：叶永海

副主任：王　敏　谢发耀　秦玉梅
魏加奎　李中建

重庆市铜梁区人民政府

区长：左永祥（10月离任）　姜国杰（12月到任）

副区长：胡华超（常务）　杨贤忠　蒙格丽
黄　科　赵晓庄　梅玉军

政协重庆市铜梁区委员会

主席：严永超

副主席：张学农　杨大怀　汪德富　李治伦
曹定福　陈庆华　刘金萍

中共重庆市铜梁区纪委监委、重庆市铜梁区监察委员会

书记：钟　伟（区监委主任）

副书记：张　勇（区纪委常务副书记、区监委副主任）
陈炳模（区监委副主任）
胡绪强（区监委副主任）

常委：黄恩来（区监委委员、正处级）万承先（区监委委员 2月离任）
王　勇（区监委委员、区纪委监委信访室主任）
唐　娟（区纪委监委党风政风监督室主任）
王　玲（区纪委监委宣传部部长 9月离任）

区纪委监委办公室主任：周文斌

区纪委监委组织部部长：夏　薇

区纪委监委案件监督管理室主任：王道萍

区纪委监委第一监督检查室主任：李易繁（11月离任）

区纪委监委第二监督检查室主任：龙　飞

区纪委监委第三监督检查室主任：彭志强

区纪委监委第四监督检查室主任：李兴万

区纪委监委第六监督检查室主任：柏志芬

区纪委监委第八审查调查室主任：吴　春

区纪委监委第九审查调查室主任：饶　竞

区纪委监委案件审理室主任：盘　燕

区纪委监委纪检监察干部监督室主任：刘兴斌

区监委派出第一监察室主任：赵克昌

区监委派出第二监察室主任：汪　霞

区监委派出第三监察室主任：张和平

区监委派出第四监察室主任：赵　英

区监委派出第五监察室主任：朱代君

区监委派出第六监察室主任：陈　龙

重庆市铜梁区人民法院

院长：吕容亮（5月离任）

副院长：张俊文(5月到任、代理院长)

张仁文　张　勇　毕耀才

政治处主任：赖　萍

执行局局长：王洪斌

纪检组组长：肖扬帆

法院审判委员会专职委员：汤献春　郭辉刚

罗光模

重庆市铜梁区人民检察院

检察长：曾廷全

副检察长：李明勇（5月离任）

何　书（正处级）　张　涛

纪检组长：刘朝东（正处级）

检察院检察委员会专职委员：杨德瑜　吴闻闻

李涪燕

中国人民解放军重庆市铜梁区人民武装部

部长：王露顺

政委：江　涛

副部长：湛　军

区级部门领导班子名录

区委办公室

主任：何春雨（档案局局长）

副主任：王昌友（正处级）　黄兆全　陶方昆

区纪委监委驻区委办公室纪检监察组组长：周祖华

区人大常委会办事机构

办公室主任：彭　宏

副主任：陈　瑶

人代工委主任：罗　云

副主任：敖良全

文教工委主任：石　柱

副主任：陈代林

农业工委主任：陈有劲

副主任：刘国林

监察和法制委主任：陶小平

副主任：李世红(正处级)

城环委主任：陈代宇

副主任：林泽良

财经委主任：汤启玲

副主任：张宗富(正处级)

社会建设委主任：李　文

副主任：王方述

区人民政府办公室

主任：任建平(外事办主任)

副主任：周泉丞　周　俊　周　江　秦　敏

区纪委监委驻区政府办公室纪检监察组组长：周优能

区政协办办事机构

秘书长：唐运明

副秘书长：刘　彦　夏　勇

经科专委主任：张　卫

副主任：施晓倩

社会和法制专委主任：张维谦

教科卫体委主任：邱文仕

农业农村委主任：周　练

社事专委副主任：鹿　犨

文史专委主任：周　梅

副主任：汪　谧

联络专委主任：曾庆开

副主任：杨光伟(正处级)

区委组织部

部长：张　波

副部长：周良华（常务）

李继红（非公工委、直属工委书记）
游国辉（公务员局局长）

区纪委监委驻区委组织部纪检监察组组长：胡荣华

党员教育中心主任：龙　敏

非公工委副书记：李　凯

区委宣传部

部长：屈　锐

副部长：闫　强（常务）
周　娟（新闻出版局局长）
马　兰（精神文明办主任、区政府新闻办主任）

区委统战部

部长：何建伟

副部长：李书平(正处级、区委台湾工作办公室主任)
王万勇（正处级、区民宗委主任）

区委政法委

书记：陈益国

副书记：刘　兵（常务）　陈先平　丁生堂

原区防邪办副主任：杨　朔

政治处主任：彭　宁

区委研究室

主任：王科友

副主任：蒋承兵　唐思华

区委网信办

主任：张　燕

副主任：陈　党

区委编办

主任：张培明

副主任：谢显刚

区委巡察办

副主任：张艺凡　李先君

巡察组组长：逯元琪　钟德超　王　奕　陈长龙（均为二级调研员）

巡察组副组长　唐登云　蒋和桥　郭光宏　米　萍（均为副处级）

区委老干局

局长：陈应荣

副局长：宗　程

区机要保密局

局长：石成果

副局长：唐光友

区党史地方志办

主任：朱纯清

副主任：蒋思凤

区委党校

校长：朱华伦

副校长：刘登刚（常务）　李　勇（正处级）
邱　红

校务委员：刘　波

区融媒体中心

主任：邓　斐

总编辑：姜　敏

副主任：刘德书　张　浩　邓　军　杨一洪

区发改委

主任：周伟峰

副主任：张诗颂　丁　娟　李　伟

区纪委监委驻区发改委纪检监察组组长：王开忠

区教委

主任：印才英(教育工委书记)

教育工委副书记：高国民（正处级）

副主任：周　高　李　军　周良平(3月到任)

区纪委监委驻区教委纪检监察组组长：尹祚乐

教育考试中心主任：张晓利

区科技局

党组书记：柏光荣

局长：程 琼

副局长：王 勇

区经信委

主任：张 勰

副主任：曾西明(正处级) 周 琴 杨晓波

区公安局

局长：赵晓庄

政委：罗 军

副局长：赵廷刚(正处级) 李祥华
赵吉红 杨 涛

政治处主任：高万洪

刑事侦查支队支队长：魏远空

刑事侦查支队政委：罗建鑫(副调研员)

区纪委监委派驻区公安局纪检监察组组长：刘 斌

交通巡逻警察支队支队长：张 波

交通巡逻警察支队政委：龙 剑

警令处主任：鲜 华(副调研员)

警令处政委：李松涛(副调研员)

法制支队支队长：游 刚

治安管理支队支队长：李治强(副调研员)

治安管理支队政委：李吉荣(副调研员)

国内安全保卫支队支队长：赵安春(副调研员)

区城乡建委

主任：张正全(2月离任) 王小波(2月到任)

副主任：丁真兵 姚庆峰 欧 兵

区纪委驻区建委纪检组组长：王开忠

区民政局

局长：田 华

副局长：黄光亮(正处级) 陈恒煦

区司法局

局长：刘 武

副局长：戴 明 杨春燕 余 敏

区财政局

局长：刘 志

副局长：欧建军 邹锡阳 周志勇

区纪委驻区财政局纪检监察组组长：陈民科

区人社局

局长：陈 瑜

副局长：陈 敏(正处级)
宋关心(正处级、社保局局长)
刘世福(正处级、就业局局长)
姜正德 杨 帆

区生态环境局

局长：张光明

副局长：张忠杰 秦 伟 周永强

环境行政执法支队支队长：李长洪

区住房和城乡建委

主任：王小波(民防办主任)

副局长：姚庆峰 马良辉 唐金剑

土地房屋征收管理中心主任：何 渝

区城管局

局长：张光文(城市管理综合行政执法局局长)

副局长：龙思梅 游国建 杨中荣

城市管理综合行政执法支队支队长：黄德生

区交通局

局长：张 勇

副局长：陈旭坤 欧 斌 谭洪平

区水利局

副局长：张才余 刘 强 向世强

区农业农村委

主任:朱华友(扶贫办主任)
副主任:杨晓林　熊小莉
区纪委监委驻区农委纪检监察组组长:袁小林

区商务委

主任:李　琼
副主任:姜立云　刘紫耀　贺李霞

区文旅委

主任:刘　艳(体育局局长)
副主任:秦启江　刘　爽
文化市场执法大队大队长:陈　斌

区卫健委

主任:潘国庆
党委副书记:唐丽珊(正处级)
副主任:蒋德华　王　强　郑世重
区纪委监委驻区卫生健康委纪检监察组组长:周光艳

区退役军人事务局

局长:程绪友
副局长:刘文伦(正处级)　蒋广伟

区应急管理局

局长:徐之光
副局长:侯大东(正处级)　段义勇　游华明

区审计局

局长:罗昌西
副局长:刘　黎　向　红　骆　辉
纪检组长:徐德富
经济责任审计工作联席会议办公室主任:符　蓉

区统计局

局长:金治海
副局长:周红旗　赵文娟

区医疗保障局

党组书记:宗和伦
局长:周　莲
副局长:刘　霞

区林业局

局长:叶常松
副局长:罗中华　龚　碧　姚　伟

区信访办

主任:曾永生
副主任:蒋　涛　刘开勇　颜　航
督查专员:何德凯　蒋和唐

区机关事务局

局长:徐　波
副局长:冉顺江　彭小影

区大数据发展局

局长:周　凡
副局长:王　婧

区招商投资局

局长:严　勇
副局长:李锦峰　秦佳宾

高新区管委会

副书记:刘襄渝
副主任:周春花　甘珊麟
高新区企业服务中心主任:解朝旭

巴岳山玄天湖度假区管委会

主任:陈　立
副主任:王明照　杨家麒

小北海度假区管委会

主任:石顺全

副主任:杨勇　秦建春(均为正处级)

龙城天街商圈管委会

主任:何　忠
副主任:龚剑宇　魏全伟

安居古城景区管委会

副主任:李太意

区供销社

主任:陈方正
副主任:王汝学　吴金泉　周永新

区工商联

主席:王宗立
副主席:袁红梅(常务)　汪克霞
秘书长:周晓梅

区总工会

主席:谢发耀
副主席:阳　春(常务)　苏　敏　邱　英

团区委

书记:王　进
副书记:汪正玲

区妇联

主席:龙其贤
副主席:王家琼　刘云惠

区科协

主席:陶智勇
副主席:游　伟　胡建伟

区侨联

主席:朱家春

区残联

理事长:邓永清
副理事长:肖师在

区文联

主席:张世友
副主席:李　霞

区社科联

主席:李　静
副主席:秦　剑

区计生协

秘书长:谢显云

区档案馆

馆长:杨宇明
副馆长:徐　彬

区市民服务和营商环境促进中心

主任:万承先
副主任:陈恒秀　童中雄

区公共资源交易中心

主任:肖舒丹
副主任:石明秀(正处级)　赵加洪

区金融发展服务中心

主任: 刘秀丽

区政府经济研究中心

主任:邓恒云
副主任:李　峰　唐　翔

区国资中心

主任:李　江
副书记:龙训伦
副主任:段礼华

区畜牧业发展中心

主任:谢远广

副主任:雷　军　周　荣　李大春

铜梁中学

校长:陈　亮
党委书记:周有龙
副校长:王华春　胡德冰　周　会
纪委书记:胡川黔

铜梁一中

校长:李　勇
党委书记:苏在明
副校长:赵　峰　李　永
纪委书记:杨龙刚

铜梁二中

校长:罗昌明
副校长:黄恩维　刘思才　张达勇
纪委书记:夏远学

职教中心

校长:刘　可
党委书记:欧利民
副校长:高文禄　童光法　陈光勇

区教师进修校

校长:李奕奕
党委书记:阳兴春
副校长:刘启龙
纪委书记:胡拥军

人民医院

党委书记:刘人铭
院长:王厚明
副院长:高尚秀　陈　浩　曹　剑
纪委书记:杨　杰

中医院

党委书记:许　安
院长:傅念生
副院长:傅廷斌　刘　智　李卫国
纪委书记:何品姝

妇女儿童医院

院长:谢海峰
副院长:胡云川　廖　斌　姜和兰　尹　勇

疾病预防控制中心

主任:张隆云

鹏程物资公司

董事长:熊泽钢

金龙城投有限公司

董事长:吴国强
总经理:朱建东
监事会主席:詹宗云
副总经理:胡　利　周晓丽　彭远华

重庆绅鹏实业开发有限公司

董事长:李知亮
总经理:陈　刚(金庙实业董事长、总经理)
监事会主席:吴悦章
副总经理:张旭东　龙　玲　徐斌峰(金庙实业副总经理)

重庆安居古城华夏文化旅游发展有限公司

董事长:刘　强
总经理:胡　建
监事会主席:刘利萍
副总经理:何世波　刘长江　张久洪　王　勇

重庆市铜梁区龙廷城市开发建设有限公司

董事长:喻道萍
总经理:雷　田
监事会主席:曾晓海
副总经理:高山茗

重庆玄天湖旅游投资开发有限公司

董事长:刘劲松

总经理:庞登科

监事会主席:廖金龙

副总经理:黎泽兵　谭金中

市管在铜单位领导班子名录

区规划自然资源局

局长:欧朝刚

副局长:胡培宽　徐世忠　周安宏

土地整治储备中心主任:游章华

土地整治储备中心副主任:曹继友　冯　炯　袁云兰

纪检组负责人:王志诚

区市场监管局

局长:周光辉

副局长:罗家奎　邱元亮　敖顺桥　周　密　代光伟　戚清平　姚　雄　罗明海　董永华　朱　勇　代元平　范远兴

纪检组长:龙　本

区税务局

局长:熊前辉

副局长:游浩东　杨　兵　吴建能　范国庆　张强辉

纪检组长:任 力

区气象局

局长:刘　飞

副局长:张　琦(6月离任)　廖向花(9月到任)

住房公积金中心

主任:蒋光琴

副主任:杰永兰

邮政公司

总经理:李　磊(11月离任)　付克开(11月到任)

副总经理:陈昌勇　张爱民

电信公司

总经理:毛　亮

副总经理:杨　平　张　蒲　金远勇(8月离任)　陈　勇(10月升任)

移动公司

总经理:谭开键　黎　力　刘　波

联通公司

总经理:余　力

副总经理:徐　建(6月离任)　杨家强(7月到任)

烟草专卖局

党组书记:何　杨

副局长:秦　伟

副经理:谢秀丽

粮食公司

党委书记:朱启学(总经理)

党委副书记、纪委书记:文人辉

副总经理:汤　敏(7月离任)　甘华中　游加仑　胡正亚(7月到任)

供电公司

总经理:黄　林(5月离任)　汤雪松(5月到任)

党委书记:汤卫中(副总经理)

副总经理:陶　宏　刘录东　蒋　伟

党委副书记、纪委书记:李健波(5月离任)

王劲(5月到任)

有线电视网络公司

分公司总经理:曾　立

分公司副总经理:王　洪　陈晓纲

龙泽水务公司

董事长、总经理:蔡　源

监事长:柴学松

副总经理：晏宗苹　张强富　徐　然
刘　淑（4月到任）

在铜金融机构

农业发展行

行长：韩　军

副行长：刘金泉

中国银行

行长：杨　华（6月离任）　朱能富（6月到任）

副行长：段　勇　刘界正（6月离任）
罗　莉（6月到任）

工商银行

行长：龙星霖

副行长：陈　强　梁　剑　陈　典（9月离任）
钱　瑜（9月到任）

农业银行

行长：张　伟

副行长：周　勇　毛昂丹（行长助理）
张宜懿（行长助理）

纪委书记：孙　彤

建设银行

行长：郑啓斌

副行长：张　力　张春花　曾　颖

重庆银行

行长：胡　蓉

副行长：刑光会

重庆农商行

行长：张洪太（7月离任）　张　莉（7月到任）

副行长：余　新　黎春梅（9月离任）
左　军（纪委书记）
舒　鹏（9月到任）

邮储银行

行长：曹　琴

副行长：余承蔚

三峡银行

行长：汤启海

副行长：敖　娅　徐　银

浦发村镇银行

行长：闵华威

行长助理：刘晓海　晏显兵

哈尔滨银行

行长：丁胜利

行长助理：张　冉

民生银行重庆铜梁小微支行

行长：杨永忆